NEW URBAN POLICIES
IN THE LOW GROWTH ERA

A Better City, Happier Citizens

저성장 시대의 도시정책

더 좋은 도시, 더 행복한 시민

한국공간환경학회 기획 | **조명래, 김수현, 강현수** 외 지음

한울
아카데미

이 도서의 국립중앙도서관 출판시도서목록(CIP)은 e-CIP홈페이지(http://www.nl.go.kr/ecip)와 국가자료공동목록시스템(http://www.nl.go.kr/kolisnet)에서 이용하실 수 있습니다. (CIP제어번호 : CIP2011001953)

책을내며

얼마 전 국회에서 행정부 총괄책임자가 한 가지 중요한 발언을 했다. 김황식 국무총리가 국회 본회의에서 "뉴타운은 정책적인 면에서 실패했다고 평가해도 괜찮다"라고 답변한 것이다. 뉴타운 선거로 불렸던 2008년 총선이나 2006년 지방선거를 되돌아보면, 그야말로 허탈한 대답이 아닐 수 없다. 이명박 대통령의 서울 시장 재임 시절 최대 치적 중 하나라고 했고, 대통령이 되고 나서도 어렵고 답답한 일이 있으면 방문하곤 했던 바로 그 뉴타운사업이 실패라니?

한때 도시정책의 성공사례로 불렸던 일들이 실패작으로 판명 난 것은 뉴타운만이 아니다. 인천 구시가지 재개발사업의 대명사 '루원시티'는 보상금만 수조 원 투입한 채 오도 가도 못하는 처지에 놓였다. 금방이라도 대박이 날 것처럼 화려한 조감도가 돌아다닌 용산역세권 개발도 비슷한 상황이다. 수도권의 대규모 택지개발사업들도 미분양에 몸살을 앓고 있다. 연예인들을 동원해 대대적인 광고를 펼쳤던 대형쇼핑몰 가든 파이브도 본말이 전도된 실패작이다.

이런 사태들은 그저 부동산 경기가 급락했기 때문일까? 2008년 서브프라임 모기지 사태로 촉발된 세계 경제 침체만 아니었다면 지금도 성공한 모델이 될 수 있었던 일인가? 만약 그렇지 않고 이미 도시성장의 토대가 바뀌었고, 도시발전 패러다임이 근본적으로 바뀐 것인데 모르고 있었던 것은 아닐까? 이 책의 문제의식은 여기에서 시작된다.

지금도 기억에 선하지만, 2010년 6월 지방선거는 불과 그 2년 전에 비하면 놀라운 변화가 있었다. 뉴타운이나 도시개발은 더 이상 공약대열에 들어서지 못했다. 대신 과거 추진된 개발사업에 대한 책임론이 부각되었다. 개발공약이 실종된 자리는 복지와 교육이 차지했다. 무상급식, 보육, 사회적 기업과 일자리, 생태와 환경은 야당뿐만 아니라 여당까지도 거역하기 어려운 정책영역이 되어 버렸다. "콘크리트 예산에서 사람 예산으로"가 설득력 있는 구호로 다가온 것도 이 때문이었다. 결과적으로 야당은 압승했고, '사람 중심 도시'가 미래 도시비전을 압축하는 말로 등장하게 되었다. 야당, 더구나 젊고 혁신적인 단체장들이 당선된 것이 단순히 정부·여당에 대한 견제나 반발심리 때문이었을까? 이들이 내건 공약은 시민들이 어떻게 받아들였을까? 그 공약들을 실현할 방법은 준비되어 있는 것일까? 이 책의 필요성은 여기에서 시작된다.

2010년 6·2 지방선거의 성취감이 냉정을 찾을 무렵, 몇몇 연구자들에게 걱정거리가 생기기 시작했다. 이른바 새로운 도시정책을 공약하고 당선된 수많은 단체장이 실제 어떤 정책으로 성공할 것인가 하는 점이었다. 과거 개발주의 열풍이 불 때는 그저 조감도만 내놓고, 인허가만 챙겨 봐도 도시의 변화가 가능했지만, 이제는 완전히 다른 조건에서 도시정책을 펼쳐야 하기 때문이었다. 더구나 지금의 부동산 경기 침체나 산업 침체가 일시적인 현상이 아니라 이미 시작된 성장의 한계 혹은 저성장 시대의 징후라면 어떻게 할 것인가? 새로운 도시정책에 대한 기대는 커졌지만 실제 변화를 추동할 수 있는 새로운 동력이 있느냐에 대한 걱정이었다. 자칫 기대만 부풀려 놓았다가, 결국 과거 무분별한 개발패러다임이 더 나았다는 실망으로 바뀌지 않을까 하는 우려도 커졌다.

이에 2010년 9월부터 한국공간환경학회에 소속된 연구자들을 중심으로 우리나라 도시를 진단하고, 개혁적 도시정책의 목표와 실행방안을 모색하기 위한 연구모임을 시작하게 된다. 모인 사람 중 일부는 6·2 지방선거 과정에서 여러 단체장 후보들에게 조언도 하고, 정책과제를 자문하기도 했던 경험이 있었다. 어찌 보면 개혁적 단체장들이 내건 공약에 대한 공동책임을 져야 할 사람들이기도 했다. 이에 연구모임에서는 모두 6번의 학습모임을 통해 새로운 도시정책의 각 영역을 짚어보게 된다. 특히 12월에는 한국공간환경학회 월례토론회의 일환으로 이 책의 원고 초고를 놓고 학회 차원의 논의를 거치기도 했다. 이후에는 조명래, 강현수, 변창흠, 엄은희, 김수현이 편집위원회를 구성하여 각 필자의 원고를 검토하고 조정하는 역할을 담당했다.

필자들이 논의한 것은 크게 세 가지였다. 우선 지금 우리나라 도시가 처한 상황을 어떻게 볼 것인가 하는 것이다. 인구, 산업, 개발여건 등이 어떻게 바뀌고 있는지, 따라서 우리 도시정책의 토대는 어떤 변화를 겪고 있는지를 알고자 했다. 이 과정에서 적어도 상당 기간 저성장 단계에 들어설 수밖에 없고, 이는 종전과 같은 개발주의로는 극복할 수 없는 문제라는 것을 확인하게 된다. 서둘러 대안적 도시성장 모델을 만들어내지 못한다면 결국 이미 바뀐 상황을 과거의 수단으로 대처하는 모순에 빠진다는 문제의식이었다.

두 번째는 그 같은 새로운 도시모델에 대한 공감대를 바탕으로, 산업에서부터 도시계획, 문화, 인권, 공동체에 이르는 각 분야에서 개혁적 대안을 모색하는 일이었다. 이미 6·2 지방선거 과정에서 이런저런 '좋은 모델'과 사업도 제안하기는 했지만, 이제는 실제 실행할 수 있는 지방정부 조직이 있는 마당에 보다 현실감 있는 과제를 마련해야 하는 고민이 있었다.

마지막으로 이 책의 필자로 실제 지방행정과 지방정치에 몸담은 사람들이 참여하면서, 현장에서의 실험과 경험을 함께 고민하는 과제가 있었다. 아직 초기 단계이기는 하지만 어떤 문제의식과 정책으로 새로운 도시 패러다임을 실천할 것인가 하는 논의였다.

이 책은 여전히 진행형이다. 새로운 도시패러다임을 제시하고, 또한 새로운 도시정책을 실험하고 있지만 아직 성과를 거둔 단계는 아니기 때문이다. 시간이 지나면서 개혁적 자치단체장들이 어디서 성공하고 어디에서 한계에 봉착했는지, 그리고 이 책이 제시한 과제는 과연 시대적 요구를 반영한 것인지가 확인될 것이다. 이 책의 필자들은 이번 단체장들 임기가 끝날 무렵, 다시 한 번 공부하고 토론해서 더 나은 모델과 과제를 제시하고자 약속한다.

이 책은 시한을 정해서 촉박하게 진행되었다. 한편에서는 원고를 쓰고, 다른 한편에서는 토론하고 또 출간 준비도 할 수밖에 없었다. 서둘러 책을 준비한 탓에 미흡한 점도 있을 것이다. 하지만 6·2 지방선거 1주년을 마냥 축하만 하는 것이 아니라, 오히려 어떤 숙제가 있는지 짚어보는 것이 더 의미가 있다고 생각했기에 일정을 재촉했다. 촉박한 일정에도 출간을 맡아 준 도서출판 한울과 윤순현, 박근홍 님께 감사드린다.

2011년 5월 10일

저자들을 대신하여 김수현 씀

차례

서장

저성장과 도시 패러다임의 전환

조명래 | 단국대 도시지역계획학과 교수

1. 들어가는 말: 마천루 저주의 진실

'마천루의 저주'라는 말이 있다. 이는 초고층 마천루를 짓고 나면 경기불황이 들이닥치는 현상을 일컫는데, 저널리즘적인 것이기는 하지만 일리가 있는 표현이다. 초고층 붐은 경기 호황 덕분에 넘쳐나는 유동성을 이용해 이루어지는 대규모 부동산 개발 붐의 일환으로 나타난다. 초고층 건물의 신축은 호황기 중반쯤 투자 전망이 좋을 때 검토되기 시작한다. 그러나 자금이 많이 동원되어야 하고, 건설 기간이 오래 소요되다 보니, 건축이 끝날 무렵이면 경기가 얼어붙어 투자금 회수가 여의치 않게 된다. 그 결과 건물주는 결국 소위 '쪽박'을 차게 된다. 마천루의 저주란 말은 실제 이러한 경험에서 나온 것이다.

우리나라에서는 불과 1~2년 전까지만 해도 전국적으로 100층 이상 초초고층[1])이 무려 12개가 지어질 참이었다. 만약 다 지어진다면 우리나라는 세계에서 초초고층 건물을 가장 많이 보유한 나라가 된다. 50층 이상 주거용 초고층 건물(예: 타워팰리스)로 치면, 우리나라는 이미 세계 4위권에 들어와 있다. 지난 20여

---

1) 세계초고층학회에서는 통상적으로 50층 이상을 '초고층'이라 하고 100층 이상을 '초초고층'이라 규정하고 있다.

년간 우리나라 건축물의 높이는 평균 두 배가 되었다(조명래, 2009b). 부동산 붐과 함께 건물은 하늘로 끝없이 치솟았던 것이다. 길게는 지난 20여 년간, 짧게는 2003년 이래 지속된 경기호황 속에서 초고층을 넘어 초초고층 짓기 경쟁은 전국적으로 펼쳐졌다. 그러나 2008년 글로벌 금융위기와 맞물려 경기불황이 들이닥치면서 대부분의 초고층빌딩 건축계획은 표류하거나 무산될 처지에 놓이게 되었다. 롯데그룹만 국가 안보를 희생시켜가면서 잠실에 제2롯데월드(123층) 건립을 추진하고 있을 정도다.

그러나 알고 보면, 초고층 건축만 어려운 것이 아니다. 서울시는 2009년 전후로 시 재정수입의 중요한 부분을 차지하는 취·등록세, 즉 부동산개발로부터 거두어들이는 세수가 많게는 30% 줄었다.[2)] 이렇게 되다 보니, 야심 차게 추진했던 대규모 공공투자사업이나 건설사업들이 줄줄이 보류되거나 축소되고 있다. 비단 서울시만이 아니다. 그동안 호황 덕분에 대규모 개발사업을 겁 없이 해왔던 지방 대도시 지자체들도 대개 비슷한 처지다. 민간부문도 마찬가지다. 금융권으로부터 대규모 재무적 투자를 받아 추진했던 민간부문의 부동산개발 프로젝트(PF)들도 대부분 중단되거나 보류되고 있다. 단군 이래 최대 역사라 부르는 서울의 용산역세권 개발사업이 그 대표적인 예다.

경기는 늘 오르락내리락한다. 그리고 IMF 외환위기와 같은 경기변동에 따른 위기도 주기적으로 나타난다. 하지만 근자에 도시지역에서 목격되는 부동산 개발이나 시 재정과 같은 경제활동의 둔화는 일시적 경기 위축으로만 치부할 수 없다. 사회 전반에서 개발 여력이 상대적으로 소진되면서 가파르게 치솟던 성장곡선이 현저하게 둔화되는 추세와 맞물린 현상임이 틀림없다. 그도 그럴 것이, 지난 1960년대 초부터 근 50년 이상을 우리는 고도성장시대를 살아왔는데, 성장시스템의 기력이 이젠 많이 떨어지고 있는 것이다. 물론 그렇다고 성장이 멈춘 것이 아니다. 1인당 소득이 4~5만 달러의 선진국이 되려면 발전과 성장시스템 전반이 최소한 한 단계 업그레이드해야 하지만, 현실은 그렇지 못하다. 이러

2) 2009년 국세청 담당 세수는 154조 3,000억 원으로 전년에 비해 3조 2,000억 원 감소했다. 세수가 줄어든 것은 1998년 외환위기 이후 두 번째다.

한 상태에서 기존 발전역량이 빠르게 약화되면서 나타난 성장의 상대적 둔화는 한국 경제를 애늙은이로 만들고 있다(이를 '한국 경제의 조로화'라 함). 이러한 현상을 우리는 '저성장(low growth)'이라고 통칭해 부를 수 있다. 우리가 주목하는 저성장은 단순히 수치상의 성장률 저하를 의미하는 것이 아니라, 고도성장의 동력이 빠르게 소진되고 있고, 그러면서 동시에 선진사회로의 도약을 위한 새로운 성장동력을 창출하지 못한, 틈새에서 경제를 포함한 사회 전반의 활동이 상대적으로 둔화되는 현상을 총칭하는 것이다. 물론 그 현상은 초고층 건축 계획이 무산되면서 개발 풍경이 위축되는 도시적 현상으로 가장 분명하게 나타나고 있다. 이러한 시대를 우리는 저성장시대라고 부를 수 있다.

우리의 도시는 현재 저성장시대를 맞이하기 시작했다. 도시가 성장·발전하는 방식도 과거와 달라지고 있다. 그렇다면 저성장시대 도시의 패러다임은 어떻게 달라질까? 이 글은 저성장을 이론적이면서 구체적인 현상으로 규명한 뒤 도시 패러다임 변화와 관련된 도시문제로서 저성장의 쟁점을 살펴보고, 더 나아가 저성장을 새로운 도시발전의 계기로 삼는 정책과제를 모색하는 데 목적을 두고 작성한 것이다.

2. 저성장의 이론적 설명

저성장(low growth)은 성장세가 약화되거나 둔화된 결과로 양적으로 표현되는 성장률 자체가 상대적으로 낮아진 경제활동의 상태를 말한다. 그러나 어느 정도가 저성장인가는 획일적으로 답할 성질의 질문이 아니다. 1960년대 발전론[3] 논쟁에서 나온 '성장' 개념은 주로 경제활동이 양적(量的)이고 선형적(線型的)으로 확장하면서 증가하는 지표(곡선, 성장률 등)로 표시되고, 또한 낮은 상태

3) 발전론은 크게 선형단계이론(linear-stage theory), 구조변동이론(structural-change model), 종속이론(dependence theory), 신고전파이론(Neoclassical growth theory), 신성장이론(new growth theory) 등 다섯 가지로 나뉜다.

에서 높은 상태로 변하는 단계(stage)적 이행을 전제한다. 대표적인 예가 로스토(W. W. Rostow)의 경제발전 5단계설이다.[4] 이 단계를 선형으로 표시하면 경제발전 혹은 경제성장은 대개 오른쪽으로 완만하게 기울인 에스(S) 자 모습을 취한다. 성장률로 표현되는 이 선형은 로그함수식 곡선으로 초기에는 완만하고, 도약준비단계부터 가파른 곡선을 그리다가, 성숙단계로 접어들면서 다시 완만해지는 패턴이다. 성장률로 치면, 도약 이전엔 저성장, 도약준비단계로부터 도약·성숙단계에 이르는 동안에는 고성장, 그 후 다시 저성장으로 돌아온다.

우리가 주목하는 저성장은 주로 고도성장 이후, 성숙단계로 이행하면서 나타나는 경제활동의 상대적 둔화에 해당하는 것이다. 단계이론에서 볼 때, 고도성장 이후 저성장은 경제규모가 점점 더 커지면서 한 단계에서 그다음 단계로 성장의 체증(遞增)이 떨어지는 현상에 해당한다. 성장의 체증 폭과 속도가 떨어지는 것은 어느 단계에서나 다 발생할 수 있다. 즉, 잠재성장률만큼 증가가 실현되지 않는 저성장은 경제발전의 어느 단계에서나 나타난다. 요소투입 대비 산출이 상대적으로 감소하는 성장시스템의 비효율성이 저성장을 초래하는 주된 요인이라고 할 수 있다. 발전 단계의 성숙기에 나타나는 저성장도 이러한 메커니즘에 의한 것이다.

그러나 경제발전단계론에서 상정되는 선형적 성장은 사실 이론적인 것에 불과하다. 현실에서 성장률은 단기적으로 올라갔다 내려갔다 하는 사이클을 그리면서 경향적으로 상승 또는 하강하는 장기 선형 곡선을 그린다. 자본주의의 경기변동에 따른 성장 패턴의 변화가 그 대표적인 예다. 자본주의 경기변동 중 콘드라티예프 장기파동(Kondratiev long wave)은 40~50년을 한 주기로 한다. 18세기 자본주의가 등장한 이래 지난 200여 년 동안 네 차례의 장기파동을 거쳤고, 제5차 주기가 1970~1980년대부터 시작되었다.[5] 이 무렵 서유럽 국가들은 전

---

4) 로스토는 ① 전통사회, ② 도약 준비, ③ 도약, ④ 성숙, ⑤ 고도 대중소비의 5단계로 나뉘는 경제발전론을 제시했다. 단계를 구분하는 기준으로 생산기술, 소비수준, 자본의 축적도, 산업구조의 고도화, 국민소득 중의 저축비율 등을 들었다.

5) 정보혁명, 권력이동(power shift), 탈산업사회의 도래, 포스트모더니즘의 등장, 신자유주의의 확산 등은 제5차 주기의 시작과 함께 나타난 사회변화의 새로운 양상들이다.

후 '자본주의 황금기(the golden age of capitalism)'가 끝나면서 기존 자본주의 경제구조의 해체(탈조직화)로 높은 실업률, 탈숙련화, 산업폐쇄, 소득감소, 공공재정 축소, 투자감소, 구도심 및 구산업지역의 방기 등을 공통으로 겪었다. 이 또한 저성장의 한 현상이지만, 이보다 훨씬 더 복잡한 자본주의 구조 변동과 관련된다(조명래, 1999).

자본주의 체제는, 노동가치에서 잉여가 근본적으로 산출되는 만큼, 이러한 조건을 극대화하기 위해 자본의 유기적 구성도를 높이는 자본의 집중과 집적이란 자본주의 경제 형태를 만들어내고 변형시켜가는 경향성을 가지고 있다. 이 경향성은 현실에서 노동력 투입을 최소화하는 자동화, 노동 강도를 강화하기 위한 경영합리화, 고용관계의 파편화를 위한 노동시장의 유연화, 새로운 잉여창출을 위한 사업의 지속적 확장, 상대적 저임금과 상대적 상품소비의 부족, 국가에 의한 노동 재생산비(예: 복지비) 부담, 금융 자본화를 통한 실현·유통영역의 통제 등과 같이 자본주의 경제가 구체적으로 작동하는 모습으로 나타난다.

그러나 자본주의 경제는 기본적으로 모순적이다. 잉여가치의 생산을 극대화하기 위한 자본의 구성도를 높이면 높일수록 잉여가치율은 상대적으로 떨어지는 것이 대표적인 예다. 이는 이른바 '이윤의 경향적 저하법칙'으로 작동하여 자본주의가 주기적으로 위기를 겪는 근본 원인이 된다. 자본주의 경기변동 과정에서 주기적인 위기는 과잉 투자되고 이윤 생산이 떨어지며 가치(가격)가 부풀려진 부분(예: 부동산 거품)을 추스르고 거두어내면서 다음 단계로 이행할 수 있는 출구 역할을 한다. 이러한 시각으로 보면, 저성장은 이윤의 경향적 저하 법칙하에서 경제활동이 하향적으로 축소되면서 (위기를 거쳐) 재구조화를 기다리는 상태로 볼 수 있다.

저성장으로 표현되는 자본주의 경제활동 둔화 또는 침체는 모든 나라에서 일의적으로 나타나기보다는 특정 역사적 단계에서 특정 국가의 정책과 제도의 조건이 모두 어우러져 실제로 드러난다. 프랑스의 조절이론에 의하면, 특정 시대의 지배적인 '축적체제(regime of accumulation)', 그리고 이의 구체 형태로서 '성장레짐(growth regime)'은, 이를 범사회적으로 조정·조율하는 제도적 양식, 즉 조절양식(mode of regulation)의 작동 여하에 의해 부침을 달리한다. 이를테면 전후

황금기 서구 자본주의의 축적체제를 '포디즘'이라 부르는데, 이는 범계급적 합의를 바탕으로 한 '케인스주의 복지국가'란 조절양식이 짝으로 있었기에 가능했던 것이다(조명래, 1999). 이러한 조절이론의 관점에서 본다면, 경제(축적)활동의 둔화 또는 침체로 나타나는 저성장은 고도성장(혹은 축적) 체제를 뒷받침했던 국가 역할, 정책, 제도, 권력관계 등이 상대적으로 뒤처짐으로써 나타나는 현상에 다름 아니다. 고도성장에 맞춘 사회제도 관행들이 경쟁력 있는 새로운 축적체제 혹은 성장레짐의 출현을 방해함으로써 겪는 성장의 둔화 내지 지체가 저성장인 셈이다. 그람시(A. Gramsci)는 새로운 자본주의 혹은 축적체제로 한 단계 올라가기 위해서는 사회 시스템 전반이 그에 걸맞게 업그레이드되어야 하지만, 그중에서 새로운 기술산업패러다임(techno-industrial paradigm)에 걸맞은 새로운 노동유형 및 규범(new type of labour)의 창출을 핵심으로 꼽고 있다. 따라서 사회 전반에 새로운 노동유형이 구축되지 않으면 주류 경제활동들이 기존 성장 프레임에 갇히게 되어 성장의 지체 혹은 저성장이 불가피해진다.

저성장은 이렇듯 경제적 현상으로 인식되지만, 그 원인은 사회제도 전반과 관련되고, 또한 그러한 영역에서 증후군을 드러낸다. 이런 점에서 저성장에 대한 사회과학적 이해는 일국의 구체적인 사회제도 맥락에서 이루어져야 한다. 한국의 경우, 근자에 성장동력이 현격하게 떨어지는 현상을 저성장이라고 잠정적으로 규정한다면, 이에 대한 최근 설명은 제도학파, 신자유주의론, 금융화론(포스트케인스주의), 신종속이론 등으로 다양하게 시도되고 있다(김창근, 2006). 제도학파는 '국가-은행-기업'의 삼각 동맹(triad alliance)을 통해 작동하던 발전국가 모델의 붕괴로 초래된 성장경제를 뒷받침할 수 있는 대안제도의 부재 그 자체를 저성장, 나아가 저성장의 원인으로 설명한다. 신자유주의자들은 글로벌 자본주의 시대(신자유주의 시대)에 역행하는 재벌기업들의 정실주의, 즉 글로벌 스탠더드에 맞지 않은 가족적·권위적·비민주적 사업 관행이 한국 자본주의 전반을 지배하게 됨으로써[6] 성장의 지체가 초래된 것으로 설명한다. 금융화론(포스트케인

6) 이명박 정부 들어 30대 재벌기업들의 계열사는 다시 크게 늘었다. 2010년 3월 현재, 기업을 제외한 30대 그룹의 계열사 변동 현황을 조사한 결과, 3월 말 현재 계열사 수는 총 980개로

시안)은 IMF 외환위기 이후 한국 경제를 선도하는 주력 기업들이 금융자본의 통제를 받게 되면서 창발적 투자보다 배당 등을 더 우선하는 보수적 경영체제로 고착된(영미식 주주자본주의로 전환된) 결과 경제위기와 성장의 한계에 직면한다고 설명한다. 신종속이론은 특정 산업과 기술 분야를 중심으로 수출 지향적 축적 전략을 지속적으로 추구했지만, 그와 비례하여 선진국이 지배하는 영역(기술, 시장, 규범 등)으로 진입이 좌절되면서 그에 대한 의존이 상대적으로 심화되는 상태[7]가 곧 성장정체 혹은 저성장의 원인으로 간주한다(조명래, 1999).

역사적으로 보면, 신자유주의가 풍미한 지난 10년간 인류는 가장 잘살았다.[8] 이는 그만큼 세계 경제가 이 기간에 크게 성장했고 또한 호황을 누렸다는 것을 의미한다. 가령, 세계 GDP는 2000년 32조 달러에서 2008년 61조 달러로 2배 성장하면서 2010년 세계 인구의 평균소득은 약 1만 600달러로 2000년 평균소득보다 25%나 상승했다. 그러나 하비(D. Harvey)는 신자유주의 시대 이러한 세계적 풍요를 이른바 '강탈에 의한 축적(accumulation by dispossession)'이라고 부르고 있다(하비, 2007). 양극화로 표현되는 한 계층에 의한 다른 계층의 강탈, 선진국에 의한 개도국의 강탈, 현 세대에 의한 미래세대의 강탈, 인간에 의한 자연의 강탈 등에 의한 세계적 성장은 그 이면에서 승자독식의 신자유주의 법칙이 관철되고 있다. 이러한 강탈적 축적은 성장 자원과 잠재력을 소진시켜 세계 경제가 장기적 저성장, 저소비, 고실업 등을 특징으로 하는 '뉴노멀(new normal)' 시대를 맞게 했다. 세계 자본주의 성장동력 저하로 해외부문에 의존해 꾸려지는 한국 경제도 연동적으로 성장 저하를 강제 받게 될 것으로 여겨진다.

한국의 경우, 이러한 가능성은 2000년대 들어 신개발주의(신자유주의+개발주의) 국가가 등장하면서 성장레짐에서 배태되기 시작했고, 근자에 들어 신자유주

2005년의 681개에 비해 43.9%(299개) 증가했다. 이 기간에 그룹당 평균 10개가 증가한 셈이다. 이명박 정부가 출범한 2008년 이후부터 2년간 190개가 늘어나 전체의 63.5%를 차지했다.

7) 2010년 한국의 무역의존도는 85%로 세계 최고 수준이다.

8) 미국의 시사 잡지인 ≪포린폴리시(FP)≫, 2010년 9월호는 지난 10년을 '인류 역사상 가장 풍요로웠던 기간'으로 간주하는 글을 실었다.

의식 토건국가로 치달으면서 현실화되고 있다(조명래, 2006). '구체경제' 부문(국토, 건설, 환경 부문)의 토건적 개발(예: 4대강 정비, 녹색뉴딜 등)을 통해 발생시킨 잉여가치를 원천으로 하여 '추상경제' 부문(기업, 기술, 금융, 노동 부문)의 이윤 창출을 보전하는 방식(예: 대기업의 녹색에너지 산업, 녹색 IT산업 등 육성)의 성장(예: 747성장)이 토건국가에 의해 추진되고 있다(조명래, 2009). 그러나 자연환경이나 토지의 물리적 개발로부터 발생한 지대이익을 바탕으로 하는 만큼, 토건적 성장 방식은 기술혁신이나 새로운 유형의 노동(예: 지식기반노동)에 기초한 지속가능한 성장을 담보하지 못한다. 세계 경기 위축과 맞물려 토건경제의 거품이 꺼지게 되면 국가 경제 전반은 저성장 내지 침체의 더 깊은 늪으로 빠질 수 있다.

3. 한국 경제의 저성장 현상

그렇다면 한국 경제는 어떠한 저성장 증후군을 보이고 있을까? 저성장은 단순히 경제의 문제만은 아니지만, 그래도 경제영역에서 그 특징을 가장 명확하게 드러낸다고 본다면, 한국은 분명히 저성장시대에 접어들었다고 볼 수 있다. 경제성장률이 곧 그 징표다. 1960년대 초 이륙(take off)을 시작한 한국 경제는 1960년대 후반 들어 가속도가 붙으면서 1980년대 전반까지 두자릿수의 성장률을 기록했다. 그러나 1980년대 중반을 거치면서 성장세는 떨어지기 시작했다. 대한상공회의소가 2010년에 발간한 「잠재성장률 제고를 위한 정책과제 보고서」에 따르면 한국의 잠재 경제성장률은 1986~1990년 10.1%, 1991~1995년 7.5%, 1996~2000년 5.4%, 2001~2005년 5.1%, 2006~2009년 3.0%로 지속적으로 낮아졌다. 경제성장률이 지난 20여 년간 3분의 1 토막으로 줄어든 것이다. 일시적 회복에 의해 다소 오르기도 했지만 장기적 추세는 한국 경제가 저성장 단계로 접어들고 있음을 분명히 보여주고 있다.

한국 경제의 저성장 기조는 1998년 환란(일명 IMF 외환위기)을 거치면서 본격적으로 생겨났다. 환란은 한국 경제의 내부적 결함, 가령, 정경유착, 재벌 독과점, 과도한 대외의존, 전근대적인 노동통제 등의 요인에서 비롯되었다. 그러나 많은 사람이 일자리를 잃고 거리로 쫓겨난 실질적인 위기는 구제금융을 받는 대가로 IMF에 의해 강제된 구조조정에 의한 측면도 없지 않다. 구조조정은 한국의 지배적인 기업 경영구조, 경직적인 노동시장, 낙후한 금융시스템, 개입주의 경제정책을 국제 표준(예: 투명한 시장원리)에 맞도록 개편하는 것이었다. 이는 한국 자본주의의 경쟁력 강화를 위해 내부적으로 이미 오래전부터 요구되었던 개혁 과제이기도 했다.

위기극복이란 미명하에 자의 반 타의 반으로 추진된 구조조정의 결과로 한국 경제의 체질은 심대하게 변했다. 변화의 핵심은 IMF 환란 이전의 '고부채, 고투자, 저수익/저이윤 → 고축적 에너지 → 고성장'을 특징으로 하던 경제체질이 '저부채, 저투자, 고수익/고이윤 → 저축적 에너지 → 저성장'으로 바뀐 점이다(김창근, 2006). 즉, 환란 전에는 외부로부터 많은 부채(차관 등)를 끌어들여 신규 투자를 지속적으로 펼친 덕분에 수익과 이윤율은 상대적으로 낮았지만 경제체질은 높은 축적 에너지를 내부화하여 고도성장을 구가할 수 있었다. 그러나 환란 후 구조조정을 거치면서 위험 수준에 있던 부채율을 낮추기 위해 투자를 전반적으로 줄이면서 기술경쟁 부문(예: IT)에 집중한 결과 수익과 이윤율은 상대적으로 향상되었지만 경제체질 내부의 축적 에너지가 감소하면서 성장 추동력이 떨어졌다.

위기 이후의 성장 둔화는 이렇듯 수익성이 강화되는 추세 속의 축적 에너지 약화로 나타난 현상이다. 구조조정을 거치면서 기업의 수익성 하락은 저지되지만 사회적 양극화로 인한 구매력 약화로 경기활력은 상대적으로 떨어졌으며, 저성장은 그 결과라고 할 수 있다. 이런 조건은 축적체제(regime of accumulation)를 구성하는 생산 및 순환 부문의 변화에도 그대로 나타났다. 생산부문에서는 IT, 자동차 등 고수익 신규 산업에 투자가 집중되면서 부문 간 투자 및 고용 양극화가 나타나고, 동시에 선진국이 이끄는 글로벌 공급 체인으로 편입이 심화되었다. 순환부문에서는 국제 금융자본에 의한 국내 자본시장의 잠식과 함께 한국과 미국 금융시장이 동조화되면서 '경제의 금융화'와 '국제 금융자본 흐름에 대한 편입'이 강화되었다(조명래, 1999). 축적체제 내에서 특정 부문을 중심으로 경쟁력과 수익창출의 조건은 전반적으로 향상되었지만 사회적 양극화와 불평등 심화로 노동소득의 배분이 왜곡되고 국제 금융자본에 의한 잉여유출이 지속되는 방식의 축적 혹은 성장이 이루어졌다. 이는 거시경제의 적극적 조성 혹은 축적 흐름에 대한 적극적 조절·통제를 하던 개입주의 국가의 역할 약화와 무관하지 않다. 1970년대 중화학 산업화를 이끌었던 유신정권을 전형으로 하는 한국의 개발국가(developmental state)는 강한 국가 자율성을 활용해 고도성장을 가능케 한 강한 축적 에너지를 만들어냈다. 그러나 위기 후 신자유주의식 경제가 구축되면서 축적의 사회적 과정이 자본 혹은 시장의 논리에 의해 지배받게 됨에 따라 국가가 제도와 정책을 가지고 조절할 부분이 상대적으로 줄어들었다. 이는 이른바 '개입주의 국가 조절양식의 한계'를 지적하는 것이다(조명래, 2009).

고도성장체제의 약화는 성장 원천의 고갈에서 연유한다. 경제학적 용어를 쓴다면, 이는 총요소생산성의 감소로 표현될 수 있다. 경제가 지속적으로 성장하려면 생산요소를 투입하여 경제를 물리적으로 팽창시키는 것이 아니라 동일한 요소를 투입하더라도 단위당 생산성이 전반적으로 높은 시스템 효율성이 갖추어져야 한다. 쉽게 말해, 정해진 자본, 노동, 원자재 등 생산요소를 투입하여 산출되는 최종 생산물이 상대적으로 많아야, 즉 생산성이 커야 경제가 그만큼 질적으로 확장되고 성장하게 된다. 이런 측면에서 볼 때 1980년대 후반 들어 한국의 성장체제는 기술진보, 인적자본, 경영혁신, 노사관계 등을 포괄하는 총요소생산성 증가율이 현저하게 둔화하는 증후군을 뚜렷이 보이고 있다. 가령, 경제성장에 대한 총요소생산성(total factor productivity)의 기여도를 분석해보면 1980년대 후반 이후 전반적으로 급감하고 있는데, 특히 인적자본(취업자 수)과 물적자본의 성장기여도는 절반 이하로 떨어졌다. 이는 곧 성장 잠재력에 빨간불이 들어왔음을 의미한다(이덕재, 2008).

선진경제가 되려면 경제체질이 요소 주도형에서 총요소생산성 주도형으로 바뀌어야 한다. 즉, 총요소생산성 향상이 유지되어야 성장의 지속성과 안정성이 확보되어 선진경제로 옮아가고 또한 그 지위를 유지할 수 있게 된다. 실제 1990년대 우리의 총요소생산성은 떨어진 반면, 주요 선진국의 경우, 요소 증가율은 감소해도 총요소생산성의 증가는 우리의 2~4배 앞서 있었다(이덕재, 2008). 이 지표 하나만으로도, 우리의 성장체제가 어떠한 변화를 겪고 있는지를 극명히 보

<표 1> 1980년 이후 요소별 성장기여도 변화

(단위: %)

기간	GDP 증가율	성장 기여도			
		취업자 수	인적자본	물적자본	총요소생산성
1981~1985년	7.82	1.23	0.87	3.08	2.64
1986~1990년	9.64	2.59	0.70	3.47	2.88
1991~1995년	7.81	1.66	0.97	3.15	2.03
1996~2000년	4.37	0.49	0.78	2.26	0.84
2001~2003년	4.62	1.04	1.06	1.51	1.01

자료: 이덕재(2008), p.45.

여준다.

지금까지 살펴본 경제체질의 약화에 관한 증후군은 한국의 축적체제가 이전의 고도성장을 지속할 수 없는 한계에 직면하고 있음을 보여준다. 이는 또 국민소득의 증가 속도가 현저히 떨어지는 데서도 확인된다. 가령, 선진국의 경우 국민소득이 1만 달러를 달성한 후 2만 달러에 도달하는 데 평균 9.2년이 소요되었다. 그러나 우리의 경우, 1995년 국민소득 1만 달러에 진입해 증가하다가 1998년 위기로 줄었고, 이후 다시 상승해 2007년 2만 달러를 넘어서기도 했지만, 이듬해 다시 1만 달러대로 돌아왔다. 이렇듯 우리는 1995년 이래 15년 이상 국민소득 1만 달러대를 오르락내리락하고 있다. 이를 두고 혹자는 선진국과 후진국 중간의 함정에 빠져 있다는 뜻으로 '중진국 함정론'을 주장하고 있다. 문제는 소득이 오르면 성장률이 상대적으로 더 떨어진다는 사실이다. 1인당 소득이 2만 달러를 넘어섰던 선진국은 2만 달러 달성 이전 10년간 평균성장률이 3.3%에서 이후 10년간 2.8%로 떨어지는 것을 경험했다. 이것이 시사하는바, 우리의 경우, 2만 달러대로 넘어가도 또 다른 저성장의 긴 늪을 헤쳐나가야 한다. OECD는 2012~2025년 중 우리나라의 평균 잠재성장률이 2.4%에 머물 것으로 예측한 바 있다.

한국은 해외수출에 의존해 빠른 경제성장을 이룩해왔다. 세계 경제의 건강성이 우리의 경제성장 향방에 그만큼 지대한 영향을 끼친다는 뜻이다. 많은 전문가들은 세계 경제가 지금부터 저성장 단계에 접어들었다고 한다. 이는 특히 2008년 세계 금융위기를 거치면서부터 본격화되었다고 한다. 이들은 이후 세계

<표 2> 총요소생산성의 성장기여도 비중에 대한 국제 비교(1999~2000년)

(단위: %)

구분	한국	미국	캐나다	노르웨이	핀란드
TFP 성장기여도 비중	29	65.6	62.9	67.9	130.7

자료: 이덕재(2008), p. 46.

경제가 장기적인 저성장, 저소비, 고실업이 보편화되는 이른바 '뉴노멀(새로운 정상)' 시대에 접어들었다고 주장하고 있다. 해외시장에 깊이 의존할 수밖에 없는 한국의 성장체제는 안팎으로부터 전에 없는 성장 저하의 압박을 받게 될 것으로 보인다. 저성장이 보편화되고, 여기에 승자독식의 시장경쟁논리인 '신자유주의(neo-liberalism)'가 결합되면서 고도성장에 맞춘 경제적 삶의 풍경은 크게 바뀌게 된다. 고령화, 저투자, 저생산성, 소득 양극화, 실업, 저소비 등이 저성장의 정상화 시대에 통용될 주요 경제언어가 될 것 같다. 2008년 글로벌 경제위기 이후 한국 사회가 직면한 부동산 시장 위축은 저성장이 정상인 시대로 나아가는 초입에서 목격하는 새로운 풍경의 하나일 뿐이다.

4. 저성장의 도시화

그렇다면 저성장은 도시라는 공간에 어떠한 영향을 끼치고, 그 결과 도시공간은 어떠한 변화를 겪을까? 우리는 그동안 고도성장시대만 살아왔기 때문에 저성장이 어떠한 사회경제적 의미를 갖고, 어떠한 공간적 변화를 초래하는지에 대해 쉽게 상상하지 못한다. 그러나 선진국의 경험을 보면, 저성장과 공간의 변화가 어떠한 관계에 있는지를 어렵지 않게 그려볼 수 있다. 가령, 미국은 1970~1980년대 산업화 주기가 바뀌고 경제성장이 둔화되면서 동부의 도시(예: 디트로이트)들이 급속히 쇠락하는 반면, 신산업을 중심으로 새로운 성장도시들(예: 오렌지카운티)이 서남부 지역에서 떠올랐다. 일본도 1980~1990년대의 장기불황과 거품붕괴로 글로벌 도시로서 도쿄의 위상이 추락하는 가운데 지방 중소도시나 교외 신도시의 쇠퇴 현상이 두드러졌다.

이렇게 보면 우리나라에서도 저성장의 그림자가 국토의 여러 군데에 이미 깊숙이 드리워져 있음을 알 수 있다. 1998년 환란 이후 성장률이 3~4%대로 떨어지면서 수도권 도시로 경쟁력 있는 인구와 경제활동이 집중되면서 지방 중소도시 전반, 그중에서도 원도심의 쇠락이 가장 두드러지게 나타나고 있다. 특히 인구 20만 소도시의 경우 10개 중 9개가 지속적인 인구유출을 겪을 정도로 도시쇠락의 '쓰나미(지진성 해일)'가 들이닥치고 있다(조명래, 2010c). 대도시에서도 재개발이나 재건축의 부진 속에서 도심 기개발지(주거지역, 공업지역 등)의 불량화가 빠르게 진행되고 있다(조명래, 2008a, 2008b, 2009a). 2008년 글로벌 경제위기를 거치면서 기업도시·혁신도시·수도권 신도시·경제자유구역 개발, 도심 대규모 역세권 개발, 뉴타운 개발, 새만금 지역개발 등 대형 토건사업들이 대부분 표류하면서 전국의 도시개발 풍경이 심대하게 바뀌고 있다. 경기도 택지개발을 보면, 대개 한국토지주택공사가 벌이는 사업으로, 향후 5년간의 개발 예정 면적이 지난 30년간 개발한 것보다 1.8배 넓고, 여기에 인구 300만 명이 수용될 예정이지만, 최근 들어 개발수요 급감으로 대부분 중단 또는 축소될 전망이다. 이에 따라 취등록세 감소로 인한 지방재정의 약화, 택지공급의 축소로 인한 주택 등 도시 인프라 건설의 한계, 개발 예정 지역의 자산 가치 하락으로 인한 지역경제의 위축 등과 같은 현상이 이미 나타나고 있다(조명래, 2011).

이 모두는 한국 경제가 고도성장에서 저성장 패턴으로 바뀌면서 나타나는 공간 변화의 양상이다. 그동안 우리에게 익숙했던, 늘 성장하고 개발하는 도시의 모습은 빠르게 사라지고, 대신 노후화에 따른 '쇠퇴 도시'의 풍경이 빠르게 확산되고 있다. 저성장에 따른 공간 변화는 성장기 경제활동의 둔화로 이를 담아내던 도시공간이 위축되거나 재편되는 모습으로 나타나고 있다. 한국의 경제성장률이 지난 20여 년간 3분의 1로 줄어들었으니 공간(특히 토지주택) 개발의 수요도 그만큼 줄어들고 있다. 실제로 1998년 환란 10년째인 2008년, 글로벌 금융위기를 겪으면서 개발거품이 본격적으로 빠지기 시작하면서, 앞서 언급했듯이 전국의 개발 풍경이 급속도로 바뀌고 있다. 이는 비단 신규 개발사업이 부진한 현상뿐만 아니라, 기개발지, 특히 구도심 지역이 빠르게 쇠락하는 현상도 포함한다(국토해양부, 2008).

현대사회에서 도시공간은 사회경제적 활동과 그 관계의 구축에 의해 구성되어 생겨난다. 고도성장기에는 이러한 활동들이 활발하게 분화·확장되기 때문에, 이를 담아내기 위한 공간의 수요가 증대하면서 도시공간의 창조(건설)와 개조(정비)가 다채롭게 이루어진다. 새로운 활동을 담아내기 위해 토지이용이나 도로체계를 지속적으로 확충하고, 이것으로도 모자라면 외곽에 신도시를 계획적으로 건설해 넘쳐나는 도시 인구와 기능을 수용하는 방안 등은 성장기 도시 관리의 전형적인 방식이다. 도시공간을 구성하는 물리적 요소들인 토지, 주택, 사무실 건물, 공공시설, 인프라 등은 도시생활을 돕기 위한 활동과 기능을 담아내는 것으로 배열된다. 하지만 이를 건조해내기 위해서는 엄청난 양의 자본이 지속적으로 투입되어야 한다. 이렇게 조성된 결과, 도시의 건조환경(built environment)은 단순히 도시생활의 편리를 돕는 구조물의 집합체를 넘어 사회적 잉여자본(예: 유동자본)을 끌어들여 특정 형태로〔예를 들어 금융자본(예를 들어 은행대출금)과 부동산 자본(예를 들어 주택매입금)의 결합 형태〕 저장하는 축적의 공간체제로까지 기능한다(조명래, 2001).

따라서 고도 경제성장이 계속되면, 그에 비례하여 도시공간은 부동산 자본 등의 형태로 전환된 '조형된 토지와 건물'들로 빽빽이 들어찬 우람한 건조환경으로 변모한다. 사회적 잉여자본이 자본순환 과정을 통해 누적적으로 투입된 결과, 고도성장의 후반기에 이르면 건조환경은 상대적으로 과잉화된다. 부동산 가격 폭등, 부동산 투기 붐, 부동산 대출금 혹은 프로젝트파이낸싱(금융자본과 부동산자본의 결합)의 급증, 대규모 부동산 개발의 난립 등은 건조환경의 과잉화에 따른 현상이다. 이 상태는 성장 속도가 현격하게 떨어지는 경기후퇴 단계까지도 일정하게 계속된다. 따라서 경제성장이 둔화되는 시점, 즉 경기 위축으로 저성장이 시작되는 시점과 토지주택의 거품이 빠지고 개발사업이 지지부진해지는 시점 간에 일정한 시차가 있다.

이러한 시차는 생산과 소비활동을 통해 잉여자본(예: 적립자본, 저축금)이 생산되는 단계와 생산된 잉여자본이 금융자본 혹은 부동산 자본의 형태로 전환되어 건조환경을 생산해내는 단계 사이의 시간적 간극을 말한다. 현실에서는 경기가 위축되고 있지만, 이를 부양시키기 위한 인위적인 개발정책에 의해 건조환경(특히 토지주택)의 개발 붐이 일정 기간 지탱되기에, 양 단계 혹은 시점 사이에 시간적 간극이 발생한다. 하지만 이 같은 시차에도 경기 위축이 지속되면 건조환경의 거품은 결국 빠지게 된다. 가령 한국의 경제성장률은 2000년대 들어 지속적으로 낮아져 저성장 경향을 뚜렷이 보였지만, 토지주택의 개발 붐은 정부의 개발정책(특히 참여정부의 균형개발정책)에 힘입어 2006~2007년 고점(peak)에 도달할 때까지 지속되다가 2008년 글로벌 경제위기를 맞아 거품이 꺼지고 개발수요가 급락했다(조명래, 2011).

저성장시대가 되면, 경제활동 둔화로 공간개발의 수요가 급감하고, 소득 감소로 공간(예: 토지주택)에 대한 소비자의 구매력이 줄어들고, 산업구조가 바뀌면서 기존 공간의 유용성이 떨어지는 반면 새 산업을 위한 공간 수요가 대두하는 등의 변화로 고도성장기 동안 부풀려진 건조환경의 가치는 빠르게 빠져나간다. 이를 건조환경의 탈가치화라 부를 수 있다. 부동산 가격 하락, 부동산 거래의 위축, 미분양 적체(공급과잉), 건설투자의 위축, 건설사 부도, 부동산에 기반을 둔 가계자산의 축소 또는 파산, 빈 사무실의 확산, 부동산 담보 대출의 부실화 등은 모두 건조환경이 탈가치화하는 현상이다. 이 현상이 더 진전되면 오래된 고밀도 주거지나 시가지가 급격하게 노후화되고, 도시산업의 사양화로 생산적인 인구와 관련 활동이 빠져나가 도시 전체가 종종 방기되기도 한다(예: 미국 디트로이트). 도시경관의 이 같은 황폐화는 서구의 많은 도시가 1970~1980년대에 실제 겪었던 것이다.

5. 저성장 도시의 패러다임: '고도성장 후 도시' 대 '대안성장의 도시'

저성장은 자본 운동이 약화되는 것이지 중단되는 것은 아니다. 자본 운동이 약화되면 사회경제 활동의 속도와 밀도가 떨어지면서 경제 전반의 성장 속도가 둔화된다. 그 결과 고도성장에 맞추어진 생산 및 소비 방식, 고용관계, 산업구조 등은 점진적으로 해체되어 저성장에 조응하는 것으로 재배열된다. 이는 나아가 도시공간 내에 구축된 기존 계층·소비·산업공간의 지각 변화를 불러온다. 고도

성장에 맞춘 기존 공간이 해체되면서 저성장을 담아내는 새로운 공간의 등장은 바로 이러한 지각 변화를 반영한다. 구도심, 전통적 중산층 지역, 구산업 지역의 쇠퇴가 전자와 관련된다면, 외곽, 신중산층 지역, 신산업 지역의 등장은 후자와 관련된다. 이는 저성장이 단순한 경기후퇴나 개발경관의 쇠락 현상뿐만 아니라, 새로운 성장 방식 혹은 성장 패턴으로의 이행이라는 국면도 함께 가지고 있음을 뜻한다. 저성장에는 고도성장 방식의 해체 내지 쇠락이라는 모습과 신성장 방식으로의 전환이라는 모습이 과도기적으로 겹쳐 있다. 양 측면은 서로 힘겨루기를 통해 일정 기간을 경과하면서 어느 한쪽으로 기울게 된다. 만약 전자가 자연스럽게 더 우월하게 지탱되면 저성장은 도시를 전면적으로 쇠퇴시켜, 선진국이 경험한 도시의 방기까지 이어질 수 있다. 반면에 정책 개입 등에 힘입어 후자가 더 우월하게 지속되면 고도성장하의 도시문제들이 해소되면서 '좋은 도시(good city)'로 이행하게 된다.

고도성장에서 저성장으로 전환되는 과정에서 나타나는 도시공간의 변화는 이렇듯 이중적이고 모순적이다. 기존 공간의 해체와 새로운 공간의 출현이란 두 공간의 경향성이 힘겨루기하는 형상이 곧 저성장에 연동된 도시공간 변화의 실체다. 이는 과도기적인 현상으로 공간의 탈가치화와 재가치화의 동시화를 통해 일련의 이항 대립적 공간들을 출현시킨다. 성장 공간 대 저성장 공간, 탈성장 공간 대 재성장 공간, 위기의 공간 대 기회의 공간, 기존 공간 대 새로운 공간, 교환가치의 공간 대 사용가치 공간 등과 같은 대립적 공간의 켜들이 중첩되어 있는 것이 저성장 도시의 '공간적 결(texture)'이다. 저성장은 이렇듯 사회경제적·공간적으로 위기(후퇴, 쇠퇴, 쇠락)이면서 동시에 기회(등장, 발전, 대안)를 만들어준다. 저성장이 고도성장의 쇠퇴로 굳어지느냐, 아니면 고도성장의 한계를 극복하면서 대안적 방식의 성장으로 이어지느냐에 따라 도시의 패러다임은 크게 달라진다. 대별한다면, 과도기 저성장의 도시는 '고도성장 후 도시' 대 '대안성장의 도시'의 패러다임으로 나눌 수 있다.

'고도성장 후 도시'는 고도성장의 부정적 결과이자 후유증이 계속 남아 있음으로써 다양한 위기의 증후군에 휩싸여 있는 도시로서의 특징을 갖는다. 이 경우 저성장의 도시는 '쇠퇴 도시' 그 자체다. '쇠퇴 도시'는 경제활동이 위축되면서 공간수요가 급감하고, 시가지 정비의 중단으로 도심이 빠르게 슬럼화되며, 도시 소비 감소로 도심 상권이 몰락하는 등의 모습을 보인다. 또한 고용관계와 소득분배의 악화로 계층 및 공간 구조가 양극화되는 추세 속에서 부동산에 기반을 둔 중산층 몰락으로 도시의 사회구조 전반이 해체되는 현상이 나타난다. 재정수입 감소로 공공재정 운영이나 공공 주도 개발사업에 어려움이 발생하고, 개발사업을 둘러싼 도시 정치는 후퇴하는 대신 도시 회생을 빌미로 도시정책 전반에 시장주의 혹은 기업가주의가 득세한 결과 도시의 공공성이 현저히 약화된다.

반면 저성장을 기회로 하여 대안적 성장 방식을 강구하면서 고도성장의 후유증을 슬기롭게 극복하면 쇠퇴로 치닫는 도시는 더 살기 좋은 정주지로 거듭날 수 있다. '고도성장 후 도시'와 견줄 때 '대안성장의 도시'는 양적 개발과 확장보다 질적 재생과 정비에 우선하는 성장 방식을 내부화하는 것을 중요한 특징으로 한다. 그래서 대안성장의 도시에선 개발수요의 감소를 도시의 질적 관리를 강화하는 계기로 삼고 성장 속도가 느려지면서 발생한 여유 공간(예: 토지)과 자원을 활용해 성장기 도시에서 결여된 도시의 문화, 환경, 복지 중심의 도시 활성화(urban gentrification)가 이루어진다(조명래, 2010a). 또한 부동산 가격 하락을 계기로 서민 주거 안정을 도모하고 커뮤니티 재생 방식으로 도심을 재정비하며 사회적 기업 등의 육성을 통해 사회경제 부문(예: 커뮤니티비즈니스, 사회서비스 등)이 활성화되어 도시의 사회적 통합성과 공공성이 크게 향상된다. 이와 함께 토건적 개발정치가 점차 민주적 문화정치로 바뀌면서 도시 민주주의도 크게 확장된다.

두 가지 도시 패러다임 중에서 어느 쪽으로 저성장이 귀결될지는 도시 주체들(지자체, 시민, 기업 등)이 저성장이라는 현상을 어떻게 인식하고 어떠한 대안적 방식으로 도시의 새로운 질적 성장을 이끌어 가느냐에 달려 있다. 분명한 것은 누구도 저성장시대의 도시가 '쇠퇴 도시'로 전락하는 것을 원치 않는다는 점이다. 그렇다면 저성장시대를 맞이하여 우리가 취해야 할 도시 패러다임은 결국 '대안성장의 도시'라고 할 수 있다. 저성장을 단순히 양적 성장의 둔화로만 받아들이지 않고 성장 방식을 질적으로 바꾸는 계기로 삼아 새로운 성장체제를 적극적으로 구축하게 되면, 이는 곧 대안성장의 도시 패러다임을 구현하는 것이 된다. 대안성장의 도시가 새로운 지배적 패러다임이 되기 위해서는 고도성장에 맞춰진 도시발전의 유제를 청산하면서 대안적 성장 방식을 강구해 도시의 새로운 질적 발전을 이끌어내는 이중 전략이 필요하다. 즉, 토건적 개발이익 추구에 우선하는 도시개발제도 전반을 과감히 개혁하고 성장연합에 의해 포획된 도시 통치체제를 자유롭게 하며, 동시에 사람 중심의 질적 성장을 위한 도시발전의 소프트웨어를 규칙화하면서 개발재원의 민주적 배분이 이루어지는 혁신적 거버넌스 체계를 구축하는 것 등이 저성장 도시를 '대안성장의 도시' 패러다임으로 연착륙(soft landing)시키는 도시전략의 예가 된다.

대안성장이 보편화되는 저성장의 도시를 우리는 '저성장이 안정화되는 도시'라고 부른다. 양적 성장에 의존하는 도시발전의 방식을 청산하고 질적 성장을 통한 사람 중심의 도시 발전이 안정화되는 도시를 지칭한다(조명래 외, 2010). 좀 더 구체적으로 말하면, 저성장이 안정화되는 도시는 옛 모습과 새 모습이 겹치면서도 새 모습으로 점차 안정화되는 도시라고 할 수 있다. 가령 '개발 도시'에서 '탈개발 도시'로, '건설의 도시'에서 '정비의 도시'로, '성장의 도시'에서 '재생의 도시'로, '산업 도시'에서 '탈산업 도시'로, '고밀도 선호 도시'에서 '저밀도 선호 도시'로, '집적의 도시'에서 '네트워크 도시'로, '생산가치 우선 도시'에서 '분배가치 우선 도시'로, '용적률 논리의 도시'에서 '공동체 논리의 도시'로, '개발업자가 만드는 도시'에서 '도시생활자가 만드는 도시'로, '강남만 있는 도시(일극 도시)'에서 '강남·북이 공존하는 도시(다극 도시)'로, '관료적 자치의 도시'에서 '시민자치의 도시'로 전환이 마무리된 도시가 곧 '저성장이 안정화되는 도시' 모습이다. 말하자면, 고도성장의 흔적을 지우면서 질적 성장이 이루어지는 도시의 모습으로 거듭나는 것이 곧 '저성장이 안정화된 도시'다. 이는 달리 말하면 '대안성장의 도시'가 저성장시대 새로운 도시 패러다임으로 자리 잡게 되는 것을 뜻한다. 여기서 관건은 저성장 도시를 어떻게 안정화하느냐이다.

6. 저성장시대 도시정책의 조건

고도성장(개발주의) 시대의 도시문제를 어떻게 다스리고, 저성장시대 새로운 도시발전의 동력을 어떻게 만들어내며, 도시사회를 어떻게 민주적으로 만들어 가느냐에 따라 저성장 도시의 실제 모습은 달라진다. 이는 저성장 도시의 안정화를 위한 도시정책의 문제다. 그렇다면 저성장시대 도시정책은 어떻게 운용되어야 하나?

첫째, 저성장시대를 맞이하여 도시정책은 변동기 도시문제의 구조를 정확히 진단하고, 해당 도시가 지향해야 할 적정 저성장 도시모델을 찾아 이를 구현하는 데로 정책자원을 집중해야 한다. 이를 위해 정책 당국은 고도성장의 향수에 젖어 저성장 자체를 성장의 한계나 경기침체로만 인식하면서 과거식 개발정책을 인위적으로 강구하는 것을 최대한 경계해야 한다. 대신 저성장을 고도성장의 한계를 넘어서고 후유증을 치유할 기회로 삼으면서 대안적 방식의 성장을 통해 건강한 도시발전을 도모한다는 정책적 판단을 적극적으로 하는 것이 저성장시대 당국이 해야 할 올바른 역할이다.

둘째, 저성장시대 도시정책을 올바르게 펴기 위해서는 선진국 경험을 적극적으로 벤치마킹할 필요가 있다. 그러나 역시 쟁점은 선진국의 어떤 정책 경험을 어떤 측면에서 배우고 활용하느냐다. 가령, 신자유주의 지구화 시대에 조응한 첨단 도시정책 사례들이(예: 대도시 입지 규제의 철폐, 국제 금융자본 유치를 통한 도시경쟁력 강화 등) 변동기 한국 도시의 재활성화 정책에 반드시 유의하고 적실한 함의를 준다고 할 수 없다. 왜냐하면 역사적 맥락 혹은 도시발달의 단계가 다르기 때문이다. 선진국 경험 중에서 벤치마킹할 부분은 크게 두 가지다. 첫째, 1970~1980년대 산업화 사이클이 바뀌면서 선진국들 대부분이 직면했던 도시의 쇠퇴 문제를 어떻게 극복했느냐다. 서구의 1970~1980년대는 케인스주의 복지국가가 후퇴하던 시대였던 만큼, 도시 쇠락의 문제를 주로 신자유주의식 도시정책으로 타개했기 때문에 현 단계 한국 도시에 그렇게 적실하지 않을 수 있다. 그러나 쇠퇴 도시의 재흥과 재생을 위한 다양한 이론적·정책적 시도들은 저성장시대 한국 도시의 문제를 해결하는 데 적잖은 정책적 시사점을 제공한다. 둘째, 도시의 경제, 환경, 복지, 자치 등의 문제를 극복하기 위해 선진국들이 어떠한 대안적 제도들을 마련했는지에 관한 것이다. 이를테면, 자본주의 시장모델의 한계를 넘어서는 '사회적 기업'을 다양하게 육성해 도시경제를 재활성화하거나 진보적 혁신자치제를 도입해 관료적 위임 자치제의 한계를 극복한 선진국 경험은 대안적 성장 방식을 통한 도시 패러다임의 전환을 모색하려는 한국의 도시정책에 소중한 본보기가 된다(조명래, 2010b).

셋째, 저성장시대 도시정책은 개발주의 도시 패러다임을 넘어서는 새로운 도시 패러다임을 구현하는 데 최대의 역점을 두어야 한다. 이를 위해서는 우선 고도성장에 맞추어진 기존 정책기조와 부동산 개발이익 창출에 의존하는 개발방식이 과감하게 청산되어야 한다. 이를 전제로 하여 도시의 질적 발전으로 이끌어내는 대안적 성장 방식이 다양하게 강구되어야 한다. 성장보다 분배, 생산보다 복지, 양보다 질, 하드웨어보다 소프트웨어, 정부보다 시민, 공급자보다 수요자, 통치보다 참여 등의 요소들을 정책수단으로 엮어 도시의 경제, 사회, 문화, 정치의 질적 변화를 이끌어내는 것이 곧 기존 성장 방식을 실질적으로 대체하는 것이다(조명래, 2009d).

넷째, 저성장시대 도시정책은 고도성장시대를 넘어서는 정책의제를 다양하게 발굴하여 제도화해야 한다. 여기에는 경제, 토지주택, 교육, 문화, 생태환경, 재정, 자치 등과 같은 의제들이 주로 포함되지만 개발주의의 요소를 탈색하는 것이 중요하다. 가령, 도시산업경제와 관련해서는 탈산업화와 재산업화의 동시적 추구, 도시형 산업의 육성, 고용복지의 구현, 도시의 질적 경쟁력 강화, 대자본-중소자본 간 이익의 공유, 민주적 노사협력, 사회적 기업의 육성 등이 검토할 만한 정책의제들이다. 토지주택과 관련해서는, 개발이익의 공유화, 공동체성을 구현하는 도시개발, 참여형 도시개발, 지속가능한 공영개발의 제도화, 도시계획제도의 민주화 방안 등이 고려할 만한 정책의제다. 복지와 관련해서는, 보편적 복지를 전제로 교육, 일자리, 사회서비스를 커뮤니티 단위에서 통합하여 전달하는 다양한 의제의 발굴이 필요하다. 교육과 관련해서는, 양적 성장시대에 맞추어진 기능인력 공급 중심의 교육제도 개편, 경쟁 논리에 복속된 교육의 상품화 극복, 장인교육·인성교육·지식교육을 통합하는 대안교육제도의 도입, 교육자치의 민주화 등이 주요 정책의제로 다루어져야 할 것이다. 문화와 관련해서는, 문화공동체 육성을 통한 도시의 인간성 회복, 문화재흥전략의 도입, 공동체 단위 문화예술의 활성화, 시민생활 일체형 문화예술 육성, 지역문화의 자원화와 지역주민을 문화생산자로 만들기, 사회적 약자의 문화 향수권 확대 등이 정책의제로 다룸 직하다. 생태환경과 관련해서는, 도시개발의 환경비용(탄소배출 등)의 산정, 저탄소 녹색도시의 허와 실에 대한 진단과 평가, 생태환경용량 내의 도시개발, 생태도시계획의 제도화 등이 정책의제로 포함될 수 있다. 재정과 관련해서는, 중앙-지방재정관계의 재정립, 토건재정의 축소, 복지재정의 확충, 지방세원의 확충, 민주적 참여예산제의 제도화, 지방재정권 확충 등이 검토할 만한 정책의제 후보들이다. 도시자치와 관련해서는, 도시권의 제정, 혁신자치제의 도입, 커뮤니티 자치의 강화, 주민참여제의 다양화, 자치단체 간 협력 강화, 지역정당제의 도입 등이 검토할 만한 정책의제들이다.

다섯째, 저성장시대의 도시정책을 본격적으로 확산시키기 전에 한국적 성공사례를 발굴해 널리 소개할 필요가 있다. 지방선거를 통해 진보적 인사들이 지방자치에 대거 참여하면서, 이들을 중심으로 한 대안적 정책 프로그램들이 쏟아져 나오고 있다. 이들 중 선도적이고 모범이 될 만한 성공 사례를 모아 그 성과와 한계를 분석해 소개해준다면, 후발 지자체들이 벤치마킹하는 데 적잖은 도움이 될 것이다. 성공 사례의 발굴과 소개는 정부 당국의 몫이면서 연구기관 혹은 학계의 몫이다. 이를 위해서는 정부와 관련 학계가 공동으로 참여하는 '저성장시대 새로운 도시 패러다임과 정책 방안'에 관한 연구 프로젝트가 국가적 차원에서 반드시 수행되어야 할 것이다.[9]

---

9) 이와 관련하여 정부가 내놓은 두 개의 연구보고서(건설교통부, 2002; 국토해양부, 2008)가 있지만, 모두 한국 경제의 구조적 '저성장'에 관한 배경 설정 없이 기존 성장 기조를 바탕으로 도시의 새로운 발전 방안들을 제시하고 있다.

참고문헌

건설교통부. 2002. 『21세기 도시정책 방향』.

국토해양부. 2008. 『미래도시정책방향 수립연구』.

김창근. 2006. 「한국경제의 장기침체 원인: 경제의 금융화인가, 신자유주의 구조조정의 결과인가?」. 경상대학교 사회과학연구원 엮음. 『한국자본주의의 축적체제 변화: 1987~2003』. 도서출판 한울.

이덕재. 2008. 「국민경제와 지역경제 선순환구조 형성방안 모색」. 2008년 국회연구용역보고서.

조명래. 1999. 『포스트포디즘과 현대사회 위기』. 다락방.

______. 2001. 『현대사회의 도시론』. 도서출판 한울.

______. 2006. 『개발정치와 녹색진보』. 환경과생명사.

______. 2007. 「지속불가능한 토목도시의 문제와 과제: 부산 영도고가도로를 중심으로」. 부산 환경운동연합 주관 토론회 발표문(2007.7.14).

______. 2008a. 「뉴타운사업의 논란과 전망: 뉴타운 정치학?」. 참여연대 주관 "뉴타운사업 이대로 좋은가"에 관한 토론회(2008.4.23) 발제문.

______. 2008b. 「인천의 변신은 무죄인가?: 최근 인천도시발전의 빛과 그림자」. 세얼재단 주최 조찬강연 발표문(2008.7.9).

______. 2009a. 「과천시 도시정비의 쟁점과 올바른 방향」. 과천시민토론회 발제문(2009.7.11).

______. 2009b. 「왜 우리는 초고층에 열광하는가」. 부산 환경운동연합 주관 "부산의 지역재생형 공간으로의 재탄생을 위한 시민토론회"(2009.8.25) 발제문.

______. 2009c. 『세계화: 되돌아보기 넘어서기』. 환경과생명사.

______. 2009d. 「한국 도시개발의 비판적 성찰」. "세계지속가능도시포럼" 기조 발제문.

______. 2010a. 「문화적 도시재생과 공공성의 회복」. 부산발전연구원 주관 "공공예술/건축/디자인 세미나" 발제문.

______. 2010b. 「보수독점 지방자치의 평가와 진보적 지방자치의 과제」. 한신대학교 평화와 공공성센터 주관 "국사회의 재구성을 위한 지방정부의 시대적 역할과 과제" 발표문.

______. 2010c. 「한반도의 도시화와 지방의 운명」. ≪황해문화≫, 겨울호.

______. 2011. 「경기도 택지개발의 문제: 진단과 대안」. 경기도의회 주관 "제1회 경기도시주택 포럼"(2011.2.25) 발제문.

조명래 외. 2010. 「사람 중심, 행복한 도시만들기를 위한 정책과제」. ≪충남리포트≫, 제44호.

하비(David Harvey). 2007. 『신자유주의: 간략한 역사』. 최병두 옮김. 도서출판 한울.

제1부

진단과 방향

제1장

21세기, 좋은 도시의 조건

정준호 | 강원대 부동산학과 교수

1. 한국 도시의 새로운 도전

2010년 한국의 도시(동 지역)에 거주하는 비율을 나타내는 도시화율이 82.1%로 2000년 79.7%에 비해 2.4% 증가하여 도시로의 인구 유입이 지속되고 있다(통계청, 2010). 사실상 삶의 정주공간으로서 도시를 제쳐두고 우리의 삶을 기획하거나 조망할 수는 없다. 도시를 사고하는 것은 전국의 삶을 성찰하는 것과 다를 바 없다.

1980년대 고속성장 시기에 '선성장 후분배' 담론과 '정의사회' 구현이라는 슬로건이 우리 앞에 다가왔던 적이 있다. 1987년 민주화 10년 후 우리는 외환위기의 구렁텅이에 빠졌으며, 그러한 약속은 부도수표로 처리되는 것으로 보였다. 우리의 살림살이는 예전보다 더욱더 힘들어졌으며 국민들이 체감하는 사회정의는 여전히 가까이하기엔 먼 당신이다. 성장을 한 후에 분배하겠다는 암묵적인 국민적 동의는 성장-분배 간의 인과적인 선후 관계에 관한 격렬한 논쟁을 거치면서 우리의 시야에서 사라진 듯 보였다. 성장을 통한 낙수효과(trickle down effect)만이 지속가능한 분배를 가능케 한다는 성장 집착증이 오히려 강화된 듯하다. 이는 외환위기 이후 사회 양극화로 인한 더욱더 각박해진 세태와 연관이 있다.

하지만 지난 지방선거 당시의 무상급식 논란과 복지 포퓰리즘에 대한 논란은 성장-분배의 프레임을 성장-복지의 프레임으로 대체하여 복원시켜놓은 듯하다. 고령화로 인한 베이비 붐 세대의 노후보장 불확실성, 비정규직의 확산으로 인한 삶의 불안정성의 증폭, 각종 자연재해로 인한 위험사회의 징후들이 우리 앞에 나타나면서 부도 처리된 듯했던 재분배와 복지 프레임이 우리의 뇌리에 각인되고 있다. 특히 경제성장 기조가 저성장 추세로 기울어지면서, 그리고 성장의 과실이 아랫목까지 전달되지 않는 상황에서 복지 포퓰리즘에 대한 논의는 뜨겁다. 보편적 권리로서의 복지와 잔여적 시혜로서의 복지 프레임이 각을 세우고 있는 형국이다.

다른 한편으로, 외교부 장관 자녀의 공무원 특채 파문은 한국 사회에서 공정과 정의에 대한 근본적인 물음을 던지고 있다. 소위 '끼리끼리'의 문화에 대한 반감, 외국인 노동자의 유입에 따른 다원성 가치의 재고, 성차와 같은 차이의 존중, 개인 권리에 대한 자각 등이 봇물처럼 터져 나오고 있다. 이명박 정권 초기의 촛불 시위는 이러한 국민들의 열망을 보여주었다. 각종 개인적 권리는 법적 소송으로 이어져 개인적 시시비비로 형해화되어 공동체 구성원의 소임이나 도덕적 의무로 확장되지 못하는 딜레마가 있기는 하지만, 권리에 대한 새로운 각성이 일어나고 있다.

이처럼 1980년대의 프레임이 상이한 맥락에서 부활되고 있는 듯하다. 정의와 분배는 1987년 민주화 이후 여전히 해결되지 않은 미완의 과제이다. 투명성과 책임성에 기반을 둔 교환적 정의와 몫의 정당한 배분을 의미하는 분배적 정의를 달성하기 위한 제도적 틀을 구성하는 이중적 과제가 한국 사회, 아니 한국 도시에 던져져 있다.

이러한 이중적 과제의 인식과 그 해결 방안에 대한 상이한 입장이 제기되고 있다. 저성장 추세로 치닫고 있는 한국 경제의 여건에서 분배적 정의를 충족시키는 것은 여간 쉽지 않은 과업이기 때문에 여전히 과거 물적 요소의 투입에 의한 성장 이데올로기가 호명되고 있다. 성장만이 늘어나는 복지에 대한 지속가능한 해결책이며, 환율 개입을 통해 재벌 주도의 수출주도형 성장전략을 고집하며 다양성과 이질성을 억압하는 강력한 리더십의 복원을 요구하는 보수적 입장이 있다. 다른 한편으로, 외향적인 보수의 성장론이 더 이상 유효하지 않다는 가정하에 정의와 복지 문제를 국민들의 참여와 권리의 확대로 인식하여 우리 안의 개방을 통하여 국가와 시장 간의 중간 고리로서 사회적인 것, 즉 시민사회를 활성화하겠다는 진보적 입장이 있다. 이는 다양성과 차이가 용인될 수 있는 제도적 채널을 구축하고 이에 능동적으로 참여하여 억압과 배제를 벗어나 연대성의 기반을 확장하는 것과 일맥상통한다.

2. '좋은 도시'의 문제 설정

최근 한국 사회의 시대정신은 리얼한 것(the real)의 회복, 즉 진정성과 마이클 샌델의 저서 『정의란 무엇인가』의 대중적 열풍에서 보듯이 정의로 요약되는 것 같다. 그는 정의(옳음)를 좋음(선)의 문제와 연관시키면서 가치의 문제를 제기하고 공동체의 의미를 성찰하고 있다. 그는 정의를 개인의 권리와 재분배의 문제만이 아니라 공동체의 구성원으로서의 도덕적 책임과 결부시키고 있다. 그렇다면 도시공간의 맥락에서 '좋음'이란 무엇을 의미하는가? 이러한 문제 설정이 과연 미래의 한국 도시의 조건에 유용한 시사점을 제공할 수 있는 것인가?

지리적 실체로서 도시는 한국 인구의 약 80% 이상이 삶을 영위하는 정주공간이다. 도시는 나의 정체성을 형성해준 역사적 실체로서 영역(territory)이다. 나의 삶은 도시를 구성하는 이야깃거리의 일부로 존재한다. 마이클 샌델의 논의를 빌리면, 나는 원하든w 그렇지 않든 간에 도시 공동체에 빚을 지고 있다. 그 빚을 자각하고 갚는 과정에서 필요한 권리와 재화를 구성하고 만드는 것이 시민적 소양이자 도덕적 의무이다. 이는 좋은 도시를 구성하는 인식의 지층을 형성한다.

그렇다면 우리가 열려 있는 도시 공동체 구성원의 자격을 갖추기 위해 마땅히 필요한 것은 무엇인가? 도시계획가 프리드먼(J. Friedmann)은 '좋은 도시(good city)'의 물적 요건으로 주택, 보건의료, 괜찮은 일자리, 약자에 대한 사회서비스를 제시한다(Friedmann, 2000). 이 외에도 우리의 경우 환경과 교육 등이 주요한 물적 기반으로 추가될 수 있을 것이다. 하지만 좋은 도시는 이러한 물적 요건을 갖추었다고 해서 저절로 형성되는 것이 아니다. 그에게 좋은 도시란 이러한 영역에서 다양한 행위자들의 참여와 의사결정을 이끌어내고 엮어내는 거버넌스의 구성을 통해 인간의 유용한 발전(human flourishing)과 다원성(multiplicity)의 기반을 다지는 것이다.

도시에는 부와 가난, 더러움과 장관, 성공과 실패 이야기가 병존한다. 고급빌라와 슬럼가의 상반된 대비는 이를 극적으로 표현한다. 이처럼 도시는 단일 실체가 아니라 모순과 다양성이 뒤섞여 있는 멀티플렉스(multiplex)와 닮은꼴이다(Amin and Graham, 1997). 하지만 도시는 다양한 삶이 영위되는 공유된 공간(shared space)이라는 점에서 우리의 정체성 형성과 연대성의 영역적 기반이 된다.

경제 지리학자 아민(A. Amin: 2006)은 연대성을 확장하는 것이 좋은 도시이고, 이는 4R(Repair, Relatedness, Rights, Re-enchantment)을 갖추고 있어야 한다라고 말한다. 도시는 상·하수도, 주택, 전기, 가스, 통신, 감시기술(예: CCTV), 의료, 용도지구제 등 근대적 인프라 기술의 집결체이다. 이는 도시생활을 지원하고 사회조직의 근간을 형성한다. 도시 인프라에 대한 민주적 통제, 보편적 접근, 위험에 대한 예방적 기능의 수행, 즉 도시 인프라의 유지·보수·정비(repair)는 좋은 도시를 만들기 위한 첫 번째 요건이다. 사회적 약자에 대한 배려와 외부의 타자에 대한 무조건부 환대(hospitality), 즉 보편적 돌봄(care)을 통해 '사회적 우리'를 형성하는 관계성(relatedness)이 좋은 도시의 두 번째 요건이다. 시민적 자유를 제약 또는 확장하는 도시 질서의 공론장에 대한 동등한 참여를 보장하는 권리(rights)가 좋은 도시 만들기의 세 번째 요건이다. 기념비적인 경관의 심미적인 아름다움과 도시계획 차원의 거대 프로젝트의 시행을 통한 황홀경(enchantment)의 만끽보다는, 다양한 사회 모임을 통한 차이의 조정과 협상 기술(skill)과 즐거움 간의 결합을 의미하는 새로운 황홀경(re-enchantment)의 만끽이 좋은 도시의 네 번째 요건이다.

이처럼 좋은 도시는 공간 경험의 공유를 통해 다원성과 차이가 억압이 아니라 모든 이를 위한 도시(the city for all)의 접착제가 되는 것을 일컫는다. 그렇다면 좋은 도시는 이상적인 유토피아인가? 그렇지 않다. 이는 경제적 혁신의 원천이 될 수 있다(Amin and Graham, 1997). 혁신은 다양성과 갈등의 아나키적 속성에서 발원하는 것이 아니다. 그렇다고 도시 전반을 관통하여 특정 사회적 의제를 부각시키는 거대 프로젝트의 수행에서 발생하는 것도 아니다. 이는 영역적 소속

감에 기반을 둔 다양성과 차이를 엮어내는 집합적(collective) 환경에서 발생한다. 예를 들면, 경제지리학자인 스토퍼(M. Storper)는 도시를 단순히 근대적 의미의 기계로 볼 것이 아니라, 다양성과 이질성의 접합, 즉 상이한 행위 주체들 간의 통섭과 소통이 가능한 대면접촉(buzz)의 장으로 바라볼 것을 주문하고 있다(Storper, 1997). 최근 유행이 되고 있는 창의 도시(creative city)도 이러한 맥락에서 자리매김이 되는 것이다. 좋은 도시의 문제 설정은 정치, 경제, 사회, 문화, 복지 등에 대한 총체적인 이해를 요구하고, 이들 다양한 영역들 간의 조정과 차이를 엮어내는 거버넌스의 중요성을 강조한다. 소프트웨어적인 요소투입에 의한 새로운 성장패러다임은 기존 물적 요소투입에 의한 성장의 제약을 넘어서며 공공재를 만들어내는 것을 의미한다(정준호, 2010). 따라서 경제는 사회적인 것에 착근되고, 이들 간의 경계는 사실상 무너진다.

이러한 문제 설정은 또한 다양성과 이질성을 배제하여 형식화될 수 있는 단순한 몫의 분배를 넘어선다. 그 대신에 이들 간의 소통과 연계를 통해 개별 경험의 영역적 공유를 구성하기 위한 일련의 실험을 함의한다. 따라서 이는 내부적인 차원의 사회적 개방의 확대와 심화라는 효과를 가지며, 외부와의 연계를 부정하지는 않지만 극단적인 외향 지향성을 거부한다. 지역 연고에 대한 집착에 대해서는 경계심을 늦추지 않는다. 도시공간은 보수와 진보 모두에게 아성과 보루가 될 수 있는 기회가 동시에 열려 있다.

3. 한국 도시의 상태

한국 도시의 상태는 여러 가지 각도에서 조명될 수가 있다. 신산업의 거점, 새로운 소비양식의 공간적 표상, 거대한 자산 축적의 장으로서의 대도시에 관한 담론들이 학계와 정책 당국자들 사이에서 유행하고 있다. 이를 반영하듯이 세계은행(World Bank))은 경제활동의 공간적 집중은 필연적이며, 경제성장에 유익하다고 주장하고 있다(World Bank, 2009). 또한 대도시권 전략을 경제활동의 밀도를 높이고, 경제주체와 시장 간의 거리를 줄이고, 자연, 문화, 정책 관련 장벽에 따른 지역 간의 분할을 제거하는 정책수단으로 제시하고 있다. 이는 도시에 대한 개발주의적·기업가주의적인 사고와 연결된다.

다른 측면에서는 도시는 정주공간이기 때문에 우리 삶의 정체성을 형성하는 영역 공동체이다. 여기서는 삶의 다양한 사회·문화적 차원의 이야기가 순환하고 소통한다. 이는 도시의 또 다른 차원으로 공동체 구성원으로서 우리의 권리와 자격을 성찰할 수 있는 인식론적 기반이기도 하다.

그러한 의미에서 거시적인 차원에서 한국 도시들의 상태를 이해할 필요가 있다. 이를 위해 한국 경제의 성장 추세와 대도시의 경제구조를 살펴보는 것은 도움이 된다. 그리고 좋은 도시의 프레임에서 한국 도시의 현황을 지도화하여 들여다보는 것도 도시 간의 비교와 향후 과제와 관련하여 의미가 있을 것이다.

한국 경제의 성장 추세와 대도시 경제의 공간구조

2010년 현재 우리나라 국민은 약 80% 이상이 도시에 거주하고 있다(통계청, 2010). 또한 (World Bank, 2009)도 생산의 3/4가 도시에서 수행되고 있다고 지적하고 있다. 따라서 한국 도시의 상태를 살펴보는 작업은 전체 국토의 현황을 들여다보는 것과 대동소이하다. 기본적으로 국민경제의 성장구조와 밀접한 관계를 맺고 있기 때문에 한국 경제의 성장 패턴과 공간구조를 우선 살펴보자.

한국 경제의 성장 추세는 둔화되고 있다(<그림 1-1> 참조). 1986~1988년 3저 호황 이후 일부 변동이 있기는 하지만 대체적으로 하향 추세이다. 특히 외환위기 이후 그 변동이 심하다. 이러한 추세와 광역대도시의 그것은 거의 유사하다. 특히, 서울의 성장률은 1990년대 초반 이전에는 국민경제의 그것보다 상회했지만 그 후에는 하회하고 있다. 이는 국민경제의 성장 추세가 도시 및 지역경제에 강한 구속력을 행사하고 있음을 시사한다.

전국 대비 GRDP의 누적 성장률 지수[1)]를 보면 광주를 제외하고 한국의 주요

---

1) Blanchard and Katz(1992)가 사용한 방법을 원용하여 전국 대비 지역별 누적 성장률 지수를 계산했다.

<그림 1-1> 주요 광역대도시의 경제성장률 추이

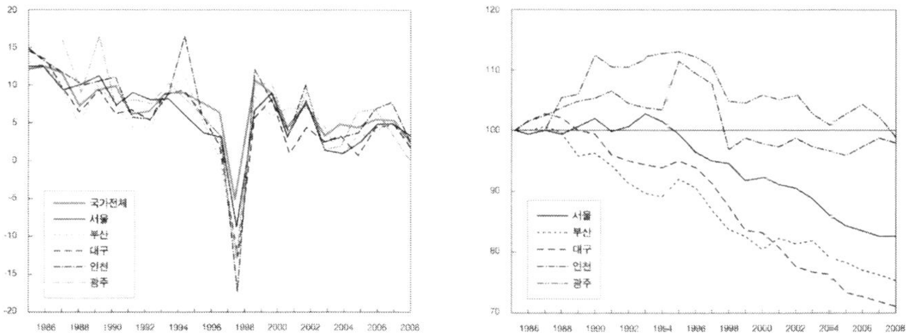

실질 G(R)DP 성장률(%)　　　GRDP의 누적성장률 지수

주: 광주의 경우 기준연도가 1987년이고, 다른 대도시의 경우에는 1985년임.
자료: 통계청(http://www.kosis.kr).

대도시의 성장 추세는 전국 평균보다 하회하고 있다. 서울, 부산, 대구는 1990년대 초반 이후 전국 평균 이하의 성장을 거듭하고 있으며, 인천의 경우에는 그 추세가 외환위기 이후 나타나기 시작했다. 특히, 부산과 대구의 하향 성장 추세가 가장 두드러진다. 주지하는 바와 같이, 이는 1980년대 이후의 신발과 섬유산업의 구조조정 이후 경제의 새로운 성장동력이 나타나지 않은 것에 기인하는 바가 크다. 광주의 경우 전국 평균보다 그 성장 추세가 상회하지만, 1990년대 중반 이후 그 추세는 한풀 꺾여 하향세이다. 이러한 점에서 보면 한국의 주요 대도시의 성장 추세는 1990년대 중반 이후 전반적으로 하향세라고 요약해도 무방하다.

이처럼 경제의 상대적 저성장 추세와 더불어 외환위기 이후 지역 간 격차가 심화되고 있다(<그림 1-2> 참조). 예를 들면, 생산 측면의 지역 간 격차를 나타내는 1인당 GRDP의 인구가중 변동계수는 1990년대 중반 이후 줄곧 매우 가파르게 상승했다. 지역 간 격차를 나타내는 지표인 인구가중 변동계수의 값이 1985년 0.173에서 1995년 0.119로 다소 감소했으나, 그 이후 반전하여 2008년 0.434로 매우 가파르게 증가했다.

이러한 지역 간 생산력 격차는 현행 산업의 지리적 분포를 반영하고 있다(김종일, 2008). 즉, 수도권, 충남·북, 전남, 울산, 경남 등에 전기·전자, 자동차, 반도

<그림 1-2> 지역 간 격차와 수도권의 누적 성장률 지수 추이

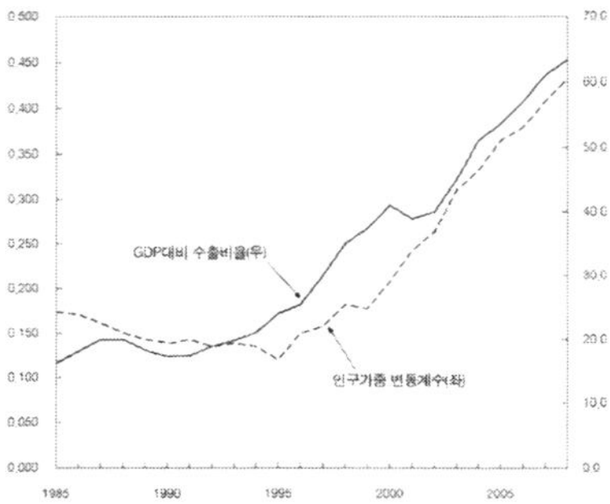

1인당 GRDP

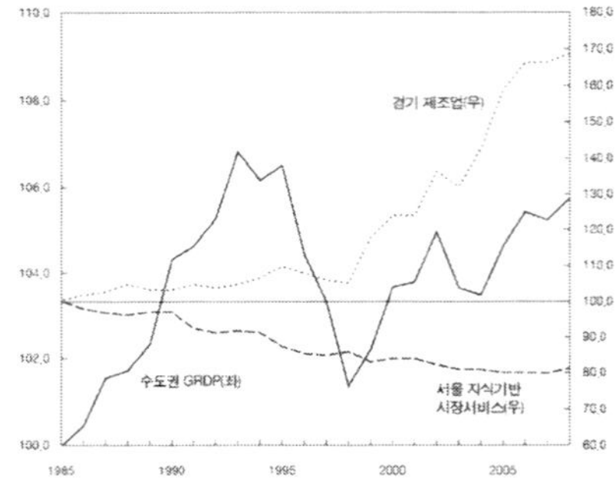

지역 전체 및 산업별 추이

주: 지식기반시장서비스업은 정보·통신, 부동산·임대, 금융·보험, 그리고 사업서비스업의 합으로 구성되어 있음.
자료: 정준호(2010), 통계청(http://www.kosis.kr).

체, 석유화학산업, 조선산업 등 가공조립과 기초소재 산업들이 집적되어 있으며, 이들 산업은 외환위기 이후 수출주도형 경제성장의 견인차 역할을 수행해왔다. 여기서 주목할 만한 사실은, 한국 경제에서 내수 비중이 가장 높았던 1980년대 중반과 1990년대 중반 사이에 지역 간 격차가 다소 완화되었다는 점이다. 이는 한국 경제에서 내수 비중의 확대가 대외 경기변동에 따른 국민경제의 변동성을 줄여줄 뿐만 아니라 대내적으로 지역 간 격차를 완화시켜주는 계기가 될 수 있다는 것을 시사한다(정준호, 2010).

주요 대도시의 경우 1990년대 이후 부가가치의 창출이라는 점에서 도시의 의미가 퇴색하고 있다. 이는 기존 산업(예: 부산 신발, 대구 섬유)이 구조조정이 되고, 이들 산업이 고비용(예: 고지가 등) 구조로 인하여 주변 지역 또는 해외로 이전하는 것에서 비롯되었다. 예를 들면, 수도권 경제의 성장세를 뒷받침하는 것은 경기도의 IT, 전기·전자 등 가공조립산업의 기여라고 할 수 있는데, <그림 1-2>의 그래프에서 보는 바와 같이, 경기도 전체에서 벌어지고 있는 제조업의 상승세는 폭발적이다.

특히 서울의 부가가치 창출능력이 지속적으로 하락하는 것은, 선진국의 다른 대도시(예: 런던, 뉴욕 등)와는 달리 소위 지식기반서비스업의 부가가치 창출 능력이 떨어진다는 것을 함의한다. 서울 경제의 핵심을 구성해야 하는 지식기반서비스업의 경우 예상과는 달리 전국 대비 평균 이상의 성장세를 보여주지 않고 있다. 서울의 지식기반서비스업의 부가가치 성장이 상대적으로 크지 않은 것은, 아마도 서울에서 이 산업이 성숙되었거나, 아니면 다른 지역에서 이 부문의 성장세가 전국 평균을 상회했기 때문일 것이다.

하지만 이러한 추세는 한국 서비스업의 구조적 특성에서 기인하는 바가 크다(정준호, 2006). 지식기반서비스업의 시장경쟁구조가 불완전하다. 한국에서 지식기반서비스산업 자체가 독자적인 시장으로 기능하거나 활성화되지 않았다고 생각할 수도 있다. 예를 들면, 광고, 디자인, 기술·경영 컨설팅 등 주요 생산자서비스산업의 경우 재벌계 대기업이 시장을 좌지우지하는 경우가 많다. 이들 기업은 해당 재벌과의 준내부시장을 형성하여 시장거래보다 값싸게 서비스를 공급할 수 있다. 그리고 폐쇄적인 재벌의 경영구조와 비대한 기업 본사 기능도 이에 한몫하고 있다. 본사 기능 일부의 외부화가 늘어나지 않고, 이러한 부분이 있다고 하더라도 계열사를 통해 소화하기 때문에, 경제 전반에서 시장 확대를 도모하기 어렵다. 생산의 우회도 또는 사회적 분업이 확대되지 않아 새로운 일자리의 창출에 걸림돌이 되는 것이다. 다른 한편으로, 시장 투명성의 결여 등으로 지식기반서비스업의 부가가치 통계가 과소 집계될 수도 있다. 따라서 불완전한 시장경쟁구조, 시장 투명성 저하에 따른 과소 집계된 서비스 통계 등에 기인하여 서울의 지식기반서비스업의 성장세가 예상보다 크지 않다고 유추할 수도 있을 것이다.

도시는 생산의 거점이기도 하지만, 또한 소비의 메카이기도 하다. 인구와 고용 규모의 성장세를 통해 소비 거점과 다양한 삶의 조우(encounter)가 벌어지는 장소로서 도시의 역할을 검토해보자. 인구 규모의 경우, 인천과 광주를 제외하고 그 성장세가 1990년대 초·중반을 전후로 다소 꺾이고 있다(<그림 1-3> 참조). 인천과 광주의 성장 추세는 꺾이지 않고 있지만, 전자의 경우 1990년대 중반 이후 그 성장세가 정체 내지 횡보하고 있다. 후자의 경우에는 지속적으로 상승세를 이어가고 있다. 특히, 서울은 1990년대 초반 대규모 신도시 건설로 인하여 사람들이 주변 지역으로 빠져나감으로써 그 성장세가 다소 누그러졌다. 이는

<그림 1-3> 주요 대도시의 인구와 고용 누적 성장률 지수 추이

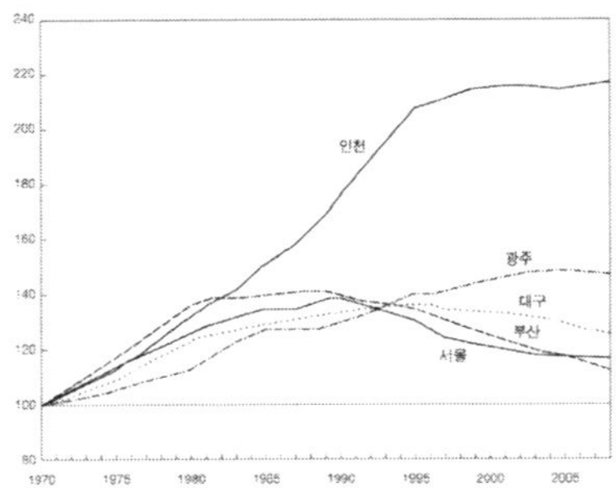

인구 누적 성장률 지수

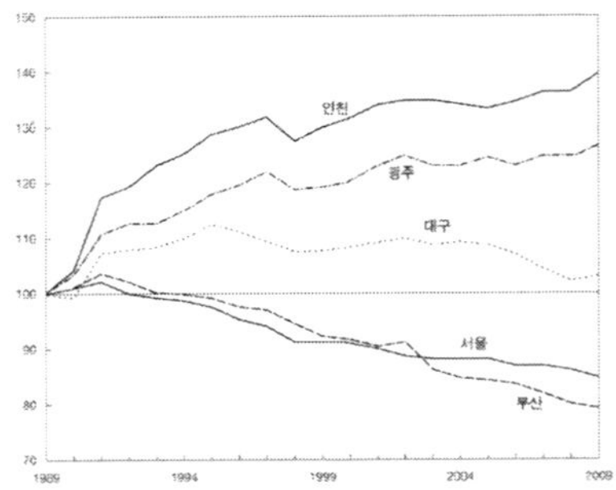

고용 누적 성장률 지수

주: 인구는 추계 인구 기준이고, 고용은 취업자 기준임.

자료: 통계청(http://www.kosis.kr).

다른 광역대도시의 경우에도 마찬가지이다. 서울을 비롯한 광역대도시와 인근 중소도시 간에는 광범위한 통근 패턴이 형성되어 있다. 하지만, 부가가치 창출 능력과는 달리, 주요 대도시 인구의 누적 성장률 지수 추이가 여전히 전국 평균 이상을 기록하고 있다는 점에서 과거와는 달리 인구 성장세가 주춤하고는 있다고 해서 대도시로의 인구집중이 완화되었다고 속단하기에는 이르다. 그 추이는 앞으로도 계속 지켜봐야 할 것이다.

도시는 다양한 일자리를 제공한다. 이는 다양한 삶이 서로 만나고, 그 모인 삶들이 새로운 것을 만들어낼 수 있도록 하는 물적 조건이다. 그것은 곧 도시의 존재 이유이기도 하다. 인천, 광주, 대구는 전국 평균 이상의 고용 성장세를 유지하고 있지만, 서울과 부산은 1990년대 초반 이후 계속적으로 전국 평균 이하의 하향 추세를 보여주고 있다. 인천과 광주는 지속적인 성장 추세이고, 대구의 경우 1990년대 중반 이후 그 성장세가 횡보 또는 하락하고 있다. 고용이 부가가치의 창출과 직접적으로 연관되어 있다는 점을 상기하면, 서울은 국민경제에서 그 역할에 부합되는 생산적인 역할을 제대로 수행하지 못하고 있다고 평가할 수 있을 것이다.

한편, 도시는 다양한 경제활동의 집결지인 동시에 그 결과인 부(wealth)의 축적을 공간적으로 표출한다. <그림 1-4>에서 보는 바와 같이, 서울을 제외한 주

<그림 1-4> 주요 광역대도시의 경제활동의 집중도 추이(%)

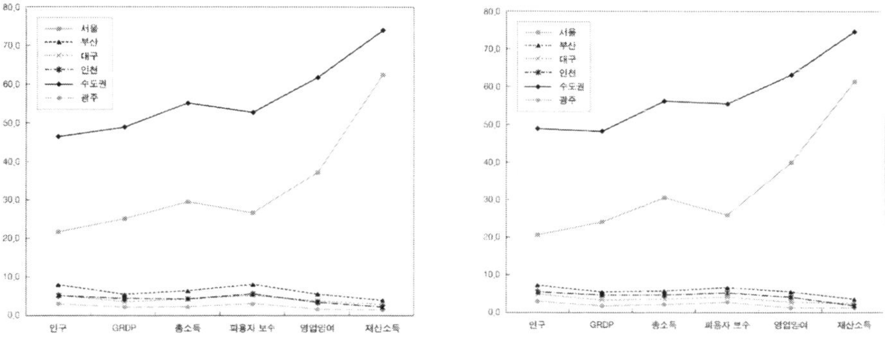

2000년　　　　2008년

자료: 통계청(http://www.kosis.kr).

요 대도시들은 전국 대비 인구비중에 걸맞은 생산력 수준(GRDP 비중)과 소득비중을 보여주고 있다. 하지만 서울의 경우에는 이와는 상반된 모습을 드러내고 있다. 서울의 경우 GRDP 비중이 인구집중도보다 약간 상회하면서, 소득 중에서 영업잉여와 재산소득의 공간적 집중도는 현저히 높다. 이 분야의 수도권 비중까지 합산하면 약 2/3가 수도권, 특히 서울에 집중되어 있는 셈이다. 서울의 생산성 수준은 다른 광역대도시보다 매우 높은 편은 아니다. 고부가가치산업으로 일컬어지는 지식기반서비스업체의 서울 집중도는 심한 것으로 알려져 있으나, 그 산업의 부가가치 총량은 크지 않아 생산성이 생각보다 높지 않다고 판단할 수 있을 것이다.

이자, 임대료, 배당소득 등 재산소득의 서울 집중도는 GRDP나 인구의 그것에 비해 매우 높으며, 그 비중은 2000년대와 비슷한 수준을 유지하고 있다. 이는 서울의 생산성에 비해 과도한 소득을 다른 지역으로부터 수취하고 있음을 시사한다. 기업 본사 등 구상과 실행 기능의 분리라는 공간분업(spatial divisions of labor)을 보여주고 있다. 이러한 상황에서 산업 입지 패턴과 그 소득 패턴 사이의 공간적 불일치는 서울과 나머지 지역 간의 정치·사회적 긴장을 유발하는 물적 토대로 작용한다. 이는 결국 서울과 나머지 지역 간의 불균형을 유발하는 주요 요인이 된다.

이러한 공간분업은 중심부가 행사하는 경제 권력의 문제를 제기한다(정준호, 2010). 시장 권력의 행사로 인해 특정 지역에는 금융과 지식기반서비스업에 특화되고, 나머지 지역에는 일반 제조업에 특화된 경우 중심 지역은 구상기능을 장악하여 경제 권력의 관제고지로서 기능한다. 생산의 입지적 적합성과 요구에 따라 지역 간의 구조적인 격차가 발생하는 것이다(Massey, 1979). 소득 원천지와 과세 징수지 간의 공간적 불일치로 말미암아 조세 수출, 즉 공간상의 조세 귀착 현상이 일어나 기업 본사가 밀집한, 예를 들면 서울 강남구는 다른 지역에 비해 조세 징수에서 막대한 편익을 향유한다. 또한 조세 수입이 지출을 능가하는 순재정편익이 수도권, 특히 서울에 집중되어 일극 중심의 공간 경제구조가 심화되고 있다(김정훈, 2003).

빈약한 지방재정과 가시적인 업적을 드러내 선거에서 유권자의 환심을 사기 위한 개발주의적 행태가 맞물려 이러한 공간분업의 재배치를 둘러싼, 예를 들면, 첨단 기업체나 대규모 개발사업을 외부에서 유치하기 위한 과도한 지역 간 경쟁이 발생함으로써 하나의 국민으로서 지역 간의 수평적 연대를 도모할 수 있는 물적 토대가 위협받고 있다.

좋은 도시의 프레임에서 바라본 한국 도시의 상태

전술한 바와 같이, 프리드먼은 좋은 도시의 물적 조건으로 '주택', '보건', '일자리', '사회서비스'를 제시하고, 이를 가능케 하는 시민적 거버넌스의 구축을 강조한 바 있다. 이러한 틀에 입각하여 한국 도시의 현황을 비교적인 시각에서 살펴보는 일은 한국 도시가 좋은 도시인가를 판단하는 데 도움을 줄 수 있을 것이다(Friedmann, 2000).

주택은 거주의 대상이자 소유의 대상이다. 이러한 양면성은 주택에 대한 이중적인 시각을 떠받친다. 이를 반영하기 위해 주거의 질을 나타내는 최저주거수준 미달가구 비중과 주택시장의 상황을 의미하는 아파트 가격의 증감률을 살펴보면, <그림 1-5>에서 보듯이, 지난 7년간 소비자물가 상승률은 약 3%인데, 이

<그림 1-5> 좋은 도시의 틀에서 바라본 한국 도시의 상태

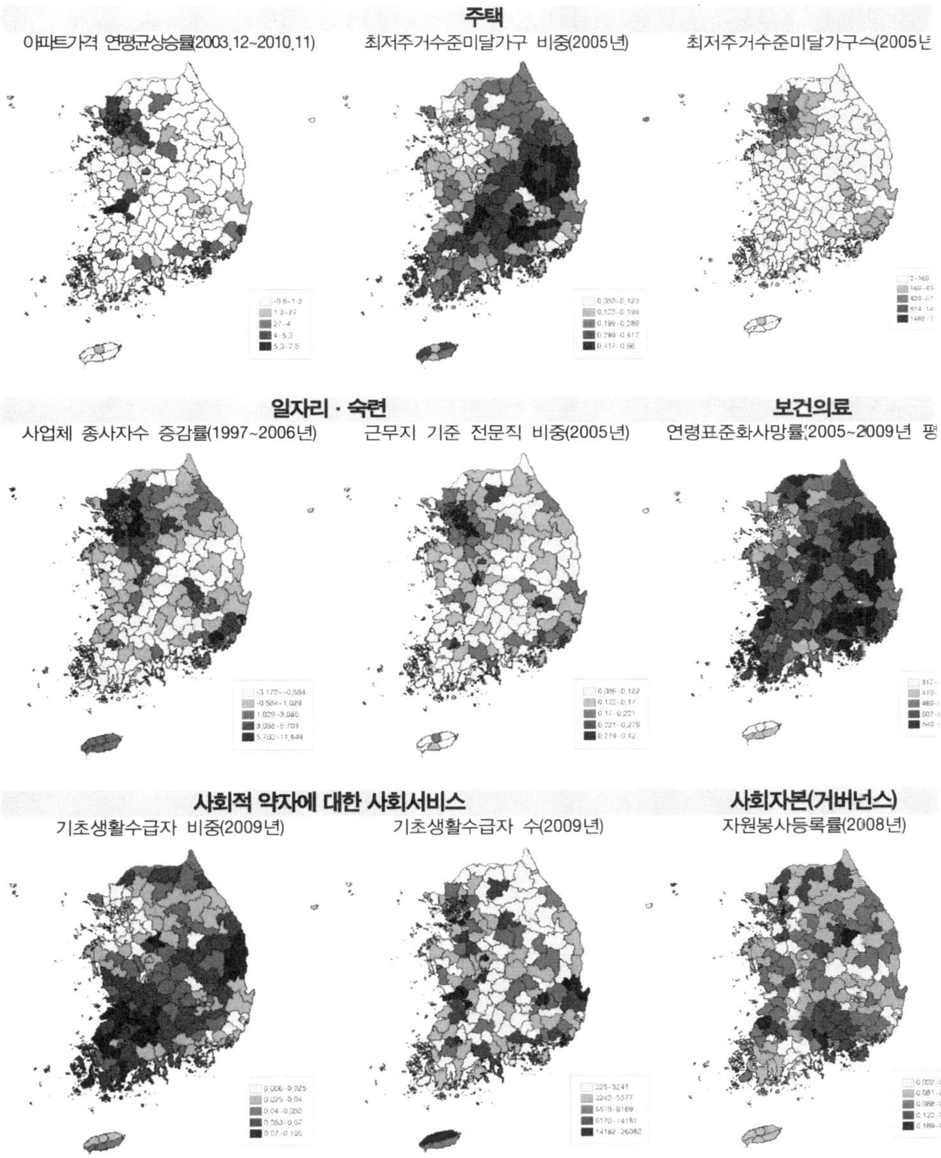

자료: 김혜승(2007), 통계청(http:/kosis.kr), 국민은행, 행정안전부, 보건복지부.

를 상회하는 아파트 가격 상승 지역은 주로 수도권, 영남권 일부, 광역대도시, 일부 행정 중심지 또는 각종 개발계획이 발표되거나 신규 산업단지 개발이 진행되는 도시들이다.

반면에 주거수준을 나타내는 최저주거수준미달가구 비중의 공간 분포는 이와는 상반된 패턴을 보여주고 있다. 소비자물가를 상회하는 아파트 가격 상승 지역의 경우 주거수준은 양호하다. 도시적 생활양식을 반영하는 최저주거수준미달가구의 통계 기준 자체가 농촌지역에 불리할 수밖에 없다는 점을 고려하면, 이는 수도권과 같은 대도시의 경우 신도시 건설이나 재개발·재건축 등으로 인하여 노후 불량주택이 상대적으로 감소했다는 것을 의미한다. 이러한 점에서 개발주의적인 하드웨어 중심의 도시환경 정비는 더 이상 유효하지 않다는 것을 시사한다.

그런데 이 지표의 절대치가 서울 강남 3구, 관악구, 고양, 시흥, 과천, 광명, 하남 등 서울 남부와 경기도의 도시들에서 높다. 이들 지역은 여전히 재건축·재개발의 수요가 많으며, 집값 앙등의 진원지 역할을 하고 있다. 수도권에는 주거환경이 열악한 가구가 적지 않아 여전히 이를 개선할 필요가 있지만, 주택가격 상승으로 이어지지 않아야 하는 집합적 혜안이 필요하다. 특히 인구감소, 고령화, 1인 가구의 증가 등으로 인하여 신도시 건설을 통한 대규모 주택공급도 여의치 않아 도시재생에 대한 수요가 급증하고 있다. 이러한 지역들은 그 대상 지역으로 거론되며, 최근 보금자리주택 건설 지역도 이와 상당 부분 겹치고 있다.

연령 표준화 사망률 지표를 통해서 보면, 보건의료시설이 열악한 농·산·어촌 지역에 그 수치가 상대적으로 높고, 특히 수도권 도시들과 일부 대도시의 경우 그 수치가 매우 낮다. 중소도시의 경우 대도시와 농촌의 중간에 위치하고 있다. 건강하게 장수하는 것이 사회적으로 널리 인정된다면, 도시 공동체의 구성원으로서 우리는 이를 보편적 권리로 받아들일 수 있다. 따라서 보건·의료서비스가 보편적인 서비스라면 어느 지역에서나 상관없이 이에 접근하여 혜택을 누릴 수 있어야 하는 공간적 형평성의 문제가 해소되어야 한다.

경제는 성장하고 있지만 고용은 이에 못 미치고 있는 '고용 없는 성장'이 한국 사회를 휘감고 있다. 이는 도시 차원에서도 마찬가지이다. 하지만 고용성장은 그 도시가 처한 지리적 위치에 따라 상이한 패턴을 보여주고 있다. 광역대도시권의 고용 상황은 상대적으로 괜찮지만, 지방 중소도시의 경우 그 사정이 심각하다. 그런데 강남지역을 제외한 서울 대부분 지역의 고용성장은 매우 정체되어 있으며, 수도권의 일자리는 경기도와 인천의 도시들에서 발생하고 있다. 하지만 외환위기 이후 수도권, 충청권 이북, 영남권의 도시들은 지속적으로 고용을 창출하고 있다. 이는 수도권과 영남권이 한국 산업의 양대 축을 형성하고 있다는 것과 동시에 서해안이 점차적으로 산업의 중요한 집적지로서 자리를 잡고 있다는 것을 반영하고 있다. 서해안 도시들의 산업도시화는 산업단지의 개발과 같은 정책적 노력, 고속도로의 개통과 같은 교통·통신 인프라의 개선, 수도권 규제에 따른 공간 인접성, 그리고 대기업 분공장의 입지 등에 기인하고 있어 서해안권의 도시성장은 기존 성장패러다임에서 비롯된 것으로 볼 수 있다. 이를 벤치마킹하려는 외생적인 지역발전전략과 맞물리는 개발주의는 지자체들 간의 입지 경쟁을 강화하여 기존 패러다임을 온존하려 한다.

일자리의 창출도 중요하지만 '괜찮은 일자리'라는 질적 속성이 지속가능한 도시성장에 의미를 갖는다. 지역 간 통근과 노동력의 이동성을 반영한 근무지 기준의 전문직 비중은 수도권과 충청권 이북의 도시들과 대전, 대구, 부산, 광주 등 광역대도시일수록 높다. 서울에는 고숙련 인적 자본이 상당한 정도로 축적되어 있지만, 일자리의 창출은 그에 못 미치고 있다. 이는 괜찮은 숙련 일자리는 서울에서 발생하고 있지만 그 규모는 크지 않은 대신에, 그 밖의 일자리는 그 밖의 도시들에서 창출되고 있다는 것을 의미한다.

도시는 재화와 서비스 생산의 중심지이다. 그러나 최근에는 전통적인 내구재 생산이 아니라 지식 기반의 재화와 서비스 생산의 중심지를 의미한다. 따라서 지식과 정보 투입요소를 탐색·해석·활용할 수 있는 고도의 숙련을 가진 인적자원의 축적이 필요하다. 도시는 정보와 지식을 탐색·창출·확산할 수 있는 이들 간의 대면접촉을 촉진하는 물리적·제도적 공간이다. 이러한 숙련 노동자들을 유인하기 위해서는 삶의 질을 담보하는 어메니티(amenity)가 필요하다. 이것이 최근 도시가 지식생산의 중심지로 부각되는 논리이다(Storper and Manville, 2006). 그러한 의미에서 인적 자본의 축적과 이에 따른 지속적인 일자리 창출, 그리고 쾌적한 환경의 조성은 도시의 지속가능한 발전을 위해서 필수적이다. 특히, 자본과 노동의 요소투입에 기반을 둔 기존 성장패러다임은 전술한 바와 같이 저성장 추세로 접어들어 그 수명을 다하고 있다. 경제의 성숙화, 기술 진보, 과잉 투자 등에 따른 설비 투자의 한계와 고령화로 인한 노동 투입의 제약은 이러한 요소투입과 투자주도형 성장체제가 지속가능하지 않으며, 지속적인 성장을 위해서는 인적 자본의 축적에 기반을 둔 내생적인 성장 기반을 갖추어야 한다는 것을 함의하고 있다.

좋은 도시는 모든 이에게 열려 있는, 참여를 수반하는 공간이다. 사회적 약자와 이에 대한 사회서비스의 제공은 도시 공동체의 구성원으로서 누려야 하는 권리로서 인정될 수 있다. 약자에 대한 사회복지서비스 제공의 대리지표인 기초생활수급자 비중의 공간 분포를 보면 도시와 농촌 간의 극심한 격차가 나타나고 있다. 대도시의 경우 그 정도가 상대적으로 낮고, 서남부 해안, 산간지역, 그리고 경북 북부의 농촌지역으로 갈수록 그 정도가 심하다. 특히, 수도권과 충청권의 도시지역에는 그 정도가 상대적으로 낮다.

그렇다고 해서 이것이 대도시에서는 이 부분에 신경을 쓸 필요가 없다는 것을 의미하지는 않는다. 기초생활수급자 수의 절대치가 수도권의 서남부 축에 있는 서울 강서구, 관악구, 인천 부평, 부천, 경기도 성남, 안산, 화성 등의 지역과 서울 북부지역의 서울 은평구, 강북구, 중랑구 등의 경우에 상당히 높다. 따라서 서울의 외곽지역을 중심으로 사회적 약자가 집적되어 있으며, 이에 대한 적극적인 사회복지서비스를 제공해야 할 필요가 있다.

주택, 일자리, 보건의료, 사회서비스는 좋은 도시를 구성하기 위한 물적 요건이기는 하지만 이것이 충분히 갖추어졌다고 해서 좋은 도시가 구성되는 것은 아니다. 도시 구성원들을 배제하고 않고 모두가 이러한 영역에서 자기의 권리를 행사하고 의무를 수행하는 참여의 거버넌스를 구축해야 한다. 이러한 거버넌스는 기존의 국가와 시장이라는 이분법 대신에 시장과 국가 사이에 다양한 사회적인 것이 존재한다는 것을 의미한다. 따라서 이는 사회자본의 축적과 긴밀하게 연관되어 있다.

사회자본은 최근 도시 담론에서 중요한 지위를 차지한다. 다양성과 이질성의 집합체인 도시가 좋은 도시가 되기 위해서는 이들 간의 조정(coordination)과 협상(negotiation)이 필요하다. 이를 가능케 하는 것이 신뢰이고 거리 근접성에 기반을 둔 대면접촉의 용이함이 이를 강화할 수 있는데, 이것이 도시공간의 특성이기도 하다. 사회자본의 개념은 집단 내 결속과 집단 간 교류를 동시에 고려한다. 여기서는 집단 간 교류를 반영할 수 있는 대리지표로 자원봉사등록률을 사용한다. 이는 상이한 사회집단 간의 교류의 장을 형성하고 사회 전반의 신뢰를 구축할 수 있다는 점에서 사회자본을 대리할 수 있는 구득 가능한 통계이다. 물론 이 지표의 적절성 여부에 대해서는 논란의 여지가 있다. 영국의 유사한 연구의 경우 사회자본의 대리지표로 지방선거 투표율을 사용했다(DETR, 2000). 하지만 이 지표도 우리나라의 특성상 많은 논란이 있을 수 있다.

사회자본을 대리하는 자원봉사등록률이 대체적으로 대도시의 경우 그 정도가 매우 낮고 상대적으로 지방 중소도시의 경우에 그 정도가 다소 높다. 따라서 대도시의 사회자본 축적이 미약하다고 판단할 수 있을 것이다. 하지만 서울의 경우에는 상이한 패턴이 나타난다. 서울 강남, 서초, 경기도 과천 등 소위 서울 강남권의 경우 사회자본의 축적이 다른 지역에 비해 떨어지지 않는다. 이 지역이 교육감 선거를 포함한 투표참여율이 상대적으로 낮지 않고, 서울의 공동세 추진이나 종부세 도입에서 집단적으로 강한 반대 의사를 표명하는 등 사회적 발언을 지속적으로 하고 있다는 것은 이러한 사실과 무관하다고 볼 수 없다.

4. 21세기, 좋은 도시의 조건에 대한 단상

좋은 도시의 프레임에서 한국 도시의 상태를 바라보면 대도시는 그런대로 괜찮고 지방중소도시는 그렇지 않다고 요약할 수 있다. 특히, 서울의 강남권은 좋은 도시의 요건을 갖추고 있다. 물론 이는 양적 지표에 기반을 둔 것이기 때문에 가치와 비전을 담고 있는 좋은 도시의 상을 충분하게 구현하고 있다고 볼 수는 없을 것이다.

대도시의 경우에도 절대적 수치를 보면 다양한 문제들을 안고 있다. 사회적 약자가 많고 주거문제도 심각한 실정이다. 그런데 신뢰와 참여를 나타내는 사회자본의 축적은 대도시에서 상대적으로 미약하여 공적 이해와 사적 이해 간의 간극이 있는 것으로 보인다. 반면에 지방 중소도시의 경우 전반적으로 열악한 상황인데, 일부 도시에 재벌계 대기업이 입지한 경우 그 이득의 일부를 향유하며 이로 인한 도시개발의 효과를 만끽하고 있다. 이에 따라 대기업 분공장과 대규모 개발사업의 유치가 여전히 다른 도시의 벤치마킹 대상이 되고 있다.

그렇다면 서울 강남권은 좋은 도시의 벤치마킹 대상이 되어야 하는 것인가? 서울 강남권은 기대에 못 미치는 고용창출이라는 점 외에 좋은 도시의 물적 요건을 잘 갖추고 있으며, 시민들의 정치적 참여와 의사표명도 소극적이지 않다. 물론, 서울 강남권 내부를 자세히 들여다보면 긴장과 균열이 존재한다. 공간적 스케일에 따라 각 도시의 위상이 상대적일 수밖에 없다는 것을 염두에 둘 필요가 있다.

1980년대 고도성장기에 정의와 분배가 화두로 제기된 적이 있었지만, 그것은 약 20여 년이 지난 2000년대에 저성장 추세 속에서 사회적 의제로 다시 부각되고 있다. 현재 우리에게 주어진 과제는, 이러한 의제들을 다루기 위해 국가가 위에서 과거처럼 물량 개입하는 것이 아니라, 모든 이들이 공동체 구성원으로서의 자격을 갖출 수 있는 물적 토대를 구축하고 이들이 이러한 과정에 참여할 수 있는 보편적 권리들을 구성하고 사회적 책임을 수행하는 것이다. 서울 강남권은 이러한 취지에 부합되는 벤치마킹의 대상인가?

서울 강남권의 부는 그 자체로 쌓아올린 것인가? 혹시 행운이나 우연, 그리고 다른 도시의 희생을 통해 성취한 것이 아닌가? 이 지점에서 소위 정의와 분배의 문제가 제기된다. 전술한 바와 같이, 서울 강남권은 고부가가치의 중심지와 고용창출의 진원지로 충분한 역할을 수행하고 있지 못하다. 하지만 대기업 본사와 생산공장 간 공간적 분리에 따른 소득 원천지와 과세 징수지 간의 공간적 불일치, 즉 조세수출이 발생하여 그 과실을 향유하고 있다. 그러한 부로 인하여 그 지역의 복지수준과 사회서비스 제공은 다른 지역에 비해 매우 양호한 편이다. 하지만 이 지역은 지역 간의 격차를 조정하는 수평적 재정조정의 일환으로 볼 수 있는 서울의 공동세 제도나 종부세 도입에 강하게 반대 의견을 표명한 바 있다.

이 제도가 가지는 사회 연대성의 확대에는 별다른 관심이 없는 것이다. 서울 강남권은 열려 있지 않은 도시공동체로서 다른 도시에 비쳐진다. 이런 의미에서 좋은 도시의 취지에 부합되지 않는다. 좋은 도시란 연대성의 확장을 의미하지 않았던가.

이처럼 서울 강남권은 타의 모범이 되는 좋은 도시의 전형을 보여주지 못하고 있다. 앞에서 지적한 사항은 그렇다 치자. 더욱더 큰 문제는 한국 경제의 중심지로서 새로운 성장체제의 가능성과 그 실험을 보여주지 못하고 있다는 점이다. 전술한 바와 같이, 지식기반산업의 혁신과 고용창출의 중심지로서 그 역할을 다하고 있지 못할뿐더러 재건축·재개발방식에 대한 혁신적인 접근을 보여주지 못하고 있다. 서울 강남권은 한국 사회의 공동체 일원으로서 그 역할과 기능을 다하고 있지 않다. 그러한 의미에서 좋은 도시의 모범이 아니다.

도시 경쟁력 강화라는 미명하에 맹목적 시장주의와 결합한 개발주의 담론 — 종종 거대한 교통 인프라 건설과 각종 이벤트의 개최 등으로 포장되는 — 을 오히려 강화하려는 시도들이 목격된다. 이는 도시를 상징적 스펙터클과 과시적 소비의 전시장으로 디자인하지만, 도시민에 대한 관심이나 배려가 없이 낯선 외부인(기업)의 유치에 대한 숭상만이 있을 뿐이다. 이러한 식의 도시 디자인이 지속가능한 도시성장을 뒷받침한다는 것이다.

이러한 개발주의 담론은 지식기반경제의 코드와 전혀 부합되지 않는다. 지식과 정보가 도시성장에 핵심적인 요소로 간주하는 내생적 성장론은 인적 자본의 축적과 숙련노동을 끌어들이기 위한 매력적인 어메니티를 조성해야 한다고 주장한다. 여기서 도시는 혁신의 장으로서 다원성(multiplicity)과 차이를 조정하여 엮어내는 집합적 환경으로 이해된다. 다양한 내·외부 행위자들 간의 조정과 이들의 역량을 일정한 방향으로 엮어낼 수 있는 인지적 프레임이 공유되어야 한다. 이는 행위자들 간의 신뢰, 즉 사회자본의 축적을 요구하고, 지리적 실체로서 도시는 공간적 근접성을 제공하며 이를 촉진한다. 따라서 하드웨어적인 투입요소보다는 소프트웨어적인 투입요소 간의 조합을 가능케 하는 제도적 환경이 중시되고, 관계적 자산의 의미가 부각된다(Storper, 1997). 이러한 의미에서 거버넌스의 구축이 핵심적인 과제로 등장한다. 환언하면, 내생적 성장론은 물적 요소의 지속적 공급의 한계에 따른 저성장 구도에 대항하여 지식이 내생적인 성장요소로 작용한다면 경제성장이 지속가능한다고 주장한다. 이를 바탕으로 선진국의 도시 담론은 이를 가능케 하는 지리적 실체로서 대도시를 부각하고 대도시의 관리를 경제발전의 성장동력으로 인식하는 저성장 추세 속의 경쟁력 담론이다(World Bank, 2009).

선진국의 경우 대도시의 부활이 논의의 초점이 되고 있지만, 한국의 대도시는 그것과는 전혀 다른 상황이다. 대도시, 특히 서울의 지식기반산업의 부가가치 창출능력이 취약하고, 여전히 한국 경제의 중추는 조립형 산업화의 경로를 가져가며 규모의 경제를 추구하고 있다. 지방의 거점 산업도시는 이러한 편익 중의 일부를 향유하고 있다. 그러나 그것의 장기 지속가능성은 여전히 미지수이다. 대도시, 특히 서울로의 조세수출이 발생하고 있는 상황에서 지역 간 갈등이 심화될 수 있는 여지가 크고, 각 도시가 자기 실정에 맞는 정책을 구사할 수 있는 재정 여력이 취약하다. 이는 지방자치의 역량을 축소할 수 있는 물적 조건으로서 작용한다. 또한, 대도시와 인근 주변 도시와의 관계는 실질적인 보완성이 아니라 침상도시로서의 형식적 보완관계를 이루고 있어 선진국의 광역대도시권의 동학(dynamics)과는 다르다. 현재 추진되는 광역 경제권 전략의 문제는 중소도시의 역량 확충에 상대적으로 큰 관심을 보이지 않고, 대도시와 인근 중소도시 간의 관계가 분명하게 설정되지 않고 있다는 것이다. 따라서 이는 규제 완화를 수반하는 수도권 육성의 논리로 귀결될 수밖에 없을 것이다(정준호, 2010).

우리나라의 도시에는 다양성의 경제를 활용한 기존 지식의 조합을 의미하는 슘페터적인 혁신을 이루기 위한 필요조건인 사회자본과 개방성, 삶의 질이 상대적으로 취약하다. 사회적으로 이질성과 차이를 용인할 수 있는 관용(tolerance)과 조정과 협상의 능력이 뒤떨어진다. 이러한 사회적 균열이 경제성장을 저해한다는 의미에서 이를 억압하는 일사불란한 강력한 리더십이 필요하다는 주장이 터져 나오기도 한다. 하지만 이는 지식기반경제의 경쟁력을 강조하는 지배담론의 입장에서 보더라도 적실성이 전혀 없다. 저성장구도하에서 다양한 행위자들 간의 참여와 상호작용을 수반하는 사회적 혁신에 기반을 둔 성장이 필요하다. 이는 도시를 구성하는 다양한 요소들의 총체적 결합을 가능케 하는 행위자들 간의 공유된 인지적 프레임과 제도적 환경에 기초한다.

전술한 바와 같이, 좋은 도시란 연대성의 확장, 즉 차이와 다원성이 공공성을 확보하기 위하여 동원되는 일련의 실험을 의미한다. 사회 정의, 돌봄의 윤리, 평등, 상호성의 원칙에 기반을 두어 시민적 공동체를 확장·심화하는 것이 좋은 도시의 요체이다(Amin, 2006). 따라서 집합적 비전을 창출하고 공공재를 제공하는 것이 공공기관의 주요 임무이다. 자기 완결적 공동체를 구성하거나 과시적 소비 스펙터클, 자산 버블을 통해 외부 이방인을 끌어들이는 전략은 진정한 의미의 좋은 도시를 구성하지 않는다.

따라서 좋은 도시를 만들기 위해서는 하드웨어적인 인프라의 건설, 즉 개발주의적 사고 대신에 다양성과 차이를 담보할 수 있는 소프트웨어적인 투입요소에 의한 성장이 가능하다는 사회 전반의 패러다임 전환이 요구되고 있다. 이러한 패러다임의 전환이 있어야 현재 도시의 성장 과정에 대한 진지한 성찰과 대안 모색이 가능할 것이다.

참고문헌

김정훈. 2003.『지방자치단체 순재정편익과 지역 간 균형발전에 관한 연구』. 한국조세연구원.

김종일. 2008.「지역경제력 격차에 관한 연구」. 고영선 엮음.『지역개발정책의 방향과 전략』. 한국개발연구원.

김혜승. 2007.『최저주거기준을 활용한 2006년 주거복지 소요추정 연구』. 국토연구원.

마이클 샌델. 2010.『정의란 무엇인가』. 이창신 옮김. 김영사.

정준호. 2006.「한국 서비스산업의 구조와 발전방향」. ≪동향과 전망≫, 제68호.

_____.「지역문제의 담론지형에 대한 비판적 검토」. ≪동향과 전망≫, 제78호.

통계청. 2010.「2010 인구주택총조사 잠정 집계 결과」. 보도자료(2010.12.28).

하토리 다미오. 2007.『개발의 경제사회학』. 유석춘·이사리 역. 전통과현대.

Amin, A. 2006. "The Good city." *Urban Studies*, 43(5/6), pp. 1009~1023.

Amin, A. and Graham, S. 1997. "The Ordinary city." *Transactions of Institute of British Geographers NS*, 22, pp. 411~429.

Blanchard, O. J. and Katz, L. F. 1992. "Regional evolutions." *Brookings Papers on Economic Activity*, 1, pp. 1~75.

DETR(Department for the Environment, Transport and the Regions). 2000. *The State of English Cities*. London: DETR.

Friedmann, J. 2000. "The Good city: in defense of utopian thinking." *International Journal of Urban and Regional Research*, 24(2), pp. 460~472.

Massey, D. 1979. "In what sense a regional problem." *Regional Studies* 13, pp. 233~243.

Storper, M. 1997. *The Regional World: Territorial Development in a Global Economy*. London: Guilford Press.

Storper, M. and Manville, M. 2006. "Behaviour, Preferences and Cities: Urban Theory and Urban Resurgence." *Urban Studies*, 43(8), pp. 1247~1274.

World Bank. 2009. *World Development Report 2009: Reshaping Economic Geography*. Washington D. C.: World Bank.

제2장

도시발전 패러다임 변화와 성장편익 공유 도시*

김용창 | 서울대 지리학과 교수

1. 저성장시대 도시 패러다임의 전환

현대의 도시는 거대한 동시에 생각할 틈을 가질 여유도 없을 만큼 빠르게 변하고 있고, 사람들은 바삐 움직이면서 역동적인 모습을 늘 보여준다. 그러나 도시는 사람들이 즐기며 정감 있게 사는 장소가 아니라 사람을 짓누르며 압도적으로 지배하는 소외와 불평등의 공간이기도 하다. 집의 형태와 크기는 거기에 사는 사람을 평가하는 잣대가 되기도 한다.

자본주의 도시는 사고팔 수 있는 수많은 공간으로 구성되어 있기 때문에 기본적으로 해당 도시와 국가의 경제적 크기와 성장 속도에 따라 발전 패턴이나 변화 정도가 달라진다. 가난한 경제와 도시에서 호화로운 아파트나 대규모 아파트 단지, 사무업무용 빌딩, 대형 백화점 등을 지어서 팔 수는 없다. 한국은 그동안 매우 빠르게 성장하는 국가였기 때문에 수많은 국토개발사업과 대규모 신도시 개발사업을 벌일 수 있었고, 개발한 도시상품을 팔 수 있었다. 그러나 앞으로도 이러한 발전모델을 계속 유지할 수 있을까? 성장 속도가 눈에 띄게 느려지고 있

* 이 글은 ≪공간과 사회≫, 제35호에 게재한 「새로운 도시발전 패러다임 특징과 성장편익 공유형 도시발전 전략의 구성」을 일부 수정·보완한 것이다.

고, 게다가 사회 불평등이 커지고 있으며, 세계 경제에 깊숙이 편입되어 있는 상황에서 우리의 의도와 상관없이 세계 경제의 불안정성에 더욱 휘말리고 있다. 그만큼 미래에 대한 낙관에 기반을 둔 거대한 도시개발을 계속 끌고 갈 수는 없는 상황이 된 것이다.

현대의 도시위기는 주로 전후 대량생산·대량소비체제에 토대를 두고 있는 도시개발 패러다임의 위기를 주로 지칭하지만, 이 체제의 대안이라고 본 이른바 유연적 축적체제에 기반을 둔 도시개발 패러다임도 마찬가지의 위기 요소를 가지고 있다. 최근 미국 서브프라임 위기에 따른 세계 경제위기와 도시위기는 현재의 금융, 소비, 생산 및 고용 부문에서 대규모 위험을 초래한 사회경제조직 모델 자체의 위기이기 때문이다.

이른바 저성장시대(slow urban growth)와 예기치 못하는 불안정성이 커지는 위험사회(risk society)에서 지금까지의 고속성장 도시발전 모델은 전환기를 맞이하고 있다. 그리고 현대 도시가 경제성장 일변도의 논리와 지나치게 밀접하게 움직이면서 인간적·자연적 정합성을 잃어버리는 상황에까지 이르면서 과연 이러한 도시 변화가 인류와 자연, 인류-자연관계, 사람-사람관계의 미래를 지속적으로 보장할 수 있는가에 대한 회의가 일고 있다. 그에 따라 고속성장 중심의 도시발전 패러다임을 바꾸어보자는 논의가 활발하게 이루어지고 있고, 대안적 발전모델들이 다양하게 나오고 있다.

2. 도시는 끊임없는 생성·소멸이 숙명

인류 역사에서 많은 도시가 태어났다가 소멸했듯이 현재의 모든 도시 역시 생성, 발전, 소멸의 과정에 있다고 할 수 있다. 현재 우리가 사는 도시도 마찬가지의 운명에 처해 있는 것이다. 도시화 과정은 자본주의 경제발전 과정의 변화만큼이나 형태와 내용 면에서 끊임없는 변화를 거친다. 현대 도시의 생애는 매우 다양한 모습을 띠지만 자본주의의 역사적 발전 단계나 도시성장의 외형적 형태를 중심으로 각 단계의 특징을 그려볼 수 있다.

<표 2-1> 자본주의 발전 단계와 도시 성격의 변화

특징	상업도시	공업도시	대량소비도시	기업가주의 도시
자본주의 단계	상업자본주의	경쟁자본주의	(국가)독점자본주의	초국적 자본주의
경제체제	지리적 가격 차이를 이용한 거래, 고리대금업, 중상주의와 상업자본, 무역차액주의와 식민지 확보	산업혁명, 기계제 대공업, 자유무역 제국주의, 잉여가치의 생산과 증식을 통제하는 생산자본	포드주의·테일러주의 생산방식, 대량생산·대량소비체제, 중화학 공업의 발전, 독점·금융자본의 역할증가	유연생산체계, 유연노동시장, WTO/FTA체제, 초국적 기업의 지배, 증권화와 펀드자본주의, 경제의 세계화와 지역화, 맞춤형 소비
정치체제	절대주의, 중앙정부역할 미미	자유방임주의와 중앙정부의 역할 증가, 지방사회주의, 영국의 정치적 역할	중앙정부의 강력한 역할, 조직자본주의, 미국의 정치적 역할과 냉전체제	중앙정부 역할 퇴조와 보수주의 정치체제, 탈조직 자본주의, 성장연합 도시정치
교통통신 수단	보행 도시, 우마차, 역마 교통	철도교통, 증기엔진, 전보, 운하	자동차교통, 내연 기관, 항공기	정보통신기술, 항공기, 네트워크 통신
도시발전 형태	2마일 이내의 도시반경, 엘리트의 도심부 거주, 토지이용 미분화, 창고와 해운 중심의 수변 이용, 도시위생 미비	도시의 배후농촌 지배, 공장의 집중, 토지이용의 전문화와 용도지역제, 도시계획의 시작, 별 모양의 도시성장 형태	거대도시의 출현, 도심쇠퇴와 교외화, 직주분리, 인종적·계급적 주거지 분화, 집합적 소비 수단, 원형 도시성장 형태	정보도시와 세계도시의 출현, 반도시화, 도시재생, 도시양극화와 측리스, 거대 프로젝트형 도시개발, 광역도시화

자본주의 발전에 따른 변화 모습을 구분한다면 상업도시, 공업도시, 대량소비도시, 기업가주의 도시 등으로 나눌 수 있다. 명칭에서 알 수 있듯이 자본주의가 어떻게 변해가는가에 따라 도시의 성격도 변한다는 것을 알 수 있다(<표 2-1> 참조). 우리가 흔히 말하는 대도시 발전과 대도시 생활은 제2차 세계대전 이후 자본주의 역사에서 가장 안정적으로 번창하던 이른바 포디즘 시기의 도시발전을 가리킨다. 이 모델은 소위 미국적 도시생활양식으로서 근대화의 상징이자 따라야 할 발전 모델로 오랫동안 주목을 받았다. 일상생활의 합리화와 대규모의 소비자 신용 및 대출을 바탕으로 대량생산 방식에 적합한 대량소비라는 미덕을 만들고, 자동차 교통에 기반을 둔 교외지역 거주의 중산층 생활양식이 삶의 목표라는 신화를 낳았다.[1)]

---

1) 미국의 경우 전형적인 주거지 선택 기준으로 ① 교외 입지와 설계, ② 단독주택, ③ 저밀도

그러나 1970년대 중반 경제위기 이후 대량생산·대량소비를 축으로 하는 사회경제체제가 붕괴하면서 도시복지서비스는 가능한 한 스스로 해결해야 하며, 쇠퇴하는 도시경제를 활성화시키기 위해서 민간 부동산 주도와 경제성장 중심의 기업가주의 도시발전전략을 추구하자는 논리가 각광을 받고 있다. 하지만 이 체제 역시 사회적 불평등만을 키우고 있고, 에너지를 너무 많이 소비하는 발전 모델이기 때문에 지속가능성을 상실하고 있다는 비판을 받고 있다.

한편 도시의 외형적 성장 패턴을 도시 생애주기 관점에서 구분하면 도시는 일반적으로 도시화, 교외화, 반도시화, 재도시화의 경로를 밟는다고 말한다(Antrop, 2004). 인구와 산업의 도시집중은 규모의 경제와 집적 이점을 만들어서 경제성장을 뒷받침하게 되는데, 이렇게 도시집중을 통해 이점을 지속적으로 만들어가는 과정이 도시화이다.

그러나 도시화의 지속과 도시집중은 교통, 환경, 주택, 생활의 질 등의 측면에서 부정적 결과를 낳는다. 그러한 부정적 모습이 커지면서, 도심부에 비해 주변부의 성장이 두드러지면서 지리적 분산이 나타나는 교외화 과정을 가져온다. 이러한 교외화 단계는 직장이 여전히 도심부에 있기 때문에 교외와 도심부는 계속 강한 연계를 갖는다. 그러나 교외지역 인구가 빠르게 성장하면서 도심부는 지속적으로 인구를 잃어간다. 기본적으로 대량생산체제에 기반을 둔 도시발전 단계로서 대규모 통근, 직주분리의 확대, 자동차 중심의 교통체계, 고차 서비스 기능의 도심부 집중, 도심부 인접지역 시가지(inner city)의 쇠퇴 등이 나타난다. 서울 대도시권을 비롯한 우리나라 대도시권도 역시 이런 과정을 경험하고 있다.

교외화를 통한 도시의 확장과 거대화는 각종 비효율을 낳으면서 대도시는 반(역)도시화(counter-urbanization)를 경험한다. 유연 노동시장의 형성과 다중직업, 스마트워킹(원격근무), 생활의 질에 대한 관심 증가, 친환경적 거주 여건에 대한 수요 증가 등의 사유로 대도시와는 거리가 떨어진 소규모 도시가 인구를 흡수하면서 대도시권 전체가 인구와 직업을 상실하는 단계가 도래한다.

근린지역 입지, ④ 자동차 이용의 편리함, ⑤ 이러한 기준에 부합하면서 가능하다면 값이 싼 주택 등이 있다. 특히 마지막 기준을 지나치게 선호한다.

마지막으로 도심부 인구가 다시 증가하는 재도시화(re-urbanization) 단계가 나타난다. 이른바 도시회생단계이며, 이 단계에서는 국가와 도시정부의 강력한 도시재생정책을 동반한다. 도시의 경제회복은 과거에 가장 먼저 도시를 떠났던 학력이 좋은 고숙련 전문계급의 재유입과 도심부의 회생을 가져오지만 비숙련 종사자의 경우는 도시회생 편익을 거의 누리지 못하는 양극화 문제도 커진다.

어떠한 도시발전 단계와 생애주기를 거치고 있고, 어느 단계에 해당하는지는 도시마다 다르다. 따라서 도시발전 계획은 좋은 것과 소위 첨단적인 것을 무조건 따라 하기보다는 개별 도시가 처한 단계를 먼저 검토하고, 그에 상응하는 정책을 추진하는 것이 바람직하다. 예컨대, 반도시화 단계에 접어들고 있거나 대량소비 생활양식에 대한 회의가 커지는 시점에서 무분별하게 교외의 대단위 개발사업을 추진하는 것은 시대적 흐름을 역행하는 정책으로서 개발 효과도 크지 않고 수명도 짧을 수밖에 없을 것이다.

3. 대안적 도시발전을 추구하는 패러다임들

제2차 세계대전 이후 도시발전 패러다임의 문제점

지금까지의 거대도시와 교외지역 성장은 실은 거대한 금융사기 시스템을 토대로 이루어진 것이며, 개발업자와 은행의 이윤, 그리고 토건업자, 건축업자, 대출브로커, 대금업자, 부동산중개인, 주택거래자의 이윤만을 약속하는 개발체제일 뿐이라는 비판을 받고 있다. 미래가 아닌 허황된 당장의 이익을 약속하는 것이 유일한 존재 이유인 이러한 도시발전체제에 대해 대안을 모색하는 것이 시급한 과제라는 것이다(Burkhalter and Castells, 2009).

이러한 비판을 받는 전후 도시화와 도시성장은 대량생산·대량소비체제를 뒷받침하기 위한 무분별한 도시 확장과 같은 모양의 공간설계, 부동산 개발주의였다고 볼 수 있다. 그러나 이러한 전후 발전모델은 제이콥스(J. Jacobs)가 '아무런 감각이 없는 거대한 황폐 공간'이라고 한 표현에서 단적으로 드러나는 것처럼 많은 만성적 병폐를 초래하고 있다. 크게 공간효율성, 생활양식, 환경 영향 측면으로 구분하여 병폐를 정리하면 다음과 같다(Litman, 2010).

먼저 공간이용 효율성 측면의 병폐는 자본축적 중심의 공간생산체계가 주기적 공황을 낳거나 강제적인 도시 생애주기 단축을 가져오면서 자원 및 공간 이용의 비효율성을 증가시키고 있다는 것이다. 개인 공간 극대화, 특색 없는 표준공간 생산과 과도한 경쟁논리의 지배는 공간생산의 무정부성, 과잉생산과 과소이용의 병존이라는 모순 상황을 낳고 있다.

- 배제주의 용도지역제에 따른 고밀도 복합용도 개발 저해, 고밀도 개발과 접근성이 양호한 지역의 개발에서 얻을 수 있는 이점을 충분히 향유하지 못하는 데 따른 조세정의와 재정효율성 달성 실패.
- 기능분리 중심의 토지이용 시스템, 장기 거주를 어렵게 하는 단조로운 주거양식, 장거리 사회경제활동을 유발하는 무분별한 도시 확장.
- 도시 내부지역에 산재하고 있는 과소이용 토지 재고의 효율적인 활용 실패.
- 시민 일반의 집단적 공간접근성 제고보다는 개별적 이동성(자동차 이용의 용이함)에 중점을 두는 교통시스템과 그에 따른 공공지출의 비효율성.
- 도시 간 경쟁 심화로 인한 지역사회 투자 감소 및 도시 지역사회의 주도권 상실, 시장의 무정부성에 따른 회수 불능 또는 고립적 투자의 증가, 도시정부의 공식적 지배구조를 벗어나는 초국적 도시권의 성장.
- 저밀도 교외주거지의 확산에 따른 새로운 서비스 공급 및 유지비용의 증가, 노후 하부구조의 교체비용 증가. 그와 동시에 도심부 쇠퇴지역의 경우 하부구조의 과소이용 초래.
- 공공서비스와 공공재화의 민영화 또는 민간자본 개입 증가에 따른 공공투자의 감소, 공공재 자금조달의 어려움 증가.
- 부동산개발업자 중심의 개발 사고에 따른 대저택(chateaus) 중심의 주택개발 증가, 토지 이용과 에너지 이용의 효율성 감소.

두 번째로 생활양식 측면에서는 개인 이동 중심의 도시구조와 거대자본의 개입 증가에 따른 거주지역에 대한 주민 통제의 감소, 장소성의 소멸로 인한 문화적 다양성의 퇴보, 소비 고객으로서의 위상만을 강조하는 이데올로기에 따라 평생 부채를 짊어지는 생활양식의 양산이 현대 도시생활의 또 다른 병폐라고 할 수 있다.

- 교통수단의 발달은 장소의 속박을 감소시켰으나 동시에 장소성의 상실로 도시 근린지역의 황폐화와 고립화를 초래. 장소와 근린지역이 시장 주도 경제구조에 따라 시장성(거래가능성)만을 강조하는 단순 상품으로 전락.
- 사생활 보호 중심의 개인주의 주거양식의 지배에 따른 자발주의의 쇠퇴와 지역사회 활동 참여 감소. 그에 따라 사회적 자본이 감소하고 시민으로서 역할은 쇠퇴하는 반면, 단순한 '소비자'로서 역할이 증가하면서도 정작 상거래에서 사생활 보호는 퇴보하는 결과를 낳음.
- 정보통신기술의 발달과 결합하여 고립적 주거양식과 음울한 고립 생활의 만연으로 생활의 폐쇄성 증가.
- 문화산업의 거대화와 거대시설 중심의 편성으로 소규모 지역문화가 사라지면서 지역사회에서 일상적 문화예술 및 스포츠 활동을 향유하기가 어려움.
- 교외지역 주거지 확산과 주택생산을 지원하기 위한 주택금융정책의 실시로 인한 과도한 주거지 개발과 경관 파괴, 부채를 평생 짊어지는 가구 양산.
- 특색 없는 거대박스형(anonymous big box) 건물에 대한 사회적 반감 확산.

세 번째로 환경적 측면의 병폐로는 개별 자본 중심의 개발이윤을 극대화하려는 도시개발방식 때문에 환경파괴가 극심해지고, 에너지 과소비형 개발이 만연하며, 도시 전체적인 연관성이 없는 고립적인 독불장군식의 공간 생산으로 자연적·사회적 재난은 오히려 커지는 문제를 들 수 있다.

- 기존 토지 재고의 활용보다는 녹색지대 개발을 선호하는 과정에서 나타나는 환경파괴와 과도한 하부구조 투자비용.
- 총론에서는 기후 변화의 영향을 인정하면서도 일상생활과 경제행동 측면에서는

준수가 어려운 에너지 과소비적 도시구조에 따른 환경적 관점과 갈등관계 초래.

- 좌식 생활양식과 공간설계로 인한 건강비용의 증가.
- 자동차교통 중심의 도로체계와 막다른 골목 구조의 주거단지 설계로 거리의 위험성 증가.
- 인공적 환경, 에너지 과소비형 공간개발, 자연의 사유재산화와 상품화, 초국적 표준화에 따른 동식물 다양성과 언어 다양성의 감소.

새로이 부상하는 도시발전 패러다임들

이처럼 현대 도시가 직면하는 과제는 아주 다양하다. 그렇지만 문제를 어떻게 인식하고, 어떤 문제에 주안점을 두는가에 따라 도시발전 패러다임은 달라진다. 도시 차원에서 공통적으로 들고 있는 문제 또는 과제들은 인구고령화, 실업과 비공식 노동, 빈곤과 사회적 양극화, 자연재해 및 테러, 질병, 범죄 등 각종 자연적·사회적 재앙, 에너지 과소비적 도시구조, 양질의 부담 가능한 적정 가격의 주택공급, 효과적인 대중교통 체계의 확립, 성장 이익을 공유하면서 경쟁력을 유지할 수 있는 도시경제체제, 도시정치에서 과두체제의 개선 등이다.

이러한 문제와 과제들은 결국 기존의 도시발전 패러다임이 갖고 있는 병폐를 극복하기 위한 대상에 해당한다. 그러나 현재의 대안적 패러다임 논의들은 사실상 모두 과거 북미 중심의 경험에 대한 반작용이기 때문에 한국적 상황에 적용하기 위해서는 일정 정도 순치 과정(filtering)을 거쳐야 한다.

새로이 출현하고 있는 도시발전 모델들은 각각 강조점에 차이는 있지만 무분별한 토지이용 시스템의 지양과 과소이용 토지 재고의 재활용, 장소성의 복원과 고유성 및 다양성 강조, 공공서비스 선택의 다양화와 분산적 제공, 에너지원의 다양화와 지속가능성의 중시, 인간적 통제와 목적의식적 의미 부여가 가능한 생활지역의 창출, 의사소통과 협력 및 의사결정 투명성의 강화, 효율성 개념의 재정립, 인적·사회적 자본을 중시하는 성장동력의 재창출 등을 공통적으로 꼽고 있다. 이러한 강조는 한마디로 세련된 '도시다움(the urbane)'을 창출하는 정신이라고 표현할 수 있을 것이다(<표 2-2> 참조).

<표 2-2> 대안적 도시발전 패러다임과 특징

<table>
<tr><th>구분</th><th>모델</th><th>주요 특징</th></tr>
<tr><td rowspan="3">공간 규모 확대</td><td>광역 거대 도시</td><td>·세계화에 따른 공간 경쟁력 강화 수단으로 초국적 광역대도시, 세계화와 자유주의적 경제철학과 결합
·국가 및 세계 경제성장을 선도하는 중추 공간으로서 광역대도시
·거대개발사업, 대도시 중심의 비즈니스플랜, 거대도시 단위 국가, 초국적 광역대도시경제권 등 다양한 정책 수단 및 전략 추진</td></tr>
<tr><td>세계 도시</td><td>·경제의 세계화 및 초국적화에 따른 세계적 규모에서 존재하는 최상위 도시 계층
·세계 경제를 엮는 고정핀, 범세계적 경제의 통제와 조절, 국가적 경계를 초월하여 범세계적 차원에서 형성되는 도시계층체계의 중심지로서 기능
·세계 도시 내부에서 사회공간적 양극화에 따른 이중도시 형성</td></tr>
<tr><td>네트 워크 도시</td><td>·네트워크의 속성 및 네트워크 외부경제 이점을 도시발전전략으로 활용
·독립적인 도시들이 기능상 상호보완하면서 수평적 협력관계 구축, 도시들 사이 전문화와 분업체계 형성
·네트워크를 통한 '공간규모 빌리기'의 효과 추구, 초국적 도시네트워크로 발전 경향</td></tr>
<tr><td rowspan="2">기술 지식 사회</td><td>창조 도시</td><td>·도시성장의 핵심 동력으로서 창조계층과 창조산업
·창조적 인재들이 창조성을 발휘할 수 있는 환경을 갖춘 도시
·두터운 노동시장, 도시 어메니티, 독특한 경관의 진정성이 중요한 발전 수단</td></tr>
<tr><td>유비 쿼터스 도시</td><td>·유비쿼터스 컴퓨팅, 정보통신기술을 바탕으로 도시 전반의 영역을 통합·융합하여 지능적으로 도시를 관리
·실물공간에 지능적 역할을 부여하는 실물공간의 전자공간화
·환경 관점을 수용하여 친환경·첨단·자급자족·지속가능한 공간을 창출</td></tr>
<tr><td rowspan="3">생활 양식 전환</td><td>생태 도시</td><td>·악화된 도시환경의 품질을 높여서 쾌적한 생활환경을 구현하고, 도시의 지속가능성을 높이는 발전전략
·성장패러다임을 경제적 효율성에서 생태적 효율성으로 전환
·에코타운, 탄소제로도시 등 매우 다양한 생태도시 관련 정책 및 전략</td></tr>
<tr><td>건강 도시</td><td>·건강 증진과 예방을 위해 건강의 관점을 도시개발에서 중심 요소로 설정하려는 능동적 전략
·육체적·정신적·사회적으로 완전한 안녕 상태를 추구하는 도시
·세계보건기구가 건강도시를 위한 요건 지정</td></tr>
<tr><td>슬로 시티</td><td>·도시의 전통성·정체성을 기반으로 발전 방향을 모색하는 문화주의 도시발전전략
·속도·획일성을 탈피, 여유로운 생활 구현, 환경·도시공간의 질적 향상 도모
·지역사회의 다양한 행위주체 사이 협력네트워크 구축을 통한 주민참여의 활성화
·자연, 음식, 문화, 전통적 방식의 보호 및 개발, 지역의 특성에 따라 융통적인 활동 시스템</td></tr>
<tr><td rowspan="2">도시 계획 원리 전환</td><td>스마트 성장</td><td>·경제성장, 환경보전, 삶의 질 개선을 동시에 추구하기 위한 도시성장 관리
·교외지역의 난개발 및 무계획적 개발이 가져오는 전후 도시개발에 대한 대안
·고밀도 개발, 복합용도 및 복합운송 수단, 다양한 입지의 주택 개발 강조</td></tr>
<tr><td>지방 의제 21</td><td>·리우선언의 실천계획이자 행동지침, 지구환경 보전을 위한 지속가능한 개발의 구체적 실천전략
·지역사회의 미래 비전을 제시하고, 행동규범을 담는 계획이라는 의미에서 실천성이 강한 환경친화적 개발계획
·계획수립 과정에서 참여와 민주적 절차를 요구하는 지역사회운동</td></tr>
</table>

뉴어버니즘	·자동차 중심 도시사회로 편성되기 이전의 도시개발 유형으로 돌아가려는 전략 ·정주성이 높은 지역사회 조성, 복합용도 개발, 교통체계와 토지이용 연계형 개발 ·생태계의 지속가능성 고려 및 삶의 질 제고
어번빌리지	·공적 공간을 커뮤니티 중심에 위치시킴, 다양한 주거유형과 주택형태 혼합 ·사람들이 서로 사회적 교류를 할 수 있는 소생활권 규모 ·보행 친화적 환경조성, 마을 중심부의 고밀·복합적 토지이용
압축도시	·전후 무분별한 외연적 팽창형 도시개발 모델에 대한 반작용 ·공간의 집약적 이용과 이를 토대로 한 사회경제활동의 증대 및 공간효율성 증진 ·도심의 재활성화, 고밀도 개발, 복합용도 개발, 서비스와 공공시설 접근성 강화
마치즈쿠리	·지방의 정체성 및 가치 재발견에 대한 요구에서 출발 ·주민 주도형 도시계획, 지역 상권 활성화, 지역 고유의 개성과 특색을 바탕으로 하는 상품 생산과 수출 ·공동체적 생활 터전을 주민 참여로 창출한다는 기본 정신

이처럼 대안적 패러다임이 다양하게 등장하고 있지만 크게 보면 공간규모에 중점을 두고 도시를 더욱 크게 하자는 광역거대주의 패러다임, 생활양식이나 기술·지식 측면에 중점을 두는 패러다임, 가능한 한 직접 민주주의적 통제가 가능하면서 공동체적 성격을 강조하는 도시계획 원리로 전환을 요구하는 패러다임으로 구분할 수 있다.

광역거대도시화 패러다임

초국적 광역대도시권, 거대도시국가체제

주시하다시피 세계화는 상품생산과 이윤추구의 공간을 지구적 차원으로 넓히는 동시에, 대도시권 지역의 역할을 크게 바꾸고 있다. 오늘날 거대도시들은 상업·산업·서비스의 허브로서 작동하기 때문에 많은 국가에서 거대도시들이 국가 경쟁력을 수립하는 데 핵심 대상으로 주목받고 있다. 대도시권 지역은 첨단산업들을 선도하는 것은 물론, 투자자본과 기술자원을 집중시키고, 산업적 다양성과 집적 효과라는 이점을 최대한 이끌어냄으로써 국가 부가가치의 대부분을 만들어낸다고 보기 때문이다(OECD, 2006).

이러한 경향을 고려하여 공간 단위의 확장을 선도하는 새로운 도시발전 모델이 등장하고 있다. 통합거대도시지역, 다중심 거대도시지역, 거대도시단위국가, 지역국가, 초광역경제지역 등 다양한 명칭의 성장모델로 불리고 있지만 크게 보면 광역거대도시화 모델이라고 할 수 있다. 이러한 모델은 거대도시지역이 국가경제를 선도하는 지역으로서 새로운 경제발전전략에서 주도권을 행사해야 한다고 보며, 도시발전에서 민간부문의 규칙을 채택해야 한다는 입장이다.

예컨대 거대도시권 중심의 경제성장 중심 패러다임으로서 미국 브루킹스 연구소의 대도시 비즈니스 플랜은 도시정책의 중점을 다시 경제발전 실무에 둠으로써 지역번영을 통해 국가번영을 촉진한다는 구상을 가지고 있다. 한마디로 대도시권 주도의 국가경제 부흥정책 논리라고 할 수 있다. 이러한 거대도시권 중심 발전전략의 연장 선상에는 거대도시단위국가(Metro-Nation) 개념과 초국적 광역대도시경제권 개념이 있다. 전자는 유연한 기업 파트너십에 초점을 두면서 미국을 하나의 대도시 국가로 설정하고, 대도시의 잠재력을 완전하게 촉발시킬 수 있는 새로운 연방 파트너십 구축을 구상하는 브루킹스 연구소의 도시발전 개념이다. 미국의 100대 대도시권 면적은 전 국토의 12%에 불과하지만 GDP의 75%를 차지하고, 인구의 65%, 고용의 68%를 점유하고 있는 상황을 고려하지 않을 수 없다는 것이다. 오바마 행정부는 이러한 대도시권국가 개념을 새로운 국토발전전략으로 채택했다(Weissbourd and Muro, 2011; Berube, 2007; 김현식·김은정, 2009).

다음으로 초국적 광역대도시경제권(mega-region)은 대도시와 도시를 둘러싸고 있는 교외 배후지역의 통합지역으로서 노동과 자본을 더 저렴한 비용으로 다시 구성할 수 있는 공간규모를 의미한다. 세계의 주요 거대도시지역 40개는 1,000억 달러 이상의 경제규모로서 GDP 측면에서 40위권 국가의 경제규모에 해당하는 크기이다. 지역생산 1,000억 달러 이상의 전 세계 거대도시권역은 세계 인구의 18%인 12억 인구와 전 세계 생산량의 66%, 전 세계 특허 출원의 86%를 차지하고 있다. 이는 이러한 새로운 공간 단위가 중요도와 적합성 측면에서 국민국가보다 증가하고 있다는 것을 의미하며, 세계 경제를 국가 단위가 아닌 수십 개의 거대 경제공간 단위로 재구성하는 개념이다(Florida, Gulden and Mellander, 2008). 이러한 개념은 단일 대도시 중심의 성장모형에서 벗어나 국가와 경계를 벗어난 초국적(초경계적) 경제공간 단위를 중심으로 하는 다중심 거대 도시지역을 육성하고, 그들 사이 상승효과를 창출하려는 전략을 내포한다.

세계도시

세계도시론 역시 경제의 세계화 및 초국적화에 동반하여 세계적 규모에서 도시계층이 만들어지면서 최상위계층의 도시가 세계도시체계에서 중심성을 갖는다는 논리를 바탕으로 하고 있다. 이러한 최상위 계층 도시는 배후지를 국가 내로 한정하지 않는 특징을 갖는다.

세계화의 진전과 지구적 분업구조의 형성은 그에 상응하는 관리와 통제기능의 제고를 요구한다. 바로 초국적 기업 본사, 증권거래소, 주요 금융기관, 국제적 의사결정 센터, 생산자서비스 등과 같은 다양한 지구적 관리·통제활동이 공간적으로 집중하는 도시를 세계도시라고 한다. 새로운 생산체계와 문화적 현상, 초국적 자본이라는 행위주체, 정보통신기술의 비약적 발전이라는 기술적 조건 등이 상호작용하여 만들어낸 것이 세계도시인 것이다. 이러한 세계도시는 '세계경제를 엮는 고정핀', '범세계적 경제의 통제와 조절', '국가적 경계를 초월하여 범세계적 차원에서 형성되는 도시계층체계의 중심지'로서 기능을 하며, 또한 그러한 기능적 특성을 지닌다(김용창, 1994).

세계도시는 존재론적 차원에서는 세계화·정보화 경향의 공간적 산물이라는 의미를 지니지만 동시에 세계도시로서 기능을 잃고 얻는다는 것은 치열한 경쟁에서 살아날 수 있는지 여부, 즉 한 도시가 성장할 수 있느냐, 없느냐라는 다분히 정책적인 의미로도 사용한다. 그러나 대도시의 경쟁력 확보를 위해 역동적 도시들 사이 정보, 재화, 금융 흐름의 전략적 결절로 나아가야 하는가에 대한 합의는 명확하지 않고, 이론적 진전도 뚜렷한 편은 아니다(Taylor et al., 2004; Meyer, 2003). 아울러 세계도시 전략을 추구한 결과 첨단지식산업, 고차원 기능 수행 산업과 같은 새로운 산업군으로 도시산업을 재편함에 따라 도시 사회계층의 양극화를 동반하고, 도시 전체를 이중도시로 만들기도 한다. 고급업무타운과 생산자서비스 위주의 도시개발은 상대적으로 저소득층용 직업 기회를 줄임으로써 도시 내 새로운 비공식 부문의 번창, 선진국 대도시의 '제3세계 도시화'를 가져오기 때문이다. 결과적으로 세계도시 전략은 도시 내 계층적·공간적 불균등 발전을 심화시키는 결과를 낳는다는 것을 주목하기도 한다.

네트워크 도시

최근 도시공간구조에서 전통적인 중심지 체계와는 다른 변화가 일어나고 있다는 것을 주목하는 패러다임이다. 일반적으로 급속한 환경 변화에 적응하고, 외부경제 이점을 높이면서 불확실성을 줄이기 위한 전략적 수단 또는 관리양식을 네트워크라고 할 수 있다. 네트워크의 이점은 상호신뢰에 토대를 두는 수평적 협력하청관계, 학습 과정·사회문화적 유대 등과 같은 비경제적 관계, 공식적·비공식적 지역 환경 등의 차원에서 찾을 수 있다. 네트워크 도시는 바로 이러한 네트워크의 속성을 도시발전전략으로 활용하는 개념이다.

다시 말해, 네트워크 도시는 중심지 기능들의 호혜적 이용을 위한 풀(pcol)의 형성, 혁신능력의 협동과 융합, 생산 과정의 이점 공유, 하나의 네트워크 지역단위에 기반을 둔 대외적 마케팅 전략 등과 같은 네트워크 이점을 활용하는 것이다. 따라서 도시의 발전 잠재력도 도시 간 네트워크를 어떻게 구축하고 있는가에 따라 달라진다. 네트워크 도시 전략은 각 도시가 갖고 있는 지역 한계의 극복이자 지역 장점을 극대화할 수 있는 전략이면서, 세계화 경향을 적극적으로 이용할 수 있는 전략이기도 한 것이다. 이러한 네트워크 도시발전전략은 다음과 같은 특징을 지닌다(김용창, 1998; Batten, 1995).

- 네트워크를 맺고 있는 도시들 사이에서 전문화, 보완관계, 공간분업 또는 시너지·협력·혁신에 근거한 외부경제를 형성한다.
- 경제적으로 거래관계의 실패 위험을 줄이고, 다른 도시의 기업과 효과적인 기업 간 산업관계와 네트워크의 촉진을 통해 경쟁적 이점을 향상시키기 위한 도시 간의 분업체계를 강화하며, 특정 기능으로 특화의 가능성을 높인다.
- 네트워크 체계의 개방적 역동성을 활용하기 위한 세계적 차원의 도시 네트워크 구축은 도시들 사이 상호의존성의 증대를 통해 사용하지 않고 있던 도시 내 자원들을 활용할 수 있게 해준다.

- 네트워크 관계의 구축은 불완전경쟁과 독점이 지배적인 시장 메커니즘에서 새로운 형태의 경쟁 수단으로 기능한다. 특히 도시규모가 작은 경우 시장의 한계 때문에 고차원 서비스시설의 유치나 공급이 어렵고, 규모의 경제를 실현할 수 없는 문제가 있는데, 이를 극복할 수 있게 해준다. 바로 네트워크를 통한 '공간규모 빌리기'의 효과를 얻을 수 있기 때문이다.

정보통신기술·지식사회 패러다임

창조도시

창조도시(Creative Cities)는 미래 경제발전 및 경쟁력의 핵심은 창조경제에 있다는 사고에 토대를 두고 있다. 창조도시는 창조적 인재들이 창조성을 발휘할 수 있는 환경을 갖춘 도시로서 문화와 거주환경의 창조성, 혁신적이고 유연한 도시경제 시스템을 갖춘 도시를 의미한다. 도시의 경제성장은 도시로 몰려든 창조계층이나 집단들이 신제품 개발이나 새로운 아이디어의 제공, 창업이라는 창조적 경제 성과를 어느 정도 낳는가에 달려 있다고 본다. 이러한 경제에서는 기술, 인재, 관용이 공존하는 공간으로서 특성을 가질 때 창조적 능력이 한껏 발휘된다고 본다(Florida, 2005; 이희연, 2008).

창조도시는 두터운 노동시장과 쉬운 이직구조, 창조계급이 원하는 도시 어메니티, 사회적 상호작용이 활발한 지역, 건축·퍼포먼스·음악 등을 포함한 독특한 경관으로 구성되는 지역의 진정성으로 특징지을 수 있다. 이러한 창조도시 건설을 위해서는 창의적인 조직환경과 기업환경, 창조인재 육성을 위한 교육 프로그램, 창조환경의 조성 및 창조활동을 지원하는 하부구조의 조직화와 연계성 제고 등이 중요하다(Evans, et. al., 2006).

- 창조산업에 우선순위를 두고 지원하는 데 가장 중요한 요소는 공교육 시스템의 창조성 교육과 활동이다.
- 문화와 창조성을 기반으로 지역사회 및 사회재생에 참여하는 것이 중요하다.
- 풍부한 창조적 재능의 원천은 다름 아닌 보통 시민 차원에서 찾을 수 있다.

- 효과적인 사업은 개인 또는 소규모 예술가 집단의 비전 리더십에서 나온다.
- 도시의 창조경제 구축에서 기본적인 요소는 창조기업을 위한 사업지원이다.
- 창조활동에 실무적으로 종사하는 사람들 사이의 네트워크를 구축해주는 융합 센터가 창조 부문 수요를 파악하고 다양한 부문들 사이에 존재하는 장벽을 제거하는 데 중요하다.
- 창조활동과 창조기업에 적합한 공간을 창출하는 것에 항상 신경을 써야 한다.
- 장기적 관점에서 적합한 창조공간에 대한 접근성을 보장하는 가장 효과적인 방식은 건물에 대한 소유권을 보장하는 것이다.
- 건축양식, 공공공간 및 자연공간이 도시의 창조성을 표출하는 동시에 촉진한다.
- 창조적 사람과 자본자산이 근린지역 재생에서 강력한 힘이다.
- 창조경제에 대한 다차원적·다부문적 지원이 특히 중요하다.
- 효과적인 창조도시 전략은 하부구조의 강력한 통합을 필요로 한다. 하부구조는 안정적이고 접근이 쉬워야 하며, 도시 전체와 근린지역의 이중적 차원에서 통합 기능을 수행해야 한다.
- 재정구조는 목적 과세 방식을 통해 특정 지역에 알맞게 작동하면서 사업, 환경, 여행 및 문화 제공을 성공적으로 연계할 수 있도록 해야 한다.

유비쿼터스 도시, 스마트시티

정보통신기술의 비약적 발전을 반영하는 개념인 유비쿼터스(ubiquitous)는 시간과 공간을 초월해 '언제 어디서나 존재한다'는 뜻의 라틴어에서 유래했으며, 최근에는 시간과 장소에 상관없이 자유롭게 네트워크에 접속할 수 있는 환경을 지칭하는 데 사용하고 있다. 유비쿼터스 환경은 바로 시간과 공간에 구애받지 않고, 연결 가능한 네트워크에 자유자재로 접속하여 사용하는 컴퓨터 기술의 인공 환경을 말한다. 즉, 실물공간에 전자적 지능 역할을 부여하기 위한 패러다임이라고 할 수 있다.

「유비쿼터스 도시의 건설 등에 관한 법률」이 규정한 정의에 따르면 유비쿼터스 도시는 ① 도로, 교량, 학교, 병원 등 도시기반시설에, ② 첨단 정보통신기술을 융합하여 유비쿼터스 기반시설을 구축하여, ③ 교통, 환경 복지 등 각종 유비쿼터스 서비스를 언제 어디서나 제공하는 도시를 말한다. 이처럼 유비쿼터스 도시는 유비쿼터스 컴퓨팅, 정보통신기술을 바탕으로 도시 전반의 영역(공간, 사물, 인간, 활동)을 통합 및 융합하여 지능적으로 도시를 관리하면서 끊임없는 혁신을 가져오는 도시이다. 환경 관점을 결합하여 언제 어디서나 원하는 정보와 기능을 얻을 수 있는 친환경·첨단·자급자족·지속가능한 공간을 창출하는 새로운 개념의 미래형 도시공간 개념으로 확장하기도 한다.

유비쿼터스 도시는 사람들 사이의 교류를 넘어 사람과 사물, 사물과 사물 사이 접속과 교류의 증가, 도시공간의 지능화에 따른 개인 맞춤형 서비스의 제공, 사람들의 교통보다는 사람과 사물들 사이 접속과 연계 향상에 중점을 두는 도시 하부구조, 접속과 교류의 최적화를 위한 다핵 분산형 공간구조, 유비쿼터스 관련 사회간접자본 집적지역 중심의 발전 패턴 등의 특징을 갖게 된다.

유비쿼터스 도시계획 전략은 계획의 관점을 물리적 공간을 넘어 도시의 구성요소 자체를 지능화시키는 영역으로 확대한다. 물리적 거리를 핵심 변수로 하는 이론과 도시모형에서 벗어나 지식, 기술, 행위주체들의 소통과 교류를 반영하는 이론과 모형에 기초하여 도시를 계획하는 것이다. 아울러 과거와는 다른 도시 쟁점과 문제들, 즉 정보의 과잉과 정보의 물신화, 정보 격차에 따른 사회경제적 격차의 확대, 유비쿼터스 관련 자원의 입지적 불균등 증가, 과도한 기술 주도 및 정보통신 관련 자본의 지배에 따른 공익우회 사익우선주의, 사생활 정보의 과도한 노출, 유비쿼터스 시스템 붕괴에 따른 인위적 재난의 증가 등과 같은 문제들에 대한 대처능력을 키우는 것이 중요하다(김정훈·강현수 외, 2005).

이러한 유비쿼터스 공간의 구현은 노동시장 및 직업의 유연화와 결합하여 노동 장소에서 혁명적인 변화를 가져오며, 그에 따라 기존의 재택근무와는 다른 유비쿼터스 업무공간과 서비스를 공급하는 도시의 출현을 낳고 있다. 이른바 스마트시티(Smart City)는 스마트 빌딩, 원격근무, 스마트 송·배전망, 공장자동화, 개인 교통수단 최적화, 화상회의, 스마트 물류 등 일상 및 업무용 공간이동, 실물공간 및 공간 상호작용에 적용함으로써 거주자 생활을 편리하게 만들고, 이산화탄소 배출량도 획기적으로 줄인다는 개념의 유비쿼터스 도시를 의미한다(Dirks and Keeling, 2009).

생활양식 전환 패러다임

생태도시, 에코타운, 탄소제로도시

현대 도시의 환경위기 원인을 다양한 기원에서 찾고 있듯이 생태도시 개념 역시 매우 다양하게 사용하고 있다. 사실상 모든 대안적 도시발전 패러다임에 활용하는 개념으로서 역설적으로 구체성을 상실한 명목적 이념으로만 사용되기도 한다. 기본적 사고는 근대 산업생산 시스템이 집약되어 있는 도시로부터 환경위기가 나타났다고 본다면 이러한 위기의 극복은 가장 비생태적 공간인 도시의 재구성을 통해서 극복할 수 있다고 본다(K'Akumu, 2007).

일반적인 차원에서 생태도시 전략은 악화된 도시환경의 품질을 높여서 쾌적한 생활환경을 구현하고, 도시의 지속가능성을 높이기 위한 공간적 녹색혁명 일반을 지칭하는 발전전략이라고 할 수 있다. 생태도시의 기본 원리는 에너지 및 기후변화 위기를 극복하려면 성장의 패러다임을 경제적 효율성 기준에서 생태적 효율성 기준으로 전환해야 한다는 것이다.

그러나 생태도시 전략은 단순히 물리적 환경만 바꾼다고 이루어지는 것은 아니다. 환경문제 자체가 생산체제 자체로부터 발생하는 것이기 때문에 자연과 사회(인간)가 맺는 관계의 성격, 생태적 조건에 부합하는 생산방법과 조직구성, 환경 불평등을 지양하는 사회계층 구성 등의 요건을 갖출 것을 요구한다(이상헌, 1998). 이렇게 보면 생태도시는 근대의 발전양식 자체의 총체적 전환을 요구하는 매우 큰 개념이자 전략이라고 할 수 있다.

생태도시의 전략이자 기후변화 대책의 일환으로 이미 세계 곳곳에서 '탄소제로도시(Zero-Carbon City)' 건설이 각광을 받고 있다. 탄소제로도시 사업은 도시 전체 차원의 점진적인 탄소배출 개선형(독일 프라이부르크), 도시 내 특정 시범단지 조성형(영국 베드제드), 신도시 개발형(아랍에미리트 마스다르시티) 등 다양한 유형으로 추진하고 있다. 그러나 탄소제로의 개념도 어느 기준에서 탄소제로인지를 명확하지 않게 발표하는 경우가 많아서 정치적 수사로 활용하는 경우도 많다는 문제가 있다(CAT, 2010).

한편 에코타운(Eco-towns)은 영국의 노동당 정부가 성장지역 인근에 인구

5,000~2만 명 규모를 수용하는 탄소제로의 기후변화 대응형 뉴타운 10개를 2020년까지 건설하는 계획이다. 이는 최고 수준의 지속가능한 생활을 구현하면서 취약계층에 충분한 주택을 공급하려는 목적을 갖고 있다. 에코타운 개념은 큰 반향을 불러일으켰지만 동시에 많은 회의론과 반대가 있다. 영국 정부가 제시한 에코타운은 높은 수준의 환경 기준(온실가스 배출량의 70% 감축), 고용 기회와 안정(1가구당 최소 1인 고용체제), 지속가능한 교통(자동차 교통의 획기적 감축), 건강한 삶(녹색 하부구조와 생물 다양성, 재해 방지), 거주자와 상호작용하는 도시계획 과정, 효율적 토지이용, 수준 높은 지역사회 공공서비스 제공과 지역사회 참여, 사회적 약자를 위한 적정 가격의 주택공급(최소한 총 주택의 30% 할당) 등을 특징으로 하고 있다(손정원, 2009; PRP, et. al., 2008).

건강도시

건강도시(Healthy City)는 현대 도시가 빈곤, 폭력, 사회적 소외와 불평등, 공해, 낙후된 주거, 사회적 불만, 노숙자, 도시 계획의 오류, 참여의 감소, 환경파괴 등 건강을 저해하는 요소투성이라는 인식에서 출발한다. 건강 저해 요소의 집적과 증가가 있음에도 지금까지 도시발전 모델은 건강 개념을 도시개발 및 계획에서 수동적인 요소로 간주했다. 건강도시 개념은 건강 증진과 예방을 위해 건강의 관점을 도시개발에서 중심 요소로 설정하려는 적극적이고 능동적인 전략을 말한다.

여기서 말하는 건강은 단순히 질병 차원만이 아니라 삶의 질 개선 및 불평등 해소와 밀접하게 연관된 기본권으로서의 의미를 내포하고 있다. 즉, 건강도시의 건강 개념은 세계보건기구(WHO)에서 정의하는 건강 개념으로서 단순히 질병이나 폐질이 없는 것이 아니라 육체적·정신적·사회적으로 완전한 안녕의 상태를 의미한다. 가장 높은 수준의 건강 향유는 인종, 종교, 정치적 신념 혹은 사회경제적 조건의 차별 없이 모든 인류가 갖는 기본권 중 하나로 규정하고 있다. 세계보건기구에서는 건강도시를 "사람들이 상호협조에 바탕을 두면서 모든 생활기능을 수행하고, 잠재력을 최대한 발휘할 수 있도록 물리적·사회적 환경을 지속적으로 창출하며, 지역자원을 확충하는 도시"라고 정의하고 있다(Duhl, and

Sanchez, 1999; 한국보건산업진흥원, 2005).

- 주거환경을 포함하여 깨끗하고 안전하며 질 높은 물리적 환경
- 현재뿐만 아니라 장기적으로 안정적이고 지속가능한 생태체계
- 계층 간, 부문 간 강한 상호지원 체계와 착취하지 않는 지역사회
- 시민의 삶, 건강 및 복지에 영향을 미치는 요인의 결정에 대한 높은 수준의 참여와 통제
- 모든 도시민을 위한 기본적 요구(음식, 물, 주거, 소득, 안전, 직장)의 충족
- 다양한 만남, 그리고 상호작용과 의사소통을 가능케 하는 경험 및 자원에 대한 접근성
- 다양하고 활기 넘치며, 혁신적인 도시 경제
- 역사, 문화 및 생물학적 유산 혹은 지역사회 내 모임들과 개인의 연계 촉진
- 이상의 특성을 강화하고 발전시킬 수 있는 도시 형태
- 모든 시민에 대한 적절한 공중보건 및 치료서비스의 최적화
- 높은 건강수준(높은 수준의 적극적 건강과 낮은 수준의 질병)

슬로시티

슬로시티(Slow City)는 '유유자적한 도시' 또는 '풍요로운 마을'이라는 의미의 이탈리아어 '치타슬로(cittaslow)'의 영어식 표기로서 이탈리아에서 일어난 대안적 도시 및 지역발전 모델이다. 슬로푸드 운동 철학을, 도시의 전통성·정체성에 기반을 둔 발전 방향을 모색하고자 하는 문화경향 운동으로 확대시킨 것이다. 그렇다고 해서 슬로시티가 현대 문명을 거부하고 과거로 회귀하자는 이념은 아니며, 그것은 인류와 환경을 위협하는 산업사회의 '효율성'과 '속도' 지상주의에서 탈피하여 지역의 전통성에 기반을 둔 지속가능한 발전을 목표로 한다(조영태, 2008; 최대식·강명수, 2006).

슬로시티는 기본적으로 급속한 변화를 위하여 지방·지역의 특성을 무시한 획일적인 삶을 강요하는 흐름에 반하는 개념이다. 그 대신 '삶의 질'을 향상시키기 위해 과거의 장점을 발견하여 현재와 미래의 발전에 반영하자는 도시문화운동

이라고 할 수 있다. 지역 고유의 자연과 문화 속에서 생활하면서 인간에게 익숙한 자연적인 변화 속도를 존중함으로써 여유로운 삶과 변화를 동시에 추구하는 전략이다. 이러한 슬로시티는 다음과 같은 특징을 갖는다.

- 슬로시티 운동은 기본적으로 지역 특성을 유지하면서 환경과 도시의 질적 향상을 도모하고, 지속가능한 발전을 유도한다. 도시 생활환경 및 자연환경의 향상, 지역 고유의 천연 음식재료와 이를 활용한 지역 특유의 요리 등과 같은 특산품, 지역 고유 기술의 보호 육성 및 지역 활성화가 서로 맞물리며 궁극적으로 지역 발전과 삶의 여유를 추구한다.
- 슬로시티는 지방정부의 제도적 틀에 얽매이지 않고 주민들의 삶의 질 향상을 위하여 활동할 수 있도록 커뮤니티를 활동 단위로 한다. 이 커뮤니티는 반드시 행정구역 단위일 필요는 없으며, 대략 인구 5만 명 이하의 규모를 갖는 범위이면 가능하다.
- 주민과 지방자치단체 사이 의사소통 촉진을 포함하여 지역사회의 다양한 행위 주체 사이 협력네트워크 구축을 통한 주민참여의 활성화를 강조하는 등 추진 주체의 다자간 연계성을 중시한다. 또한 지역주민뿐만 아니라 외부 방문객과의 호혜적 관계를 위한 실천을 중시한다.
- 슬로시티는 '생활의 풍요로움'을 강조하기 위해 주민참여에 기초를 두는 만큼, 문제 해결을 위한 전문적인 접근보다는 일상생활의 소재에서 출발한다. 따라서 주민들의 공감대 형성이 쉽고, 다양한 주민들이 부담 없이 참여할 수 있는 장을 마련한다는 측면에서 시민참여의 촉진을 위해서도 슬로시티는 최적의 수단이라고 할 수 있다.

신전통주의 도시계획 패러다임[2)]

스마트 성장론

1980년대 말부터 사용하기 시작하여 1990년대 후반 이래 도시계획 및 도시개발 패러다임으로 자리 잡았다. 경제성장, 환경보전, 삶의 질 개선을 동시에 추구하기 위해 도시성장을 계획적으로 수용, 유도하기 위한 도시성장 관리 방식이라고 할 수 있다. 기본적으로 스마트 개발은 무(無)성장(no growth)의 대표적 개념이라는 인식을 갖고 있으나, 실제에서는 성장과 개발의 불가피성과 이로움의 양면을 동시에 추구하고 있다.

스마트 성장론은 전형적인 북미적 도시발전 경험에 대한 비판으로 등장한 대표적 패러다임이다. 특히, 교외지역의 개발과 관련하여 오늘날 소비자들은 교외지역 거주를 선호하는 동시에 교외지역의 난개발 및 무계획적 개발이 가져오는 문제를 심각하게 받아들이고 있다는 인식을 반영한다. 사회적 격리(분화), 토지이용 분리, 자동차 의존도 증가 및 원거리 통근을 조장하는 종래의 표준적인(근대적인) 교외지역 택지개발과 토지구획전략은 지속가능성이 없다는 점을 중시한다. 저밀도 도시가 갖는 공간적 비효율성을 극복하고, 공공하부구조 투자의 효과를 높이기 위한 토지이용을 강조한다. 이를 위해 고밀도 개발, 복합용도 및 복합운송수단, 다양한 입지의 주택을 강조한다.

현재 미국을 중심으로 대안적 도시개발전략으로 각광받고 있는 스마트형 개발은 매우 다양한 개념과 견해가 공존하고 있으며, 경우에 따라서는 모호하기까지 한 개념으로 비추어지고 있다. 스마트형 개발의 공통적인 기본 특징은 다음과 같이 정리할 수 있다(ULI, 2003).

---

2) 신전통주의 도시발전 패러다임은 자동차 교통 이전의 과거 도시에서 특징적인 근린지역, 가로경관, 복합용도 등과 같은 도시구조를 적극적으로 반영하려는 개발 흐름이다. 이러한 흐름은 좁은 거리, 뒷골목, 걸어서 접근할 수 있는 서비스 시설, 과거 흔적 보존의 복고주의적 관점 등을 중시한다. 이러한 패러다임을 구현하기 위한 구체적인 개발 사고나 방식, 사용하는 용어는 국가나 학자에 따라 다소간의 차이가 있지만 기본적으로 지속가능성, 인간성과 공동체성의 복원, 토지의 효율적 이용 등을 강조한다.

- 경제적으로 가능한 개발이면서 오픈스페이스와 자연자원을 보존함
- 토지이용계획은 종합적·통합적 개념에 입각하며, 지역적 차원에 부합해야 함
- 공공, 민간 및 비영리 부문이 상호 공통선의 결과를 창출할 수 있도록 성장과 개발문제에 대해 협동체계를 구축함
- 개발 과정의 확실성과 예측성을 보장함
- 기존 및 신규 거주자를 위한 하부구조의 개선
- 쇠퇴한 공업지역 및 퇴화건물 등의 재개발을 적극 추진함
- 도심부와 근린 주거지역 결합이 건강한 지역경제 구축의 통합요소로 기능함
- 고밀도 교외지역 개발은 기존의 상업지역, 신도시 및 계획적 교통 설비 인근지역과 통합적으로 수행함
- 도시접경지역의 개발은 복합용도 개발, 오픈스페이스 보존, 재무건전성 유지, 다양한 교통 선택 대안 제공 방식으로 이루어짐

한편 스마트 성장을 구현하기 위해서는 무엇보다도 교통체계의 개편이 중요하다고 본다. 바로 대중교통 지향 도시개발(TOD)은 대중교통 중심지와 연계하는 집약적 개발전략을 추구한다. 이러한 전략은 대중교통을 지지할 정도로 개발밀도가 충분해야 하며, 도보로 가능한 거리에 중심지가 위치해야 한다는 점을 강조한다. 아울러 공공 접근성을 촉진할 수 있는 가로와 도로의 연결성을 충분하게 확보하고, 중심지와 이동 목적지 사이 공공 교통수단을 넉넉하게 배분하여 통행하는 사람들이 쉽게 이동할 수 있을 것을 주문한다.

뉴어버니즘과 어번빌리지

이른바 신전통주의 도시개발 패러다임으로 각광을 받고 있는 것이 미국의 뉴어버니즘(New Urbanism)과 영국의 어번빌리지(Urban Village) 운동이다. 두 개념 모두 인간 중심적인 도시생활양식의 회복을 목적으로 하고 있다. 이러한 도시성(urbanism) 회복 주장은 근대 모더니즘에 기초한 도시개발이 도시를 황폐화시킨다고 보기 때문이다. 모더니즘 도시개발은 ① 주거 용도와 다른 용도를 분리하여 각각의 활동을 자동차로 연결하도록 만드는 단일 용도의 용도지역제, ② 주

거지 외곽에 자동차 전용도로를 배치하여 간선도로로 둘러싸인 거대 블록 구조와 블록 내부는 막다른 골목과 보행자 전용도로를 배치하는 기법, ③ 오픈스페이스를 최대한 확보하면서 자동차를 수용하기 위한 개방 공지로 둘러싸인 고층·고밀의 타워 기법을 특징으로 한다. 사람보다는 자동차와 비인간적 규모의 도시공간을 만들었다는 비판을 받는다(Rudlin and Falk, 1999).

따라서 도시생활에서 인간적인 거주환경(human habitability)을 만들기 위한 개발 원리를 내세운다. 일상생활에서 최대 다수의 사람들에게 최대의 접근성을 제공하는 복합용도 개발, 중심과 주변의 결합을 통해 지역사회의 사회적 정체성 형성에 기여하는 전통 소도시형 근린지역 개발, 공간이용자들의 이동거리를 가능한 한 짧게 하고, 보행을 비롯한 다양한 통행 방법을 가능케 하는 대중교통 지향형 개발을 주요 내용으로 한다. 이러한 수단을 통해 자동차를 이용하지 않고도 생활이 가능하며, 다양한 계층의 사람들이 함께 거주하면서 다양한 용도의 시설이 혼재하는 지역사회를 형성하려는 발전모델이다(국제도시개발협회, 1994; 임희지, 2001; 김홍순, 2006).

뉴어버니즘은 미국의 도시가 자동차 중심의 사회로 전환되기 이전인 제2차 세계대전 이전의 도시개발 패턴으로 돌아가야 한다는 계획 및 설계 원리를 말한다. 거주성이 높은 지역사회를 조성하고 교통체계와 토지이용 그리고 환경을 연계 통합하며, 주민참여에 의한 도시계획을 추구한다. 계획 기법으로서는 효율적이며 친환경적인 보행도로 조성, 차도 및 보행공간의 연결성 확보, 복합적이고 다양한 토지이용, 다양한 기능 및 형태의 주거단지, 건축물 및 도시 설계의 질적 향상, 지역공동체를 위한 거점 공간의 마련, 효율을 고려한 토지이용 밀도 조정, 생태계의 지속가능성 고려 및 삶의 질 제고를 활용한다.

어번빌리지는 1980년대 말 영국의 찰스 황태자가 어번빌리지 포럼을 조직하면서 태동한 것으로서 어번빌리지란 사람들 사이의 관계가 도시적 방식과 농촌적 방식으로 모두 성립될 수 있는 장소를 말한다. 사람들이 서로 사회적 교류가 가능한 하나의 커뮤니티를 형성할 수 있는 규모로 작되, 일상생활에 필요한 시설을 유치할 정도의 규모는 확보하는 정주공간이다.

압축도시론

이 모델 역시 전후 무분별한 외연적 팽창형 도시개발 모델에 대한 반작용으로 등장한 것이다. 압축도시(Compact City) 모델은 교외지역 개발을 엄격하게 관리하고 시설물 건축의 집중을 통해 새로운 개발 수요를 가급적 기존 도시에서 수용하는 동시에, 집중에 따른 주민들의 사회경제활동 집중을 유도하고, 이를 통한 활동의 활성화와 상호작용의 확대를 꾀하려고 한다. 이 모델은 도시중심부의 재활성화, 고밀도 개발, 복합용도 개발, 서비스와 공공시설 접근성 강화 등을 주요 특징으로 하고 있다. 도시의 지속가능성과 인간성을 회복하려는 신전통주의 도시발전의 주요 개념으로 자리 잡고 있고, 일본과 유럽에서 각각 도심공동화 방지 및 직주 근접형 고령화 대응책, 환경보호 차원의 지속가능한 도시발전 모델로 많은 주목을 받고 있다.

최근 들어 사회적·상업적 활동의 네트워크 중심성, 지역사회 기반의 사회형성, 효율성을 위한 기회 촉발 장치로서 사회경제활동의 겹침 효과, 도시경관의 풍부함, 에너지와 쓰레기의 감축과 재활용 등을 강조하고 있다. 압축도시론은 두 측면에서 도시의 집약적 활용이라고 할 수 있다. 하나는 건축물의 집약적 이용으로서 기존 도시공간의 고밀도 이용을 위한 개발과 재개발, 건축물의 수명 연장, 기존 건축물의 구조전환을 통한 활용도 제고 등 공간의 이용 효율성을 제고하는 것이다. 다른 하나는 공간의 집약적·집중적 활용을 토대로 사회경제활동의 증가를 유도하며, 이를 통해 거주활동, 사무활동, 통행활동 등이 증가하면서 공간을 효율적으로 이용하는 것이고, 도시의 통합성과 기능의 복합성을 높이는 것이다(Arbury, 2005; 김천권, 2002).

마치즈쿠리

마치즈쿠리(まちづくり)라는 말은 1962년 일본의 나고야 시 에이토(榮東) 지구의 도시재개발 시민운동에서 처음 사용되었다. '마치(まち, 마을)'라는 말은 단순한 물리적 공간 단위를 넘어서 공동체적 생활 터전이라는 의미를 내포하고 있으며, '쓰쿠리(つくり, 만들기)'는 생활을 영위하는 데 필요한 물리적·사회적·제도적 조건을 주민이 주체로 참여하여 창출한다는 의미를 갖는다.

이러한 마을만들기는 주로 생활환경의 개선 및 삶의 질 제고, 상가 활성화를 통한 지역경제 활성화, 어린이 교통사고 방지 등 생활환경 안전성의 확보, 재개발지역 주거권 확보 등의 생존권 확보 등 다양한 계기로 이루어지고 있다. 지방의 정체성과 가치를 재발견하려는 시민운동에서 출발한 것인 만큼 도시개발의 주체로서 지역주민이 자신들의 생활공간을 개선하는 데 적극적으로 참여한다. 지역공동체를 기반으로 대안적인 개발모형을 추구한다는 점에서 서구의 대안적 도시발전 모형과 궤를 같이한다고 볼 수 있다.

현재 일본의 마을만들기는 지방행정의 주도 경향을 완전히 벗어나지는 못하지만 주민 주도형 도시계획, 중심 시가지 재개발을 중심으로 하는 지역 상권 활성화, 지역 고유의 개성과 특색을 바탕으로 하는 상품 생산과 수출을 중심으로 전개되고 있다. 이러한 기본적인 전개 방향 외에도 생애학습도시 추구, 주민 주도형의 슬로타운 공공사업 추진, 하천변 연계 환경재생 프로젝트 등 다양한 방향으로 발전하고 있다(정석·조준범·김남선, 1999).

지방의제21

'지방의제21(Local Agenda 21)'은 지속가능한 개발의 구체적 실천전략을 의미한다. 1992년 브라질 리우데자네이루에서 열린 유엔 환경개발회의에서 지속가능한 개발의 구체적인 실천 방안으로 '의제21(Agenda 21)'을 채택한 것에서 기원한다. 의제21은 21세기의 지구환경 보전을 위해 전 인류가 논의하고 실천해야 할 과제를 뜻하며, 이를 실천하기 위하여 지방정부 차원의 '지방의제21'을 채택할 것을 권고한 것이다. 의제21은 리우선언을 실현하는 실천 계획으로서 행동지침서의 성격을 가진다. 지방의제21은 '의제21'의 내용에서 3부 제28장 '의제21을 지도하기 위한 지방정부의 역할'에 근거를 두고 있다. 의제21 제28장에서는 지구환경보전을 위한 지방정부의 역할을 강조하면서 각국 지방정부에게 지역 차원의 환경 실천 계획인 지방의제21 추진을 권고하고 있다. 제28장에서는 지방정부가 경제, 사회, 환경의 조직을 구성·운영·유지하고, 지역 환경정책과 규제 방안의 수립, 국가적 광역 환경정책 수행을 지원하도록 하고 있다. 이는 지구의 환경보전이 개개 국가의 환경보전에서 출발하며, 국가의 환경보전은 지역 차원에서 실천했을 때 효과를 거둘 수 있다는 것을 염두에 둔 것이라고 할 수 있다 (UN, 1993).

- 지역 차원의 환경보전운동이자 계획 수립 과정에서 참여와 민주적 절차를 요구하는 지역 사회운동으로서의 성격
- 지역사회의 미래 비전을 제시하고 행동 규범을 담는 계획이라는 의미에서 실천성이 강한 개발계획으로서의 성격
- 해당 지역의 지속가능한 개발을 달성하기 위한 분야별 비전과 행동지침서와 보고서로서의 성격
- 에너지와 자원의 소비가 적고 환경에 미치는 부담을 최대한 줄인 생산형태와 생활방식 및 생물 다양성 확보를 위한 지속가능한 개발과 사회의 실현
- 구체적인 행동지침을 나타내는 행동계획 수립이라는 성격

4. 성장편익을 공유하는 도시발전전략

도시 고유자산과 성장동력 개념에 대한 발상의 전환

공간적 효율성 개념의 재정립

지금까지 많은 대안적 패러다임을 살펴보았지만, 모든 도시지역의 번영은 기본적으로 경제토대의 건강성에 달려 있다고 할 수 있다. 도시경제의 성공 여부는 도시 내·외부를 구성하는 수많은 요소의 상호작용 시스템이 효율성을 갖추고 있는가, 그리고 생산적으로 운용하고 있는가에 달렸다. 전통적인 효율성 개념은 최소의 시간, 노력, 비용을 가지고 특정 과업을 완수하는 것을 말한다. 공간적 효율성도 경제학적 효율성 개념과 마찬가지로 도시경제 차원에서 거래비용을 최소로 하고, 산출물을 극대화하는 것이다. 공간적으로 효율적인 배열은 시간과 노력 및 비용의 절감을 가져오기 때문에 비효율적인 배열에 비해 강력한 경제성장을 낳으며, 경쟁력을 제공한다(Sarzynski and Levy, 2010).

그런데 도시경제의 경우 일반 기업 차원과 달리 건물, 직장과 거주지의 지리적 배치, 하부구조, 녹지, 교통, 커뮤니케이션, 공공서비스, 에너지 소비 등 수많은 물리적 구성이 기본 토대를 이루고, 개별 행위주체가 단독으로 통제할 수 없다. 따라서 도시의 공간적 구성형태가 경제성장에 기여하기 위해서는 단순한 대규모 개발사업이나 서로 연결성을 갖지 못하는 고립적 개발행위만으로는 어렵다는 것이다. 전체 도시지역의 경제활동을 수행하는 데 필요한 시간, 노력, 비용을 최소로 만드는 시스템이 공간적 효율성이며, 이는 고도로 역동적이기 때문에 일종의 이동 표적이라고 할 수 있다.

이처럼 공간효율성은 시공간적으로 변동이 크고, 도시 상황에 고도로 민감하기 때문에 규모 확장, 대형건물과 물리적 개발 중심의 공간구성은 효율성 달성과는 거리가 있다. 아울러 협소한 경제효율성 중심의 공간적 효율성의 추구는 생활의 질이나 환경적 건강성과는 상충관계에 있을 수 있다. 그리고 특정 목적을 달성하기 위한 공간적 효율성 극대화는 다른 목적 달성의 공간적 효율성 최적화와 갈등관계에 놓일 수 있다. 이러한 갈등관계는 또 다른 비용을 유발하고, 시공간적 효율성을 저해한다. 그렇기 때문에 갈등관계를 사전에 정책 집행에서 내부적 상수로 관리하는 것도 도시경제의 효율성을 높이는 중요한 요소이다.

공간적 효율성을 제고하는 또 다른 방법은 신규 공간 생산의 효율성뿐만 아니라 기존 과소이용공간의 재활용을 통한 제고 방법도 있다. 예컨대 금융위기 및 기업 구조조정에 따라 오랜 기간 과소이용 상태에 있는 건물에 대해 정부 주도로 이들 공간을 구제금융정책에 포함시켜서 새로운 창업 기업, 지식기반산업 및 중소기업에게 일정한 보조금을 주면서 임대하여 재활용하는 방법도 강구할 수 있다. 이는 도시의 산업생태계를 건강하게 유지하는 방법이기도 하다(Burkhalter and Castells, 2009).

고유 도시자산의 창출과 통합적 관리

현대 도시, 특히 대도시는 자본, 정보, 재화, 사람이 오가는 밀도가 아주 높은 네트워크이자 혁신과 지식창출의 결절이다. 도시들은 이러한 네트워크의 특성, 가지고 있는 흐름의 내용과 자산도 저마다 다르다. 따라서 앞서 살펴본 공간적

<표 2-3> 전략적 발전을 위한 도시 자본 유형과 내용

자본 유형	중심 자원	주요 내용
지적 사회적 자본	사람과 지식자원	·현대 도시가 직면하는 가장 중요한 문제는 시민들의 잠재력을 최고로 구현할 수 있는 사회를 실현하는 것 ·인적자본과 조직자본의 개발을 위한 사회적 자본, 공정자본(process capital), 혁신자본의 구축
민주적 자본	투명성, 참여와 파트너십 (동반자관계)	·민주적 자본의 최적화를 통한 번영 달성. 시민들의 재참여를 유도하기 위해 신뢰에 기반을 둔 민주적 자본 구축 ·투명성과 의사소통의 강화, 새로운 형태의 민주적 참여의 창출 및 최적화, 민간·공공부문 및 시민사회 사이 동반자 관계의 개발
문화 레저 자본	가치, 행태 및 공공표현 (여론표출)	·관용과 개방성이 핵심적인 속성 ·고유의 정체성 창출, 체험경제의 구축, 창조적 개인과 투자가를 유인하는 경쟁
환경 자본	자연자원	·생동감 있는 도시는 쾌적성, 안전성, 매력성이라는 3대 목표에 중점을 두는 환경자본 관리를 통해 이루어짐 ·가용공간의 최적 이용, 초기 단계에서 환경적 고려를 반영하는 효과적인 공간계획
기술 자본	인공자본, 하부구조	·서비스 제공의 효율성과 효과성을 제고하는 기회이자 투자유인을 위한 수단으로서 기술자본 ·교통시설, 공공 편익시설의 제공을 넘어 도시와 시민, 기업을 연결하는 정보통신기술과 의사소통을 포괄하는 개념의 도시하부구조 구축
금융 자본	화폐와 자산	·재정 압박 해결과 공공서비스 제공에서 재정효율성 제고 ·자원할당과 계획을 통해 수입과 지출 사이 격차 해소 방법 강구 ·프로젝트 금융의 혁신, 공공-민간부문 혼합형태의 부채금융모델(PPP) 활용, 제3자 서비스 공급자 활용

자료: PwC(2006)을 토대로 필자 정리.

효율성 개념은 포괄하는 대상을 확장시켜 판단해야 한다. 이제 다양한 자산과 흐름들을 어떻게 관리하는가는 매우 중요한 과제이다. 프라이스워터하우스쿠퍼(PwC)는 미래의 도시 지도자들이 직면하는 핵심 쟁점을 분석하면서 도시의 번영을 위한 관리자본 개념을 제시한다. 여기서 자본이라는 용어는 도시가 가지고 있는 일련의 전략적 자산과 자원을 일컫는다. 전통적인 경제·경영적 자본 개념을 넘어 변화가 '현실'인 상황에서는 끊임없는 갱신과 혁신을 위한 사회적 지능과 도시지능을 갖추어야 한다. 이를 위해서는 지적·사회적 자본, 민주적 자본, 환경자본 등 예전과는 다른 자산과 자원의 가치를 다시 발견하고 구성해야 한다(PwC, 2006: <표 3> 참조).

앞서 살펴본 대안적 도시발전 패러다임이 공통적으로 들고 있는 요소는 각 도시의 고유성을 확보하는 것이다. 도시의 고유자산 개념은 장소의 고유성과 독특함이 없다면 경쟁력이나 매력이 있는 자산으로 기능할 수 없다는 것이다. 따라서 장소는 무차별한 상품으로 판단하는 것이 아니라 고유의 형이상학을 가져야 한다. 장소의 형이상학은 시각, 소리, 냄새, 질감, 빛, 과거 이야기(역사) 등의 속성들이 결합하여 독특한 장소감을 만들고, 이를 정신적·문학적·신화적으로 읽거나 서술하며, 고유의 반향과 경험을 갖도록 장소를 독특하고 감성적으로 만들어야 한다는 메타 관념이라고 할 수 있다(Humber, 2010).

미래 지향적 성장동력과 시장을 찾아서

현대인은 오직 '고객'으로서 자신들을 간주하기를 바라는 이데올로기에 둘러싸여 있고, 그것이 현명한 소비자라고 교육받는다. 이는 주체로서 자신을 상실하고 시장관계망 속에서 오로지 비인간적 시장을 대상으로 하는 독립 개인 자격으로서만 자신의 위상을 부여하기를 강요받는 것이다. 주체적·성찰적 참여와 과정에는 개입하지 말라는 것으로서 고객주의를 부르짖는 도시정치도 마찬가지 이데올로기를 가지고 있다. 가장 중요한 도시공간의 생산과정은 여전히 비밀과 신비주의 영역으로 남겨두고, 소수 엘리트가 통제할 수 있는 대상으로 남겨두라는 것이다 그렇기 때문에 사람들 사이의 비시장적인 사회관계가 옅어지고, 그 관계에 특수하게 녹아 있는 각종 보이지 않는 지식과 경험은 형성도 계승도 되지 않으며, 있던 것도 사라지고 있다. 도시 주민들 사이에서 사회적 자본의 수준은 감소하는 것이다. 대부분의 도시들은 높은 부가가치와 임금이 보장되는 직업과 사업을 유치하기 위해 경쟁하지만 정작 그 결과는 도시의 양극화를 가져오고 있으며, 총체로서 해당 도시의 고유의 활력과 특성 및 자산 축적은 더욱 옅어지고 유사한 형태의 아류 복제도시들만이 만들어지고 있다. 그러나 이러한 단순 고객주의 사고는 미래 트렌드에 대응할 수 없다.

현재 우리는 사유와 행동에서 새로운 방식을 요구하는 새로운 사회 패러다임에 진입하고 있다. 다양한 연구들이 미래의 메가트렌드에 대해 전망하고 있다. 대안적 도시발전 모형이 시사하는 것처럼 미래의 도시발전은 대규모 스포츠시설, 교외지역의 대규모 쇼핑몰, 자동차 중심의 사업환경 조성 등은 실패할 가능성이 크다. 포터(M. Porter)가 말하는 좋은 전략이란 경쟁 상대자가 짜놓은 틀에서 경기를 하기보다는 자기가 창출한 고유의 틀로 끌어들여 자기 주도적 경기를 하는 것이다.

그래서 미래학자들은 천편일률적인 대규모 개발사업과 물리적 구성물이 아니라 고유의 가치, 즉 도시가치(공간가치)를 주문하고 있다. 예컨대 옌센(R. Jenssen)은 새로 출현하는 사회는 이야기 만들기, 문화, 가치, 도시유산, 고유의 습성·성격을 강조하는 사회라고 본다. 이러한 사회에서 도시는 다른 도시와 차별성을 가지면서 사람과 자본을 끌어들이도록 고유의 매력적인 자산과 가치를 강조해야 한다. 항차 빠르게 커가는 시장이면서 중요성을 더해가는 시장은 체험시장, 정체성 시장 등과 같은 비정통적 시장에 있기 때문이다(PwC, 2006).

이제 미래의 도시발전의 동력은 '크게 삽질하는 것'으로 찾을 수 없다는 것이며, 육중하고 기괴한 건물이 아니라 스토리(이야기)가 중요하다는 것이다. 미래 트렌드에 적합한 해당 도시 고유의 자산을 발굴하는 이른바 21세기적 고유 지연(地緣)자원의 발굴이 중요하다. 즉, 모든 도시는 고유한 방법을 찾아야 하고, 유리한 입장에 설 수 있도록 흥미 있는 프로파일을 개발하며, 경쟁자와 차별성을 가질 수 있는 가치를 창출하는 것이 무엇보다도 필요하다는 것이다. 옌센의 말을 빌면, 소비자들은 상상력을 자극하는 이야기가 담긴 제품을 기꺼이 구매하며, 물질적 상품에서조차도 물질 이상의 다른 '의미'를 찾는다는 것이다.

도시계획 문화의 전환과 민주적 자산의 확립

통상적인 의미에서 도시계획은 '종합계획'이 의미하는 것처럼 도시형태, 토지이용, 건축규제, 교통, 공공 하부구조 등에 대한 종합적인 관점 아래 다양한 도시형성 요소들에 대한 사전적 조정과 확정을 뜻한다. 계획의 목적은 공공복지 또는 공익의 제고이며, 이를 위해 도시건설 과정에서 시장의 힘을 제한하는 것을 일종의 원칙으로 받아들인다. 이러한 특성 때문에 도시계획은 과거 복지국가 모델의 유산이나 경제발전 및 시장자유의 장애물로서 취급받는 경우가 많다

(UN-HABITAT, 2009).

오늘날 이러한 종합계획 관점의 도시계획은 현실 적합성을 상실하고 있다는 주장이 많아지고 있다. 오늘날 도시는 늘 변화하는 과정에 있고, 자연적·제도적 경계가 하루가 다르게 변하고 있기 때문에 계획이 적합성을 가지려면 역시 '진행 과정' 속에 존재해야 한다는 것이다. 도시와 지역의 물리적 개발에서 시장의 힘을 견제하는 정도를 넘어 새로운 제도적 틀을 발견하고, 새로운 해결책을 강구하려는 혁신적 움직임이 도시계획 과정에서 화급한 과제이다(UN-HABITAT, 2009; Friedmann, 2000).

현대 도시가 도전해야 하는 가장 중요한 과제는 시민들의 잠재력을 최고로 구현할 수 있는 사회를 실현하는 것이다. 이를 위해서는 특히 도시계획 문화에서 실질적 민주주의 과정을 복권시키는 것이 중요하다. 민주주의 과정은 시민을 도시정부의 단순한 고객으로 간주하지 않으며, 다양한 이해관계를 반영하고 조정하는 장치로 기능하면서 도시계획에 실질적 추진력을 부여할 수 있기 때문이다. 대안은 과거처럼 도시공간이 고정되고 폐쇄적인 영역 기반으로서가 아니라 개방적이고 유연한 네트워크 기반을 구축하면서 시민들의 참여를 촉진할 수 있는 민주적 자산을 구축하는 방향에서 찾아야 한다.

여기서 민주적 자산은 시민들 사이 상호작용, 경제와 정치의 영향력, 다양한 목적들의 정합성(alignment), 상이한 구성요소들의 요구 조건 등을 개방적으로 통합하는 역량이라고 할 수 있다. 민주적 자산의 증대를 통해 도시의 경쟁역량을 높이기 위해서는 정치적 의사결정 과정에 참여할 수 있는 시민, 협회, 네트워크, 이해집단 및 근린지역의 활성화를 유도하는 것이 필요하다. 자발적 참여에 근거한 도시정책 추진은 배제주의적 추진에 따른 갈등과 사회적 비용의 증대, 성장효과의 '간힘 효과' 등을 극복할 수 있기 때문이다(PwC, 2006).

특히 거대규모 도시개발사업이 특수 계층이나 특수 자본을 위한 고립된 섬으로 전락하지 않기 위해서는 '협소한 전문가주의'를 극복하고, 의사결정구조는 반드시 민주적·혁신적 통합 전략으로 구성해야 한다. 대부분의 대규모 개발사업은 계획 과정 및 정책 절차에서 예외적 수단을 활용하면서 비민주적이고 엘리트 주도의 도시를 지배하는 새로운 형태이기 때문이다. 이러한 사업은 민주주의적 참여 메커니즘을 고려하지 않거나 아주 형식적인 방법으로만 적용하기에 새로운 형태의 엘리트 권력 조정(안무)만을 일으킨다는 비판을 받고 있다(Swyngedouw, Moulaert, & Rodriguez, 2002; Salet and Gualini, 2005).

따라서 새로운 도시계획 문화는 도시의 민주적 자산을 극대화할 수 있는 내용, 즉 '사회적 학습 과정'으로서 계획, 실시간으로 일어나는 현장성과 즉시성을 담보하는 지속적인 과정으로서 계획, 이해관계자의 협동적 과정으로서 계획의 위상을 담을 수 있어야 한다. 현대 도시인들의 만성적 무력화를 방지하고 도시가 활력을 되찾기 위해서는 민주주의의 제고를 통해 시민사회 전체에 역동성을 부여하고, 적극적인 역할을 수행할 수 있게 해야 한다. 일상적인 참여만이 사소한 부정의와 비효율성도 찾아 개선할 수 있기 때문이다(Friedmann, 2005).

성장편익을 공유하는 통합적 발전전략의 구사

초국적 자본주의 시대에 부응하기 위한 이른바 광역도시화와 거대개발사업 위주의 도시발전전략은 소위 첨단지식 중심의 산업구조 개편 전략을 구사하면서, 많은 도시가 전통적인 제조업 기반을 상실하고 있다. 그에 따라, 한편으로 많은 숙련직업을 상실하면서 비공식·저임금 서비스 직업을 양산하고 있다. 성장편익을 일부 계층과 일부 지역에 국한시키는 성장편익의 봉쇄효과가 나타나고 있는 것이다. 이는 결과적으로 대다수 주민에 대한 지속적인 무력화를 낳고, 궁극적으로는 이중도시와 빈부격차의 확대만을 남겨놓을 뿐이다(PwC, 2006).

이러한 발전전략은 이른바 세계화가 피할 수 없는 거대한 구조적 트렌드이기 때문에 초국적 자본을 유치하기 위해서는 어쩔 수 없는 전략이라는 이데올로기로 작용하고 있다. 그러나 초국적 투자가들의 비위를 맞추고, 뿌리 없는 금융자본에 대한 일방적인 아첨을 하는 특별 도시지구(urban enclaves)의 건설과 세금감면은 외부인의 시선으로부터 잠시 빈곤을 감추는 것이고, 외부인의 비위를 맞추는 도시개발이라는 것이다. 프리드먼은 이를 두고 기껏해야 과잉개발의 몸살을 앓고 있는 유럽이나 미국이 제시하는 것을 모방하는 정도이지 새로운 길은 아니라고 본다(Friedmann, 2005). 초국적 자본 유치의 도시 마케팅에 모든 도시정부가 뛰어들고 있고, 이들에게 도시를 팔도록 요구하지만 마케팅 전문가(guru)들이 간과하고 있는 것은 진짜 도시발전은 단지 경쟁자의 주머니가 아닌 내 주머니에 돈을 넣도록 자본가를 유혹하는 문제가 아니라 성장편익을 통합적으로 확산시키는 것이라는 점이다.

그리고 거대규모 도시개발사업은 규모와 실행 절차의 특성 때문에 도시지역의 사회경제적 구조뿐만 아니라 환경의 품질과 형태, 도시재정과 복지서비스 정책 방향에 결정적인 영향을 미친다. 이러한 전략은 특히 도시의 정치경제적 권력관계 및 지배구조 형성에 큰 영향을 미치며, 중상층 중심의 선택적 민주주의를 구사한다. 따라서 동네조차도 통제하지 못하는 집단이 존재하는 동시에 세계적 단위의 공간 네트워크를 지배하는 집단이 만들어진다. 그러므로 거대 개발사업은 지배구조의 공간단위를 변경시키고, 공간 과정을 지배하는 권력의 대대적 이동을 동반하며, 경제적으로는 부동산시장의 작동과 공공예산 우선순위의 변경을 통해서 실행하기 때문에 사회경제적 양극화를 심화시킨다. 이렇게 볼 때 거대 개발사업은 통합적 도시과정 및 계획체계와 동떨어진 사업이 되며, 결과적으로 전체 도시에 미치는 긍정적 영향은 모호하다(Swyngedouw, Moulaert, Rodriguez, 2002).

앞으로는 환경적 지속가능성, 민주적 의사결정, 사회문화적 가치, 계층 통합적 가치를 반영함으로써 개발사업의 '다목적' 통합성을 높여야 한다. 이러한 통합적 발전전략을 통해 더 견고하고, 활력이 있으면서 더 평등주의적인 도시(egalitarian city)로 나아가야 한다. 이러한 전략은 투자 관점에서는 각 도시가 소유하고 있는 다양한 자원과 자산에 토대를 두고 투자를 유도하는 중규모 차원의 도시정책이다. 그리고 관계 측면에서는 외부와의 연계에만 초점을 두고 외부로만 출구를 여는 것이 아니라, 도시 내부에서 서로 밀접하게 연관을 맺고 있는 다양한 자원집합을 바탕으로 도시의 상대적 자율성을 굳건히 하는 전략을 말한다. 이러한 방향이 장기적으로는 초국적 경쟁력을 높일 수 있는 수단이라는 것이다(Friedman, 2005; Salet and Gualini, 2005).

이러한 발전전략이 성공적이기 위해서는 저성장시대(slow urban growth)에 적합한 도시생활양식을 일상생활에서 구현할 수 있어야 한다. 새로운 정주 개념은 사회적 연계를 통해 자원을 공유할 수 있는 지역 기반 네트워크라는 개념에 기초하는 것이 필요하다. 21세기적 관점에서 볼 때 도시자원 공유 형태는 생활공간의 공유와 더불어 부동산, 금융, 사업 기회, 서비스, 오피스 공간 및 사무집기, 음식, 옷, 교통, 에너지, 사회적·감성적 자원 등 매우 많고 다양하다(Burkhalter and Castells, 2009).

이러한 통합적 연계의 강화는 발전전략뿐만 아니라 실제 경제구조에서도 중요한 과제이다. 도시를 구성하는 경제구조가 외부로만 네트워크를 편성하는 그런 고립된 섬의 난립이 아니라 중소 상공업을 포함하는 통합 네트워크를 강건하게 하는 산업생태계를 구축하고 관리하는 것이 미래 도시의 경제 지속가능성을 보장할 것이다.

참고문헌

국제도시개발협회 엮음. 1994. 『신도시전망(I): 전원도시에서 도시재개발까지』. 대한주택공사 옮김. 대한주택공사.

김용창. 1994. 「자본의 국제화와 거대도시의 재구조화 그리고 서울」. ≪공간과 사회≫, 제4호.

______. 1998. 「지구적 공간통합과 네트워크 도시」. 한국공간환경학회 엮음. 『현대도시이론의 전환』. 도서출판 한울.

______. 2010. 「개발패러다임의 변화와 LH의 역할」. 토지주택연구원 편저. 『녹색의 나라, 보금자리의 꿈』. 한국토지주택공사

김정훈·강현수 외. 2005. 「유비쿼터스와 도시계획」. ≪도시정보≫, 277호.

김천권. 2002. 「압축도시(Compact City): 지속가능한 도시개발을 위한 대안인가」. ≪토지연구≫, 제13권 제3호.

김현식·김은정. 2009. 「오바마 신행정부의 새로운 국토비전: 대도시권국가(MetroNation)론」. ≪국토정책 Brief≫, 제22호.

김흥순. 2006. 「뉴어버니즘 근대적 접근인가 탈근대적 접근인가」. ≪도시행정학보≫, 제9집.

류우익. 1983. 「한국 지리학에 있어 지역정책의 쟁점」. ≪지리학논총≫, 제10호.

마쓰나가 야스미쓰. 2009. 『도시계획의 신조류』. 진영환·김진범·정윤희 옮김. 한울아카데미.

손정원. 2009. 「영국의 에코타운 계획」. ≪토지연구≫, 제29권.

이상헌. 1998. 「생태도시의 이론적 구성」. 『현대 도시이론의 전환』. 도서출판 한울.

이희연. 2008. 「창조도시: 개념과 전략」. ≪국토≫, 통권 322호.

임희지. 2001. 「지속가능한 도시조성을 위한 신전통주의 계획이론 분석 연구: 우리나라 도시개발 기법의 실태와 개선방향을 중심으로」. ≪국토연구≫, 제32권.

정석·조준범·김남선. 1999. 『주민 참여형 마을 단위 도시계획을 위한 기본 방향 설정』. 서울시정개발연구원.

조영태. 2008. 「도시계획 패러다임 변화와 발전방향」. 수도권 광역경제권 포럼 발표자료.

최대식·강명수. 2006. 「여유로운 삶의 구현: 슬로시티」. ≪국토도시브리프≫, 제3호.

최병두·홍인옥·강현수·안영진. 2004. 「지속가능한 발전과 새로운 도시화: 개념적 고찰」. ≪대한지리학회지≫, 제39권 제1호.

한국보건산업진흥원. 2005. 『건강도시 건설 및 운영을 위한 계획지침의 개발』. 보건복지부.

허우긍·김용창 외. 2010. 『21세기 국토공간 관리방안 연구』. 토지주택연구원.

Antrop, M. 2004. "Landscape Change and the Urbanization Process in Europe." *Landscape and Urban Planning*, 67: pp. 9~26.

Arbury, J. 2005. *From Urban Sprawl to Compact City: an Analysis of Urban Growth Management in Auckland*. Geography and Environmental Science, University of Auckland.

Batten, D, F. 1995. "Network Cities: Creative Urban Agglomerations for the 21st Century." *Urban Studies*, 32(2): pp. 313~327.

Berube, A. 2007. *MetroNation: How U.S. Metropolitan Areas Fuel American Prosperity*. Brookings Institution.

Burkhalter, L. and M. Castells. 2009. "Beyond the Crisis: Towards a New Urban Paradigm." in Lei Qu. et. al(eds.). *The New Urban Question: Urbanism Beyond Neo-Liberalism*. International Forum on Urbanism, 21~43.

CAT(Centre for Alternative Technology). 2010. "Zero Carbon Britain 2030: A New Energy Strategy." The second report of the Zero Carbon Britain project.

Congress for the New Urbanism. 1999. *Charter of the New Urbanism*. McGraw Hill(안건혁·온영태 옮김, 2003, 『뉴어바니즘 헌장』. 도서출판 한울).

Dirks, S. and M. Keeling. 2009. *A Vision of Smarter Cities*. IBM Institute for Business Value.

Duhl, L. J. and A. K. Sanchez. 1999. *Healthy Cities and the City Planning Process*. WHO Regional Office for Europe.

EPA, et. al. 2006. *This is Smart Growth*(이왕건·구홍미 옮김. 2010. 『스마트 성장 개론』. 국토연구원).

Evans, G., et. al. 2006. *Strategies for Creative Spaces and Cities: Lessons Learned*. London Development Agency.

Florida, R. 2005. *Cities and the Creative Class*. Routledge(이원호·이종호·서민철. 2008. 『도시와 창조계급』. 푸른길).

Florida, R., T. Gulden, and C. Mellander. 2008. "The Rise of the Mega-region." *Economy and Society(Cambridge Journal of Regions)*, 1(3): pp. 459~476.

Friedmann, J. 2005. "Globalization and the Emerging Culture of Planning." *Progress in Planning*, 64: pp. 183~234.

Humber, W. "Towards a New Urban Paradigm." http://www.senecac.on.ca/revitalization(access 2010).

Jacobs, J. 1961. *The Death and life of Great American Cities*. Random House(유강은 옮김. 2010. 『미국 대도시의 죽음과 삶』. 그린비).

Litman. 2010. "Where We Want To Be: Home Location Preferences And Their Implications For Smart Growth." Presented at The Congress for New Urbanism Transportation Summit, Victoria Transport Policy Institute.

PRP Architects Ltd, URBED and Design for Homes. 2008. *Beyond Eco-towns: Applying the Lessons from Europe: Report and Conclusions*.

PwC. 2006. *Cities of the Future: Global Competition. Local Leadership*.

Salet, W. G. M. and E. Gualini. 2005. "Framing Multiple Purposed Urban Projects." COMET

Deliverable WP 9.

Sarzynski, A. and A. Levy. 2010. "Spatial Efficiency and Regional Prosperity: A Literature Review and Policy Discussion." Working Paper #41. George Washington Institute of Public Policy.

Swyngedouw, E., F. Moulaert, and A. Rodriguez. 2002. "Neoliberal Urbanization in Europe: Large-Scale Urban Development Projects and the New Urban Policy." *Antipode*, 34(3): pp. 542~577.

Taylor, P. J., D. R. F. Walker and J. V. Beaverstock. 2002. "Firms and Their Global Service Networks." in S. Sassen(ed.). *Global Networks, Linked Cities*. Routledge.

ULI(Urban Land Institute). 2003. *Smart Growth: Myth and Fact*.

UN. 1993. *Agenda 21: Earth Summit-The United Nations Programme of Action from Rio*.

UN-HABITAT. 2009. *Planning Sustainable Cities: Global Report on Human Settlements 2009*.

Weissbourd, R. and M. Muro. 2011. *Metropolitan Business Plans: A New Approach to Economic Growth*. Brookings Institution Metropolitan Policy Program.

제3장

6·2 지방선거에 나타난 진보적 도시정책의 과제

박배균 | 서울대 지리교육과 교수

1. 문제 제기: 정권심판론 뒤에 숨겨진 지방선거의 민심

한나라당의 참패와 야당의 승리로 끝난 6·2 지방선거

지난 6·2 지방선거의 결과는 흔히 여당의 참패와 야당의 승리로 평가된다. 야당과 무소속 출신의 후보자가 총 16개 광역자치단체 중 10곳에서 당선되었고, 2006년 지방선거에서 12명의 당선인을 냈던 한나라당은 6명밖에 당선인을 배출하지 못했으며, 기초자치단체장 선거에서 민주당은 92명의 당선인을 내었지만 한나라당은 이보다 30명이나 적은 62명의 당선인만을 배출했고, 시·도의원 선거에서도 민주당은 328명, 한나라당은 252명의 당선인을 배출한 사실은 이러한 평가를 잘 뒷받침해준다. 특히, 이러한 양상은 서울의 기초자치단체장 선거에서 두드러지게 나타났는데, 2006년 지방선거에서 서울시의 25개 구를 모두 싹쓸이했던 한나라당은 4년이 지난 2010년 6·2 지방선거에서 4개의 구에서만 당선인을 배출하는 참패를 당했다. 그리고 교육감 선거에서는 16명의 당선인 중에서 6명이 진보개혁적 성향의 후보였다.

<표 3-1> 2010년 6·2 지방선거에서의 정당별 당선자 수

구분		한나라당	민주당	자유선진당	민주노동당	진보신당	국민참여당	친박연합	무소속	기타	합계
광역단체		6	7	1	0	0	0	0	2	0	16
		37.5%	43.8%	6.3%	0.0%	0.0%	0.0%	0.0%	12.5%	0.0%	
기초단체		62	92	13	3	0	0	0	36	1	207
		30.0%	44.4%	6.3%	1.4%	0.0%	0.0%	0.0%	17.4%	0.5%	
광역의원		252	328	38	18	3	3	1	36	1	680
		37.1%	48.2%	5.6%	2.6%	0.4%	0.4%	0.1%	5.3%	0.1%	
기초의원		1,087	871	95	90	22	17	12	305	13	2,512
		43.3%	34.7%	3.8%	3.6%	0.9%	0.7%	0.5%	12.1%	0.5%	
광역비례		36	32	3	6	0	2	2	0	0	81
		44.4%	39.5%	3.7%	7.4%	0.0%	2.5%	2.5%	0.0%	0.0%	
기초비례		160	154	22	25	0	7	7	0	1	376
		42.6%	41.0%	5.9%	6.6%	0.0%	1.9%	1.9%	0.0%	0.3%	

자료: 손호철(2010).

<표 3-2> 2010년 교육감 선거 결과

이념적 성향	진보개혁	보수
당선자 수	6명 (서울, 경기, 강원, 전남, 전북, 광주)	10명 (인천, 충남, 충북, 대전, 경남, 경북, 부산, 대구, 울산, 제주)

자료: 손호철(2010), 345쪽.

6·2 지방선거 결과에 대한 일반적 설명 방식: 이명박 정부 심판론

이러한 6·2 지방선거 결과를 설명하는 일반적인 방식은 이명박 정부 심판론이다. 많은 전문가가 세종시나 4대강사업의 추진 과정에서 나타난 독단적인 리더십의 문제(강원택, 2010: 2), 이명박 정권의 지나친 보수화에 대한 경계(정한울·정원칠, 2010: 16), 참여정부 심판론이라는 국민 정서와 동떨어진 한나라당의 전략(정한울·정원칠, 2010: 17) 등을 한나라당 참패의 원인으로 꼽고 있다. 지난 6·2 지방선거의 결과에 대한 이러한 해석은 여론조사에서도 확인할 수 있다. ≪중앙일보≫가 선거 후 실시한 여론조사에서 "이명박 정부 심판론에 공감한다"라고 응답한 사람이 65.6%로 "공감하지 않는다"라고 응답한 사람의 2배에 달했고, 한나라당이 참패한 이유에 대해 "정부, 여당이 잘못해서"라고 답한 사람이

79.2%에 달했다. 또, 여당이 잘못한 것이 무엇인가에 대한 질문에 "세종시나 4대강사업 등을 독단적으로 추진하기 때문"이라고 응답한 사람이 74.5%에 달했다(≪중앙일보≫, 2010년 6월 8일 자). 이처럼 정권심판론은 지난 6·2 지방선거의 결과를 해석하는 데 있어 전문가와 대중들 대다수에 의해 받아들여지는 설명방식이다.

여당견제론에 대한 문제 제기

그렇다면 지난 6·2 지방선거를 바탕으로 정권과 여당을 견제하려는 국가적 차원의 민심을 확인하는 것 외에, 지역적 차원의 민심을 알아보는 것은 불가능한가? 6·2 지방선거가 진보적 관점에서 도시·지역정책을 수립하려는 이들에게 주는 교훈은 무엇인가? 이 글은 이러한 문제의식에서 출발한다.

필자는 중앙 차원의 정권심판론이 6·2 지방선거에 매우 큰 영향을 미쳤음을 인정하지만, 지방선거의 결과를 정권심판론으로만 해석하는 것은 도시와 지역 차원의 정책적 쟁점들이 경합했던 지방선거의 과정과 그를 통해 표출되었던 민심의 동향을 제대로 이해하는 데 한계로 작용할 수도 있다고 본다. 사실 지난 6·2 지방선거는 그 이전의 다른 어떤 선거보다 정당과 후보들 간의 정책적 차별성과 대결구도가 뚜렷한 선거였다. 민주당, 민노당, 진보신당과 같은 야권 및 진보 성향의 후보들을 중심으로 무상급식, 무상보육과 같은 복지공약이 적극적으로 제시된 반면, 한나라당 후보들은 여전히 경제성장과 지역개발을 중심으로 한 공약을 제시하는 경향을 보여, 진보와 보수 간의 정책적 차이가 상대적으로 뚜렷하게 드러난 것으로 평가된다. 이러한 정책 차이가 지방선거의 결과에 어떻게 반영되었는지, 그리고 지역의 다양한 민심이 정당 간 정책의 차별화에는 어떻게 영향을 미쳤는지에 대한 충분한 검토 없이, 선거의 결과를 정권심판론에만 의지하여 해석하면 선거에 반영된 숨겨진 민심을 간과할 수 있다.

이러한 문제의식을 바탕으로 필자는 이 글에서 지난 6·2 지방선거에서 도시와 지역 차원의 정책적 쟁점들의 경합이 어떻게 민심에 반영되었는지 파악하는 데 초점을 두고자 한다. 특히, 지방선거 당선자들의 공약을 분석함으로써 유권자들이 도시 및 지역 차원의 정책에 대해 어떠한 바람을 가지고 있는지 분석해 볼 것이다. 그리고 이러한 분석을 바탕으로 향후 진보적 도시/지역정책이 지향할 방향성과 과제에 대해 진단해보고자 한다.

2. 지방선거 공약의 변화

지방선거 공약 분석의 방법론

지방선거에서의 정책적 쟁점들이 민심에 어떻게 반영되었는지 과학적으로 분석하기 위해서는 각 도시와 지역별로 중요한 정책적 이슈가 무엇인지, 그리고 그 사안들에 대한 주민들의 여론은 어떠했는지에 대한 신뢰성 있는 자료가 필요하다. 하지만, 선거와 관련하여 이루어진 신뢰성 있는 여론조사에서 정책적 사안에 대한 조사는 대부분 전국적 단위에서 이루어지기 때문에 각 도시와 지역에서 나타나는 풀뿌리 민심을 파악하는 데 큰 도움이 되지 못한다. 게다가, 그나마 도시와 지역 차원의 여론을 신뢰성 있게 보여주는 조사는 대부분 각 후보자에 대한 지지율을 파악하는 데만 치중을 하기 때문에, 중요한 정책적 이슈에 대한 민심의 변화를 각 도시와 지역별로 파악하기는 거의 불가능하다. 이런 한계로 인해, 이 글에서는 선거에서 민심을 잡기 위한 경쟁에서 승리한 당선자들의 공약을 분석함으로써 지방선거에 반영된 민심을 간접적으로 파악하려 한다.

물론 우리나라의 선거에서 후보들의 당락이 정책과 공약보다는 인물론, 집권여당과 정권에 대한 견제심리, 안보불안과 경제위기와 같은 상황에서 나오는 안정심리 등과 같은 정책 외적인 요인에 더 많이 영향을 받기 때문에, 당선자들의 공약이 민심을 정확하게 반영하고 있다고 보기는 어렵다. 하지만, 각 후보가 내세운 공약과 정책에 대한 주민들의 선호가 각 후보의 당락에 전혀 영향을 주지 않았다고 보기도 어렵다. 정책 외적인 요인이나 중앙정치 차원에서 만들어진 거시적인 분위기와 상관없이 후보자 대부분은 선거의 승리를 위해 최선의 노력을 다하며, 이러한 경쟁의 과정에서 이들은 민심을 반영하는 공약들을 내세움으로써 유권자들의 표심을 사로잡으려 한다. 따라서 당선자들의 공약에는 그 지역 유권자들의 정책에 대한 선호가 최소한 간접적으로나마 반영되어 있다고 볼 수 있을 것이다. 물론 선거의 결과가 민심을 제대로 반영한다고 볼 수는 없다. 당선자와 탈락자 간의 표차가 얼마 되지 않거나 투표율이 낮은 경우에는 더욱 그러하다. 하지만, 지방 수준에서 유권자들의 정책적 요구를 제대로 보여주는 자료가 없는 현실적 한계를 고려했을 때, 지방선거에서 나타난 정책적 사안들에 대한 민심의 동향을 파악하기에는 당선자들의 공약을 분석하는 것이 가장 현실적으로 가능한 방법이라 생각된다.

당선자 공약을 통해 지방선거에 반영된 민심의 동향을 파악하기 위해, 이 글은 다음의 과정을 통해 당선자들의 공약자료를 분석했다.

- 2006년 선거와의 비교를 통해 2010년 지방선거 당선자들의 공약의 특성을 더 잘 파악할 수 있다고 생각하여, 2006년 제4차 지방선거와 2010년 제5차 지방선거를 기본적인 분석의 대상으로 정했다.
- 분석의 편의를 위해 16개 광역자치단체장과 서울시와 경기도의 기초자치단체장 당선자들의 공약에만 분석을 국한했다.
- 지방선거 당선자들의 5대 핵심 공약을 중앙선거관리위원회와 한국매니페스토 실천본부가 제공한 자료를 바탕으로 정리하고, 각 공약을 ① 경제, ② 복지, ③ 지역개발, ④ 교육, ⑤ 교통, ⑥ 환경, ⑦ 문화, ⑧ 행정, ⑨ 주택/주거, ⑩ 여성, ⑪ 기타의 11개 유형으로 분류했다. 예를 들어, 2010년 6·2 지방선거에서 제시된 김관용 경북도지사 당선자의 "경북의 출력을 높이는 첨단 엔진: 지역성장동력 육성"이라는 공약은 "경제" 공약으로, 이광재 강원도지사 당선자의 "교육혁명: 공교육 강화를 위한 교육재정 3배 확대" 공약은 "교육" 공약으로, 오세훈 서울시장 당선자의 "보육 걱정 없는 서울: 공공 보육시설 확충과 무상보육 확대"는 "복지" 공약으로, 허남식 부산시장 당선자의 "원도시권 부활로 도심 재창조"는 "지역개발" 공약으로 유형 분류 했다.
- 공약의 유형별 분포와 비중을 중심으로, 2006년 지방선거와 2010년 지방선거 사이에 당선자 공약에서 어떤 변화가 있었는지 살펴보았다.

광역자치단체장 선거 당선자 공약 분석

<표 3-3>은 2006년과 2010년 광역자치단체장 선거 당선자들의 공약을 유형별로 분류한 것이다. 광역자치단체장 선거의 경우 2006년에는 당선자들의 공약 중 경제 관련 공약이 46.1%로 가장 많았고, 그다음이 지역개발 관련 공약으로 17.1%를 차지했다. 2010년에는 경제 관련 공약이 33.8%를 차지했고, 다음이 복지 관련 공약으로 23.8%, 그다음이 지역개발 관련 공약으로 17.5%를 차지했다. 이 통계를 분석해보면 주목할 만한 특성을 여러 개 찾을 수 있는데, 그 내용은 다음과 같다.

- 2006년과 2010년 모두 경제와 지역개발 관련 공약이 광역자치단체장 선거에서 높은 비중을 차지했다. 자기 지역에 성장동력을 만들어내고 일자리를 창출하겠다는 경제 관련 공약은 거의 모든 당선자에 의해 적극적으로 제기되었다. 이와 더불어, 시설의 유치, 구시가지의 재개발 등을 추진하겠다는 지역개발 공약도 많은 당선자에 의해 제기되었다. 이는 성장주의와 개발주의 논리에 의해 주도되

<표 3-3> 광역자치단체장 선거 당선자 공약의 유형별 비중

공약 유형	2006년 지방선거		2010년 지방선거		비고
경제	35	46.1%	27	33.8%	2006년의 경우 경남, 제주는 공약 세 개씩만 있음.
복지	7	9.2%	19	23.8%	
지역개발	13	17.1%	14	17.5%	
교육	5	6.6%	7	8.8%	
교통	7	9.2%	2	2.5%	
환경	3	3.9%	2	2.5%	
문화	2	2.6%	3	3.8%	
행정	1	1.3%	5	6.3%	
주택/주거	2	2.6%	0	0.0%	
여성	0	0.0%	0	0.0%	
기타	1	1.3%	1	1.3%	
합계	76	100.0%	80	100.0%	

고 있는 우리나라 도시 및 지역정치의 특성이 여전히 지속되고 있음을 잘 보여주는 것으로 생각된다.

- 2010년에는 복지 관련 공약이 새롭게 중요한 정책적 사안으로 등장했다. 특히, 경제 관련 공약은 그 비중이 2006년에는 46.1%로 거의 당선자들 공약의 절반을 차지하는 정도로 높았지만, 2010년이 되면 33.8%로 비중이 줄어든 반면, 무상급식, 보육과 노인복지 지원, 의료서비스 확충 등의 내용을 포함하는 복지 관련 공약은 9.2%에서 23.8%로 급격히 그 비중이 증가했다. 이는 지난 몇 년간 복지와 보건에 대한 국민들의 관심과 요구가 높아진 것이 선거에 반영된 것으로 이해된다.
- 2006년 선거에 비해 2010년 선거에서 경제 공약이 줄고, 복지공약이 늘었다는 사실은 우리나라 도시 및 지역정치의 성장주의와 개발주의 지향성이 다소 약화되고 있는 것으로 이해할 수도 있다. 이는 개발이익과 관련성이 높은 교통 관련 공약의 비중이 9.2%에서 2.5%로 낮아졌고, 반면 교육 관련 공약은 6.6%에서 8.8%로, 행정 관련 공약은 1.3%에서 6.3%로 그 비중이 높아졌다는 사실에서도 잘 드러난다.

서울·경기 기초자치단체장 선거 당선자 공약 분석

<표 3-4>는 2006년과 2010년 서울시와 경기도의 기초자치단체장 당선자들의 공약을 유형별로 분류한 것이다. 서울시의 경우, 2006년에는 당선자들의 공약들 중 지역개발 공약이 26.1%로 가장 높은 비중을 차지했고, 그다음으로 복지(16.5%), 환경(16.5%), 교육(13%) 관련 공약들이 높은 비중을 차지했다. 그런데, 2010년이 되면 복지 관련 공약이 30.4%로 가장 높은 비중을 차지하고, 이어서 경제(16.8%), 지역개발(15.2%), 교육(13.6%) 관련 공약이 높은 비중을 차지했다. 서울시 기초자치단체장 당선자들의 공약은 다음과 같은 특성을 보인다.

- 서울시에서 복지, 지역개발, 교육은 2006년과 2010년의 선거에서 모두 중요한 공약 사항으로 취급되었다. 광역자치단체장 선거나 다른 지역의 기초자치단체

<표 3-4> 기초자치단체장 선거 당선자 공약의 유형별 비중

구분	공약 유형	2006년 지방선거		2010년 지방선거		비고
서울시	경제	8	7.0%	21	16.8%	2006년의 경우에 성북구, 강북구의 공약자료 없음
	복지	19	16.5%	38	30.4%	
	지역개발	30	26.1%	19	15.2%	
	교육	15	13.0%	17	13.6%	
	교통	7	6.1%	4	3.2%	
	환경	19	16.5%	7	5.6%	
	문화	8	7.0%	7	5.6%	
	행정	7	6.1%	10	8.0%	
	주택/주거	0	0.0%	2	1.6%	
	여성	1	0.9%	0	0.0%	
	기타	1	0.9%	0	0.0%	
	합계	115	100.0%	125	100.0%	
경기도	경제	38	25.7%	38	24.5%	2006년의 경우 광주시 공약자료 없음. 파주시 공약 세 개만 있음.
	복지	13	8.8%	34	21.9%	
	지역개발	35	23.6%	36	23.2%	
	교육	17	11.5%	14	9.0%	
	교통	8	5.4%	5	3.2%	
	환경	20	13.5%	9	5.8%	
	문화	8	5.4%	6	3.9%	
	행정	8	5.4%	9	5.8%	
	주택/주거	0	0.0%	1	0.6%	
	여성	0	0.0%	3	1.9%	
	기타	1	0.7%	0	0.0%	
	합계	148	100.0%	155	100.0%	

장 선거와 달리 2006년 지방선거에서 이미 복지 관련 공약의 비중이 높았다는 사실은 주목할 만하다. 이는 서울이 다른 지역에 비해 경제적 여건이 더 낫고, 주민들의 소득수준과 교육수준이 높아, 복지에 대한 주민들의 요구가 일찍부터 높아서 그런 것이 아닐까 추측해본다.

- 복지 관련 공약의 비중은 2010년 선거에서 2006년에 비해 2배 가까이 증가한다. 반면, 지역개발 공약의 비중은 10% 가까이 줄어든다. 이는 광역자치단체장 선거에서와 마찬가지로 복지에 대한 유권자들의 관심과 요구가 높아진 것이 반영된 것으로 이해된다.
- 서울시의 기초자치단체장 당선자들이 일찍부터 복지공약에 관심이 많았고, 게

다가 2010년 선거에서 복지 관련 공약의 비중이 많이 늘었으며 지역개발 공약의 비중이 줄었다고 해서, 서울의 도시정치가 성장주의와 개발주의의 영향으로부터 자유로운 것은 아니다. 경제와 지역개발 공약을 합친 비중은 2006년에는 33.1%, 2010년에는 32%로 전체 공약의 1/3을 초과했다. 또한, 2010년 선거에서 복지공약의 비중은 늘고, 지역개발 공약의 비중은 줄었지만, 경제 관련 공약의 비중이 7%에서 16.8%로 늘었다. 특히, 2006년 선거의 경우 기초자치단체장 당선자들이 제시한 30개의 지역개발 공약 중 18개가 뉴타운사업과 관련된 재개발 공약이었고, 용산참사로 인해 재개발에 대한 사회적 비판 여론이 거세진 이후 치러진 2010년 선거에서도 19개의 지역개발 공약 중 6개가 도심재개발과 관련된 공약이라는 사실은 기초자치단체장 선거가 개발이익을 원하는 목소리에 매우 민감하다는 것을 보여준다.

- 2006년 선거에서 특이한 사항은 환경 관련 공약의 비중이 높다는 것이다. 그런데, 이 환경 관련 공약의 내용을 좀 더 자세히 살펴보면 대부분 청계천 복원을 모델로 하여 하천복원, 공원조성 등을 통해 삶의 쾌적성을 높이는 데 초점을 드는 것이다. 따라서 2006년 선거에서의 환경 관련 공약들은 대부분 저개발 혹은 반개발을 지향하는 환경공약이라 보기는 힘들고, 오히려 삶의 쾌적성을 높이기 위한 조경개발사업으로 이해할 수도 있다. 즉, 환경공약이 개발주의와 연결되는 아이러니한 상황이었다고 할 수 있다. 2006년 선거에서 이러한 환경공약이 높은 비중을 차지한 것은 이명박 대통령이 서울시장으로 있으면서 추진한 청계천 개발이 시민들과 언론의 큰 관심을 끈 것을 여러 후보가 모방했기 때문인 것으로 보인다.

경기도 기초자치단체장의 경우, 2006년에는 당선자들의 공약 중 경제 관련 공약이 25.7%로 가장 높은 비중을 차지하고, 그다음이 지역개발(23.6%), 환경(13.5%), 교육(11.5%) 관련 공약들의 순서로 높은 비중을 차지하고 있다. 2010년에는 경제 관련 공약이 24.5%로 가장 높은 비중을 차지했고, 그다음으로 지역개발(23.2%), 복지(21.9%)가 높은 비중을 차지했다. 경기도 기초자치단체장 당선자들 공약의 주요 특성은 다음과 같다.

- 2006년과 2010년 두 번의 선거 모두에서 경제와 지역개발 관련 공약이 높은 비중을 차지했다. 이 두 공약을 합친 비중이 2006년에는 49.3%, 2010년에는 47.9%로 전체 공약의 절반 가까이를 차지한다. 또한, 2006년에는 총 35개의 지역개발 공약 중 11개가 재개발 공약이었고, 2010년에는 총 36개의 지역개발 공약 중 9개가 재개발 공약이었다. 즉, 앞서 언급한 우리나라 도시 및 지역정치가 지니는 성장주의와 개발주의 지향성이 경기도의 기초자치단체장 선거에서 잘 드러난 것으로 이해된다.
- 2010년 선거에서 복지 관련 공약의 비중이 급격히 늘어, 복지에 대한 주민들의 요구가 경기도에서도 매우 증가했음을 알 수 있다.
- 2006년과 2010년 선거에서 모두 경제 관련 공약의 비중이 가장 높았지만, 2010년 선거에서 제시된 경제 관련 공약은 2006년 선거와는 달리 사회적 기업이나 사회적 서비스의 확대를 통한 지역경제의 활성화를 도모하겠다는 대안경제적 사고에 입각한 내용을 포함하기 시작했다는 점은 특기할 만한 사항이다.
- 서울의 기초자치단체장 선거에서와 마찬가지로 경기도에서도 2006년에는 환경 관련 공약이 높은 비중을 차지하는데, 이 또한 서울에서와 마찬가지로 모두 공원조성이나 하천복원 등과 같은 삶의 쾌적성을 높이기 위한 조경개발 공약이었다. 즉, 청계천 개발의 영향이 경기도에서도 나타났다 할 수 있다.

6·2 지방선거에서의 혁신적 공약들

2006년과 2010년의 지방선거에서 당선자 공약의 특성이 어떻게 변화했는지를 공약 유형별 비중의 변화로만 파악하는 것은 한계가 있다. 유형별 공약들을 좀 더 자세히 들여다보면 같은 유형이라고 하더라도 그 내용에서 변화가 일어나고 있음을 알 수 있다. 먼저, 경제 분야 공약의 경우, 2006년에는 모든 당선자가 기업·투자유치, 산업단지 조성 등을 통한 지역경제 활성화와 일자리 창출을 공약하고 있는 반면, 2010년에는 대형마트 허가제, SSM 규제, 재래시장 활성화 등과 같은 서민경제 활성화를 강조하거나, 사회적 기업과 복지 및 사회서비스 확대를 통한 일자리 창출, 지역생산, 지역소비를 통한 농촌경제 살리기 등과 같은

<표 3-5> 2010년 6·2 지방선거 당선자의 혁신적 공약들

지역		당선자(정당)	공약	분류
광역자치단체	전북	김완주(민주당)	대형마트 허가제, SSM 규제	서민 경제
	충남	안희정(민주당)	금강정비사업 재검토	개발 반대
	경남	김두관(무소속)	4대강사업 중단	개발 반대
기초자치단체	서울 광진	김기동(민주당)	장사하는 사람들의 확실한 서포터	서민 경제
	서울 영등포	조길형(민주당)	재래시장 현대화사업 추진	서민 경제
	서울 은평	김우영(민주당)	사회적 기업을 통한 일자리 창출	대안 경제
	서울 종로	김영종(민주당)	주민참여 재개발 및 재건축 위원회	참여 행정
	서울 은평	김우영(민주당)	참여예산제 도입	참여 행정
	서울 강서	노현송(민주당)	구민참여 예산제 도입	참여 행정
	경기 부천	김만수(민주당)	일자리 창출형 '사회적 기업 지원센터' 설립	대안 경제
	경기 부천	김만수(민주당)	복지서비스 확대를 통한 일자리 창출(사회적 기업 육성)	대안 경제
	경기 용인	김학규(민주당)	지역의 인력을 고용하는 사회서비스 분야 확대	대안 경제
	경기 김포	유영록(민주당)	지역생산, 지역소비정책으로 농촌경제 살리기	대안 경제
	경기 안양	최대호(민주당)	전통시장 및 골목상권 보호를 위한 제도적 장치 마련	서민 경제
	경기 성남	이재명(민주당)	성남시 재개발 전면 재검토	개발 반대
	경기 평택	김선기(민주당)	주민참여 기본조례 제정	참여 행정
	경기 오산	곽상욱(민주당)	주민 참여, 투명성 바탕으로 한 협치 행정	참여 행정

대안경제적 경제대책을 강조하는 공약이 등장하기 시작했다. 지역개발 공약에서도 2006년의 경우에는 모든 당선자가 도심재개발, 시설유치 등과 같이 도시·지역개발을 찬성했지만, 2010년에는 일부 당선자들이 도시·지역개발사업을 반대하는 공약을 내세우기 시작했다. 행정 분야의 공약에서는 2010년에는 2006년에 비해 참여예산제, 주민참여 기본조례 등과 같이 지역주민들의 참여를 활성화하는 행정을 펴겠다는 공약을 제시한 당선자가 많이 늘어났다.

요약: 지방선거 당선자 공약의 변화

지방선거 당선자들의 공약에서 2006년과 2010년 사이에 많은 변화가 일어났다. 그 특성을 간략히 요약하면 다음과 같다.

성장주의와 개발주의 영향의 지속 2006년과 2010년 모두 당선자들의 공약에서 경제와 지역개발 관련 공약의 비중이 높았고, 이는 우리나라의 도시정치와 지역정치를 지배하고 있는 성장주의와 개발주의가 지방선거에서 표출된 결과이다.

복지에 대한 정치적 요구의 증가 2010년 지방선거에서 복지 관련 공약의 비중이 급격히 늘어났고, 이는 국민들의 복지에 대한 관심과 정치적 요구가 높아졌기 때문이다.

성장주의와 개발주의의 약화 조짐 성장주의와 개발주의가 도시정치와 지역정치에서 여전히 큰 영향력을 가지고 있기는 하지만 2010년 선거에서부터 개발 관련 공약의 비중이 줄고 대안경제적 입장에 기반을 둔 경제 관련 공약이 등장하기 시작했으며, 행정, 복지 등과 같은 비개발주의적인 공약의 비중이 증가하면서 성장주의와 개발주의의 영향이 조금 약화되는 조짐을 보인다.

3. 지방선거 공약과 민심

2006년과 2010년의 지방선거를 비교해보았을 때, 당선자 공약에서 많은 변화가 있음을 알 수 있다. 그러면, 이러한 공약의 변화는 유권자 민심의 변화에 따른 결과물인가? 이 질문에 대한 대답은 간단하지 않다. 왜냐하면, 한국 정치의 특성을 고려했을 때, 지방선거 당선자들의 공약이 지역주민들의 정책적 요구를 그대로 반영한 것이라 믿기 곤란하기 때문이다. 중앙 차원의 정치적 쟁점과 바람이 지방선거에 많은 영향을 미치고, 여전히 많은 정치인이 공약보다는 학연, 지연, 혈연 등과 같은 개인적 인적 네트워크에 기반을 두고 선거운동을 하고 있으며, 풀뿌리 정치의 미발달로 지역 내 다양한 여론이 정당으로 수렴될 수 있는 구조가 미성숙한 한국 정치의 현실 속에서, 지방선거 후보자들은 많은 경우 지역주민들의 정책적 요구에 대한 진정성 있는 고민 없이 형식적으로 공약을 제시하는 경우가 많다. 따라서, 지방선거 당선자들의 공약이 유권자들의 민심을 제대로 반영한다고 말하기는 어렵다. 하지만, 이러한 문제가 있음에도 당선자들의 정책 공약을 민심과 전혀 관계없는 것으로 치부하기도 곤란하다. 더구나 이번 선거의 경우에는 정당 간 정책 차별화가 이전보다 두드러져, 정당 간 정책대결이 어느 때보다 치열했다. 이는 지방 선거의 결과가 정권심판론, 지역주의, 학연, 혈연, 지연 등과 같은 비정책적인 요인에 의해서만 결정되었다기보다는, 유권자들의 정책적 요구가 어느 정도 반영된 것일 수도 있음을 의미하는 것이다.

지방선거 당선자 공약의 정당별 차이

광역자치단체장 선거 당선자 공약의 정당별 차이

<표 3-6>과 <표 3-7>은 각각 2006년과 2010년의 광역자치단체장 선거 당선자들의 공약이 정당별로 어떠한 차이가 있는지 보여주는 것이다. 2006년 16개 광역자치단체 중 대다수라고 할 수 있는 12곳에서 당선자를 배출한 한나라당의 경우, 소속 당선자들이 제시한 공약 중에서 경제 관련 공약이 44.8%로 가장 큰 비중을 차지하고, 그다음이 지역개발(17.2%), 교통(10.3%) 관련 공약들이 큰 비중을 차지했다. 민주당 소속 당선자나 무소속 당선자들도 한나라당 소속 당선자와 마찬가지로 경제 관련 공약에 가장 큰 비중을 두었다. 하지만, 이들과 대비하여 열린우리당 소속 당선자는 복지 관련 공약에 가장 큰 비중을 두었다. 2010년에는 7곳에서 당선자를 배출한 민주당 소속 당선자들은 경제(28.6%)와 복지(25.7%) 관련 공약에 가장 큰 비중을 두었고, 지역개발(17.1%), 행정(11.4%) 관련 공약이 그 뒤를 이었다. 6곳에서 당선자를 배출한 한나라당 소속 당선자들의 경우, 경제 관련 공약에 36.7%의 가장 높은 비중을 두었고, 그다음으로 복지(20%), 지역개발(16.7%), 교육(13.3%) 관련 공약에 비중을 두었다.

이러한 정당별 비교에서 눈에 띄는 특성을 요약하면 다음과 같다.

- 2006년 선거에서는 열린우리당 소속 당선자를 제외하고 당에 상관없이 경제 관련 공약에 가장 큰 비중을 두었다. 반면 열린우리당 소속 당선자는 복지에 더 큰

<표 3-6> 2006년 광역자치단체장 선거 당선자 공약의 정당별 차이

구분	한나라당		열린우리당		민주당		무소속		전체	
경제	26	44.8%	1	20.0%	6	60.0%	2	66.7%	35	46.1%
복지	4	6.9%	2	40.0%	1	10.0%	0	0.0%	7	9.2%
지역개발	10	17.2%	1	20.0%	2	20.0%	0	0.0%	13	17.1%
교육	3	5.2%	1	20.0%	0	0.0%	1	33.3%	5	6.6%
교통	6	10.3%	0	0.0%	1	10.0%	0	0.0%	7	9.2%
환경	3	5.2%	0	0.0%	0	0.0%	0	0.0%	3	3.9%
문화	2	3.4%	0	0.0%	0	0.0%	0	0.0%	2	2.6%
행정	1	1.7%	0	0.0%	0	0.0%	0	0.0%	1	1.3%
주택/주거	2	3.4%	0	0.0%	0	0.0%	0	0.0%	2	2.6%
여성	0	0.0%	0	0.0%	0	0.0%	0	0.0%	0	0.0%
기타	1	1.7%	0	0.0%	0	0.0%	0	0.0%	1	1.3%
전체	58	100%	5	100%	10	100%	3	100%	76	100%

<표 3-7> 2010년 광역자치단체장 선거 당선자 공약의 정당별 차이

구분	한나라당		민주당		자유선진당		무소속		전체	
경제	11	36.7%	10	28.6%	1	20.0%	5	50.0%	27	33.8%
복지	6	20.0%	9	25.7%	1	20.0%	3	30.0%	19	23.8%
지역개발	5	16.7%	6	17.1%	2	40.0%	1	10.0%	14	17.5%
교육	4	13.3%	3	8.6%	0	0.0%	0	0.0%	7	8.8%
교통	2	6.7%	0	0.0%	0	0.0%	0	0.0%	2	2.5%
환경	1	3.3%	1	2.9%	0	0.0%	0	0.0%	2	2.5%
문화	1	3.3%	1	2.9%	1	20.0%	0	0.0%	3	3.8%
행정	0	0.0%	4	11.4%	0	0.0%	1	10.0%	5	6.3%
주택/주거	0	0.0%	0	0.0%	0	0.0%	0	0.0%	0	0.0%
여성	0	0.0%	0	0.0%	0	0.0%	0	0.0%	0	0.0%
기타	0	0.0%	1	2.9%	0	0.0%	0	0.0%	1	1.3%
전체	30	100%	35	100%	5	100%	10	100%	80	100%

비중을 두어, 다른 당 소속 당선자와 차별성을 뚜렷이 보였다는 점이 주목할 만하다.

- 2010년 선거에서는 한나라당과 민주당 모두 경제, 복지, 지역개발 관련 공약에 큰 비중을 두는 공통점을 보이지만, 좀 더 자세히 들여다보면, 한나라당은 경제 관련 공약에, 민주당은 복지 관련 공약에 훨씬 큰 비중을 두었다는 점을 알 수 있다. 그 이전 선거에 비해, 2010년 지방선거에서 한나라당과 민주당 사이의 정책적 차별성이 더욱더 뚜렷해졌다고 할 수 있다.

서울시 기초자치단체장 선거 당선자 공약의 정당별 차이

<표 3-8>은 2010년 서울시 기초자치단체장 선거의 당선자들이 제시한 공약이 소속 정당별로 어떠한 차이가 있는지 보여주는 표이다. 참고로 2006년 서울시 기초자치단체장 선거에서는 당선자들이 모두 한나라당 소속이어서 정당 간의 차이를 파악하는 것이 무의미하다. 2010년의 경우, 전체 25개 기초자치단체 중에서 대다수라 할 수 있는 21곳에서 당선자를 배출한 민주당 소속 당선자들은 복지 관련 공약에 31.4%의 가장 높은 비중을 두었고, 그다음으로 경제(16·2%), 지역개발(15.2%), 교육(12.4%) 관련 공약에 비중을 두었다. 4곳에서 당선자를 배출한 한나라당 소속 당선자들은 복지(25%), 경제(20%), 교육(20%), 지역개발(15%)에 높은 비중을 두었다.

여기서 주목할 만한 점들은 다음과 같다.

- 2010년 선거에서 당선자들은 한나라당, 민주당 모두 복지 관련 공약에 가장 큰 비중을 두었다. 하지만, 민주당 소속 당선자들이 한나라당 소속 당선자들보다 복지에 더 높은 비중을 두었다.
- 한나라당이나 민주당에 상관없이 당선자들은 경제와 지역개발 관련 공약에 큰 비중을 두었다. 이는 도시와 지역정치에서 성장주의와 개발주의는 정당의 정책

<표 3-8> 2010년 서울시 기초자치단체장 선거 당선자 공약의 정당별 차이

구분	한나라당		민주당		전체	
경제	4	20.0%	17	16·2%	21	16.8%
복지	5	25.0%	33	31.4%	38	30.4%
지역개발	3	15.0%	16	15.2%	19	15.2%
교육	4	20.0%	13	12.4%	17	13.6%
교통	2	10.0%	2	1.9%	4	3.2%
환경	1	5.0%	6	5.7%	7	5.6%
문화	1	5.0%	6	5.7%	7	5.6%
행정	0	0.0%	10	9.5%	10	8.0%
주택/주거	0	0.0%	2	1.9%	2	1.6%
여성	0	0.0%	0	0.0%	0	0.0%
기타	0	0.0%	0	0.0%	0	0.0%
전체	20	100.0%	105	100.0%	125	100.0%

과 이념의 차이를 뛰어넘어 영향을 미친다는 점을 시사하는 것이다.

경기도 기초자치단체장 선거 당선자 공약의 정당별 차이

<표 3-9>와 <표 3-10>은 각각 2006년과 2010년의 경기도 기초자치단체장 선거 당선자들의 공약이 정당별로 어떠한 차이가 있는지 보여주는 것이다. 2006년 선거에서 경기도의 30개 기초자치단체 중 대다수라고 할 수 있는 26곳에서 당선자를 배출한 한나라당 당선자들은 경제와 지역개발 관련 공약에 25%씩의 가장 큰 비중을 두었고, 다음으로 환경(20.3%) 관련 공약에 큰 비중을 두었다. 4곳에서만 당선자를 배출한 열린우리당과 무소속 당선자들의 공약 특성에 대한 논의는 여기서는 생략하겠다. 2010년 선거에서 한나라당 소속 당선자들은 지역개발(36%)과 경제(30%) 관련 공약에 큰 비중을 두었고, 반면 민주당 소속 당선자들은 복지 관련 공약에 가장 많은 28.4%의 비중을 두고, 그다음으로 경제(21.1%)와 지역개발(16.8%) 관련 공약에 비중을 두었다.

여기서 특기할 만한 점을 정리하면 다음과 같다.

- 2010년 선거에서 경기도의 자치단체장 당선자들은 소속 정당에 관계없이 모두 경제와 지역개발 공약을 중시했으나, 복지 관련 공약과 관련해서는 정당에 따라 뚜렷한 차이를 보인다. 민주당 소속 당선자들은 복지 관련 공약에 가장 큰 비중을 둔 반면, 한나라당 소속 당선자들은 복지 관련 공약에 큰 비중을 두지 않았다.
- 서울의 경우와 비슷하게, 복지 관련 공약에서는 정당의 이념과 정책의 차이가 뚜렷하게 드러나지만, 경제와 지역개발 공약은 소속 정당에 관계없이 높은 비중을 차지한다는 것에서 성장주의와 개발주의가 경기도에서도 큰 영향을 미친다는 점을 확인할 수 있다.
- 경기도의 경우도 서울과 비슷하게 2006년 선거에서는 대부분 한나라당 출신이 당선되어, 2006년 선거와 2010년 선거 사이에 나타난 공약의 변화를 정당의 특성과 무관하게 해석하는 것은 문제가 있을 수 있다.

<표 3-9> 2006년 경기도 기초자치단체장 선거 당선자 공약의 정당별 차이

구분	한나라당		열린우리당		무소속		전체	
경제	**32**	**25.0%**	0	0.0%	**6**	**40.0%**	38	25.7%
복지	**13**	**10.2%**	0	0.0%	0	0.0%	13	8.8%
지역개발	**32**	**25.0%**	**2**	**40.0%**	1	6.7%	35	23.6%
교육	**13**	**10.2%**	1	20.0%	3	20.0%	17	11.5%
교통	7	5.5%	1	20.0%	0	0.0%	8	5.4%
환경	**26**	**20.3%**	0	0.0%	1	6.7%	20	13.5%
문화	4	3.1%	1	20.0%	3	20.0%	8	5.4%
행정	0	0.0%	0	0.0%	1	6.7%	8	5.4%
주택/주거	0	0.0%	0	0.0%	0	0.0%	0	0.0%
여성	0	0.0%	0	0.0%	0	0.0%	0	0.0%
기타	1	0.8%	0	0.0%	0	0.0%	1	0.7%
전체	128	100.0%	5	100.0%	15	100.0%	148	100.0%

<표 3-10> 2010년 경기도 기초자치단체장 선거 당선자 공약의 정당별 차이

구분	한나라당		민주당		무소속		전체	
경제	**15**	**30.0%**	**20**	**21.1%**	**3**	**30.0%**	38	24.5%
복지	5	10.0%	**27**	**28.4%**	**2**	**20.0%**	34	21.9%
지역개발	**18**	**36.0%**	**16**	**16.8%**	**2**	**20.0%**	36	23.2%
교육	5	10.0%	8	8.4%	1	10.0%	14	9.0%
교통	1	2.0%	4	4.2%	0	0.0%	5	3.2%
환경	1	2.0%	6	6.3%	2	20.0%	9	5.8%
문화	3	6.0%	3	3.2%	0	0.0%	6	3.9%
행정	2	4.0%	7	7.4%	0	0.0%	9	5.8%
주택/주거	0	0.0%	1	1.1%	0	0.0%	1	0.6%
여성	0	0.0%	3	3.2%	0	0.0%	3	1.9%
기타	0	0.0%	0	0.0%	0	0.0%	0	0.0%
전체	50	100.0%	95	100.0%	10	100.0%	155	100.0%

요약: 지방선거 당선자 공약의 정당별 차이

2006년과 2010년 지방선거 당선자 공약의 정당별 차이의 주요 특성을 요약하면 다음과 같다.

▮ 복지 관련 공약에서 뚜렷한 정당 간 차이 2010년 지방선거에서 복지 관련 공약과 관련하여 정당 간의 차별성이 뚜렷하다. 한나라당보다 민주당 출신 당선

자들이 복지 관련 공약에 더 큰 비중을 두었다.

▌정당 간 차이를 뛰어넘는 성장주의와 개발주의의 영향 복지 관련 공약에서의 정당 간 차이와는 달리, 경제와 지역개발 관련 공약에서 지방선거 당선자들은 소속 정당에 상관없이 높은 비중을 두어, 성장주의와 개발주의의 영향으로부터 자유롭지 못했다.

정당 지지의 계급적 차이

우리나라 정당정치의 균열구조

앞에서 논의된 것과 같이 지방선거 당선자 공약의 정당별 차이는 매우 뚜렷하다. 이를 고려했을 때, 2006년과 2010년 사이에 나타난 지방선거 당선자 공약의 변화는 유권자들로부터 선택을 받은 정당이 변한 것과 관련됨을 알 수 있다. 즉, 2006년의 선거에서는 경제성장과 지역개발을 더 중시하는 한나라당 소속 후보들이 많이 당선되어 경제와 개발 관련 공약들의 비중이 높았고, 2010년의 선거에서는 복지 관련 공약을 중시하는 민주당 출신 후보들이 더 많이 당선되어 복지 관련 공약의 비중이 높아졌다고 말할 수 있다. 이를 바탕으로, 정당의 이념과 정책적 지향에 대한 유권자들의 민심이 지방선거 결과에 어느 정도 반영되었다고 볼 수 있다.

자유민주주의 정치체제에서 정당들은 선거에서 더 많은 유권자의 지지를 얻어내기 위해 경쟁하고, 이 경쟁에서 이기기 위해 계급, 인종, 지역, 종교, 성 등에 기반을 둔 다양한 이해관계와 정체성의 차이를 동원한다. 이러한 과정에서 정치적 균열구조가 등장하는데, 전통적으로 한국의 정당정치에서 계급적 차이에 기반을 둔 균열구조는 두드러지지 않았다. 그 대신 '독재 대 민주'라는 대립구도와 지역주의적 균열구조가 정당 간의 정치적 경쟁에 큰 영향을 주었다. 하지만, 2000년대 들어 민주-독재의 구도가 약화되고, 3김 정치의 영향력이 사라지고, 지역주의적 정치 동원에 대한 사회적 비판이 높아지면서, 정당들은 자신들의 지지 기반을 확보하기 위한 새로운 균열의 지점을 찾기 시작했다. 이러한 과정 속에서 계급에 기반을 둔 균열구조가 점차 더 뚜렷하게 드러나기 시작했다. 2000년대 이후, 유산계급의 한나라당에 대한 계급적 지지는 점점 노골화되고 있으며, 노동자계급의 정치적 대리인임을 자임하는 진보정당들의 대중화가 두드러지고 있고, 이 와중에서 계급적 정체성이 상대적으로 불분명했던 민주당도 서민계층에 대한 계급적 지향성을 점차 뚜렷이 드러내고 있다.

6·2 지방선거에서 나타난 정치적 균열구도

이러한 계급 기반의 균열구도와 그에 기반을 둔 정당 간 정책 대결은 이전의 여러 선거에서도 잘 나타났지만(손낙구, 2010; 박상훈; 2009), 이번 6·2 지방선거에서는 좀 더 두드러졌다. 민주당과 여러 진보정당은 무상급식을 선두로 한 다양한 복지 관련 공약을 내세우고, 신자유주의화 과정에서 심화된 양극화로 인해 고통을 받고 있는 중산층 이하 계층의 지지를 끌어들이려 노력했다. 그 결과, 여전히 영남은 한나라당 후보가, 호남은 민주당 후보가 독식하는 지역주의적 균열구도가 잔존하고 있지만, 정당 지지의 계급적 차이도 매우 선명하게 드러났다. <표 3-11>, <표 3-12>, <표 3-13>은 지난 6·2 서울시장 선거에서 한나라당 오세훈 후보 상위 득표 지역과 민주당 한명숙 후보 상위 득표 지역의 학력수준, 자동차 보유 가구, 주택유형 등을 비교한 것이다. 아직 2010년 인구 및 주택 센

<표 3-11> 지역별 학력수준 비교

구분	지역	고졸 이하 학위	4년제 미만 대학 졸업 이하	4년제 이상 대학 졸업 이하	석사과정 이상 학위
2010 서울시장선거 한나라당 상위 득표 지역	강남구	39.9%	9.3%	40.8%	10.0%
	서초구	38.2%	9.1%	40.9%	11.8%
	송파구	52.7%	10.0%	31.7%	5.6%
	용산구	57.9%	10.1%	26.3%	5.7%
	강동구	60.9%	10.2%	25.6%	3.3%
	평균	49.9%	9.8%	33.0%	7.3%
2010 서울시장선거 민주당 상위 득표 지역	관악구	55.3%	10.8%	29.4%	4.5%
	금천구	71.3%	10.4%	16.5%	1.8%
	마포구	55.9%	10.5%	28.8%	4.9%
	은평구	65.3%	10.5%	21.6%	2.6%
	서대문구	59.4%	10.3%	25.9%	4.4%
	평균	61.5%	10.5%	24.4%	3.6%

<표 3-12> 지역별 자동차 보유 가구 비중

구분	지역	자동차 미보유 가구	자동차 보유 가구
2010 서울시장선거 한나라당 상위득표지역	강남구	35.6%	64.2%
	서초구	29.1%	70.9%
	송파구	34.2%	65.7%
	용산구	50.1%	49.8%
	강동구	39.4%	60.6%
	평균	37.7%	62.3%
2010 서울시장선거민주당 상위득표지역	관악구	59.0%	41.0%
	금천구	52.1%	47.8%
	마포구	49.7%	50.3%
	은평구	47.5%	52.5%
	서대문구	50.3%	49.7%
	평균	51.7%	48.3%

<표 3-13> 지역별 주택유형 비중 비교

구분	지역	단독주택	아파트	연립주택	다세대주택
2010 서울시장선거 한나라당 상위득표지역	강남구	7.2%	75.5%	3.8%	12.2%
	서초구	8.9%	69.3%	6.9%	13.5%
	송파구	9.6%	56.1%	4.0%	29.1%
	용산구	32.7%	43.9%	5.4%	16.8%
	강동구	15.8%	64.2%	5.1%	13.6%
	평균	14.8%	61.8%	5.0%	17.0%
2010 서울시장선거 민주당 상위득표지역	관악구	26.4%	42.2%	7.9%	22.2%
	금천구	23.6%	50.7%	11.7%	12.9%
	마포구	23.4%	45.1%	7.1%	22.8%
	은평구	24.4%	18.2%	8.1%	47.9%
	서대문구	27.6%	38.0%	7.2%	25.7%
	평균	25.1%	38.8%	8.4%	26.3%

서스 결과가 공표되지 않아, 학력수준, 자동차 보유 가구, 주택유형에 대한 자료는 2005년 인구 및 주택센서스의 결과를 이용했다. 2010년의 선거 결과를 2005년의 센서스 자료와 비교하는 것이 많은 문제점을 지니지만, 자료 구득의 한계로 어쩔 수 없이 이 자료를 이용했다. 이들 표에서 나타나듯이, 한나라당 상위 득표 지역은 민주당 상위 득표 지역보다 주민들의 학력수준, 자동차 보유 가구의 비중, 아파트의 비중이 월등히 높은 것을 알 수 있다. 이를 통해 한나라당이 많은 득표를 한 지역의 주민들이 민주당 지지가 많은 지역의 주민보다 계급적 지위가

높다는 것을 알 수 있고, 이는 한나라당과 민주당에 대한 지지가 계급적으로 차별적임을 간접적으로 보여주는 것이다.

정책적 쟁점이 유권자들의 선택에 미친 영향

물론 이러한 정당 지지의 계급적 차이를 지역의 합리적 유권자들이 복지 관련 공약을 앞세운 민주당과 다른 야당 후보들을 지지하여 민주당의 승리를 가져왔다는 식으로 확대하여 해석하는 근거로 삼아서는 안 된다. 동아시아연구원, SBS, ≪중앙일보≫, 한국리서치가 공동으로 실시한 2010 지방선거패널조사에서 지방선거에서 한나라당의 패배 이유를 묻는 질문에 전국의 904명 응답자 중에서 50.8%가 "이명박 대통령이나 정부가 못해서"라고 응답한 반면, "민주당 등 야당이 잘해서"라고 응답한 사람은 2.4%에 불과하다는 조사 결과에서 잘 드러나듯이(임성학, 2010: 3), 2010년 지방선거에서 대다수 유권자들은 집권 여당을 견제하기 위해 민주당과 야당 후보들을 찍은 것이다.

그러나, 유권자들의 선택에서 민주당을 비롯한 야권에서 제시한 공약에 대한 고려가 전혀 없었다고 말할 수도 없다. 앞서 언급한 2010 지방선거패널조사에 재미있는 조사 결과가 하나 있다. <표 3-14>는 중요 이슈별로 투표 고려 비율을 6·2 지방선거 직전인 5월 4~6일에 1차 조사하고, 선거 직후인 6월 3~5일에

<표 3-14> 쟁점별 투표 고려 비율(%)

구분	1차(선거 전)	2차(선거 후)
초·중교 무상급식	61.3%	74.8%
4대강사업	65.4%	63.3%
세종시사업	57.1%	57.6%
천안함사건	41.8%	48.1%
노 전 대통령 1주기	30.0%	40.3%
전교조 교사 명단 공개	-	53.9%
전교조 교사 파면 해임	46.5%	-
김제동 씨 프로그램 중단	35.6%	-

자료: EAI 여론브리핑 제83호.

<표 3-15> 지방선거 후 정부가 추진해야 할 최우선 국정과제

경제적 양극화 완화	국민 통합	경제 성장	남북 관계 개선	삶의 질 개선	정치 개혁	지역 균형 발전	국제 경쟁력 강화	교육 개혁	국가 안보 강화
28.8%	16.6%	15.5%	10.4%	6.5%	5.8%	5.0%	4.4%	2.9%	2.9%

자료: EAI 여론브리핑 제83호.

2차 조사하여 비교한 것이다. 이 표가 보여주듯 초·중·고 무상급식이 1차와 2차 조사 모두에서 4대강사업과 함께 가장 중요한 고려 사안이었다. 더구나, 1차 조사에서는 무상급식이 4대강사업에 이어 2번째로 중요한 고려 사안이었지만, 2차에서는 4대강보다 10% 높은 비율로 가장 중요한 사안으로 취급되었다. 또한, 같은 조사에서 지방선거 후 정부가 추진해야 할 최우선 국정과제가 무엇인지에 대한 질문에 대해 응답자들의 가장 높은 비율인 28.8%가 경제적 양극화 완화라고 응답했다(<표 3-15> 참조). 이러한 조사 결과들은 민주당을 중심으로 한 야권 후보들이 내건 복지 관련 공약이 유권자들의 선호와 상당히 일치하는 공약이었다는 것을 의미한다. 즉, 이번 지방선거의 결과는 정권과 집권 여당의 권위적 국정운영을 견제하려는 유권자들의 심리뿐만 아니라, 복지를 확대하여 1997년의 경제위기 이후 본격화되고 이명박 정부 들어 극심해지고 있는 경제적 양극화를 완화하기를 원하는 민심이 동시에 복합적으로 작용하여 나타난 것이다.

4. 6·2 지방선거의 민심을 통해 본 진보적 도시정치의 과제

지금까지의 분석을 통해, 지난 6·2 지방선거에서 야당의 승리는 이명박 정권의 권위주의적 국정운영과 여당의 독주에 대한 견제심리에 영향을 받은 바가 크지만, 복지를 확대하여 극심해지고 있는 경제적 양극화 문제를 해결하라는 유권자들의 민심도 그 바탕에 깔렸음을 확인할 수 있었다. 하지만, 야당과 진보진영에 대한 유권자의 지지가 공고하지 않은 것도 사실이다. 야당의 대표 주자라는 민주당은 계급적 정체성을 아직 명확하게 보여주지 않고 있으며, 게다가 여러 차례에 걸쳐 보여준 기회주의적 모습으로 인해 진보적 성향의 유권자들로부터 신뢰를 얻지 못하고 있다. 민주노동당, 진보신당, 사회당과 같은 진보정당과 그 후보들은 현실적 집권 및 당선 가능성이 작다는 이유로 유권자들로부터 충분한 관심과 기대를 얻지 못하고 있다. 여러 현실적 상황들이 지난 지방선거에서 유권자들로 하여금 "민주당 등 야당이 잘해서"가 아니라 "이명박 대통령과 정부가 못해서" 야당 후보들을 선택하도록 만들었다고 할 수 있다.

하지만, 더 많은 분배와 복지를 요구하는 유권자들의 민심 또한 지난 6·2 지방선거에서 어느 정도 확인되었다. 이러한 민심의 요구는 더 정의롭고 평등한 사회를 지향하는 진보적 정치세력에게는 매우 중요한 호재임이 틀림없다. 특히, 성장과 개발이익을 추구하기보다는 더 평등하고 인간적인 도시와 지역 공동체의 건설을 지향하는 진보적 도시정치의 건설에 있어 이번 선거에서 나타난 민심은 큰 힘이 될 수 있다. 이런 상황 속에서 진보적인 도시정책의 과제도 명확해 보인다. 지방선거 당선자 공약에 대한 분석에서도 드러났듯이, 2010년의 지방선거에서 복지에 대한 공약이 늘어난 것은 사실이지만, 여전히 경제와 개발 관련된 공약이 중심적 위치를 차지하고 있는 것도 사실이다. 따라서, 진보적 도시정치를 위한 가장 중요한 과제는 성장주의와 개발주의의 유혹과 압력에서 벗어나, 더 평등하고 생태적으로 지속가능하며 문화·사회적 다양성이 인정되는 도시와 지역 공동체의 건설을 위한 정치적 의제와 정책적 과제의 개발일 것이다.

여기서 도시나 지역정치의 규범적 지향점이 무엇인지에 대해 고민할 필요가 있다. 많은 사람들이 도시나 지역정치는 도시나 지방정부의 권한과 재원 사용과 관련된 정치적 과정으로 이해한다. 이런 관점에서 지방선거에서 제시되어야 할 정책적 공약이나 도시나 지방정부의 정책적 지향도 지방자치단체가 현실적으로 다룰 수 있는 것에 국한되어야 한다고 주장되기도 한다. 예를 들어, 삼성경제연구소는 지난 6·2 지방선거를 평가하면서 "지역밀착형 정책 대결보다는 전국 차원의 정치적 이슈가 선거 분위기를 지배"하여, "지방의 위기 해결에 적합한 정책공약이 부각되지 못했다"고 평가했다(삼성경제연구소, 2010: 1). 일견 맞는 이야기처럼 들리지만, 이는 도시정치를 너무 협소하게 규정하여, 지역과 도시적 차원의 정책결정 과정을 탈정치화하고, 진보적 도시정치의 가능성을 줍히는 주장이다. 그리고 이러한 협소한 의미의 도시나 지역정치 하에서는 도시나 지역간의 경쟁이 당연시되어 도시정책이 성장주의와 개발주의의 압력으로부터 자유로울 수 없다. 또한 정책적 고민은 기존의 행정제도와 중앙-지방관계의 틀 안에서 지방자치단체가 기술적·제도적으로 실행 가능한 정책의 개발에만 집중될 것이다. 그러다 보면, 도시와 지역 차원의 정치적 과정은 기존의 행정관료적 합리성과 제도적 선택성의 포로가 되어, 보수적 지배질서를 뛰어넘는 정치적 기획을 만들어내기 어렵게 된다.

이러한 문제를 극복하고 진보적 도시정치의 가능성을 확대하기 위해서, 도시정치는 도시주민들의 이해관계와 정체성의 문제를 둘러싼 더 광범위한 정치적 과정으로 정의될 필요가 있다. 그리고 그 정치적 과정의 범위는 지방자치단체의 권한과 재원 사용에만 국한되는 것이 아니라, 국가나 글로벌과 같은 더 큰 공간적 스케일에서 벌어지는 정치적 과정도 포함하는 것이어야 한다. 즉, 진보적 도시정치가 지향할 바는 기존의 행정제도적 틀 내에서 실행 가능한 기술적·제도적 정책을 제시하는 것이 아니라, 기존의 보수적 권력관계와 행정제도적 틀을 뒤흔들고 진보정치의 지지 세력을 동원할 수 있는 정책을 제시하는 것이다.

결론을 대신하여 필자는 진보적 도시정치의 발전을 위해 필요한 더 구체적 정책적 과제들을 제시하면서 이 글을 맺고자 한다.

- 진보적 도시정치의 발전을 저해하는 기존 행정제도와 중앙-지방관계의 틀을 바꿀 수 있는 제도적 대안이 필요하다. 예를 들어, 지방자치단체의 낮은 재정자립도가 진보적 도시정치의 발전에 가장 큰 장애가 되고 있는 우리나라의 현실에서 지방자치단체의 재정자립도를 높일 수 있는 다양한 방안(예: 분권화 촉진, 수평적 지방재정조정제도 등)에 대해 더 진지하게 고민해야 한다.
- 기존의 행정제도와 중앙-지방관계의 틀 속에서 지방자치단체에 허용된 정책적 자율성을 최대한 활용하여, 진보적 정치세력 확대의 전기가 될 수 있는 정책적 의제를 개발할 필요가 있다. 지난 6·2 지방선거에서 복지공약이 활성화되는 데 중요한 계기가 된 경기도 교육청의 무상급식 정책이 좋은 예가 될 것이다. 도시나 지역주민의 일상적 삶에 밀착되어 있으면서, 동시에 더 보편적인 정의와 평

등의 가치에 부합되는 이슈를 정책적 의제로 만드는 것은 도시와 지역공동체 내에서 주민 삶의 질 향상에 도움이 될 뿐만 아니라, 더 큰 국가 공동체와 글로벌 사회의 진보적 발전을 위한 정치적 동원에도 매우 중요한 계기가 될 수 있다

- 진보적 도시정책의 확대를 위해서는 도시나 지역사회 내에서 지역 토호들의 정치·사회적 압박으로부터 자유로울 필요가 있으며, 이를 위해서 풀뿌리 민주주의를 활성화할 수 있는 다양한 정책적 수단들을 강구해야 한다. 참여예산제, 주민참여 기본조례 등과 같이 이번 지방선거에서 일부 당선자들에 의해 공약으로 제기되었던 주민참여를 촉진하는 행정제도의 도입은 풀뿌리 민주주의를 활성화하는 데 중요한 기여를 할 수 있을 것이다.
- 도시정치에서 지역주민의 참여를 활성화하기 위해 장소적 정체성을 강조할 필요는 있지만, 이것이 지나치게 영역화되어 배타적인 공동체성과 지역주의가 활성화되면 진보적 도시정치를 위한 지형이 매우 협소해질 우려가 있다. 따라서, 항상 변화하고 새롭게 구성될 수 있는 더 열려 있는 장소적 정체성을 구성해야 한다. 예를 들어, 지역축제나 문화적 자산의 발굴에서 과거의 것들을 지나치게 신비화하고 절대화해서는 안 되고, 항상 새로이 들어오는 사람과 문화적 요소들과 상호작용하면서 새롭게 만들어지는 과정을 강조할 필요가 있다.

참고문헌

강원택. 2010. 「독주형 리더십에서 화합형 리더십으로 전환해야」. ≪EAI 여론브리핑≫, 제83호.

박상훈. 2009. 『만들어진 현실: 한국의 지역주의, 무엇이 문제이고, 무엇인 문제가 아닌가?』. 후마니타스.

삼성경제연구소. 2010. 「민선 지방자치 5기의 정책과제」. CEO Information 제759호. 삼성경제연구소.

서현진. 2010. 「지방선거 이후 정책방향」. ≪EAI 여론브리핑≫, 제83호.

손낙구. 2010. 『대한민국 정치사회지도』. 후마니타스.

손호철. 2010. 「2010년 지방선거와 진보정치운동」. ≪마르크스주의 연구≫, 제7권 제3호.

임성학. 2010. 「한나라당 패배, 민주당의 승리?」 ≪EAI 여론브리핑≫, 제83호.

임운택. 2010. 「정치를 시민에게 되돌리는 기회로 만들자!」. ≪미래와 희망≫, 통권 제2호.

정한울·정원칠. 2010. 「제2차 5개 지역/3차 전국패널 기초분석」. ≪EAI 여론브리핑≫, 제83호.

중앙선거관리위원회. 2010. 2010.6.2. 실시 제5회 전국동시지방선거 당선자 선거공약 모음집. 중앙선거관리위원회.

제2부

분야별 평가와 제안

산업경제

제4장

대도시 경제의 전환과 대응

정병순 | 서울시정개발연구원 연구위원

1. 성장중심주의 패러다임을 넘어

경제의 세계화가 심화되고 있는 오늘날, 지역경제는 지속가능한 지역발전의 열쇠인 동시에 국가경제의 성공과 실패를 좌우하는 핵심 요소가 되고 있다. 이런 구조 속에서 대도시 경제는 지역경제의 구조전환을 선도하는 중심지이자 다양한 기능과 활동의 결절지로서 그 기여가 막대하다. 1990년대 이후 외곽으로의 기능적 확산과 주변부 성장을 거쳐 광역화된 공간구조가 심화되고 있는 대도시권 경제는 국가경제의 성장 엔진으로서의 막중한 역할을 수행해온 바 있다. 특히, 서울과 같은 대도시권 경제는 산업경제의 글로벌화 속에 세계도시로의 도약을 거듭하며 다른 대도시권을 견인하는 위상을 확립하고 있다.

이러한 역사성과 현재적 위상을 지닌 대도시 경제에 장밋빛 미래만 존재하는 것은 아니다. 글로벌 경제환경에서 가해지는 거대하고 구조적인 변화는 물론, 지역경제 내생적으로 창출되고 있는 미시적 수준의 다양한 변화들은 모두 도전과 새로운 가능성, 위기와 기회를 던져주고 있다. 지식산업화나 창조경제의 부상과 같은 지역경제의 새로운 동력이 대도시 경제의 밝은 면(明)이라 한다면, 성장동력의 약화 및 지체, 고용여건의 악화와 높은 실업, 심화되는 경제적·공간적 양극화 등은 대도시 경제의 이면에 존재하는 어두운 면(暗)이라 할 수 있겠다.

자연히 이러한 여건 변화는 대도시 산업정책에서도 진지한 성찰과 인식의 전환을 요구하기 마련으로, 특히 국가는 물론 지역경제의 산업정책에서 주요 원리로 삼고 있는 경쟁 중심의 접근이나 성장중심주의 시각이 그러하다. 이 글에서는 이를 '경쟁 일변도의 성장중심주의 또는 성장지상주의'로 부르고자 하는데, 이는 경제의 성장이 누적되면서 자연스럽게 사회 전역으로 부와 일자리가 확산되는 정(+)의 경제효과를 가져다줄 것으로 기대하여 성장을 향해 자원을 집중투자하는 방식을 모색한다. 이러한 접근이 지역발전에 기여한 바가 없다고 말하기는 어려우나, 지역발전에 필요조건은 될지언정 충분조건으로 보기는 어렵다는 점에서 새로운 인식이 요구된다. 이는 현대 경제가 안고 있는 근본적 딜레마로서 성장-일자리-분배 간의 구조적 간극이 있기 때문이다.

이러한 구조적 여건하에 전통적인 산업정책이 오늘날 대도시 경제가 직면하고 있는 새로운 도전과 위기에 적절히 응전할 수 있는 유효한 패러다임으로 여전히 기여할 수 있을까? 이러한 문제 인식에 근거해 이 글에서는 다변화되고 있고 여러 현안이 산적한 구조전환기의 대도시 산업경제를 놓고 새로운 산업정책 패러다임을 모색해보고자 한다. 특히, 전통적인 정책의 주도적 주체로서 광역자치단체 외에 새로운 정책주체로 부상하고 있는 기초자치단체의 역할과 정책의 모색이 중요한 의미를 가진다. 이 같은 문제 인식에 체계적으로 천착해가기 위해서는 우선 현시대 대도시 경제가 나타내는 추세나 동향을 면밀하게 살펴보고 미래를 전망해볼 필요가 있다(2절). 이러한 논의가 진행되는 과정에서 대도시 경제가 처한 구조적 문제, 정책 현안도 자연스럽게 접할 수 있을 것으로 기대된다(3절). 이는 현실에 부합하는 대안적 패러다임이 도출되고, 이에 기초하여 실효성 있는 정책수단이 개발되기 위한 전제로서 중요한 의미를 가진다. 이러한 논의가 기본적으로 대도시 경제 전반을 염두에 둔 것이기는 하나, 논점을 분명히 하고 논의를 효율화하기 위해 서울을 중심으로 하고자 한다. 마지막으로, 이 글은 전환기에 놓인 대도시 경제의 다양한 여건을 고려하여 산업정책의 대전환, 즉 신정책패러다임을 제언한 후에 개혁적 지자체를 중심으로 지역사회경제(community economy)의 발전전략을 제언하는 것으로 논의를 마친다(4절과 5절).

2. 대도시 경제의 동향과 전망

잘 알려진 바와 같이 지난 1990년대 후반 이후 국가경제는 질적인 변화, 이른바 요소투입형 경제에서 투자주도형 경제를 거쳐 혁신주도형 경제(innovation-driven economy)로의 전환이 전개되고 있다. 우리 경제가 '진정한 의미의 혁신주도형 경제인가'에 대해 여전히 논란이 있기는 하나(김원규, 2009), 2000년대 들어 경제성장에서 총요소생산성의 기여도가 높아진 점을 고려하면 혁신주도형 경제로의 산업경제의 구조전환은 비교적 타당성이 있는 진단이라 생각된다. 이러한 변화는 일차적으로 1990년대에 전자 및 정보통신 산업이 경제성장의 견인차로 기여했던 데 주로 기인한 것이나, 1990년대 후반 초래된 외환위기와 뒤이은 구조조정 과정을 통해 기업환경과 체질이 바뀐 것도 상당히 영향을 주었다고 볼 수 있다.

혁신주도형 지식기반경제로의 전환이 주는 영향은 다양하고도 심대하며, 그 중심지인 대도시에서 전개되는 다차원의 산업경제 변화는 특히 그러하다. 이 가운데 대도시 경제의 변화를 체계적으로 이해하고, 이를 통해 대도시형 신산업정책을 도출하는 데 있어서 중요하게 고려해야 할 요소로, 다음과 같은 네 가지 변화가 괄목할 만하다. ① 경제의 서비스화와 제조업의 미래, ② 사회서비스업의 급성장과 사회적 경제의 활성화, ③ 아이디어 기반의 창조경제 부상, ④ 공간경제의 재구조화.

경제의 서비스화와 대도시 경제의 미래

앞서 언급했듯이, 20세기 후반 들어 경제의 지배적 주체로 부상한 다국적 또는 초국적 기업들이 글로벌 수준에서 자원을 (재)배치하고 기업구조를 조정하는 전략을 구상하고 있다. 이에 따라 생산요소가 글로벌 차원에서 아웃소싱(중간재와 전문서비스의 경우)되거나 오픈소싱(SW의 경우)되는 일련의 프로세스를 통해 글로벌 가치사슬이 형성되고 있으며, 그 영향으로 국가와 지역경제에서 산업구조의 변화가 지속되고 있다(정병순, 2010a; 2010b).

이러한 글로벌 경제 여건 속에 선진국 경제는 서비스 활동의 지속적인 분화와 성장을 경험하고 있으며, 특히 대도시 경제는 지식과 정보의 중심지로서 위상과 역할을 강화해가고 있다. 가령, 미국과 영국의 경우 지난 1991년 서비스업 생산 비중이 각각 72%, 65%이던 것이 2006년 77%, 75%로 증가한 것은 물론, 제조업 강국인 일본이나 한국조차 같은 기간 58%, 52%에서 68%, 60%로 큰 폭의 증가세를 보였다. 국가경제 전반에서 전개되고 있는 이 같은 서비스경제화(servicization of economy) 추세는 대도시권 경제에서 더욱 극명하다. 실제로 서울 대도시권의 경우 제조업 종사자 대 서비스업 종사자 비중이 1994년 25.1:74.9에서 2008년에는 8.9:91.1, 생산액의 경우에도 같은 기간 8.9:91.2에서 5.4:94.6으로 전환되어 서비스업의 우위와 지속적 성장세를 관찰할 수 있다.

상기 서비스경제화 추세가 주는 영향은 다양하고도 심대하다. 우선, 산업구조적 측면에서 그것은 경제 전반이 지식기반화되는 추세와 맞물려 지식서비스업의 급성장을 유발하고 있다. 지난 1994~2008년 동안 지식제조업 종사자의 감소에도 지식산업 전체적으로 약 75%의 증가세를 보였는데, 이 같은 종사자 성장은 주로 지식서비스 분야 종사자의 증가에 기인한 것으로 1994~2008년에 무려 129%에 달하는 증가세를 보였다. 이러한 성장세의 결과, 지식산업 종사자가 서울 경제 전체에서 차지하는 비중이 1994년 11.2%에서 2008년 17.3%로 큰 폭의 증가세를 보였다.

서비스경제화가 산업정책에 주는 영향 또한 적지 않은데, 그것은 정책프레임에 새로운 시각이나 접근방법, 그리고 정책 내용으로 구성된 혁신적 프레임의 도입을 요구한다는 점이며, 또 실제 여러 가지 변화를 유발하고 있다. 가령, 전통적으로 산업정책이라 하면 명시적 혹은 암묵적으로 제조업을 염두에 둔 정책이 지배적이었는데, 경제의 서비스화는 이 같은 제조업 중심적 시각이나 접근방법에서 대전환이 필요함을 시사한다(정병순, 2010b). 즉, 무형자산 혹은 지식자산을 핵심적 생산요소로 하고, 생산공정 기반이 아닌 매우 유연하고 일회적인 프로젝트 기반의 사업구조를 내재하고 있는 서비스 기업의 특성과 여건에 부합하는 산업정책의 확립이 중요해지고 있다. 유사한 맥락에서 제조업 중심의 산업정책에서 근간을 차지하던 기존의 물적 시설 중심의 산업단지 전략은 유연성과 집적화를 지향하는 서비스 입지 패턴을 고려하여 장소기반(place-based) 전략과 소프트한 지원 프로그램의 활성화를 요청하고 있다. 최근 대도시 산업정책이 가지는 많은 어려움과 불합리성은 산업구조 전환의 현실과 정책 간의 괴리 혹은 제조업 중심적 정책사고가 내재하는 경직성에서 비롯하는 경우가 많다.

사회서비스업의 급성장과 사회경제의 활성화

경제의 서비스화와 더불어 서비스 산업 내적으로도 다양한 구조전환이 전개되고 있다. 이들 서비스 산업을 유형별로 구분하는 다양한 방식이 있을 수 있으나 산업구조 변화라는 관점에서 볼 때 생산자서비스/유통서비스/사회서비스/개인서비스로의 구분이 비교적 유용하다. 이 가운데 생산자서비스는 과거 기업 내부에 통합되어 있다가 분화·전문화되고 있는 사업 관련 전문 서비스로 지식서비스의 대다수를 차지하고 있다. 사회서비스는 교육서비스와 보건 및 사회복지 서비스 등 다양한 영역을 포괄하고 있는데, 학자마다 다소 차이는 있으나 대개 돌봄/교육/고용/장애/문화/보건의료 등을 포함하는 것으로 인식을 공유한다.

이 경우에 사회서비스는 전통적으로 시장경제의 외연에 존재하는 영역 또는 산업경제의 잔여적 영역으로 인식하는 경향이 강했으나, 복지국가의 발달과 더불어 그 영역이 점차 확대됨으로써 산업경제로 편입되고 있는 영역이다. 이런 과정을 거쳐 오늘날의 사회서비스는 더욱 다기화되는 양상을 보이고 있는데, 자선 또는 자발, 호혜와 연대의 원리에 의한 전통적인 영역과 현대화된 시장경제 및 공공경제로 구분해볼 수 있다. <그림 4-1>은 이를 도시한 것으로, 전통적인 영역은 순수한 영리 추구의 서비스 수급(시장경제)이나 정부의 계획적 공급에 의한 서비스 수급(계획경제)과 구분되는 제3의 영역에 해당한다. 이들 제3의 영역 일부가 오늘날 사회경제(social economy)로 발달하고 있는데, 이 사회경제에는 상업적 활동을 수행하는 비영리기구와 최근 활성화되고 있는 사회적 기업(Social Enterprise, 이하 SE)이나 커뮤니티비즈니스(Community Business, 이하 CB)가 핵심 주체로 활동하고 있다.

상술한 구분에 의거할 때, 대도시 경제인 서울 경제에서도 서비스경제화 추세

<그림 4-1> 사회서비스(social service)와 사회경제(social economy)

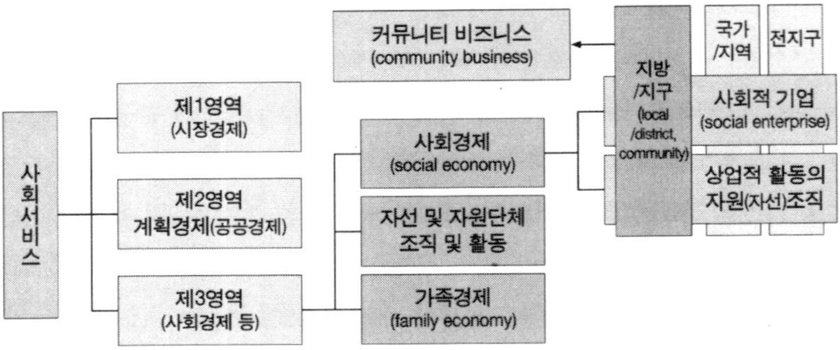

속에 나타나는 여러 단면을 확인해볼 수 있는데, 이를 2000년대 이후 생산자서비스의 비약적 성장 위에 사회서비스의 빠른 성장세로 요약할 수 있겠다. 실제로 지난 2000~2008년 동안 유통서비스 분야 종사자의 감소와 개인서비스 분야의 미미한 성장 속에 생산자서비스와 사회서비스 분야 종사자는 각각 86%, 34%의 빠른 성장이 있었으며, 그 결과로 2000년대 초반과는 상이한 구조가 전개되고 있다. 생산자서비스의 성장은 산업의 고도화가 진전되면서 전문서비스로의 아웃소싱 등 기업조직 내부의 분화 및 전문화에 기인한 바 크다. 반면, 사회서비스의 성장은 인구통계적 변화에 따른 사회서비스 수요 증대와 이에 상응하는 복지국가의 발달에 일차적으로 기인한 바 크며, 특히 소득상승을 동반한 사회서비스 수요증대는 기존 시장의 확대와 더불어 신서비스 시장을 창출한다.

이러한 사회서비스업의 성장이 대도시 경제에 주는 함의는 지대하다. 우선, 서비스 수요에 대한 양적 혹은 질적 확대를 수용할 수 있는 대안적 메커니즘의 확보이다. 많은 전문가의 지적처럼, 사회서비스 부문의 지속적 성장이 있었음에도 대도시 사회의 특성상 여전히 많은 계층과 영역, 특히 근린이나 지역사회로부터 충족되지 못한 수요가 있는 것이 사실인데, 고령화나 사회양극화 등을 고려해볼 때 향후에는 더욱 확대되리라 예상된다. 이와 같이 지역사회를 중심으로 산재하고 있는, 실현되지 않은 서비스 소요(needs)나 틈새시장에 대해, 사회경제는 공공 주도의 서비스 공급 메커니즘(제1영역, 공공경제)과 더불어 대안적 메커니즘으로 기여할 수 있을 것으로 전망된다. 다른 한편으로, 사회서비스 분야, 특히 사회경제 영역은 또한 높은 취업(유발)계수 등에서 확인되듯이 그 특성상 고용 흡수 잠재력이 매우 큰 영역이므로, 현시대 대도시 경제의 핵심 과제의 하나인 고용창출에도 기여할 수 있을 것이다.

아이디어 기반의 창조경제(idea-based creative economy) 부상

대도시 경제의 미래를 이해하는 데 고려해야 할 다른 주요 추세는 이른바 창조경제(creative economy)로 부르는 영역의 지속적 성장이다. 창조경제의 선구적 학자인 호킨스(J. Howkins)에 따르면, “창조경제란 경제활동의 투입과 산출의 주된 요소가 토지·자본이 아닌 창조적 아이디어에 두는 경제”를 의미한다(Howkins, 2005). 문화콘텐츠 산업으로도 혼용되어 명명하기도 하나 단순한 예술 지향성이나 문화적 특성들이 중시되는 것과 달리, 창조경제에서는 아이디어의 창작성(창조성)과 이의 교환·거래, 지식재산권(저작권)의 활용에 의한 브가가치 창출 등의 측면들이 부각되고 있다(정병순, 2008).

강조되어야 할 점은 앞의 지식경제나 사회경제와 마찬가지로 창조경제 영역 또한 21세기 혁신주도형 경제로의 전환기에 대도시 경제의 부와 고용창출의 보고(寶庫)로 성장하고 있다는 사실이다. 실제로 런던과 같은 선진 대도시에서 창조적 일자리(creative jobs) — 창조산업 종사자+창조산업 외 산업에서 창조직 종사자의 합 — 는 전체 종사자의 약 1/6을 차지하고 있으며(GLA, 2010), 파리, 뉴욕 등 대도시 경제에서 창조경제가 차지하는 비중 또한 매우 높은 것으로 알려져 있다(Gordon et al, 2007). 서울의 경우 창조산업 종사자는 지난 1994년 이래로 약 16%의 증가세를 보여, 2008년 현재 전체 종사자 가운데 약 6.8%를 차지하는 것으로 추정된다. 특히, SW·컴퓨터서비스나 게임과 같은 디지털기술 기반 부문, 디자인 등의 창조경제 영역은 매우 빠른 성장세를 나타내고 있다. 최근 디지털 컨버전스와 방송·통신의 융·복합, 차세대 이동통신 및 유비쿼터스 기술의 진화, 3D 제작기술의 보급·확산과 앱스토어의 급팽창은 향후에도 창조산업의 급팽창과 신시장의 도래를 예고하는 요소들이다.

이들 창조산업이 21세기 대도시 경제, 그리고 이를 수용하는 산업정책에 주는 함의 또한 막대하다. 우선, 창조기업의 핵심 요소로서 창의적 인적자원을 위한 양성과 교육은 무엇보다 중요하며, 창조적 비즈니스를 뒷받침하는 사업환경, 특히 지식재산권 거래와 콘텐츠 유통을 촉진시키는 창조환경(creative milieu)의 조성 또한 매우 중요한 요소이다. 이 외에도, 창작주체의 활동을 위한 창조공간 조성 또한 동 산업의 지속가능한 성장을 위한 중요한 요소인데, 이러한 인식에 기초해 창조산업 특유의 입지 특성에 대한 고려가 필요하다. 즉, 이 산업은 창조적 아이디어의 활용, 창작주체 간 활발한 연계와 교류에 기반을 두어 부가가치를 창출한다는 고유의 특성 외에도, 특정 장소로의 집적을 지향하는 입지적 특성을 내재한다. 이러한 특성들은 미래 대도시 경제의 대안으로서 창조경제의 발전과 관련하여 클러스터 기반 전략(cluster-based strategies)이 요구됨을 시사하며, 아울러 해당 지역의 주도하에 장소적 특성과 자원을 적극적으로 활용하는 장소특성화 전략(place-specific strategies)의 잠재력을 시사한다.

대도시 공간경제의 재구조화

상술한 산업경제의 구조전환은 공간구조에서도 다양한 변화를 유발하고 있다. 산업적 혹은 공간적으로 경직적인 특성을 나타내는 제조업과 다르게, 서비스업은 기술이나 제품 주기가 짧아 시장이 불안정하며, 이를 반영해 자원의 활용이나 조직 운영이 매우 유연하다. 서비스경제화 추세가 심화될수록 공간경제 또한 매우 가변적이고 휘발성이 강한 특성을 내보일 수밖에 없다. 이러한 공간경제의 변화와 관련하여 ① 산업의 공간집적화, ② 공간경제의 다극화, ③ 지역 간 네트워킹 등의 3대 요소에 주목할 필요가 있다.

과거 대도시 경제의 주력 산업은 물론, 새롭게 성장하는 지식기반산업 모두 강력한 공간적 집적의 입지 패턴을 보이고 있다. 실제로 서울 경제를 대상으로 지식서비스 산업이나 도심특화형 제조업(의류·패션업, 인쇄출판업, 귀금속업 등), 창조산업 등을 대상으로 클러스터 매핑(cluster mapping) 분석을 해보면, 각 산업별로 차별적인 클러스터가 식별되며 여러 업종의 공간 클러스터가 중첩됨으로써 전체적으로 '모자이크'와 같은 독특한 공간경제의 모습이 확인된다(정병순,

2007b; 2010a). 이러한 공간집적화는 대도시가 축적하고 있는 첨단산업 인프라 외에, 가치사슬에 기반을 둔 다(多)주체 간 연계와 각종 자원, 특히 지식 및 정보 자원의 교류와 상호학습이 창출하는 다양한 시너지 효과에 기인한다. 이러한 여건에서 집적지향성이 강한 지식서비스업이나 창조경제의 지속 성장은 이미 성장 또는 성숙한 단계의 클러스터를 다변화시키는 한편, 새로운 클러스터의 출현도 가져올 것이라는 점에서 향후 더욱 역동적인 클러스터 과정을 보일 것으로 예상된다.

자연히 이와 같은 변화는 대도시 산업정책 프레임에서도 일정한 변화를 유발할 것인바, 미시적 공간단위를 중심으로 새로운 계기와 기회가 창출될 것으로 예상된다. 해당 공간의 여건과 특성에 부합되는 클러스터 특화형 산업발전전략의 수립이라든가 자치구 주도의 상향적 거버넌스 구축, 또는 이웃하는 지역사회와의 협력적 거버넌스의 형성 등이 그것이다.

공간집적의 다변화는 대도시 공간경제의 거시적 구조에서도 변화를 유발하고 있다. 보통 도심부나 중심상업지구(CBD)와 같은 중추기능의 중심지, 혹은 준공업 지역이나 산업단지 등의 지역을 중심으로 경제활동이 집결하는 일극 중심성의 모습을 보인다. 이러한 전통적 공간구조는 산업구조의 변화 속에서 그 지배력이 약화되는 대신, 강남(시장주도형)이나 DMC(공공주도형)와 같은 새로운 산업중심지가 성장·출현하고 있다. 이러한 과정은 도시개발이 경제성장의 일차적 촉발제로 작용하고 다시 생산영역에서 창출된 가치의 상당 부분이 건조환경 영역으로 이전함으로써 산업공간이 성장한다는 점에서, 이른바 '부동산견인형 또는 부동산주도형 공간경제(property-led spatial economy)'라고 부를 수 있다. 이 같은 메커니즘은 한때 산업적 성장의 핵심 요인이었던 공간개발이 지가 및 임대료 상승으로 인해 지속가능한 성장의 제약 요인으로 작용한다는 점에서 상당한 역설을 초래하고 있다.

산업활동의 집적과는 상반되는 움직임 또한 대도시 공간경제의 다른 모습인데, 주변부로의 분산과 이에 따른 중심-주변부의 기능적 분리, 특히 중심부로의 (지식)서비스 활동과 주변부로의 제조활동의 기능적 분리가 그것이다. 이러한 추세를 통해 더욱 광역화된 공간경제로 통합된 대도시 경제는 서로 다른 지역들과 산업적 연계와 네트워킹이 형성되며, 그 결과 더욱 복잡하고 역동적인 산업공간으로 변모될 것이 예상된다. 이러한 변화는 앞서 언급된 국지적 전략, 즉 장소적 여건을 고려한 산업발전전략과 더불어 자원의 흐름을 효율화할 수 있는 광역적 발전전략이나 광역적 협력거버넌스 구축이 대도시 산업정책의 핵심 요소로 자리매김하게 되는 계기로 작용할 것이다.

이렇듯 산업의 공간적 집적, 공간경제의 다극화, 지역 간 네트워킹을 통해 전개되는 대도시 공간경제의 다변화는 궁극적으로 모자이크화된 대도시 공간경제로의 발전을 이끌어내고 있다. 그래서 다양한 퍼즐 조각들이 서로 맞물려 공간경제 전체를 형성하면서도 다양한 계기가 주어질 경우 지속적으로 변화하는 역동적이고 가변적인 공간경제가 될 것으로 예상된다. 이 같은 특성은 대도시 경제의 다양성과 혁신성, 중·장기적 안정성에 기여하는 이점을 지니나, 다른 한편으로 산업경제의 질적 발전을 위한 통합적 관리와 조정이 쉽지 않음을 시사하는 것으로 더 유연하고 전략적인 정책수단들을 요구하는 대목이다.

3. 대도시 경제의 정책 현안

앞서 언급한 대도시 경제의 명(明), 즉 다양한 내생적 성장 기반과 새롭게 출현·성장하고 있는 영역들에 의한 잠재력이 있지만, 대도시 경제에는 해결이 요원한 여러 가지 정책 현안이 도사리고 있는 점 또한 부인하기 어렵다. 이들 정책 현안들에 체계적으로 대응하여 해결책을 강구하지 않고서 지속가능한 성장 혹은 질적인 발전을 모색하는 것은 사상누각에 불과한 일이리라. 다양한 현안 가운데 ① 성장의 지체, ② 고용 없는 성장, ③ 경제사회적 양극화를 둘러싼 삼중고(trilemma)가 우선적 대응을 요하는 시급한 현안이다.

대도시 경제의 저성장, 그리고/또는 성장 지체

일반적으로 국가경제는 선진국형 경제로 이행하면서 4% 내외의 잠재성장률

— 인플레이션을 동반하지 않은 정상적인 성장 — 을 나타내는, 장기 저성장의 안정적 구조를 보여주는 것이 일반적이다. 그리고 이러한 국가경제의 구조전환 속에서 대도시 경제 또한 선진형 구조로 이행하면서 장기 저성장의 산업경제로 안정화되는 양상을 보인다. 이런 경제적 여건을 고려하더라도 물적·인적자원의 저수지라 할 수 있는 대도시 경제의 경제성장률이 국가의 평균 성장률을 하회하고 있는 양상, 특히 서울 대도시권이 대도시의 평균적인 경제성장률을 하회하고 있는 모습은 현재 대도시 경제의 다양한 경제 현안들에서도 그 기저에 놓인 핵심 현안이라 할 수 있겠다. 실제로 지난 2000년 이래 서울시의 경제성장률은 국가 전체(5.0%)나 대도시 경제의 평균적인 성장률(4.1%)을 하회하는 수준인 3.7%를 기록하고 있다.

이 같은 저조한 성장률은 일차적으로 서비스산업이 지속적으로 확대되고 있는 산업구조의 전환과 밀접하다. 실제로 대도시 경제, 특히 서울 경제의 압도적 비중을 차지하고 있는 서비스 산업은 대부분 업종에서 취약한 사업 기반과 낮은 노동생산성을 보이고 있다. 국내 서비스산업의 노동생산성(2007년 기준)은 선진국과 비교해 1.3~2.2배의 격차를 보이고 있고, 지식서비스인 사업서비스의 경우에도 1.1~5.8배에 달하는 차이를 보이고 있다(정병순, 2007). 사업체 규모 또한 영세한 구성을 보여, 전체 서비스기업 가운데 약 97%가 20인 이하의 소규모 사업체로 구성되어 있다. 이러한 구조 속에서 해당 산업의 체질 개선 없이 경제 전반에서 서비스 산업이 지속·확대되고 있는 상황은 성장률 저하를 유발하는 구조적 요인이라 할 수 있다.

더 문제가 되는 대목은 이러한 저성장 기조 속에서 이렇다 할 신성장 기반이 아직 도래하지 않고 있다는 점이다. 서울과 같은 대도시 경제에서 지난 1990년대의 지속적인 성장은 IT산업의 급성장에 힘입은 바 큰데, 2000년대 중반 이후 그 성장세가 점차 소진되는 경향을 보이고 있다. 이런 여건에서 기존 IT산업의 성장세를 대체할 수 있는 새로운 성장 기반의 부재는, 이른바 '성장 지체(retarded growth)'를 유발하는 요소로 작용하고 있다.

따라서 대도시 경제의 정책 현안에 대한 대응전략에는 이중의 과제, 즉 한편으로 생산성이 취약한 부분의 질적 발전을 위한 산업기반을 조성하는 한편, 향후 중·장기적으로 새로운 성장동력을 창출해내야 하는 과제가 부여되어 있는 셈이다. 그리고 이러한 정책과제에 대한 대응에 있어서 대도시 광역정부의 주도성이 불가피한 부분이기는 하나, 정책의 실효성과 활성화를 위해 경제 영역의 각계각층에 존재하는 다양한 주체들의 적극적 참여와 협력 또한 필수적이다.

고용 없는 성장

대도시 경제의 성장 지체 문제를 더 악화시키는 다른 정책 현안은 성장이 있는 경우에조차 그것이 고용으로 이어지지 못하는, 이른바 '고용 없는 성장(jobless growth)'이다. 앞서 언급한 저조한 경제성장률 속에서도 대도시 경제는 미미하게나마 완만한 성장을 경험한 것이 사실인데, 문제는 이러한 경제성장이 충분한 수준의 고용으로 이어지지 못하고 있다는 점이다. 실제로 서울과 같은 대도시 경제에서 지난 1994~2008년 지역총생산은 약 50%의 성장을 보였으나, 종사자의 성장은 10%를 약간 상회하는 수준에 불과하고 제조업과 같은 경우에는 50%가 넘는 큰 폭의 감소까지 경험하고 있다. 더욱이 종사자의 성장이 있는 경우에조차 그것은 상용종사자보다는 임시 및 일용근로자나 기타(무급)종사자와 같은 불안정한 고용의 성장에 기반하고 있다.

이 같은 대도시 경제의 취약한 고용여건은 고용시장 내부를 통해서도 확인 가능하다. 가령, 15세 이상의 생산 가능한 인구 가운데 취업자 구성비로 측정되는 고용률은 고용시장의 현실을 어느 정도 대표하는 지표에 해당하는데, 이 지표에 의하면 서울시의 고용률은 지난 10년간 약 59~60% 수준을 유지해 OECD 국가의 평균 고용률(2009년 OECD Factbook) 수준인 66.7%(2007년 기준)과는 비교적 큰 차이를 보이고 있다. 연령 계층별로는 특히 청년층(15~29세)과 고령층(60세 이상)에서 고용률이 매우 저조할 뿐만 아니라 추세상으로도 정체 내지 하락세를 보이고 있는 점도 열악하기 짝이 없는 고용현실을 대변하는 현상이다.

경제사회적 양극화

'고용 없는 성장'과 더불어 저성장을 악화시키는 다른 현안은 양극화(polarization)이다. 즉, 성장이 존재하는 경우에조차 그 과실이 사회의 모든 계층이나 부문, 지역으로 분배되지 못하고 있는 점 또한 저성장과 더불어 다양한 사회문제를 유발하는 요인으로 작용한다. 이 경우에 경제적 측면에서 출발한 대도시 경제의 양극화는 다면적이고도 심화되는 양상을 보이고 있다. 실제로 불평등의 정도를 나타내는 대표적 지표인 지니계수나 양극화 지수(E-R지수)에 기초하여 소득의 양극화를 살펴보면 아직은 심각한 수준에 이르지는 않았으나, 지난 2002년 이래 꾸준히 증가세를 보이고 있다(<표 4-1> 참조).

더 강조되어야 할 점은 경제적 자산 및 소득에 의해 일차적으로 표출된 양극화가 고용 불안정과 맞물려 양극화의 골을 더 깊게 하는 한편, 사회적 양극화 등의 이차적 양극화로 전이되는 경향을 보인다는 점이다. 주택, 교육, 복지 등의 영역에서 표출되고 있는 계층별 소비 격차가 그러하며, 지역 간 불균형 성장이나 계층 간 주거지 분리 등 공간적 격차로도 투영되어 나타나고 있다. 대도시 경제에서 양극화의 문제가 공간 속에 투영되어 극명하게 나타나고 있는 현상은 최근 골목상권을 무대로 한 자영업자들의 어려운 현실, 특히 전통시장과 기업형 슈퍼마켓(SSM)을 둘러싼 대립에서 찾아볼 수 있다.

소상공인이라는 용어와도 혼용되어 쓰이는 자영업자는 소자본 창업이 가능한 도소매, 숙박·음식, 공공·운수·개인서비스 등에 집중하고 있는데, 노동시장의 신규 진입에 대한 장벽이 높고 고용이 유연화되는 상황에서 제한적이나마 일

<표 4-1> 서울시 소득불평등 추이 변화: 지니계수와 양극화지수(E-R지수)

구분	2002년 1/4분기	2003년 1/4분기	2004년 1/4분기	2005년 1/4분기	2006년 1/4분기	2007년 1/4분기	2008년 1/4분기	2008년 4/4분기
지니계수	0.31	0.33	0.34	0.34	0.34	0.36	0.36	0.35
ER지수*	0.02047	0.02396	0.02453	0.02378	0.02453	0.0263	0.02642	0.02549

* E-R지수(Esteban & Ray Index)는 Wolfson지수와 함께 양극화를 측정하는 대표적인 지수로, 지수값이 증가할수록 양극화가 심화됨을 의미.

자료: 김경혜(2010: 8).

자리 기반을 제공해왔던 것이 사실이다. 그럼에도 이들 주체는 조직·인력·재정이 모두 취약해 경영 과정에서 다양한 애로에 직면하기 마련인데, 최근 실시된 실태조사에서도 임대료, 판로, 자금부족, 고객관리, 사업체 입지여건 등의 5대 요소가 우선적 애로 요인으로 대두하고 있음을 확인할 수 있다(중소기업청·소상공인진흥원, 2010). 더욱이 최근에는 대형마트나 편의점과의 경쟁 외에도 신업태의 출현과 같은 유통환경의 다변화 속에 경쟁 압력이 더욱 심해져 창업과 폐업이 반복되는 불안정한 사업구조를 나타내고 있는 실정이다.

이 같은 여건은 궁극적으로 고용 취약계층을 위한 고용기반과 신규 일자리 창출에도 부정적 영향으로 이어지고 있다는 점에서 다각적인 대응이 요구되는 대목이다. 실제로 일자리 창출에 대한 부정적 영향은 2007년 이후 자영업자 감소세를 통해 확인해볼 수 있다. 국가경제의 약 1/4을 점하고 있는 서울 경제의 경우 전체 취업자 중 자영업 종사자 비중은 2002년 24.7%에서 2008년 21.8%로 감소세를 보이는 가운데, 고용원을 두지 않은 자영업자는 61.6%에서 64.9%로 오히려 증가한 것으로 나타나 더욱 취약한 구조로 이행하고 있음을 보여준다. 이러한 구조적 취약성은 궁극적으로 사업체의 낮은 생존율로 반영되고 있는데, 창업 후 3년 내에 폐업하는 비율이 60%에 달한다. 문제는 자영업을 둘러싼 우리 사회의 사회안전망이 취약해, 폐업이 곧 빈곤층으로 전락하기 쉬운 사회경제적 시스템을 가지고 있다는 점이다.

이와 같이 자영업자의 구조적 취약성을 둘러싼 기본적 현안 문제 위에 대·중소기업 간 양극화의 문제가 공간적으로 집약되어 표출하고 있는 영역이 지역사회의 골목상권이나 전통시장과 기업형 슈퍼마켓 간의 대립과 갈등이라 할 수 있다. 잘 알려진 바와 같이 전통시장이 가진 위기는 대내외 여건 변화, 소비자들의 생활방식이나 구매 패턴의 빠른 변화에 대응하지 못하는 노후한 시설과 전근대적 경영 방식에서 상당 부분 기인한 것으로 해석된다. 그러나 최근에는 다른 구조적 요인도 중첩되고 있는데, 대형마트나 백화점과 같은 기존의 대형 유통업체 외에, 인터넷쇼핑몰이나 홈쇼핑, 기업형 슈퍼마켓과 같은 새로운 유통 업태들이 출현하여 자영업자가 중심을 이루고 있는 국지적 시장 또는 하위시장을 대체해가고 있는 점이 그러하다.

◎ 개정된 유통산업발전법과 대·중소기업상생협력촉진법(2010년 11월 개정)

- 유통산업발전법 제8조: 대규모 점포 등의 개설 등록 및 변경 등록
- 유통산업발전법 제13조의 3: 전통상업보존구역의 지정
- 대·중소기업상생협력촉진법 제32조: 사업조정 신청 등

실제로 2009년 현재 약 330여 개에 달하는 서울 소재의 전통시장 가운데 90% 이상은 대형마트나 백화점과의 입지 경쟁을 보이고 있는데, 이 같은 입지적 여건에서 가령 골목상권으로 기업형 슈퍼마켓의 대대적 진출은 자영업 고용기반과 전통시장의 매출 하락에 결정적 요인으로 작용하고 있다. 서울 시내 기업형 슈퍼마켓은 2010년 8월 현재 210여 곳 정도로 파악되고 있는데, 2006년에 비해 4.2배가 증가한 빠른 성장세를 보이고 있으며 그 가운데 절반 이상은 400m² 미만의 규모로 소위 골목상권의 자영업자를 위협하는 존재가 되고 있다(≪국민일보≫, 2010년 10월 11일 자). 이처럼 커뮤니티 기반의 생계형 비즈니스 생태계 교란이 초래하는 결과는 양극화를 향한 수익의 재배분으로, 한 조사에 따르면 최근 5년간 재래시장 매출이 9조 3,000억 원으로 감소한 반면, 대형마트는 9조 2,000억 원이 증가한 것으로 나타나고 있다(시장경영진흥원, 2010). 다행히 최근 개정된 「유통산업발전법」에서는 대규모 점포나 준(準)대규모 점포로부터 전통시장을 보호할 수 있는 제도적 기반이 마련되었는데, 동 법률에서는 제도 운영과 관련하여 해당 자치단체의 조례에 '전통상업보존구역 지정'과 같은 일정한 역할을 위임해두고 있다(본문 위 박스 참조).

이 같은 논의에 기초해 이 연구에서는 몇 가지 논점을 제기하고자 한다. 우선, 이들 자영업자 및 전통시장에 대한 관점의 정립에 관한 것이다. 비록 소비 패턴의 질적 변화나 새로운 유통업태의 변화가 자본주의의 불가피한 속성이고 대도시 경제성장의 한 단면에 해당하는 현상일지라도 자영업이나 전통시장 또한 보호·재활성화되어야 할 영역이고, 거기에 공공의 역할이 놓여 있다는 인식에 관한 것이다. 이 연구가 기반을 두고 있는 일자리중심주의 패러다임에서는 시장경제의 발전 과정에서 자연스럽게 퇴출되고 구조조정 되어야 할 대상으로 인식하는 전통적인 성장주의 패러다임과 달리, 복원되고 지속가능한 발전을 모색해야

할 지역사회경제의 기반, 특히 일자리의 기반이라는 인식에 근거한다.

둘째, 이러한 인식에 기초하여 소상공인이나 자영업자, 그리고 그 활동무대인 전통시장이 건실하고 안정적인 사업기반을 확립할 수 있도록 다양한 지원시스템이 조성되어야 한다. 앞서 지적한 경영 애로의 해소가 우선적으로 고려되어야 할 요소이다. 소상공인을 포함한 중소기업의 지원시스템에 대해서는 커뮤니티 비즈니스 등과 결부하여 5절에서 다시 논의될 것이다. 마지막으로, 이러한 지원시스템과 관련하여 자치단체, 특히 기초자치단체의 적극적인 대응이 요구된다. 최근 개정된 「유통산업발전법」의 내용, 즉 "전통시장 보존구역 지정에 관한 조례제정" 등 후속적인 제도적 기반의 마련과 대기업 진출에 따른 사업조정에 대해서도 일정한 절차와 기준의 정립 등이 그것이다.

4. 구조전환기 대도시 산업정책의 미래

앞서 살펴본 바와 같이 산업경제의 전반적인 변화 속에 대도시 경제에서도 구조전환이 전개되고 있다. 서비스경제화, 사회서비스 확대와 결부된 사회경제의 활성화, 창조경제의 부상 등의 구조적 변화들이 그러하며, 역으로 성장 지체 속에 고용 없는 성장과 경제사회적 양극화의 심화는 대도시 경제가 적극적으로 대처해서 해결해야 할 구조적 현안 문제들로, 기존과는 다른 정책의 도입이 요구된다.

여기서는 이러한 구조적 트렌드를 최대한 고려하는 가운데 기존의 정책패러다임에서 탈피하는 혁신적 정책패러다임을 모색해보고자 한다. 이미 서두에서도 지적한 바와 같이 기존의 대도시 산업정책이 대개 '경쟁 일변도의 성장중심주의 내지 성장지상주의' 정책프레임에 입각해 있고 그것이 최근 경제 현실과 정책 현안에 실효성 있게 대응할 수 없게 하는 구조적 제약이 있음을 고려해볼 때, 과거와는 상이한 관점과 정책적 접근이 요구된다. 이 글에서는 지속가능한 지역경제 발전이라는 목표하에 '협력과 포용에 기반을 둔 일자리중심주의(고용중심주의)' 패러다임으로의 전환을 그 대안으로 모색하고자 한다.

물론, 이러한 산업정책 프레임이 지역의 경제성장이 가지고 있는 의의와 효과를 완전히 무시하거나 반대한다는 의미는 아니다. 오히려 그것은 산업정책을 둘러싼 접근방법 또는 인식의 전환, 말하자면 정책의 목표나 우선순위를 달리하려는 정책프레임으로 보는 것이 더 적절하겠다. 그럼으로써 일자리중심주의에서는 경제성장의 의의가 궁극적으로 일자리의 창출에 기여하는가 여부(일자리중심주의), 그리고 그 과실이 여러 계층에게 배분되는가(포용 기반)의 관점에서 인식되는 바 산업경제의 성장이란 필요조건에 불과하다는 인식에서 출발한다.

이러한 기본적 인식하에 일자리중심주의 산업정책 프레임은 다음 네 가지의 정책 방향을 추구한다. ① 일자리 창출을 위한 21세기형 대도시 대안경제의 육성, ② 신지방경제에 부응하는 신정책원리의 도입 및 운영, ③ 지구기반·권역중심의 발전전략 모색, ④ 상향적·네트워크형 정책추진체계 구축 등. 이하에서는 각각의 방향을 구체화함으로써 신정책패러다임의 원리를 정립해보고자 한다.

일자리 창출을 위한 21세기형 대도시 대안경제의 육성

성장중심주의에서 일자리중심주의로의 전환에서 제일의 정책 원리는 일자리 창출이 정책의 차상위 목표가 되어야 하며, 이에 따라 양질의 일자리 창출을 위한 다양한 전략 및 정책이 모색되어야 할 것이다. 이 경우에 일자리 창출은 현행 산업구조의 변화나 여건을 최대한 고려하면서 모색되어야 할 것인데, 이런 맥락하에 대도시 대안경제의 육성이 강구될 필요가 있다. 앞서 트렌드의 하나로 지적된 바와 같이 산업경제 전반의 서비스화 추세 속에 내부적으로 금융보험과 비즈니스서비스 등의 지식서비스업과 보건의료 및 사회복지 등의 사회서비스업이 지속적으로 성장하고 창조산업이 부상하는 추세는 일자리중심주의 대안경제 모색에서 적극 고려할 수 있는 현실적 여건에 해당한다. 특히, 사회경제(social economy)와 창조경제(creative economy)는 20세기에 시장경제에서의 지배적인 일자리 양식과 달리 21세기에 새로운 일자리 창출을 견인해갈 가능성이 클 것으로 예견된다.

이러한 추세 변화 속에서 최근 사회적 기업(SE)과 커뮤니티비즈니스(CB)가 출현하고 있는 점은 대안적 지역경제를 중심으로 한 일자리동력 창출에서 새로운 기회의 창(window of opportunity)을 제공해주고 있다. 양자 모두 공익성(사회성)과 수익성(사업성)의 공존과 조화를 모색한다는 점에서 유사하나, SE가 지역적 기반을 반드시 가지지 않으나 사업의 범위가 다소 제한적인 반면 CB는 지역사회에 기반을 두고 광범위한 사업 영역에서 활동하는 개념적 차이를 보이고 있다(Borzaga & Defourny, 2001). 물론, 이러한 차이도 이 연구가 터하고 있는 일자리 내지 고용의 관점에서 보면 큰 의미를 가지는 것은 아니며, 현실 영역에서 구분해내기도 쉽지 않다. 사실, CB의 다수가 SE로 진화하는 경우가 적지 않으며, 역으로 SE 가운데 일부를 '지역사회밀착형 SE'라 불러도 무리는 없으리라 본다. 그럼에도 CB는 광범위한 영역에서 다양한 형태로 출현하고 있다는 점에서 새로운 정책패러다임에서 일자리를 창출하는 데 있어서 SE에 비해 더 큰 잠재력과 지역사회 기반의 대안경제 육성에 주는 효과가 클 것으로 볼 수 있는데, 이하에서 상세하게 살펴볼 몇 가지 사례들이 이 같은 관점을 뒷받침해주고 있다.

지역사회문제의 해법으로서 CB: 쇠퇴하는 상점가의 재활성화와 (주)아모르토와

(주)아모르토와(東和)는 도와긴자(東和銀座)상가 진흥조합의 조합원이 출자해 설립한 주식회사로, 지역주민을 중심으로 210명 정도를 고용하는 일본의 대표적 CB이다. 2009년 경영 실적으로는 약 5억 엔의 매출을 올리고 있으며 순이익이 1,000만 엔 정도에 달할 정도로 성공적 사례로 알려졌다(김재현, 2010). 당초 도와긴자상가는 1947년 철로의 개설과 함께 형성되어 1970~1980년대에 전성기를 거쳐 1996년 가메아리역 재개발을 계기로 대형 유통업체가 진출하면서 소상인들이 침체하게 된 지역이었다. 다행히 인근 지역에 공립병원이 설립되자 아모르토와는 공동화될 위기에 처한 상점가를 재활성화할 수 있도록 지역을 도와달라고 병원을 설득해 병원 매점 운영사업에 참여하면서 커뮤니티비즈니스 길을 걷게 되었다. 이후 고령자를 위한 도시락배달사업, 학교급식사업, 지역 내 대형점포 청소사업 등의 다양한 영역으로 비즈니스가 확대되고 있다.

학교급식사업은 사업 경험의 부재를 문제 삼은 구청의 반대가 있었으나, '자

◎ 커뮤니티비즈니스와 사회적 기업

- 커뮤니티비즈니스는 처음 영국에서 탄생한 개념으로 알려지고 있으나 버블경제 붕괴 이후 심화되는 이너시티 문제를 위한 해결책으로 일본을 중심으로 활성화된 반면, 영국에서는 사회적 기업이라는 제도적 틀로 발전을 모색함
- 커뮤니티비즈니스(CB)는 주민이 주체가 되어 지역의 다양한 문제를 해결하려는 사업(고베도시문제연구소)으로, 적정 규모와 적정 이익을 추구함

  ⇨ 기업을 커뮤니티비즈니스로 규정하기 위한 조건은 지역사회 문제의 해결, 지역적 기반과 장소성, 공익성과 수익성 조화, 구성원의 자발적 참여와 사명감, 신뢰의 유대 등 공동체적 가치의 추구 등에서 찾을 수 있음
- 사회적 기업(SE)은 사회적 목적이 우선시되고 이익이 해당 활동이나 지역사회에 재투자되는 기업(DTI, 2002)과 같이 광의로 정의되고 있는 반면, 국내에서는 "취약계층에서 사회서비스나 일자리 제공 등의 사회적 목적을 추구하면서 재화 및 서비스의 생산과 판매 등의 영업활동을 하는 기업"으로 다소 엄격하게 정의됨

녀들의 급식은 지역에서 직접 공급해야 한다'는 공동체 가치를 기치로 하여 사업체에 참여하고 나중에는 높은 서비스 질을 확보한 성공 사례로, 2009년 현재 초·중등학교 27개교, 보육원 5개소, 복지시설 11개소의 급식을 담당하고 있다. 학교급식은 물론 다른 비즈니스 영역인 도시락택배사업에서는 그 재료를 지역상가 가맹점으로부터 구입한다는 원칙을 유지하고 있는데, 이 같은 운영 원칙은 CB가 가지는 공동체성 또는 지역성을 잘 대변하는 대목이다(김창규, 2010). 한편, 고령의 독거노인을 대상으로 한 도시락택배사업은 수지타산이 맞지 않음에도 '거리를 위해'라는 아모르토와 정신을 살려 참여하게 된 사업인데, 초기의 어려움을 극복하고 부녀회모임이나 운동회 등의 커뮤니티 행사 수요에 대응하면서 흑자사업으로 전환되기도 했다. 이 외에도 청소사업은 역세권 개발과 함께 유입된 대형유통업체인 이토요카도의 제안으로 시작해 현재 수익성이 높은 사업으로 발전했는데, 다른 사업에서 발생하는 재정적 어려움을 보전해준다는 점에서 나름대로 의의를 가지는 사업이다.

(주)아모르토와 사례는 지역사회 문제에 대한 적극적 대응에서 비즈니스가 시작되고 지역사회 공헌이라는 가치를 추구하는 CB 본연의 특장을 잘 드러내는

데 그 의의를 가진다. 더불어 이 사례는 비즈니스의 지속가능성을 위해서는 지역사회 다양한 주체 간 신뢰와 유대, 협력이 뒷받침되어야 함도 보여주고 있다. 게다가 동 사례는 단일 사업에 집중하기보다는 다양한 사업으로 다각화하고 수익 대(對) 공익의 포트폴리오를 구성하는 것이 공동체 가치를 표방하면서도 지속가능한 사업이 될 수 있게 하는 메커니즘의 주요 수단이라는 시사점도 제공하고 있다. 이런 의의에 기초하여 CB는 침체한 지역(상가)의 재활성화와 주민의 일자리 창출에 직간접적으로 기여하고 있다.

사회적 기업으로서 CB: 커뮤니티의 사회서비스 생산자로서 나가레야마 UI네트

지바현 나가레야마시(流山市)의 나가레야마 UI네트는 고령자들이 있는 세대의 가사원조나 개호복지(介護福祉) 사업을 중심으로 치매고령자 그룹홈이나 아동지원 등 지역사회를 위한 폭넓은 돌봄사업을 사업영역으로 설정하고 있는 NPO법인이다. 동 법인은 법인화하기 이전부터 '후레아이(触れ合い, 마음이 통하는) 사업'을 통해 신뢰를 축적하고 있었는데, 이 신뢰에 기초해 2000년에 도입된 개호보험 제도의 지정 사업자로 등록하고 서비스를 제공할 수 있게 되었다. 당초 후레아이 사업은 '어려움에 놓인 이웃을 서로 돕자'는 울력정신에 기반을 둔 사업으로, 무상 자원봉사가 아니라 점수 티켓을 이용해 모든 회원이 서비스를 받는 사람이 되기도 하고 서비스를 공급하는 주체가 되기도 하는 창의적 사업방식이다(가네코 이큐요, 2010).

나가레야마 UI네트의 경우 공공성과 수익성을 나름대로 조화시키기 위해 다양한 아이디어가 모색된 바 있는데, 사업성을 이유로 병행하고 있던 '개호보험 서비스'와 '후레아이 사업에 의한 서비스' 제공 시 색깔이 다른 앞치마를 활용하는 것이 한 가지 예이며, 지역의 돌봄사업을 일상적인 활동으로 자리매김할 수 있도록 하기 위해 회원의 활동시간을 하루 두 시간으로 한정한 점 등이 다른 예라 할 수 있겠다. 이 외에도 서비스를 제공하는 구성원은 지역에 사는 주부들이 주축을 이루나 사무국은 기업에서 경험을 축적한 퇴직 남성으로 충원하고 있는데, 이러한 인적 구성은 지역 내 다른 사업자나 행정기관과 횡적 유대와 네트워크를 구축하는 데 있어서 큰 힘이 되고 있다. UI네트는 이와 같은 횡적 유대와 사업을 통해 구축된 신뢰를 기반으로 다음과 같은 사업을 수행함으로써 고령화에 직면한 지역사회의 다양한 사회서비스 수요에 대응하고, 앞의 (주)아모르토와와 마찬가지로 주부(여성)와 퇴직자(남성)를 중심으로 지역사회 일자리 창출에도 일부 기여하고 있다.

- 후레아이 사업: 방문과 외출지원서비스, 쉼터 운영
- 개호보험 서비스: 재가 및 방문개호, 복지용구 임대, 그룹홈, 주간서비스
- 지자체 수탁사업: 고령자생활관리지원사업, 고령자 외출 지원, NOP연수회 운영, 가족지원센터 운영(육아 지원)

자기조직화하는 CB: 공동체의 복원과 성미산 마을기업

성미산 마을은 2001년에 있었던 성미산지키기 운동을 계기로 알려지기 시작한 지역으로, 마포구 성산동과 주변의 몇 개 동을 아우르고 있다. 성미산 마을을 근거지로 한 성미산 마을기업(커뮤니티비즈니스)도 다른 사례와 같이 지역사회 문제의 해결, 특히 공동육아와 교육문제의 해결을 위해 출범했으며, 이후 구성원들의 유대와 협력, 지역사회에의 헌신 등을 통해 공동체를 복원해가고 아울러 조직운영의 경험을 축적하는 과정에서 다양한 마을기업들이 출현·발전해갔던 사례로서 의의를 가진다.

CB의 대표적 기업이 '마포두레생협'(이른바 마을기업 1호)으로, 공동육아의 가치를 육아가 아닌 먹을거리, 그리고 소수 조합원에서 광범위한 지역사회로 확대·공유하고자 공공구매-공동소비를 기본으로 하여 탄생했다(유창복, 2010). 2001년 73명의 조합원, 출자총액 900만 원으로 출발한 생협은 2009년 현재 3,500가구의 조합원을 둘 정도로 큰 성공을 거둔 것으로 알려지고 있다. 성미산 마을기업에서 '마포두레생협'은 이후 다양한 영역에서 후속하는 마을기업을 낳았고 유사 두레를 보육하는 일종의 모태 커뮤니티비즈니스이자, 커뮤니티 기반의 사회적 경제를 선도했다는 점에서는 지역사회경제의 플러그십(Flagship)이라 할 수 있다.

실제로 생협 조합원의 참여와 노동참여를 향한 열망의 문제가 제기되었을 때 그 해결책으로 모색된 것이 '한땀두레', '비누두레', '돌봄두레', '되살림가게'인데, 이들 소단위 두레들에 대해 두레생협은 건실한 인큐베이팅 역할을 수행했다. 이들 마을기업 외에도 사회문제를 지역사회 단위에서 해결할 수 있는 아이디어 모색 과정에서 설립한 '동네부엌', '성미산차병원', '성미산밥상', '자동차두레', '미니숍' 등도 모두 성미산 마을을 구성하는 중요한 커뮤니티비즈니스들에 해당한다. 가령, '성미산차병원'은 생활 속에서 자동차 소유자가 직면하는 정보 비대칭성 문제와 공정가격 책정을 주민 스스로 해결해보기 위한 일환으로 시도된 사례라 할 수 있는데, 운영이 부실하면 실패할 수도 있다는 뼈저린 경험을 제공한 사례이기도 하다.

전체적으로 성미산 마을의 CB는 공동체 가치가 가지는 잠재력을 보여준 사례로서, 마포두레생협과 같이 CB의 플래그십, 즉 선도적 CB가 가지는 효과를 입증한 사례로서도 의의가 크다. 실제로 개별 비즈니스는 다양한 공동체 가치 추구의 산물이었다는 점에서 공동체 가치들을 둘러싼 복잡다단한 네트워크는 CB가 자기증식과 확대재생산을 할 수 있게 하는 동력이었다. 아울러 지역사회 문제를 중심으로 한편에서 개인의 자아실현 욕구와 다른 한편에서 지역사회에의 참여와 헌신을 통한 공동체 복원 노력이 결합될 때 비로소 창출할 수 있는 서비스 시장의 전략적 틈새와 사업상의 강점을 입증한 사례로서 의의를 가진다. 이 외에도 이 사례는 주민과 외부 전문가 등 다양한 주체들 사이에 형성된 다차원의 네트워크를 통해 창의적 아이디어와 자원을 비즈니스에 활용하고, 그 결과로 유연한 사업운영도 가능하게 하는 CB 특유의 강점도 잘 보여주고 있다.

이처럼 CB 사례들이 보여주는 산업적 다양성과 고용창출 효과, 그리고 지역사회에 주는 사회적 가치는 CB가 가지는 경제사회적 파급효과를 함축한다. 그럼에도 앞서 양극화 현안에서 살펴본 바와 같이 CB나 SE가 가지는 취약한 조직·인력·재정 기반은 그 촉진과 활성화에 민-관 간 상호협력, 그리고 적절한 방식과 수준하의 공공지원 역할이 수반되어야 함을 시사한다.

신지방경제에 부응하는 신정책원리의 도입 및 운영

'새 술은 새 부대에'라는 경구에서 볼 수 있듯이, 산업구조의 질적 전환과 대안적인 지방경제에 부응하는 새로운 정책원리의 모색 또한 중요하다. 이 연구에서는 그러한 정책원리로 다음과 같은 두 가지 원리가 중심이 되어야 한다고 본다. ① 개방과 공유, 참여와 협력에 기초한 정책 틀의 확립, ② 호혜와 포용을 촉진하는 정책수단의 모색.

우선, ①과 관련하여 일차적으로 지식서비스 그리고 창조경제는 비즈니스가 성공하기 위해서는 새로운 지식을 지속적으로 습득·학습하고, 외부에 존재하는 다양한 첨단기술(법)과 아이디어들을 이종교배(cross-fertilization)시킴으로써 기술적 혹은 비기술적 혁신을 지속적으로 창출하는 데 있으므로, 산업활성화와 질적 발전을 위해서는 산업 전반에 지식과 정보를 상호개방하거나 공유하고 재활용하도록 촉진시키는 것이 중요하고도 절실하다. 최근 시장경제 내의 대기업을 중심으로 시도되고 있는 '개방형 혁신(open innovation)'의 도입은 지식에 대한 개방과 공유, 협력이 창출하는 탁월한 능력을 입증하는 것이다. 그럼에도 이러한 비즈니스 여건을 자생적으로 확립하기 어려운 중소기업들의 경우에는 공공에 의한 제도적 지원이 요구되는바, 광역자치단체를 중심으로 이러한 개방형 혁신을 선도하는 정책지원 시스템, 즉 개방형혁신체계 구축은 이를 위한 효과적인 정책 틀로 이해된다.

마찬가지로, '지역사회밀착형 사회적 경제(혹은 기업)'의 활성화와 관련해서도 커뮤니티비즈니스의 많은 성공 사례에서 볼 수 있듯이 시장에 대한 생생하고도 다양한 정보, 사업 관련 경험적 지식 등의 공유, 그리고 다양한 주체들의 사업 참여와 긴밀한 협력은 기업의 조직적 성장이나 사업 다각화를 위한 토대가 되며, 기업 운영상의 심각한 문제가 초래될 때 문제 해결에 적극적으로 대응할 수 있는 밑거름이 된다(호소우치 노부타카 편저, 2007; 가네코 이큐요 엮음, 2010 등 참조). 탭스코트(D. Tapscott) 등은 이 같은 개방과 공유, 참여와 협력에 기초한 경제를 '위키노믹스(Wikinomics)'로 개념화하고 있는데(탭스코트·윌리엄스, 2008), 21세기 새로운 지역경제를 향한 정책원리도 이에 기초할 경우 정책의 효과가 극대화될 것이 자명하다.

둘째, 호혜와 포용을 촉진할 수 있는 정책수단의 적극적인 모색이다. 사실 이 원리는 성장중심주의 패러다임에서 일자리중심주의 패러다임으로의 전환에 내재될 수밖에 없는 원리에 해당한다. 앞서 강조된 바와 같이 성장의 과실이 사회적·공간적으로 고루 배분되거나 동반성장으로 이어지지 않았던 저간의 현실을 생각해볼 때, 성장중심주의의 탈피는 자연히 호혜와 포용을 향한 정책의 모색으로 이어질 가능성이 크기 때문이다. 이에 재분배나 사회복지와는 별개로 산업정책에 있어서도 다양한 사회계층과 지역(사회)의 동반성장과 동반고용 그 자체를 목표로 하는 전략적 방안들이 모색될 필요가 있다.

이 같은 관점에서 볼 때, 대도시경제에서 일자리의 한 축, 특히 지역사회경제의 중요한 축의 하나가 바로 취약한 소기업, 영세한 소상공이나 자영업자 등이라 할 수 있다. 비록 이들 경제주체가 대도시 경제에서 부의 창출이나 성장에 기여하는 바가 크지 않고 전체 지역경제를 낙후한 산업구조를 만드는 요소로 작용하는 것이 사실이기는 하나, 해당 지역사회경제의 중요한 일자리 원천인 것을 부인하기는 어렵다. 이러한 여건하에서 호혜와 포용의 정책원리라 함은 자연히 이들 경제주체나 지역을 우선 배려하는 정책 우선순위에 입각하고 필요하면 적극적으로 지원할 수 있는 다양한 지원책의 모색을 의미한다.

지구기반·권역중심의 발전전략 모색

대도시 경제의 공간적 특성이 다양한 산업클러스터의 특화, 연계, 중첩에 의한 모자이크 공간경제임을 고려할 때, 산업정책에 있어서도 이러한 특성에 부합하는 전략프레임이 요구된다. 여기서 새로운 전략프레임에서는 정책의 공간적 대상 범위의 재설정(re-scaling)과 지역 간 연계의 두 가지 사항이 적극적으로 고려되어야 할 것으로 본다.

우선, 기존의 지역산업정책은 특정 산업 대상의 범도시를 범위로 하여 전략(정책)이 추진되는 것이 일반적인데, 이와는 다른 공간범위(scale)의 설정이 필요하다는 인식이다. 이를 위해 이원화된 공간범위가 체계적으로 검토·도입될 필요가 있다. 앞서, 대도시 공간경제의 재구조화에서 언급된 바와 같이 산업별로 지구 단위의 집적화와 특성화가 존재하고 있으며, CB나 SE를 핵심 주체로 하는 사회경제와 같은 대안경제 영역에서도 지구 또는 커뮤니티가 중요한 활동기반을 이루고 있음을 살펴본 바 있다. 이 같은 공간적 특성은 전통적인 광역단위 스케일, 즉 지역경제 스케일이 아니라 근린, 지역사회, 자치구 등 비교적 국지적 스케일(local scale), 다시 말해 지역사회경제 스케일이 효과적일 수 있음을 함축한다. 이러한 지역사회경제 스케일에 기초하여 해당 지방(즉, 근린/지역사회/자치구)이 가지는 산업적 특성과 여건을 반영한 지구기반 특성화 전략을 추진하는 것이 바람직하다.

이처럼 대도시 경제의 구조전환과 관련하여 산업발전전략 안에 공간경제의 특성과 여건을 수용하기 위해 이원화된 전략 추진의 단위가 구축되어야 한다는 점은 대도시 경제를 둘러싸고 자치단체 간 적절한 역할분담과 정책협력체계 구축을 시사하는 대목이다. 실제로 글로벌 기반, 첨단 지식·정보 기반의 비즈니스 영역인 지식서비스에 대해서는 높은 역량과 자원을 가지고 있는 광역자치단체가 정책적으로 주도하고, 사회서비스를 중심으로 한 CB나 SE의 육성은 기초자치단체, 그리고 창조경제에 대해서는 광역과 기초자치단체 간 상호협력을 통해 정책을 추진해가는 방식이 비교적 합리적일 것으로 생각된다. 이러한 역할분담하에 기초자치단체는 지역사회를 기반으로 싹트고 있는 CB를 육성·활성화할 수 있는 종합지원체계를 구축할 필요가 있다.

아울러, 이러한 지구기반·권역중심 발전전략의 일환으로 '고용촉진지구제' 또는 '고용특구제'의 도입과 이를 위한 법제화를 검토해볼 만하다. 현재 서울과 같은 광역자치단체에서 지구기반 산업클러스터 전략의 일환으로 선(先)집적기반이 존재하는 기(旣)성장지역을 대상으로 한 '산업(특정)개발진흥지구제'가 도입·운영되고 있는데, 기본적 정책원리나 내용은 차용하되 경제적 취약지구를 대상으로 고용이나 일자리 창출에 중심을 두는 별도의 특구제를 도입·운영하는 것이 그것이다. 이러한 고용촉진지구제에 기초하여 가령 여러 가지 이유로 급격한 고용감소가 발생한 지역사회, 상대적으로 침체가 심한 지구, 또는 CB나 SE의 설립 및 운영의 활성화가 요청되는 공동체 등을 중심으로 특구를 지정하고 일자리 창출과 고용 촉진을 위한 종합적 지원시스템을 갖추도록 하는 방안을 모색해 볼 수 있겠다.

다른 한편으로 산업클러스터가 나타내는 공간적 특성상, 이웃하는 지구 또는 지방은 가치사슬 연계를 통해 물자나 정보, 인력이 교류하는 상호연계가 강하고, 사업을 매개한 네트워킹이 형성됨으로써 공간적으로 통합되는 경우가 많다. 과거 대도시 서울의 도심권에 발달해 있는 도심형 제조업 클러스터나 현재 동남권에 형성되어 있는 대단위의 광역적 IT산업클러스터가 그러하다. 그리고 이러한 공간적 연계와 네트워킹은 시간이 흐르면서 주변부로의 확산 메커니즘에 의해 더욱 확대되고 내적으로도 구조전환을 유발하는 것이 일반적이다.

이 같은 여건에서 볼 때, 서로 상이한 지구들은 상호연계하고 기능적으로 보완함으로써 시너지가 창출될 수 있도록 대도시권 내 특정 권역을 아우르는 연계·협력 전략도 모색할 필요가 있다. 가령, 최근 대도시를 중심으로 활발하게 모색되고 있는 창조산업클러스터 육성은 지구별, 자치구별로 상이한 가치사슬이나 차별화된 장르로 특성화하되, 각 클러스터 간 상호연계 그리고 해당 지구나 자치구 간 협력네트워킹을 촉진하는 사업을 추진함으로써 전략적 시너지가 창출될 수 있을 것이다.

상향적·네트워크형 정책추진체계 구축

앞서 언급한 세 가지의 정책 방향이 현실화되기 위해서는 정책의 추진체계에서도 새로운 프레임의 도입이 요구된다. 위키노믹스와 호혜 및 포용, 상생과 연대로 집약되는 새로운 정책원리, 그리고 지구기반·권역중심의 전략프레임이 실효성을 가지고 추진 과정도 활성화되기 위해서는 정책을 추진하는 절차와 방법의 혁신화도 매우 중요하다는 의미이다. 정책추진체계의 혁신화와 관련하여 다음의 두 가지 접근방법, 즉 '상향적 접근(bottom-up app.)'과 '네트워크 접근(network app.)'이 적극적으로 강구되어야 하겠다.

우선, 전통적으로 산업정책의 추진은 중앙정부 주도의 법률, 제도나 거시정책 하에 광역자치단체에서 기초자치단체로 이어지는 하향적 정책추진체계가 일반적이었다. 이는 산업정책의 효율화와 일관된 추진을 위한 상위 정부의 정책적 필요에 기인한 것이기는 하나, 이 외에도 기초자치단체 편에서 산업정책을 주도적으로 추진할 수 있는 기구나 조직의 부재도 한몫하고 있다. 이 같은 정책추진체계에서 탈피해, 향후 지구 단위로 특성화된 산업클러스터의 육성이나 사회경제 육성을 통한 일자리 창출 등에서는 자치구 주도의 추진체계를 구축하는 것이 바람직하다. 그리고 이것이 실현되기 위해서는 기초자치단체가 광역자치단체의 지도와 행·재정 지원하에의 산업정책을 전담할 수 있는 조직적 역량과 자원을 축적하는 것이 필요하다.

둘째, 다차원의 협력네트워크가 활성화될 필요가 있다. 현시대에 협력이나 네트워킹 구축이 거스를 수 없는 흐름이고 모두가 동의하는 지상 과제이기는 하나, 여전히 수사와 담론에 그치는 경우가 많다. 이러한 여건 속에서 산업구조의 전환기에 처한 대도시 경제에서는 네트워크 구축의 필요성이 어느 시기보다 커지고 있는데, 일차적으로 지역 내부(가령, 커뮤니티나 자치구)를 중심으로 민관협력의 네트워크가 확립될 필요가 있다. 이렇게 협력프로젝트를 중심으로 지역 내 다양한 주체들이 참여함으로써 각 주체가 보유하고 있는 지식과 경험을 공유하고, 자원과 책임을 분담하는 개방형 협력체계를 구축한다.

이러한 자치구 내부의 네트워크는 다시 자치구 간 네트워크로 확대될 필요가 있다. 이미 언급된 바와 같이 클러스터 간 상호연계에 기초한 자치구 간 연계·협력사업의 추진이라든가, 권역중심의 광역형 SE의 운영이나 CB 육성사업의 공동추진을 통한 규모의 정책 실현 등이 그것이다. 마지막으로, 이 같은 다원적 주체들 사이에 협력이 활성화되기 위해서는 물적·제도적 뒷받침이 요구되는바, 이를 위해서는 정부 간 협력, 즉 광역자치단체와 기초자치단체 간 협력체계를 구축하는 것이 필수불가결하다. 이러한 상향적·네트워크형 정책추진체계는 지역(사회)발전을 향한 '풀뿌리형 거버넌스(Grass-roots Governance)'라고 부를 수 있으며, 일자리 중심주의에 기초한 대안적 지방경제를 선도하기 위한 토대로 기여할 것이 기대된다.

5. 개혁지자체를 위한 경제활성화 전략: 리좀형(Rhizome-type) 지역사회경제 구축을 향해

21세기 대도시 경제에서는 산업구조의 변화를 포함하여 다양한 변화가 전개되고 있다. 서비스경제화와 지식서비스화 추세 속에서 사회서비스 부문의 급속한 성장이 전개되고 있으며, 창조경제나 사회경제와 같은 전통적 영역들도 새로운 모습으로 전면에 다시 부상하고 있다. 이런 변화의 저변에 대도시 경제가 풀어야 할 심각한 현안 문제도 자리하고 있는데, 이른바 트릴레마, 즉 저성장(혹은 성장지체) 속에 고용 없는 성장과 경제·사회적 양극화가 그것이다.

이 글에서는 이러한 구조적 여건하에 '경쟁 일변도의 성장중심주의'에 입각한 산업정책 프레임의 질적 전환이 필요함을 주장했다. 즉, 성장이 곧 일자리 창출로 연결되기 어렵고 성장의 과실이 사회 전역에 고루 배분되지 못하고 있는 현시대의 경제구조에서는 대안적 정책프레임으로의 전환을 모색해야 한다는 인식이다. 이에 이 글에서는 '협력과 포용에 기반을 둔 일자리중심주의' 프레임을 제안한 바 있다. 이러한 정책프레임에서는 무엇보다도 산업정책의 궁극적 지향점을 양질의 일자리 창출하에 계층과 지역 간 '동반' 고용과 '동반' 성장에 두고 있으며, 지역경제의 성장이나 성장을 향한 정책도 이러한 관점에서 재평가되어야 할 것으로 본다.

이러한 기본적 인식하에 이 글에서는 일자리중심주의 산업정책 프레임으로 크게 네 가지 정책의 방향을 제안했다. 무엇보다도 대도시 경제는 광역 단위의 지식서비스를 중심으로 글로벌경제화를 선도해가고 있는 한편, 국지적 단위 — 커뮤니티, 자치구, 혹은 대도시 내 권역 등 — 의 사회서비스와 창조경제를 중심으로 다양한 틈새 비즈니스에 기초하여 지역사회경제의 새로운 싹이 돋고 있다. 다만 이러한 잠재적 가능성이 지역사회경제의 실질적인 성장동력으로 현실화될 수 있는가 여부는 상술한 지역경제의 구조적 동학에 부합하는 새로운 정책원리, 가령 개방과 공유, 참여와 협력에 기초한 정책 틀의 확립이나 호혜와 포용을 촉진하는 정책수단의 모색, 그리고 풀뿌리형 거버넌스, 즉 상향적인 네트워크형 정책추진체계의 구축 여부에 전적으로 의존한다.

여기서 필자는 상술한 정책패러다임과 정책 방향이 현장 속에 용해되고 지역사회(community)에 뿌리내린 경제를 '리좀형 지역사회경제'로 부르고, 대안적 지역경제의 모델로 제안하고자 한다. 생물학적 용어인 리좀(Rhisome)은, 대나무 뿌리줄기와 같이 줄기가 변해 생긴 땅속줄기로 모든 지점이 열려 있어 다른 줄기가 연결될 수 있고 자신 또한 다른 줄기 어디든 달라붙어 연결될 수 있는 속성을 지닌다. 경제영역에 있어서도 지역사회를 무대로 다양한 경제주체들이 지역의 문제와 필요에 창의적 비즈니스로 대응하면서 서로 연계되고 공생과 호혜의 관계를 유지하는 경제시스템이 바로 '리좀형 지역사회경제'라 할 수 있다.

이러한 리좀형 지역사회경제를 채워갈 수 있는 핵심 인자는 무엇보다도 앞서 21세기 대도시 경제에서 고용 및 일자리경제의 견인차로 부상한 사회경제와 창조경제에서 찾을 수 있으며, 이러한 맥락에서 CB 혹은 SE는 지역사회경제를 구성하고 선도해갈 수 있는 주요 결절점인 셈이다. 이 연구의 사례에서 살펴본 바와 같이 급격한 사회변화로 인해 지역위기가 노정된 곳에서, 지역사회의 사회서비스 수요는 증대되고 있으나 정보 비대칭성이 심각한 영역에서, 활용 가능한 지역사회 공유자원이 존재하는 곳에서 CB나 SE가 가지는 신뢰와 유대, 공동체적 헌신과 혁신적 아이디어는 우월한 능력이 입증된 바 있다.

여기서 리좀형 지역사회경제를 선도하는 견인차로서 CB의 육성을 위해 다음과 같은 4대 전략적 요소를 제언하고자 한다.

우선, 자치단체별로 전략적 적소(niche)의 탐색과 선택이 필요하다. CB의 제창자인 노부타카의 연구에서 확인할 수 있듯이, 현실에서 CB가 출현하는 영역은 사회서비스 외에 환경, 정보네트워크, 문화관광, 식품가공, 마을만들기, 상점가 활성화, 전통공예, 지역금융, 안전 등 다양한 영역을 아우른다. 이들 다양한 영역에 대해 해당 지역사회가 특성화할 수 있는 전략적 선택지를 발굴·선정한다. 이 연구에서는 이러한 맥락에서 ① 사회서비스 주도형 CB, ② 창조기업(산업) 주도형 CB, ③ 지역재활성화형 CB, ④ 복합형 CB의 구분을 자치단체의 전략적 선택에 활용해볼 수 있는 한 가지 구분방식으로 제안한다.

둘째, 민간 활력과 지역자원 활용의 극대화이다. 이 연구의 정책 방향에서 강조된 바와 같이 새로운 경제시스템 그리고 리좀형 지역사회경제의 특성상, 민간의 활력이 중요하게 고려되어야 하며, 공공 주도는 전략 추진에서의 지속가능성을 상실하기 쉽다. 이러한 맥락에서 보면, 사회자본(social capital)을 포함하여 해당 지역사회가 가지고 있는 다양한 현실적 혹은 잠재적 자원을 세밀하게 조사하고 활용 가능성을 탐색하는 것이 리좀형 지역사회경제 건설에서 매우 중요한 요소를 차지한다. 이와 함께, 다양한 주체들을 CB에 연계시키고 필요한 경우에 지원을 제공하는 주도적 주체로서 중개기구(intermediary)의 설치와 육성 또한 중요한 요소에 해당한다. 가령, 일본 마을만들기 사업에서 TMO, 나라현 나라시의 중견·중소기업을 지원하는 기업 OB기술자 그룹, 도쿄 스기나미구의 벤처 네트워크 저팬이 그러한 예이다(가네코 이큐요, 2010).

셋째, 적절한 방식의 공공지원과 역할이다. 앞서 언급한 민간 활력을 극대화하는 전제하에 공공은 전체 전략 추진 과정을 기획하고 주도하기보다는 민간 주도의 과정에서 촉진자·지원자 역할을 하는 것이 바람직할 것이다. 지원과 관련해서 ① 공공과 민간이 공동으로 참여하는 커뮤니티비즈니스 펀드 조성, ② 지역사회 사회서비스 시장의 지속적 창출과 이에 기초하여 커뮤니티비즈니스와의 사회협약 체결, ③ 커뮤니티비즈니스가 활동할 수 있는 앵커시설이나 공공임대형 사업 공간 조성 등이 고려될 수 있겠다. 이 외에도 ④ 커뮤니티비즈니스에 대한 사업 경험이 미흡하고 인력 및 경영 역량이 취약한 지역에서는 종합적인 지원기관의 설립도 적극적으로 모색할 필요가 있다.

마지막으로, 전체 전략의 추진 과정을 효율화하기 위해 '1동1사(一洞一社) 모태 커뮤니티비즈니스 육성 사업'(가칭)의 추진을 전략적으로 고려해볼 수 있다. 이 연구의 사례에서 확인된 바와 같이 플래그십으로 명명한 선도적 커뮤니티비즈니스의 존재는 커뮤니티 전반에 비즈니스 활기를 불어넣고 다양한 자원을 동원해낼 수 있는 메커니즘으로 작용한다. 이런 맥락에서 동별로 미시적 영역에 존재하는 다양한 틈새 사업들과 사업주체들의 모태가 될 수 있는 이른바 모태 비즈니스 설립을 적극적으로 추진해보는 것이 매우 효과적인 방법으로 판단된다. 이러한 모태 커뮤니티비즈니스의 성공에 기초하여 창의적 사업 아이디어가 파생되고, 그럼으로써 지역사회 전반에 사업영역의 다각화가 기대되는바, 이것이 바로 리좀형 지역사회경제가 뜻하는 구체적 모습이다.

참고문헌

가네코 이쿠요 엮음. 『2010. 커뮤니티비즈니스의 시대』. 김정복 옮김. 이매진.

김경혜. 2010. 「서울시 소득양극화, 어떻게 완화할 것인가?」. SDI 정책리포트.

김원규. 2009 「산업구조고도화와 생산성 변화」. ≪e-Kiet 산업경제정보≫, 제442호.

김재현. 2010. 『지역 경제 발전을 위한 커뮤니티비즈니스 활성화 방안』. 건국대학교.

김창규. 2010. 『지역사회를 비즈니스하다』. 아르케.

서울시 소상공인지원센터. 2010. 「서울 및 전국의 자영업자 추이」.

시장경영진흥원. 2010. 「2010년 전통시장 및 점포경영 실태조사 결과보고서」.

유창복. 2010. 『우린 마을에서 논다』. 또하나의문화.

정병순. 2007a. 「서울시 비즈니스서비스 산업의 도전과 응전」. ≪서울경제≫, 5월호.

______. 2007b. 「서울시 문화콘텐츠 산업클러스터 발전전략」. 서울시정개발연구원 연구보고서.

______. 2008. 「서울시 창의산업 기초현황 및 실태조사」. 서울시정개발연구원 연구보고서.

______. 2010a. 「대도시 서울의 산업구조 및 산업입지 변화와 산업뉴타운」. ≪산업입지≫, 제38호.

______. 2010b. 「전환기의 서울경제, IT산업의 재도약과 IT융합산업」. ≪서울경제≫, 9월호.

정병순·신경희. 2007. 「서울시 사회적 기업 육성 및 지원방안」. 서울시정개발연구원 연구보고서.

______. 2008. 「사회적 기업을 통한 서울시 양극화 해소 방안」. SDI정책리포트.

중소기업청·소상공인진흥원. 2010a. 「2010년 전국소상공인 실태조사 보고서」.

______. 2010b. 「2010년 중소기업실태조사결과(I)」.

탭스코트(D. Tapscott)·윌리엄스(Anthony Willams). 2008. 『위키노믹스: 경제 패러다임을 바꾼 집단의 지성과 지혜』. 윤미나 옮김. 21세기북스.

한국은행. 2009. 「우리나라의 취업구조 및 노동연관효과」.

호소우치 노부타카 엮음. 2007. 『지역사회를 건강하게 만드는 커뮤니티비즈니스』. 박혜연·이상현 옮김. 아르케

Borzaga, C. & J. Defourny(eds.). 2001. *The Emergence of Social Enterprise*. London: Routledge.

Chesbrough, H. W. 2003. *Open Innovation: The New Imperative for Creating and Profiting from Technology*. Boston: Harvard Business School Publishing Corporation.

DTI. 2002. *Social Enterprise: a Strategy for Sucess*. London: HMSO.

GLA. 2010. "London's creative workforce: 2009 update." Working Paper 40.

Gordon. J. C. et al. 2007. *International Measurement of the Economic and Social Importance of Culture*. OECD.

Howkins. J. 2001. *The Creative Economy*. New York: Penguin Press.

Pearce, J. 2003. *Social Enterprise in Anytown*. London: Calouste Gulbenkian Foundation.

「서울시 친기업 행보, 영세상인 옥죈다」. ≪국민일보≫, 2010년 10월 11일 자.

제5장

시민과 지역 친화적 복지를 찾아서

유범상 | 한국방송통신대 행정학과 교수

1. 들어가는 말: 지역과 시민 없는 사회복지가 문제이다

현재 한국의 정치권에서 언론이 '복지전쟁'이라고 표현할 정도로 복지를 둘러싼 치열한 논쟁이 벌어지고 있다. 이 열전은 내년의 총선과 이후 대선을 앞두고 가속화될 전망이다. 이 시점에서 한국의 사회복지를 냉철하게 점검해볼 필요가 있다.

민주화 이후 사회복지는 상당히 발전했다. 하지만 서유럽과 비교해볼 때 한국의 사회복지 수준은 여전히 아주 낮은 수준에 있다. 이것이 선별주의의 철학 및 복지의식과 잔여적 제도로 한국의 사회복지를 특징짓는 이유이다. 그런데 한국의 사회복지에 문제가 있다고 보는 더 중요한 이유가 있다. 한국의 사회복지에 지역과 시민이 거의 보이지 않는다는 점이다.

'지역이 없다'는 것은 현존 사회복지가 지역의 특수성을 반영하지 못하고 있고 지역주민의 구체적 욕구에 대응하지 못하다는 것을 의미한다. 이것은 지방정부가 아닌 중앙정부 주도로 사회복지가 계획·시행되어왔기 때문이다. 다시 말해 '지역이 없다'는 언급은 지방정부의 권한이나 지방정부 고유의 사회복지 계획과 실천이 존재하는 것이 아니라 중앙정부의 계획에 따른 사회복지가 모든 지역에 획일적으로 관철되어왔다는 것을 뜻한다.

'시민의 부재'는 시민이 사회복지의 입안과 실천에 주체적으로 참여하지 못했다는 것을 의미한다. 그동안 한국 중앙정부는 사회복지를 권력의 정당화를 위해 그때그때 정치적 필요에 따라 도입해왔다. 이는 시민이 사회복지 과정에 참여한 것이 아니라 정책의 대상이 되어왔다는 것을 의미한다.

이러한 상황에서 지난해 전국적으로 일제히 수립된 지방정부의 지역복지계획도 시민을 사회복지의 주체로 세우려는 계획을 갖고 있지 않은 것으로 평가된다. 즉, 복지수당이나 서비스 수준을 높이는 데 치중하고 시민들이 사회복지를 자신들의 권리로 인식하고 조직화할 수 있는 방안을 거의 제시하지 않고 있다. 이처럼 지역이 빠져 있고 주민참여의 사회복지계획이 취약하다는 것은 사회복지가 풀뿌리 민주주의와 연결되지 못했다는 것을 의미한다. 진보정치가 기본적으로 적극적인 주민참여의 풀뿌리 민주주의에 기반을 둔다고 했을 때, 이러한 사실은 한국의 진보정치의 기반이 취약하다는 것을 보여준다.

이상의 사실에서 지은이는 이 글에서 우선 현재 한국이 선별주의 자기철학을 성찰해야 하고, 지방정부가 주체가 되어 주민을 위한 사회복지계획을 수립하고 실천해야 한다고 주장한다. 즉, 보편주의에 기반을 두고 이 계획을 수립하고 실천하되 지역주민이 참여하고 조직될 수 있는 방안을 갖고 있어야 한다. 이런 맥락에서 이 글은 진보와 개혁을 지향하는 지방정부를 위한 사회복지 전략을 제안하고자 한다.

2. 사회적 위험은 누구의 책임인가

아이가 참치통조림을 따다가 날카로운 뚜껑의 날에 손을 베였다. 엄마는 '조심하지'라고 걱정스런 핀잔을 할 터이고, 퇴근한 아빠는 '아이를 잘 돌보지'라고 엄마를 나무랄지 모른다. 그런데 엄마나 아빠는 이렇게 안전하지 못한 제품을 만든 회사와 이런 회사에 대한 관리감독을 제대로 못한 정부를 문제 삼아 비판할 수도 있지 않을까. 전자가 아이의 위험에 대해 아이 자신과 부모의 책임을 묻는 것이라면, 후자는 이 위험의 책임을 사회와 국가에 묻는 것이다.

사회적 위험이 '주로 개인의 책임'이라고 주장하는 입장은 정부의 최소한의 개입을 지지한다. 따라서 사회적 위험의 범위도 축소하고자 할 뿐만 아니라 사회복지의 대상자도 특정 계층에 한정하고자 한다. 즉, 이러한 입장은 사회복지의 대상을 주로 취약계층으로 한정하고 취약계층의 선발도 자산조사 등의 엄격한 잣대를 통해 선발할 것이다. 이 입장에서 복지수급권자의 스티그마(낙인감)는 불가피해진다. 사회복지의 수준도 매우 낮게 책정된 최저생계비에 머무를 것이다. 따라서 사회복지의 주요 정책은 취약계층을 대상으로 하는 공공부조를 중심으로 특정 영역에 한정될 것이다.

이 입장은 사회복지를 자선으로 취급하는 경향이 강하고 복지수급권자들은 이것을 권리가 아닌 시혜로 인식한다. 이런 맥락에서 사람들은 사회적 위험의 책임이 개인에게 있다고 생각한다. 이 관점에서 중요시하는 윤리적 덕목은 경쟁, 자조, 자립정신이다.

한편, 사회적 위험에 대한 사회의 책임론을 강조하는 입장은 정부가 특정 계층이 아닌 시민 일반의 기본적인 삶의 질을 보장해야 한다고 주장한다. 따라서 시민들의 삶과 관련된 다양한 영역에서 정부의 적극적인 개입을 요구한다. 이러한 입장은 사회복지를 시민들의 권리로 인식하기 때문에 스티그마가 최소화되어야 한다고 본다.

이 입장은 사회적 위험의 범위를 매우 포괄적으로 규정한다. 사회복지계획은 소득, 장애, 교육, 의료, 주택, 노령 등 다양한 분야에서 일반적인 수준을 유지하는 방안을 담고 있다. 또한 이 입장은 사회권(social rights)을 시민들의 당연한 권리로 인식하는 경향이 강하다. 즉, 이 관점은 생애주기에서 발생하는 위험들의 기본적인 책임이 사회와 국가에 있다는 견해에 기반을 두고 있다. 따라서 이 관점은 사회복지를 연대와 협동의 관점에서 접근한다.

앞서 보았듯이 사회복지에 크게 두 가지 시선이 존재한다.

선별주의는 사회적 위험을 주로 개인의 책임이라고 보면서 취약계층을 중심으로 하는 최소한의 사회복지를 도입하려는 견해이다. 그동안 신자유주의, 시장자유주의 등의 입장이 이러한 견해를 주로 표명해왔다. 한편, 보편주의는 사회적 위험을 기본적으로 사회와 공공의 책임으로 보고, 일반 시민들을 위한 사회복지를 실현해야 한다고 생각한다. 진보적 자유주의, 사회민주주의 등은 이러한 입장을 지지한다.

요약하자면, 선별주의가 개인과 가족의 책임성을 강조하면서 시장규제의 완화, 즉 시장의 자유를 강조한다면, 보편주의는 사회와 국가의 책임을 주장하면서 조건의 평등을 강조한다. 선별주의는 빈곤, 노령, 장애 등의 위험이 개인에게 있기 때문에 우선적으로 개인이 자신의 능력에 따라 대처해야 한다고 본다. 반면 보편주의는 이 위험들이 '사회적' 위험으로서 기본적으로 공적 기구가 책임 있는 조치를 취해야 한다고 본다. 선별주의가 시민참여보다는 정부 주도로 취약 계층만을 대상으로 하는 사회복지 제도를 확립하고자 한다면, 보편주의는 시민 참여의 거버넌스에 기반을 두고 시민 일반을 위한 보편적 사회복지를 제도화하려는 경향이 있다.

3. 사회복지는 실질적 민주주의를 향한 정치이다

흔히 사람들은 사회복지를 성장과 대비시킨다. 즉, '성장인가 분배인가'라는 화두는 사회복지를 논할 때 가장 일반적인 질문 중의 하나이다. 하지만 성장의 대립어가 복지가 아니라 저성장이나 경기후퇴이고, 성장과 분배 간의 상관관계가 명확하게 밝혀진바 또한 없다. 실제로 미국과 일본처럼 고도로 경제성장을 한 국가가 반드시 높은 수준의 사회복지를 달성했다고 보기도 어렵다. 반대로 쿠바나 동유럽처럼 경제수준이 낮아도 상대적으로 나은 사회복지제도를 갖춘 경우도 있다.

역사적으로 볼 때 독일 비스마르크의 사회보장제도, 영국 노동당의 사회복지제도 확립, 미국 루스벨트 시기의 사회보장법 등은 모두 경제가 어려운 시기에 도입되었다. 사회복지는 경제나 성장의 함수관계라기보다는 정치나 권력관계와 긴밀하게 연관되어 있다. 사회복지는 영국의 노동당과 보수당의 정책 수렴 현상을 의미하는 '버츠켈리즘(Butskellism)'이나 '블레처리즘(Blatcherism)'에서 보듯이 정치권의 타협의 산물이다. 정치와 연관하여 가치분배의 주체, 가치의 창출 방식, 분배의 효과 등에 대해 논의해볼 필요가 있다.

우선, 누가 가치를 분배하는가. 이 질문은 정책결정의 주체에 관한 문제이다. 사람들이 사회복지를 평가할 때 가치분배의 주체와 과정이 아닌 그 결과, 즉 한 사회의 사회복지 수준이 얼마나 높은지에 초점을 두는 경향이 있다. 하지만 사회복지의 핵심은 사회복지정책과 내용을 누가 결정했는가라는 주체의 문제에 있다. 이런 점에서 우리는 서유럽 사회복지를 그 수준보다는 사회복지를 결정한 조직노동(노동조합)과 시민들의 정치참여에 초점을 맞추어보아야 한다.

선별주의와 보편주의는 가치분배 주체에 대한 지반이 다르다. 선별주의가 이익집단의 정치를 특징으로 한다면, 보편주의는 노사정 간의 삼자협의주의(tripartism)와 사회적 협의주의(social corporatism)체제를 특징으로 한다. 즉, 후자는 복지 관련자들의 참여, 특히 조직된 시민(노동조합과 시민단체)이 참여하는 거버넌스 구조를 특징으로 한다. 조직된 시민은 '사회복지는 시민의 당연한 권리'라는 상식을 만들고, 시민들을 위한 정책을 위해 끊임없이 현존하는 정책을 비판했고 자신들을 위한 정책을 제안했다. 이런 점에서 복지국가는 자각한 시민과 조직하는 시민들이 관료와 군부의 통치가 아닌 자신을 통치하는 제도화의 과정, 다시 말해 '시민의 자기통치' 과정에서 나온 하나의 결과물이다. 다시 말해서 자각하고 조직하는 시민이 없는 복지국가는 존재하지 않는다.

이처럼 사회복지는 시민의 정치참여를 기반으로 하는 타협과 협상의 정치로 이해되어야 한다. 즉, 보편주의의 정치는 '시민들의 자기통치'의 관점에서 시민들이 스스로 권리를 찾는 것을 의미한다. 따라서 사회복지는 시민들의 참여에 의한 사회권의 확보와 깊은 연관을 갖는 활동이다.

그렇다면, 사회복지를 위한 비용을 누가 부담할 것인가. 복지국가는 시민의 사회적 권리를 보장한 국가이다. 시민의 사회적 권리들의 목록은 양질의 교육, 의료, 주거, 소득 등으로 구성된다. 여기에서 주목해야 할 점은 이 권리들이 그냥 보장된 것이 아니라는 점이다. 이 권리보장을 위해 많은 재원이 필요한데 이 돈은 '불공평하게' 세금으로 거두어지기 때문이다(이 부분은 유범상, 「복지국가 논쟁과 시민의 자기통치」, ≪부평신문≫, 2011년 2월 22일 자에 의거). 즉, 소득세, 법인세, 상속세, 증여세, 토지초과이득세 등은 못 가진 자들보다 가진 자들에게서 더 많이 나올 것이다. 이 같은 조세방식은 소득이전을 용이하게 한다. 또한 이 돈을 기반으로 만들어진 사회복지제도는 많이 가진 자들이 아니라 덜 가진 자들의 사회적 위험을 예방하고 치유하는 데 개입할 것이다.

이처럼 복지국가는 세금을 '불공평하게' 거두어 '불공평하게' 쓴다. 이런 점에서 복지국가는 기여에 따른 분배라는 사보험 원리와 달리, 능력에 따라 세금을 부과하고 필요에 따라 분배하는 제도를 지향한다. 더 가진 사람들이 더 많은 비용을 부담하고 덜 혜택을 볼 가능성이 있는데도 이런 제도를 가진 국가가 탄생할 수 있었던 배경은 무엇인가.

여기에는 사회적인 부가 일하는 자들, 즉 시민으로부터 나오고, 사회복지가 일종의 투자로서 사회의 노동력을 보호함으로써 성장의 기반을 만들 뿐만 아니라, 사회안정과 사회통합에 기여해 사회적 갈등 비용을 줄인다는 등의 다양한 논리에 따른 것이다. 하지만 무엇보다도 정치에서 그 근본적인 답을 찾아야 한다. 즉, 사회복지로 인해 더 많은 혜택을 보는 사람들이 힘이 약하지 않았기 때문이다. 자각한 시민과 조직하는 시민들이 그 사회에 존재했기 때문이다.

이상에서 보듯이 사회복지는 기본적으로 강제적인 소득이전의 실천이자 장치이다. 통상 부자로부터 가난한 자로 소득이 이전된다. 현재 논란이 되고 있는 무상급식을 부자급식으로 비판하는 입장은 부자들이 혜택을 받는 것을 불필요하다고 생각하기 때문이 아니다. 무상급식이 전면화되면 필연적으로 부자들이 더 많은 세금을 내야 할지도 모르기 때문이다.

이처럼 사회복지는 분배구조 개선과 긴밀한 연관이 있다. 선별주의는 사회복지를 최소화할 뿐만 아니라 사회복지를 통한 소득재분배를 비판한다. 그 비판의 핵심 담론이 복지병이다. 한편, 보편주의는 사회복지를 통한 소득이전을 적극적으로 찬성한다. 특히 보편주의는 에스핑 안데르센(Esping-Anderson)이 주장한 것처럼 사회복지를 시장에서 노동력 상품을 판매하지 않고도 기본적인 생활이 가능한 정도를 나타내는 탈상품화 척도와 연동시켜 바라본다. 이처럼 선별주의가 연대를 통한 공동 책임이라는 사회복지의 근본적인 태도에 대해 비판적이라면, 보편주의는 소득이전을 핵심으로 하는 사회복지를 적극적으로 찬성한다.

사회복지를 통한 분배의 효과는 더 온전한 민주주의, 즉 실질적 민주주의의 실현이다. 즉, 선거권과 피선거권을 보장하는 절차적 민주주의를 넘어선 경제적(실질적·내용적) 민주주의는 사회권을 보장함으로써 경제적 영역에서의 불평등을 해소하는 것이다. 마셜은 시민권을 공민권(civil right), 정치권(political right), 사회권(social right)으로 나누고 이것이 순차적으로 근대사회에 주어졌다고 주장했다. 여기에서 공민권은 언론, 출판, 집회, 결사, 사상, 표현 등의 자유를 의미한다면, 정치권은 선거권과 피선거권을 의미한다. 한편, 사회권은 의료, 교육, 주거, 소득 등을 보장하는 것이다. 이처럼 사회권은 경제적 정의, 사회적 연대를 통한 시장 불평등의 교정 또는 사회복지의 권리를 향상시키는 것과 깊은 연관이 있다.

결론적으로 사회복지는 민주주의의 완성, 즉 사회권과 실질적 민주주의와 깊은 연관이 있다. 이것은 저절로 얻어지거나, 자선으로 주어지거나, 또는 한 정치가의 고독한 결단으로 되는 것이 아니라 자본주의의 경제적·정치적 주체들 간의 투쟁과 타협, 특히 자각하고 조직된 시민들의 정치적 참여로 획득되는 것이다. 사회복지는 실질적 민주주의를 향한 시민들의 정치적 실천의 산물이다.

4. 해답은 자각한 시민의 형성과 지방정부의 적극적 역할에 있다

사회복지를 위한 원칙: 자각한 시민

그동안 주변부에서 소품으로 취급당했던 복지국가가 이제 정치의 전면에서 논의되고 있다(이 부분은 유범상, 「복지국가 논쟁과 시민의 자기통치」, ≪부평신문≫, 2011년 2월 22일 자에 의거). 즉, 학계에서만 논의되던 복지국가 논쟁이 이제 정치권에서 적극적으로 다루어지고 있는 것이다. 역동적 복지국가, 정의로운 복지국가, 삼차원 복지국가, 맞춤형 사회복지 등 다양한 제안들이 쏟아지고 있다. 진보정당은 물론 민주당도 무상복지 시리즈를 발표하기 시작했고, 한나라당 내부에서도 사회복지를 위한 다양한 카드들을 준비하고 있다. 향후 정치 일정에서 복지국가 형성과 제도화를 위한 논의가 봇물처럼 터져 나올 것이다. 이런 추세라면 한국에서 온전한 복지국가가 곧 등장할 듯 보인다. 하지만 이것은 희망사항에 불과할 뿐이다. 복지국가의 기본요건인 자각하고 조직된 시민이 존재하는가?

한국 사회는 발전주의와 반공주의를 기반으로 하는 국가 주도의 사회복지를 실현해왔다. 따라서 '싸우면서 일한다', '산업전사' 또는 '선성장 후분배' '가난은 나라도 구하지 못한다' 등이 시민사회의 지배담론으로 군림해왔다. 이 담론들은 경제성장을 중시하면서 선별주의의 이데올로기로 기능했다. 1987년 민주화를 통해 이것이 어느 정도 극복되었지만 1997년 말의 금융위기를 거치는 동안 이러한 경향은 여전히 지속되고 있다.

한편, 시민들은 노동조합과 시민단체로 자신들을 조직하는 등, 자각한 것처럼 보였다. 하지만 현재 정규직 대공장 중심만의 노동조합과 '시민 없는 시민운동'이라는 비판에 자유롭지 못한 상태에 있다. 이런 상황에서 진보정당들 역시 시민들의 적극적인 지지를 받지 못하고, 시민단체나 노동단체와 긴밀한 인적·물질적·조직적 연계를 맺지 못하고 있다.

이러한 상황에서 한국 사회의 사회복지 의식은 잔여적인 모습을 띠고 있다. 즉, 한국의 시민들의 다수는 노령, 빈곤, 실업, 의료, 주거 등의 사회적 위험의 책임이 기본적으로 개인과 가족에 있다고 생각한다. 이것은 선별주의를 특징으로 하는 사회복지제도를 유지하는 것을 용인한다. 결국 한국의 민주주의는 공정한 주기적인 선거를 핵심 내용으로 하는 절차적 민주주의에는 도달했지만, 사회권을 보장하는 실질적 민주주의는 오히려 경제위기 이후 양극화, 노동시장 유연화 등을 배경으로 악화되고 있다는 평가를 받고 있다.

거듭 말하지만, 사회복지의 궁극적인 목표는 시민들에게 좀 더 나은 사회복지서비스나 복지수당을 주는 것에 있지 않다. 이것은 시민들을 정치와 권리의 '주체'가 아니라 '대상'으로 바라보는 것이다. 현재 학계나 정치권의 다양한 사회복지 제안과 논쟁이 '시민의 자기통치'라는 기본 관점과 대안을 담고 있는가. 혹시 정치인과 전문가가 시민들을 대상으로 하는 득표 전략에 사회복지를 이용하고 있지는 않은가?

한국의 정치가와 시민들은 실질적 민주주의를 위한 좀 더 깊은 성찰과 준비를 해야 한다. 그리고 이것의 핵심이 자각하고 조직된 시민의 형성과 이러한 시민들의 정치참여를 위한 실질적 토대와 제도화를 만드는 것이라는 점을 명심해야 한다.

지방정부의 역할

사회복지는 지역에 기반을 두어야 한다. 그 이유는 지역은 인간의 삶이 구체적으로 이루어지는 공간이기 때문이다. 지역은 주민의 삶터로 주민들은 일상적이고 구체적인 삶을 지역에서 만들어 나간다. 따라서 사회복지는 주민의 삶이 이루어지는 공간에서 그들과의 구체적인 만남을 통해서 실현되어야 한다.

지역에서 주민들과의 밀착된 만남은 그들의 구체적인 문제를 인식하도록 만든다. 즉, 지역은 주민들이 자신들이 갖고 있는 문제들과 매일 맞닥뜨리는 공간이다. 따라서 사회복지는 지역이라는 미시적인 공간에서 구체적인 주민들을 대상으로 문제를 발견하고 그리고 그 문제를 구체적으로 해결하는 실천이어야 한다. 이런 점에서 사회복지활동은 지역으로부터 출발해야 한다.

지역은 문제가 발견되는 곳이기도 하지만 변화의 준거점이자 총체적 변화의 시발점이기도 하다. 중앙 차원의 구조적·거시적 개혁이나 실천은 어려운 반면, 지역 차원의 미시적인 문제 해결은 상대적으로 쉬울 수 있다. 이런 점에서 사회복지활동은 지역에 존재하는 주민의 구체적·미시적 문제의 해결책을 모색하는 과정에서 얻어진 지혜에 기반을 두고 중앙 차원, 더 나아가 국가 차원의 변화를 모색해야 한다. 지역이 국가공동체의 응축이라는 점에서 지역적 변화는 국가적 변화와 다른 과정이 아니라, 변화의 계기 또는 동일한 과정일 수 있다는 점이 간과되어서는 안 된다는 것이다.

지방정부는 이러한 지역의 사회복지를 주도해야 한다. 지방정부의 존재 이유는 일상생활에서 주민의 삶의 질을 보장하고 권리를 증진시키는 데 있다. 지방정부가 일상생활의 터전에서 존재하기 때문에 주민의 권리와 삶의 사각지대를 더욱 깊이 알 수 있다. 이런 점에서 지방정부는 중앙정부의 정책과 보조를 같이 하기도 하지만, 중앙정부의 손길이 미치지 않는 부분을 포착하여 구체적인 정책을 찾아내고 입안하고 실행한다. 지방정부의 실천과 경험은 새로운 상상력을 제공할 수 있다. 이것은 궁극적으로 중앙정부의 정책에 영향을 미칠 수 있다. 이런 점에서 지방정부는 중앙정부의 미래이고 상상력과 변화의 보고일 수 있다.

지방정부는 중앙정부의 정책을 그대로 받아 집행하는 집배원(messenger)이 아니다. 지방의원이 존재하는 이유는 시민 일반이 아니라 특정 지역의 주민들의 고유의 욕구에 반응하는 데 있다. 따라서 지역주민의 욕구를 수렴하고 그것을 조직하는 것은 지방의회의 역할이고 이것을 집행하여 실질적인 주민들의 권리를 증진시키는 것은 지방정부의 책무이다. 지방정부가 한 사회, 한 국가의 축소판이라고 할 때, 이 실험과 성과는 중앙정부에 영향을 미치게 된다. 이런 점에서 지방정부는 단순한 전달자에서 중재자(mediator)가 되는 것이다. 중재자로서 지방정부는 주민들의 필요와 욕구를 수렴하고 조직하여 실현하고, 이것을 중앙정부의 경험과 정책이 되도록 하는 대변인, 조직가, 중개자 등의 역할을 한다.

그렇다면 지방정부가 보장해야 하는 주민들의 권리에는 어떤 것이 있는가? 그것은 우선 지역의 행정과 정치에 대한 참여권이고, 둘째로 지역주민의 사회권을 보장해야 한다. 사회권에는 건강, 빈곤, 교육, 주거, 문화 등 다양한 목록이 포함된다. 이처럼 지방정부가 보장해야 하는 것이 중앙정부와 마찬가지일 수 있다는 점에서 일반성·보편성을 갖는다. 하지만 지방정부가 구체적인 욕구를 발견하고 즉각적으로 대응해서 가능성과 계기를 만들 수 있다는 점에서 특수성과 변화의 거점이 될 수 있다.

5. 지방정부의 사회복지를 위한 제언*

사회복지정책 수립의 기본 틀

정치는 어떤 세력이 자신들의 철학(이념)을 정책으로 관철시키는 행위이자 실

---

* 이 부분은 지은이가 참여한 유해숙·유범상·정연정, 「제2기 계양구 지역사회복지계획」(인천광역시 계양구, 2010)을 주로 참조 하였다.

천이다. 따라서 정치는 세력, 철학, 정책의 세 가지 요소 및 이들 간의 관계를 통해 이해해야 한다.[1] 이를 사회복지에 적용하면, 우선 진보적·개혁적 지방정부는 사회적 위험에 대해 공적인 책임을 강조하는 보편주의 철학에 기반을 두어야 한다. 철학은 정책을 통해 구체적으로 자기 모습을 드러낸다. 정책은 소득, 주택, 의료, 교육 등의 영역에서 보편주의를 실현해야 한다. 한편 보편주의의 철학과 정책은 자각하고 조직된 시민이 자신의 세력이다. 서유럽에서 조직된 시민들은 노동조합과 시민단체였고, 이들이 복지국가를 실현했다. 이처럼 철학과 정책을 실현하기 위해서는 이를 담당할 세력이 있어야 한다. 세력이 없다면 철학과 정책은 공허한 메아리가 될 뿐이다. 이런 점에서 세력은 매우 근본적인 요소이다.

이상에서 살펴본 것과 같이 사회복지 실현을 위해서는 철학의 확립, 이 철학을 관철하는 구체적인 정책의 제언, 그리고 이러한 철학과 정책을 실현하는 세력의 형성 방안에 초점을 맞추어야 한다. 그런데 이 글이 지방정부를 위한 사회복지 제언이기 때문에 중앙정부 주도의 영역은 가능한 한 언급하지 않을 것이다. 예를 들어 소득, 주택, 의료, 교육의 각 영역에서 연금문제, 공공주택문제, 의료보험문제, 무상교육문제 등 지방정부가 감당하기 어려운 부분이 존재한다. 따라서 이 글은 지방정부에서 가능한 정책에 국한해서 논의하고자 한다.

철학과 방향: '지역사회복지계획' 수립

지방정부가 사회복지 계획을 세우고 실천하는 데 핵심적인 것은 명확한 철학과 비전, 그리고 방향을 제시하는 것이 중요하다. 우선 진보적·개혁적 지방정부라면 선별주의가 아니라 보편주의를 자신의 원칙으로 삼아야 한다. 사회복지를 시혜나 자선으로 인식하는 것이 아니라 지역시민들의 권리로 존중해야 한다. 즉, 사회복지는 사회적 위험에 처한 또는 이것을 예방하기 위한 지역주민의 사회적 연대에 기반을 둔 권리이다. 이것은 명확한 중·장기적 계획 수립을 필요로 한다. 이런 점에서 「사회복지사업법」에 따라 4년마다 수립하고 실행해야만 하

---

1) 유범상, 「정치평론에서 정책평론으로」, ≪정치와 평론≫, 제6집(한국정치평론학회, 2010).

◎ 지역사회복지계획 수립에 관한 제언

- 지역의 관련 시설, 단체, 기관의 참여를 실질적으로 보장해야 함. 예를 들어, 지역사회복지협의체의 대표협의체는 물론 실무협의체의 분과위원회 등과 토론과 협의를 통해 '지역복지계획'을 수립해야 함.
- 지역의 관련 조직들의 참여는 주민들의 실질적인 욕구를 반영하는 계기가 될 수 있음.
- 계획 수립의 기간도 최소한 1년 전부터 준비하는 것이 바람직함.
- 또한 단기적인 계획보다는 장기적인 계획을 담고 있어야 함. 보편주의를 위한 사회복지인프라 구축과 주민의 조직화 등의 내용을 지역적 차원에서 제시해야 함.
- 지역복지계획의 유형과 실천전략
  - 사회복지계획 수립 시 고려할 유형은 보편주의(1안), 선별주의(2안) 그 중간 형태(3안)가 있음.
  - 최소한 제2안으로 하되, 1안으로 점진적으로 발전해가야 함.

구분	제1안	제2안	제3안
복지 성격	보편주의	중간 형태 (선별주의 복지확충)	선별주의
운영 주체	일반 시민 참여의 거버넌스	복지공급 주체를 중심으로 한 거버넌스	복지공급 주체 (관과 사회복지종사자)
사회복지 종사자	·충원 및 처우 개선 ·실질적인 권한의 확대	충원 및 처우 개선	점진적인 처우 개선
대상	일반 주민	취약계층 기반 대상 확대	취약계층 중심, 특히 아동·청소년과 저소득층
시설과 프로그램	·시민들의 참여와 의식을 위한 기반 확대 ·사회복지 시설의 확대 및 통합적인 중심 시설 확대 ·보편주의적 프로그램 확대(무상급식, 무상의료, 무상교육 등)	·시민들의 참여와 의식을 위한 기반 확대 ·사회복지연구지원센터, 종합복지관 건립 등 사회복지 거점센터 중심의 시설 확대	·의식과 참여보다는 취약계층을 중심으로 한 복지제공의 확대에 초점 ·시설 확대 최소화 ·프로그램 확충

자료: 유해숙·유범상·정연정, 「제2기 계양구 지역사회복지계획」(인천광역시 계양구, 2010).

는 '지역사회복지계획'에 주목할 필요가 있다.

2006년 1차 이후 '지역사회복지계획' 2010년 제2차 계획이 수립되었다. 그런데 이것에 많은 문제점이 발견되었다. 「지역사회복지계획안」이 담당 공무원 주도하에 단기간(4개월)의 용역 발주로 수립되었다. 이것은 실태조사와 지역사회복지협의체 등의 심의 과정을 거쳤다. 하지만 이것은 4개월이라는 제한된 시간 내에 이루어지기 때문에 매우 형식적일 수밖에 없다. 또한 전국적으로 동시에 지방정부가 '지역사회복지계획'을 수립하기 때문에 전문가의 부족 현상이 나타난다. 따라서 지역을 잘 아는 전문가를 찾기가 어렵다. 더군다나 지역주민은 계획의 과정과 내용을 알지 못할뿐더러, 지역의 관련 단체, 조직, 시설 등에도 적극적으로 참여하기가 어렵다. 따라서 지역주민들의 욕구가 반영되기 어렵다. 한편, 이렇게 졸속으로 만들어진 '지역사회복지계획'의 내용 또한 보편주의 철학과 주민세력화 등의 차원에서 제시되기보다는 선별주의에 따라 사회적 수당의 인상과 사회복지서비스 개선 등의 영역에서 다루어지는 것이 일반적이다.

이제 '사회복지계획'은 장기간에 걸쳐 지역사회의 사회복지기관, 시설, 단체 등과 함께 수립되는 것이 마땅하다. 그 내용 또한 보편주의 철학에 기반을 두고 자각한 시민을 통한 사회복지 세력의 형성과 방안을 포함해야 한다. 위의 표는 이에 대한 유형을 제시하고 있다.

주민의 조직화와 거버넌스의 형성

보편주의에 기반을 둔 개혁적·진보적 지방정부의 사회복지 계획과 실천은 이를 지지하고 참여하는 시민의 형성과 깊은 연관이 있다. 따라서 지방정부는 사회복지가 시민들의 권리라는 것을 자각하고 보편적인 권리로서 사회복지를 이해하는 의식을 자각하는 시민의 형성과 이들의 참여를 보장하는 사회복지 프로그램과 제도를 만들어야 한다.

총괄센터(Control Tower)의 구축과 시민교육의 심화·확대

현재 지역 내에 다양한 기관과 방식으로 시민교육이 이루어지고 있다. 예를 들어 종합복지관, 민방위교육장, 자원봉사센터, 노인문화센터, 지역의 도서관 등이 이런 교육을 실시하고 있는 기관이다. 하지만 이들 기관에서의 교육들은 주민의 의식화와 조직화를 목표로 하는 진보적·개혁적 교육보다는 교양교육, 기술교육, 기능교육 등을 지향하고 있다. 다시 말해 기존의 발전주의, 반공주의,

◎ 풀뿌리 시민교육연구센터

- 목적
  - 보편주의 사회복지에 동의하고 사회권에 기반을 둔 실질적 민주주의와 주민의 적극적 참여에 기반을 둔 적극적 시민의 형성
- 기능
  - 학습, 교육, 조직화를 통한 자각한 시민과 조직된 시민의 형성
  - 지역의 각 기관, 단체, 시설의 시민교육 네트워크 형성
  - 시민교육의 인프라(교재·프로그램 개발 등) 구축과 사회정책의 대안 제시
- 사업
  - 시민강좌: 책 읽기 모임, 인문학 강좌, 리더학교
  - 분야별 세미나: 빈곤, 노인, 마을만들기 등
  - 전문가 교육: 공무원, 자원봉사 직원 보수교육, 사회복지 종사자 교육
  - 시민의 조직화 사업과 지역의 네트워크 구축 등

그리고 선별주의에 기반을 둔 상식들, '가난은 나라도 구하지 못한다', '선성장 후복지', '산업전사', '성장제일주의' 등을 의문시하고 보편주의와 시민의 정치 참여 등의 새로운 생각으로 전환하려는 교육이 아닌 경우가 대부분이다.

이런 점에서 진보정치는 진보적인 세력의 형성과 진보적인 가치의 동의를 위한 교육이 되어야 하고 이를 위한 전문적인 기관이 필요하다. 이제 '풀뿌리 시민교육센터' 등의 명칭을 갖는 전문적인 시민교육 기관의 신설이 필요하다. 이 기관은 각 구청 내의 기관, 시설, 단체에서 이루어지는 교육을 개혁적·진보적 가치에 기반을 둔 주민의 의식화와 조직화를 지향하도록 체계적·통합적으로 관리할 수 있는 총괄센터 역할을 할 수 있다.

이 센터가 주관하는 교육 대상자는 시민 일반이다. 이 속에는 장애인, 여성, 노인, 청소년은 물론이고 사회복지사, 정치가 또는 정치지망생, 공무원 등도 포함해야 한다. 특히 공무원 교육은 진보적·개혁적 구청장의 철학과 실천을 공유하는 과정이라는 점에서 매우 중요하다.

한편, 새로운 센터 건립이 불가능한 여건인 경우 기존 제도를 활용할 수도 있

◎ 자원봉사센터의 위상 제고

- '선별적 복지의 봉사형 자원봉사'에서 '보편적 복지의 권리형 자원봉사'로
  - 자원봉사는 단순한 봉사나 시혜의 행위를 특징짓는 '선별적 복지의 봉사형 자원봉사'를 넘어서야 한다.
  - 자원봉사는 이제 사회적 위험을 시민들이 스스로 책임지고자 하는 '보편적 복지의 권리형 자원봉사'로 자신의 철학을 명확히 해야 한다.
- '대중동원형'에서 자각한 시민의 형성을 통한 '시민참여형' 자원봉사로
  - '보편적 복지의 권리형 자원봉사'로 가기 위해서는 자원봉사 참여자들, 즉 자원봉사자와 자원봉사센터의 직원들이 자각한 시민이어야 한다.
  - 자각한 시민이란 선별주의의 특징인 사회적 위험에 대해 개인과 가족에게 책임을 묻기보다는 사회와 국가의 책임성을 자각하는 시민이어야 한다.
- 체계적 교육 시스템과 질적 평가시스템의 확립
  - 자원봉사자와 직원교육이 자각한 시민의식의 형성 및 실천과 전문적인 원조기술 습득을 목적으로 체계적으로 이루어져야 한다.
  - 자원봉사자 등록 수 등 양적 평가가 아니라 지속적인 자원봉사자, 교육내용과 효과성 등 더욱 질적인 평가기준을 마련해야 한다.

다. 예를 들어, 평생교육센터나 자원봉사센터에 교육적 기능과 총괄센터 기능을 추가하는 방안을 모색해볼 수 있다. 자원봉사센터의 경우 그동안 '봉사'와 '자선'의 관점에서 자원봉사자 교육을 실행하는 경향이 있었다. 그런데 자원봉사자(volunteer)는 '사회적 위험에 맞서 싸우는 사람들'로서, 보편적 복지를 지향하는 용사들이라는 뜻을 내포하고 있다. 이런 점에서 자원봉사센터는 보편적 복지를 지향하는 시민형성 교육과 이를 실천하는 기관이 되어야 한다.

지방정부와 시민사회 연대: 거버넌스의 형성

개혁적·진보적 지방정부는 시민단체 및 사회복지 단체들과 연대 전략이 필요하다. 이들은 경향적으로 보편주의 복지를 지지하고 이의 토대를 넓히기 위해 지역에서 활동하고 있다는 점에서 지방정부의 중요한 파트너일 수 있다.

예를 들어, 지역사회복지협의체는 사회복지 영역의 거버넌스로 구상되고 조

◎ 부천 노사민정협의회

부천 노사민정협의회는 먼저 실업 극복 관련 시민사회단체들의 참여를 통해 명실상부한 노사민정의 형식과 내용을 갖추었다. 대부분 지역의 노사민정이 소위 '전문가' 중심의 참여에 그치는 데 반해, 실업사업을 진행해왔던 시민사회단체가 참여함으로써 실효성과 접근성을 높였다.

둘째, 지역노사정이 20~30대 청년층 대상의 직업훈련과 취업훈련을 고민하고, 지역컨소시엄을 구성해 시도했다는 데 의미가 있다.

셋째 ,비록 민주노총이 불참했으나, 노조가 적극적으로 참여하여 각종 사업에서 주도적인 역할을 했다. 이는 노동시장과 고용정책에 노조의 발언권과 정책 개입력, 나아가 미조직사업장 저소득 근로자층에 대한 노조단체의 계급 대표성을 높일 가능성도 보여주고 있다. 특히, 노조의 적극적인 참여와 주도로 노동조합이 HRD(인적자원개발) 훈련위원을 양성하여 현장 맞춤형 교육사업을 실시했던 점은 소중한 성과이다.

자료: 임동수, 「부천 사례를 통해 살펴본 지역 노사민정 위원회 상설화방안」, 민주노동당 정책위원회 웹진(cafe.naver.ocm/kdlpkdlp).

직되었다. 하지만 지방정부별로 이 위원회의 위상과 운영 방식이 다르다. 지역정부는 이 위원회의 내실화와 활성화를 통해 사회복지 영역의 거버넌스를 형성할 수 있을 것이다. 이를 위해서는 사회복지운동단체의 적극적인 참여가 필수적이다. 예를 들어, 지역복지운동단체네트워크, 복지세상을 열어가는 시민모임(천안), 관악사회복지(관악구), 우리복지시민연대(대구), 인천복지보건시민연대, 경기복지시민연대 등의 단체들은 그동안 주민의 조직화와 지역의 복지예산 및 정책 대안을 위해 노력해왔다. 따라서 이들 단체의 적극적인 참여 속에 지역복지협의체가 운영된다면 지역사회복지협의체는 실질적인 사회복지 거버넌스가 될 가능성이 크다.

한편, '의제21'처럼 지역에는 다양한 형태의 지역 거버넌스가 존재해왔다. 이것 또한 지역에 따라 유명무실화되거나, 특정 주제(예: 환경)에 국한되거나, 명망가 중심으로 운영되는 경향이 있다. 그런데 여기에서 노사민정협의회를 지방정부의 거버넌스로 고려해볼 필요가 있다.

노사민정협의회는 노사관계는 물론이고 교육과 숙련개발, 지역사회적 파트너십을 통한 지역경제 사회발전과 위기 극복을 위한 협력모델이 될 수 있다. 광역자치단체 수준에서는 노사민정협의회가 모두 조직되었지만 기초자치단체에서는 34개 지자체(2009.3 현재) 외에는 그동안 외면되어왔다. 노사민정협의회는 노·사·정은 물론이고 '민'이 참여한다는 점에서 노동계는 물론 일반 시민단체의 참여를 끌어낼 수 있고, 의제 또한 계급적 의제로부터 일반 시민들의 욕구를 반영할 수 있다. 예를 들어 부천시는 노사관계, 노사민정 파트너십 사업, 노동시장 등의 영역에서 모범적인 사례로 평가받았다.[2)]

지방정부 간 연계 전략

지방정부의 사회복지예산 실행의 자율성과 권한이 매우 낮은 편이다. 따라서 현재 지방정부가 독자적으로 할 수 있는 일은 많지 않은 것으로 보인다. 지방정부는 대부분 중앙정부에 재정을 의존하고 있을 뿐만 아니라 조세 수입과 주요정책에 대한 권한이 제한적이다. 사회복지정책의 경우에도 대부분 중앙정부와 매칭펀드로 운영되기 때문에 지방정부가 독자적으로 어떤 결정을 내리기 어렵다.

이런 상황에서 개혁적·진보적인 지방정부들은 현재의 문제들에 대해 공감하고, 정책을 공유하고, 현존 제도를 개선할 뿐만 아니라 제한된 재정과 권한의 문제를 해결하기 위한 연계가 필요하다. 따라서 지방정부 간 상시적인 정책협의의 논의 테이블을 구상해볼 수 있다. 이 연계는 정당과 지역을 넘어서서 개혁적인 지방자치단체라는 정체성을 갖는 지방자치단체의 실무적인 차원에서부터 단체장의 수준까지 개혁적·진보적 지방정부 네트워크를 구성할 수 있다.

보편주의 사회복지를 위한 프로그램과 제도

진보·개혁적 지방정부는 선별주의가 아니라 보편주의 복지를 기본철학으로 사회복지계획을 수립해야 한다. 새로운 사회복지계획은 정책결정 방식의 전환도 포함해야 한다. 즉, 지방정부의 관 주도에서 시민참여의 정책결정 방식에 기

---

2) 노동부, 「2009년도 지역 노사민정 협력활성화 추진실적 평가 및 발전방안 연구」(2009).

<표 5-1> 사회복지 실천의 특징

기존 방향	향후 대안	내용
대상 중심	사건 중심	사건 자체의 본질적 특성에 초점을 두고 다양하고 포괄적 접근 가능
이벤트성이 강한 단기적 사업	중·장기적 사업	근본적 거시적 시각을 통해 지속적이고 중장기적인 사업
취약계층 중심	일반 주민	주민이 체감하는 복지제도
시설 중심 기관 중심	지역사회 중심	지역사회 중심, 찾아가는 서비스
분절적·파편적 서비스 전달	총체적·체계적 서비스 전달	개인적 상황을 다각적으로 검토하여 통합적인 서비스 제공 ⇨ 사례 관리, 네트워크 구축, 종합보건복지시스템 구축
직접 서비스 중심	인프라 구축	복지 기반 구축, 대상자 역량 강화, 지역주민 인식 개선 등
사후 구호(치료)	예방적 서비스	정보 제공, 상담 등 문제 예방 활동

자료: 유해숙, 「농어촌 복지정책」, ≪농어촌복지≫, 6호(2010), 41쪽.

반을 두어야 한다. 또한 사회복지 인프라와 서비스 방식도 변화되어야 한다. <표 5-1>에서 보듯이 사회복지 실천의 방향은 대상이 아니라 사건, 단기적인 것이 아니라 중·장기적인 사업, 취약계층을 넘어서서 일반 주민, 시설·기관 중심을 넘어서서 지역사회 중심, 분절적·파편적이기보다는 총체적·체계적 서비스 전달, 직접 서비스 중심에서 인프라 구축으로 토대 구축, 사후 구호가 아니라 예방적 서비스로 나아가게 하는 방법을 모색해야 한다. 이것은 보편주의 사회복지를 위한 지역사회 인프라가 구축되고 이 토대 위에서 사회복지서비스가 공급될 때 가능하다. 여기에서 유의할 점은 보편적 복지의 방향이 지역의 특수성을 존중하는 가운데 수립되어야 한다는 점이다. 따라서 지방정부는 지역주민의 특성에 맞는 지방정부의 특색 사업의 발굴과 개발을 적극적으로 추진하되 이것이 보편적 복지의 틀을 반영하도록 해야 한다.

한편, 수요자 중심 복지서비스를 위해서는, 찾아가는 사회복지서비스 제공, 구체적인 욕구에 부합하는 맞춤서비스 제공, 예방 중심의 사회복지서비스 제공, 지속적·체계적·통합적 사회복지서비스 제공 등의 사업 영역에서 구체적인 프로그램이 구상되어야 한다.

지역의 사회복지 인프라 구축

사회복지 인프라는 사회복지시스템의 체계화와 지역복지네트워크 구축의 두 방향에서 제시될 수 있다. 사회복지시스템 강화의 경우, 지역사회복지 연구·지원센터, 통합적 전달체계 구축, 사례관리거점센터 구축, 장애가족통합지원센터 구축, 보육정보센터 구축 등이 고려될 수 있다.

지역복지네트워크 구축의 경우, 사회복지네트워크 강화(사회복지기관시설단체의 네트워크), 보건과 복지 자원의 네트워크, 지역네트워크 강화(지역시민들의 네트워크) 등이 고려될 수 있다. 한편, 현재 운영되고 있는 시설에 대한 인력 지원과 재교육이 필요하다. 인력 지원의 경우 일할 수 있는 환경과 전문인력 양성을 목표로 해야 한다. 이를 위해 지역복지협의체 간사 확보, 전문인력을 위한 교육시스템 확보 등이 고려되어야 한다. 또한 사회복지종사자의 증원과 처우 개선도 필수적인 요소이다. 사회복지사들은 저임금·장시간 노동에 시달리고 있다. 이 상태에서 더 나은 복지현장과 사회복지를 위한 상상력을 기대하기는 어렵다.

◎ 지역사회복지 연구·지원센터

- 보편주의 복지의식을 가질 수 있도록 사회복지 시민교육을 지원·주도하고, 체계적이고 통합적인 사회복지 관련 단체 및 조직을 조정하고 총괄하는 시스템의 구축이 필요함.
- 기능
  - 지역사회복지 연구·지원센터는 각 구청 내의 기관, 시설, 단체에서 이루어지는 사회복지 교육을 체계적·통합적으로 관리함.
  - 사회복지 관련 지역 실태와 연구 그리고 지역복지컨설팅.
  - 사회복지기관에 대한 교육과 컨설팅, 평가를 통해 지역사회복지의 효과성을 향상시키고 지역복지 실천 모델을 개발하는 총괄센터의 기능을 수행.
  - 사회복지의 기관과 자원을 조정하고 통합하여 효과적인 정책을 수립하고 관리하는 기능이 필요함.

공공의료: 도시형 보건지소와 거점병원의 활성화

의료민영화의 첫 단계로 인식되고 있는 제주영리병원 도입이 추진되는 가운

◎ 인천의 도시형 보건지소 확대 필요성

- 목적: 만성질병 관리 저소득 주민 건강지원과 시민 건강증진
- 필요성
  - 1차 공공의료기관은 12% 정도임.
  - 공공의료기관의 부족은 예방보다는 치료 위주의 진료 형태를 초래. 특히 고혈압, 당뇨 등 만성질환의 경우 적정 치료율이 매우 낮고, 건강생활습관과 관련된 질병 예방 및 건강증진서비스 제공률이 매우 낮음.
  - 이는 만성질환으로 인한 사망률의 지속적 증가, 질병 치료에 소요되는 의료비의 급증 등의 부작용을 초래.
  - 공공의료기관 부족은 주민들의 접근성을 제한. 도시지역 보건 공무원 1인당 인구수는 평균 325명(최대 657명)이며, 보건기관 1인당 관할 인구는 평균 7,225명(최대 1만 1,728명)에 달함.
  - 공공 부문 근무 의사 1인당 평균 주민 수는 약 21만 명(최대 44만 명)에 달함.
  - 도시지역은 65세 이상 노인의 63.1%, 의료급여 대상자의 62.1%, 등록 장애인의 71.3%가 거주하는 등 취약 인구의 대다수가 거주하고 있음. 전체 국민 및 취약계층의 공공의료기관에 대한 접근성이 심각하게 제한을 받고 있음을 나타낸다고 볼 수 있음.
- 도시형 보건지소 역할: 만성질환 관리, 건강관리실 운영, 방문 간호 및 재활치료, 아동건강센터 운영, 예방접종 확대 등.

데 최근(2011.1.6) 민주당이 향후 5년간 단계적으로 입원의료비의 건강보험 부담률을 90%까지 높여 의료비 본인부담을 10%까지 낮추고 병원비 부담 상한액은 100만 원으로 줄이는 등의 내용을 골자로 하는 사실상의 무상의료정책을 발표했다. OECD 국가 중 미국, 멕시코와 함께 의료보장률 70%를 넘지 않는 나라는 한국밖에 없다는 사실을 고려하면 의미 있는 결단이라고 할 수 있다. 이런 상황에서 진보적·개혁적 지방정부는 무엇을 해야 할까?

지방정부에서 시작된 친환경 무상급식이 교육 부문에서 보편적 복지의 선도적인 역할을 했다면, 공공의료에서는 도시형 보건지소와 거점 공공병원이 그 역할을 할 수 있다고 본다. 도시형 보건지소는 많은 지방정부가 채택할 움직임을

◎ 거점병원 활성화를 통한 공공의료 확대와 기능 강화

- 지역 거점병원 육성
  - 지역 2차 병원 중 의료기관 평가 등급의 일정 기준 이상, 의료 급여, 행려 환자 등 취약계층 의료 안전망 기능과 실적, 지역사회 건강증진사업 실적, 보건교육 실적, 만성질환관리 정신보건 사업 실적, 전염병 대비의 수준, 응급의료서비스 제공의 수준 등을 평가하여 지역 거점병원으로 육성
  - 재정지원을 통해 우수 의료인력 확충, 의료장비 현대화 등 공공병원 운영체계를 갖춤
- 공공병원 운영의 변화
  - 공공병원은 시민들의 세금이 들어가는 만큼 운영 평가를 공개
  - 공공병원 운영과 경영계획 운영 평가에 있어 주민 대표와 근로자 대표가 민주적 참여를 할 수 있어야 함
  - 공공의료 계획과 평가를 수립
  - 지역의 건강영양 평가를 통해 지역 건강 의료서비스의 중심적 역할을 수행

보이고 있는데, 예를 들어 성북구가 권역별 설립을 추진 중이고, 동해도 설립 중에 있으며, 그 밖에 많은 지방정부가 검토 중이다. 지방자치단체 수준에서 도시형 보건지소는 공공의료의 접근성과 공공성을 높일 수 있을 것으로 기대된다.

한편, 지역 거점병원은 보건소와 함께 공공의료를 확대하고 심화하는 기능을 담당할 수 있다. 현재 서울과 수도권 병원 집중 현상 심화, 소수 대형병원과 일반병원 간의 양극화가 현상 심화, 지역병원의 황폐화, 그리고 주민들의 지역 중소병원 기피 등의 상황에서 점차 지역주민들의 의료비 상승과 의료이용의 접근성과 의료서비스 질의 저하현상이 심화될 것이다.

이러한 상황에서 지역 거점 공공병원은 공공의료를 확대하여 주민들이 의료의 질과 권리를 확보하게 되는 한 계기가 될 수 있다. 또한 지역 거점병원은 아동·청소년, 노인, 장애인 등의 대상별로 특화할 수도 있고, '보호자 없는 병원' 등의 다양한 실험을 할 수 있다.[3] 한편, 현재 지역에서 운영 중인 거점 공공병원

3) 보호자 없는 병원은 병원 내에 간호와 간병 인력을 충분히 확보하여 입원환자에 대해 양질의

은 의료서비스의 질과 수준을 높이는 방안도 모색해야 한다.

이상에서 보듯이 지방정부는 거점병원과 도시형 보건지소의 확대를 통해 공공의료의 인프라를 구축하고 주민들의 의료 접근성과 책임성을 심화·확대하는 계기를 만들 수 있다.

시민부담 없는 무상교육

2011년 3월부터 전국 초등학교의 80%가 넘는 지역에서 친환경 무상급식이 실시되고 있다. 이제 무상급식을 고등학교로 확대하는 것과 친환경 무상급식의 질을 어떻게 높게 유지할 것인가가 관건이 된 것이다. 더 나아가 이 상황에서 지방정부가 실천할 수 있는 또 다른 교육관련 개혁은 '잡부금 없는 무상교육의 실시와 무상교복'일 수 있다.

현재 대부분의 학부모는 자녀들의 체험학습비, 수학여행비, 졸업앨범비 등으로 다양한 부담을 지고 있다. 즉, 초등학생과 중학생을 둔 학부모는 개인적으로 지출하는 과외비용 외에도 학교와 관련하여 매년 약 2.4조 원 정도를 부담(2004년 기준)하고 있으며, 기타 야외수업이나 특기적성 교육 등의 활동비에 부담이 있는 저소득층 학생들은 이 비용이 없어 공교육 내에서조차 소외되고 있다.[4)]

이와 관련하여, 민주당은 2002년 제16대 대선 당시 새천년민주당 공약으로 '초등학교 학습준비물, 현장체험학습, 학교급식의 무상제공을 통한 완전무상 의무교육 실현'을 내세웠으나 참여정부 수립 이후 저소득층 대상 무상급식만을 추

서비스를 제공함으로써 환자 가족이 별도로 병실에 상주하면서 환자 간병과 돌봄을 할 필요가 없는 병원이다. 보호자 없는 병원은 보건복지부가 2007년 4개 병원에서 시범사업을 시행한 결과, 병원과 환자 모두에게 정책 만족도가 매우 높은 사업으로 평가받았지만, 2008년 시범사업이 중단된 상태이다. 한편, OECD 선진국들에서는 환자 가족이 상주하면서 환자를 간병하는 것 자체를 이해하지 못할 정도로 이미 오래전부터 자연스럽게 보호자 없는 병원이 시행되고 있다. 가까운 일본의 경우에도 1994년 간호직원의 부족과 사적 간병인 고용문제의 해결을 위해 신간호체계를 도입하여 환자에게는 간접의료비용의 부담을 절감시키고, 병원에는 투입 인력에 대한 적절한 보상을 지급하는 양질의 간호제공정책을 구현하고 있다. 복지국가소사이어티 엮음, 『대한민국, 복지국가를 부탁해』(밈, 2010), 314쪽.

4) 복지국가소사이어티 엮음. 『대한민국, 복지국가를 부탁해』(밈, 2010), 276~278쪽.

진했다. 이제 '잡부금 없는 무상교육'을 지방정부 차원에서 실천함으로써 무상교육의 구체적·실체적 내용을 담보해야 한다.

한편, 무상 교복문제도 지방정부 차원에서 해결의 실마리를 찾을 수 있는 항목이 있다. 교복시장은 소위 고급 브랜드 빅3 업체가 시장의 80%를 차지하고 있고, 최고 70만 원에 이르는 고가 교복이 등장하고 있다. 이것은 폭리와 학부모의 과중한 부담으로 나타나고 있다. 또한 물려주기를 하지 못하도록 매년 디자인을 바꾸는 업체의 얌체 상술 문제도 나타나는 등, 교복을 둘러싼 문제가 끊임없이 제기되어 왔다. 이러한 상황에서 지방정부 무상교복은 학부모의 부담 경감뿐만 아니라 무상교육의 맥락에서 의미 있는 실천으로 평가받을 수 있다.

주거의 공공성 확대

주택정책은 사회복지정책과 밀접한 관련이 있다. 주택은 생존에 필수적인 요소이므로 이것이 모든 시민에게 적절하게 공급되지 않는다면 사회복지의 원래적 목표를 달성하기 어렵다. 이러한 상황에서 서유럽은 공공 임대주택의 활성활화를 통해 문제를 해결해왔다. 예를 들어, 네덜란드는 45%, 덴마크는 27%, 영국은 25% 등의 공공주택을 공급하고 있다. 반면 한국은 약 3%에 머물러 있다.[5)]

한국은 현재 주거불안에 시달리고 있다. 최근의 전·월세 폭등은 주거와 관련된 한국의 현주소를 보여준다. 최근 조사에 따르면 국민 대다수가 다음과 같은 생각을 하고 있다. △ 전·월세 문제를 해결하기 위해 정부가 적극적으로 개입해야 한다(69.5%), △ 세입자에게 추가로 계약연장 권한을 부여해야 한다(88.0%), △ 공정임대료 제도를 도입해야 한다(79.7%), △ 전월세 인상률 상한제를 도입해야 한다(72.8%), △ 주택바우처 제도를 도입해야 한다(63.4%).[6)]

이처럼 현시점에서 공공주택의 확대를 생각해볼 수 있지만, 이것은 지방정부의 권한과 능력을 벗어나기 때문에 주거보조제도, 특히 취약계층에 대한 주거복

---

5) 경향신문 특별취재팀, 『어디 사세요? 부동산에 저당 잡힌 우리시대 집 이야기』(사계절, 2010), 353쪽.

6) ≪민중의 소리≫(2011. 3.3), 「2011년 2월 20일 서베이」.

지 인프라가 모색되어야 한다. 현재 서울시는 주택바우처[7]를 시행하고 있다. 하지만 이 제도는 혜택의 범위와 수준이 매우 낮은 것으로 평가된다.

이제 주거와 주택정책은 권리로서 사회복지와 인권의 관점에서 중앙정부·공사 위주의 임대정책 등의 주거정책 프로그램을 지방정부로 이관하는 노력을 해야 한다. 이를 위해 중앙정부에 맞서 진보적·개혁적 지방자치단체들 중심의 임대아파트 정책협의회 등의 논의기구 형성도 고려해볼 필요가 있다. 이런 논의에 기반을 두고 주거안정 대책으로 주거빈곤층을 대상으로 우선하는 프로그램을 적극적으로 검토해야 한다. 이를 위해서 지역의 주거복지 욕구와 최저주거기준 실태조사 등이 선행되어야 한다.

지역 복지공동체 형성: 참여와 복지의 마을 만들기

사회복지를 더 나은 주민들의 삶을 위한 공적인 실천의 총체라는 관점과 실질적 민주주의 및 참여 민주주의라는 관점에서 본다면 사회복지는 단순히 사회복지서비스에 한정되지 않고, 교육문제, 환경문제, 주거문제, 심지어 경제정책 문제와도 연관되어 있다. 이런 점에서 지역의 사회복지는 노동, 지역, 복지, 경제 등이 연계된 지역공동체 형성을 위한 실천이라는 관점에서 시도되어야 한다. 따라서 사회복지를 마을만들기 운동, 지역공동체 운동, 지역화폐 등과 연관지을 필요가 있다.

마을만들기 사업은 새마을운동의 근면, 자조와 대별되는 협동, 직접 참여, 연대 등의 운동의 이념으로 정립되어야 한다. 예를 들어 안산시의 '좋은 마을만들기 지원센터'는 시민단체 활동가들의 주도로 조례를 제정[8]하여 설립되었고, 동

---

7) 서울형 주택바우처 제도는 임대주택 공급 부족을 해소하고 최저계층의 주거안정을 도모하기 위하여 일정 수준 이하의 소득을 가진 저소득층 세입자 가구에 매월 4만 3,000~6만 5,000원의 주거비를 보조하는 제도이다. 현재 신청 대상은 지하층에 거주하는 월세 세입자들로, 서울시에 2년 이상 거주 중인 시민이다. 소득 기준은 최저생계비의 150% 이하로 2인 가구일 경우 월 136만 원, 3인 가구는 월 175만 9,000원, 4인 가구는 월 215만 9,000원, 5인 가구는 월 255만 8,000원 등이다. 월세보증금은 7,000만 원 이하여야 한다.

◎ 인천형 주민참여예산 운동

- '인천형 주민참여예산제'는 관이 아니라 주민참여예산네트워크의 주도하에 '주민참여예산활성화추진위원회'의 거버넌스가 만들어 추진하려는 것이 특징임.
- 동 단위마다 이를 조직하고 교육하고 운영하는 실무를 책임지는 '교육활동가'를 배치함. 이를 통해 '동네총회' 이전 단계의 주민욕구조사를 책임지고, 동네총회를 공무원과 함께 기획·조직하며 선출된 '지역회의위원'을 교육하고 운영간사 역할을 하게 함. 말 그대로 주민들 안에서 요구를 찾아내고 주민 리더들을 발굴·육성하는 역할을 함.
- 또한 동별로 직접 예산을 미리 배정하여 주민들이 결정한 사항이 바로 동네의 변화로 즉각적으로 나타나게 하여 체감효과를 극대화하는 방안을 모색함.
- 이에 따라 동 단위에서 수백 명의 참여를 조직하고 이 과정에 구청장이 직접 참여하여 진보정치를 설파하고 주민들의 요구사항을 직접 청취함으로써 '주민과의 현장대화'를 조직함.
- 동네별 예산이 단기적인 현안 사업에만 매몰되지 않기 위해서는 '마을만들기 운동'과 결합되어야 중장기 발전계획하에 예산의 쓰임새를 결정할 수 있음.

네별 마을만들기를 위해 사업 예산을 배정하고 동네별로 마을만들기 추진의원회를 30~50명 규모로 조직했다.

현재 마을만들기 프로그램의 실체와 주체는 모호하다. 이런 상황에서 주민참여예산제의 적극적인 활용을 모색해볼 수 있다. 주민참여예산제도는 주민참여의 이상을 실천하는 주요 제도로 가치분배를 주민이 직접 담당한다는 점에서 '시민의 자기통치' 이상을 담고 있다고 할 수 있다. 하지만 진보적·개혁적 지방

---

8) 2002년 지방선거 이후 충북 청주에서 「시민참여기본조례」 제정이 추진되었고, 이는 2004년 9월에 청주시 의회를 통과했다. 경기도 안산시에서도 2005년 1월 5일 「주민참여기본조례」를 제정하는 등 점차 확산되고 있다. 광역지방자치단체 중에서는 대전시가 제정했고, 연이어 제주특별자치도도 2006년 11월 29일 제정했다. 조례는 주민참여의 기본 이념을 '지방자치단체의 의사형성 단계에서부터 집행 단계까지 주민의사를 반영하고 지방자치단체와 주민이 협동하는 것'으로 규정하고, 각종 위원회에 시민 참여, 회의 공개 원칙, 주민참여예산제도 도입, 정책토론(설명)청구제도, 주민의견조사제도 등을 제시했다.

정부와 시민운동의 참여가 없다면 주민이 없는 주민참여예산제도가 될 우려가 있다. 따라서 실질적인 주민의 참여를 위해 진보적·개혁적 지방정부는 적극적으로 움직여 참여예산학교, 주민참여예산 네트워크 등의 구축을 통한 실질적 주민참여가 될 수 있는 프로그램을 마련해야 한다.

6. 나오는 말: 지방정부의 사회복지는 집권전략이다

지방정부의 사회복지전략은 한국의 민주주의를 심화하는 것이다. 즉, 절차적 민주주의를 실질적 민주주의와 풀뿌리 민주주의로 심화하는 것이다. 실질적 민주주의가 교육, 주택, 의료, 소득 등의 사회권을 보장하는 것이라면 풀뿌리 민주주의는 중앙에서 지역으로, 관료에서 주민으로 정치주체를 전환하는 것이다. 관주도의 권위주의적 정치 방식에서 거버넌스와 사회적 조합주의 시스템에 기반을 둔 주민참여 정치를 실현하는 것이다. 또한 정치적 어젠다를 주민의 구체적 욕구로 삼음으로써 생활정치를 가능하게 하는 것이다.

이처럼 지방정부의 사회복지 전략은 풀뿌리 민주주의 전략이다. 여기에서 복지정치는 지역주민들이 의식화·조직화되어 지역의 구체적인 욕구가 사회복지정책으로 실현하는 것이다. 어떤 복지정책이 풀뿌리 수준에서 전개되고 주민들의 지지를 받는다면, 이것은 바로 한국 사회의 중앙을 바꿀 수 있는 씨앗이 될 수 있다. 이런 점에서 지역에서 이루어지는 풀뿌리 정치는 한국 사회를 바꿀 수 있는 실험실이면서 상상력의 보고일 수 있다.

지방정부의 사회복지는 진보적·개혁적 정치의 토대를 만드는 것이고, 진보 및 개혁 지방자치단체장들의 가장 근본적이고 확실한 재집권 전략이다. 여기에서 분명히 할 것은 진보정치가 복지서비스와 사회적 수당을 높이기 위한 것만이 아니라, 자각하고 조직된 주민들의 자기통치를 가능하게 하기 위한 것이기도 하다는 점이다. 따라서 복지정치는 주민들의 의식화 및 조직화에 기반을 둔 시민의 정치참여를 지향해야 한다. 이것은 진보 및 개혁정치가 자신들의 정치적 지지 세력을 만들기 위한 실천을 의미한다. 이런 점에서 지역사회 복지정치는 주민의 의식화·조직화에 기반을 두고 진보정치의 사회적·정치적·경제적 토대를 만드는 것이다. 즉, 사회복지 정치는 진보정치의 외연과 내연을 확장하는 것이고 지방정부는 진보정치의 실험과 요람이 될 수 있다. 지역의 복지정치는 밑으로부터 시작된다는 점에서 풀뿌리 민주주의의 실현이고 밖에서 중앙으로의 포위전략이라고 할 수 있다.

물론 지방정부의 사회복지전략은 한계를 갖고 있는 것이 분명하다. 쓸 수 있는 가용 자산이 적고 중앙정부에 비해 작은 권한을 갖고 있다. 하지만, 지방정부는 지역의 작은 변화에도 민감하게 반응할 수 있고 다양한 실험을 할 수 있다는 점에서, 정치와 정책변화에 선도적인 역할을 할 수 있고 이를 통해 사회복지의 지평을 넓힐 수 있다. 따라서 지방정부는 자신의 철학을 명확히 하면서 이 철학이 녹아든 정책과 이 정책을 실천할 수 있는 세력을 형성하는 정치적 주체가 되어야 한다. 지방의 모범적인 사례는 전거(role model)가 되어 전국적인 변화의 계기가 될 것이다.

제6장

회색의 세상, 녹색의 도시

이상헌 | 한신대 교양교직학부 조교수

1. 경제와 환경의 관계 설정

경제도 어려운데 환경을 고민해야 하나?

2008년 세계 금융위기의 여파로 경제가 무척 어렵다. 2008년 59.5%이던 고용률은 2009년에 58.6%로 떨어졌으며, 영세기업에서 실직한 임시일용직들은 노동시장 밖으로 퇴출되었다. 일자리의 위기는 소득의 위기로 이어져서 저소득층일수록 소득 감소가 현저하게 나타나는 동시에, 비소비지출(세금, 사회보험료, 이자비용)은 더 증가했다(전병유, 2010). 한마디로 말해, 서민경제가 파탄 나고 있는 것이다. 게다가 4대강사업처럼 대다수 국민들이 반대하는 사업에 무리수를 두면서까지 막대한 재원을 투입하느라, 지자체들의 재정 역시 궁핍해지고 있다.

이렇게 서민경제만이 아니라 지역경제도 어려운데, 환경문제까지 신경 써야 하는가? 우선 경제부터 성장시키고 나중에 그 돈으로 이 과정에서 발생한 환경오염 문제를 해결하면 되지 않을까? 이러한 발상은 대부분의 사람들에게 만연한 사고방식이다. 이른바 '환경 쿠즈네츠 곡선(Environmental Kuznets Curve)'이라고 널리 알려진 가설이 이러한 생각을 굳히는 데 일조를 했다. 즉, 경제발전 초기에는 환경오염이 발생하지만, 경제가 어느 정도 성숙하면(논자에 따라 1인당

GDP가 8,000달러, 혹은 1만 달러에서 변곡점이 발생한다고 한다), 그때부터는 환경오염도 줄어들고 환경의 질이 더 좋아진다는 것이다. 실제로 많은 개도국의 경우는 환경오염이 심한 상태이며, 선진국들은 좋은 환경을 누리고 있다. 하지만, 여기에는 두 가지 주의해야 할 점이 있다. 첫째, 국제적인 정치경제적 역학관계를 보면 대체로 개도국은 국제적 노동분업에 의해 환경오염을 유발하는 사업을 유치할 수밖에 없었고 이러한 구조가 여전히 계속되고 있다는 점이다. 둘째, 환경 쿠즈네츠 곡선 가설은 주로 전통적인 오염물질의 경우에는 타당할 수 있으나, 이산화탄소와 같은 온실기체, 폐기물, 미세먼지, 유해 화학물질의 경우는 오히려 경제가 성장할수록 더 증가하는 경향을 나타낸다. 그러므로 온실가스 배출로 인한 기후변화가 인류의 생존을 위협하는 상황에서, 쿠즈네츠 가설은 제한적으로만 적용되어야 한다. 다시 말해 경제를 먼저 살려놓고 환경을 나중에 해결하자는 식의 논리보다는, 경제와 환경을 동일 선상에서 다루려는 발상이 필요한 시점이다.

기후변화의 도전과 도시문제

기후변화라는 전 지구적인 문제는 인류가 지금까지 겪어보지 못했던 새로운 도전이고, 또 절박한 과제이다. 특히, 도시는 기후변화에 의해 심각하게 위협받는 피해자인 동시에 기후변화를 악화시키는 주범이기도 하다. '국제연합경제사회사무국(United Nations Department of Economic and Social Affairs)'에 의하면 2007년에 지구 인구의 절반이 도시에 살게 되었고, 2015년에는 1,000만 명 이상이 거주하는 22개의 거대도시(mega city), 500만 명 이상이 거주하는 61개 도시가 지구 상에 나타날 것이며, 2030년에는 전체 인구의 2/3, 즉 50억 명이 도시에 살게 될 것으로 예측했다(Kriken, Enquist and Rapaport, 2010: 1).

이 도시들은 전체 지구가 소비하는 에너지의 60~80%를 소비하고 전체 이산화탄소 배출량의 절반을 배출한다. 그런데 도시 대다수는 해안가에 위치하고 있다. 급속하게 발전하는 개발도상국(콜카타, 상하이, 광저우)뿐만 아니라 미국(마이애미, 뉴욕), 네덜란드(로테르담, 암스테르담), 일본(도쿄, 오사카) 등 선진국의 도시도 해안가에 위치하여 기후변화로 인한 해수면 상승에 직접적인 영향을 받게 된다(카말차우이·로버트, 2010: 16). 게다가 선진국이나 후진국 모두 저소득층은 기후변화에 가장 취약한 계층이다. 극단적인 기후 현상으로부터 자신을 지킬 능력이 부족하기 때문이다. 최근 우리나라에서도 자주 목격되지만, 태풍이나 폭설, 수해로 인한 피해는 주로 저소득층 주거지에 집중된다. 또한 어린아이나 노인층도 기후변화로 인한 위험에 노출된 취약한 집단이라고 할 수 있다. 이처럼 기후변화의 문제는 예전의 사고방식처럼, 경제를 성장시켜놓은 다음 대비하면 된다는 식으로는 대응하기 어려운 전혀 '새로운' 과제인 것이다.

피크오일이 다가온다

경제와 환경문제를 동시에 고려해야만 하는 이유는 또 있다. 자연으로부터 얻는 자원이 급속하게 고갈되기 때문이다. 대표적인 것이 바로 화석연료, 특히 석유이다. 현재의 자본주의(사회주의도 마찬가지이다)는 철저하게 화석연료에 의존하는 산업체제이다. 화석연료는 자본주의가 필요로 했던 '빠른 속도'를 가능하게 함으로써, 시간과 공간의 제약을 넘을 수 있게 했다. 현재 우리가 누리고 있는 근대적인 도시형태도 석유로 인해 가능해진 것이다. 게다가 석유로부터 우리 생활에 필요한 거의 모든 물건들(연료, 플라스틱, 옷감, 약품, 농약, 타이어, 비료, 비닐 등)을 만들 수 있었다. 얼핏 관련성이 없어 보이지만, 높은 생산성을 가진 농업도 결국 석유로 인해 가능해진 것이다. 다시 말해서 석유는 오늘날 우리가 누리는 풍요로움의 원천이다.

그런데 이러한 석유가 우리 곁을 떠나려고 한다. 석유 생산량이 점차 줄어들기 시작해서, 세계 최대의 석유매장량을 자랑하는 사우디아라비아의 유전에서도 생산량 감소가 이미 시작되었다. 그뿐만 아니라 세계적인 석유 회사에서도 석유 생산이 정점에 도달하는 이른바 '피크오일(peak oil)'이 얼마 남지 않았다고 예측하고 있는데, 대체로 2010년에서 2015년 사이로 잡고 있다.

이처럼 우리 생활 대부분을 석유에 의존하고 있기 때문에 석유 생산이 갑자기 줄어들어서 비용이 급상승하게 되면 기존의 도시들에서 누렸던 생산과 소비 방식을 지금처럼 유지하기는 어려워진다. 따라서 석유로부터 독립하여 운영될 수 있는 새로운 사회-경제시스템을 구축해야 할 필요가 있다. 이 새로운 사회-경제시스템의 구축은 대단히 창조적이며 혁명적인 발상의 전환과 실천을 요구한다. 도시정책의 관점에서 보면 이것은 석유에서 독립할 수 있는 도시 인프라나 도시정책을 구현하라는 주문이기 때문에, 기존의 도시정책의 방향을 전면적으로 수정해야 하는 문제가 되었다. 즉, 이제 환경문제는 도시정책의 하위 부문 과제가 아니라 모든 분야에 영향을 끼치며 '관통하는(cross-cutting)' 과제가 된 것이다.

도시정책을 관통하는 환경문제

도시정책을 관통하는 과제로서 환경문제를 고려한다는 것은 여러 가지 함의가 있다. 예컨대, 환경문제는 계층과 무관하게 발생하는 측면도 있지만, 대체로 기존의 사회적 불평등구조를 그대로 반영하거나 강화시킨다. 즉, 사회경제적으로 취약한 계층들이 환경문제에도 취약한 특성을 보인다. 기후변화 대응의 경우와 마찬가지로, 사회경제적으로 취약한 계층들이 환경문제에 대처할 수 있는 수단이 미흡하기 때문이다.

이 수단에는 개인적인 수단도 있지만, 도시 인프라나 공공건물과 같은 집합적 소비 수단들도 포함된다. 그렇기 때문에 환경문제는 보편적 복지 차원에서 다루어야 할 문제가 된다. 그렇다고 해서 단순히 많은 돈을 들여 환경기초시설을 더 짓는 것이 능사는 아니다. 저소득층이 겪고 있는 사회경제적 어려움들을 복지정책을 통해 해결하고자 할 때 환경문제를 매개로 해결책을 찾는 것이 필요하다는 뜻이다. 뒤에서 다시 상술하겠지만, 예컨대, 저소득층 주택의 단열공사를 통해 난방비를 줄이는 사업을 수행하는 사회적 기업을 지원함으로써 고용을 창출한다거나, 간이 상수도 검사 및 관리를 강화하기 위한 인력의 고용을 정부에서 지원하고, 친환경 무상급식을 확대 실시하면서 협동조합 등과 같은 사회적 경제부문을 확대하도록 조례를 제정하는 과제 등이 여기에 해당한다.

도시정책을 관통하는 과제로서 환경문제를 다루어야 할 필요성은 도시들이 처한 현실에서도 드러난다. 신자유주의적 질서가 공고화되고 도시들이 무한 경쟁 속에 놓이게 되면서, 도시의 경쟁력을 높이는 일은 대단히 중요한 과제가 되었다. 지금까지 도시경쟁력을 높이기 위한 방편으로 대규모 SOC(사회간접자본)를 확충한다든지, 그럴듯한 국제행사를 유치하거나 대규모 국책사업을 실시하는 것을 주로 생각해왔다.

그러나 이러한 방법은 경제가 막 성장하는 단계에서는 효과적일 수 있으나 어느 정도 경제가 안정되면 더 이상 기대했던 효과를 내기가 어렵다(Jackson, 2009). 예를 들어 F1 경기를 유치한 전라남도 영암군의 경우 국비지원과 지자체 부담으로 행사를 추진했으나 엄청난 재정적자만 초래하고 지역경제에 미치는 파급효과는 미약했던 것으로 알려졌다. 또한 부동산 거품 시기에 추진되었던 대규모 개발사업은 부동산 시장 침체기에는 결국 재정적자로 귀결되었다(변창흠, 2010). 토건 중심적 개발 정책은 이제 경쟁력을 상실하고 있고, 환경친화적이고 쾌적하며 편리한 도시의 형성을 통해 향후 지식기반경제를 선도할 고급인력을 유치하는 것이 더 도시의 경쟁력을 높이는 전략이 될 것이다(Jackson, 2009). 즉, 환경문제를 적극적으로 대처하여 녹색도시를 만드는 것이 결국 도시경쟁력을 높이는 중요한 수단이 될 수 있기 때문에, 경제가 어려울수록 오히려 환경문제를 적극적으로 해결하는 것이 새로운 돌파구를 열게 될 것이다.

2. 한국에서 녹색도시 형성의 가능성

토건주의의 등장

기후변화와 같은 지구적인 차원의 도전에도 대응하면서 국제적인 경쟁력을 가질 수 있는 녹색도시를 한국에서 만들 수 있을까? 지금까지 한국 도시의 형성 과정이나 정치적 배경을 살펴보면 결코 낙관적인 전망을 갖기가 어렵다. 한국은 국가가 중심적인 역할을 수행하면서 근대적 산업화를 추진해왔고, 공간적으로 특정한 지역들을 선택적으로 배려하면서 국토를 개발했다. 이 과정에서 지역에서는 지역과 밀접하게 연계된 이해관계〔이를 '영역화된(territorialized)' 이해관계라고 한다)를 중심으로 일종의 개발동맹이 결성되었다(박배균, 2009). 개발동맹은 지역의 정치인, 기업인, 언론인 등으로 구성되어 있는데, 기업인 중 대다수는 건설업에 종사하는 것으로 나타났다(이상헌, 2009; 강준만, 2008; 하승우, 2009). 개발동맹은 중앙정부로부터 대개 토건사업을 위주로 하는 국책사업을 유치하기 위해 노력하고 다른 지역과 경쟁하며, 성공할 경우 그 성과를 개발동맹 내부에서 나눠 가졌다.

일제 식민지와 한국전쟁을 거치면서 워낙 기초적인 인프라가 부족한 상황이었기 때문에, 개발동맹에 의한 국책사업의 유치가 지역 발전 초기에 필요한 사회간접자본을 형성하는 데 중요한 기여를 한 것도 사실이다. 그러나 토건사업 위주의 지역개발은 주민들의 인식 속에 자산 형성의 중요한 수단으로서 부동산 개발만 한 것이 없다는 믿음을 심어주었고 이러한 믿음은 부동산 시장이 침체된 현재에도 여전히 계속되고 있다. 또한, 생태적으로 민감한 곳까지 마구잡이로 파헤치면서 진행된 토건사업들은 환경적 지속가능성 측면에서는 바람직하지 않은 결과를 가져왔다. 한국의 이러한 토건사업 지향적 개발 패러다임에 대해 최근에는 토건(주의)국가라는 용어도 사용하고 있다(홍성태, 2005; 박배균, 2009).

토건주의의 지속 이유

여러 가지 문제가 있음에도 한국에서 토건주의 패러다임이 계속 유지되는 가장 큰 이유는 권한과 재정이 중앙에 집중되어 있는 불평등한 구조 때문이다. 2010년 예산을 기준으로 보면, 전체 예산에서 61.8%를 중앙정부가 사용하고, 나머지 지자체들이 38.2%를 사용한다. 지자체가 사용하는 예산도 39.5%는 중앙정부의 교부세와 보조금에서 충당하는 것이고, 나머지 60.5%를 자체 재원(지방세, 세외 수입, 지방채)으로 충당한다. 여기에 서울 및 대도시와 낙후지역 간의 발전 격차가 심하게 나서 재정자립도 격차도 심하다(서울은 83.4%, 전남 고흥군은 8.6%). 이러한 상황에서 토건사업이라고 할 수 있는 SOC 분야의 직접 투자가 정부예산에서 큰 비중을 차지한다. 특히 최근 이명박 정부에서는 녹색성장을 내세우면서도 오히려 4대강사업과 같은 대규모 토목사업에 약 30조 원의 막대한

<표 6-1> 한국 중앙정부 SOC분야 예산 및 민간투자 추이

구분	1995~1997	1998	1999	2000	2001	2002	2003	2004	2005	2006	2007	2008	2009	2010
SOC예산	25.6	12.2	14.3	15.2	15.7	17.6	20.4	17.4	18.3	18.4	18.4	19.6	24.7	25.1
민자비중(%)	1.2	4.4	5.6	6.5	3.8	9.4	10.4	9.8	15.8	15.8	16.8	19.4	15.8	16.3

자료: 기획재정부. 강현수(2010)에서 재인용.

예산을 쏟기로 했으며, 광역경제권 개발 30개 프로젝트 중 24개 프로젝트가 도로·철도 건설 등 토목사업으로서 전체 예상 투자비가 100조 원이 넘는다(강현수, 2010).

중앙정부의 국고보조금 의존 비율이 높은 상황에서는 중앙정부의 토건주의 성향이 지방정부에도 반영될 수밖에 없다. 지방정부는 재정이 취약해서 대규모 토건사업을 추진할 수 없으며 대부분 중앙정부의 예산을 통해 진행된다. 설사 지방정부가 대규모 토건사업을 추진하고 싶지 않다고 하더라도 대규모 토건사업을 하지 않으면 그나마 지원되던 중앙정부의 예산을 받을 수 없어서 어쩔 수 없이 토건사업에 매달리게 되는 구조가 만들어져 있는 것이다(강현수, 2010).

게다가, 토건사업 중심의 지역 개발을 막을 수 있는 제도적 장치도 대단히 미흡하다. 우선 국토계획의 최상위계획인 국토종합계획 자체가 토건사업 중심의 개발 지향성을 가지고 있었을 뿐만 아니라 정권이 바뀌면 수시로 바뀌어왔다. 국토의 장기적인 비전을 제시해야 할 최상위계획이 정권의 정치적 지향에 따라 통째로 바뀌면 그동안 수립되고 있던 하위계획들은 쓸모가 없게 된다. 당연히 기후변화 대응과 같은 장기적인 안목의 계획은 불가능하다. 그다음 하위계획인 시·군 장기발전계획은 원래 시·군의 사정을 잘 알고 있는 공무원이 작성하는 것이 바람직하나, 대개의 경우 전문성 부족으로 컨설팅 회사나 엔지니어링 회사에 외주를 주어서 작성된다. 외주를 받은 회사들은 당시에 유행하는 아이템들을 가지고 와서 지역의 장밋빛 미래를 제시하는데, 지역의 여건과 크게 관련이 없는 내용이 많고, 대체로 선거용으로 작성되기 때문에 개발을 억제하기보다는 확장하는 방향으로 수립된다. 도시기본계획은 대개 지자체의 (명칭은 지자체별로 조금씩 다르지만) 도시계획을 담당하는 부서에서 작성하게 되는데, 높은 목표 인구 설정과 성장 지상주의 때문에 개발 위주의 계획들로 구성된다. 또한 도시계획을 담당하는 부서가 지자체 내의 다른 부서들의 협조를 얻고 조정할 수 있는 위치에 있지 않기 때문에, 장기적이고 균형 잡힌 계획이 나오기 어려운 구조다.

공간 계획만이 아니라 재정 운용 계획 역시 마찬가지다. 지자체의 중기적인 재정운영 방향과 차년도 예산을 결정하기 위해 5년 단위로 수립되는 중기재정계획은 도시기본계획과 연계성이 부족해서 정말 필요한 인프라가 무엇인지를 판단하기 어렵게 되어 있다. 광역지자체에서 30억 원 이상, 기초지자체에서 10억 원 이상의 투자사업에 대해 사전심의를 거쳐 예산에 반영하는 투자심사제도 역시, 형식적인 심의 내용 및 기재 사항 구성으로 실질적인 투자심사의 실효성이 부족하다는 평가를 받는다(변창흠, 2010).

이러한 조건들이 있음에도 피크오일이나 기후변화에 대응하면서 도시의 지속가능성과 경쟁력을 높이기 위해서는 녹색도시를 형성하지 않으면 도시의 미래는 절망적이다. 그러면 어떻게 녹색도시를 만들 수 있을까? 아래에서는 먼저, 현재 운영되고 있는 제도들을 부분적으로 개선하여 녹색도시를 형성할 수 있는 제도적 방안을 제시하고자 한다. 충분하지는 않지만 최소한의 제도적 여건은 조성될 수 있을 것으로 판단되는 과제들이다. 제도적 여건이 마련된 후에는 각 도시마다 도시의 물리적 규모, 산업구조적 특성, 인구학적 특성, 문화적 특성 등 여러 조건을 고려하여 녹색도시를 조성할 수 있는 다양한 방안들을 모색해야 할 것이다. 여기서는 지면의 한계상, 이러한 특성들을 모두 고려하여 방안을 제시하기는 어려우므로, 한국에서 녹색도시를 형성하는 데 비교적 우선순위가 높고 도시마다 공통적으로 적용된다고 판단되는 정책 방안들을 제시해보고자 한다.

3. 녹색도시를 만들기 위한 정책과제들

녹색도시 조성을 위한 제도적 개선 과제

지방정부의 역량 및 전문가의 중립성 강화

위에서 살펴보았듯이 토건(주의)국가 한국에서 녹색도시 만들기는 지난한 과제라고 할 수 있다. 구조적으로 가장 큰 문제는 권한과 재원이 여전히 토건주의적인 중앙정부에 집중되어 있는 구조이다. 따라서 이것을 어떻게 극복할 것인가 하는 것이 가장 중요한 제도적 개선 과제이다. 무엇보다 지방분권을 강화하고, 중앙정부의 사업 선택권과 예산 운영권을 지방정부에 대폭 이양하는 것이 필요하다. 즉, 국고보조금보다는 교부세를 늘리고, 국고보조금 운영방식도 포괄보조금(block grant) 형태로 바꿔서 지자체에서 원하는 사업을 추진할 수 있도록 하는 것이 바람직하다(강현수, 2010: 78~79).

물론 이를 위해서는 지자체 역시 토건주의에서 벗어나서 미래 지향적인 비전을 설정하여 사업들을 추진하는 것이 필요하다. 이를 위해 가장 먼저 전문가의 공정성 및 책임성 확보가 필요하다. 현재 여러 종류의 토건사업을 정당화하는 역할을 전문가들이 담당하고 있는데, 전문가 개인의 윤리의식에만 기댈 뿐, 이들의 중립성과 공정성, 책임성을 물을 수 있는 제도적 장치가 없다. 따라서 거짓된 예측이나 조사를 통해 불필요한 공공사업을 추진하게 한 전문가에게는 전문가 집단에서의 추방 및 형사 처벌까지 고려하는 사회적 제재가 필요하다(Flyvberg, Bruzelius and Rothengatter, 2003. 강현수, 2010: 80에서 재인용). 그리고 여러 가지 자료를 임의로 활용하여 얼마든지 조작이 가능한 B/C분석보다는 추진하려는 사업과 유사하며 비교 가능한 국내외 사례를 벤치마킹하고, 그것에 기초해서 예측하는 방식, 즉 '준거집단예측법(reference class forecasting)'을 사용하는 것이 더 정확할 수 있으며, 이 과정에서 정보를 공개적으로 공개하고, 누구나 여기에 접근할 수 있도록 함으로써 꼭 필요한 사업이 진행될 수 있도록 해야 할 것이다(Flyvberg, Bruzelius and Rothengatter, 2003. 강현수, 2010: 79에서 재인용).

지역 시민사회의 역량 강화

이러한 정보 공개, 참여 확대 등을 통해 지역의 풀뿌리 민주주의를 확대시킬 수 있는 토대를 조성하고, 동시에 지역 시민사회의 전문성 및 역량을 강화하기 위한 노력들도 필요하다. 예를 들어, 개발사업에 대한 환경영향평가 과정에 '시나리오 워크숍(Scenario Workshop)', '합의회의(consensus conference)', '시민배심원제도(citizens jury)' 등의 시민참여형 제도를 도입하여 의사결정 과정의 투명성을 높이는 것도 지역의 민주주의 수준을 질적으로 높이는 방안이 될 것이다.

'시나리오 워크숍'은 덴마크 기술위원회(Danish Board of Technology: DBT)가 고안하여 시행하고, 이후 유럽연합 차원으로 확산·적용되고 있는 참여적 지역계획 방법이다. 시나리오 워크숍의 목적은 기본적으로 지방 혹은 지역 수준에서 개발 또는 지속가능한 발전의 '전망'을 수립하고 그것을 현실화하기 위한 '행동프로그램'을 작성하는 것이다(참여연대시민과학센터, 2002: 87).

'합의회의'는 선별된 일단의 보통 시민들이(통상 15명 내외) 정치적·사회적으로 논쟁적이거나 관심을 불러일으키는 과학적 혹은 기술적 주제에 대해 전문가들에게 질의하고 그에 대한 전문가들의 대답을 청취한 다음 이 주제에 대한 내부의 의견을 수렴하여 최종적으로 기자회견을 통해 자신들의 견해를 발표하는 하나의 포럼이다. 1970년대 미국에서 의료기술영향평가의 한 방법으로 고안되었던 합의회의는 1980년대 중반에 들어와 과학기술(정책)의 형성 과정에 대한 일반 대중들의 참여를 제도화하는 유력한 메커니즘으로 유럽에서 변형·발전하게 되었다(대통령자문 지속가능발전위원회, 2005).

'시민배심원'제도는 중요한 공공의 문제를 무작위로 선별된 시민들이 일정기간(주로 4~5일) 만나서 증인들의 증언을 듣고(청문 절차), 깊이 숙의하여 결론을 내며, 최종적인 안을 정책 권고안으로 제출하는 방식이다. 시민배심원단(시민패널)은 일반적으로 12~24명 정도로 구성되며, 배심원에 참여하는 대가로 일정한 보수(미국의 경우 하루 약 75달러에서 100달러 정도)를 받는다(참여연대시민과학센터, 2002: 118~119). 물론 이러한 제도들을 그대로 적용하기보다는 한국의 현실에 맞게 수정하는 것이 필요하다. 이미 시민배심원제도는 시범적으로 진행된 적도 있었다.

이러한 참여지향적 제도들의 도입을 통해 지역시민사회의 역량을 제고시키는 것이 녹색도시를 만들 수 있는 밑거름이 된다.

개발의 공공성 확보

개발의 공공성을 확보하는 것도 녹색도시를 만들 수 있는 중요한 제도적 여건이다. OECD 국가치고 한국처럼 사적 이익 추구라는 목표를 전면에 내세우면서 개발이 시행되는 나라도 드물다. 한국에서 1999년에서 2008년까지 발생한 개발이익의 규모는 총 2,130조에 이르지만, 개발이익 환수의 규모는 개발이익 발생 규모의 2% 미만에 머무른 것으로 평가되었다(변창흠, 2010: 47). 이런 상황에서 개발이익은 계속 사유화되기 때문에 토건주의가 더 확대될 수밖에 없다.

이를 막기 위해서는 소유보다는 이용 중심의 토지이용이 이루어질 수 있도록 보유세 강화를 추진하고, 계획적인 개발이 일어날 수 있도록 용도지역제를 강화하며, 소유권과 개발권의 분리를 전제로 한 개발권의 양도제와 선매제, 공유제의 도입 등을 검토해야 한다(변창흠, 2010: 54). 현재 시행되고 있는 혼잡통행료의 사용도 공공성을 높이는 사업에 투자가 되어야 녹색도시를 만드는 본래의 취지를 살린다고 할 수 있다. 예컨대 2003년부터 강력한 도심혼잡통행료 제도를 실시한 런던은 통행료를 부과한 이후 하루 약 7만 대의 차량이 도심으로 진입하는 것을 막았고, 이로 인해 징수된 통행료의 80%를 버스 확충에 사용했으며, 나머지는 자전거 시설, 도로안전을 위한 CCTV를 확대하는 데 사용했다.[1] 반면 서울시 남산터널의 혼잡통행료는 도심을 빠져나가는 차량에 부과하는 것이 취지에 어긋날 뿐만 아니라, 터널 보수 외에 징수된 돈의 사용처가 불분명해 원성을 사고 있는 것이 현실이다.

---

1) 정혜진, 「혼잡 통행료 징수로 대중교통 개선 자금 확보」, http://blog.chosun.com/blog.log.view.screen?userId=ksd123&logId=3567061(2011.2.21 검색).

녹색도시 형성을 위한 공통 과제

도시의 지속가능성 확보

앞 절에서 제안한 내용들은 녹색도시가 만들어질 수 있는 제도적 여건을 어떻게 형성하느냐에 초점이 맞춰져 있다. 그러면 녹색도시를 실제로 만들어내기 위해서 각 도시에서는 어떤 정책을 실제로 추진해야 하는가? 이미 언급했듯이 여기서는 녹색도시를 형성하기 위해 모든 도시에 공통적으로 적용 가능한 최소한의 핵심 내용을 제안할 수밖에 없다.

녹색도시 형성을 위해 가장 기본적인 것은 도시의 지속가능성(sustainability)을 확보하는 것이다. 널리 알려진 것처럼 지속가능성은 경제적 성장과 발전, 사회적 통합 또는 사회정의, 환경보전의 세 차원을 다 가지고 있다. 따라서 단편적인 환경정책만으로 이루어지는 것이 아니라 다른 부분을 관통하는 과제로서 환경문제를 다루는 통합적 정책을 통해서 도시의 지속가능성을 향상시켜야 한다. 그러면 녹색도시를 위한 통합적 정책에는 어떤 것들이 있는가?

저소득층이 밀집된 도시의 생활환경 개선을 주된 활동 영역으로 하고 있는 미국의 민간연구단체 '리빙시티스(Living Cities)'는 미국 내 40개 대도시를 대상으로 기후변화에 대응하여 지속가능한 도시가 되기 위해 무엇을 수행해야 하는지, 어떤 부분에 역점을 두고 노력을 해야 하는지를 연구했다(리빙시티스, 2009). 그 결과 도시들은 크게 세 가지 영역에 노력을 기울였거나, 앞으로 기울이고자 했는데, 첫째 녹색건물, 둘째 녹색일자리, 셋째 녹색교통이었다. 필자는 여기에 한 가지 더 추가하여 도시의 자원들(토지, 농지, 산림, 생물종, 물, 대기 등)을 지속가능한 방식으로 보존하는 것이 중요하다고 생각한다. 도시가 보유한 기본적인 자원들이 지속가능하게 보존되지 않으면 다른 정책들을 추진할 수 있는 토대가 무너지기 때문이다. 따라서 아래에서는 각각의 범주에서 한국의 도시들이 녹색도시로 전환하기 위해서 필수적으로 다루어야 할 분야의 정책들에 대해 간략하게 언급하고자 한다.

토지의 지속가능성 제고

도시가 가진 여러 자원 중에서 가장 기본적인 자원은 토지이다. 따라서 토지의 지속가능성을 어떻게 높이느냐 하는 것이 녹색도시를 형성할 수 있는 근간이 된다. 지금까지 한국에서 토지는 지속가능성의 관점에서 접근하지 않고, 재산증식의 수단, 토건사업을 통한 개발이익의 최대화라는 관점에서만 접근했기 때문에 토지의 대체불가능성(irreplacability), 토지의 생태적 기능, 안보적 가치, 경관적 가치 등은 경시된 채로 소비되어왔다.

토지는 생태계의 기초이며, 식량안보의 초석이다. 토지를 매개로 동물과 식물, 그리고 미생물들이 살아갈 수 있으며, 인간 역시 먹고살아 가야 하기 때문에 식량을 생산할 수 있는 토지를 확보하는 것이 대단히 중요하다. 그럼에도 불구하고 전 세계적으로 토지가 침식, 사막화, 염분 증가 등의 원인으로 사라지고 있다. 해마다 1,000만 ha의 농경지가 버려지고 있으며, 이미 3억 ha 이상의 농지가 못 쓰게 되었다고 한다. 그래서 피크오일처럼 '토지 정점(peak soil)'이라는 말도 나왔으나, 불행히도 이미 토지 정점은 지나버렸다고 한다(조홍섭, 2009).

이런 문제를 인식하여 전 세계적으로 우량한 농지를 확보하고자 대단히 애를 쓰고 있다. 그러나 한국은 이러한 노력과 반대로 가고 있다. 통계청의 「2009년 경지면적 조사 결과」에 따르면 2009년 말 기준 우리나라 농지는 173만 7,000ha였다. 2008년보다 1.3%(2만 2,000ha) 줄어든 것이다. 특히 논 면적은 3.4%(3만 6,000ha)나 줄어들어 사상 최대로 감소했다. 그나마 밭 면적이 개간 등의 영향으로 1만 4,000ha 늘어, 급격한 감소세는 막았다. 농지 감소는 기업도시·신도시 개발이 본격화된 2000년대 들어 심화되고 있는데(≪농민신문≫, 2010년 3월 10일자), 유휴나 유실 등의 원인도 있지만, 무분별한 규제완화가 더 큰 원인이다.[2] 규

---

2) 농업진흥지역 대체농지 지정제(개발사업으로 농업진흥지역을 해제할 경우 상응하는 면적을 농업진흥지역으로 지정하는 제도)를 폐지한 데 이어, 2009년 11월에는 평균경사율이 15% 이상인 한계농지 중 일부 농지를 '영농여건불리농지'로 고시해 소유 제한을 완화, 농지 전용 시 허가 대신 신고로 가능하도록 했다. 특히 수도권에 산업단지를 조성하기 위해 농지를 전용한 경우, 농지보전부담금을 2011년까지 한시적으로 면제했다. 이는 면제 대상을 지방산업단지에서 수도권산업단지로 확대한 것이다. 또 택지개발사업자 등이 택지 조성 시 공급하는

제 완화로 인해 투기적 농지 소유나 농지 전용이 늘어나게 된 것이다. 이러한 경향이 지속될 경우 정부가 식량안보를 위해 최소 확보 농지로 제시한 165만 ha는 지켜내기 어렵다는 지적도 있다. 이는 식량안보에 적색신호가 켜졌다는 뜻이며, 도시의 지속가능성을 심각하게 위협한다. 따라서 도시에서도 농지를 확보하고 식량안보를 확보할 필요가 있다.

식량안보를 보장하는 방편으로 도시농업(urban agriculture 혹은 city farming)을 적극적으로 장려하는 것을 검토해야 한다. 도시농업이란 "생태적인 농법에 따라 지역공동체가 추구하는 안전한 먹을거리 생산과 다양한 가치창출, 즉 교육, 환경, 복지의 증진 등을 목적으로 도시공동체 구성원의 자율적 참여를 통해 농작물을 생산, 유통, 소비하는 전 과정의 사회적 협력 활동"이라고 정의할 수 있다(≪오마이뉴스≫, 2008년 11월 18일 자). 도시농업은 도시 내 자투리땅에서 얼마든지 할 수 있기 때문에 도시의 온실가스 배출을 감소시키는 효과가 있는 동시에, 늘어난 고령인구들의 생산활동 공간으로도 기능할 수 있다. 또한 거꾸로 사회복지를 통해서 도시농업을 활성화시키는 것도 가능하다. 예컨대 재활시설에 도시농업을 의무화하는 방식을 통해서 도시농업을 활성화시키는 것도 한 방법이 될 수 있다.

도시농업을 활성화하기 위해서는 우선 기초적인 조사와 교육이 있어야 하고, 이를 지원할 수 있는 조례가 필요하다.[3] 또한 도시농업 관련 인적 네트워크를 조직화하고 도시농업 전문 리더를 양성하는 프로그램을 시에서 운영하는 것을 고려해볼 수 있다. 경기도에서 실시하는 혁신교육과 연계하여 혁신교육의 내용으로 학교에서 도시농업을 체험할 수 있는 텃밭을 운영하고, 거기서 생산된 채소 등을 무상급식과 연계하여 보조적으로 활용하는 것도 생각해볼 수 있다.

학교용지에 대해서도 농지보전부담금을 감면조치 했다. 아울러 한국토지주택공사에 설치된 토지은행이 공익사업에 필요한 용지를 마련할 수 있도록 계획관리지역과 자연녹지지역 안의 농지를 소유할 수 있도록 했다(≪농민신문≫, 2010년 3월 10일 자).

3) 2010년 11월에 서울시 강동구는 우리나라 최초로 「친환경 도시농업 활성화 및 지원에 관한 조례」를 제정하여 도시농업을 적극적으로 지원하기로 했다.

기존 및 신규 건물을 환경친화적이고 에너지 절약형으로 개선

도시를 구성하는 주요 요소는 사람만이 아니라 토지 위에 세워진 건물들이다. 그러므로 기후변화나 피크오일에 대비하기 위해 건물을 녹색화하는 것이 대단히 중요하다. 즉, 환경친화적이면서 에너지 절약형으로 건물을 개선해가는 것이 건물의 녹색화 혹은 녹색건물 만들기이다. 그런데 건물의 녹색화를 위해서는 신규 건물을 에너지 절약형으로 짓는 것 못지않게 기존 건물을 에너지절약형으로 개선하는 것이 더 중요하다. 왜냐하면 일반적으로 기존 건물의 재고가 신규 건물보다 더 많은 수를 차지하기 때문이다.

기존 건물 및 신규 건물을 환경친화적이고 에너지 절약형으로 전환하는 과정은 첨단기술을 적용한다든지, 값비싼 재생가능에너지를 설치하는 식의 자본집약적 방식의 접근보다는, 노동집약적 방식으로 기존 주택들의 에너지효율화를 체계적으로 추진하는 데 더 역점을 두는 것이 고용 촉진 효과도 크고 사회 불평등을 완화시키는 데도 기여한다. 특히 한국처럼 재생가능에너지 관련 기술이 충분히 발전하지 않은 상태에서 자본집약적인 방식으로 추진되면 기술 종속이 심화될 우려가 있고, 경제적 수익의 재분배도 적절하게 일어나기 어렵다(이상헌, 2009). 따라서, 기존 건물의 에너지효율을 개선하는 프로젝트를 주로 중소기업 위주로 수행하여 더 많은 일자리를 창출하도록 하는 것이 바람직하다.

또한 에너지 복지 차원에서 빈곤층의 불량 주택을 에너지효율이 높게 개선해 주는 사업(weatherization 사업)도 시급하게 추진해야 할 일이다. 에너지경제연구원에 의하면 가구소득의 10% 이상을 난방이나 취사, 조명과 같은 광열비에 지출하는 가구를 에너지 빈곤가구라고 하며, 2009년 현재 123만 가구로 추정하고 있다. 소득이 높은 가구는 편리하고 값싼 에너지를 사용하는 반면, 저소득층 가구는 열량 대비 값비싼 등유나 LPG 같은 연료를 사용하고 있는 실정이다. 그래서 추운 겨울에도 높은 난방비 때문에 아예 난방을 포기하고 전기장판 하나로 고통스럽게 겨울을 견디는 일이 발생하는 것이다(이로 인해 전력소비량은 계속 더 증가하는 추세다). 더군다나 앞으로 피크오일이 현실화되어 유가가 더 상승하게 되면 이러한 불평등한 상황은 더 심화되고 저소득층의 고통은 훨씬 더 커질 것이다. 따라서 보편적 복지 차원에서 빈곤층 주거를 에너지 절약형 주택으로 개선하는 사업을 확대할 필요가 있다.

신규 주택(단지)을 친환경 에너지 절약형으로 바꾸기 위해 인증제와 이에 대한 인센티브를 주는 정책도 고려할 수 있다. 서울시 등에서 이미 실시하고 있는, '친환경 및 에너지 성능 인증 의무제'가 이러한 정책의 사례라고 할 수 있다. 현재 기초 지자체 중에서는 송파구가 이러한 제도를 본격적으로 도입하여 실시하고 있다. 송파구에서는 50가구 이상의 공동주택은 건축물의 에너지절약 설계기준에 따른 에너지 성능 지표, 건물 에너지효율 등급 인증에 관한 규정에 따른 에너지효율 등급 등 몇 가지 기준을 통과해야만 건축 허가를 받을 수 있다. 대신 등급에 따라 취등록세를 5%에서 최대 15%까지 감면해주는 것이다. 이러한 규제와 인센티브를 적절하게 활용함으로써 에너지절약형 건물을 확대할 수 있다(≪아시아경제≫, 2010년 6월 9일 자).[4]

실질적인 녹색일자리 창출

도시의 지속가능성을 높이기 위해 무엇보다도 기후변화에 대비하고, 친환경적인 산업이 늘어날 수 있도록 이른바 '녹색일자리'가 적극적으로 만들어져야 한다. 녹색일자리는 지속가능한 경제를 지향하는 여러 가지 직업들(재생가능에

---

4) 한편, 이러한 제도들을 도입하여 추진하기 위해서는 재정이 필요하다. 따라서 이에 필요한 재정을 마련하기 위한 모델을 앞으로 개발해야 하는데, 외국의 사례를 참고하는 것도 한 방법이다. 예컨대 미국에서는 '특별조세지구(special taxation districts)'를 지정하는 방법을 사용한다. 미국 버클리시는 '클린 에너지 지구 재정지원 프로그램'을 통해 가정에 필요한 에너지 개선에 소요될 재원을 마련하기 위한 채권을 판매한다. 버클리시는 이 프로그램에 참여하기로 결정한 주택 소유주의 자산에 대해 특별 세금을 부과함으로써 20년 이상에 걸쳐 채권 비용을 갚아나가게 된다. 이 외에도 '요금납부식 융자(On-bill Financing)'도 있다. 주로 중소기업 에너지 개선 비용을 지원하는 방법인데, 에너지 절감 비용을 대출해주고 상환기간을 최대한 연장하여 공공요금 납부 시 상환하도록 하는 제도이다(리빙시티스, 2009). 한국의 도시들에서도 지역의 상황에 맞게 에너지 절약형 건물을 확대할 수 있는 재정지원 모델을 개발할 필요가 있다.

너지 생산, 대체 연료 생산, 대중교통 향상, 빌딩과 주택 단열, 바이오 연료 주입, 자전거 판매 등)을 의미한다. 반드시 새로운 직업만 녹색일자리인 것은 아니다. 간이상수도 유지 관리와 같이 지속가능성에 중요한 역할을 함에도 제대로 관리되지 못한 분야의 인원을 효과적으로 충원하여 수도에 대한 국민적 신뢰를 높여가는 일도 녹색일자리를 확대하는 일이다. 특히 이번 구제역 사태처럼 가축들을 매립한 곳이 대체로 간이상수도 인근 지역일 경우 수질오염을 차단하고, 오염된 토양을 정화하는 일 등을 전담하는 인력을 확충하고 지원하는 것도 녹색도시를 만들기 위해 중요한 일이라고 할 수 있다. 또한, 제도권 경제만 고려할 필요도 없다. 환경친화적인 유기농 농산물을 직거래하는 커뮤니티비즈니스나 협동조합과 같은 사회적 경제 분야의 고용을 지원하는 것도 녹색일자리를 확대하는 일이라고 볼 수 있다.

미국진보정책연구소(Center for American Progress) 보고서에 의하면 건물 개선사업에 400억 달러를 투자하게 되면 80만 개의 일자리가 창출될 것이라고 한다. 그러나 말 그대로 일자리 개수만 늘린다고 능사는 아니다. 이러한 일자리에서 역할을 담당할 수 있는 인력이 양성되어야 한다. 따라서 도시에 위치한 대학을 비롯한 교육기관과의 연계가 중요하며, 교육기관에서는 녹색일자리에서 일할 수 있는 인력을 교육하고 훈련시킬 수 있는 체제를 갖추는 것이 필요하다.

녹색일자리가 많이 만들어지려면 전통적인 경제개발 모델에서 빠르게 탈피할 필요가 있다. 전통적인 경제개발 모델에서 일자리를 창출하는 방식은 낮은 세율, 공공설비 비용 감소, 기반시설 개발 등의 약속을 제공하면서 대기업을 유치함으로써 고용을 창출하려는 것이었다. 그러나 녹색일자리는 대체로 주택개선사업이나 태양전지판 설치 등에서 보듯이 중소기업 중심으로 확대될 가능성이 더 높고 또 그것이 사회 후생적 측면에서 바람직하다. 따라서 대기업 위주가 아니라 작은 규모의 기업들 위주로 녹색일자리를 확대함으로써 경제발전을 추진할 수 있는 전략을 수립하는 것이 필요하다. 지금처럼 대기업 위주로, 특히 건설업을 중심으로 하는 대기업 위주의 고용 창출 전략은 녹색일자리 확대와 거리가 멀다.

녹색교통을 정착시키기

도시의 지속가능성을 가늠할 수 있는 가장 중요한 바로미터가 바로 녹색교통의 정착 여부이다. 왜냐하면 교통을 계획한다는 것은 도시의 토지이용계획과 밀접하게 맞물려 돌아가는 것이고, 토지이용계획은 도시의 기능과 시민들의 삶의 양식을 근본적으로 결정하는 것이기 때문이다. 교통은 도시민들이 도시에서의 삶의 질을 실감하는 가장 직접적인 통로이다.

세계적으로 유명한 환경도시 혹은 생태도시들의 사례를 보면 대체로 녹색교통의 정착이 결정적인 추동력을 제공했다. 콜롬비아의 보고타시는 불과 3년 만에 혁명적인 수준으로 '차 없는 도시'를 만들어냈다. 이것은 자동차가 없는 도시를 만들었다는 것이 아니라 자동차 이용을 최대한 억제하고 도보와 첨단대중교통시스템(트랜스 밀레니오), 자전거 이용을 확대하며 이것을 효율적으로 사용하는 대단히 편리한 도시구조를 만들어냈다는 뜻이다(박용남, 2008). 독일의 프라이부르크시 역시 자가용 승용차 사용을 억제하고 자전거 전용도로를 확충하며 시내 전철 유지 확대를 골자로 하는 교통계획을 수립하여 성공을 거두었다(김해창, 2003).

일반적으로 도시의 지속가능성을 높일 수 있는 교통 대책으로 '녹색 대중교통 지향 개발〔Green TOD(Transit-Oriented Development)〕'을 고려할 수 있다. 녹색 TOD는 질 좋은 대중교통체계가 보행로와 자전거도로로 쉽게 연결되고, 최소 주차 등으로 고밀도, 복합개발이 이루어지는 것을 말하는데, 이럴 경우 1인당 탄소배출이 40~50% 정도 감소한다고 한다. 물론 한국의 경우 토지가 이미 고밀도로 개발되어 이를 적용하기 어렵다는 우려도 있다(≪교통신문≫, 2010년 9월 17일 자). 그러나 토지가 고밀도로 많이 개발된 수도권의 경우 버스나 철도에 대규모 투자가 이루어졌기 때문에, 이를 중심으로 'Green TOD' 개발을 할 경우 보행과 자전거 이용의 연계성을 높이는 방향으로 유도해가면, 도시의 지속가능성이 커지는 방향으로 개선될 가능성이 오히려 클 수 있다.

다만, 녹색 TOD를 추진할 때, 형평성의 문제는 신중하게 고려해야 한다. 즉, TOD를 추진함으로써 오히려 편리한 대중교통 주변의 지가가 상승해서〔(이를 도심 회춘(gentrification)이라고 한다)], 정작 대중교통을 이용해야 할 저소득층이 대중교통에서 멀리 떨어진 곳에 살아야 하는 문제가 발생할 가능성이 있다. 이 문제를 해결하기 위해서 정책통합을 추진하는 것이 한 방법이 될 수 있다. 즉, 대중교통 지향형 개발에 저렴한 주택을 포함하는 프로젝트에 재정지원을 해주거나, 혹은 TOD로 인해 고급주택화가 일어나는 바람에 저소득층의 주거가 위협받지 않도록 보장해주는 규제 장치 같은 것들이 마련되어야 한다.

인프라가 중요한 역할을 하는 녹색교통을 위해서는 안정적인 재정지원이 필요한데, 재원 마련을 위해서 다양한 수단이 강구되어야 한다. 특히, 지방세를 녹색화하는 방법도 고려할 수 있는데, 지방 세수의 대부분을 지금처럼 토지 판매, 즉 부동산개발에 의존하는 것은 도시 확산을 일으키거나 불필요한 교통수요를 더 만들어낼 수 있기 때문에 지속가능한 발전을 가능하게 하는 방향으로 새로운 세수원을 발굴하는 노력이 필요하다. 예컨대 현재 행정안전부에서 검토하고 있는 친환경적 자동차세가 그것이다. 자동차의 보유 단계에서 자동차세와 지방교육세는 모두 지방세로 과세되는데, 현재 배기량 기준으로 부과되는 것을 이산화탄소 배출량 혹은 연비를 기준으로 부과하게 되면 친환경적 녹색교통을 위한 재원으로 활용된다고 간주할 수 있을 것이다.

4. 시민들의 권리로서 녹색도시

경제위기와 토건주의가 횡행하는 한국에서 녹색도시를 건설하는 것은 결코 만만한 과제가 아니다. 그러나 기후변화에 적응하고, 피크오일과 같은 전례 없는 위기에 대비하기 위해서 녹색도시의 형성은 피할 수 없는 과제이다. 녹색도시가 아니면 도시의 지속가능성은 담보될 수 없으며, 나아가 경쟁력도 상실한다. 한편, 녹색도시를 만드는 일은 도시민들의 권리를 회복하는 길이기도 하다. 이것은 시민들이 자본주의적 시스템이 요구하는 단순한 소비주체로 살아가는 것이 아니라 자신의 삶을 하나의 작품으로 만들어가고 전유하는 것을 의미한다(곽노완, 2010). 먹을거리에 대한 주권을 회복하고, 석유로부터 독립적이며, 보행과 자전거 그리고 대중교통을 이용하고, 녹색일자리에서 보람 있는 일을 하면서 과거 석유로 인해 가능했던 자본주의적 도시에서의 삶으로부터 차츰 자유로워져야 한다. 다시 말해서, 시민들은 하나의 기본권으로서 지속가능한 녹색도시를 요구할 권리가 있다. 녹색도시가 되지 않으면 생존권이나 생명권이 위협받을 수 있는 시민들이 너무나 많아졌기 때문이다. 그리고 지자체는 시민들의 이러한 권리요청을 수용해야 한다.

아직 한국에는 벤치마킹을 할 만한 녹색도시가 드물다. 그러나 작은 규모에서나마 생태마을이 만들어지고, 다양한 형태의 마을만들기나 도시농업, 녹색교통 등을 통해 녹색도시를 형성할 수 있는 맹아들이 존재한다. 이러한 다양한 시도를 하는 공간적 단위들이 활발하게 연대하고 정보를 교류하며 일정한 세력을 형성할 때, 한국 도시들의 지속가능성이 커지기 시작할 것이다. 하지만, 불행하게도 우리에게 남아 있는 시간은 그리 많지 않다.

참고문헌

강준만. 2008. 『지방은 식민지다!: 지방자치·지방문화·지방언론의 정치학』. 개마고원.

강현수. 2010. 「개발주의를 강화하는 현행 중앙집권적 권한 및 재원 구조」. (사)녹색연합 부설 녹색사회연구소 제14회 녹색사회포럼 자료집. 『개발주의의 작동 메커니즘에 대한 비판』(2010.12.10).

곽노완. 2010. 「21세기 도시권과 도시정의의 철학: 도시권의 확장과 기본소득」. 한국공간환경학회·걷고싶은도시만들기시민연대. "도시와 정의, 도시와 권리" 학술대회 자료집.

김해창. 2003. 『환경수도, 프라이부르크에서 배운다: 에너지자립생태도시로 가는 길』. 이후.

대통령자문 지속가능발전위원회. 2005. 「에너지정책공론화방안 보고서」.

리빙시티스 엮음. 2009. 『그린 시티』. 이왕건·주희선·구홍미·이유리 옮김. 국토연구원.

박배균. 2009. 「한국에서 토건국가 출현의 배경」. ≪공간과 사회≫, 통권 제31호.

박용남. 2008. 『작은 실험들이 도시를 바꾼다: 보고타에서 요하네스버그까지』(3판). 이후.

변창흠. 2010. 「신개발주의를 추동하는 지방자치단체의 구조적 특성과 향후 과제」. (사)녹색연합부설 녹색사회연구소 제14회 녹색사회포럼 자료집. 『개발주의의 작동 메커니즘에 대한 비판』(2010.12.10).

이상헌. 2009. 「이명박 정부 '저탄소 녹색성장' 전략에 대한 정치경제학적 고찰」. ≪한국환경사회학연구, ECO≫, 제13권 제2호.

전병유. 2010. 「글로벌 금융위기에 따른 양극화와 한국의 대응: 이병박 정부의 중도·서민 노선에 대한 비판적 검토와 대안적 사회정책 구상」. ≪민주사회정책연구≫, 제18호.

조홍섭. 2009. 「나이 2,400살 무게는 605t '괴물' 땅속에 산다」 한겨레 하니누리 조홍섭 글모음 (www.nuri.hani.co.kr). 2009년 4월 14일 자 칼럼.

참여연대 시민과학센터. 2002. 『과학기술·환경·시민참여』. 도서출판 한울.

카말차우이, 라미아·알렉시스 로버트 엮음. 2010. 『도시경쟁력과 기후변화』. 국토연구원 옮김. 국토연구원.

하승우. 2009. 「행정체계 개편과 풀뿌리민주주의의 위기」. ≪환경과 생명≫, 겨울호.

한동희. 2008. 「솔라시티의 경험과 정책과제」(미간행 발표문).

홍성태 엮음. 2005. 『개발공사와 토건국가: 개발공사의 생태민주적 개혁과 생태사회의 전망』. 한울아카데미.

Flyvberg, Bent, N. Bruzelius and W. Rothengatter. 2003. *Megaprojects and Risk: An Anatomy of Ambition*. Cambridge: Cambridge University Press

Jackson, T. 2009. *Prosperity without growth?: The transition to a sustainable economy*. UK Sustainable Development Commission

≪교통신문≫, ≪농민신문≫, ≪오마이뉴스≫, ≪아시아경제≫

정혜진. 「혼잡 통행료 징수로 대중 교통 개선 자금 확보」. http://blog.chosun.com/blog.log.view.screen?userId=ksd123&logId=3567061(2011.2.21 검색)

제7장

사람 중심의 도시개발이 가능하다

변창흠 | 세종대 행정학과 교수

1. 도시개발방식의 전환이 필요하다

최근 전국의 도시개발사업 현장에서는 종전에 보지 못했던 이상한 현상들이 속속 나타나고 있다. 앞다투어 개발지구 지정을 요청했던 주민들이 지구 지정 해제와 사업 중단을 외치고 있다. 치열한 경쟁을 거쳐 입지가 결정되었던 각종 신도시와 개발특구는 지구 지정을 취소하거나 사업에 착수조차 못 하고 있다. 경쟁적으로 추진하던 부동산 PF사업은 대부분 휴업 상태이고, 최근 영업 정지된 저축은행처럼 부동산 대출 비중이 높았던 금융기관들은 구조조정의 압박 속에서 인수·합병 수순을 밟거나 정부의 지원을 기다리고 있다. 전국의 재개발 구역에서도 조합 설립 무효와 사업 승인 취소를 요구하는 소송이 줄을 잇고 있다.

주택시장에서도 종전과 다른 모습의 혼란과 주거불안정 현상이 나타나고 있다. 지방의 미분양주택은 대거 소진되고 있는 반면, 수도권의 미분양주택 수는 오히려 늘고 있다. 주택가격은 비교적 안정되고 있는데도 전세금은 거의 2년째 상승세를 멈추지 않고 있으며, 전세가 월세나 반전세로 바뀌고 있다.

그런데 정부의 도시개발정책과 부동산정책은 여전히 과거의 개발확장과 주택공급 확대 패러다임을 벗어나지 못하고 있다. 과도한 개발 때문에 연이어 지구 지정이 취소되고 사업이 중단되고 있는데도 「친수구역특별법」을 제정하여 전국의 주요 강변지역의 개발을 유도하고 있다. 정부는 그동안 무리하게 도시개발사업과 주택건설사업을 주도했던 건설산업이 과도하게 팽창되어 있는데도, 구조조정을 하기보다는 건설업체를 지원하여 건설경기를 활성화시키는 정책을 추진하고 있다. 수많은 가구가 부동산 구입을 위한 담보대출금을 상환하느라 파산의 위기를 맞고 있지만, DTI와 같은 부동산 대출규제를 완화하고 부동산 관련 조세를 감면하여 부동산 구매를 유도하는 정책을 고수하고 있다.

다양한 개발이 가능하도록 규제를 풀어 가용토지를 충분히 공급하면 고지가 문제가 해결되고 국가경쟁력이 강화된다고 했던가? 개발특별도시들을 지정하고 개발에 대해 특례 절차를 두면 지역경쟁력이 강화되고 일자리가 창출된다고 했던가? 전 국토 면적의 1.2배에 이르는 개발지구가 지정될 만큼 개발 가능 토지의 공급은 충분했지만, 토지가격은 하락하지 않았고 지역의 발전도 기약할 수 없게 되었다. 전국의 주택보급률이 110%에 이르고 미분양 대책을 세울 만큼 주택공급 과잉문제가 심각해졌지만 주거안정문제는 개선되지 않았다. 전세금 급등과 전세의 월세화로 집 없는 세입자들의 주거불안정은 심해지고 주거비 지출로 인한 경제적 부담은 더욱 커지고 있다.

6·2 지방선거를 계기로 개혁적 지자체장이 대거 도시행정의 책임자로 등장하게 되었다. 이들 중 상당수는 기존의 도시개발방식이나 부동산정책에 대해 비판적인 입장을 견지해왔으며, 일부는 선거 공약을 통해 이 점을 분명히 밝히기도 했다. 그러나 이들의 의지와 공약에도 도시개발사업과 주택시장에서 맞닥친 현실은 그리 녹록지 않다. 이미 지구가 지정되어 추진 중인 사업을 중단할 수도 없고, 사업성이 부족하여 포기된 개발사업은 되살릴 방안도 없다. 각종 재개발사업에서는 문제가 더욱 심각하다. 지자체장을 당사자로 하는 각종 소송이 제기되어 지자체장의 의지가 아니라 법원의 판결에 따라 사업의 중단과 추진 여부가 결정될 운명에 처해 있다. 설사 지자체장의 인허가권에 의해 사업 추진 여부가 결정된다고 할지라도 부동산 개발에서 발생하는 개발이익의 배분을 기대하는 유권자나 지방의 부동산 기반 실세들의 이익을 저버리는 선택을 하기는 쉽지 않다. 기존 개발사업이 가진 구조적인 문제점을 지적할 수 있을지라도 이를 대체할 수 있는 개발방식의 대안을 갖고 있는 것도 아니다. 결국 이대로 가다가는 지

자체장 대부분은 현재의 개발사업 구조와 방식을 수용하고 전임 자치단체장들의 행태를 답습할 수밖에 없다.

지금까지의 도시개발사업과 부동산정책 패러다임이 지니고 있던 과잉개발과 과속개발의 특성은 고도성장기에는 수용할 만한 덕목이었고 불가피한 측면도 있었다. 그러나 이미 이러한 패러다임은 곳곳에서 파열음을 내고 있다. 철저하게 사업성과 경제논리에 입각했던 사업추진구조와 개발방식은 고도성장이 더 이상 불가능해진 현재의 사회·경제적 환경하에서는 작동되기 어렵다. 또한 이 패러다임으로 인한 환경파괴, 원주민 추출, 개발이익의 편중과 사회적 양극화, 개발의 수도권 집중과 지역불균형 등의 부작용은 사회적으로도 더 이상 수용되기 어렵다.

이제는 새로운 환경과 여건을 고려하여 대안적인 도시개발사업과 부동산정책의 원칙과 방향을 찾는 노력이 필요한 시점이다. 이를 위해서는 우선, 기존의 팽창적 도시개발사업의 구조와 이를 뒷받침하는 제도적 장치들을 이해하고 그 한계를 확인하는 작업이 선행되어야 한다. 이러한 사업구조와 정책패러다임이 왜 지속가능성이 없는지를 확인하고, 지속가능하고 기존의 역사와 문화를 존중하고 주민의 참여와 인권이 보장되는 새로운 사업구조와 방식을 개발해야 한다.

2. 팽창적 도시개발사업은 어떻게 가능했나?

온 국토에서 꿈꾸는 개발 신화

최근 국토연구원에서는 전국적으로 계획 중인 개발사업들을 통합적으로 관리하기 위해 개발사업구역에 대한 조사를 수행한 바 있는데, 전국에서 지정된 개발사업구역의 면적은 12만 46km²로 전 국토면적 10만 200km²의 120% 수준이었다. 38개의 법률에 따라 53개 종류의 지역개발사업이 진행 중이다. 부처별로는 국토부에서 추진하는 10만 6,234km²를 비롯하여 행정안전부 7,926km², 3,730km², 1,261km² 등이다(≪한국경제신문≫, 2010년 12월 7일 자).

각 개발특별법에 따라 실제 사업이 추진되고 있는 대규모의 신도시만도 전국적으로 40여 개가 넘는다. 세종시, 10개의 수도권 2기 신도시와 10여 개의 지방주택신도시, 10개의 혁신도시, 6개의 경제자유구역, 6개의 기업도시, 2개의 첨단의료복합단지 등이 그것이다. 이들 대규모 개발신도시는 객관적이고 투명한 사업타당성 분석이나 도시의 성격에 대한 충분한 검토조차 거치지 않은 채 지역간 치열한 경쟁을 거쳐 선정되었다. 입지 선정이나 개발되는 도시의 수 결정에는 지역 간 안배와 같은 정치적인 배려가 큰 영향을 미쳤다. 이러한 사업들이 동시에 성공적으로 추진되는 것은 불가능할 뿐만 아니라 가능하더라도 환경적으로나 사회적으로 심각한 문제에 직면하게 된다.

개발특별법은 대부분 나대지 개발사업에 관한 사항이지만, 기성 시가지 내에서도 동일한 방식으로 개발사업지구가 지정되어 사업이 추진되고 있다. 재건축사업, 재개발사업, 주거환경개선사업, 뉴타운사업, 재정비촉진지구사업 등의 이름으로 전국에서 진행 중인 사업은 2009년 말을 기준으로 주택재개발사업 1,045개, 주택재건축사업 638개, 주거환경개선사업 792개, 도시환경정비사업 654개 등 총 3,129개 구역이며, 면적으로는 1억 6,207만 3,000m²(약 4,900만 평)에 이른다. 지역별로는 서울시가 1,186개 구역(약 38%)로 가장 많으며, 경기도 361개 구역, 부산시 347개 구역, 인천시 195개 구역, 대구시 181개 구역 등의 순으로 나타나고 있다(안균오, 2010).

이들 개발특별법은 부처별로 사업의 계획과 입지선정, 개발사업자 선정 및 관리가 이루어지기 때문에 전국적으로 얼마나 많은 구역에서 어느 정도 규모로 사업이 진척되고 있는지를 종합적으로 관리할 수가 없을 뿐만 아니라 통계조차 없다. 개발사업구역들은 전국적으로 과도하게 지정되었기 때문에 정상적으로 추진될 수가 없다. 이들 사업이 제대로 건설된다고 하더라도 수요부족 때문에 운영 과정에 문제가 발생할 수밖에 없다. 개발지구로 지정되기만 하면 부동산 가격이 오르고 막대한 개발이익이 발생하던 경험은 고도경제성장 시기에 소수 전략지역에서만 추진될 때 나타났던 현상이었다. 그러나 전국에 걸쳐 동시에 개발사업이 진행되면서 개발의 신화는 점차 깨지고 있는 것이다.

부동산에 인질로 잡힌 사회

우리나라의 경제와 사회 구조는 모두 부동산에 인질로 잡혀 있다. 정치인이나 국민들도 예외는 아니다. 산업구조상 건설업의 비중은 OECD 중에서 가장 높은 수준이기 때문에 고용창출이나 경제활성화를 위해 건설산업의 위축을 초래하는 부동산 시장의 침체를 수용하기 어렵다. 특히 경기하락기에는 일자리 창출이나 경기활성화 대책으로 각종 토목사업이나 주택건설사업을 우선적으로 채택한다. 이 때문에 부동산정책은 복지정책이나 주택정책이 아니라 경제정책과 산업정책의 성격을 더 강하게 띠게 된다.

통계청의 가계자산통계에 따르면 2010년 2월 말 현재 우리나라 전체 가구의 가구당 평균자산은 2억 7,268만 원이고 그중 부동산이 75.8%를 차지하고 있다(통계청, 2011). 가계자산 대부분을 부동산이 차지하고 있기 대문에 부동산 가격에 민감할 수밖에 없고, 한편으로는 부동산 가격의 급락과 급등을 기대하면서도 다른 한편으로는 부동산 가격의 급등락을 용인할 수가 없다. 참여정부는 이러한 부동산 시장의 정상화를 위해 총력을 기울였지만 지속적인 부동산 가격 상승을 막지 못했고, 결과적으로 민심을 잃어버리게 되었다. 부동산 분야에 대한 과잉 투자는 미래의 성장동력으로 집중되어야 할 국가의 재원을 부동산 분야에 집중하게 함으로써 국가의 경쟁력을 떨어뜨리는 요소가 된다. 또한 경제위기를 극복하기 위해 인위적으로 부동산 거품을 키우는 정책은 부동산 부문과 건설산업을 더 큰 위기로 내몰 우려가 있다.

개발의 끊임없는 팽창을 가능하게 한 사회경제 시스템

지난 50여 년간 급속한 경제성장 과정에서 산업화를 위한 기반시설 확충과 도시로 몰려드는 인구들을 위한 주택공급을 위해 대규모 도시개발은 불가피했다. 이러한 도시개발 덕분에 우리나라는 짧은 기간 동안 산업화와 도시화라는 두 가지 과제를 비교적 성공적으로 달성한 국가로 평가되고 있다. 1960년의 서울시 인구는 245만 명이었으나, 1970년에는 586만 명, 1980년에 836만 명에 이르렀으며, 1990년대 들어 천만 명이 넘어서게 되어 1960~1990년의 30년 동안 750만 명 이상의 인구가 증가했다. 이 기간에 주택재고는 1960년의 46만 호에서 1990년 143만 호로 30년간 약 97만 호가 늘었으나, 이후 2010년까지 20년간 이보다 많은 약 114만 호가 늘었다.

이와 같은 대규모 개발과 대량의 주택공급은 이를 지탱해주는 사회경제적 구조와 법률적·정치적 지원을 통해 가능했다. 우선, 고도의 경제성장 실적과 급속한 도시화의 경험이 도시개발의 확대와 부동산 부문의 팽창을 뒷받침했다. 산업경제 부문이 급속도로 성장하면서 이들을 수용할 수 있는 산업단지와 기반시설, 노동자들을 위한 주택공급이 필수적이었다. 이와 함께 높은 경제성장으로 소득수준이 향상되면서 각종 인프라와 주택에 대한 수요도 함께 늘어났다. 따라서 고도성장기의 도시개발사업과 주택공급의 확대는 사회경제구조의 지속성을 위해 불가피한 선택이었다. 그러나 개발과정에서 개발지역과 낙후지역, 부동산 자산부유계층과 비소유계층으로 양극화 현상이 뚜렷해지면서 개발은 곧 발전을 위한 원동력으로 인식되게 되었다. 지속적이고 추가적인 개발을 요구하는 토지소유자나 개발업자, 정치인들이 세력화하면서 팽창적인 도시개발은 구조화되었다. 고도성장기의 개발경험은 전국적으로 보편화되었고, 토건에 입각한 산업구조와 함께 정치적인 이해관계와 결합되면서 끊임없이 특화신도시 개발, 각종 인프라 유치와 투자, 국제적 이벤트 개최를 통해 토건적인 사회구조로 고착된 것이다.

둘째, 성장지향적이고 확대지향적인 도시계획과 개발계획은 과도한 개발을 더욱 촉진했다. 공공계획을 통해 과도한 개발로 인한 환경파괴나 토지이용상의 왜곡 현상을 적절히 제어하는 유럽국가들과 달리 우리나라의 공공계획은 오히려 개발을 유도하고 촉진하는 특성을 지니고 있다. 국토종합계획은 당초부터 국토의 지속가능한 발전과 환경의 보전보다는 경제성장을 지원하는 데 우선적인 목적이 있었기 때문에 이 계획의 하위계획인 도종합계획이나 도시기본계획, 부문별 계획도 이러한 취지를 벗어나지 않았다. 수도권정비계획에서는 2020년 전국 대비 수도권의 목표인구 비중을 47.5%로 설정하고 시도별 도시기본계획 목표 인구를 2,740만(서울 980만, 인천 310만, 경기 1,450만)으로 설정하고 있으나,

수도권 지자체들이 수립한 도시기본계획의 목표인구는 3,110만 명으로 수도권의 2009년 주민등록상 인구 2,438만 명보다는 672만 명이나 많다. 도시기본계획의 목표인구는 모든 개발과 주택공급, 인프라 설치의 기준이 되는 수치로 성장주도형 계획이 결국 과도한 개발과 도시의 팽창을 낳게 된다.

셋째, 과도한 토지 및 주택 공급 확대 목표와 이를 뒷받침하는 규제 완화 조치들도 개발을 촉진하고 있다. 급격한 도시화와 산업화 과정을 거치면서 오랫동안 토지와 주택의 절대부족을 경험해왔기 때문에 수요에 부응하는 토지와 주택의 공급은 토지정책과 주택정책의 핵심적인 목표가 되어왔다. 이 때문에 토지와 주택의 양적인 공급 확대는 부동산정책의 만능열쇠로 인식되어 왔다. 부동산 가격의 폭등이나 부동산 투기 문제조차도 공급부족에 원인이 있기 때문에 공급을 확대하면 부동산 가격도 안정되고 부동산 투기도 사라지리라고 믿는 공급만능주의가 이를 뒷받침했다. 철저히 시장원리에 입각한 이러한 논리는 우리나라 최초의 본격적인 보수당 정부라 할 수 있는 문민정부 시절부터 국토공간정책이나 부동산정책을 뒷받침하는 핵심적인 근거로 사용되어왔다. 참여정부에서도 투기적 수요를 억제하기 위한 제반 정책수단을 도입했음에도 불구하고 토지와 주택의 공급 확대정책을 빠뜨리지 않았다.

토지와 주택 공급 확대정책은 부동산 개발을 촉진하는 제도적 기반으로 작용하게 되었다. 공급 확대논리는 국가경쟁력이나 주택시장 안정, 일자리 창출 등의 다양한 효과를 창출하는 것으로 포장된 채 우리나라 공간정책이나 부동산정책을 뒷받침하는 핵심적인 가치가 되어왔다. 토지나 주택공급 확대가 목표로 설정되면 각종 정책의 성과목표는 이 목표치의 달성 여부로 평가된다. 토지이용에서 지속가능한 개발이나 경관·생태계의 보전 같은 가치보다는 토지개발면적과 토지의 공급이 주된 정책목표가 되었으며, 주택정책에 있어서도 주거의 안정성이나 주거빈곤계층의 주거복지보다는 주택보급률이나 인구 1,000명당 주택 수, 1인당 주택면적, 주택건설실적 등의 양적인 목표치가 강조되었다.

넷째, 부동산 개발 공기업은 과잉개발을 추동하는 주체가 되었다. 국가공사인 토지공사와 주택공사, 수자원공사, 도로공사 등이 대표적인 개발공기업들이며, 시·도별로 설치된 도시개발공사도 유사한 기능을 담당했다. 이들 공기업은 효과적으로 개발업무를 수행할 수 있도록 지원하기 위해 제정된 주택건설촉진법, 택지개발촉진법, 기타 개별개발특별법 등을 활용하여 개발을 끊임없이 확대해 왔고 개발 과정에서 원주민들의 강제 축출과 환경파괴 등의 문제점을 유발했다. 또한 국가개발공사 간, 국가개발공사와 지방개발공사 간, 개발공사와 지자체 간의 경쟁과 갈등으로 인해 과도한 개발이 비효율적인 개발이 이루어지는 문제점을 낳았다.

다섯째, 부동산개발에 기반을 둔 정치구조와 지방행정 시스템이 무분별한 개발을 방치하거나 조장했다. 대규모 개발사업은 가시성과 상징성 때문에 자주 정치적인 쟁점으로 등장했으며 각종 선거 공약으로도 활용되어왔다. 대규모 개발사업 공약은 지방자치단체나 납세자가 스스로 개발재원을 부담하지 않는 지방재정구조 때문에 무책임하게 남발할 수 있었다. 또한 대규모 개발 프로젝트는 지방 정치의 기반이 되는 대토지소유자나 지방토건세력들의 경제적·정치적인 이해와도 부합하기 때문에 선호될 수밖에 없는 구조이다. 대규모 개발사업 추진을 검증할 수 있는 국가의 계획 체계나 투자결정 시스템의 부족도 토건 위주의 사업 추진을 촉진하는 역할을 담당했다.

도시개발사업의 팽창을 낳는 사업구조

개발이익을 활용한 개발사업방식

그동안 산업화 과정에서 정부는 기반시설 투자나 산업지원에 막대한 예산을 투입한 반면, 주택공급을 위한 투자나 사회복지부문에는 재정지원이 상대적으로 취약했다. 그럼에도 급속한 산업화, 도시화 과정에서 대규모 개발사업을 추진하고 대규모 주택의 건설과 공급이 가능했던 것은 개발과정에서 발생하는 개발이익을 활용했기 때문이다. 도시개발이나 주택건설에서 공공부문이 주도적인 역할을 담당해왔지만, 공공임대주택을 주로 공급한 유럽 복지국가들과는 달리 일반분양이 가능한 공영주택을 공급해왔다. 택지나 상업용지, 주택의 일반분양을 통해 발생한 이익을 기반시설 건설비나 공공임대주택 등에 재투자하도록 함으로써 정부의 재정지출 없이 지속적인 개발이 가능하게 된 것이다. 개발이익의 규모는 사업규모가 클수록 더욱 커지게 되는 구조이기 때문에 대규모 개발사업이 선호될 수밖에 없었다. 물론 이러한 개발방식은 개발이익이 충분히 발생하는 수도권이나 지방 대도시에서만 가능했고 지방 중소도시에서는 지역발전을 위한 도시개발사업이나 주거환경의 개선을 위한 재정비사업이 필요함에도 제대로 추진되지 않고 있다.

초기 사업자금 부담을 줄여주는 선분양 시스템과 부동산 PF

개발사업을 촉진하는 또 하나의 사업구조는 선분양 시스템이다. 부동산이라는 상품이 완성되기도 전에 일반 매각을 허용하는 선분양 시스템은 개발사업자나 토지소유자 등의 초기 자금 부담을 줄여 개발사업을 촉진한다. 사업 시행자는 사업 추진에 필요한 토지매입자금의 일부분만 확보해도 사업을 추진할 수 있다. 개별 부동산개발사업에서 개발업자(디벨로퍼)는 토지매입계약금만 지급하면 부동산 개발계획서를 활용하여 금융기관을 통해 개발사업자금을 지원받을 수 있다. 사업계획을 승인받아 사업에 착공하면 선분양을 통해 나머지 토지매입자금과 건축비를 충당한다. 이때 선분양의 대상이 되는 상품은 개발토지, 골프장, 콘도, 아파트, 상가 등이다. 신도시나 대규모 특화도시에서도 동일한 사업구조가 적용된다. 토지를 선분양 받은 사업자가 사업계획 승인 후 콘도나 골프장, 아파트, 상가 등의 건축 상품을 선분양하여 사업자금을 확보할 수도 있다. 이러한 선분양 시스템은 사업의 초기 착수부담을 줄이고 사업의 위험을 분산함으로써 과도한 개발을 촉진한다.

선분양시스템과 부동산 PF에서 건설업체들은 개발사업의 추진을 가속화하고 대규모로 확대시키는 데 결정적인 역할을 담당한다. 우리나라의 금융기관은 스스로 사업 타당성을 분석하여 대출이나 투자 여부를 결정할 능력을 갖지 못하고 있기 때문에 건설업체의 대출신용보증이나 시공이행보증을 통해 사업자금을 대출해준다. 인프라 민자유치사업이나 부동산 개발사업, 기업도시 건설사업이 높은 개발사업의 위험이 있음에도 추진될 수 있었던 것은 건설업체들이 사업의 운용보다는 시공 과정에서 충분한 이윤을 확보할 수 있기 때문이다. 건설업체들은 지역의 특성이나 주거환경을 고려한 부동산 상품보다는 잘 팔릴 수 있는 상품을 건설하는 데 가장 우선적인 목표를 두고 있다. 분양 후 청산하는 부동산 개발사업 구조가 고착된 것도 건설업체들이 각종 개발사업이나 재정비사업에서 주도권을 쥐고 있기 때문이다. 건설업체들은 장기적으로 임대나 운용, 관리를 통해 수입을 확보하기보다는 잘 팔리는 부동산 상품을 대량으로 건설하여 시공 이윤과 매각 이익을 극대화하는 개발방식을 선호한다.

신속한 사업의 추진을 지원하는 개발사업제도

도시개발은 공간적으로나 사회경제적으로 엄청난 변화를 초래하기 때문에 오랫동안의 검토와 조사, 의견 수렴, 사업계획 수립, 심의와 승인, 관리운영 등의 절차를 필요로 한다. 그러나 우리나라 개발사업에서는 총량적인 공급 목표를 중시하기 때문에 각종 개발사업제도는 신속한 사업 추진을 지원하도록 짜여 있다. 사업 추진을 위한 주민의견 수렴 대상은 토지나 건축물의 소유자에 한정되어, 재정비사업의 경우 주민의 70% 이상에 이르는 세입자나 상가 임차인들이 사업 참여 주체가 될 수 없다. 사업 추진을 위한 조사절차는 물리적인 환경과 시설에 대한 조사에 치우쳐 주민들의 특성이나 요구, 지역의 역사, 문화, 환경 등의 특수성은 거의 고려되지 않는다.

재정비사업의 경우 기존의 건축물과 문화적 환경적인 자산들은 신속한 철거의 대상으로 인식되고 있으며, 세입자들과 상가임차인들도 빨리 쫓아내야 하는 장애요소로만 간주된다. 재정비 관련 법률들은 빨리 부수고 빨리 쫓아내어 빨리 지을 수 있도록 제도적으로 지원하고 있다. 그 결과 개발 후 지역의 특성이 변경되거나 주민들의 구성이 바뀌어도 개발의 성과이거나 지역과 주민들의 발전으로 본다.

사유재산권을 강제로 취득하는 토지수용제도

토지수용제도는 공익사업을 추진하기 위해 필요한 토지를 공권력을 활용하여 토지소유자의 의사와 무관하게 강제로 취득하는 제도이다. 자본주의 사회에서 개인의 사유재산권을 중대하게 침해하기 때문에 토지수용제도는 공익 목적에 한정되어야 하고, 그 범위나 대상은 최소화되어야 한다. 당초 공공부문이 수행하는 개발사업에만 한정되었던 토지수용제도가 민간이 수행하는 개발사업의 경우에도 공익을 명분으로 적용되기 시작했다. 「도시개발법」을 필두로 「사회간접자본투자유치를 위한 민자유치법」(후에 「민간투자법」), 「도시 및 주거환경정비법」과 같은 재정비사업, 「기업도시법」, 도시계획시설사업 등에도 광범위하게 토지수용을 허용하게 되었다. 사용(私用)수용이라 불리는 민간주체에 의한 토지수용제도는 토지를 강제로 취득하고 주민들을 축출함으로써 도시개발사업을 신속하고 과도하게 추진할 수 있도록 지원하는 제도적 장치로 활용되고 있다.

각종 개발사업에서 가장 소득수준이 낮거나 주거환경이 열악한 원주민을 강제로 축출하고 토지를 수용한 후에 지역주민과 무관한 외지인이나 외지 기업을 유치하거나, 외지인이 사용하는 골프장과 같은 레저시설을 설치하는 데 토지수용 제도가 활용되고 있는 것이다. 지역경제 발전이나 주택공급 확대, 주거환경 개선 등과 같은 추상적인 공익을 위해 기존의 공동체와 영세 가옥주, 세입자의 주거권 희생을 강요당하고 있는 것이다. 또한 개발 후에 발생하는 개발이익은 대부분 사유화되고 있기 때문에 민간의 이익 창출을 위해 공권력을 활용하는 결과가 된다.

부동산 상품의 매입을 유도하는 부동산 수요 촉진 시스템

과도한 개발이 가능하기 위해서는 개발된 부동산 상품에 대한 안정적인 수요가 뒷받침되어야 한다. 지역경제 수준이나 주민들의 부담능력을 넘어선 과도한 개발사업이 추진되기 위해서는 실수요자뿐만 아니라 투기적·투자적 수요자들의 매입을 유도할 수 있어야 한다. 주택의 분양에 대해서는 주택공급규칙에 따라 분양대상자가 제한되어 있거나 공개모집의 의무를 부과하고 있는 반면, 미분양주택, 상가나 오피스텔, 골프장 회원권 등은 전매를 허용하여 투자와 투기를 유도하고 있다.

경제위기를 계기로 부동산 상품에 대한 수요를 촉진하는 정책들이 부동산 시장 활성화를 위한 규제 완화라는 이름으로 속속 발표되었다. 다주택자에 대한 양도소득세 중과 배제, 입주분양권 전매 제한의 허용, 다주택자에 대한 양도소득 중과 배제, 비사업용 토지에 대한 양도소득세 중과 배제, LTV 및 DTI 규제 완화 등이 그것이다. 이러한 조치들은 무주택자의 주택수요를 충족시키기보다는 오히려 다주택자의 투기적 수요를 유발하는 문제점을 낳을 수 있다.

3. 팽창적 도시개발과 공급만능주의 부동산정책은 지속될 수 있는가?

과도한 도시개발이 낳은 문제들

단기간에 대규모의 개발사업을 추진하는 과정에서 사업속도와 사업물량이 정책의 핵심적인 목표였기 때문에 환경과 역사 문화와 같은 지역의 자산, 주민의 인권과 참여와 같은 민주주의적인 가치, 형평성과 균형발전과 같은 사회적 가치 등은 경시되거나 무시되었다. 대규모 개발 과정에서 환경이 심각하게 파괴되었으며, 개발이 주로 수도권과 대도시를 중심으로 이루어져 지역 간, 도시 간 격차가 확대되었다.

과속성장시대의 부동산 개발은 결코 멈출 수 없는 외발 자전거와 같다. 앞으로는 갈 수 있어도 결코 멈출 수는 없고, 더구나 원상태로 되돌아가기에는 너무나 큰 비용과 희생이 따르는 구조이다. 개발사업의 추진을 발표하는 순간부터 부동산 가격은 폭등하고 단기적으로는 부동산 가격 상승으로 토지나 주택의 소유자가 혜택을 보게 되지만, 결국 높은 부동산 가격 때문에 어떠한 개발사업도 성사될 수 없는 것이 현재의 모습이다.

지역 여건이나 주민과 무관한 부동산 상품의 생산

설사 개발사업이 성사되더라도 기존의 원주민들이 종전과 동일한 수준의 주거생활이나 영업활동을 지속하기 어려운 경우가 많다. 개발사업이 완료되면 개발 이전과는 완전히 다른 도시공간 구조, 건축물, 주민과 산업이 들어서기 때문에 개발지구는 '개발의 섬'이 되고 만다.

개발사업의 내용이나 부동산 상품은 지역의 여건이나 주민들의 부담능력과 무관하게 결정된다. 지역의 역사나 문화적 자산이나 공동체의 가치보다는 잘 팔리는 부동산 상품을 생산하는 데 치중했다. 저소득층이 밀집된 거주지역을 재개발한 후에는 고급의 대형 아파트를 건축하여 원주민들이 거주할 수 없는 지역이 되고 말았다. 재래시장을 재개발한 후에는 주상복합건축물이 신축되어 재대시장은 기능을 상실하게 되었다. 개발사업의 성공이 곧 지역의 발전이나 주민들의 복지증진으로 이어지지 않는 것이다.

부동산 가격의 급등과 개발이익의 사유화

부동산 개발 과정에서 발생하는 개발이익을 환수할 수 있는 제도적 장치가 충분하지 않아서 개발구상의 발표 순간부터 부동산 가격이 급등하여 사업 자체의 추진을 불가능하게 만들거나 분양가격을 상승시켰다. 재개발사업이나 재건축사업, 뉴타운사업과 같은 도시정비사업의 경우에는 대규모 사업의 추진계획의 발표, 사업계획의 승인, 관리처분계획 승인 후의 멸실 등 각 단계를 거칠 때마다 부동산 가격이 폭등하여 주거불안정을 심화시켰다. 개발지역과 주변지역의 부동산 가격이 급등하면서 부동산 보유자들의 자산은 매우 증가한 반면, 개발지역에서 강제로 축출되는 원주민들은 개발 이전 상태의 거주상태나 생활상태, 영업수준을 유지하기 어렵게 된다.

부동산 개발과정에서 막대한 개발이익이 발생했지만, 제대로 환수되지 못했다. 개발사업으로 지가가 상승하고 지가상승으로 인한 이익을 소유자가 독차지하는 한 토지소유에 대한 욕구는 줄어들지 않는다. 우리나라의 지가총액은 공시지가를 기준으로 1980년에 135조 원이었지만, 1990년에는 1,168조 원, 2000년에는 1,411조 원, 2007년에는 3,172조 원으로 급증했다. 이에 따라 1998년~2007년에 지가상승분은 2,002조 원에 달했다. 그러나 지가상승을 통해 발생한 개발이익을 개발부담금제도나 개발제한구역훼손부담금과 같은 직접적인 수단을 통해 환수한 규모는 약 2조 원에 불과하여 전체 개발이익의 0.1%에 불과했고, 기타 부담금과 양도소득세까지 합하더라도 35조 원으로 1.7%에 불과했다(안균오·변창흠, 2009).

주택의 공급 과잉과 수요와 무관한 주택공급으로 인한 미분양주택의 양산

주택의 만성적인 공급 부족에 익숙해져 있는 국내 주택시장에서 주택미분양은 아주 충격적인 사건이다. 그러나 주택미분양은 엄연한 현실이고 정부의 갖가지 지원정책에도 불구하고 여전히 현재 진행형이다. 2005년 이후 지방의 주택시장 침체로 지방을 중심으로 주택미분양이 늘어나기 시작했으며, 미분양현상이 본격화된 것은 세계금융위기 이후이다. 2008년 12월 전국의 미분양주택 수는 16만 호에 이르게 되었으며 그중 85%가 지방 소재 주택이었고, 이 주택의 대부분은 85m^2 이상의 중대형 평형이었다.

미분양주택이 누적된 것은 지역주민들의 수요와 부담 능력을 고려하지 않은 채 투기적 수요에 기대어 입지를 선정하고 주택평형을 결정한 건설업체의 책임이다. 그러나 경제위기 이후 정부는 LH공사와 자산관리공사를 통한 미분양주택의 매입, 미분양주택 매입 시 다주택자에 대한 양도소득세 면제, 취등록세 감면 등의 특례를 통해 건설업체들을 지원했다. 2011년 1월 현재 전국의 미분양주택은 10만 호 미만으로 줄어들게 되었지만, 수도권의 미분양주택은 오히려 증가하고 있다. 그중 악성인 준공 후 미분양주택은 여전히 늘고 있다.

개발지구의 지정 해제 및 사업 중단 요구의 확산

개발을 촉진하기 위하여 각종 규제 완화와 지원의 근거를 규정한 개발특별법에 의해 추진되고 있는 각종 개발사업이 수요를 무시한 과도한 구역 지정과 수요 부족에 따른 사업성 부족으로 사업 추진이 지연되거나 중단 상태에 이르고 있다. 전국적으로 6개 구역에 걸쳐 수억 평에 이르는 경제자유구역은 개발특구의 특성을 살리지 못한 채 사업이 지연되고 구역 내 재산권 행사가 제약됨에 따라 구역 해제 요구가 확대되고 있다. 시범사업으로 무주, 영암·해남, 태안 등 3개의 관광·레저형 기업도시, 무안 산업교역형 기업도시, 원주와 충주 지식기반형 기업도시가 지정된 기업도시에서도 유사한 현상이 나타나고 있다. 무리한 사업 추진에 부동산 경기마저 침체되어 무주기업도시는 올해 1월 개발구역 지정이 해제되었으며, 나머지 기업도시 중 정상적으로 추진되고 있는 곳은 충주기업도시가 유일하다(장경석, 2011).

기성 시가지 내의 재정비사업에서도 사업지연과 주민들의 사업중단 요구가 확대되고 있다. 서울시에서 재정비촉진지구가 지정된 26개 지구 중 착공에 들어간 곳은 시범지구 3곳과 마포 아현, 동대문 전농답십리, 동작 노량진, 동작 흑석, 강북 미아, 서대문 가재울 등 6곳 등 총 9곳에 불과하다. 또한 뉴타운사업 지구 내 241개 정비구역 중 준공된 곳은 19개(7.4%)에 불과하고, 조합이 설립된 곳도 121개(50.2%)뿐이다(서울특별시, 2011). 뉴타운 지구 중 실제 사업이 완공된 지구는 기성시가지 정비가 아니라 나대지 개발의 성격을 지녔던 은평뉴타운지구와 뉴타운지구 지정 이전부터 재개발사업이 진행되었던 길음뉴타운지구가 대부분을 차지하고 있음을 고려하면, 뉴타운지구 지정으로 사업이 촉진된 구역은 거의 없는 셈이다. 경기도 뉴타운사업에서도 당초 지정된 23개 지구 중 재정비촉진계획 수립이 완료된 지구는 12개에 불과하고 12개 지구에서는 사업 중단을 두고 소송이 진행 중이며 3곳은 이미 지정이 해제되었다(변창흠, 2011). 평택 안정 재정비촉진지구는 주민투표를 통해 지구해제가 결정되었으며, 군포 금정지구도 재정비촉진지구 지정효력을 상실했으며, 안양 만안지구도 시장이 사업 중단을 선언했다.

도시 및 주거환경정비법을 통해 추진되는 정비구역에서도 사업성 부족과 토지 등 소유자의 입주부담금 과다의 문제로 각종 소송과 사업지연이 연이어 발생하고 있다. 지금까지 재정비사업에 대한 반대와 중단 요구가 주로 세입자에 의해 제기되었다면 최근의 상황은 오히려 가옥주와 토지소유자를 중심으로 제기되고 있다는 특징을 지니고 있다. 부동산 시장 침체로 사업성이 부족하여 정상적으로 추진되지 못하고 있을 뿐만 아니라 토지나 주택소유자들도 입주금을 부담할 능력이 부족하기 때문이다. 공공부문이 참여하는 지구에서는 가옥주들이 앞다투어 현금 청산을 요구하고 있기 때문에 공공사업자의 브담이 더욱 늘어나고 있다.

부동산에 기반을 둔 지방재정의 한계와 개발공기업의 위기

부동산 시장의 침체는 지방재정의 위기를 초래한다. 부동산 거래가 활성화되고 부동산 가격이 상승해야 지방재정이 안정되는 구조는 본질적인 한계를 안고 있었다. 지방세 중 부동산 관련 세제에는 구세로 재산세가 있고, 시세로 취득세, 등록세, 도시계획세 등이 있다. 이 중 취득세와 등록세는 광역시·도의 지방세수의 약 30%를 차지하고 있다. 부동산 거래가 2006년의 약 절반 수준에 머물고 있기 때문에 부동산의 거래횟수와 거래금액에 비례하는 이 세수가 급감하면서 지방재정의 위기로 다가오고 있다.

부동산 시장의 침체는 과속성장을 전제로 각종 개발사업을 추진해왔던 개발공기업에도 위기로 다가오고 있다. 대표적인 공기업인 LH공사는 누적 부채 119조에 이르러 마침내 구조조정과 사업규모 축소를 발표했고, 국가재정을 통해 적자를 보전할 수 있도록 토지주택공사법을 개정했다. 서울시의 SH공사도 누적 부채가 17조에 이르러 팽창적 개발사업 추진의 한계를 잘 보여주고 있다.

부동산에 기반을 둔 가계자산구조와 계층 간 지역 간 격차 확대

가계자산의 대부분을 부동산이 차지하고 있기 때문에 부동산 가격의 차이가 가계자산의 크기나 지역별 자산의 격차를 결정한다. 계층별 가계자산의 격차는 소득격차보다 훨씬 심각하여 사회적 불평등의 원인이 되고 있다. ≪2010년 가계금융조사 결과≫에 따르면, 상위 20% 가계가 보유한 순자산은 평균 7억 4,863만 원으로 하위 20%가 보유한 순자산 평균 158만 원의 474배에 달했다. 가계 순자산의 47.2%는 상위 10% 가계가 보유하고 있으며, 65.1%는 상위 20%가 보유하고 있다. 이에 따라 가계자산의 불평등을 나타내는 순자산 지니계수는 0.63으로 2009년 가처분소득 기준 소득 지니계수 0.293보다 훨씬 심각한 수준이었다(통계청 금융감독원·한국은행, 2010).

가계자산의 격차는 소득계층별 자산계층별 격차를 키울 뿐만 아니라 지역 간 자산격차 때문에 지역 간 격차를 심화시킨다. 수도권 가계의 순자산 규모는 평균 3억 305만 원으로 평균 1억 6,614만 원인 비수도권 가계의 1.8배에 이른다(통계청·금융감독원·한국은행, 2010). 서울 주택의 평균가격은 4억 6,829만 원으로 전국 주택의 평균가격 2억 4,570만 원의 191% 수준에 달했으며, 6개 광역시의 주택값 1억 4,916만 원의 313%, 수도권 및 6개 광역시를 제외한 나머지 지역의 주택값 1억 1,505만 원의 4배가 넘었다(≪파이낸셜뉴스≫, 2011년 2월 4일 자).

부동산에 민감한 가계자산구조와 가계파산 위기의 확대

부동산 시장팽창구조는 기업과 가계의 부동산 구입을 유발했고, 가계부채 대부분이 주택담보대출로 구성되는 기형적인 구조를 낳았다. 2010년 말 기준으로 가계부채 규모는 795조 4,000억 원에 달하고 개인 금융부채로 보면 896조 원에 이른다. 우리나라 가계부채는 규모가 클 뿐만 아니라 증가속도도 빠르다는 특성이 있지만, 심각성은 가계부채 중 대부분이 주택담보대출로 구성되어 있다는 점에 있다. 2010년 말 기준으로 가계부채 중 주택대출은 362.8조 원이고 그중 357.6조 원이 주택담보대출이다(한국은행, 2011).

우리나라 가계부채의 대부분을 차지하고 있는 주택담보대출은 외부충격이나 변화에 취약하다는 데 심각성이 있다. 우선, 전체 주택담보대출 중 만기가 3년 이하인 대출이 35.6%를 차지하고 있을 뿐만 아니라 일시상환 방식이 46%를 차지하고 있으며, 이자만 납입하고 있는 대출도 전체의 84%에 이른다. 대출조건에 있어서도 변동금리조건 대출방식이 2009년 말 기준으로 92.3%에 이르러 미국의 16.8%나 일본의 32.4%에 비해 월등히 높은 수준이다(참여연대, 2011).

가계부채의 팽창과정을 살펴보면 부동산 시장의 팽창과 밀접하게 연계되어 있음을 확인할 수 있다. 외환위기 이전 약 200조 원에 불과했던 가계부채가 카드 대란 직후인 2000년 말에는 266.9조 원에 달하게 되었으며, 2000년 초반 이후 부동산 시장이 팽창되면서 2003년 말에는 420.9조 원, 2006년까지의 부동산 가격 폭등을 거친 2007년 말에는 630.7조 원으로 확대되었다. 부동산 시장을 팽창시키는 주택정책은 결국 가계부채를 확대시켜왔던 것이다. 더 이상 부동산 가격이 상승하지 않고 금리가 인상되는 경우 가계파산으로 이어질 위험이 높아지고 있다.

팽창형 도시개발을 지속시킬 수 없는 사회경제 여건

인구와 산업구조의 변화

팽창형 부동산개발 패러다임은 소득과 인구의 급증을 전제로 한다. 그러나 경제가 성숙기에 접어들면서 과거와 같은 급속한 소득 증가는 더 이상 불가능한 경제구조가 되었다. 이와 함께 산업구조가 제조업 중심에서 서비스업 중심으로 전환되면서 경제규모가 확대되더라도 더 이상 안정적인 일자리가 늘어나지 않는 구조로 변화하고 있다. 서비스업의 특성상 자영업과 비정규직 고용이 많기 때문에 일자리가 늘어나더라도 고용의 안정성과 지속성을 보장하기 어렵다. 이에 따라 과거와 같이 모기지와 같은 장기대출금융을 통해 주택이나 부동산을 구매할 수 있는 안정적인 고용기반을 갖추기 어려워졌다.

인구구조의 변화도 팽창형 부동산 개발을 어렵게 만드는 요인으로 작용하고 있다. 한국의 베이비 붐 세대는 1955~1963년에 출생한 인구들로 전체 인구의 15.2%에 이르고 있다. 이들 세대의 은퇴가 2010년부터 본격화됨에 따라 부동산 구입 수요가 급격히 위축되고 있다. 이와 함께 저출산 고령화가 급속하게 진행됨에 따라 총인구는 2018년부터, 주요 주택수요층인 40~50대의 인구비중은 2015년부터 감소할 예정이다.

우리나라의 최초 주택구입 연령은 30대 후반에서 40대 초반이고, 평균 퇴직 연령은 50대 중반이다. 주택모기지가 가능하기 위해서는 최소한 20~30년간 안정적인 직장이 보장되어야 한다. 그러나 주택구입 후 15년에 불과한 잔여 예상 재직 기간으로는 장기주택모기지제도가 지속될 수 없으며, 그만큼 주택구입 수요는 위축될 것이다.

◎ 미국의 안정고용 기반 붕괴와 모기지의 한계

도시의 급속한 확대와 팽창에는 안정적인 수요가 뒷받침되어야 한다. 포드주의로 대량생산체제가 구축되면서 생산성이 향상되고 임금소득이 급증하면서 주택에 대한 수요도 커지게 되었다. 도심의 혼잡 증대와 급격한 주택수요의 증가에 대처하기 위해 도시 외곽에 대규모 주택단지가 개발되기 시작했다. 교외화의 확산 현상에는 자동차의 보급 확대와 주간고속도로의 건설, 주택구입을 위한 모기지제도의 도입이 큰 역할을 했다(Levy, 2009).

미국에서 신규 주택의 공급 확대와 자가주택 소유의 확대는 주택모기지제도가 도입되어 안정적인 주택수요와 구입자금 확보가 가능해지면서 본격화되었다. 미국의 연방주택관리국(Federal Housing Administration: FHA)은 1935년 모기지보험 서비스를 시작하여 은행들이 낮은 계약금과 20~30년의 장기 대출기간을 수용할 수 있게 했다. FNMA(Federal National Mortgage Association, 연방정부저당협회)가 설립되면서 연방정부가 은행으로부터 모기지를 구입하면서 이러한 구조는 더욱 팽창되기 시작했다. 모기지제도는 대량생산체제하에서 강력해진 노동조합과 자본 간의 타협의 산물이었다고 할 수 있다. 또한 모기지제도는 고용의 안정성이 강력한 노동조합에 의해 보호될 때만 지속가능한 시스템이었다.

그러나 1970년대 들어 포드주의가 붕괴되기 시작하면서 자본의 국내외 이동성이 확대되고 고용의 유연성은 증대되면서 고용의 안정성이 더 이상 보장될 수가 없었다. 고용의 안정성이 보장되지 않은 상태에서 국가가 지지계층의 확보를 위해 정치적 슬로건으로 자가주택소유촉진정책(Home Ownership Society)을 추진하면서 장기대출로 인한 신용의 위험은 확대되었다. 미국의 서브프라임 모기지제도는 이러한 위험을 파생상품을 통해 분산했지만, 고용의 불안정과 저성장 경제 여건에서는 대규모 모기지를 통한 자가주택소유촉진정책은 지속될 수가 없었다. 결국 주택공급 과잉과 가계의 지불능력의 한계로 이 시스템이 붕괴되면서 금융위기를 초래하게 된 것이다.

부동산 가격 불안정의 경험

부동산이 안정적인 투자자산으로서의 매력이 떨어지게 된 최근의 부동산 시장상황도 더 이상 팽창형 도시개발을 지속하기 어렵게 만들고 있다. 1997년 후반기의 IMF 경제위기, 2005년 이후 지방주택시장의 장기 침체, 2007년 이후의 수도권 주택시장의 침체, 2008년 후반기에 세계금융위기가 발생한 이후 전국적인 부동산 가격 급락 등을 거치면서 안정적인 투자자산으로서 부동산의 매력은 상당히 감소되기 시작했다. 부동산 가격의 장기적 상승에 대한 기대가 불안감으로 변화하게 된 것이다.

부동산 가격의 예측 불가능성 때문에 실수요가 아닌 투자적·투기적 수요의 기반이 위축되기 시작했다. 원리금 상환능력을 초과하는 대출금을 통해 과도하게 대형의 고급주택을 구입하거나 당장의 실수요보다는 상속이나 장기적인 자산가치 증식을 목적으로 부동산에 투자하는 경향이 줄어들기 시작한 것이다. 주택구입에서 소형평형에 대한 수요의 증가 현상이나 재개발사업이나 재건축사업에서 조합원의 현금청산 요구의 확대가 이러한 현상을 잘 보여주고 있다.

사업성 부족과 규제 완화의 역설

부동산에 대한 수요 감소와 부동산 가격의 안정으로 사업성이 떨어진 도시개발사업과 재정비사업이 위기를 맞이하게 되면서 사업성 제고를 위한 정부의 재정지원과 규제 완화에 대한 요구가 확대되고 있다. 사업 추진을 촉진하고 부족한 사업성을 보완하기 위해 정부가 자금을 지원하고 규제를 완화하는 경우 불필요하거나 불가능한 사업이 일시적으로 다시 추진될 수 있지만, 오히려 도시나 국가 전체의 부담이 될 수 있다. 수요를 고려하지 않은 개발사업의 추진은 부동산 상품을 과도하게 많이 생산하여 또다시 수요 확대를 위한 규제 완화를 요구하게 된다. 최근 정부가 전세대란 해소방안으로 발표한 분양가 상한제 폐지나 수요 확대를 위한 DTI 규제 완화 기간의 연장 추진계획이 대표적인 사례이다.

수요부족과 과잉개발에서 비롯된 개발사업의 문제를 새로운 수요 창출과 개발사업의 촉진을 통해 해소하는 경우 끊임없는 악순환에 빠질 우려가 있다. 부동산 상품의 과잉생산뿐만 아니라 건설산업의 과잉팽창도 경제 전체에 부담이 될 수 있다. 오히려 투자적 가치를 기준으로 한 부동산 상품이 아니라 실수요에 기반을 둔 맞춤형 부동산 개발이나 재정비사업을 추진하도록 도시계획제도나 도시관리정책을 재정비해야 한다.

정부 재정적자와 공공부문의 부담능력 한계

각종 부동산 개발사업이 사업성 부족으로 지연되거나 중단되면서 정부나 지자체의 재정지원 요구가 확대되고 있다. 경기도는 재정비촉진지구별로 1,000억 원 규모로 공공기반시설에 대한 정부의 재정지원을 요구하고 있으며, 재개발사업에서도 기반시설의 지자체 부담을 요구하는 목소리가 높아지고 있다. 그러나 전국에서 지정된 재정비촉진지구만 78개에 이르러 경기도의 요구대로 정부의 재정지원이 이루어지기 위해서는 7.8조 원의 예산이 소요된다. 기업도시나 혁신도시, 경제자유구역 등 개발사업에서도 정부의 재정지원 요구가 확대되고 있다.

이명박 정부는 작은 정부와 규제 완화 같은 보수당 정책기조를 전면에 내세우고 출범한 이래 종합부동산세나 소득세 등에 대해 감세정책을 실시해왔다. 감세정책은 정부의 재정적자를 확대시켰으며, 지방자치단체들에 대한 지방교부금 규모를 줄이는 결과를 낳았다. 지자체들로서는 부동산 시장 위축으로 인한 부동산 관련세수의 감소까지 겹쳐 재정운영에 더욱 어려움을 주고 있다. 이미 지정된 정비구역의 수와 규모와 비교해보면, 지자체가 재정비사업을 지원하기 위해 확보하고 있는 도시환경정비기금은 너무나 미약한 수준이다.

결국 개발사업이나 재정비사업을 촉진하기 위한 정부나 지자체의 재정지원에는 한계가 있을 수밖에 없고, 공공부문의 주도적인 사업참여에도 한계가 생기게 되었다. 이러한 사정을 고려하면 각종 개발사업이 시장이나 주민의 능력이 확대될 때까지 사업의 추진속도를 늦추는 것 외에는 달리 대책을 마련하기가 어렵다.

4. 저성장시대의 도시개발방식과 부동산정책의 모색

저성장시대 도시개발의 원칙

그동안 개발은 곧 발전이고 성장이며, 주택문제의 유일한 해결책이라는 믿음 때문에 도시나 국가 전체가 감당하기 어려울 정도로 많은 개발지구가 지정되었고, 개발계획이 수립되고 개발이 이루어져 왔다. 그러나 개발을 위한 계획 수립이나 사업 추진 과정, 개발이익의 배분에서 주민이나 지역의 특수성에 대한 배려와 사업 추진 과정에서의 주민참여는 보장되지 않았다. 오히려 지역의 특수성이나 주민들의 주거권이나 생존권 보장, 세입자 대책 등에 대한 요구와 저항은 개발사업을 지연시키는 장애요소로 인식되었다. 지자체들도 앞다투어 개발지구의 지정을 위해 경쟁해왔으며, 개발의 신속한 추진을 위해 행정적 지원을 아끼지 않았다.

그러나 도시의 수용 능력이나 주민들과 소비자의 부담능력을 넘는 개발은 결코 성공할 수 없으며, 정부나 공공부문의 지원에도 한계가 있는 것이 확인되었다. 이제 지자체는 한편으로는 이미 개발지구가 지정된 사업을 촉진해야 하고, 다른 한편으로는 지연되고 있는 개발사업을 정리해야 하는 이중의 부담을 안게 되었다. 그러나 어떤 사업을 추진하고 어떤 사업을 중단해야 하는지에 대해 아무런 원칙과 기준조차 마련되어 있지 않은 것이 현실이다.

인구규모가 절대적으로 감소할 뿐만 아니라 고령화가 급속하게 진행되는 현실을 맞이하여 지자체의 도시개발사업과 부동산정책은 다음과 같은 원칙을 우선 정립해야 한다.

첫째, 도시개발사업은 물리적 시설 개선사업이 아니라 지역사회의 종합적인 발전방안의 일환으로 추진되어야 한다. 도시개발사업이 단순히 물리적인 환경을 개선하거나 주택의 공급확대라는 목표를 달성하는 수단으로 추진되던 시대는 지나갔다. 도시개발사업은 지역의 진정한 발전과 주민들의 복지를 위한 종합정비방안이며 근본적인 발전방안이 되어야 한다.

둘째, 도시개발사업에 대한 지자체의 역할은 사업의 신속한 추진을 지원하는 데 있는 것이 아니라 도시발전에 대한 종합계획 수립자이자, 주민합의 형성과 참여를 유도하는 촉진자로서 역할을 담당해야 한다. 개발사업의 결과 지역주민 대다수를 내쫓고 그 공백을 외부인으로 교체할 수 있을 것이라는 기대는 점점 희박해지게 되었다. 전국적으로 유사한 사업이 동시에 진행되고 있으며, 이미 확정된 개발계획만으로도 수용 능력을 넘어섰기 때문이다. 이제부터 지자체는 현재 거주하는 주민들의 주거복지와 생활복지를 향상시킬 수 있는 개발구상을 주민들의 참여와 합의 속에 형성해내도록 지원하는 역할을 담당해야 한다.

셋째, 도시개발사업의 추진 과정을 주민들을 위한 사회적 학습과 민주주의 교육의 장으로 이해해야 한다. 도시개발사업 추진 과정은 지역사회의 주민들이 공동체의 문제를 공유하고 발전을 위한 방향을 설정하며 함께 참여하여 계획하고 실행하는 기회가 되어야 한다. 작은 공동체에서 지역사회의 발전을 위한 합의와 실천이 곧 우리 사회의 민주주의를 실현하는 과정임을 인식해야 한다.

넷째, 도시개발사업은 보편적인 부동산 상품을 만드는 것이 아니라 도시의 역사와 문화에 기반을 둔 고유한 가치를 만들어내는 과정이 되어야 한다. 주택수요 급등기에는 공급량의 절대부족 자체가 문제이기 때문에 총량공급 확대를 가장 우선시할 수밖에 없었다. 그러나 공급부족의 문제가 해소되고 난 이후부터 다양한 수요에 맞는 상품을 개발하지 않으면 성공할 수가 없게 되었다. 지역의 역사와 문화를 중시한 개발, 문화·예술을 테마로 하는 공간개발을 통해 표준화된 대량생산형 공간이나 건축물과 차별화를 시도해야 한다. 단순히 부동산의 분양 후 자산가치의 증가를 전제로 한 부동산보다는 차별화된 장소 조성을 통해 새로운 공간가치를 증대시키기 위해 노력해야 한다.

다섯째, 개발 후 청산이 아니라 관리와 운영이 중심이 되는 개발이 되어야 한다. 경제가 성숙단계에 접어들고 인구가 고령화되면서 시장팽창기나 개발기와는 달리 부동산의 개발이나 분양, 관리 방식이 변화해야 한다. 부동산 시장의 안정기에는 부동산 개발사업에서 자산가치의 증대를 통한 자본이익보다는 부동산 상품의 장기적인 운영이나 임대를 통한 수익확보를 중시하기 마련이다. 시공사가 중심이 되어 분양수입의 극대화만을 추구하는 우리나라의 사업 시행방식과 달리 일본의 부동산 회사들은 부동산의 기획과 개발, 운영, 관리를 통해 수익을 추구하는 종합부동산회사로 운영되고 있다. 개발 후 청산하는 사업방식을 확대하고 사업 초기부터 지자체와 주민이 참여하여 개발구상 단계에서 이후 관리운영방안을 반영하고 사업 종료 후 도시의 시설관리뿐만 아니라 공동체 관리와 지역산업 육성, 혁신체계 구축 등을 주도하도록 개발사업구조를 개편해야 한다.

도시개발사업의 전면 재조사와 사업 추진 속도 조절

도시개발사업에 대한 재조사의 시행

국가 차원에서는 전국에서 시행 중인 각종 도시개발사업의 총량과 현황을 조사하여 실행 가능성과 타당성, 환경적 수용 가능성을 종합적으로 재평가할 필요가 있다. 대부분의 개발사업이 개발특별법에 의해 추진되고 있기 때문에 이들을 적절히 통제하기 위해서는 국토연구원에서 제안하고 있는 「지역개발통합지원법」을 적극적으로 검토할 필요가 있다. 그러나 근본적으로는 각종 개발특별법을 통합하는 법률을 제정하여 부처별로 개별 법률별로 추진되는 각종 도시개발사업을 종합적으로 제어할 필요가 있다.

지자체 수준에서도 현재 개발계획이 수립되었거나 추진 중인 사업을 전면 재조사해야 한다. 개발사업 관련 법률에서 정한 지구 지정 요건만 갖추면 총량에 대한 고려 없이 개발지구나 정비구역이 지정되어왔기 때문에 개발이 완료된 이후 도시 전체의 공간구조, 주택유형, 경관, 주민들의 부담능력 등이 어떻게 될 것인지에 대해서는 검토하지 않았다. 자치구나 기초자치단체 차원에서도 개발지구별로 개발계획이 실행되었을 때, 지자체가 수용 가능한지에 대해 종합적으로 평가해야 한다.

사업 추진 우선순위의 결정

개발사업의 추진 우선순위는 물리적인 노후도뿐만 아니라 지역주민들의 가구원의 특성, 거주주택의 구조와 평형, 주택소유 여부, 가구원의 소득과 지출수준, 일자리 등을 종합적으로 검토하여 결정해야 한다. 또한 개발사업이나 재정비사업이 추진된 이후 기존의 특성이 어떻게 변화할 것인지를 비교하여 사업 추진 여부와 방식, 사업내용을 결정해야 한다. 재정비사업 이후에 공급되는 주택이나 상가가 원주민들의 소득이나 지출, 부담능력을 고려할 때 적정한 수준인가를 판단해야 하고, 그 부담능력을 초과하는 경우 어떠한 방식으로 그 격차를 메울 수 있는지를 검토해야 한다. 예를 들어 정비대상지역에 거주하는 가구가 부담해야 할 입주금이 부담능력을 초과하거나 지속적인 소득창출이 필요한 경우 공급하는 주택평형을 낮추거나 소규모 상가를 별도로 공급하는 방식의 다양한 분양조합을 구성해야 한다.

서울시에서는 재정비사업에서 권역별로 주택멸실량이 주택의 신규 공급량을 초과하는 경우 정비사업계획이나 관리처분계획의 승인을 제한하는 권역별 관리제도를 도입하기로 했다. 그러나 시기조정을 통해 권역별 재정비사업으로 공급되는 주택 수가 멸실되는 주택 수보다 많다고 하더라고 원주민들의 주거불안정과 주택시장 불안정 문제는 여전히 해결되지 못한다. 소형의 저렴주택을 대규모로 철거하는 반면, 대형의 고급주택을 공급하게 되면 비록 주택공급량이 많더라도 원주민들은 이 주택을 구입하거나 임대료를 부담할 능력을 갖추지 못하기 때문이다.

현재와 같은 전면 철거방식의 도시정비사업에서는 이주대책비나 공공임대주택을 제공하더라도 가옥주나 세입자가 재정착하기 어렵다. 따라서 주택이 철거된 원주민들이 임시로 거주할 수 있는 가수용 단지가 보장된 경우에 한해서 재정비 사업을 추진할 수 있도록 순환재개발을 의무화해야 한다. 또한 재정비 사업구역 단위별로 주택공급계획과 보상대책만을 고려할 것이 아니라 전체 도시 차원에서 저렴주택과 임대주택의 총량과 부담능력 등을 종합적으로 고려하여 재정비사업에 대한 계획과 사업승인이 이루어져야 한다.

공공부문의 역할 확대와 지원의 전제조건

지금까지 도시개발사업에서 공공부문의 역할은 상반되는 모습을 띠어왔다. 한편으로는 공공부문이 조직 확대와 예산 확보를 위해 과도한 개발을 주도하여 과잉개발과 과속개발을 유도했다. 그러나 많은 도시개발사업에서 공공부문은 형식적인 인허가 절차를 수행할 뿐 주민의 실태 조사, 주민 참여 현황, 사업 추진으로 인한 도시 파급효과 분석, 주민 이주 및 생활 대책 등에 대해서는 거의 역할을 하지 않았다. 또한 대부분의 개발사업은 개발 과정에서 발생하는 개발이익을 활용하는 방식으로 추진되었기 때문에 공공부문이 도시개발을 위해 재정지원을 하는 경우가 많지 않았다.

공공부문이 개발사업에 대해 적극적인 관리자로서의 역할을 수행하기 위해서는 사업 추진에 대한 명확한 원칙과 기준이 마련되어 있어야 한다. 또한 공공부문이 재정적인 지원을 하기 위해서는 어떤 개발지구를 우선적으로 추진할 것인지를 평가하는 객관적인 기준이 마련되어 있어야 한다. 그렇지 않은 경우 전국적으로, 지자체 전역에 걸쳐 개발지구로 지정된 사업을 모두 지원하는 데는 인력이나 재원에 한계가 있기 때문이다.

개발사업에 대해 공공부문이 직접 지원하거나 공용주체가 개발하는 경우에는 주택건설의 내용과 공급대상, 원주민 재정착, 보상, 순환재개발뿐만 아니라 개발이익의 배분에서 민간개발사업과 다른 기준을 적용해야 한다. 이러한 기준의 적용에 동의하는 개발지구나 재정비사업구역에 한정하여 공공부문의 지원이 이루어져야 한다.

도시개발 과정에서 주민들의 권리보호와 참여의 보장

도시개발사업은 단순히 주거환경을 물리적으로 개선하는 사업에 그치지 않고 지역 내 사회적, 역사·문화적인 관계를 근본적으로 개편하는 사업이 되어야 한다. 이 지역 개편사업이 정당화되기 위해서는 대다수 주민의 참여가 반드시 보장되어야 한다. 그러나 현재의 개발사업 방식은 총량적인 주택공급과 물리적인 개선을 통해 토지 등 소유권자의 재산권 가치가 증가하면 타당성 있는 사업이 되고, 공공부문이 이 계획을 승인권을 통해 수용하는 방식을 취하고 있다. 지역주민들의 참여는 지역사회의 재편이 아니라 재산권 가치증대만을 목적으로 이루어진다.

도시를 개발하는 과정에서 모든 주민이 동의하고, 단 한 사람의 손실도 없이 사업이 추진될 수는 없다. 다만, 얼마나 많은 주민들이 계획과 개발, 이익의 배분에 참여할 수 있도록 제도화되었는가, 어느 정도의 손실을 어떠한 기준으로 보상해줄 것인가를 판단해야 한다. 주민동의에 있어서는 도시개발지역에 거주하는 모든 주민에게 동일한 정보가 제공되어야 하며, 동일한 기회가 보장되어야 한다. 재개발사업의 경우 추진위원회 구성원의 자격 규정, 주민대표자 회의의 구성 규정 등에서 토지소유권자가 아닌 주민들의 참여도 보장되어야 한다. 시장·군수가 정비계획을 수립하고 정비구역 지정을 신청할 때 현재와 같이 형식적인 주민공람, 지방의회의 의견청취를 구하는 수준의 참여를 넘어 전체 지역주민이 실질적으로 참여하는 절차를 마련해야 한다.

각종 개발사업의 추진으로 발생하는 개발이익은 주민 전체가 공유할 수 있도록 제도가 개선되어야 한다. 공익사업이라는 이름으로 토지와 가옥이 수용되고 철거가 이루어져도 사업의 신속한 추진을 위해 주민들의 이익이 침해되는 것을 당연시해왔다. 따라서 개발사업에서 보상의 원칙은 토지취득보상의 일반적인 기준이나 개별 개발법상의 보상기준을 넘어서서 주민들이 최소한 개발 이전의 상태를 보장받도록 하는 것으로 정립되어야 한다. 개발 과정에서 용도변경이나 용적률 상향 조정을 통해 발생한 개발이익은 토지 등의 소유자에게만 귀속될 것이 아니라 기반시설의 확충, 세입자를 위한 임대주택의 건설, 지역전체의 일자리 창출 등을 위해 쓰여야 한다.

커뮤니티가 주도하는 주민주도형 사업방식의 사례와 사업 모델

미국의 도시재정비사업에서 비영리조직의 역할

미국의 도시재정비사업에서 가장 중요한 역할을 하는 주체는 커뮤니티개발공사(Community Development Corporation, CDC)이다. 이 조직은 1967년 포드재단이 당시 뉴욕주 상원의원이었던 로버트 케네디와 제이콥 자비트와 함께 뉴욕시의 브루클린에 설립한 'Bedford-Stuyvesant Restoration Corporation'이 효시인 것으로 알려졌다(심상욱, 2004).

교외의 주거타운이나 외곽의 대규모 쇼핑센터는 주로 민간개발회사에 의해 단일 기능을 목적으로 개발이 이루어지는 반면, 이 공사는 주거지역 정비뿐만 아니라 산업단지 및 쇼핑센터 건설, 보육과 직업 교육 등을 종합적으로 정비한다. 이 조직의 이사회의 구성이나 운영주체에는 지자체, 지역주민, 대학, 민간기업, 공공단체, 자원봉사조직, 전문가 등이 참여하고 있어서 상향적 개발을 지향하고 있다.

시카고시의 커뮤니티개발회사인 시카고 커뮤니티 토지트러스트(CCLT)는 시카고시와 디벨로퍼, 금융기관이 주도하여 참여하고 있으며 주로 저렴주택을 공급하는 역할을 담당하고 있다. CCLT가 건설한 주택을 구매하는 가구는 CCLT와 99년간 소유권 계약을 체결하고 주택을 매매하는 경우에는 CCLT가 정한 소득기준에 맞는 구매자에게만 양도할 수 있다. 이러한 유형의 주택은 우리나라에서 도입되었던 환매조건부 주택과 유사한 것으로 매매대상뿐만 아니라 양도가격도 미리 규제하고 있다. 양도가격은 기존 구매가격에 시장가격 상승의 일정부분과 개인적으로 수선, 유지 등을 위해 투자한 비용 등을 합산한 금액으로 결정한다.

영국의 결핍커뮤니티 재개발사업과 주민주도형 네트워크

영국은 1960년대 이후 전통산업의 경쟁력 약화로 도시쇠퇴 문제가 본격화되면서 중앙정부 주도로 강력한 도시재생정책을 수행하였다. 도클랜드 개발로 대표되는 영국의 도시재생정책은 중앙정부가 설립한 도시개발공사가 물리적 개발과 경제적 재생에 초점을 맞춘 것이었다. 그러나 이 과정에서 지방정부나 지역커뮤니티의 참여가 부족하였고 사회적인 문제에는 소홀하였다는 비판이 제기되었다. 그에 따라 지역커뮤니티가 주도하는 새로운 재생방식을 도입하기 시작한 것이다.

영국의 노동당 정부가 채택한 대표적인 도시재생사업은 결핍커뮤니티 재생사업이다. 실업률과 사망률, 문맹률, 범죄율 등이 높고 노후불량주택과 성적부진 아동의 비중이 높은 지역을 결핍커뮤니티로 선정하고 이 커뮤니티는 정부, 기업, 자원봉사단체 간의 파트너십을 통해 추진하며 주택문제뿐만 아니라 일자리 창출과 범죄 예방, 커뮤니티 시설 확충 등을 종합적으로 접근하는 것이 이 재생사업의 특징이다. 영국의 도시재생사업에서 가장 중요한 역할을 담당하는 주체가 CEN(Community Empowerment Network)로, 정부로부터 재생사업의 책임을 위임받고 재생사업 관련 자금을 관리하고 집행하는 역할을 한다. 이 기구의 가장 중요한 역할은 재생사업 대상 지역의 자발적인 주민조직체와 유관기관들의 참여를 독려하고 파트너십을 확대하는 것이다(하성규, 2006).

일본의 주민참여를 통해 시행하는 밀집주택 시가지정비사업

밀집주택 시가지정비사업은 고베 대지진 이후 노후 목조주택이 밀집한 시가지를 정비하는 사업으로 낙후된 시가지의 방재 기능을 향상하고 주거환경을 개선하기 위해 추진되어 온 정비수법이다. 일본에도 노후화된 목조주택을 매수하여 전면철거하고 개량주택을 건설하는 '주택지구 개량사업'이 있지만 장기적인 부동산 시장의 침체와 정부 재정부담 능력의 한계 때문에 거의 활용되지 않고 있다(정윤희 외, 2010).

대표적인 밀집주택 지구라 할 수 있는 도쿄도 스미다구 교지마(京島) 지구에서는 1980년대부터 주민참여에 의한 수복형 마을만들기 기법으로 정비가 이루

어지고 있다. 도쿄도와 스미다구는 다양한 정비수법을 검토한 후 주민의향조사와 주민설명회를 통하여 주민들의 의견을 수렴하고 민관이 함께 참여하는 마을만들기 검토회를 구성하여 정비사업을 시행하고 있다. 스미다구가 주민들과 함께 참여하여 설립한 '재단법인 스미다마을만들기공사(墨田まちつくり公社)'가 사업주체가 되어 주민들에 대한 설득과 정비사업을 수행하고 있다. 세입자들과 가옥주들이 거주할 수 있는 커뮤니티 주택을 우선 확보한 후에 가옥을 철거하고 도로나 쌈지공원 등을 설치하는 순환정비방식을 채택하여 원주민의 재정착률을 높이고 있다. 정비사업에 소요되는 비용의 3/4는 국가가 지원하고 공공시설 정비를 위해 필요한 토지는 구의 도시재생기구가 직접 매입한다.

NGO와 전문가가 참여하는 새로운 도시개발사업 모델의 개발

현재 주택조합은 공동투자 개념으로 지역조합, 직장조합, 재개발조합 등으로 구성되어 있다. 그러나 지역조합이나 직장조합은 공동투자를 통해 자가분양주택을 취득하는 데 목적을 두어 사실상 공공성을 잃고 있다. 반면, 재개발이나 재건축 조합은 당초 공공이 담당하던 재개발사업을 조합이 수행하게 되었으나 공공성보다는 토지 등의 소유자로 구성된 조합원들의 부동산 개발이익을 극대화하는 조직으로 활용되고 있다.

주택의 개발을 위한 기본구상의 수립, 주민의 참여, 지역공동체의 지속가능성을 보장하기 위해서는 기존의 조합을 대체하는 새로운 개발주체를 도색할 필요가 있다. 토지 등의 소유자가 소유권을 기반으로 설립하는 조합이 아니라, 지역의 주민들과 지자체, 공공기관, NGO가 지역의 지속가능한 발전과 주민의 주거안정을 위해 별도의 주택개발 및 관리주체를 설립할 필요가 있다.

도시개발이나 도시정비사업에서 NGO의 역할 확대는 매우 중요한 의미를 지닌다. 그동안 각종 개발사업에서 NGO의 역할은 개발과정에서 발생하는 환경파괴와 사업성 부족과 예산 낭비, 주민들의 재산권의 강제수용과 강제철거에 따른 인권 침해 등에 대해 비판하고 주민을 대변하여 항의하는 데 머물렀다. 그러나 최근 주거 관련 단체나 도시 관련 단체들이 대안적인 도시개발 도델이나 주민참여형 지역재생 모델을 개발하거나 사회적 기업을 통해 주민을 지원하는 역할을 수행하고 있다. 이러한 역할을 확대하여 NGO가 직접 도시개발의 주체로 참여할 수 있도록 지원할 필요가 있다. 미국의 시카고 지역사회 토지트러스트(CCLT)나 일본의 'Mild Hope Zone 협의회', 영국의 'Retail Birmingham Limited' 등은 좋은 사례가 될 수 있다.

전면 철거형 물리적 정비방식을 대체할 현지개량형 주거환경복지사업 모델

기존의 전면 철거형 정비방식은 원주민들의 재정착률을 떨어뜨릴 뿐만 아니라 수익성 위주로 정비구역이 결정되기 때문에 주거환경이 열악하거나 주민들의 부담능력이 떨어지는 지역에서는 정비사업이 이루어지지 못한다. 이러한 문제점을 극복하기 위해서는 기존의 주택과 주거지를 활용하고 지역주민들이 참여하는 새로운 정비모형을 적극적으로 개발하여야 한다.

현재 서울시에서는 휴먼타운을, 경기도에서는 자율정비구역 지정방안을 제안하고 있다. 그러나 아직 주민이 주도하는 정비모형에 대해서는 체계적인 연구와 개발모형의 발굴이 미흡한 실정이다. 각 지자체는 기존 주택을 정비하는 대안적 설계모형을 개발할 수 있도록 예산을 배정해야 한다. 기존 주택을 소규모로 정비하는 기법, 디자인 모형, 지자체 지원 방식을 연구해야 한다. 아울러 주민이 주도하되 지자체나 공기업, NGO 등이 참여하고 지원하는 재정비모형을 개발하여 보급해야 한다. 또한 각 지자체가 소규모로 기존 주거지를 정비하는 모범적 사례를 찾아내고 이를 지원하는 노력도 필요하다. 도시재정비와 관련된 시민사회단체나 사회적 기업을 지원하여 이러한 움직임을 촉진하고 좋은 사례로 발전할 수 있도록 지원해야 한다.

최근 재개발행정개혁포럼에서는 공공이 도시기반시설 등을 지원하고 주민들이 직접 자기책임하에 집을 개량하는 '공공지원 주민참여' 방식의 재개발사업 방식으로 가칭 '주거환경복지사업(가칭)' 방안을 제안하고 있다. 도시기반시설의 설치와 주거세입자를 위한 공공임대주택, 주거환경개선과 주민생활지원에 필수적인 주민공동시설, 문화시설, 상업시설 등은 국가나 지방자치단체의 공공재정으로 충당하고, 원주민들이 자기 집을 개량하는 비용만 부담하되 영세한 원

주민들의 경우에는 저리의 금융지원 등을 통하여 집개량비용을 지원하는 방식이다(김남근, 2011).

이 모형은 재정비사업을 단순한 물리적 정비사업이 아니라 그 지역에 거주하는 저소득층에 대한 복지대책을 최우선적으로 고려하는 것으로 대안적 정비모형이자, 뉴타운사업 지구내 존치구역을 확대하여 적용해볼 만한 제안이다. 각 지역의 재생방안과 저소득층에 대한 복지대책은 획일적으로 결정하기 어렵다는 점을 고려하면 각 지역별로 다양한 개발과 정비모형을 지역사회의 각 주체가 참여하여 공동으로 학습하면서 바람직한 개발방안을 마련하도록 지원하는 것이 무엇보다 중요할 것이다.

5. 나오며

고도성장시대에 부족한 인프라, 산업시설, 가용토지와 주택을 단기간에 신속하게 대량으로 공급해야 했던 경험과 이를 뒷받침하던 시스템이 저성장시대에는 오히려 부담이 되고 있다. 그동안의 개발사업은 최소한의 비용으로 토지와 주택을 신속하게 개발하고 공급하는 것을 지상의 목표로 설정해왔기 때문에 사업의 내용과 도시의 특성, 주민들의 참여와 요구 등을 충분히 고려하지 못했고 그럴 필요조차 느끼지 않았다. 그동안 신속한 도시개발사업과 주택건설, 인프라 공급 등을 주도하기 위해 설립되었던 개발공기업, 토지수용권과 개발특별법 등의 제도적 장치들은 이제 너무 많은 부작용을 낳고 있음이 밝혀졌다.

사회양극화가 심화되고 사회복지 요구가 증대되면서 공공부문의 역할은 더욱 커지고 재정적인 지원 확대요구는 늘어가고 있다. 그러나 성장이 정체되면서 중앙정부나 지방정부의 재정부족은 더 심각해지고 있어서 이를 감당할 능력을 갖추지 못하고 있다. 성장과 팽창 시대와 달리 저성장 시대에는 민간부문의 사업성에 기대어 개발과 사회적 서비스를 기대하기에는 성장과 팽창시대와 달리 수익성도 부족할 뿐만 아니라 사회적 배분문제도 발생하게 된다. 공공부문은 공권력을 활용한 행정지원, 규제 완화와 재정투입을 통해 일방적으로 개발사업을 추진할 것이 아니라 새로운 형태의 역할을 찾아야 한다. 공공부문을 정부부문에 한정할 것이 아니라 주민, NGO, 전문가 등을 포함하는 더 큰 공공부문으로 확장하여 개발사업의 전 과정에 참여하도록 새로운 사업 절차를 만들어야 한다.

지금까지의 도시개발사업은 토지소유자, 시공사, 개발업자, 지자체장, 정치인 등 발언권과 영향력이 있는 주체들이 합리적인 선택을 하면 그 결과도 최선일 것이라는 기대 속에서 추진되어왔다. 그러나 제도적으로 보장된 참여자들의 합리적 선택의 총합은 사회적 공익에 기여하지 못하고 많은 문제점을 낳아왔다. 특히 세입자나 임차상인, 기타 도시 내에서 활동하는 주민들은 시장에서 또는 제도적으로 발언권을 갖지 못한 채 도시개발 과정에서 배제되어왔다. 그 결과 대다수의 세입자, 임차상인들, 도시의 거주자들은 종전보다 더 열악한 주거생활, 영업활동을 감수할 수밖에 없는 경우도 많았다. 도시개발이 도시의 발전을 위한 개혁의 과정이라면 저성장시대의 도시개발은 더 많은 주체의 참여 속에서 서로를 이해하고 도시의 지속가능하고 창의적인 미래를 함께 계획하고 학습하는 기회가 되어야 한다.

참고문헌

경제개혁연대. 2008.「정부의 건설사 지원 대책 관련 의견서」(2008.10.22).

권 일 외. 2011.「인구감소시대의 도시정책 과제」. ≪도시정보≫, 1월호(통권 346호).

기획재정부. 2008.「7% 성장 능력을 갖춘 경제: 세부 실천 계획」. 업무보고 자료(2008.3.10).

김남근. 2009.「주거기본권 보장과 강제철거의 인권침해 근절방안」. 학술단체협의회 외 주최 "용산참사 학술단체 공동토론회"(2009.2.12) 자료집.

_____. 2011.「재개발사업의 당면문제와 재개발 복지정책의 필요성」. 민주당 뉴타운대책특위 발표 자료.

김상조. 2008.「세계 금융 위기의 현황 및 한국 경제의 미래」. 한국미래발전연구원 월례세미나 발표 논문(2008.10.31).

김수현. 2008a.『주택정책의 원칙과 쟁점』. 한울아카데미.

_____. 2008b.「이명박 정부의 부동산 정책 평가와 과제」. ≪주간 동향분석≫, 제6호.

_____. 2009.「재개발(뉴타운) 사업의 문제점과 대안」. 학술단체협의회 외 주최 "용산참사 학술단체 공동토론회"(2009.2.12) 자료집.

김정호. 2005.『왜 우리는 비싼 땅에서 비좁게 살까: 시장경제로 풀어보는 토지 문제』. 삼성경제연구소.

남 진 외. 2004.「기성시가지 정비방향: 주거지를 중심으로」. ≪도시정보≫, 9월호.

변창흠. 2004.「지역균형발전을 위한 성공적 기업도시의 조건」. ≪공간과 사회≫, 제21호(2004.12). 도서출판 한울, 24~53쪽.

_____. 2005.「신개발주의적 지역개발사업 막는 길」. ≪문화과학≫, 가을호.

_____. 2008.「도시 재생 방식으로서 뉴타운사업의 정책 결정 과정과 정책 효과에 대한 비판적 고찰」. ≪공간과 사회≫, 제29권.

_____. 2010a.「도시권을 기준으로 본 도시재정비사업의 구조와 대안」. 한국공간환경학회 외. "도시와 정의, 도시와 권리 학술문화제"(2010.12.3) 자료집.

_____. 2010b.「재개발 뉴타운사업의 현황과 정책 과제」. 대한변호사협회.『2009 인권보고서』.

_____. 2011.「뉴타운 권력의 허실과 경기도 뉴타운의 출구전략」. 제2회 경기도시·주택포럼 주최 토론회 "경기도 뉴타운, 어떻게 할 것인가?"(2011.4.19)

서순탁. 2001.「21세기 새로운 토지정책의 방향」. "21세기 정보화시대 토지정책 방향에 관한 토론회" 세미나 자료

서울특별시. 2007.「뉴타운사업에 따른 원주민 재정착률 제고방안」. 서울시정개발연구원 연구보고서.

_____. 2011.「서울시, 무조건 철거하는 주거정비 안 한다」. 보도자료(2011.4.14).

심상욱. 2004.「도심활성화에 있어 비영리부동산개발회사의 역할에 관한 연구」. ≪한국지역개

발학회지≫, 제16권 제4호: 183~208.
안균오. 2010.「사회정의론의 정책규범을 활용한 도시재정비사업 평가와 정책대안 연구」. 세종대학교 행정학과 박사학위 논문.
안균오·변창흠. 2009.「개발이익 환수규모 추정과 개발부담금 제도 개선방안 연구」. ≪공간과 사회≫, 제33권. 48~76쪽.
오영석 외. 2004.「지속가능발전의 지역화에 관한 방법론 고찰: 경주시의 사회용량 기초조사를 사례로」. ≪한국행정논집≫, 제16권 제3호.
윤양수 외. 1998.『환경친화적 국토개발사업 추진방안』. 국토연구원.
이승일. 2001.「지속가능한 개발과 도시계획법 개정」. ≪국토연구≫, 제29권.
이주원. 2008.「원주민 입장에서 본 장위뉴타운」. 환경정의·참여연대 공동주최 긴급토론회 "뉴타운사업 이대로 좋은가"(2008.4) 세미나 자료집.
장경석. 2011.「기업도시 개발사업의 추진현황과 과제. ≪이슈와 논점≫, 2011.2.23.
장영희. 2009.「도시재정비사업의 평가와 제도개선 방안」. ≪서울도시연구≫, 제10권 제1호.
장철순 외. 2010.「'지역개발통합지원법' 제정방안」. 국토연구원
전강수 외. 2008.『부동산 신화는 없다』. 후마니타스.
정대연. 2003.「지속가능한 발전의 사회학적 고찰」. ≪환경영향평가≫, 제12권 제1호.
정윤희 외. 2010.「취약계층을 도시재생정책 방향에 관한 연구」. 국토연구원 보고서.
조명래. 2003.「한국 개발주의의 역사와 현주소」. ≪환경과 생명≫, 가을호(통권 37호), 31~53쪽.
______. 2004.「지속가능성 측면에서 본 한국의 토지이용제도」. ≪지역사회발전연구≫, 제29권 제1호.
참여연대. 2011.「한국의 가계부채, 현황과 과제: 주택담보대출을 중심으로」. 참여연대 이슈리포트. IR-20100309.
통계청·금융감독원·한국은행. 2010. ≪2010년 가계금융조사 결과≫. 통계청 보도자료.
하성규. 2006.「커뮤니티 주도적 재개발의 새로운 접근: 영국의 근린 재개발 전략을 중심으로」. ≪도시행정학보≫, 제19집 제2호, 25~47쪽.
한국은행. 2011.「2010년 4/4분기 가계신용」(2011.2.21).
한국토지공사. 2005.『국가균형발전을 위한 토지정책 방향에 관한 연구』. 한국토지공사.
헨더슨, 브루스 E & 조지아 가이스. 2008.『서브프라임 크라이시스』. 김정환 옮김. 랜덤하우스.

Anderson & Jones Lang Lasalle. 2001.『지식기반산업 육성 및 수도권정책 전환방향』. 경기도.
Bourne, L. S. 1981. *The Geography of Housing*. London. Edward Arnold.
Levy, J. H. 2009. *Contemporary Urban Planning*, 8th edition. New Jersey: Pearson·Prentice Hall.
OECD. 2002. "Sustainable Development: A Framework for Peer Review and Related Indicators." ECO/EDR/DIV(3003).
UN. 2001. *Indicators of Sustainable Development: Guidelines and Methodologies*. New York.

WCED. 1987. *Our Common Future*. Oxford: Oxford Press.

「국토 면적 1.2배 지정된 지역개발사업 통합」. ≪한국경제신문≫, 2010년 12월 7일 자.
「서울 집값 평균 4억 6,829만 원」. ≪파이낸셜뉴스≫, 2011년 2월 4일 자.

국민은행 부동산 통계자료(www.kbstar.com).

제8장

성장기 택지개발의 후유증과 치유 경기도 사례

조명래 | 단국대 도시지역계획학과 교수

1. 문제 제기: 저성장과 택지개발

경제활동의 팽창 혹은 축소는 이를 담아내는 토지의 공급과 개발 수요의 크기를 좌우한다. 한국은 현재 저성장시대에 접어들면서 그에 따른 택지개발의 수요가 빠르게 감소하고 있다. 부동산 시장(가격 하향 안정화, 거래 축소, 미분양 적체, 매매 기피로 인한 전세난 등), 토지주택공사의 사업 부진과 부채 누적, 주요 개발지(예: 기업도시, 혁신도시 등)의 지정 철회 내지 중단, 메가 프로젝트(예: 용산역세권)의 표류 등은 한국 경제가 저성장시대에 접어들면서 토지주택·부동산 부분에서 나타나고 있는 현상인 셈이다.

지역적으로 볼 때, 경기도는 그동안 인구집중 및 지역 경제성장이 가장 두드러졌고, 그런 만큼 택지개발이 가장 괄목할 만하게 이루어져 온 지역에 해당한다. 그러나 2008년 글로벌 경제위기를 계기로 한국 사회가 저성장시대로 접어들면서 경기도에서 추진해온 택지개발사업은 상대적으로 과포화 상태를 빠르게 드러내고 있다. 이에 따라 대규모 택지개발에 의존해 지역성장을 이끌고 세수를 손쉽게 확보해왔던 경기도의 개발경영 전반에 '빨간불'이 들어와 있다.

저성장은 전국적인 현상이지만, 수도권지역으로서 경기도가 직면한 개발수요 급감과 그에 따른 기존 개발방식의 위기에 따른 현상은 어느 지역보다 현저하다. 돌이킬 수 없는 저성장 추세를 무시한 채 과거식 공급주의·팽창주의식 택지개발방식을 계속 고수해간다면 경기도는 잘못하다가는 일본식 거품붕괴와 같은 어려움마저 겪을 수 있다. 따라서 저성장시대 경기도의 택지개발에 대한 종합적인 진단과 지속가능한 대안의 모색이 어느 때보다 절실히 요청되고 있다.

2. 택지개발제도의 변천

택지개발은 집을 짓기 위한 땅을 확보하고 조성하여 공급하는 행위를 말한다. 「택지개발촉진법」 제2조 1항에서 택지는 '이 법이 정하는 바에 따라 개발·공급되는 주택건설용지 및 공공시설용지를 말한다'고 규정하고 있어 '집'은 주택과 공공시설 등을 지칭하고 택지는 이러한 시설이 설치되는 용지를 지칭한다. 택지개발을 뒷받침하는 법으로는 「토지구획정리사업법」, 「택지개발촉진법」, 「도시개발법」, 「주택법」, 「도시 및 주거환경정비법」, 「도시재정비촉진법」(일명 「뉴타운법」), 「국민임대주택건설특별법」, 「보금자리주택건설특별법」 등을 들 수 있다. 그러나 이 중에서 「토지구획정리사업법」, 「택지개발촉진법」, 「도시개발법」을 특히 택지개발 3법으로 부르는 데 택지개발제도도 실제 이 3법을 중심으로 해서 변천해왔다.

우리나라에서 계획적 택지개발은 1962년 제정된 도시계획법상의 토지구획정리사업이었다. 그 후 1966년 토지구획정리사업을 더 활성화시키기 위하여 도시계획법에서 분리하여 「토지구획정리사업법」이 제정되면서 택지개발이 본격화되었다. 그러나 1976년 「토지구획정리사업법」이 개정되면서 공공시설 비중이 높아지게 되자 감보율이 상승하게 되었고, 이는 구획정리사업을 기피하게 되는 원인이 되어 1980년대에는 사업실적이 절반으로 감소했다. 한편 1970년대 들어 수도권 집중의 가속화로 토지 및 주택가격이 폭등하자 주택건설을 대폭 늘리기 위한 제도적 방안으로 1970년대 말 한국토지공사 설립과 함께 1980년 12월에 「택지개발촉진법」이 제정되었다. 이 법의 제정 취지는 당시 정부가 목표했던 500만 호 주택건설에 필요한 택지를 대량 공급하는 것이었고, 법에 의한 개발방식은 택지개발예정지구를 미리 지정하여 공공이 수용하여 개발하는 공영개발방식이다.

「택지개발촉진법」에 의한 택지개발은 1980년대까지 주로 도시계획구역 내 녹지지역을 대상으로 추진되다가 신도시개발로 점차 광역화되었다. 즉, 수도권의 경우 1990년 이전에는 주로 20km 이내에 입지했으나 평촌, 산본, 분당, 일산, 중동 5개 신도시 건설과 함께 30km 이상 외곽으로 확산되고 있다. 「택지개발촉진법」에 의한 택지개발사업은 주택공급 확대라는 물량중심의 정부 정책에 편승하여 주택건설 위주로 추진되어 도시의 자족성이 결핍된 침상도시를 양산해왔다. 이로 인해 택지개발사업은, 도시개발과 주택공급에 중추적인 역할을 담당해왔음에도 기존의 법체계를 뛰어넘은 특별법이라는 제도상의 문제, 수용에 따른 민간소유주의 반발, 민간역할이 억제되어 시장성을 반영하지 못하는 대규모 택지공급, 기반시설의 공급 한계 등의 문제를 발생시켜왔다. 특히 대규모 택지개발사업에 대한 반작용으로 1993년 「국토이용관리법」 개정에 따른 준농림지 개발이 가능해짐에 따라 민간주도의 소규모 개발이 무분별하게 이루어졌다.

이러한 단편적인 도시개발을 지양하고 도시의 모든 기능을 종합적으로 수용할 수 있는 도시개발을 위한 제도적 틀을 만들기 위해 2000년 1월 28일 「도시개발법」이 제정되었다. 이 법은 도시계획법상의 도시계획사업〔일단의 주택지조성사업(1971년 개정 시 도입), 일단의 공업용지조성사업(1966년 개정 시 도입), 시가지조성사업(1991년 개정 시 도입)과 「토지구획정리사업법」(1966년 도시계획법에서 독립)〕에 의한 토지구획정리사업을 통합하여 제정되었다. 이 법의 제정으로 도시계획법에 의한 각종 개발사업과 토지구획정리사업은 폐지되었다.

과거 도시계획사업으로 토지구획정리사업, 일단의 주택지조성사업, 시가지조성사업 등에 관련된 법률은 도시계획구역만을 대상으로 했기 때문에 도시구역 밖의 개발사업을 관리하는 데 근본적인 한계를 가지고 있었다. 그러나 「도시개발법」은 도시개발이 필요할 경우 광역도시계획이나 도시기본계획에 부합하는 한 '도시개발사업구역'을 지정하여 개발하도록 규정하고 있다. 도시개발구역이라 함은 도시개발사업을 하기 위하여 지정·고시된 구역을 말하며, 도시와 비도시를 구분하지 않고 구역으로 지정하여 계획적인 도시개발을 할 수 있도록 했다. 「도시개발법」은 도시개발사업을 좀 더 원활히 하기 위하여 「토지구획정리사업법」에 의한 환지방식과 매수(수용, 사용)방식, 그리고 이들의 혼용방식을 활용할 수 있도록 허용하고 있다.

「도시개발법」의 특징은 공공뿐만 아니라 민간도 사업 시행자로 참여할 수 있는 점이다. 공공시행자는 국가 또는 지방자치단체, 정부투자기관, 지방공사이며, 민간시행자는 토지소유자 또는 조합, 법인, 일반요건을 구비한 자이며, 민관공동시행자로 공공과 민간이 공동으로 출자하여 설립한 법이다. 따라서 도시개발사업의 주체는 토지소유자는 물론, 조합, 순수 민간법인 또는 민관공동출자법인 등의 형태로 사업 시행자를 다양화한 특징이 있다.

그러나 이 법은 당초 제정목적과 달리 「택지개발촉진법」에 따라 택지개발예정지구를 지정하여 개발하는 사업을 포함하지 못함으로써 포괄적인 법으로 구성되지 못했다. 또한 민간의 택지개발 참여가 인정되고 있으나 정부의 계획체계 정비 부족, 민간의 역량 부족 등으로 활성화되지 못하고 있다. 그러다 보니 사업 시행방식(특히 용지취득 방식)도 환지방식, 수용 및 사용방식, 혼용방식 등을 활용할 수 있지만, 종전의 수용 및 사용방식을 선호하는 경향이 있다.

정리하면, 우리나라의 택지개발은 크게 보면, 토지구획정리사업 → 공영개발사업 → 민관공동개발사업으로 점진적으로 변해왔으며, 개발 수법도 환지방식 → 수용방식 → 혼용방식(수용·사용방식과 환지방식을 합친 방식)으로 다양하게 변천해왔다. 이러한 변화를 뒷받침한 법률은 「토지구획정리사업법」(1966년 제정, 2000년 폐지) → 「택지개발촉진법」(1980년 제정) → 「도시개발법」(2000년 제정)으로 변천해왔다.

3. 경기도 택지개발 현황

경기도의 택지개발은 「택지개발촉진법」에 의한 것이 중심을 이루어왔다. 사실 「택지개발촉진법」은 경기도를 포함한 수도권의 택지공급을 위한 목적으로 제정되었다고 할 수 있을 정도다. 택지개발이라는 측면에서 경기도는 「택지개

<표 8-1> 경기도 택지개발사업 현황(2010년 6월 현재)

구분		지구 수(개소)	면적(천m^2)	세대수(호)	수용인구(명)
총계	합계	195	349,843	2,020,078	6,421,241
	준공	127	125,916	900,501	3,340,010
	추진 중	68	223,927	1,119,577	3,081,231
지자체	계	37	17,511	169,274	634,533
	준공	37	17,511	169,274	634,533
	추진 중	-	-	-	-
경기도 시공사	계	2	13,792	47,632	122,227
	준공	-	-	-	-
	추진 중	2	13,792	47,632	122,227
LH	계	156	318,540	1,803,172	5,664,481
	준공	90	108,405	731,227	2,705,477
	추진 중	66	210,135	1,071,945	2,959,004

주: 「택지개발촉진법」, 「국민임대주택건설법」, 「보금자리주택법」에 의한 택지개발사업.

자료: 경기도 택지계획과 내부자료.

발촉진법」의 혜택(?)을 가장 많이 본 지역이라 할 수 있다. 가령, 「택지개발촉진법」에 의한 택지개발이 가장 왕성했던 1981년부터 2003년까지 지정된 607개 지구 중 165개(27.2%), 지정면적 4억 4,198만 7,000m^2 중 1억 7,223만 7,000m^2(39.0%)가 경기도의 것이었다.

경기도의 「택지개발사업추진현황」(2010년 6월 현재) 자료에 따르면 약 30여 년 동안 도내에서 지정된 택지개발지구는 195개에 이른다. 여기에는 「국민임대주택건설특별법」, 「보금자리주택건설특별」에 의한 사업지구가 일부 포함되어 있지만 대부분은 「택지개발촉진법」에 의한 사업지구다. 195지구 중 65.1%(127개 지구)는 사업이 끝났고, 34.9%(68개 지구)가 아직도 추진 중이다. 추진 중에 있는 지구 중에서 현 정부 들어(2007년 이후) 새로 지정된 것은 「택지개발촉진법」 지구 2곳, 「보금자리주택건설특별법」 지구 10곳이다. 최근 들어 경기도의 신규 택지개발은 보금자리주택 건설을 위한 것이지만, 기존 사업지구는 대부분 「택지개발촉진법」에 의한 주택공급을 위한 것이다. 현재 추진 중인 사업지구 중 「택지개발촉진법」에 의해 지정된 지구가 61.1%(42개), 「국민임대주택건설특별법」에 의해 지정된 지구가 8.8%(6개), 「보금자리주택건설특별법」에 의해 지정된 지구가 29.4%를 각각 차지하고 있다.

지금까지 개발된(준공 기준) 면적은 12만 5,916천m^2로 수원시(12만 1,008천m^2) 규모의 택지가 조성된 것이다. 택지개발을 통해 총 90만 501호의 주택이 공급되고, 여기에 334만 10명의 인구가 수용되었는데, 이는 2010년 경기도 인구 대비 28.3%에 해당한다. 지구당 평균 개발 면적은 991.5천m^2(약 30만 평), 평균 공급 주택은 7,090호, 평균 수용인구는 2만 6,299명이다. 2만 5,000명 규모 소도읍으로 치면 총 127개가 생겨난 셈이다. 물론 개발지에는 1기 신도시라 불리는 분당, 일산, 평촌, 산본, 중동 등과 같은 대단위 신도시도 포함된다.

개발주체로 보면, 127개 준공지구 중 90곳(70.7%)은 한국토지주택공사에 의해, 나머지 37곳(29.3%)은 경기도 지자체에 의해 개발되었다. 그러나 면적기준으로 본다면, 86.1%가 한국토지주택공사에 의해 개발되었고 나머지는 지자체에 의해 개발되었다. 주체별 개발한 평균면적을 보면 한국토지주택공사 개발지구는 평균 1,204만 5,000m^2(약 36.5만 평)로 지자체의 개발지구 평균 991.5m^2의 약 2.5배에 이른다. 「택지개발촉진법」 제정 취지에 맞게 경기도 택지개발은 한국토지주택공사에 의해 주도되어왔지만, 개발수요가 워낙 많아서 지자체의 비중이 다른 지역에 비해 다소 많은 것도 사실이다.

문제는 지금까지 개발한 면적보다 앞으로 개발된 면적이 크다는 점이다. 이는, 급격한 성장시대의 방식(「택지개발촉진법」 방식)으로 개발될 택지면적이 지금까지보다(성장 이후 혹은 저성장시대) 앞으로 더 많이 남아 있다는 사실을 지적한다. 추진 중인 68곳의 총면적은 2억 2,392만 7,000m^2으로 지구당 329만 3,000m^2(약 99.8만 평)인데, 이는 기조성된 택지지구 평균 면적의 3.3배에 이른다. 또한 총 공급 세대수는 111만 9,577호인데, 이는 지구당 1만 6,454호로 기개발된 지구의 평균 공급호수의 2.3배에 달한다. 수용인구도 총 308만 1,231명으로 지구당 4만 5,312명으로 기개발된 지구당 평균 수용인구의 1.7배가 된다.

택지개발지구에 수용되었거나, 앞으로 수용할 총인구는 642만 1,241명이다. 이는 2010년 경기도 총인구 1,178만 6,000명의 54.5%에 해당하는 규모다. 추진 중인 택지개발사업 중에서 가장 늦게 준공되는 연도는 2016년(화성비봉 2016년 12월, 오산세교3 2016년 12월)이다. 2016년 경기도 추정인구 1만 500만 명과 비교한다면, 택지지구의 총 수용인구는 42.8%에 달한다. 2010년에 비해 400만 명이 증가한다고 한다면, 이의 75%가 택지개발에 의해 수용될 인구가 된다. 이렇듯 경기도의 택지개발은 지금까지보다 앞으로의 개발면적이나 수용인구가 더 크게 계획되어 있다. 현재 추진 중인 사업지구는 2기 신도시로 분류되는 광교, 동탄2, 김포, 파주, 평택 고덕 등의 대규모 신도시가 포함되어 있다. 보금자리주택지구 중에서 광명 시흥은 1만 7,367m^2(약 526만 평) 면적에 27만 5,000명의 인구를 수용하는 사실상의 신도시다.

추진 중인 시군별 사업현황을 보면 화성시의 택지개발지구 면적이 3,899만 2,000m^{2}로 전체의 17.4%를 차지하고, 광명시의 경우 2,037만 4,000m^2(9.1%), 성남시 1,826만 9,000m^2(8.2%), 파주 1,656만 7,000m^2(7.4%), 수원시 1,441만 8,000m^2(6.4%), 고양시 1,051만 5,000m^2(4.7%) 등 7개 도시가 전체 사업면적의 59.2%를 차지하고 있다. 반면, 이천, 광주, 여주, 양평, 가평, 연천, 과천 등 7개 시군엔 사업지구가 한 곳도 없다. 이렇듯 경기도 택지개발은 서울로부터 반경 20~40km에 있으면서 파주·일산 축과 경부 축을 따라 앞으로도 계속되게 되어 있다.

추진 주체별로 보면 지자체는 하나도 없고, 경기도 도시공사도 2개 지구에서 사업을 하고 있을 뿐이다. 나머지는 모두 한국토지주택공사가 맡고 있다. 지구로는 97.1%, 면적으로는 93.8%, 공급주택 수로는 95.7%, 수용인구로는 96.0%가 한국토지주택공사가 추진하고 있는 택지개발사업에 속한다. 현재 추진하고 있는 경기도 택지개발은 사실상 전부가 한국토지주택공사의 사업이다.

그 밖의 「도시개발법」에 의한 42개 도시개발지구, 「도시재정비촉진법」에 의한 23개 뉴타운지구, 「도시주거환경정비법」에 의한 139개 재개발지구, 「도시주거환경정비법」에 의한 8개 환경정비지구 등이 있다. 이러한 개발지구는 대개 용도지역으로 도시지역 내에 지정된 것으로 「택지개발촉진법」에 의한 것과 다르다. 주택재개발, 뉴타운 개발 등이 지역별로 모두 뜨거운 감자로 떠오르고 있지만, 「택지개발촉진법」에 의거해 추진된 택지개발 전체를 놓고 보면 개발면적이나 규모 측면에서 아직 비중이 약한 편이다. 따라서 경기도의 택지개발 문제는 여전히 「택지개발촉진법」에 의한 것이 중심이 되고 있다.

4. 경기도 택지개발의 한계

「택지개발촉진법」에 의한 택지개발은 국가를 대신한 한국토지주택공사(특히 구 토지공사)가 수용권을 이용해 택지를 저렴하게 공급하면 여기에 민간건설사들이 주택을 건설하여 분양하는 방식으로 이루어진다. 이러한 「택지개발촉진법」에 의한 택지개발방식, 즉 '공공의 수용에 의한 개발방식'은 경기도와 같은 성장지역에서 단시일에 대량의 주택공급을 위한 택지문제를 해결하는 데 커다란 성과를 거두어왔다.

「택지개발촉진법」에서 중앙정부, 지방자치단체, 지방공사, 토지공사, 주택공사 등 여러 공공주체가 시행자로 제시되어 있지만, 법 제정의 의도 자체는 '(구) 토지공사'에게 초헌법적 개발권한을 부여해 국가적인 택지개발의 문제를 해결하고자 했던 것이다. 택지개발예정지구는 국토해양부 장관이 지정하지만, 시행자인 토지공사가 사업계획을 수립하고 지정을 신청하면 대개 지정된다는 점에서 토지공사가 사실상 지정권자와 같다. 택지개발예정지구로 지정되면, 사업지의 토지를 시행자는 수용할 수 있게 된다. 또한 택지개발예정지구로 지정되어 택지조성이 완료되면 사업지는 지가가 폭등하는 '도시지역'으로 자동적으로 업조닝(upzoning)된다. 저렴하게 강제 수용해 조성한 택지는 조성비 대비 몇 배, 몇십 배의 차익을 남기는 가격으로 민간 건설업자에게 분양된다. 경쟁 입찰 등을 통해 택지를 분양받은 민간 건설업자는 여기에 주택을 저렴하게 건설하여 선분양이라는 특권적 방식을 통해 최종 소비자에게 고가로 분양한다. 추첨을 통해 수분양자로 선택된 최종소비자들은 시세보다 낮은 가격으로 주택을 분양받는 자체를 엄청난 시세차익을 남길 수 있는 로또 당첨으로 간주한다.

이렇듯 「택지개발촉진법」에 의한 택지개발은 법에 의해 주어진 특권 속에서 공급자와 소비자 모두가 막대한 개발이익을 수취하는 방식으로 택지의 조성과 이용이 이루어지는 과정을 내면화하고 있다. 이러한 '개발이익'이 힘이 되어 경기도 같은 지역에서는 택지개발이 단시일 내에 대규모로 이루어졌지만, 그에 따른 후유증이 적지 않다.

첫째, 계획법에 의한 도시계획과 무관하게 대규모 택지가 개발여건이 좋은 곳을 중심으로 무계획적으로 이루어진 결과, 해당 도시의 공간구조는 물론, 경부축을 따라 '포도송이'처럼 개발지가 집중되는 광역적 공간구조의 왜곡마저 초래되었다. 택지개발은 인프라 설치비용 등을 최소화하기 위해 최소규모의 지구로 나누어 추진되지만 개발여건이 좋은 입지를 따라 연속적으로 이루어지는 경향을 보여 왔다. 그 결과 도시(특히 서울)의 기형적인 외연적 확산, 녹지(축)(예: 그린벨트)의 광역적 훼손, 도시 간 연담화(連擔化), 거대한 개발축의 형성에 의한 지역 불균형 심화 등이 나타나 왔다. 계획적 정합성을 갖추지 못한 채 추진된 결과, 택지개발은 늘 심각한 인프라 부족, 지역경관의 파괴, 녹지 훼손, 과밀집중 등과 같은 '난개발' 현상을 동반했다.

둘째, 「택지개발촉진법」에 의한 택지개발은 주택을 건설해 분양하기 위한 목적으로 토지를 개발하는 방식이지만, 경기도에서는 대규모 '신도시 건설'을 뒷받침하는 방식으로도 활용되었다. 주택공급(혹은 주거지 조성) 방식으로 인구 20~40만이 사는 신도시가 불과 4~5년 만에 졸속 조성되다 보니, 겉으로 멀쩡한 신도시지만, 속내에선 도시다움(자족성, 문화적 다양성 등)을 결여한 단순한 대규모 주거병영지에 불과하다. 주택을 일시에 대량으로 건설하다 보니, 건축수명이 다하는 시점에 이르면(대략 30년 이후) 도시 전체를 재건축 내지 재개발해야 하는 엄청난 비용을 대부분의 신도시가 내부화하고 있다.

셋째, 「택지개발촉진법」에 의한 택지개발은 주택의 저렴한 공급을 궁극적 목적으로 한다. 그러나 현실에서 이러한 택지개발에 의한 주택공급은 단순한 주거목적 이상으로 '개발이익'을 좇아 이주하는 주거 인구를 단시일에 대규모로 흡입해내는 효과를 갖는다. 경기도 인구의 급증은 택지개발의 이러한 매력이 중요한 까닭으로 작용했다. 실제 경기도 인구증가의 공급원인 서울인구의 경기도로 이출은 대개 경기도 택지개발지역에서 제공하는 저렴한, 그러면서 미래 언젠가는 막대한 시세차익을 보장해줄 주택을 구하기 위한 것이었다. 이러한 성향의 주거인구가 대규모로 이주해 거대한 시가지로 조성된 대표적인 지역이 곧 버블세븐의 하나로 불리는 성남(분당), 용인, 수원, 오산으로 이어지는 경기 남부 개발축이다. 서울의 인구분산과 경기도의 빠른 성장이라는 측면에서 '개발이익'을 매개로 한 택지개발은 크게 도움이 되었지만, 여기에는 대략 두 가지 종류의 심각한 후유증이 동반되었다. 하나는 '과개발(overdevelopment)'에 따른 후유증이다. 지역적 수용역량과 계획 적정성을 넘어서는 인구와 시설의 과잉개발로 경기도는 경기도대로 오랜 시간에 걸쳐 해결해야 할 난개발의 문제를 안게 되었고, 국토는 국토대로 엄청난 국가적 비용을 들어 해소해야 할 불균형의 문제를 직면하게 되었다. 또 하나는 '개발이익의 감소'에 따른 후유증이다. 개발로부터 분양에 이르는 전 과정에서 막대한 개발이익이 발생했기 때문에 택지개발은 그동안 대규모 신도시를 불과 수년 만에 뚝딱 만들어내는 '도깨비 방망이'로 기능했다. 택지개발이 늘 부동산 투기 붐을 동반했던 것도 이러한 이유 때문이다. 그러나 이는 성장기 또한 개발의 수요가 많았고, 사회적으로 생산되는 잉여자본(예: 유동자금)이 풍부할 때에는 가능했지만, 성장단계와 사이클이 바뀌면 더 이상 지탱될 수 없는 것이다. 이렇게 될 경우, 경기도의 많은 개발(예정)지는 개발수요의 부족으로 개발이 지연되거나 방치되는 '지역 후퇴(regional retreat)'라는 현상을 전면적으로 직면하게 된다.

넷째, 「택지개발촉진법」에 의한 택지개발은 공익을 앞세워 놓고 수용에 의한 토지개발을 특권적으로 추진하는 방식이지만 현실에서는 공익을 빙자한 사실상의 사익인 '개발이익'을 최대한 실현하는 조건에 늘 충실했다. 따라서 공급되는 주택도 대부분 고가의 분양주택 중심이다. 분양방식은 공급자나 소비자 모두에게 주택 공급을 손쉽게 그러면서 특권적으로 해주고, 지방자치단체에는 세수확보(취등록세 등)에 도움을 주기 때문에 모두에 의해 선호되는 것이다. 이 결과, 택지개발에 의해 공급되는 주택 중에서 정책적으로 권장되는 공공임대주택조차 가능하다면 축소하려는 개발방식이 늘 선호된다(예: 분당 신도시 건설 당초에는 임대주택이 공급주택의 40%가량 되었지만 실제는 한자릿수로 축소 공급되었음). 이렇다 보니, 수많은 택지개발을 통해 엄청난 신규주택이 공급되었지만 경기도의 전체 주택 중에서 20년 이상 공공임대주택의 비중은 3.4%(2009년 말 현재)에 불과하다. 이는 서울의 4.38%보다 낮은 것이면서 전국 평균 3.35%보다 약간 높은 편에 속한다. 그러나 「택지개발촉진법」에 의한 택지개발과 주택건설, 즉 공익을 전제로 한 주거지 개발이 전국에서 가장 많이 이루어진 것에 견준다면, 이는 턱없이 낮은 수치다. 심지어 현 김문수 지사 재임 동안은 국민임대주택이 한

채도 안 지어졌을 정도다.

다섯째, 저렴하면서도 손쉽게 토지를 개발하려는 관성을 간듦에 따라, 「택지개발촉진법」에 의한 택지개발은 대부분 도시권 밖 처녀지(그린필드)를 신규 개발하는 방식으로 이루어져 왔다. 이는 도시의 외연적 확산, 지역 간 불균형의 심화라는 문제뿐만 아니라 토지자원의 지속가능한 이용을 가로막고, 구도심의 재생(재개발, 재건축, 뉴타운 건설 등)을 어렵게 하는 원인으로 작용하고 있다. 경기도 31개 지자체의 도시계획구역 안의 토지(기개발지)는 여전히 저밀도(낮은 용적률 등)로 이용되고 있어, 이를 계획적으로 재활용(land recycling)하면(즉, 용적률을 높여 고밀도로 개발하면) 신규 개발 수요의 상당한 부분을 흡수할 수 있다. 그러나 「택지개발촉진법」에 의한 택지개발방식이 너무 보편화되어 있다 보니 이러한 가능성에 대해 누구도 주목하지 않고 있다. 최근 들어 구도심이 노후화되면서 도시재생 수요가 급증하지만, 경제성 측면에서는 「택지개발촉진법」 등에 의한 택지개발방식에 비해 여전히 매력이 낮다 보니, 사업으로 쉽게 현실화되지 못하고 있다. 더욱이 「택지개발촉진법」에 의한 개발주체(예: 한국토지주택공사)와 국토계획법에 의한 도시계획의 주체(예: 지자체) 간의 괴리도 구도심의 재생을 주변의 택지개발지구와 연동적으로 추진할 수 있는 것을 가로막는 까닭의 하나가 되고 있다.

여섯째, 「택지개발촉진법」에 의한 택지개발이 막대한 개발이익을 보장해주다 보니 여전히 계획적으로 제대로 걸러지지 않은 상태에서, 미래의 도시개발을 위한 수단으로 이어지고 있다. 경기도 31개 시·군의 「2020년 도시기본계획 승인현황」을 보면, 오는 2020년께 도내 인구는 2009년 말 1,172만 명에서 1,608만 명으로 무려 436만 명(37.2%)이 늘어나게 된다. 이는 2007년 말 수립된 제3차 수도권정비계획에서 제시된 2020년 경기도 인구지표 1,450만 명보다도 무려 158만 명이 더 늘어난 수치다. 도내 인구가 계속 늘어날 것으로 예측된 것은 동탄2, 고덕 등 신도시개발과 시·군 단위의 택지개발 및 개발사업이 활발하게 이루어져 인구가 계속 늘어날 것을 전제로 했기 때문이다. 앞 절에서 살펴보았듯이, 현재 추진 중인 택지개발지구 69곳이 모두 준공되면, 이곳만으로도 약 300만 명의 인구가 새로 수용될 예정이다. 그러나 한국의 인구 증가는 이미 저성장 단계에 접어들었고, 2018년부터는 본격적인 마이너스 성장이 예측되고 있다. 2020년 경기도의 인구가 현재보다 436만 명 늘어나도록 하기 위해서는 다른 지역의 인구를 끌어들일 수 있는 획기적인 개발이 이루어져야 할 것이다. 그러나 현실적으로 보면, 이는 과도한 지역이기주의적 기대이고, 그동안의 개발주의 계획을 단순히 미래로 연장한 것에 불과한 것이다. 따라서 택지개발 등을 통한 지속적 성장을 낙관하고 있지만, 경기도 지자체들은 다른 지역과 마찬가지로 현저한 개발수요 부족으로 계획의 예측성과 적정성 결여라는 심각한 문제를 공히 직면할 가능성이 많다.

일곱째, 그동안에도 그랬지만, 앞으로도 경기도 택지개발의 핵심주체는 한국토지주택공사다. 앞서 살펴보았듯이, 한국토지주택공사는 경기도에서 추진 중인 사업지구 면적의 86.1%를 담당하고 있다. 그러나 개발주의 시대의 기관인 한국토지주택공사가 앞으로도 이러한 역할을 계속해갈 수 있을지는 누구도 장담할 수 없는 형편이 되었다. 2009년 통합출범 이후 한국토지주택공사는 세계적인 경제위기와 맞물려 개발수요의 급감으로 부채가 급증하고 사업비 조달에 엄청난 어려움을 겪고 있다. 이로 인해 통합공사는 현재 전국적으로 추진되고 있는 414개 사업지구 전반을 축소 조정해야 하는 것을 검토하고 있다. 이는 단순한 일시적인 경기 위축에 따른 현상이 아니라, 개발주의 시대에 만들어진 「택지개발촉진법」에 의한 '초헌법적인 택지개발방식', 이를 집행하는 '한국토지주택공사'의 역할이 다한 것과 무관하지 않다. 여기에 현실적으로 주택보급률 100% 초과, 인구성장의 둔화, 주택구매 실수요자의 감소, 노인인구의 급증, 가구구성 변화로 인한 주택수요패턴의 변화 등 개발수요의 변화와 감소란 조건들이 「택지개발촉진법」에 의한 택지개발방식의 매력을 급격하게 떨어뜨리고 있다. 경기도는 타 지역에 비해 개발의 여건이 상대적으로 양호하지만, 동시에 개발수요의 급감, 부동산 시장의 장기적 위축 등은 경기도 택지개발사업의 많은 부분을 상대적으로 더 어렵게 할 공산이 크다. 이렇게 됨에 따라, 2010년 6월 현재 한국토지주택 사업지구(66개) 중 미착공된 16개소(보금자리주택, 뉴타운 등 포함)를 중심으로 많은 사업지가 축소 내지 포기될 가능성이 많다. 물론 보금자리주택건설이나 도시재생사업 등은 한국토지주택공사가 주력사업으로 계속 가져가고자 하지만, 문제는 현실의 개발수요, 즉 수익 전망과 개발재원의 확보 여부다. 이러한 조건이 현실적으로 충족되지 않으면 주력사업이라도 상당 부분 줄이거나 포기해야 하는 데, 특히 공익성이 낮은 사업이 그러한 대상이 될 것으로 보인다. 최근 「한국토지주택공사법」 개정으로 공익사업에 대해서는 정부재정에 의한 적자보전이 일정하게 가능하게 되었다.

5. 경기도 택지개발의 바람직한 방향과 과제

택지개발 방향의 전면적 수정

한국의 경제성장률은 1997년 외환위기를 거치면서 3분의 1로 축소되었다. 즉 1986~1990년 10.1%에서 1991~1995년 7.5%, 1996~2000년 5.4%, 2001~2005년 5.1%, 2006~2009년 3.0%로 줄었다. 문제는 성장률이 앞으로 더욱 떨어질 것이라는 전망이다. OECD에 의하면 2012~2025년에 우리나라의 평균 잠재성장률은 2.4%가 된다. 이러한 저성장의 시대는 저성장, 저소비, 고실업 등이 보편화되는 이른바 '뉴노멀(New Normal)' 시대가 된다고 한다.

성장 둔화는 경제활동의 상대적 위축을 의미하고, 이는 이를 공간적으로 담아내는 토지주택의 수요를 그만큼 줄이게 된다. 단순 계산으로 본다면, 성장률이 3분의 1 이하로 축소되는 만큼, 토지주택개발의 수요도 그만큼 떨어진다고 보아야 한다. 다만 경제성장의 둔화, 즉 경제활동의 상대적 위축과 토지주택의 개발 간에는 일정한 시간적 간격이 있다. 지난 2000년대 초반부터 후반까지가 이러한 시간대라고 볼 수 있는데, 참여정부와 현 정부 들어 의도적으로 추진된 과잉개발정책으로 인해 토지주택개발의 수요가 상대적으로 급증했지만 2008년 경제위기를 거치면서 거품 수요가 서서히 빠지는 중이다. 주택가격의 하향안정화는 이러한 경향의 반영이라 할 수 있다. 한국토지주택공사도 현재 직면하고 있는 사업위축과 부채 급증을 이러한 현상(부동산시장의 구조적 위축)의 반영으로 자체 진단하고 있다.

이것은 기회다. 지금이 곧 과잉개발을 적정개발로 전환하고, 개발시대의 국가기구인 한국토지주택공사에 의한 하향적·독단적 개발방식을 자치시대 지방자치단체가 주도하는 내생적·지속가능한 개발방식으로 택지개발 전반을 바꿀 수 있는 기회다. 전환과정에서 개발수요의 급감, 공급위축, 세수위축, 개발의 파행 등의 문제가 발생할 수 있지만, 「택지개발촉진법」에 의한 개발방식은 이제는 시대착오적으로 본다면, 그러한 문제는 대안적 개발방식의 강구를 통해 충분히 극복 가능하고 또한 반드시 극복되어야 한다. 이런 상황 속에서 기존 택지방식을 존속시키려는 시도들은 결코 바람직하지 않다.

택지개발방식의 전환을 위해서는 현재 추진 중인 택지개발사업(보금자리주택건설, 뉴타운개발 포함) 전반에 대한 경기도(혹은 경기도 의회) 차원에서 면밀한 실사가 이루어져야 한다. 기존 사업은 물론 신규(미착수 포함)사업 전반에 대해 계획적·사업적(경제적) 타당성을 객관적으로 조사해 타당성이 현격히 결여된 '과잉 개발사업'에 해당하는 것은 과감하게 축소 또는 폐지하도록 해야 한다. 아울러 앞으로 계속해야 할 사업에 대해서는 해당 지역, 나아가 경기도의 지속가능한 발전이라는 측면에서 추진될 수 있는 내용과 방안을 보완하도록 해야 한다. 무엇보다 계획적 판단과 조정이 적극적으로 개입하도록 해야 한다. 이를테면 경기도의 광역적 공간구조의 개편, 지역 간 균형발전, 보전지와 개발지의 엄격한 분리, 녹지축의 보존 등의 계획적 기준과 원칙이 향후 택지개발사업에 적극적으로 반영되도록 해야 한다.

지속가능한 택지개발을 위해 기존 사업을 전면 축소 조정하는 것과 함께 경기도 31개 지자체가 수립한 도시계획도 전반적으로 재조정해야 한다. 특히 인구가 현재보다 37.2%(436만 명) 증가하는 과개발 전제의 계획 내용은 전면적으로 축소 조정되어야 한다.

지자체가 직접 관장하는 계획 방식으로 추진

지금까지 한국토지주택공사가 실시해온 택지개발사업은 그 수가 많고 전체 규모가 컸지만, 대부분 경기도 광역도시계획이나 지자체의 도시계획과 연동되거나 계획적으로 추진된 것이 아니다. 그동안 막대한 개발이익을 가져왔기 때문에 계획적 정합성과 연계성 결여로 인한 비용이 나름대로 상쇄될 수 있었지만, 개발수요가 급감하는 앞으로는 잘못된 택지개발의 비용은 해당 지역(자치단체와 주민)이 온전히 부담하게 된다.

따라서 앞으로 추진할 일정 규모 이상의 택지개발은 크게는 경기도의 도종합계획 혹은 광역계획 속에서, 작게는 해당 지자체의 도시계획 속에서 추진될 수 있도록 해야 한다. 현행법으로 「택지개발촉진법」은 '국토의 계획 및 이용에 관한 법'이라는 기본법을 벗어나 운용되고 있지만, 법 개정을 해서라도 후자의 법에 의거한 계획 체제하에서 택지개발이 계획적으로 이루어지도록 해야 한다. 이는 「택지개발촉진법」에 의한 사업뿐 아니라, 「도시개발법」, 「도시재정비촉진법」, 「보금자리주택건설특별법」에 의한 택지개발도 마찬가지다.

개발수요가 급감한 상태에서 외부주체에 의해 택지개발이 계속 이루어지면, 계획적 정합성 결여라는 문제와 함께 개발이익을 지역적으로 환수하고 활용하는 것이 더욱 어려워지는 문제가 생겨난다. 다시 말해 택지개발에서 발생한 개발이익을 지역 내부로 환수하기 위해서라도 택지개발은 이젠 지자체가 주도하는 방식으로 전환되어야 한다. 환수된 개발이익은 저소득층을 위한 공공주택의 건설재원으로 우선 활용하도록 해야 할 것이다.

택지개발방식에서 도시개발방식으로 전환

지금까지 택지개발은 일단의 주거지 조성사업에 불과했고, 많은 경우 도시지역 밖에서 무계획·탈계획적으로 이루어졌다. 앞으로는 모든 택지개발(산업단지는 예외)은 가능하다면 도시지역으로 용도지역이 지정된 구역 내에서 기수립된 도시계획과 연동해서 철저한 계획적 방식으로(예를 들면, 지구단위계획 수립을 통해) 이루어지도록 해야 한다. 택지개발예정지구로 지정되어 조성되면 이를 도시지역으로 업조닝 해주는 현재 택지개발방식은 그 자체로 개발이익만 추구하는 난개발을 부추기고 계획법 체계를 무력화시키는, 즉, 하위법이 상위법을 무력화시키는 중요한 까닭이 되고 있다.

도시지역 내에서 이루어지는 택지개발방식으로 전환하면, 「도시개발법」에 의한 방식으로 추진되기 때문에 「택지개발촉진법」은 사실상 필요 없게 된다.

신개념의 도심재생 우선으로

택지개발은 그동안 신규 토지 개발을 우선으로 해왔지만, 앞으로 이는 최대한 줄이고 기성 토지를 재활용하는 도심재생 방식에 의한 것을 우선하도록 해야 한다. 개발수요도 줄고, 신규개발에 대한 환경파괴 등의 비용이 점증하고 있으며, 도심 토지 자체의 노후화에 따라 재생수요도 급증하고 있어, 기성 토지의 재활용을 통한 택지공급방식으로 경기도 택지개발제도 전반이 획기적으로 바뀌어야 한다.

기존 토지 재활용을 통한 택지공급은 지속가능한 도시적 토지이용방식으로 영국에서는 이미 오래전부터 토지이용정책의 근간으로 삼아왔다. 가령 영국정부는 국가지속가능발전전략 수립을 통해 신규주택 공급의 60% 이상을 기성토지(brown field)의 재활용을 통해 공급하는 국가적 목표를 설정했다. 경기도 도시의 경우, 앞서 언급했듯이 도심 토지의 개발밀도가 낮아 계획적으로 재개발하면 부족한 주택을 공급하면서 도심기능을 크게 쇄신시키는 일거양득의 효과를 거둘 수 있다. 이는 택지개발에서 도심재생으로 도시토지개발의 방식이 바뀌어야 함을 의미한다.

도심재생을 통한 택지개발방식으로의 전환과 함께 다양한 첨단 개발기법의 접목이 동시에 강구되어야 한다. 콤팩트 시티 조성, 저탄소 녹색건물 건설, 인간다운 도시 만들기(필수생활재의 적정배치, 어번 미니멈 보장 등) 등의 선진적인 도시조성 기법을 택지개발에 결합시켜 운영하면서 개발이익에만 매몰되는 토건적 방식을 과감히 버려야 한다.

개발 주체와 방식의 다양화

앞으로 택지개발은 토지가 가지고 있는 가치를 최대한 구현하면서 도시 거주자들의 삶의 질을 높여주는 방식으로 이루어져야 한다. 이를 위해서는 택지개발 방식이 「택지개발촉진법」에 의한 개발방식을 벗어나 다양화되어야 한다. 다양한 규모, 다양한 방식의 개발참여, 다양한 개발 콘텐츠, 다양한 방식의 프로젝트 파이낸싱, 다양한 개발주체(민간, 공공 구분 없이) 등이 보장되는 방식의 선진적 택지개발이 제도화되어야 한다.

특히 공공성의 원칙을 제대로 지킨다면, 민간에 의한 상업적 개발도 다양하게 허용해야 한다. 이를 위해서는 토지주 내지 지역주민들이 조합을 결성하여 추진하는 「도시개발법」에 의한 도시개발방식을 요건을 강화해(주민참여의 보장, 개발이익의 환원, 선진적 계획 기준의 준수 등) 적극적으로 활용할 필요가 있다.

「택지개발촉진법」의 폐지

「택지개발촉진법」은 이미 생겨날 때부터 '초헌법적 법'이라는 별명을 얻을 정도로 후진적 개발법이다. 그나마 국가주도적 성장시대에는 일정하게 기능을 했을지 모르지만 지방자치시대인 오늘날 「택지개발촉진법」의 존재 자체가 한국의 택지개발제도 선진화를 가로막는 중요한 걸림돌이 되고 있다. 더욱이 저성장시대가 도래하면서 「택지개발촉진법」에 의한 택지개발방식은 더 존속시키기가 어렵게 되었기에 차제에 「도시개발법」이나 장차 제정될 「도시재생법」 등과 통·폐합하는 방안이 적극적으로 검토되어야 한다. 「택지개발촉진법」 폐지는 이미 오래전부터 제기되어왔지만 개발주의(특히 공급주의) 세력들의 저항에 의해 지금까지 실현되지 못했던 것이다.

제9장

진보 단체장을 위한 도시계획 십계명

정 석 | 경원대 도시계획학과 교수

6·2 지방선거의 의미

K 구청장님, 당선을 한 번 더 축하합니다.

구청장에 취임하신지도 벌써 1년이 다 되어가네요. 지방정부를 맡아 지휘하고, 또 살림살이를 챙기는 일이 이제 좀 익숙해졌는지요? 민선 5기 구정의 목표와 방향은 분명히 세워졌나요? 함께 일하는 공무원들과 호흡은 잘 맞고 있는지요? 아무쪼록 민선 5기 K 구청장님의 지방정부가 시민의 삶을 두루 헤아리면서, 건강하고 지속가능한 도시행정을 성공적으로 펼칠 수 있기를 기원합니다.

2010년에 있었던 6·2 지방선거 결과는 매우 중요한 '역사적 사건'이었습니다. 이명박 정권에 대한 심판의 의미도 컸지만, 전국적으로 진보성향의 단체장과 지방의원들이 대거 당선되어 진보적 지방정부와 지방의회를 출범시켰다는 점에서 더 큰 의미를 가집니다. 광역자치단체는 물론, 기초자치단체 선거에서도 야당과 무소속 출신 후보들이 대거 당선되었습니다. 서울의 구청장 선거는 더욱 극적인 결과를 보였지요? 지난 2006년 5·31 지방선거에서 서울시의 25개 구를 모두 싹쓸이했던 한나라당은 작년 6·2 선거에서는 4개 구에서만 당선자를 내는 참패를 당했지 않습니까?

물론 야당과 무소속 당선자들이 모두 진보성향을 갖는 것은 아닙니다만 민주당과 민주노동당, 무소속 출신 단체장들 상당수가 진보성향의 이른바 '진보 단체장'으로서의 역할을 할 것으로 저는 믿고 싶습니다. 그리고 K 구청장님을 포함한 이들 진보 단체장들이 민선 5기 지방정부를 잘 이끌어, 진보적 지방정부가 이전의 보수성향의 지방정부와는 확연히 다른 성과를 거두고 차별성을 인식시켜주기를 기대합니다.

지난 6·2 지방선거는 1960년대 일본 지방선거의 상황과 매우 흡사합니다. 1963년의 지방선거 당시 요코하마, 교토, 오사카, 기타큐슈 등 전국 78개 도시에서 진보성향의 '혁신후보'들이 대거 당선되어 1964년에는 '전국혁신시장회'가 결성되었습니다. 1967년 지방선거에서는 사회당과 공산당의 연합후보로 출마한 대학교수 출신의 미노베 료기치(美濃部亮吉) 후보가 도쿄도지사 선거에서 승리하여 이후 1971년과 1975년 선거까지 내리 삼선을 했습니다.

혁신계열 단체장들이 대거 당선되었던 1960년대와 1970년대 일본의 지방정부들은 이전의 보수성향의 단체장들과는 구별되는 도시정책을 펼쳐 값진 성과들을 일구어냈습니다. 노인과 장애인에 대한 복지가 강화되었고, 의료보험과 연금제도 역시 혁신되었습니다. '시빌 미니멈(civil minimum)'의 캐치프레이즈 아래 사회보장과 사회보건제도의 기틀이 잡혔던 것도 이 시기였습니다. '미노베 방정식'으로 아주 유명해진 '도로-보도=차도'의 원칙하에 자동차보다는 보행자 중심의 교통정책으로 대전환이 이루어졌고, 관과 민간 건설회사들이 주도해오던 개발과 재개발 위주 도시계획에서 벗어나, 주민이 주도하여 마을과 도시의 역사와 환경을 지켜나가는 '마치즈쿠리(まちづくり, 마을만들기)'가 일본 전역에 뿌리를 내린 것도 바로 이 시기였습니다.

K 구청장님, 진보 단체장의 도시행정에 있어서 특히 도시계획은 아주 중요합니다. 마을에서부터 국토에 이르기까지 도시계획이 바르게 제자리를 잡고, 제 몫을 해야 마을과 도시가, 또 국토가 편안합니다. 4대강사업을 보세요. 뉴타운사업을 보십시오. 모두 그럴듯한 논리로 겉포장하고 있지만, 속내는 개발을 통해 이익을 취하겠다는 것 아닙니까? 그 폐해가 길이 후손에 미치건 말건 지금 나와 내 편이 알토란같은 개발이익을 따먹으면 그만이다, 이런 심보 아닙니까?

도시계획은 개발이익을 노리는 세력들에 의해 악용되기도 합니다만, 때로는 오해와 편견으로 인해 갈피를 잡지 못할 때도 많습니다. 참 좋은 도시가 어떤 것인지, 도시계획 본연의 임무가 무엇인지에 대해서도 많은 오해가 있습니다. 진보 단체장들이 도시행정을 잘 펼쳐가기 위해서는 도시계획에 대해서 잘 알아야 합니다. 지난 1년여의 경험을 통해 이미 감을 잡으셨겠지만, 앞으로 도시계획 행정을 펼치시는 데 있어서 꼭 유념해야 할 것들을 열 가지로 추려 말씀드리겠습니다. 진보 단체장이 명심해야 할 '도시계획 십계명'으로 받아주셔도 무방하겠습니다.

하나, "도시는 떡이 아닙니다. 마구 주무르지 마세요."

도시계획을 어떻게 해야 잘할 것인지를 이야기하기에 앞서서 먼저 생각해야 할 것이 있습니다. 그것은 다름 아닌 '도시란 무엇인가?' 또는 '도시를 무엇으로 볼 것인가?'입니다. K 구청장님께 도시는 무엇입니까? 구청장님 눈에는 도시가 무엇으로 보입니까?

많은 단체장이 도시를 '떡'으로 봅니다. 그리고는 임기 동안 마구 주물러댑니다. 소나무를 좋아하는 어느 단체장은 취임하자마자 관할구역 내 가로수를 온통 소나무로 바꾸라고 지시합니다. 다음에 취임한 단체장은 소나무가 도시 가로수로 적합하지 않다며, 다른 나무로 바꾸라고 다시 지시합니다.

가로수를 교체하는 것은 애교로 봐줄 수도 있습니다. 랜드마크를 짓겠다며 턱도 없는 개발사업에 '올인'을 하기도 하고, 맘만 먹으면 화려한 매직 쇼가 절로 되는 줄 알고 이곳저곳을 건드리고 파헤치는 경우가 다반사입니다. 일을 해야 하고 유권자들이 체감할 수 있는 가시적 성과를 내야 한다는 강박관념도 단체장으로 하여금 도시를 떡 주무르듯 주무르게 하는 압력이 되기도 합니다.

K 구청장님, 얼마 전에 상상력 말씀을 하셨지요? 맞습니다. 단체장은 상상력이 있어야 합니다. 그래야 꿈을 꾸고 그 꿈을 이룰 수 있는 아이디어를 찾아낼 테니까요. 그러나 상상하는 대로 도시가 변할 것처럼 착각하시면 안 됩니다. 도시는 떡이 아닙니다. 물건도 아닙니다. 어느 CF처럼 상상하는 대로 뚝딱 이루어지는 매직도 아닙니다.

도시가 떡이 아니라면, 과연 도시는 무엇일까요? 우리는 도시를 무엇으로 바라보고 대해야 할까요? 이 질문에 대해서는 K 구청장님께서도 얼마 전 읽으셨다는 책 『미국 대도시의 죽음과 삶』을 쓴 제인 제이콥스 할머니가 알기 쉽게 답을 해주십니다. 제인은 세상에 존재하는 문제의 종류를 크게 세 가지로 구분한 뒤, 도시문제가 그중 어떤 유형의 문제인지를 생각해보라고 권합니다.

세 가지 문제유형의 첫째는 단순한 문제, 즉 '단일체의 문제(problems of simplicity)'입니다. 둘째와 셋째는 복합체의 문제인데, 유기적 복합체인지 비유기적 복합체인지에 따라 구분됩니다. '비유기적 복합체(disorganized complexity)의 문제'는 겉으로는 복잡해 보이지만 컴퓨터의 도움을 받아 풀면 쉽게 풀어낼 수 있는 문제들입니다. 그러나 '유기적 복합체(organaized complexity)의 문제'는 풀기가 매우 어렵습니다. 도시의 문제도 바로 이와 같은 유기적 복합체, 말하자면 생명체의 문제와 같다는 게 제인의 생각입니다.

제인은 1961년에 출간한 『미국 대도시의 죽음과 삶』에서 당대 도시계획의 주류를 호되게 비판합니다. 도시계획을 전공한 학자도 아닌 평범한 기자가 내로라하는 도시계획, 건축분야의 대가들과 그들이 세상에 널리 유행시켰던 당대 최고의 도시계획 이론 세 가지를 뭉뚱그려 '빛나는 전원도시 미화(Radiant Garden City Beautiful)'라 칭하면서 질타합니다.

'빛나는 전원도시 미화'는 세 가지 도시계획 이론의 합성어입니다.

하나는 가장 유명한 건축가이자 도시계획가인 르 꼬르뷔제(Le Corbusier)가 주장했던 '빛나는 도시(Radiant City)'입니다. 꼬르뷔제는 비좁은 골목길과 작고 나지막한 건물들이 블록을 둘러싸던 과거의 도시 대신에, 넓은 공원과 오픈스페이스를 확보하고 건물들은 초고층으로 띄엄띄엄 세운 뒤 자동차 전용도로로 이들 건물을 연결하여 말 그대로 녹지와 햇볕이 풍부한 '빛나는 도시'를 짓자고 주장했지요.

또 하나는 영국의 법원서기 출신인 에베네저 하워드(Ebenezer Howard)가 내세웠던 '전원도시(Garden City)' 이론입니다. 당시 공업화와 도시화로 인해 과도한 인구가 모여 들었던 영국의 대도시들은 주택난과 공해와 같은 열악한 도시환경 문제를 심각하게 앓고 있었는데, 이러한 문제를 근본적으로 해결하기 위해서는 교외에 농촌과 도시의 장점을 겸비한 전원도시를 건설하는 길밖에 없다고 주장합니다. 이러한 전원도시 이론은 오늘날까지도 '신도시' 건설의 논리적 근거로서 힘을 발휘하고 있습니다.

또 다른 하나는 '도시미화운동(City Beautiful Movement)'입니다. 요즘 우리나라를 휩쓸고 있는 '공공디자인'의 할아버지뻘 되는 것으로, 도시를 아름답게 꾸미자는 운동입니다. 도시에 멋진 기념비적 건물을 세우고, 드시의 거리를 시원하게 열고, 멋진 조망을 갖게 하자는 운동이지요.

그런데 참 이상합니다. 제인은 왜 하나같이 그럴듯하고 아주 옳은 것처럼 들리는 이들 세 가지 도시계획 이론을 모두 잘못된 것이라 지적했을까요? '빛나는 도시'는 요즘 우리나라 모든 도시가 똑같이 지향하고 있는 꿈 아닙니까? 넓은 오픈스페이스를 가진 초고층 아파트 건설이 무엇이 문제여서 제인은 잘못된 것이라 지적했을까요?

'전원도시'는 복잡하고 지저분한 오래된 도시에 사는 사람들의 한결같은 로망 아닙니까? 또한 불편하고 낙후된 시골에 사는 사람들 역시 언제고 가서 살고 싶은, 오매불망의 꿈 아닙니까? 말 그대로 쾌적하고 여유로운 신도시의 이상이 바로 전원도시일 텐데, 뭐가 문제여서 잘못된 것이라 했을까요?

'도시미화'라 부르든 '공공디자인'이라 부르든 도시를 아름답게 가꾸고 꾸미는 것도 꼭 필요한 일 아닙니까? 요즘처럼 치열한 도시경쟁시대에 사람을 우리 도시에 끌어들이고, 물류를 불러오고, 관광객과 일자리를 가져오기 위해서는 도시미화에, 공공디자인에 사활을 걸고 내달려야 할 텐데 왜 그것이 잘못이라 지적했을까요?

제인의 혜안과 역설의 진리를 이해하고 공감하기 위해서는 도시를 바라보는 눈에서 실마리를 찾아야 합니다. 도시는 과연 무엇인가? 우리는 도시를 무엇이라 생각하고 있는가? 여기에 좋은 도시를 꿈꾸고 좋은 도시계획을 펼쳐 나갈 수 있는 해답이 담겨 있습니다.

도시는 '건물'과 같거나 비슷한 것일까요? 아니면 도시는 여러 건물이 모여 있는 '건물의 집합체' 정도일까요? 그렇다면 훌륭한 건축가가 멋진 건물을 디자인할 수 있듯이, 도시 역시 누군가가 멋지게 그려내고 만들 수 있을 것입니다.

도시는 '발명품' 같은 것일까요? 편리하고 쾌적한 도시를 누군가가 기가 막히게 발명해낼 수 있을까요? 에디슨 같은 분이 한바탕 연구하고 나면 완벽한 발명품 도시가 '짠' 하고 나타날 수 있을까요?

도시는 '작품'일까요? 도시는 '예술품' 같은 것일까요? 그렇다면 예술가들이, 디자이너들이 실력을 발휘해서 보기 좋고 아름다운 작품을, 멋진 도시를 창작해낼 수 있겠지요?

제인은 아니라고 말합니다. 도시는 건물도 아니고, 건물의 집합체도 아니고, 발명품도 물건도 아니라고 말합니다. 또한 도시는 작품도 예술품도 아니라고 말합니다. 제인은 말합니다. 도시는 '생명체'입니다. 오래전에 태어나서 지금까지, 또 앞으로도 오래오래 살아갈 생명체입니다. 건물이나 시설물만이 도시가 아닙니다. 그곳에 사는 사람들, 동물들, 자연과 생태가 모두 어우러져 한 생명을 이루고 있습니다. 그래서 도시에는 역사가 있고 또 문화가 있습니다. 시대마다, 나라마다 다릅니다. 도시마다, 동네마다 똑같은 곳이 하나 없습니다.

도시가 생명체라면, 우리가 도시를 생명체로 바라보고 대한다면, 조금 낡은 동네라 해서 재개발구역이라 테두리 긋고 한꺼번에 몽땅 부숴버리고 새로 지을 수 있을까요? 제인 제이콥스가 빛나는 도시나 전원도시의 문제를 지적한 것은 그러한 이론들의 기존 도시를 바라보는 시각과 태도에 초점이 맞추어져 있습니다. 빛나는 도시나 전원도시를 짓기 위해서는 기존 도시들을 부수거나 버려야만 하기 때문입니다. 건강한 사람을 만들기 위해서는 병약한 사람은 포기하고, 심지어 죽여도 좋다는 생각의 위험성을 지적했던 것입니다.

시간이 흐르고 세월이 가면 사람이나 건물도 나이를 먹듯 도시 역시 나이가 들어 여기저기 낡고 기운이 쇠해집니다. 낡고 노후한 건물을 한 채 한 채 헐고 다시 짓거나, 낡은 건물을 고쳐서 사용하는 것은 지극히 당연한 일들입니다. 그러나 지어진 지 20~30년밖에 안 된 건물들을 심각한 안전문제 때문이 아니라, 헐고 새로 짓는 것이 경제적 이익이라는 판단 때문에 몽땅 철거하고 새로 짓는 재개발, 재건축, 뉴타운사업이 계속되고 있는 대한민국의 현실은 분명 정상이 아닙니다.

제인 제이콥스의 '빛나는 전원도시 미화'에 대한 비판은 반세기 전 미국 도시계획에 대한 비판임과 동시에, 지금 이곳에서 벌어지고 있는 우리의 도시계획에 대한 질책과 일깨움이기도 합니다. 그 일깨움의 실마리는 도시를 떡(물건)이나 작품, 예술품으로 보지 않고 나와 우리 가족과도 같은 귀한 생명체로 바라보는 데서부터 시작됩니다.

생명은 그 무엇보다 아름답고 소중합니다. 생명을 대하듯 도시를 대하는 것, 그것이 진보 단체장이 가슴 깊이 새기고 담아야 할 첫째 덕목입니다.

둘, "도시계획의 본연은 공익 지킴이, 시장(市場)에 먹히지 마세요."

도시계획은 무엇일까요? 도시계획이 하는 일은 무엇일까요? 도시계획은 왜 존재할까요? 도시계획의 본연은 무엇일까요?

K 구청장님, 구청의 행정조직 안에는 도시계획과 관련된 부서들이 많이 있는 것을 보셨을 것입니다. 도시관리국, 도시개발과, 도시재생과, 도시디자인과, 주거정비과 등등 도시계획과 관련된 행정조직이 시청이든, 구청이든 많이 편제되어 있습니다. 이러한 부서들이 하는 일의 본질이 무엇일까요? 도시계획이라는 이름으로 지방정부가 하는 일의 본연이 무엇일까요?

도시계획이 하는 일을 한마디로 줄여 조닝(zoning)이라고 표현합니다. 도시를 여러 개의 존(zone)으로 구분한 뒤, 존마다 허용되는 용도를 정해주고, 건물의 높이를 제한하거나 건폐율, 용적률 같은 밀도를 규제하기도 합니다. 이렇게 구분된 존은 개발제한구역, 시가화조정구역처럼 '○○구역'이라는 명칭이 붙기도 하고, 주거지역, 상업지역, 공업지역, 녹지지역처럼 '○○지역'이라는 이름이 붙기도 합니다. 때로는 '○○지구'라는 이름이 붙기도 하는데, 미관지구, 고도지구, 경관지구 등이 이런 경우지요. 조닝을 우리말로는 '용도지역제' 또는 '지역제'라고 번역하고, 뒤에 붙는 명칭에 따라 '용도구역', '용도지역', '용도지구'로 표현하기도 합니다.

오늘날의 도시계획에서 아주 당연한 것으로 받아들이고 있는 조닝은 오랜 역사를 가지고 있고, 치열한 갈등과 투쟁의 역사를 거쳐 오늘에 이르고 있습니다. 자본주의 도시에서 개인의 재산권과 사생활은 마땅히 존중되어야 하겠지요? 그러나 개인의 재산권 행사가 지나쳐 다수 시민의 건강과 안전, 복리가 침해될 수 있다면 어떻게 해야 할까요? 조닝의 출발은 바로 이 지점에서 비롯됩니다.

1926년 미국 대법원은 클리블랜드시의 유클리드 마을과 암블러 부동산회사 간의 소송에 대한 판결에서 유클리드 마을에 대한 조닝체계의 합법성을 인정했습니다. 당시 공장용으로 토지를 사용할 경우 에이커당 1만 달러에 이를 토지의 가치가 유클리드 마을의 조닝에 의해 주거지역으로 지정된 결과 에이커당 2,500 달러밖에 나가지 않는다며 소송을 제기했던 토지소유자가 패소했던 사건이었지요. 개인의 재산권은 마땅히 존중되고 보호받아야 하지만, 더 많은 시민들의 공익을 보호하는 데 필요하다면 개인의 재산권은 규제받을 수 있음을 명확히 해준 '유클리드 판례'를 계기로 조닝규제는 공적 규제로서의 정당성을 확보하게 되고, 이후 이 같은 조닝을 일컬어 '유클리드 조닝'이라 부르게 됩니다.

조닝은 '경찰권'과도 같습니다. 공공의 건강, 안전, 복리를 보호하기 위해 개인의 생활을 간섭할 수 있는 공권력을 경찰권이라 부르지 않습니까? 조닝도 마찬가지입니다. 지방정부가 부여받은 경찰권과도 같은 권리가 바로 조닝이고, 도시계획입니다. 그래서 도시계획의 본연은 '공익지킴이'입니다. 시민의 안전을 지키라고 경찰에 건네준 '방망이'처럼 도시계획도 조닝이라고 하는 공적규제 수단을 이용해서 시민의 건강과 안전을 지키고, 공익을 지켜야 하는 것이지요.

도시계획은 도시행정의 마지막 보루와도 같습니다. 자본주의 도시에서 시장경제의 메커니즘은 끊임없이 개발이익을 추구하기 마련입니다. 용적률이 100% 완화되면 그만큼 더 많은 연상면적이 개발될 수 있고, 한 평에 몇천만 원씩 하는 분양시세로 환산하면 사업성과 개발이익에 엄청난 영향을 주게 됩니다. 높이규제 역시 마찬가지입니다. 높이 나는 새가 멀리 볼 수 있듯이 고층화할수록 더 나은 조망을 확보할 수 있게 됩니다. 한강이 보이느냐, 남산이 보이느냐에 따라 분양가는 몇억씩 차이가 난다고 하지 않습니까?

진보 단체장들이 잘 지키고 바르게 행사해야 할 것이 바로 도시계획입니다. 도시계획이 무너지면 도시도 함께 무너집니다. 길이 후대에 물려주어야 할 자연과 역사와 문화가 일거에 무너지고, 그 위에 탐욕으로 세운 유아독존식 콘크리트 덩어리들이 성채처럼 솟아오릅니다.

서울시의 도시계획 연구에 오래 참여했던 저로서는 오래오래 잊히지 않는 사건이 있습니다. 지방자치제도가 부활하기 직전의 어느 관선시장 때의 일이었지요. 서울시가 경관관리를 목적으로 서울의 주요 산 주변의 높이규제를 새롭게 강화하던 때였는데, 이러한 높이규제가 당시 대학 부지를 매각한 뒤 아파트를 건설하고자 했던 모 대학 측에는 상당한 손실을 주게 되었습니다. 당시 시장과 친분이 두터웠던 대학 이사장의 요청에 따라 시장께서는 높이규제 완화를 도시계획국에 지시했지만 서울시 도시계획국의 국장과 과장을 비롯한 실무자들이 끝까지 높이규제를 풀지 않았지요. 결국 사태는 소송에까지 이르렀고, 서울시가 승소하는 것으로 결말이 났습니다. 저는 지금도 그때 당당하게 서울의 도시계획을 지켜냈던 도시계획국의 공무원들이 존경스럽습니다.

그러나 보루처럼 당당하게 공공의 편에 서서 공익을 위해 헌신하는 도시계획을 보기가 요즘은 쉽지 않습니다. 공공의 배려와 도움이 더욱 절실한 사회적 약자들을 따뜻하게 돌보고 지켜내는 도시계획을 보기가 쉽지 않습니다. 오래되고 낡았다는 이유만으로 말없이 허물어져 가는 옛 동네와 오래된 도시를 지키고 살리는 긴 안목의 도시계획을 만나기가 참 어렵습니다. 시장(市場)을 통제하고 제압해야 할 도시계획이 시장논리를 뒷받침해주고, 시장에 잡아먹히는 것만 같아 참 안타깝습니다.

도시계획이 제자리를 잡지 못하고 제 몫을 다하지 않을 때, 도시계획에 경찰권을 부여했던 시민이 가만있지 않습니다. 도시계획의 이름으로 자행되는 마을과 커뮤니티의 붕괴에 맞서서, 환경의 훼손에 맞서서, 역사·문화 환경의 파괴에 맞서서 주민들이 들고 일어났던 수많은 사건을 꼭 기억하시기 바랍니다.

셋, "작지만 가까운 구청, 다가가는 행정서비스를 베푸세요."

진보 단체장이 펼치는 새로운 스타일의 행정서비스는 현장에서 주민들에게 잘 전달되어 체감하고 공감할 수 있어야 하고, 또한 감동을 줄 수 있어야 합니다. 이와 같은 현장행정, 체감행정, 감동행정이 제대로 이루어지기 위해서는 행정서비스가 전달되는 시스템의 개혁이 필요합니다. "멀고 큰 구청, 기다리는 행정서비스"로부터 "작지만 가까운 구청, 다가가는 행정서비스"로 행정시스템이 개편되어야 합니다.

이와 같은 행정개혁의 좋은 예를 미국 시애틀시 사례에서 볼 수 있습니다. 시애틀시는 1972년 당시 시장이던 웨스 울만(Wes Uhlman) 시장 때부터 '주민과 가까운 시청, 주민에 다가가는 행정서비스'를 의욕적으로 펼쳐온 도시입니다. '작은 시청(Little City Halls)' 만들기 운동을 일찍부터 시작한 것이지요. 이후 여러 차례 행정조직을 개편하고 다양한 프로그램을 개발하여 시행하고 있는데, 주민에게 다가가는 행정서비스 측면에서는 미국 내 여러 도시 가운데 가장 모범적인 사례라 할 수 있습니다.

시애틀시는 도시계획이나 건축 관련 업무를 담당하는 부서와는 별도로, 마을 단위 행정서비스를 전담하는 별도의 행정조직으로서 '마을과(Department of Neighborhoods: DON)'가 설치되어 있고, 이 부서 아래에 '마을서비스센터(Neighborhood Service Center: NSC)'를 두어 주민들과 가장 가까운 곳에서 주민들이 필요로 하는 서비스를 제공하고 있습니다. 이와 별도로 마을 단위의 도시계획 수립과 같은 특별한 프로젝트를 수행하기 위해 1995년에 '마을계획실(Neighborhood Planning Office: NPO)'을 설치하여 1998년까지 4년간 운영했습니다.

'마을과'는 1990년에 기존의 '마을계(the Office of Neighborhoods)'와 '마을서비스센터', '시민봉사국(Citizens Service Bureau)' 등을 통합하여 단위과로 신설되었습니다. 신설된 이후 마을과의 기능과 역할은 점차 확대되어 왔습니다. 현재 마을과에서 담당하고 있는 주요 업무로는 역사보존, 마을서비스센터 운영, 마을만들기 지원기금(Neighborhood Matching Fund: NMF) 운영 및 마을계획의 시행과 관련된 다양한 업무 외에 주민들의 일상 생활환경과 관련된 많은 사안이 있고, 주택가에 놀이터를 조성하거나 마을에 나무를 심는 일을 비롯해 공공예술작품의 창작활동을 유도하고 지원하는 일까지 담당하고 있습니다.

시애틀시의 행정시스템 개편에서 주목해보아야 할 또 하나의 조직이 '마을서비스센터'입니다. 마을서비스센터는 '커다란 시청, 멀리 있는 시청'을 여럿으로 쪼개어 '작은 시청, 가까이 있는 시청'으로 바꾸기 위한 혁신조치에 따라 1972

년에 처음으로 6개 지역에 센터가 설치된 이후 현재는 2배가 넘는 13개소의 센터가 도시 전역에 확대 설치되어 있습니다.

1972년에 설치될 당시 마을서비스센터의 명칭은 '모델도시사무소(Model Cities Office)'였고 '시민봉사국(Citizens Service Bureau)'에 소속되었습니다. 초기에는 6명의 실무자가 배치되어 볼라드, 대학지구, 프레몬, 웨스트시애틀, 남동지구 및 센트럴시애틀 등 6개 지역을 담당했는데, 공무원들이 사무실과 현장을 오가며 지역의 특수성과 현안 문제들을 익히고 배우면서 업무를 수행한 결과, 이전 같으면 대책 없이 방치되고 심화되었을 수많은 문제를 능숙하게 풀어나갈 수 있었다고 합니다.

1974년에는 '커뮤니티서비스센터(Community Service Center)'로 명칭이 다시 바뀌었고, 시민봉사국에서 '사회개발과(Dept. of Human Rescurce)' 소속으로 직제가 바뀌게 됩니다. 서비스센터의 업무범위와 기능도 확대되어 행정 전반에 걸쳐 일어나는 모든 유형의 시민참여 활동을 조정하는 것을 첫 번째의 역할로 삼았으며, 그린우드, 레이크시티, 사우스파크 등 3개 지역에 서비스센터가 추가 설치되어 총 9개소에 이르게 됩니다.

1987년에는 마을계획 프로그램의 도입과 함께 도시 전역을 13개 지역의 조정관(Coordinators)이 담당할 수 있도록 하기 위해 총 13개소의 서비스센터 관할구역이 지정되었으며, 각 지역의 조정관들은 지역 내의 모든 주민조직체, 기업과 상인조직, 지역 대표들로 구성된 지역협의회(district councils)에 참여하여 주민들과 함께 활동을 전개하게 됩니다. 1991년에 이르러 '커뮤니티서비스센터'는 '마을서비스센터'로 명칭이 다시 바뀌게 되고, 소속 또한 사회개발과에서 마을과로 전환되어 현재와 같은 체계를 갖추게 됩니다.

현재, 마을서비스센터에서 담당하는 주요 업무는 다음과 같습니다. 첫째는, 시청과 주민 사이를 가깝게 연결해주는 중재자의 역할입니다. 서비스센터의 조정관들은 주민들에게 다양한 정보를 제공하는 한편, 행정 서비스에 대한 주민의 접근이 편하도록 돕는 역할을 수행합니다. 둘째는, 마을계획의 수립과 시행을 비롯해 치안, 방범 등 주민들의 일상생활과 직결된 행정서비스들이 이곳 마을서비스센터에서 직접 시행됩니다. 셋째는, 주민조직에서 주도하는 마을환경 개선

활동 등 다양한 마을만들기 활동을 직접 현장에서 지원하고 필요한 도움을 제공하는 것입니다. 끝으로 넷째는, 저소득층에 대한 무료급식, 직업훈련, 보건, 교육 등 다양한 사회복지서비스가 마을서비스센터를 통해 주민들에게 제공되고 있습니다.

현장에서 주민에게 다가가서 행정서비스를 제공하는 모범사례는 우리나라에서도 찾아볼 수 있습니다. 서울시가 2001년에 북촌 한옥마을에서 '북촌가꾸기' 사업을 시작하면서 현장에 개설했던 '북촌현장사무소'가 좋은 예라 할 수 있고, 지방자치단체들이 마을만들기 행정을 펼치면서 별도로 만들어 운영하고 있는 '마을만들기센터'도 참고할 만한 사례입니다.

K 구청장님께서도 북촌가꾸기 사업에 대해서는 익히 들어 잘 알고 계시지요? 2000년 한 해 동안 서울시정개발연구원을 통해 새로운 북촌정책을 준비했던 서울시는 2001년부터 북촌 가꾸기 정책을 본격적으로 실천에 옮기면서 북촌에 현장사무소를 개설했고, 서울시의 담당공무원들이 바로 이곳 현장사무소에 상주하면서 행정서비스를 주민에게 제공했습니다. 아마도 제 기억으로는 서울시가 현장에서 행정서비스를 제공했던 첫 케이스가 아니었을까 싶습니다.

2001년 초에 당시 도시개발공사를 통해 매입했던 한옥 7채 가운데 하나인 계동 135-1번지 한옥의 개보수가 완료되었던 8월 28일에 북촌현장사무소가 문을 열었고, 당시 서울시의 북촌가꾸기 담당 부서였던 도시환경개선사업반의 기술지원팀장(사무관)을 포함한 5명의 담당 공무원들이 상주근무를 시작했었지요. 북촌 현장사무소의 개설과 담당자들의 현장근무는 북촌정책의 시행과정에서 중요한 역할을 담당해온 것으로 볼 수 있습니다. 현장에서 주민에게 먼저 다가가는 방식의 행정서비스를 제공했고, 주민들의 요구와 애로사항을 가까이에서 듣고 기민하게 대응하는 적극적 행정지원 역할이 이곳에서 이루어졌기 때문입니다. 현장사무소는 때로는 주민사랑방이 되기도 했고, 한옥개보수에 대한 주민상담과 자문활동도 현장사무소에서 이루어졌습니다. 그러나 2004년 이후 팀장의 현장근무가 중단되었고, 현재에는 담당공무원들의 현장근무도 대폭 축소되는 등 현장행정서비스가 지속되지 못하고 있어서 참 안타깝습니다.

광주광역시 북구청, 전라북도 진안군, 경기도 안산시 등 마을만들기 행정을 일찍부터 시작했던 지방자치단체들이 행정과 주민 사이의 교량 역할과 주민 가까이에 다가가는 행정서비스 제공을 목적으로 설치해서 운영하고 있는 마을만들기센터들의 조직과 규모 및 운영 상황에 대해서도 살펴보시고, 좋은 점들을 참고하시기 바랍니다.

시청이든, 구청이든 지금의 행정조직 체계는 다분히 공급자 위주의 조직이라 할 수 있습니다. 도시계획, 건축, 도로, 교통, 상하수도, 공원, 녹지 등 기능 구분 위주의 조직체계여서 주민들의 일상생활에서 벌어지는 수요에 기민하게 대응하기 어렵습니다. 주민들이 전화를 걸어 문제를 이야기하면 "우리 부서 소관 사항이 아니라"며 계속 다른 부서로 전화를 돌린다는 이야기도 결국 같은 문제에서 비롯된 것이겠지요. 하나뿐인 구청이 너무 크고 멀다는 점도 기민한 대응을 어렵게 합니다. 주민자치센터가 있지만 이곳에서 제공해줄 수 있는 행정서비스는 극히 일부에 불과합니다.

결국, 양질의 행정서비스를 제공하기 위해서는 행정조직과 시스템이 바뀌어야 합니다. 좋은 콘텐츠를 만들어 전달하기 위한 좋은 그릇 만들기, 좋은 경로 만들기가 그래서 중요합니다.

넷, "자동차가 아니라 사람이 주인인 도시로 바꾸어주세요."

조금씩 나아지고는 있지만 아직도 우리나라에서는 사람보다 자동차가 주인 행세를 하는 곳이 많습니다. 차도만 있고 보도는 없는 지방도로의 가장자리를 위태롭게 걷는 시골 어르신을 볼 때마다 가슴이 미어집니다. 자동차들이 줄줄이 주차되어 있는 통학로 틈새를 걷는 아이들을 볼 때도 마찬가지입니다. 횡단보도를 지워버린 교차로에서 차들과 함께 길을 건너는 유모차를 볼 때에도 같은 느낌입니다. 차가 조금 덜 막히게 하려고, 차가 좀 더 빨리 달리게 하기 위해 사람에게 이런 불편과 위험을 강요하는 도시는 사람의 도시라 할 수 없습니다.

자동차와 사람 사이의 갈등이 본격화된 시기를 흔히 '자동차대중화시대(motorization)'라고 부릅니다. 부자들이나 차를 소유하던 과거와는 달리 누구나 자동차를 갖게 된 때를 말하지요. 우리나라는 아마도 1990년대 초반부터 자동차대중화시대를 맞았던 것으로 기억됩니다. 누구나 자동차를 소유하고 운전하는 시대가 오면 교통정책은 과거와는 정반대로 바뀌게 됩니다. 도로를 넓히고 주차장을 많이 짓는 '공급' 정책으로는 늘어나는 자동차 수요를 채울 수 없기 때문이지요. '밑 빠진 독에 물 붓기'라는 표현이 딱 맞을 것입니다. 그래서 공급정책 대신에 '수요관리' 정책으로 전환하게 됩니다. '도로 다이어트'라는 표현처럼 차도를 오히려 좁히고 보도를 넓혀줍니다. 주차장도 더 이상 늘리지 않고, 주차비를 받으며 요금도 인상합니다. 도심지역을 드나드는 차들에는 통행료를 징수하기도 하지요. 한마디로 말한다면 자동차 이용을 불편하게 함으로써 자동차 이용을 줄이겠다는 교통정책입니다.

수요관리 정책은 대개는 대중교통 활성화 정책과 패키지로 묶어 시행됩니다. 자동차 이용을 불편하게 하는 한편 대중교통 이용여건을 개선하여 줌으로써 자가용 대신 대중교통 이용을 증진시키기 위함이지요. 버스중앙차로제와 환승요금 할인제도 등이 좋은 예고, 지하철역에 에스컬레이터와 엘리베이터, 자동보도 등을 설치하는 것도 같은 맥락입니다. 그런데 말입니다. 수요관리 정책과 대중교통 활성화 정책의 성공은 '보행환경 개선'이 확실하게 뒷받침을 해주어야만 가능합니다. 걷는 게 편해져야만 승용차를 두고 대중교통을 선택하게 되기 때문이지요.

자동차가 아니라 사람이 주인인 도시를 만든다는 것은, 도시의 보행환경을 세심하게 살피고 개선해주는 것에서부터 시작됩니다. 교차로마다 횡단보도를 설치해주고, 보도를 걷는 데 불편함이 없는지 살펴 평탄하고 쾌적한 보도를 제공해주어야 합니다. 차와 사람이 함께 쓰고 있는 골목길과 이면도로, 아파트단지 내 도로와 통학로도 보행자들이 안전하게 걸을 수 있도록 도로구조를 바꿔야 합니다. 차도를 꺾거나 좁혀 과속하지 못하게 하고, 험프형 횡단보도를 설치하는 등의 교통정온화(traffic calming) 조치를 적극적으로 시행하여 명실상부한 보행우선도로 또는 보차공존도로로 바꿔주어야 합니다.

쌩쌩 '달리기 좋은 도시'가 아닌 '걷고 싶은 도시'를 만들어야 합니다. 거리마다 보행자들이 가득가득 모이는 곳, 그곳이 바로 살아 있는 도시, 활력 있는 도시입니다. 상권이 살고, 경제가 살아나는 표징이 바로 보행자입니다. K 구청장님,

자주 거리에 나와 걸으셔야 합니다. 거리를 걸어봐야 보행환경을 느낄 수 있습니다. 구청장님 임기 중에 보행자 교통사고가 확연히 줄고, 거리마다 브행자들의 통행이 부쩍부쩍 늘어나도록 세심하게 살펴주세요. 틈만 나면 뚜벅뚜벅 이 골목 저 골목을 걸어 다니는 '뚜벅이 구청장'이 되어주세요.

다섯, "개발과 재개발 대신에 마을만들기 행정을 펼치세요.'

K 구청장님께서 임기 중에 꼭 이루고 싶은 꿈의 하나가 '재개발 1번지'의 오명을 벗고 '자연과 역사, 문화가 살아 있는 도시'를 만드는 것으로 알고 있습니다. 그렇지요? 재개발, 재건축, 뉴타운과 같은 전면철거 방식이 아닌 새로운 대안을 찾아 실제로 이루어낼 때 구청장님의 꿈이 현실로 이루어질 수 있을 것입니다.

서울과 대도시들, 중소도시들, 수도권과 지방 할 것 없이 대한민국 전체가 지금 열병을 앓고 있습니다. 오래된 것을 내버려두지 못하고 온통 쓸어내야 한다는 강박증, 오래된 것은 나쁜 것이고 새것만이 좋은 것이라고 믿는 편집증, 나의 어린 시절과 청춘기의 애틋한 추억이 담긴 오래된 우리 집과 우리 동네, 우리 도시의 가치를 모르는 자기부정과 자학증, 집이건 동네건 오로지 재산 가치로만 바라보는 천민자본주의의 집단 전염병까지 아주 고약한 중증 합병증을 앓고 있습니다.

오래된 도시를 관리하는 데는 지혜가 필요합니다. 도시문제는 여러 문제가 복잡하게 얽혀 있습니다. 하나의 증세만 보고 섣불리 투약하거나 수술하다가는 사람을 잡듯 도시를 망가뜨릴 수 있지요. 오래된 작은 집들을 철거한 뒤 더 크고 더 많은 집을 지으면 주택 수가 증가하고 주거환경이 개선되는 것은 맞습니다. 그러나 주택공급과 환경개선 말고도 수없이 많은 문제가 함께 얽혀 있으므로, 그에 따른 부작용은 없는지, 또 누가 더욱 힘들어졌는지, 누가 과도한 이익을 챙겼는지 세세하게 살펴보아야 합니다. 지금 창궐하고 있는 재개발 일변도의 도시관리 방식은 부작용과 후유증이 큰 독한 약과도 같습니다. 절체절명의 순간에 써야 할 극약 처방을 우리는 지금 너무 쉽게, 너무 많이 남발하고 있습니다.

대안이 필요합니다. 대체요법을 찾아야 합니다. 오래된 마을과 도시를 건강하게 관리하는 안전하고 뒤탈 없는 처방이 필요합니다. 대안은 있습니다. 마을만들기가 그것이지요. 마을만들기의 임상실험은 우리나라 여러 곳에서 이루어져 왔습니다. 서울의 북촌과 전주 한옥마을에서는 곧 재개발될 처지의 낡고 허름한 도시한옥들을 잘 고쳐서, 살고 싶은 주거공간으로 되살려냈습니다.

한옥뿐만 아니라 오래된 단독주택들이 모여 있는 동네와 저층주거지를 철거하지 않고 현미경 수술하듯 섬세하게 고치고 살려내려는 움직임도 늘어나고 있습니다. 오래된 아파트단지를 재건축이 아닌 리모델링(remodeling) 방식으로 멋지게 회생시킨 성공적 사례들도 눈길을 끕니다. 마을만들기가 오래된 도시를 지키고 살리는 명약으로 널리 쓰이기를 바랍니다. 마을만들기의 힘으로 오래된 마을들이 건강하게 오래오래 장수했으면 좋겠습니다.

재개발의 대안 마을만들기가 뿌리내리고, 자라나기 위해서는 재개발이 지금보다 어려워져야 합니다. 놀이터에 있는 '시소'와 같은 원리이지요. 국가의 균형잡힌 정책과 법제도 개선도 선행되어야 하겠지만, 지방자치단체의 역할도 중요합니다. 마을만들기가 아주 좋은 대안으로 받아들여질 수 있도록 주민들의 눈높이에서 마을만들기 행정을 잘 풀어나가야 합니다.

마을만들기는 주민과 행정, 그리고 전문가나 NGO 같은 외부도우미의 세 주체가 이끌어갑니다. 따라서 세 주체가 좋은 관계를 맺고 각기 제 역할을 잘해야 합니다. '삼박자가 딱딱 맞아야' 마을만들기가 성공할 수 있습니다. 가장 중요한 것은 주민입니다. 주민들이 마을만들기에 관심을 갖고, 학습하고, 실제로 해낼 수 있도록 여건을 만들고 도와주어야 합니다. 주민과 공무원, NGO활동가들이 함께 참여하는 '도시아카데미(마을학교)'를 열고, '마을만들기 공모전'을 통해 마을만들기에 관한 다양한 아이디어를 모으고, 가능성 있는 마을을 발굴해내는 것도 효과적일 것입니다.

마을만들기 행정이 제자리를 잡기 위해서는 행정조직 안에서, 또는 행정과 주민 사이에서 마을만들기 업무를 책임질 전담조직이 있어야 합니다. 시애틀시의 '마을과'나 '마을서비스센터'가 좋은 예가 될 것이고, 서울의 '북촌현장사무소'를 비롯해 광주광역시 북구, 진안군, 안산시의 '마을만들기센터'도 좋은 사례입니다. 누군가가 마을만들기에 '올인'해야만 새싹이 무럭무럭 자랄 것입니다.

마을만들기 행정을 위해 준비해야 할 일들이 몇 가지 더 있겠네요. 시애틀시의 '마을만들기지원기금'(NMF)이나 일본의 여러 지자체가 운영하고 있는 '마치즈쿠리펀드'와 같은 마을만들기의 재원을 마련하는 일, 그리고 마을만들기 조례를 제정하고 관련 법제도를 개선하는 일도 필요하겠지요? 이런 일들이 마을만들기의 토대를 탄탄하게 구축해줄 것이므로 그 기반을 잘 다져놓은 뒤, 마을만들기의 새 시대를 활짝 열어 가시기 바랍니다.

여섯, "이벤트나 관광보다는 시민의 일상이 편안한 도시를 꿈꾸세요."

민선시대, 유권자들의 투표로 당선된 단체장들의 가장 큰 고민이 어쩌면 '재선'에 있지 않을까 생각합니다. 꼭 재선을 염두에 두지 않는다 해도 나를 뽑아준 사람들에게 좋은 평가를 받고자 하는 마음은 예외가 없겠지요. 문제는 재선이든 좋은 평가든 그것을 '단기간에 이뤄낸 가시적 성과'에 의존하려는 강박관념입니다.

청계천복원과 같은 빅 프로젝트나, 엑스포 또는 스포츠대회 같은 국제 이벤트 유치에 많은 단체장이 몰두하는 이유가 여기에 있습니다. 이런 현상은 비단 우리나라에만 국한되지 않는 것 같습니다. 다른 나라에서도 우리처럼 올림픽이나 박람회 유치 등의 대규모 도시이벤트를 벌이려 애쓰고 있고, 일시적으로 벌어지는 축제나 행진, 행사, 의식 등 다양한 도시이벤트가 벌어지고 있답니다. MIT 대학 교수였던 마크 슈스터는 이것을 '이피머러(ephemera, 하루살이)' 또는 '일시적 도시설계(temporary urbaninsm)'라 지칭했지요. 쉽게 말하자면 '이벤트 도시계획(또는 도시설계)'이라는 뜻이겠네요.

중요한 것은 그것들이 시민의 일상과 관련되어 있는지, 아니면 전혀 별개로 굴러가는지에 있습니다. 시민의 일상생활과 편안한 삶이 존중되면서 이벤트 도시설계가 이루어지는지, 아니면 시민의 일상과 무관하게, 또는 편안한 삶을 훼방하면서까지 진행되고 있지는 않은지 살펴보아야 합니다. 슈스터 교수도 도시이벤트의 성공요건이 지역주민과 시민의 참여와 봉사에 달려 있고, 이벤트를 통해 보여주는 도시이미지 자체가 진정성(authenticity) 또는 진실성이 있어야 함을 강조합니다.

유권자들이 생생하게 기억할 만한 굵직한 성과를 임기 중에 이뤄내고 싶은 욕구는 아마도 모든 단체장의 공통된 마음일 겁니다. K 구청장님도 예외는 아니시겠지요? 그 욕구를 올바른 방향으로 분출하셔야 합니다. 도시이벤트 자체가 나쁜 것은 아니지만, 시민의 일상과 동떨어지고, 편안한 삶을 침해하는 도시이벤트는 하지 말아야 합니다. 진정성과 진실성이 결핍된 이벤트도 마찬가지입니다. 광화문광장에서 벌였던 스노보드 쇼가 좋은 예입니다.

이벤트를 벌이는 이유는 그 자체를 목적으로 할 때도 있지만, 관광정책과 연계된 경우가 더 많습니다. 관광객들을 우리 도시에 끌어와 돈을 벌자는 생각과 맞물려 있지요. 굴뚝 없는 산업으로 불리는 관광을 활성화하는 것 자체가 문제가 되진 않지만, 관광을 활성화하는 정책을 펼 때도 마찬가지로 주민과 시민의 일상을 존중하고 배려하면서 해야 합니다. 특히 주민들이 살고 있는 주거지역이 관광객의 목표물이 될 때에는 자칫 편안하고 쾌적한 주거환경이 침해될 우려가 크기 때문입니다. 서울의 북촌 한옥마을이 바로 그런 경우입니다.

북촌은 1,000여 채의 한옥이 남아 있는 서울의 대표적 한옥마을입니다. 큰길가에는 주거용도가 아닌 한옥들도 많이 있지만, 안으로 들어가면 대부분 사람들이 살고 있는 주거용도 한옥들입니다. 북촌 가꾸기 정책을 입안할 당시에도 이 같은 주거지의 특성이 잘 유지되고, 또 주민들의 편안한 일상생활이 침해받지 않도록 주거환경 보호를 최우선으로 해야 한다는 원칙을 세워두었지만 그 원칙이 잘 지켜지지 않았습니다. 시장이 바뀌고 새 시장이 북촌을 관광 활성화의 거점으로 인식하면서 북촌정책이 크게 바뀌게 되었습니다. 그렇지 않아도 북촌에는 한류 열풍으로 많은 일본인 관광객들이 끊임없이 찾아오고 있었는데, 서울시의 관광 활성화 정책과 맞물리면서, 또 <1박 2일> 같은 TV 프로그램에 소개되면서 북촌을 찾는 관광객이 폭증하고 있는 실정입니다. 매일매일 관광객들이 들끓는 마을에서 주민들의 편안한 일상생활이 가능할 수 있을까요? 도시이벤트도 중요하고, 관광활성화도 중요합니다만 주민과 시민의 일상은 더욱 존중되고 지켜져야 합니다. 주객이 뒤바뀌지 않도록 중심을 잘 잡아주셔야 합니다.

일곱, "새들도 함께 살 수 있는 도시를 만들어주세요."

몇 해 전 서울학연구소에서 '한강의 섬'을 주제로 심포지엄을 열었던 적이 있습니다. 발표자나 토론자도 아니었지만 관심이 가는 주제여서 설레는 마음으로 참석했는데, 심포지엄 말미에 토론자의 한 분이었던 공주대학교 생명과학과 유영한 교수님이 툭툭 던지듯 하신 말씀이 화살처럼 가슴에 날아와 팍팍 꽂혔던 기억이 있습니다.

> 새들의 입장에서 도시를 한번 바라보세요. 제가 새라면 말이지요. 새가 되어 하늘을 날아오다 서울 한강을 내려다본다면 이곳은 도무지 살 수도, 쉴 수도 없는 곳이라 판단하고 외면할 겁니다. 원래 우리의 강이란 언제나 물이 가득 차 흐르는 곳이 아닙니다. 찰랑찰랑 40센티미터 남짓의 물이 흐르고, 한 해의 삼 분의 이 정도는 강물이 말라 있는 곳, 그래서 강의 경계가 늘 왔다 갔다 하는 곳, 그곳이 바로 새들이 살기 좋은 강입니다. 한강을 지금처럼 바꾸어놓은 것은 새들이 살 수 없는 곳을 만든 것입니다. 그뿐 아니지요. 사람들에게 특히 우리 아이들에게 강에 대한 잘못된 인식을 심어주는 그릇된 교육(misconception)이기도 합니다.

발표자의 한 분이었던 PGA습지생태연구소의 한동욱 소장님의 말씀도 정신이 번쩍 나게 해주었지요. "그나마 밤섬이 있어 새들이 쉴 수 있는 곳이 단 한 곳 한강에 있지만, 바로 코앞에 있는 밤섬까지 건너가는 새는 극히 일부이고, 대부분은 서울시계를 넘어가지 않습니다. 고양시와 김포, 파주 쪽 한강에서만 수많은 새가 머무는 이유는 바로 신곡수중보 때문입니다."

당시 일산에 살면서 새벽마다 출근할 때 보았던 한강하구의 너른 벌과 습지대가 바로 새들의 쉼터이자 삶터였음을 새롭게 알게 되었습니다. 수중보로 막아두지 않는 자연 그대로의 강이 흐르고, 넘치고, 마르면서 만든 환경에서 새들이 편히 살 수 있음을 새삼 배웠습니다. "새들이 쉴 수 없는 도시에 지금 내가 살고 있구나." 도시계획과 도시설계를 업으로 삼고 있는 저에게 망치로 때리듯 아프게 일깨워준 두 분 말씀이 지금도 귓가에 쟁쟁합니다.

K 구청장님, 도시는 정글이 아닙니다. 약육강식과 적자생존의 각축장이 아닙니다. 약자들도 우리와 함께 살아가는 생명의 공동체여야 참 좋은 도시, 사람 사는 세상이라 할 수 있지 않겠습니까? 사람의 눈으로만 도시를 보지 마시고, 새들의 눈으로 도시를 봐 주세요. 강자의 눈으로만 도시를 보지 마시고, 가장 약한 존재의 입장에서 도시를 보고 돌봐주시기 바랍니다.

새들이 살 수 없어 떠나간 도시에서 지금 그리고 당분간은 우리가 살 수 있을 테지만, 영원히 살 수는 없겠지요? 새들도 함께 살 수 있는 도시, 그곳이 바로 지속가능한 도시입니다. 지속가능성(sustainability)의 요체를 새들의 눈을 통해 발견하실 수 있기를 기대합니다.

여덟, "자연의 질서, 자율의 질서가 살아 있는 도시를 생각하세요."

K 구청장님, 베이징에 가보신 적이 있으시지요? 또 도쿄에도 가보셨지요? 서울은 베이징, 도쿄와 어떻게 닮았고 또 다르게 느껴지던가요? 베이징, 도쿄와 구별되는 서울만의 매력을 발견하셨는지요?

서울, 베이징, 도쿄는 한·중·일 세 나라의 수도이자 역사도시라는 공통점을 갖고 있습니다. 동북아시아의 대도시라는 점도 닮은 점이겠네요. 그러나 세 도시는 입지 조건이 다르고 도시의 생김새와 도시를 계획하고 만든 철학과 생각이 서로 많이 다르다는 점에서 닮지 않은 도시, 전혀 다른 도시이기도 합니다.

2004년부터 2005년까지 서울, 베이징, 도쿄의 학자들이 함께 참여하여 세 도시의 역사와 역사보전정책을 비교하는 국제 공동 연구를 진행했던 적이 있습니다. 각기 연구한 성과들을 가지고 2005년 봄에 베이징에 모여 국제 컨퍼런스를 열었지요. 함께 토론하던 자리에서 베이징 연구를 맡았던 분께서 이런 이야기를 했습니다. "베이징도 서울도 참 아름다운 도시입니다만, 제 생각을 솔직하게 말씀드린다면 베이징보다 서울이 더 아름다운 도시 같습니다." 이 말에 다들 깜짝 놀라 다음 이야기에 귀를 기울였지요. 그분 이야기는 이렇게 이어졌습니다. "베이징은 인간이 디자인한 도시입니다. 그런데 오늘 서울의 발표를 들으니 서울은 신이 디자인한 도시 같습니다. 사람의 손을 빌어서요." K 구청장님, 이분의 이야기가 이해되시는지요? 공감하실 수 있겠는지요?

베이징은 인간이 디자인한 도시이고, 서울은 신이 디자인한 도시라는 중국학자의 이야기에는 약간의 보충 설명이 필요할 것 같네요. 잘 아시는 것처럼 베이징은 평지 위에 그림 그리듯 도시를 계획하고 만들었습니다. 한가운데에 자금성(紫禁城)이 있고, 자금성을 다시 황성(皇城)이 에워싸고 있지요. 황성 바깥으로 다시 북측의 내성(內城)과 남측의 외성(外城)이 둘러싸고 있는데, 내성과 외성을 합쳐 베이징구성(北京舊城)이라 부릅니다. 베이징구성의 제일 남단 중앙에 위치한 영정문(永定門)에서부터 북단 끝까지 약 7.8킬로미터에 이르는 중축선이 지나가는데 전문, 천안문, 단문, 오문과 종루, 고루 같은 주요 시설이 모두 이 중축선상에 놓여 있지요. 베이징은 이처럼 중심축이 강조된 네모 반듯하고 질서정연한 모습을 하고 있습니다.

반면에 서울은 전혀 다른 모습이지요? 조선왕조의 수도로서 계획되고 만들어진 한양도성은 백악, 낙산, 목멱, 인왕 네 개의 산 능선을 따라 성곽을 쌓아 만들었습니다. 평지에 그림 그리듯 계획한 베이징과는 달리 서울의 도성은 구불구불 이어지고, 산과 능선을 따라 오르락내리락 달려갑니다. 왕궁을 배치하는 방식도 베이징과 다르고 종로와 세종로, 돈화문길과 남대문로 같은 주요도로를 계획할 때도 지형을 따라 흐르던 물길과 옛길을 그대로 살려 도시를 만들었답니다. 그래서 얼핏 보면 반듯하지 않고 삐뚤빼뚤한 듯 보이지만 서울은 자연의 질서를 그대로 살려 만든 도시이고 말 그대로 친환경 도시입니다. 자연지형을 크게 바꾸지 않고서도 자유분방하고 여유 넘치는 아름다운 도시를 만들어냈으니, 이것이 바로 요즘 세상 모든 사람이 이구동성 이야기하는 저탄소, 녹색의 에너지절약형 도시계획 아닙니까?

지난해 가을 처음으로 제주 올레길을 걸었을 때, 바닷가 절벽에 비바람과 햇볕과 파도와 바닷물이 오랜 세월을 들여 조각해놓은 작품들을 보면서 자연의 디자인이 얼마나 기막히게 아름다운지를 새삼스럽게 느꼈던 기억이 납니다. 자연의 디자인에 비한다면 인간의 디자인은 참 허접하다는 것도 함께 깨달았답니다. 베이징학자의 서울예찬도 자연의 질서와 자연의 디자인이 갖는 위대함을 말하고자 했던 것으로 저는 이해합니다.

우리 조상들이 한양 도시계획을 할 때, '자연의 질서'를 그대로 살려 도시의 골격을 만들었다면 도시의 부분 부분을 채우고 다져온 것은 다름 아닌 '자율의 질서'였답니다. 인사동의 골목길을 걸어보셨지요? 나뭇가지 모양처럼 구불구불 꺾이고 다시 이어지는 골목길을 디자인한 것은 그곳에 살던 백성들이었지요. 골목길은 본래 사유지의 일부를 내주어 길을 만든 것 아닙니까? 길과 닿지 않는 내 뒤땅 사람에게 길을 내주기 위해 내 땅의 일부를 내놓은 게 골목길이 된 것이니, 골목길의 폭에는 그 땅에 살던 사람의 마음씨 크기가 담겨 있다고 해도 크게 틀린 말은 아니겠지요?

서울의 아름다움은 산과 강, 언덕으로 이어지는 생동감 넘치는 자연지형과 어디서든 산이 보이는 조망에서 비롯됩니다. 서울의 아름다움은 또 오랜 역사에서 갯벌처럼 층층이 배어나오는 그윽함에서 비롯됩니다. 서울의 아름다움은 또한 인공(人工)과 인위(人爲)를 절제하고 자연의 아름다움, 자율의 아름다움을 그대로 살려낸 그 마음씨, 그 특별한 계획철학에서 비롯됩니다.

K 구청장님, 도시계획이나 도시설계를 무언가를 끊임없이 해야 하는 것으로 착각하는 분들이 종종 있습니다. 그렇지 않습니다. 도시계획은, 도시설계는 오히려 무언가를 하지 않는 것일 수도 있고, 무언가를 덜 하는 것이 오히려 잘하는 일일 수 있습니다. 하지 않고서도, 또 덜 함에도 더 잘할 수 있는 지혜를 서울을 디자인했던 조상들의 마음씨와 독특한 계획철학을 통해 얻으시길 기대하겠습니다.

아홉, "전문가들이 일할 수 있는 시스템을 만드세요."

도시계획행정에는 전문가의 도움이 필요합니다. 물론 도시계획을 담당하는 공무원 분들이 모두 전문가이겠지만, '뺑뺑이'로 불리기도 하는 순환보직제도로 인해 한 분야에 오래 몸담고 일해 온 정통한 공무원이 그리 많지 않은 게 우리 현실입니다.

전문가를 공무원으로 채용해서 일하게 하는 전문직공무원 제도도 오래전에 도입되어 현재 많은 자치단체에서 이들이 활동하고 있습니다. 전문직공무원들이 더 많이 채용되어 전문가로서의 역량을 맘껏 발휘할 수 있도록 여건과 시스템을 잘 살펴주시기 바랍니다.

도시계획 분야의 전문가들은 아주 다양합니다. 조닝이나 건축규제 같은 법제도에 밝은 분도 있고, 경관관리나 보행환경 설계의 경험이 많은 분도 있습니다. 사업타당성처럼 돈의 흐름과 수지계산에 밝은 분도 있고, 건축과 도시공간의 섬세한 설계분야에 뛰어난 분도 있습니다. 개발 전문가도 있고, 보전 전문가도 있지요. 미국통도 있고, 독일, 프랑스, 일본통도 있습니다. 디테일에 밝은 분도 있고, 도시계획행정 전반을 두루 잘 아는 분도 있습니다.

K 구청장님, 도시계획행정을 풀어가는 데에 이들 전문가를 잘 활용하시기 바랍니다. 그리고 전문가들의 도움을 효과적으로 받기 위해서는 좋은 전문가를 만나야 하고, 그들이 기껍고 편안하게 또 소신껏 일할 수 있도록 시스템을 잘 만들어주어야 합니다.

전문가들이 도시행정에 참여하고 도움을 주는 방법은 다양합니다. 위원회에 위원으로 참석해서 주어진 사안이나 안건을 자문하고 심의하는 방법도 있지요. 또 직접 정책연구나 설계프로젝트를 받아 정책을 제안하거나 실시설계를 담당하는 경우도 있습니다. 이처럼 직접 일을 맡길 때에는 가장 적합하고 능력 있는 사람에게 일을 맡길 수 있는 좋은 시스템이 필요합니다. 최저가낙찰제와 같은 입찰방식으로는 좋은 일이 좋은 사람에게 주어지기가 쉽지 않기 때문입니다.

일본 구마모토시가 '아트폴리스(Kumamoto Art Polis: KAP) 프로젝트'를 시작하면서 새롭게 도입한 제도가 바로 '커미셔너(commissioner)' 제도입니다. 예술의 도시를 만들기 위해서는 공공청사를 비롯해 다리, 화장실, 가로등, 쓰레기통에 이르기까지 공공디자인의 수준을 끌어올려야 하는데, 기존의 발주제도로는 한계가 있다는 판단을 하고 아주 혁명적인 방법을 도입한 것이었지요. 우리 식으로 표현하자면 구마모토시의 총괄 계획가라 불러도 좋을 커미셔너에 처음 임명된 사람은 일본의 대표적 건축가이자 도시설계가인 이소자키 아라타(磯崎新)였고, 그는 구마모토시에서 발주하는 모든 공공프로젝트의 설계자를 지명할 수 있는 권한을 부여받아 가장 능력 있는 건축가에게 시의 프로젝트를 맡깁니다.

기존의 발주제도 아래에서는 실적이 없는 젊은 건축가들이 공공프로젝트를 딸 수 있는 가능성이 거의 없었지만, 커미셔너제도를 도입함으로써 이 문제를 한방에 해결한 사례입니다.

이와 같은 커미셔너제도는 그대로 도입해서 써볼 만한 제도입니다만, 다양한 변용도 가능할 것입니다. 좋은 건축가, 조경가, 도시설계가, 실내건축가, 디자이너들을 개인 또는 풀(pool)로 구청의 공공디자이너로 위촉하여 각 분야에서 활용하는 방법도 고려해보시기 바랍니다. 능력도 있고 열정도 있는 좋은 전문가들은 참 많습니다. 그렇지만 이들에게 늘 일할 기회가 주어지지는 않습니다. 좋은 전문가를 찾아 좋은 일과 연결시켜주는 것, 그들이 맘껏 일할 수 있도록 여건을 만들어주는 것, 그것이 진보 단체장들이 해야 할 또 하나의 과제입니다.

열, "엄마 같은 도시살림을 부탁해요."

리더십을 둘로 나눈다면 하나는 '차가운 리더십'이고 다른 하나는 '따뜻한 리더십'일 것입니다. 지시하고, 확인하고, '조인트를 까서' 복종하게 하는 이른바 '조지는' 리더십이 있는가 하면, 분명한 지향을 함께 공유하고 마음으로 통해 서로 협력하고 연대하도록 이끄는, 이를테면 '섬기는' 리더십도 있습니다.

도시계획도 시대에 따라 변화합니다. 상황이 달라지면 하는 일도 변하고, 그 일을 대하는 마음과 태도도 달라져야 하기 때문입니다. 개발시대의 도시계획은 바쁘게 새로 만드는 일이 대부분이었습니다. 빨리빨리 해내는 속도가 중요했고, 양적 성과가 평가를 좌우했지요. 그러나 저성장시대, 인구감소시대의 도시계획 과제는 전혀 달라집니다. 오래된 것들을 섬세하게 고치고 되살리는 일이 중요합니다. 속도나 물량보다도 완성도와 질적 수준이 성패를 좌우합니다. 개발시대가 '생산'의 시대, '만들기'의 시대였다면 지금은 '양육과 돌봄'의 시대, '가꾸기'의 시대입니다.

이와 같은 시대의 변화, 패러다임의 변화를 '부성(父性)'에서 '모성(母性)'으로의 변화라고 표현해도 좋을 것 같습니다. 바꿔 말한다면 지금은 '모성의 도시계획' 시대이니 '엄마 같은 도시살림'을 부탁한다고 말씀드리고 싶습니다. '살림'

이라는 말에는 두 가지 의미가 있지요. 하나는 '죽임'의 반대 말로, 죽어가는 것을 '살린다'거나 또는 생명력이나 활력을 더욱 '키운다'는 뜻이고, 다른 하나는 가정이나 단체의 사람과 일을 잘 보살피고 꾸려나간다는 뜻으로 흔히 '살림살이'라 일컫기도 하지요. 원래 있던 것들을 깡그리 뭉개고 새로 짓는 게 '죽임'의 도시계획이라면, 있던 것들을 잘 지키고, 남기고, 다듬고, 가꾸어가는 것은 '살림'의 도시계획이라 할 수 있습니다. 한 가정에서 식구들의 삶이 건강하고 행복하기 위해서는 '집안 살림'이 야무지고 탄탄해야 하는 것처럼, 마을과 도시의 삶이 편안하고 쾌적해지기 위해서는 '마을살림'과 '도시살림' 역시 야무지고 탄탄해야 합니다.

K 구청장님과 여러 진보 단체장들에게 부탁드리고 싶은 여러 이야기를 딱 한마디로 줄인다면 '도시살림'이라는 말로 요약됩니다. 엄마 같은 마음으로 도시살림을 잘 해주세요. 죽임의 도시계획이 아닌 살림의 도시계획, 도시살림을 부탁드립니다.

K 구청장님, 도시를 부탁해요. 도시살림을 부탁해요. 서두르지 마세요. 천천히, 그러나 멈춤 없이.

지방재정

제10장

거꾸로 가는 자치재정 지방이 진짜 주체가 되어야

이재원 | 부경대 행정학과 교수

1. '재정' 위기와 '자치' 위기

민선단체장 체제 출범 이후부터 지금까지 지방재정에 대해서는 변함없이 건전재정 기조를 요구하고 있으며, 약간의 불리한 상황이라도 발생하면 재정위기 사례들이 부각되면서 사회적으로 긴장 분위기가 조성된다. 동시에 중앙정부 정책의 충실한 집행 대행기관으로서 역할을 강조한다. 지방자치라고는 하지만 재정에서의 자치는 여전히 성숙되지 못하고 있다. 이러한 가운데 최근 들어 지방자치단체들이 스스로 혁신적인 재정정책들을 운영하려는 의지와 증거 역시 발견하기 어렵다. 재정에서 아직 분권은 없는 듯하다.

지방교부세와 같은 조정재원 외에도 국고보조금을 중심으로 중앙정부의 각 부처별로 재정 의존성이 계속 강화되고 있다. 수도권 일부 지자체를 제외하면 전국의 지방이 중앙정부의 재정지원만 애타게 기다리고 있는 형편이다. 중앙 부처들은 성과관리체계를 구축하면서 지방의 재정사업들을 더 강도 높게 통제한다. 지방의 재정사업에서는 중앙정부의 표준적인 지침을 수용하고 각 부처로부터의 평가를 준비해야 한다. 그러한 가운데 지역의 특성과 종합적인 정책관리 그리고 합리적인 재원배분이라는 분권재정의 관점들이 들어설 틈이 사라지고 있다.

최근 지방재정에서는 분권의 관점에서 강조되는 '자치'와 건전성 가치에서 중요시되는 '재정' 모두에서 위기 상황이 진행되고 있다. OECD 주요 국가에서 공통적으로 지방재정의 분권보다는 중앙에 더 의존적인 형태로 정부 간 재정관계가 형성되고 있다. 세계 경제의 불안정성과 도시 간 경쟁, 지역의 사회경제적 불균등과 취약성, 그리고 대내외 환경 대응에서 지방재정은 항상 위기 문제에 봉착하고 있다. 중앙정부의 재정지원과 관리감독 역할이 점차 강화되는 현실에서 다가올 저성장시대의 자치 재정에 대한 전망은 밝지 않다.

이 글에서는 최근 부각되고 있는 지방재정의 두 가지 화두인 재정위기 요인과 중앙 의존적인 정부 간 재정관계들에 대한 구조와 현상들을 살펴보면서 저성장시대 분권재정을 위한 정책과제들을 모색한다.

2. 근대 도시의 지방재정 위기의 구조적 요인들

사회경제적 환경: 지방재정구조의 전면 재검토가 요구되는 요인

서구의 주요 대도시정부들이 재정위기를 당면했던 대표적인 이유는 세입 기반이 감소되는 다른 한편으로 지출수요는 오히려 더 증대되었기 때문이다. 근대 산업사회의 중심도시에서는 탈산업화와 지역경제의 재구조화에 따라 주로 재산가치 하락에 의한 세입 기반의 잠식과 급속한 교외화 현상이 발생했다. 이에 따라 중심도시의 주요 세원이 교외로 이전되었지만 중심지의 사회경제적 기반투자 지출은 지속되어야 하는 재정적인 외부효과가 확대되었다. 더욱이 도시정부의 공공서비스에 일상생활을 의존해야 하는 저소득계층이 그대로 남아 있거나 오히려 외부로부터 유입되면서 추가적인 복지 지출원인이 발생하게 된다.

대도시 내부에서도 주거지 분화와 생활권 간 소득양극화 현상이 진전되면 저소득층이 밀집한 자치구에서 재정위기의 요인이 집중하게 된다. 이와 같은 재정 외부성 문제는 중앙정부나 시본청의 보조금을 통해 완화될 수 있다. 하지만 해당 지방정부의 재정의존성이 높아지면서 '자치'의 위기가 발생하게 되고 이후 중앙정부와 시본청의 재정압박 상황이 발생하면 자치구는 '재정'의 위기까지 동시에 겪게 된다.

그런데, 저출산 고령사회로의 전환기에는 재정외부성 문제가 있는 중심도시뿐 아니라 낙후된 주변지역에서 재정위기가 발생할 가능성이 커졌다. 근대산업사회에서 생산과 공동체의 근간이 되었던 인구 구조가 저출산 고령화에 따라 생산적인 방향으로 형성되지 못하고 출산지원과 노인복지지출 등과 같이 지방정부의 소비지출 수요를 확대시키고 있다. 중심지와 주변지역 간 성장격차가 심해지면 주변지역에서의 성장 잠재력 자체가 소멸되는 동시에 소비적인 복지지출에 따른 재정누출로 인해 해당 지방정부는 구조적인 재정위기 상황에 직면할 수 있다.

정부 간 재정 관계

최근 주요 국가의 정부 간 재정관계는 공통적으로 지방재정의 집권화 방향으로 전개되고 있으며 중앙과 지방 간 재정관계가 과거보다 상당히 밀접하게 연계되고 있다. 분권의 관점에서는 중앙재정에 대한 지방재정의 의존정도가 높아지는 것을 의미한다. 이에 따라 중앙정부의 재정정책이 지방재정에 실시간으로 영향을 미치게 된다.

중앙정부의 국고보조금 제도가 지방재정과 관계를 밀접하게 연결하는 방향으로 설계되면 그 속에 지방재정 위기 요인이 형성된다. 즉, 개별 단위 사업별로 일정 비율의 지방비를 매칭하게 규정하면 지방재정에 압박 상황이 있어도 의무적으로 부담할 수밖에 없는 경우가 많다. 국고보조금을 지원받지 못할 경우 포기해야 할 금액이 너무 크기 때문이다. 국고보조사업 단위가 세분화되어 있고 전국에 걸쳐 획일적으로 운영될수록 지방재정에 대한 압박 요인은 커지게 된다. 보조금에서 자율을 확대할 수 있는 대안으로 포괄보조 방식이 있다. 하지만 미국의 경우 역사적으로 포괄보조가 연방정부의 재정위기를 지방에 전가시킨 수단이었고 그것이 지방재정 위기의 요인으로 지적되기도 했다(Inman, 1995).

지방정치체제 요인

지역사회 구성과 지방정치 요인에서 위기의 원인을 찾는 접근도 있다. 대표적으로 아일랜드인이 많은 지방정부는 그들의 독특한 정치적 행태로 인해 추가적 지출이 많아 재정위기를 겪었다. 아일랜드 사람이 많은 도시에는 경찰과 소방관련 지출이 상대적으로 많았다고 한다. 정치적 원인 중에는 공공 부문의 강성 노조와 이에 따른 공무원 임금의 지속적 증대, 그리고 선거를 위해 이를 정치적으로 이용하는 단체장의 정치 행태를 지적하는 주장도 있다(Clark & Ferguson, 1983).

다른 한편으로 지방정부의 정치체제 특성에서도 재정위기의 원인을 지적했다. 여기에는 규모와 절차의 요인으로 구분된다. 즉, 예산과정에 참여하는 의사결정 주체(지방의원 등)가 많으면 전체적으로 투자의 생산성과 상관없이 예산이 증가하는 경향이 있었다. 예산과정의 절차가 분권화되어 있으면 지출이 증대되는 경향이 있고 단일 부서에 권한이 집중되어 있으면 적자를 관리하는 데 효율적이라는 연구도 있다(Fuchs, 1992).

관료제 병리

전통적인 정부실패에 대한 대표적인 비판이론인 공공선택론에서는 관료제의 이기적인 예산활동이 재정문제를 창출한다고 주장한다. 지자체의 선심성·행사성 경비의 지속, 과도한 청사 신축 등과 같은 재정낭비 행태가 재정위기 요인이 된다. 공공부문에서는 가격 메커니즘이 작동하지 않기 때문에 기회비용의 개념이 적용되지 않고 시민에 대한 책임성만을 지나치게 강조할 경우 사회적 편익계산에서 거품현상이 반영되어 지출팽창이 필요 이상으로 정당화되는 경향이 있다.

지방정부의 재정관리 역량

행정운영체계의 비효율성 때문에 재정위기가 발생한다는 연구도 있다(Rubin, 1987). 지방정부의 불건전한 재정관리가 세입부족으로 이어졌고 적어도 재정기반과 관련된 합리적인 예측을 방해했다는 것이다. 1960~1970년대까지만 해도 미국 지방정부의 예산회계제도가 적절하지 못했기 때문에 단연도(短年度) 중심의 재정운영에 그쳤으며 당시 상황에서 지방정부의 소유 자산규모, 재정적자 규모 등을 정확히 산출하지 못했다. 따라서 이러한 예산회계제도에서는 긴축 국면에서 대규모 차입재원을 동원하는 지방정부의 재정지출활동을 적절히 관리 및 통제하지 못한다는 것이다. 이에 따라 긴축전략을 취해야 할 정확한 시점을 판단하는 데 필요한 기반 자료를 제시하지 못하여 적절한 정책대응이 불가능했다.

재정관리 역량이 부족한 공무원과 무사안일 및 상명하복의 관료조직 그리고 단체장의 정치적 지출 특성이 결합하면 만성적 재정위기가 발생할 수 있다. 각종 언론매체에서 지적되고 있는 지자체 재정낭비 사례들은 이와 같은 요인들이 복합적으로 작용한 결과물들이다. 세입이 감소되는 상황에서도 관료들은 비용을 삭감하지 않고 재정상태가 건전한 것처럼 왜곡하여 회계를 보고하려는 유혹에 빠질 수 있다. 이것이 단체장의 정치적 속성과 결합하면 재정 현실을 무시한 높은 공공서비스 지출 수준을 유지하게 된다. 이것이 누적되면 재정위기가 발생하게 된다.

3. 지방재정에서의 자치위기와 재정위기

지방재정위기가 우려되는 현상과 복잡성

금융위기와 경기침체 그리고 유럽의 국가재정위기가 발생하면서 지방재정분야에서도 적지 않은 우려들이 제기되고 있다. 1990년대 말 IMF 외환위기와 2000년대 말 미국발 금융위기 등과 같은 글로벌 요인들이 국민국가의 경계를 쉽게 넘어 지방재정에 직접 영향을 미치고 있다. 구체적인 수준에서 지방재정을 '위기' 상황이라고 규정하는 단일 기준은 없다. 또한 우리나라 지방재정은 재정 파산이 발생할 수 있는 구조가 아니기 때문에 미국에서와 같은 지방정부의 파산에 따른 재정위기는 발생하지 않는다.

원칙적으로 보통교부세를 통해 지방 공무원의 인건비와 주요 공공시설의 운영·유지비 등 지방의 기준재정수요는 중앙정부가 모두 지원하는 정부 간 재정관계제도가 있기 때문이다. 간헐적으로 언론매체에 보도되는 것과 같이 지방공무원의 급여를 예산에 제대로 반영하지 못하는 자치단체가 발생하는 등 무시해서는 안 되는 지방재정의 압박 현상들이 부분적으로 존재한다. 또한 최근 부동산 거품붕괴 등에 따라 재산과세의 비중이 높은 지자체에서는 지방세 수입을 안정적으로 확보하기 어려운 구조적 문제도 있다. 하지만 이는 재정력이 좋은 대도시에 국한되는 현상이며, 지방세 비중 자체가 높지 않고 세입 대부분을 중앙에 의존하는 많은 지자체에서는 부동산 경기변동과 지방재정 위기의 연관성이 생각만큼 크지 않다.

재정위기 논의들은 재정파산이 간헐적으로 발생하고 있는 미국에서 활발하다. 재정위기에 대한 원인과 대응에 대한 기본적인 담론과 정책과제들은 대부분 1980년대 초반에 분석·정리되었으며 당시의 쟁점들이 현재까지 지속되고 있다. 최근 미국의 부동산 거품 붕괴와 함께 발생했던 금융위기의 영향으로 적지 않은 지방정부에서 1980년대와 같은 재정위기에 대한 우려가 계속 제기되고 있다.

우리나라에서 지방재정 위기에 대한 논의는 1990년대 후반 IMF 외환위기의 재정영향을 우려하면서 일시적으로 정리된 바 있다. 하지만, IMF 경제위기를 효과적으로 극복한 이후부터 경제는 급속히 성장했고 지방재정 역시 급성장했다. 지방재정 위기에 대한 초기의 논의와 긴장은 잊혀졌다. 최근의 세계적인 경기침체와 국내 부동산 경기 하락에 따른 지방세입 감소 현상과 함께 과거의 지방재정위기 논의들이 다시 시작되고 있다. 또다시 지방재정 학자들이 위기에 대한 우려와 대응 과제들을 정리했다. 주요 내용은 2000년대 초기의 연구와 대동소이하다. 대신, 위기에 대한 인식과 실천에 대한 현실이 다르다.

IMF 외환위기 당시와 비교할 때 지금의 지방재정 위기 상황은 많은 부분에서 차이가 있다. 일단 지방재정규모에서 (최종예산 기준) 2000년 65조 원에서 2009년 157조 원으로 10년 동안 2.4배가 증가했다. 하지만 지방재정에 대한 관리장치들은 세련되지 못했으며 기대를 모았던 발생주의 복식부기와 프로그램예산을 통한 성과관리체계는 지자체의 소화불량 상태에 있다. 급속히 증대된 세입의 몸집을 제대로 관리할 재정수단들을 갖추지 못했기 때문에 곳곳에서 재정낭비와 누수가 발생하고 있다. 외국에서 좋다고 하는 혁신적인 관리제도는 대부분 도입되어 있다. 하지만 첨단제도의 형식이 무색할 정도로 운영은 상당히 부실한 편이다. 재정위기가 현실화되면 체감되는 강도 역시 재정규모와 비례할 것으로 예상되는데, 재정 상황이 정확히 파악되지 않아 어디에서 위기가 발생할지 예측하기도 어렵다.

지방재정 환경을 둘러싼 현실은 좀 더 복잡하게 전개되고 있다. 경제성장으로 국민들의 복지후생의 소비 혹은 욕구 수준이 달라졌으며 사회안전망과 사회투자 관련 지출의 확대로 국가 전체적으로 사회복지비 지출이 급속히 확대되었다. 지역별로 세계도시 전략을 경쟁적으로 추진하여 지방정부들은 경쟁적으로 대규모 SOC 투자사업을 수행하고 있다. 권역별로 대부분의 거점도시에서 사회복지와 SOC 사업에 대한 재정지출이 동시에 확대되고 있다. 문제는 두 부문 모두 표면적인 명분과 달리 생산보다는 소비 방향으로 진행된다는 비판이 많다는 점이다.

도시 인프라 투자에 대한 예산낭비는 심각한 수준이다. 경제성이 의심되는 일부 도시의 경전철 사업 사례가 대표적이다. 모두 타당성 분석과 중앙의 심사제도를 통과했지만 조금만 깊게 생각하면 확인할 수 있었던 낭비 요소들이 제대로 걸러지지 않고 풀기 어려운 재정 숙제가 되었다. 이러한 추세가 지속되면 중장기적으로 지방재정에서의 고질적인 재정위기 상황을 창출할 가능성이 있다.

저출산 고령화와 여성의 사회참여 확대 그리고 가족의 해체에 따라 지역의 사회경제적 기반 자체가 바뀌고 있으며 주민들의 일상생활을 지원하는 사회서비스에 대한 지방의 재정지출 수요는 지속적으로 확대될 것으로 전망된다. 그동안 억제되었던 복지욕구와 무상급식과 같이 보편적 사회서비스 등이 정치화되면 지자체의 복지재정 부담은 지금까지 추세보다 더 증가할 가능성도 있다. 국가 전체적으로 제조업에서 서비스 경제로 전환되면서 사회적 양극화뿐만 아니라 지역 간 양극화 경향도 심화되고 있다. 대도시는 재정외부성에 의한 전통적인 재정위기 요인들이 누적되고 있고 낙후된 지자체는 지역사회 기반 해체에 따른 내생적인 성장동력을 상실하고 있다. 사회경제적 전환기 국면에서 지방재정의 위기를 촉발하는 구조적 요인들이 다양한 형태로 여러 지역에 잠재되어 있다.

이러한 상황에서 최근 민선 5기 선거에서 지방의 정치 권력구조에 변화가 발생했다. 그동안 묻혔던 쟁점들이 수면 위로 나타나기 시작했으며 중앙정치와 지방정치의 권력구조가 달라지면서 적지 않은 정책 및 정치 갈등도 발생하고 있다. 지금까지 지방자치 부활 이후 정치권력 구조를 고려한 정부 간 재정 관계에 대한 고려는 거의 없었다. 지방재정의 규모와 구조, 복잡한 재정환경, 그리고 사회경제적 토대와 지역의 정치권력 구조전환이 동시에 맞물린 가운데 지방재정의 위기 단초들이 확인되고 있다. 이와 같은 복합적 상황들을 고려하면 재정위기의 동일 주제에 대해 과거 10여 년 전과 현실 체감도가 다를 수 있다.

중앙의존적인 지방재정 구조

지방재정에서 변함없는 가장 큰 문제는 중앙 의존적인 지방세입구조에 대한 것이다. 자치의 가치를 실천하기 위해서는 당연히 관할구역 내에서 주민들이 직접 납부하는 자체 재원으로 수행하는 자체 사업의 비중이 높아야 한다. 지방자치단체가 재정운영에서 효율성과 성과 책임을 높일 수 있기 위해서는 지방세입에서 자체재원의 비중이 높아야 한다. 2010년 당초예산 기준으로 예산규모는 '중앙정부 : 지방자치단체 : 지방교육'의 비중이 '55.5 : 34.4 : 10.1'의 구조인데 실제 총재정사용액 기준으로는 '43.7 : 42.8 : 13.5'이다.

많은 지방자치단체들의 재정활동이 자기 지역 외에서 창출되는 혹은 국가적으로 거두어들이는 세금을 자기 지역에 더 많이 사용하도록 하는 보조금 유치 경쟁에 치중하게 되는 것이 지방재정의 현실이다. 남의 돈에는 항상 꼬리표가 달려 있어 자기 지역이 의도한 대로 투자되지 않으며 경우에 따라서는 장기적으로 재정 부담이 더 발생할 수 있는 위험도 있다. 지방재정의 지출 활동에 재정 책

<표 10-1> 지방자치단체 유형별 재정자립도(2010년)

(단위: %)

구분	특별시	광역시	시 · 도	시	군	자치구
평균	83.4	56.3	31.6	40.0	18.0	35.4
최고	83.4	70.0	59.3	67.4	48.6	82.9
(단체명)	서울본청	인천본청	경기도본청	경기성남시	울산울주군	서울중구
최저	-	43.2	11.5	9.3	8.6	11.4
(단체명)		광주본청	전남본청	전북남원시	전남고흥군	부산서구

자료: 행정안전부 재정고(http://lofin.mopas.go.kr).

<표 10-2> 지방자치단체 세입 구조 추이*

(단위: %, 억 원)

구분	2005년	2006년	2007년	2008년	2009년	2010년
지방세	36.5	34.8	34.0	34.8	34.2	34.2
세외수입	25.3	25.1	24.9	24.1	24.6	22.6
(자체재원)	61.8	59.9	58.9	58.9	58.8	56.8
지방교부세	18.6	19.1	19.1	19.3	19.3	18.3
보조금	16.5	17.8	18.9	19.0	19.3	21.2
지방채	3.0	3.3	3.1	2.8	2.7	3.7
합계	100.0	100.0	100.0	100.0	100.0	100.0
(규모)	923,673	1,013,522	1,119,864	1,249,666	1,375,349	1,398,565

* 일반+특별회계 당초 예산 순계 기준.
자료: 행정안전부(2010).

임이 수반되지 않을 가능성이 점점 커지고 있다.

2010년 당초 예산 기준으로 재정자립도가 50% 미만인 자치단체가 211개로 전체 85.8%를 차지한다. 지방세 수입에서 공무원 인건비의 비중은 전국 평균 27.9%인데, 해당 지역의 지방세로 인건비를 해결하지 못하는 지방자치단체가 전체 56%인 137개이다. 이와 같은 자치단체들의 사업경비들은 모두 중앙정부의 재정지원에 과도하게 의존하게 된다. 이들 지자체에서는 중앙정부의 재정운영 혹은 재정형편이 지방재정에 직접적으로 영향을 미치게 되는데, 여기서 지방재정위기가 발생한다면 국가적 차원에서의 경기변동과 중앙정부의 재정지원 감소가 주된 요인이 된다. 우리나라의 지방재정은 자치 위기의 현실 속에서 재정위기 요인을 동시에 안고 있는 구조를 가지고 있다.

최근 들어 지방재정의 세입구조는 중앙에 더 의존적으로 바뀌고 있어 지방에서 스스로 재정 책임을 질 수 있는 자치재정을 기대하기가 쉽지 않게 되었다. 2005년도의 자체 재원 비중은 61.8%이지만 2010년도는 56.8%이며, 지속적으로 감소되고 있다. 2010년 당초 예산 상황은 좀 더 부정적이다. 세외수입과 지방교부세 등 일반 재원의 규모는 1조 4,037억 원이 축소되었지만 실질적으로 의무매칭이 요구되는 보조금은 오히려 2배가 넘는 3조 2,001억 원으로 증가했다. 지방재정 운영에서 압박과 중앙 의존 정도는 더 심해질 가능성이 있다.

지방재정 압박의 주요 요인으로서 중앙정부의 재정정책

지방재정의 지출행태나 권한 구조에서 의미 있는 변화가 없었다는 점을 고려하면 최근의 지방재정 압박의 원인은 중앙정부로부터 시작되었다는 주장들이 설득력을 가질 수 있다. 국회예산정책(2009)의 자료에 따르면 중앙정부의 감세개혁으로 지방재정에서는 2012년까지 누적하여 25조 7,587조 원의 세입손실이 추계되었다.

이와 같은 자주재원의 감소와는 반대로 국고보조사업에서 지방비의 비중은 최근 점차 확대되고 있다. 즉, 2005년도 지방비 부담 비중은 32.3%였는데 2010년도에는 37.5%로 증가했다. 국고보조사업의 비중이 가장 높은 중앙부처는 보건복지부로 전체 보조금의 47.4%를 차지한다. 다음으로 국토해양부(14.2%), 환경부(11.3%), 농림수산식품부(9.3%)의 순서이다. 이들 부처의 사업운영이 지방재정에 적지 않은 압박 요인으로 작용할 것으로 예상된다.

지방재정의 건전성 정도: 지방채무와 공기업채무

지방재정의 일반회계 및 특별회계 지방채무

지방재정 문제가 쟁점이 되면 단골로 제기되는 것이 지방자치단체의 부채, 즉 지방채에 관한 것이다. 하지만 여기에 대해 언론매체 및 일반 시민들과 행정안

<표 10-3> 감세정책과 지방소비세 신설에 따른 지방재정 영향

(단위: 억 원)

구분		2008년	2009년	2010년	2011년	2012년	합계
감세정책	주민세	-2,744	-8,055	-17,341	-17,541	-17,304	-62,985
	지방교부세	-5,920	-18,529	-36,418	-37,692	-37,473	-136,032
	부동산교부세	-4,935	-20,680	-25,770	-25,770	-25,770	-102,925
	합계(A)	-13,599	-47,264	-79,529	-81,003	-80,547	-301,942
지방소비세	지방소비세			24,334	24,334	24,334	73,002
	지방교부세			-9,549	-9,549	-9,549	-28,647
	합계(B)	-	-	14,785	14,785	14,785	44,355
순변동(A+B)		-13,599	-47,264	-64,744	-66,218	-65,762	-257,587

자료: 국회예산정책처(2009).

<표 10-4> 국고보조사업의 재원 구성 추이

(단위: 억 원, %)

구분		2005년	2006년	2007년	2008년	2009년	2010년
규모	국고보조금	153,502	183,316	209,006	227,670	265,387	292,186
	지방비부담	73,337	73,885	96,721	122,437	152,329	175,224
	국고보조사업	226,839	257,201	305,727	350,107	417,716	467,410
비중	국고보조금	67.7	71.3	68.4	65.0	63.5	62.5
	지방비부담	32.3	28.7	31.6	35.0	36.5	37.5
	국고보조사업	100.0	100.0	100.0	100.0	100.0	100.0

자료: 행정안전부(2010).

전부의 지방채 통계 사이의 인식에서는 상당한 차이가 있다. 결론적으로 현재까지의 지방채 통계상으로는 지방채무가 재정적인 쟁점이 될 정도의 건전성 위기 상황이 발생한 것은 아니라고 할 수 있다.

지방재정에서 일반회계와 특별회계에서 발행한 지방채 잔액은 2006년 17.4조 원, 2007년 18.2조 원(전년 대비 4.4% 증가), 2008년 19.2조 원(전년 대비 5.3% 증가) 정도의 추세를 보였다. 물가나 경제성장률 등 거시지표를 고려하면 특별히 우려할 상황은 아니었다. 우리나라는 미국과 달리 지방채를 적극적인 투자재원으로 인정하지 않는 비모채주의를 채택하기 때문에 지방재정의 건전성을 위협할 정도의 재정 항목은 아니었다.

다만, 2009년도의 지방채 발행이 문제가 되었다. 2009년도의 지방채 잔액은

<표 10-5> 지방채 현황(2009년)

(A) 지방채 발행 방법 및 차입선별 현황

(단위: 억 원, %)

구분	합계	증서 차입						지방채증권			외채 및 기타
		소계	공자기금	기타정부자금	지역개발기금	청사정비기금	민간금융기관	소계	모집	도시철도공채	
금액	255,531	225,549	94,768	26,081	85,171	3,827	15,702	29,982	9,740	20,213	29
비중	100.0	88.3	37.1	10.2	33.3	1.5	6·2	11.7	3.8	7.9	0.0

(B) 상환기간별 지방채 규모

(단위: 억 원, %)

구분	합계	상환 기간			
		1~4년채	5~9년채	10~15년채	16년 이상
금액	255,531	33,279	54,396	161,977	5,879
비중	100.0	13.0	21.3	63.4	2.3

자료: 재정고(http://lofin.mopas.go.kr).

25.6조 원(전년 대비 33% 증가) 정도였다. 당시 경제위기 극복을 위해 국가 재정지출이 확대되면서 지방재정에서도 일정 기능을 담당해야 했다. 또한 경기침체에 따른 내국세 감소로 인한 지방교부세 수입이 대폭 감소되었다. 지출 수요 확대와 세입 감소의 격차를 메우기 위해 당해 연도에 일시적으로 과거 추세 이상으로 많은 지방채가 발행되었다. 즉, 2009년 지방채 발행액은 8.5조 원이었다. 2009년도의 특수한 재정 상황이었다.

앞으로 사회복지 부담이나 중앙정부 주도의 국가시책사업에 대한 지방비 대응부담 등으로 지방재정의 지출수요가 급증하는 가운데 지방의 가용재원이 충분하지 않아 계속 지방채를 발행해야 하는 상황이 전개될 수 있다. 하지만 재정위기의 잠재성은 있어도 현재까지 지방채의 발행방법과 자금 유형 그리고 발행조건 등을 고려하면 우려할 상황은 아니다. 다만, 부산 본청 2.9조 원(예산 대비 35%), 대구 본청 2.0조 원(예산 대비 39%), 인천 본청 2.3조 원(예산 대비 30%) 등 일부 대도시는 예산 대비 채무 잔액 비율이 높아 재정건전성이 우려되고 있다.

지방공기업의 부채

지방재정의 일반·특별회계에서 채무보다는 지방공기업의 부채가 쟁점이 되기도 했다. 서울특별시 지하철공사와 같은 경우는 도시정부에서 지방공사 및 공단의 재정적인 비중이 작지 않지만 지방재정으로 통합 관리되지 않고 있어 잠재적 재정 부담이나 부실 정도 그리고 채무에 대한 정확한 정보들을 확인하기가 어렵다.

지방공기업법에서 규정하는 지방공기업은 직접경영기업과 간접경영기업으로 구분되는데, 2009년 기준으로 전자는 238개, 후자는 131개가 있다. 2009년 기준으로 지방공사 및 공단의 부채는 42조 원 정도이며 당기순이익은 매년 수천억 원의 적자를 기록하고 있어 재정위기에 대한 우려가 있다(원구환, 2010). 그런데 지방공기업 부채의 대부분은 지하철공사와 도시개발공사의 부채이며 전국의 지방자치단체의 문제라기보다는 특별시·광역시 등 대도시 정부에 국한된다. 이러한 지방공사의 두 가지 부채 문제는 나름의 역사가 있어 평가가 쉽지 않다.

6대 도시의 지하철공사는 건설 부채 때문에 출범 초기부터 부채 문제를 안고 있었으며 원가대비 낮은 요금과 무임수송에 따른 적자가 누적되었다. 「철도산업발전기본법」(2003년)을 통해 매년 무임수송손실분을 지원받고 있는 철도공사와는 달리 대도시의 지하철공사는 무임수송에 따른 손실액(당기순손실의 41%)을 보전받지 못하고 있다. 사실상 일반회계 복지비 지출 부담이 지하철 공사에 전가된 상태이다. 여기에 대해서는 지역사회의 합리적 판단이 필요하다. 지하철을 비롯한 대도시 대중교통의 적자를 해결하기 위해서는 요금을 인상하거나 무임승차를 유료화해야 한다. 결국 사용자 부담금과 지방세에 더한 선택의 문제가 된다. 공짜 서비스가 없기 때문이다.

도시개발공사의 채무문제는 부동산개발사업 부진에서 발생한 것이다. 2000년대 중반에 추진했던 혁신도시개발사업들이 당초 계획과 달리 추진에 차질이 발생했거나 완공된 아파트의 분양이 제대로 이루어지지 않아 채무가 누적되고 있다. 지역개발에 대한 막연한 기대와 의욕적인 개발사업 추진이 재정적으로는 도시개발공사들의 위기를 초래한 것이다.

<표 10-6> 지방공사·공단의 재무 상태(2009년)

(단위: 억 원, %)

구분	규모			비중		
	자산	부채	자본	자산	부채	자본
지하철공사	236,361	57,573	178,788	33.3	13.8	61.2
도시개발공사 및 기타공사	464,272	357,506	106,764	65.4	85.5	36.5
지방공단	9,468	2,830	6,638	1.3	0.7	2.3
합계	710,101	417,909	292,190	100.0	100.0	100.0

자료: 원구환(2010).

4. 저성장시대 자치재정을 위한 정책과제

자주재원 중심의 재정분권원칙 정립: 자율과 책임

사회경제적 변화의 소용돌이 속에서 지방재정위기가 계속 우려되고 있다. 과거와 같은 높은 경제성장과 정부 세입 신장추세를 이어가는 것이 쉽지 않은 만큼 재정위기에 대한 관심은 더 높아지고 있다. 지방재정에서 위기에 대한 대책의 시작은 지방자치단체들이 지역주민들에게 더 직접적으로 책임질 수 있는 재정 분권 구조를 만든 고민에서 출발해야 한다. 저성장시대가 예상되는 상황에서 중앙정부가 모든 지방자치단체의 재정 문제를 감당하는 것은 현실적으로 쉽지 않다. 전환기 지방재정을 위해서는 무엇보다 중앙으로부터 상대적으로 독립성을 유지할 수 있는 자치 재정이 되어야 한다. 이를 위해서는 자율과 책임의 원칙이 전제된 자치재정 구조가 마련되어야 한다.

지방자치제 부활 이후 자치단체의 재정운용에서 지역주민들이 느끼는 분권재정의 효과는 제한적이다. 가장 큰 원인 가운데 하나는 지방재정에서 '납세자 책임' 구조가 명확하게 설정되어 있지 않기 때문이다. 의존재원 중심으로 운영되고 있는 지방세입 구조의 특성을 고려하면 지역주민들이 직접적인 납세자로 권리를 행사하는 데 한계가 있다. 모두가 남의 지역에서 창출된 수익을 자기 지역에서 쓰고 싶어 한다. 그러한 의존적인 세입구조에서 효율적이고 건전한 자치

재정을 기대하기는 쉽지 않다.

자치재정에서 자율성은 중앙정부로부터의 자율을 의미하는데, 행정안전부로부터의 자율만을 의미하는 것은 아니다. 중앙정부 각 부처에서 경쟁적으로 만들고 있는 개별 국고보조사업으로부터의 자율성 확보 역시 중요하다. 지방재정의 자율성을 근본적으로 높이기 위해서는 지방이양을 통한 지자체 고유사무를 확대하고 지방세와 세외수입의 자주재원의 비중이 높아지도록 세입구조를 개편해야 한다. 해당 지역의 사회경제 그리고 재정문제에 책임 있게 대응하기 위해서는 지역사회 내에서 동원된 자주재원이 세입의 중심이 되어야 한다.

세입 자주성을 높이기 위한 대안은 지난 수십 년 동안 변함없이 강조되는 내용들이다. 즉, 최근 신설된 지방소득세와 지방소비세의 세수 비중이 높아질 수 있게 국세의 추가적인 지방세 이양이 필요하다. 또한 과거 지방양여금 재원이었던 주세도 다시 지방세로 전환되어야 한다. 마지막으로 지방의 고유 세원들이 지역주민들의 선택에 따라 지방세수로 제도화될 수 있게 법정외세목제도의 도입도 적극적으로 검토될 필요가 있다.

중앙이 아닌 주민들을 향한 책임경영체제 구축

지방재정에 대한 책임과 정보의 공개는 주민을 향하도록 해야 한다. 당연한 원칙이지만 현실의 책임구조는 그렇게 작동되지 않는다. 지방재정에 대한 책임과 보고의 방향은 대부분 중앙과 상위기관으로 설정되어 있다. 지역의 주인인 주민에 대한 책임경영체계라는 표현 자체가 어색할 정도로 왜곡된 지방자치 재정관리 관행이 고착되어 있다.

지자체의 재정 투자의 과정과 결과에 대해 구체적인 책임을 요구하기 위해서는 정책의 결과와 재정 상황에 대한 정보가 투명하게 공개되어야 한다. 공개만으로도 상당한 재정 감시 활동과 주민 참여가 가능하다. 기업들은 재무 정보를 분기별로 제공하여 주주들의 투자에 도움을 준다. 주주들은 각종 재무 정보에 대해서는 회계사와 전문가들의 설명도 함께 확인할 수 있다. 네티즌들은 각종 토론방을 통해 공개된 정보 내용을 해석하고 비판하고 또 토론한다. 이와 마찬가지로 지방자치단체의 재정 정보도 주민들이 쉽게 이해할 수 있는 수준에서 주식회사의 기업 정보 공개와 같이 제공되고 주민들의 비판과 토론이 활성화될 수 있어야 한다.

지자체의 책임경영체계를 구축하기 위해서는 재정의 결과를 공개하는 형식과 함께 관리과정에 대한 공개도 병행될 필요가 있다. 예를 들어 대규모 투자사업의 타당성을 심사 분석할 때는 참여했던 분석기관과 전문가를 공개하고, 사후의 재정적 결과에 따라 유사 업무(기능)를 제한할 수 있도록 전문적 분석 내용에 책임을 지게 하는 방안이 있다. 이는 주식거래소 상장 기업의 회계감사를 맡은 회계법인과 회계사에 대한 사후 책임 부과와 유사한 것이다.

지방재정과 관련된 의사결정 과정에 대한 구체적 공개 장치도 필요하다. 예를 들어, 지자체의 홈페이지를 통해 주요 쟁점 사업에 대해 참여자와 결정 내용 그리고 과정을 상세히 확인할 수 있는 정보 공개 사이트를 운영하는 방안이 있다. 이때 사법부와 같이 '소수의견'도 반드시 공개하여 주민들에게 비판과 판단의 여지를 넓혀야 한다.

마지막으로 더 강도 높은 책임경영체제를 위해서는 거시적인 지역경제 및 재정 성과와 지자체 공무원 및 의원들의 개인적인 보수 수준을 직접적으로 연계하는 통합성과관리체계를 구축하는 방안도 있다. 재정사업에서는 자체평가 등과 같은 성과평가제도가 있다. 통상적으로 내부평가는 현실의 성과와는 무관하게 결정되는 경향이 있다. 예를 들어 지역경제가 침체되고 있어서도 관련 부서의 성과는 좋았던 것으로 평가될 수 있다. 주인인 지역주민들의 소득은 계속 낮아지고 있는데 대리인인 단체장이나 관료 그리고 지방의원의 급여와 수당은 반대로 계속 높아지는 현상도 있을 수 있다. 일종의 도덕적 해이 문제이다. 이와 같은 병리적인 재정 현상을 극복하기 위해서는 지역발전의 성과와 지방의원과 관료들의 개인적인 급여 및 인사제도를 더 직접적으로 연계시킬 수 있는 방안들을 마련할 필요가 있다.

지역 특성을 고려한 지방재정관리제도 재설계 및 운영의 유연화

지방재정이 당면한 환경은 급속히 변하고 있지만 주요 재정관리 수단들은 20여 년 동안 특별한 진전이 없다. 최근 사업별 예산제도나 복식부기와 같은 전문화된 수단들이 도입되었지만 아직 지자체에서 제대로 소화가 되지 않고 있으며 전통적인 재정관리제도들의 효과성은 점차 약화되는 측면이 있다. 지방재정관리 수단(장치)을 적용하는 자치단체의 유형(대상)의 편차를 고려하면 상위 자치단체에 대해서는 현재보다는 좀 더 고도화된 재정관리 방식이 적용되어야 한다. 다양한 재정관리기법들은 자치단체의 유형과 현실에 따라 다양하게 적용될 수 있어야 한다.

해당 지역의 사회·경제적 그리고 지리적 특성을 고려한 전문화된 재정관리기법들을 지자체별로 다양하게 도입해야 한다. 예를 들어, 인구 50만 명 이상의 도시에서는 경상예산과 자본예산을 분리해서 운영하여 전략적인 도시계획 시설투자를 효과적으로 뒷받침하면서도 재정위기 요인들을 사전에 관리할 수 있도록 재정관리 방식을 분화시켜야만 한다. 또한 인구 100만 명 이상의 대도시자치단체에서는 재정에 국한된 중기지방재정계획보다는 도시계획-자주재원-지방채를 유기적으로 연계하여 도시경쟁력을 향상시킬 수 있는 자본개선계획(capital improvement plan)이 필요하다. 나아가 지방공기업의 재정 규모가 큰 대도시 자치단체에서는 복합적인 재정요소들을 체계적으로 정리하여 재정건전성을 관리할 수 있는 통합재정수지도 작성 발표할 필요가 있다.

각종 재정투자심사에서 물리적인 건설투자사업들에 대한 타당성 분석·평가방법에는 어느 정도 익숙하지만 최근 급격히 증대되고 있는 사회서비스 부문에서의 재정운영 및 재원배분 방법에 대해서는 충분한 전문성이 확보되지 않고 있다. 보편적 복지서비스에 대한 재정적 관점들이 세밀하게 정립되지 않으면 과소투자에 따른 사회기반 붕괴 위험과 과잉투자에 대한 재정위기의 극단적인 상황들이 전개될 수 있다. 사회 인구 구조의 건전성 위기가 진행되고 있는 농어촌 지역에서는 각종 투자사업의 지역사회영향평가는 물론이며 특정 지출이 사회적 기반 확충에 어느 정도 기여할 수 있는지에 대한 사회재정효과분석기법들도 정립되어야 한다. 특히 사회정책 분야의 재정지출에서는 시장 및 수요자 지원방식과 같은 새로운 서비스 전달방식들을 확대하여 비용-효과적인 재정관리체계를 구축해야 한다.

지방재정의 건전성과 효율성을 높이기 위한 사전예산제도로서 중기지방재정계획과 성과관리제도 등과 같은 각종 재정 혁신 수단들은 이미 도입되어 있다. 하지만 문제는 현실에서 작동하는 내용에서 발생한다. 재정관리가 중앙정부에 대한 수직적인 보고를 위한 것으로 형식화되고 있으며 주민들에 대한 재정책임과 참여를 활성화시키지는 않고 있다. 수직적인 보고와 관리감독이 강화되면 내부의 자율적인 재정학습과 관리 노력은 약화될 수밖에 없다. 따라서 각종 재정관리제도의 수직적인 관리 감독의 강도를 낮추고 대신 지자체에서 자율적으로 운영할 수 있게 재량을 확대할 필요가 있다. 대신, 중앙정부는 사전예산제도보다는 지방재정분석진단이나 발생주의 복식부기 회계감사 등과 같은 사후적인 재정관리 장치들을 강화해야 한다.

전략적 감축관리체계 구축과 결과 지향적 예산 혁신

중앙정부는 긴축 상황에서 대응할 수 있는 수단들이 다양하다. 하지만 지방정부의 선택은 한정적이다. 더욱이 긴축국면에서 중앙정부가 적자공채를 발행하면서 지방정부의 기채 동원은 억제하는 경향이 있기 때문에 지방에서 활용할 수 있는 수단은 더욱 협소해진다. 한정된 재정권한 속에서 저성장과 동시에 긴축재정이 요구될 수 있는 상황에서 지방재정이 선택할 수 있는 재정 대응 방안들은 다음의 세 가지로 정리할 수 있다.

첫째, 전략적인 감축관리체계를 구축해야 한다. 여기서 '전략적'이라는 것은 재정지출 축소의 이면에는 지출삭감에도 '공공서비스'의 총량은 유지할 수 있는 방안을 고민해야 한다는 의미가 있다. 이를 위해서는 업무추진비 삭감이나 공무원 후생비 삭감 등과 같은 단순한 예산절감 수준을 넘어 재정운영체계 전반에 걸친 전면 재정비가 필요하다. 통상적인 내부 감축보다 더 중요한 것은 시민들의 재정수요를 최적 수준으로 조정 및 관리하는 과제이다. 도시의 재정상황을 정확하게 시민들에게 알려 재정위기에 대한 인식을 공유할 수 있게 하야 한다. 소비적인 복지서비스의 경우에는 지방재정에 미치는 영향을 특히 구체적이고 정확히 전달해야 한다. 복지서비스가 필요 이상으로 정치화되는 경향은 재정 측면에서는 바람직하지 않은 경우가 많다. 지출부문 중 일부는 자원봉사활동으로 전환하여 시민사회의 재정참여를 유도할 필요도 있으며, 공공서비스정보센터를 설치·운영하여 시민들이 효과적으로 공공시설을 이용할 수 있게 하여 시설의 추가 설치를 대체할 수 있을 정도로 시설의 이용률을 증대시키는 방안을 모색하는 것도 전략적 감축관리의 주요 수단 가운데 하나이다.

둘째, 국가 전체적으로 재정압박이 계속된다면 부족한 지방세수를 지역 내에서 증대시킬 수밖에 없다. 중앙정부 역시 재정위기를 동시에 겪는 상황에서는 정부 간 이전재정을 기대하기 어렵다. 지역사회의 합의에 기초한 지방세 동원을 통해 도시공공서비스와 조세 묶음을 직접 연결시키는 지방세의 가격기능을 활성화할 필요가 있다. 하지만 조세저항이 발생하면 현실적으로 지방세 인상을 추진하기는 쉽지 않다. 이러한 상황에서는 지방 스스로 책임질 수 있는 내부 재원 확충 수단은 사용료, 수수료, 지방공공요금 등 사용자 부담금을 인상하는 것이 된다. 공공서비스의 원가가 시민들에게 정확히 제공되지 않으면 공공서비스의 과잉이용과 과다한 복지 욕구 등과 같은 재정낭비 현상이 발생하게 된다.

셋째, 중장기적으로는 예산운영체계의 효율화를 위해 많은 지속적인 개혁 작업이 필요하다. 외국의 사례를 살펴보면 예산제약, 서비스 수요의 증대, 그리고 전산화의 급속한 증대는 대도시들의 예산과정에 상당한 영향을 미쳤다. 여기서 핵심은 예산편성과 집행 이후에 파악되는 '성과'의 중요성 그리고 그것에 대한 구체적인 '책임'이다. 최근 십 수년간 지속되었던 일련의 예산혁신 조치들은 성과 혹은 결과 지향적인 예산개혁으로 정립되었으며 조직과 인력관리, 회계관리 제도 등이 예산운영과 통합 연계되어 전면적인 정부혁신으로 확대되었다. 과거의 품목별 예산제도를 프로그램 예산체제로 전환하는 등 최근 우리나라 지방예산제도에서도 많은 변화가 있었다. 하지만 중요한 것은 형식이 아니라 혁신에 대한 체계적인 학습과 제도 운영의 내실화이다. 새로운 낯선 제도들을 추가적으로 도입하기보다는 지금까지 추진되었던 각종 예산관리 혁신 조치들이 제대로 작동하지 못했던 원인들을 해결하는 내실화 방안이 모색되어야 한다.

국고보조금에서 정부 간 재정관계 재정립

지방재정이 '자치'와 '재정' 두 가지 측면에서 모두 위기를 겪고 있는 이면에는 국고보조금제도의 영향이 크다. 1980년대 중반에 마련된 기준보조율과 지방비 매칭부담체계가 지속되고 있어 지방재정의 경직성과 비효율적 재정운영 쟁점을 창출하고 있다. 현재와 같은 개별 보조금 중심의 수직적인 정부 간 재정관계에서는 지방자치단체가 스스로 자율적인 재정혁신을 추진할 수 있는 동력과 재량을 확보하는 것이 거의 불가능하다. 저성장시대에서 중앙정부가 지방재정의 위기 요인들에 적극적으로 대처할 수 있는 상황이 아니라면 현행 국고보조금 제도에서 다음과 같은 세 가지 사항들이 우선적으로 검토되어야 한다.

첫째, 재정외부성에 기초하여 국고보조사업에 설정되어 있는 기준보조율을 재설계해야 한다. 이는 복지보조금 사업에 특히 중요하다. 예를 들어 전국적으로 동일하게 유지되어야 하는 기초복지(생계급여, 의료급여, 기초노령연금, 보육 등)서비스는 전액 국비로 지원하여 중앙정부의 성과책임과 재정역할을 강화해야 한다. 반면, 지역사회(주민)의 선호에 따라 선택이 중요한 사회서비스들은 자주재원을 통한 지자체의 자율적인 사업운영과 성과로 책임지는 정부 간 재정구조를 형성해야 한다. 대도시 자치구의 복지재정 문제를 해결하기 위해서는 재정외부성이 높은 복지시설의 설치와 운영에 대해 중앙정부와 광역자치단체의 재정적 역할이 확대되어야 한다.

둘째, 현행 개별보조방식을 정책분야별로 포괄보조체제로 전환할 필요가 있다. 포괄보조제도는 사업 단위별로 관리·감독이 이루어지는 개별보조금제도와 지방정부의 자주재원 사이에 존재하는 정부 간 이전재정 장치이며 형태와 내용은 제도의 설계 구조에 따라 매우 다양하다. 포괄보조 자체가 지향하는 목적은 세 가지로 집약된다. 하나는 지방정부의 재정자율성이 증대되는 재정분권화(지방주의)이고, 둘째는 재정긴축 국면에서 지방정부의 복지재정 분담 확대와 재정자율성의 균형 조정(신재정연방주의)이다. 그리고 셋째는 분권형 정책운영을 통

<표 10-7> 저성장시대 자치재정 위기 극복을 위한 정책과제

구분	주요 과제	담당 주체
세입분권 구조	• 지방소득세 확대와 지방소비세의 세원 추가 이양 • 주세의 지방세 전환 • 법정외세목제도 도입	기획재정부 행정안전부
지방책임 경영	• 전문가 분석의견이 첨부된 재정 정보 공개 및 주민토론방 운영 • 사업 타당성 분석기관과 전문가 공개, 사업결과에 대한 분석책임 부과 • 재정사업 의사결정 과정의 공개 사이트 운영, "소수의견" 의무적 공개 • 지역의 경제 및 재정 성과와 공무원 및 의원 급여가 연계되는 성과연봉제	지방자치단체
지방재정 관리제도	• 지역의 경제구조에 부합하는 투자사업심의제도 도입 • 사전예산제도의 형식과 운영에서 지자체 자율성 확대 • 사회재정 투자사업에 대한 심의 및 관리제도 강화 • 사후예산제도의 중앙관리 감독 강화	지방자치단체 행정안전부
지방예산 운영	• 공공서비스 총량 유지 전제의 전략적 감축관리 • 공공서비스에 대한 가격기능 활성화 • 결과 지향적 예산 혁신	지방자치단체
국고 보조금	• 기준보조율과 차등보조율의 재정비 • 분권지향적인 포괄보조제도 도입 • 지방비 수반 국고보조사업 결정 과정에 지자체 참여	기획재정부 중앙 각 부처

한 결과 지향적 성과 관리(신공공관리주의) 강화 등이다. 이 가운데 두 번째는 중앙정부의 재정적자 위기를 극복하려는 예외적인 경우이며 첫 번째와 세 번째 방식의 포괄보조 활성화가 중요하다.

셋째, 지방자치단체의 재정적 선택과 의사결정 참여가 확대되어야 한다. 사회복지 분야에서 의무적인 지방비 부담 사업이 증대되면서 지방재정 구조 전체의 균형이 재편되는 현상들이 나타나고 있다. 중앙정부가 법률에 의거하여 지방재정에 부담을 주는 사업을 추진할 때는 지방자치단체의 선택권을 좀 더 확대하고 재정 부담 수준을 신축적으로 운영할 수 있게 하며, 나아가 구체적인 정책의 의사결정 과정에 참여할 수 있는 제도적 장치 마련이 필요하다.

참고문헌

국회예산정책처. 2009. 「2010년도 대한민국 재정」.

서정섭. 1997. 「미국도시재정위기의 발생과 대응사례」. 한국지방행정연구원 보고서.

원구환. 2010. 「지방공기업 부채와 지방재정 위기」. ≪지방재정위기의 본질, 그리고 대안은?≫. 경제정의실천연합 토론회.

이상용. 2010. 「지방자치단체의 선심성·전시성 예산의 통제방안」. ≪지방재정과 지방세≫, 통권 제26호.

이재원. 1999. 「지방재정위기의 극복을 위한 조건」. ≪동향과 전망≫, 봄호.

조기현. 2010. 「지방재정건전화를 위한 지방채무관리제도의 발전방안」. ≪지방재정과 지방세≫, 통권 제30호.

행정안전부. 2010. 「지방자치단체 예산개요」.

Clark, T. and L. C. Ferguson. 1983. *City Money: Political Processes, Fiscal Strain, and Retrenchment*. New York: Columbia University Press.

Fuchs, E. R. 1992. *Mayors and Money: Fiscal Policy in the New York and Chicago*. Chicago: The Univ. of Chicago Press.

Inman, R. P. 1995. "How to have a Fiscal Crisis: Lessons from Philadelphia." *American Economic Review*, p. 378.

Muramatsu, M. 2001. "Intergovernmental Relations in Japan: Models and Perspectives." World Bank Report, No. 37178.

Pammer, Jr. W. J. 1990. *Managing Fiscal Strain in Major American Cities: Understanding Retrenchment in the Public Sector*. New York: Greenwood Press.

Rubin, I. S. 1987. "Estimated and Actual Urban Revenues: Exploring the Gap." *Public Budgeting and Finance*, 7(4).

Shannon J. & K. Howard. 1983. "Government Austerity: American Style." in G. G. Wynne(ed.). *Cutback Management: A Trinational Perspective*. New Brunswick: Transaction Books.

제11장

주민의 인권과 권리를 보장하는 참여도시 만들기

강현수 | 중부대 도시행정학과 교수

1. 지방정부의 존재 이유: 주민들의 인권과 권리 보장

국가가 있음에도 굳이 따로 지방정부가 필요한 이유는 무엇일까? 일본의 진보 지방자치 운동을 이끌었던 미야모토 겐이치(宮本憲一), 이케가미 히로미치(池上洋通) 등에 따르면, 지방정부의 존재 이유이자 가장 중요한 책무는 바로 일상생활에서 주민들의 인권을 보장하고 실현하는 것이다(히로미치, 2010).[1]

인권은 인간이라면 전 세계 누구나 똑같이 보편적으로 누려야 할 인간의 권리이다. 우리나라는 물론 세계 다른 나라에서도 인권은 국가가 법과 제도를 통해 국민 모두에게 보장하도록 되어 있다. 그렇지만 국가가 미처 보장해주지 못하는 인권의 사각지대가 있을 수 있다. 또 개인마다 처한 상황이나 생활 조건이 다르기 때문에 인권 실현 방식도 사람마다 달라야 한다. 그런데 멀리 있는 국가가 국민 모두의 일상을 제대로 파악하는 것이 쉽지 않기 때문에 각 개인의 일상생활 터전에서 인권 실현을 위해 필요한 조직이 바로 지방정부인 것이다.

지금 국가가 제대로 못하는 인권 보장을 지방정부가 하려고 나선 대표적인 예

---

1) 이런 시각의 연장 선상에서 이케가미 히로미치는 최근 일본의 기초 지방자치단체의 합병에 반대한다.

가 초·중등학생에 대한 무상급식이다. 현재 우리나라 헌법에는 국가가 책임지고 무상 의무교육을 해야 한다고 명시되어 있으나 국가가 학교급식을 무상으로 제공하지 않고 있다. 이때 국가 대신 지방정부가 해당 지역 학생들의 교육권과 건강권을 보장하기 위해 무상급식을 책임지겠다고 나선 것이다.

이처럼 지방정부가 할 수 있고 또 해야 할 일은 이미 세계인권선언이나 우리 헌법에 보장되어 있는 보편적 인권을 생활현장에서 실현하는 역할, 그리고 여기서 한 걸음 더 나아가 주민들의 생활에 꼭 필요한 사항이지만 각자가 자신의 힘으로 해결해야 했던 것들을 주민이라면 당연히 누려야 하는 제도화된 권리로 보장해주는 일이다. 국가 전체적으로 꼭 필요한 요구라면 중앙정부가 앞장서는 것이 당연하지만, 지역마다 주민들의 요구가 조금씩 다를 수 있다. 농촌 주민들에게 꼭 필요한 것과 도시 주민들에게 꼭 필요한 것이 다르고, 서울 같은 대도시 주민들의 요구와 중소도시 주민들의 요구가 다르다. 따라서 국민이라면 누구나 보장받아야 할 기본적 인권에 덧붙여, 각 도시나 지역 단위에서 추가적으로 그 지역 주민들의 요구를 지방정부가 적극적으로 수렴하여 이를 제도적 권리로 보장해줄 필요가 있다. 물론 우리나라와 같은 중앙집권형 구조에서 권한과 재원이 미약한 지방정부가 할 수 있는 일에는 한계가 있다. 그럼에도 지방정부가 앞장서서 지역 실정에 맞는 맞춤형 인권·권리 정책을 펼쳐나갈 여지가 존재한다.

이 글에서는 진보적 도시정책에서 매우 중요하지만 지금까지 그다지 부각되지 않았던 주민들의 인권 및 권리 증진이라는 화두를 가지고, 현재 우리나라 도시의 문제점이 무엇인지, 지금 우리의 도시에서 주민들이 당연히 누려야 할 권리에는 어떤 것들이 있으며, 지방정부는 이를 어떻게 보장해줄 수 있는지에 대해 살펴보고자 한다. 이 글에서 다룰 주민들의 권리로는 크게 도시의 주요 의사결정에 대한 권리, 즉 도시 행정에 대한 참여권과 도시가 제공하는 각종 혜택의 향유권, 즉 건강, 보건, 교육, 문화, 주거 등과 같은 도시에서 풍요로운 삶을 누리는 데 필요한 사회복지와 생활환경에 대한 권리를 들 수 있다. 그리고 지방정부가 할 수 있는 일로 크게 다음 세 가지 차원, 즉 첫째, 지역 단위의 포괄적 인권 증진, 둘째, 지방행정에 대한 주민들의 참여 촉진, 셋째, 일상생활과 관련된 각 부문별 주민 권리 증진 차원으로 나누어 각각 관련된 구체적인 정책들을 제시하고자 한다.

2. 주민의 권리가 보장되지 못하는 우리 도시

기본 인권의 일상적 침해

서울 은평구에 있던 한양주택 마을은 한때 서울시가 아름다운 마을로 지정하기도 했던 곳이다. 소박하지만 주민들이 스스로 가꾼 단독주택 단지로 구성되어 있던 이 마을은 이제 사라졌다. 이 마을의 주민들은 자신들이 오랫동안 살던 이 곳에서 그대로 살기를 원했다. 하지만 서울시는 주민들의 의사를 무시하고 이 지역을 은평뉴타운으로 지정하고 전면철거를 강행했다. 그냥 평소처럼 살고 싶었던 한양주택 주민들의 소박한 꿈은 깨졌다. 결과적으로 이 지역의 땅값이 상승하고 도시 기능과 미관이 향상되었을지는 몰라도 한양주택 주민들은 자신들이 살고 싶은 곳에서 살고 싶다는 너무나 당연한 권리를 침해당했다. 하지만 이 정도의 권리 침해는 우리의 도시에서 별다른 문제로 여겨지지도 않는다. 이보다 훨씬 더 끔직한 인권 침해 사례가 수시로 발생하기 때문이다.

오래전부터 유엔을 비롯한 국제기구들은 적절한 주거의 보장을 국가가 보장해야 할 기본 인권으로 간주해왔다. 강제퇴거나 철거는 매우 중대한 인권 침해 사항이다. 그러나 우리나라의 도시화 과정에서 도시로 몰려든 많은 사람에게 적절한 주거가 보장되지 못했다. 오히려 수많은 강제 철거가 자행되었고 그 과정에서 많은 사람이 목숨까지 잃었다. 이제 우리나라가 선진국 수준으로 진입하고, 도시화 단계도 성숙 단계에 들어섰다는 지금 이 순간에도 2009년 용산참사의 예를 보듯이 강제 철거의 비극은 여전히 지속되고 있다.

비록 용산참사와 같이 생명을 앗아가는 비극적인 상황이 발생하지 않았더라도, 자의가 아니라 타의에 의해 자신이 살던 집이 철거되고 정든 삶의 터전을 떠나야 한다는 것은 심각한 인권 침해이다. 재정착률이 아주 낮은 우리나라의 전면철거 방식의 재개발 과정에서 원래부터 살아온 주민들 대다수는 다른 곳으로 떠나야만 한다. 그리고 그 과정에서 그들이 살던 주택뿐만 아니라 생계 수단과 인간 관계망도 파괴된다. 그러나 자신이 원하지 않은 재개발로 인해 원하지 않는 이주를 해야 하는 주민들의 인권 침해는 별로 문제시되지 않는 것이 우리의 현실이다. 기본 인권이 일상적으로 침해되고 있는데도 그것이 문제로 느껴지지 않을 정도로 무감각해진 것이다.

인권 증진에 사용되지 못하는 도시 재정

다른 예를 하나 더 들어보자. 그동안 장애인들은 이동할 수 있어야만 사람답게 살 수 있다며 도시에서 이동권 확보를 위해 오랫동안 노력해왔다. 그 결과 지하철 역사 엘리베이터 설치, 저상 버스 도입 등 이들의 요구 사항 일부가 수용되었다. 그러나 여전히 안전시설 미흡으로 인해 대중교통을 이용하는 장애인들이 당하는 사고가 끊이지 않고 있다. 생존을 위한 이동을 위해 장애인들이 매일매일 목숨을 걸어야 하는 것이 우리나라 도시 현실이다. 그렇지만 장애인들은 외출을 삼가는 것이 당연하다고 여기는 사회적 편견이 여전히 사회 저변에 깔려 있다. 그리고 이러한 편견은 장애인 이동권 보장에 필요한 예산 지원을 줄이는 행태로 표출된다.

최근 학교 무상급식 운동이 대중적 지지를 얻으면서, 서울시를 비롯한 각 도시와 지역마다 무상급식이 확대되고 있다. 무상급식운동 덕분에 무상 급식이 학생들의 당연한 권리라는 점이 부각되었다, 나아가 시혜적 복지 개념 대신 보편적 복지 개념, 즉 복지란 특정 소수만이 아니라 국민이라면 누구나 누려야 할 보편적 권리라는 인식이 확산되었다. 그러나 오세훈 서울시장처럼 무상급식을 반대하는 사람들도 있다. 이들의 무상급식 반대 이유는 한정된 지방정부의 예산을 무상급식보다 더 시급한 곳에 써야 한다는 것이다. 그렇다면 지방정부의 예산은 과연 어디에 쓰여야 하는가? 도시의 국제 경쟁력을 높이기 위해 도시 디자인의 품격을 높이는 데 쓰여야 하는가? 아니면 장애인의 이동권 확보나 어린이들의 무상급식에 쓰여야 하는가? 그리고 도시의 예산을 어디에 어떻게 써야 할 것인지를 궁극적으로 결정할 권리는 누구에게 있는가?

지금까지 우리의 도시 행정은 시민들의 인권의 증진보다는 도시 미관이나 기능 확충, 도시의 경쟁력 강화에 더 초점을 맞추어왔다. 따라서 주민들이 기본적으로 누려야 할 인권의 보장이나, 주민들의 절실한 요구를 당연한 권리로 인정하고 이를 실행하는 데 소요되는 예산 액수도 보잘것없었다. 이렇게 된 가장 큰 이유는 주민들이 도시 행정에 적극적으로 참여하여 자신들의 의견을 개진하지 못했기 때문이다.

주민 참여의 저조 속에 일부 집단의 과잉 대표성

1980년대 민주화 투쟁의 성과로 지방자치제가 부활하여, 주민들이 직접 지방자치단체의 장과 의회의원들을 뽑기 시작한 지 20여 년이 지났다. 그러나 일반 시민들은 4년에 한 번 투표하는 권리 말고는 도시 행정에 참여할 권리를 거의 누리지 못하고 있다. 도시의 주인인 주민이 도시의 일꾼인 시장이나 시의원을 직접 뽑는 절차적 민주주의는 완성되었지만, 도시 행정에 대한 실질적 참여의 통로는 봉쇄되어 있는 것이다.

그렇다고 우리의 도시에 주민참여제도가 전혀 없는 것은 아니다. 공청회 같은 제도가 엄연히 존재한다. 하지만 공청회의 경우 정해진 시간과 장소에서 열리기 때문에, 평범한 직장인이 공청회에 참석하여 자신의 의견을 개진하기가 쉽지 않다. 그 대신 조직된 소수 이해 집단의 의사가 주민 전체의 의사로 대변되곤 한다. 현재의 주민참여제도를 자세히 들여다보면 평범한 일반 주민들의 참여 통로는 거의 없는 반면, 일반 주민보다 월등한 영향력을 가진 '보이지 않는 권력(invisible power)'이 작동한다.[2)]

지역에서 보이지 않는 권력을 가진 특수 집단들로는 소수 전문가, 지역 상공인 집단, 지역 언론, 독재 정권 시대 정권 유지 차원에서 조직되었고 아직 존속하고 있는 보수 관변단체, 특정 이해 집단들로 구성된 자생 단체 등이 있다. 생업에

2) 이탈리아의 정치사상가 노르베르토 보비오는 민주주의가 취약한 것은 민주주의를 훼손시키는 '보이지 않는 권력'이 존재하기 때문이라고 주장한 바 있다.

종사하는 나머지 일반 주민들은 장시간 노동 조건과 거주지와 근무지가 멀리 분리된 주거 조건으로 인해 지역 단위의 공적 활동에 참여하기 어려운 상태에서, 이러한 일부 집단들이 주민을 대표한다는 명목으로 각종 위원회나 심의회 등을 통해 도시 행정에 직간접적으로 참여하여 자신들의 의사를 반영시키고 있다. 다수 일반 주민들의 실질적 참여가 배제되기 때문에 도시 행정이나 예산 배분은 주민에 의해 견제 받지 않는 선출직 지방자치단체장 및 지방의원들의 자의적 결정과 함께, 과잉 대표된 관변단체, 자생 단체들의 이해관계에 좌우되고 있다. 선출직들은 지방정부의 보조금 지원을 통해 이들 단체에 특혜를 주면서 후견·피후견 관계를 맺고, 이를 바탕으로 선거나 각종 행사에 이들을 정치적으로 동원한다.[3]

일부 지역에는 다행히 이를 견제하는 소수의 진보적 시민단체들이 존재한다. 그러나 이러한 진보적 시민단체들 역시 시민 없는 시민단체라는 비판을 받을 정도로 아래로부터의 주민 참여는 저조한 편이다. 진보적 시민단체의 적극적 회원들 대부분은 일반 주민 평균보다 훨씬 높은 학력과 전문성을 가지고 있으며, 또한 조직되어 있기 때문에 일반 주민에 비해 특권적 지위를 누리고 있다. 따라서 평범한 일반 주민들의 생활상의 요구는 도시 행정에 제대로 반영되기 어렵다. 특히 저소득층이나 사회적 취약 집단들의 목소리는 묻힐 수밖에 없고, 그 결과 이들은 도시 주민으로서 권리를 주장하기도 어렵다. 결국 문제의 핵심은 전반적으로 주민 참여가 저조한 상태에서, 일부 특수 집단들이 자신들의 이해관계를 주민 전체의 의견으로 과잉 대변하고 있다는 것이다.

지금 우리의 도시에는 절박한 필요와 요구가 있으나 국가가 관심이 없어서, 혹은 제도적 권리로 인정되지 못해 개인이 혼자 힘으로 해결해야 하는 것들이 많다. 저소득 계층의 주거권이나 장애인들의 이동권이 대표적인 예이다. 그동안 이러한 문제들을 해결하기 위해 많은 노력과 투쟁들이 있었다. 1970~1980년대

3) 우리나라 각 지역에서 나타나는 주민 참여의 저조와 일부 집단의 과잉 대표성에 대해서는 하승수와 정상호, 김주완 등이 잘 분석하고 있다. 하승수(2007), 정상호(2001), 김주완(2010) 참조.

의 철거민 투쟁에서부터, 장애인 이동권 확보투쟁, 최근의 용산참사같이 목숨을 건 투쟁도 있었고, 보행권 조례 제정 운동, 무상급식 조례 제정 운동같이 비교적 온건한 운동들도 있었다. 그리고 이러한 적극적 권리 주장 덕분에 그전까지 권리로 제대로 인정받지 못하던 것들이 법적 제도적으로 보장받게 되는 등 일부 성과도 있었다.

지금까지의 성과가 주로 아래로부터 주민들의 절박한 요구와 외침에서 비롯된 것이라고 한다면, 이제는 주민의 공식적 대표기관인 지방정부가 앞장서 나가야 할 시점이다. 그럼 지방정부가 주민들의 권리 증진을 위해 할 수 있는 일은 어떤 것이 있으며, 어떤 방식으로 할 수가 있는가? 먼저 이와 관련된 몇 가지 외국 사례를 살펴보자.

3. 외국 참조 사례

일본의 '시빌 미니멈' 정책

지방정부 차원에서 주민들의 권리 증진과 관련하여 우리에게 유용한 시사점을 줄 수 있는 대표적인 사례로 1960년대 이웃 일본의 이른바 혁신자치체에서 시행되었던 시빌 미니멈(civil minimum) 정책이 있다(일본 혁신자치체의 경험과 그 시사점에 대해서는 이 책 제13장 박경의 논의 참조). 시빌 미니멈이란 시민 생활의 최저 기준을 의미하는 것으로서, 도시에서 생활하는 시민들이 안전 및 건강, 능률적이고 쾌적한 도시생활을 영위하는 데 필요한 최저조건이다. 시빌 미니멈이 필요한 이유는 중앙정부가 보장하는 내셔널 미니멈이 현실의 국민생활수준에 비해 매우 낮고, 각 도시의 특수성을 제대로 반영하지 못하기 때문이다. 시빌 미니멈 정책의 가장 대표적인 사례가 1967년 당시 도쿄도지사에 당선된 미노베 지사가 추진했던 도쿄 노인의 의료비 무료화 정책이었다. 도쿄도에서 처음 실시한 이 정책이 큰 인기를 얻자, 일본의 다른 지자체도 속속 이를 도입했고, 결국에 가서는 중앙정부가 국가 정책으로 실시하기에 이르렀다. 공해 기준과 관련해서도 도쿄도는 당시 일본의 국가 기준에는 없었던 질소산화물 기준과 함께, 일본 국가 기준보다 22배나 엄격한 황산화물 기준을 시빌 미니멈으로 설정하고 이를 조례로 제정했다. 이에 대해 일본 중앙정부는 위법이라고 조례를 철회하도록 도쿄도에 압력을 가했으나, 국내·외적으로 공해 반대 여론과 운동이 고조되면서 결국 중앙정부가 도쿄도 조례와 같은 수준으로 법을 개정하게 된다. 시빌 미니멈 정책은 도시계획의 관행에도 큰 전환을 가져오게 된다. 시빌 미니멈에 입각한 도시계획에서는 시빌 미니멈 기준에 맞게 주택, 학교, 의료시설, 관공소, 공원 등 각종 도시시설을 계획적으로 배치하는 것을 목표로 추진했다. 일본의 혁신자치체와 이들이 내건 시빌 미니멈 정책은 결국 일본 국가 전체의 내셔널 미니멈을 향상시키는 결과를 가져왔다. 나아가 각 개인의 일상생활에서 기본적 인권을 실현하는 것이 바로 지방정부의 목적이자 존재 이유라는 인권 지향적 지방정부론을 정립시키는 데 초석이 되었다.

유엔의 '도시에 대한 권리' 증진 정책

최근 UN 산하 기관인 유네스코와 유엔-해비타트(UN-HABITAT)는 이른바 '도시에 대한 권리(the right to the city)' 개념에 입각한 도시정책들을 소개 보급하는 사업에 몰두하고 있다.[4] '도시에 대한 권리'란 도시 거주자라면 누구나 재산이나 토지소유 유무와 관계없이, 또 나이, 성별, 계층, 인종, 국적, 종교의 차이에 따른 차별이나 배제 없이 도시가 제공하는 혜택을 함께 향유할 권리를 가지고 있다는 것이다. 이 주장의 기본 전제는 도시를 특정 개인의 전유물이 아니라, 그 안에 사는 모든 사람이 함께 공유하는 집합적 공간으로 보는 것이다. 도시에 대한 권리에는 가장 기본적인 생존 요구인 식수, 먹을거리, 위생에 대한 권리는 물론, 적절한 주거, 대중교통, 안전, 의료, 복지, 교육을 누릴 수 있는 권리가 포함된다. 또한 도시에 대한 권리에는 주민들의 생활에 영향을 미치는 도시 행정의 의사결정에 참여할 수 있는 권리가 포함된다. 광장이나 거리 같은 도시의 공

4) 도시에 대한 권리 개념 및 관련 정책에 대해서는 강현수(2009) 및 강현수(2010b) 참조.

공공간에 누구나 자유롭게 접근할 수 있는 권리, 그곳에서 자기의 주장을 다음껏 펼칠 수 있는 권리도 당연히 도시에 대한 권리에 속한다.

지금 유엔이 수행하고 있는 정책은 이런 의미를 담고 있는 도시에 대한 권리를 세계 각국의 도시 현실에서 구체적으로 실현시키는 방법을 찾으려는 것이다. 유엔 정책의 핵심 내용을 간단히 소개하면 다음과 같다.

첫째, 도시에 대한 권리의 핵심은 도시의 민주적 의사결정에 대한 참여 및 존중이다. 도시 정부는 시민들의 필요가 무엇인지를 구체적으로 확인하기 위해 참여를 통한 대화와 시민들의 권능부여(empowerment)를 촉진할 의무가 있다. 주민들의 참여는 지역단위의 민주주의, 혹은 좋은 민관 협력(good governance)을 이루기 위한 필수 요소이다.

둘째, 도시에서 배제되고 소외되는 집단에 대한 사회적 포용이다. 도시에서 주변적 취급을 받는 집단들을 사회적으로 포용하고 이들을 품위 있고 당당한 존재로 인정해야 한다. 특히 여성, 외국인 이주자, 저소득 노동계층, 장애인 같은 사회적 약자에 대한 포용을 강조한다.

셋째, 도시 정부가 앞장서서 빈곤, 사회적 배제, 도시 폭력을 줄이는 것이 중요하다. 도시에 대한 권리는 빈곤 완화 및 도시 빈민들의 안전한 생활을 보장하는 노력을 포괄한다. 무허가정착촌에서 주거권을 보호하는 것, 도시의 공공·사적 공간의 사회적 가치를 인식하는 것, 거리에서의 안전을 보장하는 것 등이 인권과 주민들의 권리 증진에 있어 필요하다.

넷째, 도시행정의 투명성·형평성·효율성이 중요하다. 도시에 대한 권리는 도시 정부와 주민 사이에 체결된 계약을 의미한다. 계약의 내용은 정부가 효율적이고 평등한 서비스 공급과 자원 배분을 — 특히 노약자, 장애인, 이주자 같은 사람들을 위해서 — 보장하는 역할을 하라는 것이다.

다섯째, 도시 거주자들의 경제, 사회, 문화적 다양성 존중이 중요하다. 오늘날 다문화 거주자들의 문화적·언어적·종교적 차이가 인정되고 존중되어야 한다.

여섯째, 값싸고 쾌적한 도시 기본 서비스의 공급이다. 자유와 선택을 누리기 위해서는 최소한의 도시 기본 서비스가 충족되어야 한다. 생존과 직결된 가장 중요한 도시 서비스로는 깨끗한 수돗물, 전기, 취사 및 난방 연료 공급, 거처 등이 있다. 이처럼 생존과 직결된 도시 기본 서비스는 경제적 지불 능력과 무관하게 공급될 필요가 있다. 더 나아가 의료, 보건, 교육, 대중교통, 주택 등도 도시정부가 값싸게 공급해주어야 한다.

이와 같은 도시에 대한 권리의 구체적인 내용들은 각 도시가 처한 상황들, 즉 규모, 면적, 자연환경, 소속 국가, 역사 문화적 맥락에 따라 다를 수 있다. 그러나 근본적인 철학은 모든 도시 거주자들이 도시 생활의 완전한 기회에 접근할 수 있도록 하여 더욱 정의롭고 포용적인 도시를 만들자는 것이다.

인권 도시 및 인권 헌장 제정 사례

현재 세계적으로 인권 문제에 도시 차원에서 앞장서고 있는 대표적인 도시들이 있다. 스페인의 바르셀로나, 캐나다의 몬트리올, 미국의 유진 등이 도시 차원에서 인권 증진에 괄목할 만한 성과를 거둔 대표적인 인권 도시들이다. 이들 도시의 공통점은 도시정부가 지역시민사회와 협력하여 도시 차원에서 인권 및 주민의 권리 증진을 위해 구체적이고 실효성 있는 정책 및 사업들을 수행하고 있다는 것이다. 이들 인권도시는 그들 도시 내부뿐만 아니라 다른 도시들과 연대 협력하여 이들 도시의 활동을 소개 전파하는 역할들도 앞장서서 수행하고 있다.

몬트리올 권리 헌장

도시 정부가 지역 시민사회와 협력하여 도시 차원의 인권 증진에 성공한 가장 대표적인 도시가 바로 캐나다 몬트리올이다. 몬트리올의 성공을 가장 대표적으로 보여주는 결과물이 바로 「몬트리올 권리와 책임 헌장」(The Montréal Charter of Rights and Responsibilities)이다.[5] 이 헌장은 몬트리올의 시민사회와 도시 행정부가 서로 협력하여 이른바 '권리 거버넌스'를 달성한 대표적 모범 사례로서 2002년부터 준비에 들어가 2005년 시의회에서 승인되고 2006년부터 발효되었

---

5) 몬트리올 권리와 책임 헌장의 전문은 http://ville.montreal.qc.ca/pls/portal/docs/page/chartemtl_en/media/documents/charte_droits_en.pdf에서 확인할 수 있다.

◎「몬트리올 권리와 책임 헌장」 구성 체계

전문

제1부 원칙과 가치

제2부 권리와 책임, 실행 약속

제1장. 민주주의 / 제2장. 경제와 사회생활 / 제3장. 문화생활 /

제4장. 여가·육체 활동과 스포츠 / 제5장. 환경과 지속가능한 발전 / 제6장. 안전

제7장. 도시 서비스

제3부 범위, 해석, 이행

제4부 최종 규정

다. 이 헌장에서는 도시는 시민들에게 서비스를 제공하고, 시민은 공공 생활에서 책임 있는 역할을 다해야 한다는 상호 의무를 명시하고 있다. 그리고 시민들의 경제, 사회, 문화, 여가생활 향상을 위해, 또한 더 나은 환경과 지속가능한 발전, 안전, 도시 서비스를 제공하기 위한 구체적인 실행 약속을 명시하고 있다. 이 헌장이 의미 있는 이유는 몬트리올 도시 정부가 스스로 인권과 주민 권리에 대해 책임을 지겠다는 것을 지역 시민사회와 함께 공표했고, 말뿐이 아니라 실제 행동으로 지키고 있다는 데 있다.

도시에서 인권보호를 위한 유럽 헌장

한편 개별 도시 차원을 넘어서 여러 도시가 함께 인권을 보호하겠다고 다짐하는 헌장을 제정하기도 했다. 유럽연합 차원에서 진행된 「도시에서 인권보호를 위한 유럽헌장」(The European Charter for the Safeguarding of Human Rights in the City)이 바로 그러한 예이다. 이 유럽헌장은 바르셀로나시가 주관한 1998년 유엔인권선언 50주년 기념 회의에서 처음 발의되어, 여기에 관심 있는 도시들과 시민단체, 전문가들이 모여 준비 작업을 거쳐 2000년 최종 확정된 것인데, 현재 유럽의 350개가 넘는 도시들이 이 헌장을 지키겠다고 비준했다. 헌장의 주요 내용은 1948년의 유엔인권선언 및 1950년의 유럽인권협약에 근거하여 인권 보호를 위해 도시가 수행해야 할 역할을 제시하고 있다. 이 헌장의 제1조는 '도시에

대한 권리'를 정의하고 있는데 그 내용을 간단히 소개하면 다음과 같다.[6)]

제1조 도시에 대한 권리

1. 도시는 그 안에서 사는 모든 사람에게 속한 집합적 공간이다. 도시 거주자들은 그들의 정치적·사회적·생태적 발전을 위한 권리를 가진 동시에 연대의 의무가 있다.
2. 도시 정부는 가능한 한 모든 수단을 통하여, 도시거주자 모두의 존엄성과 삶의 질을 존중해야 한다.

이 유럽헌장에 따르면 도시는 집회나 결사의 자유를 보장해야 하고, 자유로운 모임과 만남을 위해 누구나 자유롭게 접근할 수 있는 공공 공간을 제공해야 한다고 명시하고 있다.

유럽연합 차원을 넘어서 전 세계적으로 인권에 관심이 있는 도시들의 모임도 두 군데나 있다. 이 중 하나는 각 도시의 시민단체들이 중심이 된 모임이며, 또 하나는 시장들이 중심이 된 모임이다. 만약 우리나라의 어떤 지방정부가 인권 증진에 관심이 있다면 이러한 세계 인권 도시 모임에 가입하여 국제적 연대 활동을 펼칠 수도 있다. 현재 광주광역시가 인권을 주제로 한 국제 연대 활동에 가장 적극적인 관심을 보이고 있다.

이제부터 우리나라 도시에서 주민들의 인권과 권리를 증진하기 위해 할 수 있는 일들이 무엇인지를 살펴보자.

4. 인권을 중시하는 도시 정부 만들기: 포괄적 인권 증진 정책

지방자치단체 차원에서 인권 정책의 당위성은 사람들이 일상적으로 살아가

---

6) 「도시에서 인권보호를 위한 유럽헌장」 전문은 http://www.comune.venezia.it/flex/cm/pages/ServeBLOB.php /L/EN/IDPagina/2198에서 확인할 수 있다.

는 생활 현장인 지역 단위에서 인권이 올바로 실행되는 것이 중요하다는 전제에서 시작된다. 비록 유엔 같은 국제기구들의 감시나 국제인권 규약을 통해 국제적 차원에서, 또 우리나라의 헌법과 법률에 의해 국가적 차원에서 인권 보호와 증진이 이루어진다고 하더라도, 일상생활에서 인권 침해가 이루어질 위험은 항상 열려 있다. 따라서 일상생활의 장인 지역 단위에서도 인권을 보호하고 증진할 수 있는 제도적 장치나 정책이 필요하다. 지방정부가 할 수 있는 포괄적 차원의 인권 증진 정책으로는 첫째, 지역 인권 조례 혹은 인권 헌장 제정, 둘째, 지방정부 차원의 인권전담기구 혹은 옴부즈맨제도 도입, 셋째, 중장기 인권 증진 계획 수립 및 인권 교육 등을 들 수 있다. 각각의 구체적인 내용과 사례를 간단히 정리하면 다음과 같다

지역 인권 조례 혹은 인권 헌장 제정

지역 인권 조례의 두 유형

지방정부는 스스로 주민들의 기본 인권이나 권리를 보장하기 위해 노력하겠다는 것을 공식적으로 선언하는 지역 인권 조례 혹은 인권 헌장을 제정할 수 있다. 우리나라에서는 아직 개별 도시 차원에서 주민들의 인권 혹은 권리 헌장을 제정한 사례를 찾기 어렵다. 그렇지만 헌장보다 오히려 제도적 구속력이 더 강하다고 할 수 있는 인권 조례는 이미 여러 지역에서 제정된 사례가 있다.

우리나라 지방정부들이 제정한 인권 조례들은 크게 두 가지 유형으로 구분할 수 있다. 첫 번째 유형은 지방정부가 포괄적으로 인권 증진을 위해 노력하겠다고 선언한 이른바 '인권 기본조례'이다. 두 번째 유형은 각 지역 차원에서 여성, 노인, 다문화가정 같은 인권 취약 집단의 인권을 보장하기 위해, 혹은 보행권이나 환경권과 같은 일상생활의 구체적 권리를 보장하기 위해 계층별, 부문별로 제정되는 조례이다.[7] 포괄적 인권 기본조례는 지역사회 전체를 인권 친화적 구조로 만들겠다는 의지를 보여주는 조례로서, 계층별, 부문별 조례보다 구체성과

---

7) 이러한 두 가지 흐름의 분류에 대한 더 자세한 내용은 김중섭(2007) 참조.

실효성은 약하지만, 지역의 전반적 인권 개선을 위한 제도적 틀을 형성한다는 의미가 있다.[8)]

포괄적 인권 기본 조례 사례

우리나라에서 지방정부 차원의 포괄적 인권 기본 조례의 제정에 대해서는 진주와 광주의 경험을 눈여겨볼 수 있다. 진주의 경우 1920년대에 백정들의 사회적 차별 철폐와 신분 해방을 주장하면서 결성된 '형평사(衡平社)'가 주도한 형평운동의 진원지라는 역사적 배경이 있는 도시이다. 이러한 배경 위에서 2005년 세계인권선언의 날을 맞이해 진주의 시민 사회 단체들이 연대해 '인권 도시 진주 선언문'을 채택했고, 이를 좀 더 발전시켜 진주시 인권 기본 조례를 제정하려는 운동을 펼쳐나갔다. 그러나 우리나라 최초로 기초자치단체 차원에서 추진된 진주시 기본 인권 조례는 아쉽게도 상위법에 근거가 없고 인권은 지방 사무가 아니라 국가 사무라는 이유 등으로 진주시 의회를 통과하지 못했다.

한편 우리나라 민주화의 성지이기도 한 광주광역시의 경우 2000년대 초부터 광주 인권상 제정, 세계 인권전시관 개설 등 광주를 세계적인 민주·인권·평화 도시로 육성하기 위한 다양한 사업을 전개해왔다. 그리고 2007년 이러한 사업을 제도적으로 뒷받침하기 위한 「광주광역시 민주·인권·평화 도시 육성 조례」를 제정했다. 하지만 광주시가 앞장서서 추진한 이러한 인권 관련 사업과 조례가 단지 가시적이고 상징적인 면에 치중할 뿐, 실제로 광주 내부에서 벌어지고 있는 갖가지 인권 침해 사건들, 예컨대 광주 시청에 근무하는 비정규직의 인권 침해 문제 등에는 오히려 무관심하다는 비판이 시민사회 단체를 중심으로 제기되었다. 즉, 광주시 인권 사업들이 시민들의 실질적인 인권 보호와는 거리가 먼 시설물 건축이나 도시 이미지 홍보에 치중하고 있다는 것이 시민사회 단체들의 비판이었다. 결국 시민 사회의 여론을 수렴하여 기존 조례를 대폭 수정한 「광주광역시 인권 증진 및 민주·인권·평화 도시 육성 조례」가 2009년 새로 만들어졌다.

한편 2010년에는 「경상남도 인권 증진 조례」와 「전라북도 인권 증진에 관한

---

8) 지방자치단체 차원의 인권 조례 필요성을 잘 정리한 글로는 김중섭(2006) 참조

조례」가 제정되었다. 이들 두 광역 지자체들의 인권 조례는 공통적으로 도민의 권리와 도지사의 책무를 규정하고 있고, 인권 보호와 증진에 관한 종합적이고 계획적인 사업 추진을 위해 인권 기본 계획을 수립하도록 하고, 도지사의 인권 정책 자문 기관인 인권위원회를 구성·운영한다는 내용을 담고 있다. 또한 인권 관련 교육 및 홍보의 적극적 추진을 위한 지원 내용을 담고 있다. 흥미로운 것은 경상남도와 전라북도 공히 모든 도민이 인간으로서 존엄과 가치를 실현할 권리를 가진다고 선언하면서 이러한 권리는 도의 행정 구역 내에 체류하는 모든 사람에게 인정된다고 밝힌 점이다. 이처럼 경남과 전북의 인권 기본 조례에 담긴 내용은 상당히 구체적이며 바람직한 내용을 담고 있다. 그러나 이 두 곳의 인권 기본 조례가 지역 시민 사회나 지역 인권 단체와 오랜 논의과정을 통해 이루어진 것이 아니라, 시민사회와는 무관한 도의회 자체 결단에 의해 이루어진 것이라 과연 앞으로 이 조례에 담긴 내용을 제대로 실행할 사회적 역량이 가능할지에 대한 의문이 제기되고 있기도 하다. 오히려 조례 제정에는 실패했지만, 지역의 인권 관련 단체들이 지역 내부에서 오랫동안 인권 논의를 지속해오고 있는 진주의 경우가 장기적으로 볼 때 오히려 더 많은 가능성을 가지고 있다고 볼 수도 있다.

부문별 계층별 인권 조례 사례

지금까지 살펴본 것이 포괄적 차원의 지역 인권 조례 제정 사례라고 한다면, 두 번째 유형의 인권 조례는 이미 지역마다 상당히 많이 제정되어 있는 부문별, 계층별 인권 조례이다.

우선 계층별 인권 조례란 여성, 아동, 청소년, 노인, 장애인 등 도시 내 취약계층의 인권을 보호하려는 목적으로 제정된 조례이다. 최근에는 점점 증가하고 있는 외국인 거주자 및 다문화 가정을 지원하기 위한 각 지자체의 조례 제정이 이어지고 있는데, 「안산시 외국인 주민 인권 증진에 관한 조례」가 가장 대표적인 사례이다. 한편 2010년 지방 선거에서 진보적 성향의 교육감들이 선출되면서 학생들을 위한 인권 조례 및 무상 급식 조례 제정이 진행되고 있다. 그렇지만 이 같은 지방정부 인권 조례들 대부분이 취약 집단들의 인권을 일상생활에서 제대로 보장해줄 구체적 보호 장치나 실질적 지원 방안을 마련하고 있지 못하며, 따라서 형식적 선언에 그치고 있다는 지적을 받는다.

계층별 인권 조례가 특정 집단, 특히 취약계층의 지원에 초점이 맞추어져 있다면, 부문별 인권 조례는 특정 집단보다는 특정 영역과 관련된 조례이다. 대표적으로 1997년 서울시에서 처음 제정된 「서울특별시 보행권 확보와 보행 환경 개선에 관한 기본 조례」를 필두로 여러 도시와 구청에서 보행권에 대한 조례들이 제정되어 있다.

향후 지방정부 인권 조례 제정의 중요한 과제는 지금까지 관심이 미치지 못했던 영역으로 지방정부 활동의 범위를 확대해나가는 한편, 선언적 의미를 넘어서 지역 특색에 맞는 구체적이고 실효성 있는 인권 보호 장치를 각 지역 내부에서 만들어나가는 것이다. 그러기 위해서는 각 지역에 뿌리박은 사회 집단들의 풀뿌리 인권 운동이 활성화될 필요가 있다.

인권전담기구 및 옴부즈맨제도 도입

인권전담기구

각 지역 단위에서 인권을 증진하기 위해서는 지방정부 내부 혹은 민관 협력 기구로 인권 업무를 전담하는 기구가 필요하다. 현재 우리나라에는 부산, 대구, 광주 세 지역에 국가인권위원회 지역사무소가 있다. 그러나 이것은 기본적으로 중앙정부 기구의 지역 사무소이기 때문에 진정한 지역 단위 인권 전담기구라고 하기가 어렵다. 가장 좋은 방법은 국가인권위원회를 모델로 각 지역 단위에서 인권위원회나 인권 전담 부서를 만드는 것이다. 한 예로 2010년 포괄적 인권 조례를 제정한 경상남도에서는 도내에 인권증진위원회를, 전라북도에서는 인권센터를 설치하도록 조례에 규정하고 있다.

인권 옴부즈맨제도

지역 단위에서 인권 전담부서를 만드는 것이 다소 부담스럽다면 옴부즈맨제도를 활용할 수 있다. 원래 의미로 국민의 대표, 혹은 국민의 대리인이라는 뜻을 가지고 있는 옴부즈맨제도는 19세기 초 북유럽 국가들에서 기원한 것으로서 제2차 세계대전 이후 세계 각지로 확산되었다. 현대 국가에서 국가 영역이 급속히 확대되고 관료제의 폐해가 나타나자 이로 인한 국민의 권리 침해를 방지하기 위한 보완적 수단이 바로 옴부즈맨제도인 것이다. 만약 지방정부에서 인권 보호 기구로 옴부즈맨제도를 도입한다면, 옴부즈맨이 해야 할 업무와 역할의 핵심은 인권 피해에 대한 진상 조사 및 사실 규명이다.

경찰이나 지방행정기관 등 공권력에 의한 인권 침해가 일어났을 때, 인권 침해의 피해자가 직접 이를 조사 규명하기는 어렵다. 이런 경우 피해자는 인권 옴부즈맨에게 민원을 제기하여 인권 옴부즈맨이 조사토록 함으로써 인권 침해 조사의 객관성과 공정성을 높일 수 있다. 옴부즈맨의 주된 권한은 조사하여 사실을 밝혀내는 데 있다. 만약 관계기관에서 조사내용에 따른 필요한 시정조치를 하지 않을 경우에는 이를 언론기관을 통하여 공표하는 등 간접적인 강제수단을 사용해야 한다. 옴부즈맨이 어느 누구의 간섭도 받지 않고 독립적으로 조사활동을 수행하기 위해서 옴부즈맨의 소속은 비록 지방정부에 속해 있더라도 지방정부로부터 정치적으로 독립되어야 한다. 또 옴부즈맨의 활동을 뒷받침할 수 있는 충분한 재정적·인적 지원이 필요하다.

지방정부 단위의 인권 옴부즈맨이 가장 성공한 사례로는 가까운 일본의 가와사키시가 있다(아래 표 참조). 한편 우리나라에서는 부천시에서 1997년부터 옴부즈맨제도를 도입하여 현재 운영 중이다.

◎ 인권 옴부즈맨 사례

▪ 일본 가와사키 옴부즈맨

일본에서는 다양한 분야 — 노동기준, 행정시설, 의료과오, 장애인 권리 등 — 에서 옴부즈맨이 활동하고 있다. 지방자치단체 수준에서 옴부즈맨이 제도화되기 시작한 것은 1990년 가와사키시가 처음이다. 한편 시민사회 수준에서 자율적으로 시작한 시민 옴부즈맨제도도 있다. 일본에는 84개 시민 옴부즈맨 단체로 결성된 「전국시민옴부즈맨연락회의」가 있다

1990년 일본의 지방자치단체에서 가장 먼저 옴부즈맨제도를 도입한 가와사키시의

경우 주 3일 근무 임기 3년 연임 가능한 2명의 옴부즈맨을 두고 있다. 그리고 옴부즈맨을 보좌하는 4명의 상근 옴부즈맨을 두고 있다. 옴부즈맨의 법적 근거는 『가와사키시 시민옴부즈맨 조례』이고, 옴부즈맨의 임명은 의회의 동의를 얻어서 시장이 위촉한다.

한편 어린이의 권리 침해나 남녀평등과 관련된 인권 침해를 구제하는 것을 목적으로 2000년에 「가와사키시 어린이 권리에 관한 조례」가, 2001년에 「남녀평등 가와사키 조례」가 제정되었다. 또한, 2001년 「가와사키시 인권 옴부즈퍼슨 조례」가 제정되어 인권 옴부즈퍼슨 제도를 시행하고 있다. 인권 옴부즈퍼슨 역시 현재 2명이 주 3일 근무를 하고 있다.

자료: 국민고충처리위원회(2008).

■ 부천시 옴부즈맨제도

시민의 권리와 이익을 적극적으로 보호하려는 목적으로 1997년 우리나라 지방자치단체 중 최초로 조례 제정을 통해 옴부즈맨제도를 도입했다. 현재 부천시 옴부즈맨은 감사관실 옴부즈맨팀으로 조직되어 있는데, 부천시 옴부즈맨의 임기 및 근무조건은 다음과 같다.

- 임기: 2년(1회 연임 가능)
- 근무 조건
  - 보수: 일반직 공무원 4급 27호봉 상당
  - 주 3일 근무

자료: 부천시청 홈페이지. http://www.bucheon.go.kr.

지역 인권 증진 계획 수립 및 인권 교육

지역 인권 조례나 옴부즈맨제도 도입 등은 지방자치단체장이나 지방의회 의원들의 의지만 있어도 금방 도입이 가능하다. 그러나 장기적이고 지속적으로 지역사회에서 인권이 보호 증진되기 위해서는 중장기 지역 인권 증진 계획 수립이나 지속적인 인권 교육이 필요하다.

지역 인권 증진 계획

지방정부는 지역 차원의 중장기 인권 증진 계획을 수립하여 분야별로 체계적이고 지속적인 인권 증진 프로그램을 준비할 필요가 있다. 예를 들어 여성, 장애인, 외국인, 학생 등 계층별로, 또 무상급식, 주거권, 보행권 등 부문별로 종합적인 인권 증진 계획을 수립하고 이러한 중장기 계획에 의거하여 지방정부의 조직이나 예산을 배정할 수 있다. 2010년 제정된 경상남도 인권 증진 조례에 따르면 경상남도 도지사는 인권 보호와 증진에 관한 종합적이고 계획적인 사업 추진을 위하여 '인권 증진 기본계획'을 수립해야 하며, 기본계획에는 다음 사항이 포함되어야 한다고 명시하고 있다. 첫째, 인권 보호와 증진을 위한 목표와 이를 달성하기 위한 단계별 시책 및 사업계획, 둘째, 인권약자에 대한 인권 보호와 증진 계획, 셋째, 공공시설의 인권 관련 현황 및 개선 방안, 넷째, 그 밖에 인권 보호와 증진에 관한 사항이다.

인권 교육

아직 우리나라에서는 인권 개념이 일반 주민들은 물론 공무원에게도 익숙하지 않기 때문에, 주민과 공무원을 대상으로 한 인권 교육의 중요성은 아무리 강조해도 지나치지 않다. 이러한 교육을 통하여 주민과 공무원들의 인권 의식이 높아질 때, 인권 지향적 지방 행정이 가능해진다. 현재 여러 인권 단체들이 인권 교육 프로그램을 운영하고 있으므로 지방정부는 이들에게 인권 교육을 위탁할 수 있다.

5. 도시행정에 대한 참여 권리 증진

도시 주민들이 누려야 할 권리 중에서 가장 중요한 권리가 바로 도시 행정에 대한 주민들의 참여 권리이다. 군사 독재 기간에 우리나라는 지방자치조차 실시되지 못했다. 민주화 운동의 성과로 1990년대에 지방자치제가 부활했지만, 중앙정부의 권한을 지방정부에 이양하는 이른바 '단체 자치', '기관 자치'만 강조된 관계로, 주민의 참여를 통해 주민 스스로 지방 행정의 주인이 되는 이른바 '주민 자치'는 여전히 취약하다.

앞서 간단히 살펴본 것처럼 우리나라 도시들은 일반 주민들의 참여는 전반적으로 저조한 상태에서, 적극적으로 자신들의 목소리를 내고 있는 일부 집단들의 의견이 과잉 대변되고 있다. 따라서 지방정부는 보통 주민들이 좀 더 지방 행정에 참여할 수 있는 다양한 통로를 열어줄 필요가 있다. 지방정부가 할 수 있는 주민참여촉진정책으로는 첫째, 정보 공개 및 주민 감시활동 보장, 둘째, 주민 참여 기본 조례 제정, 셋째, 취약 주민 대변 조직 지원, 넷째, 참여예산제의 실질적 시행, 다섯째, 마을만들기 등 도시계획에 대한 주민 참여 보장, 여섯째, 주민 교육 및 주민 역량 강화 등이 있을 수 있다. 각각의 구체적인 내용과 사례를 간단히 짚어보면 다음과 같다.

정보 공개 및 주민 감시 활동 보장

지방정부가 할 수 있는 주민 참여의 가장 첫 단계는 지방행정에 대한 투명성을 높이는 것이다. 투명성을 높이기 위해 필요한 것이 행정 정보에 대한 공개 및 지방정부 집행부 및 의회가 하고 있는 일을 주민들이 감시하는 활동을 적극적으로 보장해주는 것이다. 일반 주민들은 지방정부나 의회가 무슨 일을 하고 있는지를 모르면 지방 행정에 참여하고 싶어도 참여할 수가 없다. 따라서 지방정부가 일부러 자랑하고 싶은 전시성, 홍보성 행사 외에 실질적으로 주민들에게 영향을 미치는 지방정부 정책이나 사업 모두를 투명하게 공개할 필요가 있다. 그리고 지방행정에 일상적·지속적인 모니터링과 감시를 행하는 시민사회단체들을 견제하기보다 오히려 적극적으로 육성 지원할 필요가 있다. 지방정부가 앞장서서 일상적 참여가 저조한 집단에 소속된 사람들을 중심으로 시정 모니터단을 위촉하고, 이들의 활동을 지원하게 된다면 지방행정의 투명성 향상과 함께, 주민 참여를 촉진할 수 있는 계기를 만들 수 있을 것이다.

지방행정의 투명성이 가장 필요한 부문 중의 하나가 지방정부의 건설공사나, 조달 구매, 용역 계약을 위한 입찰 과정이다. 지방정부의 입찰 과정에 부패의 소지가 가장 많기 때문에 입찰 과정의 부패를 방지하고 행정의 투명성을 높이기 위해서는 2000년 서울시가 최초로 도입하고, 이후 여러 지방정부는 물론, 국가기관, 공기업 등으로 확산된 '청렴계약제'를 적극 도입할 수 있다.

청렴계약제가 형식적인 통과 의례에 그치지 않게 하기 위해서는 이를 지속적으로 감시할 이른바 '청렴계약옴부즈맨제도'를 함께 도입하는 것이 바람직하다. 청렴계약옴부즈맨의 역할은 바로 주민을 대표하여 지방정부의 각종 입찰 과정을 조사 감시하는 일이다. 이 청렴계약옴부즈맨이 제대로 활동하기 위해서는 앞서 살펴본 인권 옴부즈맨과 마찬가지로, 옴부즈맨의 독립적 활동 보장과, 옴부즈맨의 활동을 뒷받침할 수 있는 충분한 재정적·인적 지원이 필요하다. 또한 내부고발자에 대한 보호를 강화하는 것도 매우 중요한 부패 방지 방안이다.

◎ 청렴계약제

- 부패 발생 여지가 높고 감시 또한 취약한 관급 계약의 투명성과 청렴성을 높이려는 제도로, 1990년대 에콰도르에서 처음 실시.
- 우리나라에서는 2000년 서울시에서 처음으로 도입되었고 지금은 상당수의 중앙행정기관, 지방자치단체, 정부 산하기관에서 실시 중.
- 청렴계약제의 구체적 내용은 관급 입찰에 참가한 모든 업체와 행정기관 양 당사자 모두가 입찰, 계약, 계약 이행 과정에서 뇌물을 제공하거나 받지 않으며, 이를 위반할 경우에는 제재를 받겠다는 것을 상호 서약하는 것.

주민 참여 기본 조례 제정

지방 행정에 주민 참여를 촉진시키기 위한 또 하나의 방법으로 주민 참여 기본 조례를 제정할 수가 있다. 이미 우리나라에서의 여러 광역 및 기초 지방자치단체가 주민 참여 기본 조례를 가지고 있다. 지자체마다 주민 참여 기본 조례에 담고 있는 내용이 다르지만, 대체로 지방정부 업무와 관련된 각종 위원회의 회의 공개 및 위원회 위원의 공개 모집, 예산 편성의 주민 참여, 정책 설명 청구제, 주민의견 조사 등의 내용을 담고 있다.

대전광역시 대덕구 주민참여자치 기본조례의 경우 주민참여를 활성화하기 위하여 '참여 포인트' 및 '참여자치 주민상' 제도를 마련하여 구정에 직접 참여한 주민에게 포상할 수 있는 제도도 마련하고 있다.

취약 주민 대변 조직 지원

현재 각 지역에서는 과거 독재정권 시대 정권 유지 기반 차원에서 조직되었던 관변단체나, 자신들의 이해 관철을 위해 조직된 여러 자생단체가 지역주민의 의사를 과잉 대변하고 있다. 이에 비해 일상생활에 바쁜 일반 주민들은 지역의 사안에 대해 관심도, 참여 의지도 부족하다. 특히 문제가 되는 것은 필요와 요구는 많지만 스스로 자신들의 목소리를 내기가 어려운 사회적 취약 집단들이다. 빈곤가구, 무의탁가구, 여성, 노인, 장애인, 외국인 등 지역 내에서 도움이 절실히 필요하지만, 제대로 조직되지 못한 집단들의 경우 주민 참여의 통로가 개방되었다고 하더라도 지방 행정에 참여하기가 어렵다. 이처럼 스스로 자신의 의사를 표현하거나 지방행정에 참여할 수 없는 집단들(예: 빈곤층 어린이, 무의탁 노인)을 위해서는, 이들의 목소리를 대변할 수 있는 자원봉사자나 대변 조직들을 지원하여 간접적 방식으로 이들의 의사를 도시행정에 반영하도록 해주어야 한다. 또한 각종 위원회 등 주민 의사 수렴 기구에 취약 주민들의 참여를 적극적으로 보장해주어야 한다. 공개 모집을 한다고 하더라도 이들이 응모하지 못하거나 선정되지 못할 가능성이 크므로, 취약 집단의 경우에는 일정 비율의 할당제 도입이 필요하다.

주민참여예산제의 실질적 시행

1980년대 말 브라질 포르투 알레그레에서 처음 시행된 주민참여예산제는 전세계로 파급되었는데, 우리나라에서도 광주와 울산 지역을 필두로 하여 현재 상당히 많은 지역에서 운영되고 있다.[9] 지방정부가 업무를 수행하기 위해서는 필연적으로 예산이 수반되며, 예산을 어느 분야에 어떻게 편성해 쓸 것인지 결정하는 일은 공공 행정에서 가장 중요한 부분이다. 지방정부 예산에 대한 감시보다 한 단계 더 나아간 주민참여제도가 바로 주민들이 직접 예산 편성에 참여하는 주민참여예산제인 것이다.

아직까지 주민참여예산제를 시행하지 않고 있는 지방정부는 이 제도를 도입할 필요가 있고, 이미 이 제도를 도입한 지방정부도 이 제도가 형식상이 아니라 실질적 운영이 될 수 있도록 제도를 보완해나가야 한다. 즉, 제도를 만들어놓았다는 데 만족하지 말고, 주민들 스스로 책임을 가지고 자신들이 바라는 바를 예산에 반영한다는 제도 자체의 목적이 잘 달성될 수 있는 방안들을 지속적으로 찾아 나가야 한다. 현재 이미 운영되고 있는 주민참여예산제도의 경우 주민참여율의 저하, 참여한 주민들의 예산에 대한 이해도 부족, 지방정부의 주민 의견 수렴 의지 부족 등의 문제점들이 노정되고 있으므로, 이러한 문제점들을 극복하기 위해서는 주민 교육이나 주민 대변 조직 활성화 지원 등의 노력이 병행되어야 한다.

마을만들기 등 도시계획에 대한 참여 보장

현재 우리 도시에서 가장 심각하게 나타나는 갈등 양상 중의 하나가 재개발, 재건축 과정에서 나타나는 주민들 사이의, 그리고 행정당국과 주민들 사이의 갈등이다. 지금 우리의 도시에서 토지와 주택은 주민들의 거주 공간이자 삶의 터전이기도 하지만 또한 주민들에게 가장 중요한 자산이라는 의미도 동시에 가지고 있다. 따라서 주민들은 자신이 보유하고 있는 토지와 주택의 자산 가치 상승에 굉장한 관심을 가지고 있다. 이러한 환경 속에서 지역의 물리적 환경을 개선하고 부동산 가치도 상승시키는 재개발, 재건축 사업에 대한 주민들의 욕구도 매우 높은 편이다. 하지만 재개발, 재건축이 이루어지게 되면, 필연적으로 기존 주거지의 철거가 이루어지게 되고, 이러한 철거 과정에서 지역을 떠나야 하는

---

9) 2011년 현재 주민참여예산제를 도입하고 있는 지방자치단체는 100곳이 넘지만, 제대로 운영되는 곳은 극소수에 불과하다.

사람들의 문제와 기존 공동체의 파괴 문제 등 부작용이 심각하게 대두되고 있다. 또한 이 책의 다른 장(제7장 변창흠의 글 등)에서 살펴보았듯이 지금과 같은 저성장시대에 과연 과거와 같은 형태의 재개발·재건축이 가능할지가 의문시되고 있다.

따라서 앞으로 도시 개발사업은 지금까지와 같은 전면 철거 방식의 재개발, 재건축 사업보다는 기존의 주거지를 점진적으로 개선해나가는 도시 재생 사업 중심으로 진행될 것으로 예상된다. 이러한 도시 재생사업에서는 현지 주민들의 참여가 필수적으로 요구된다. 전면 철거 방식의 재개발, 재건축이 대부분이었던 우리의 도시에서도 주민참여형 도시 재생에 대한 성공 사례들이 이미 어느 정도 축적되어 있다. 대구 삼덕동 담장허물기 및 마을만들기 사례, 서울 마포구 성미산 지역 공동체 사례, 서울 성북구 삼선4구역 불량주거지 재생 사례 등이 대표적 주민참여형 도시 재생 성공 사례들이다. 이러한 지역들이 탄탄한 주민 조직, 혹은 헌신적인 지역활동가의 노력에 의해 성공한 사례라고 한다면, 무지개 프로젝트라고 알려진 대전 동구의 도시 재정비 사업은 지방정부와 공무원의 적극적 개입과 역할 덕분에 성공한 사례라고 할 수 있다.

이같이 도시 재생뿐만 아니라 주요 도시 시설물의 입지, 도시 보행 환경 개선, 한평 공원 만들기, 도시 공공 디자인 등 다양한 도시 계획의 영역에 주민들의 참여를 보장하고, 주민들의 이해를 반영하는 도시 행정을 펼쳐나가야 한다.

주민 교육 및 주민 역량 강화

주민 참여가 궁극적으로 성공하기 위해서는 다수 주민 스스로 도시 행정에 대한 참여 의지와 이러한 참여 의지를 뒷받침하는 주인 의식이 필요하다. 그러나 오랫동안 관치행정에 수동적으로 따르거나, 아니면 대안 없는 저항에만 익숙해져 있는 주민들이 갑자기 주인 의식을 갖춘 능동적 주민으로 변모하기란 쉬운 일은 아니다. 따라서 적극적 주민 참여를 위해서는 주민들을 대상으로 하는 교육을 통해 주민들의 참여 의식 고양 및 주민 역량 강화가 이루어져야 한다. 주민 교육은 풀뿌리 민주주의의 작동에 매우 중요한 요소이다. 그런데 주민 교육 역시 관 주도의 일방적 교육은 별다른 효과가 없기 때문에, 주민들의 요구와 필요에 부응하는 맞춤형 교육 방식 혹은 지역 시민단체가 주관하는 교육 방식이 필요하다. 지방정부는 교육 과정에 직접 개입하기보다 이러한 주민 주도의 교육이 지속될 수 있도록 옆에서 측면 지원해주어야 한다.

지금 세계 여러 나라의 도시에서 다양한 형태의 풀뿌리 주민 역량 강화 사업들이 주민 교육사업과 병행하여 진행되고 있다. 지방정부는 해당 지역에서 이와 관련된 다양한 활동들에 대해 지원을 아끼지 말아야 한다. 이러한 지원에는 교육 장소 제공, 지역 도서관 시설 지원 등과 같은 하드웨어적 지원과 아울러, 교육 교재 지원, 취약자들에 대한 방문 프로그램 마련 등과 같은 소프트웨어적 지원이 함께 병행되어야 한다.

마을회의 운영

'마을회의'(Town Hall Meeting)란 현재 미국에서 활발히 이루어지고 있는 참여 민주주의 제도의 하나이다. 영국의 식민지 시대 미국 도시에서 주민 전체가 한 자리에 모여 토론을 통해 지역의 주요 사안에 대해 결정을 내렸던 전통에서 유래한 이 제도는 지금도 공직자들이 주민들과 직접 만나 의견을 청취하고 토론하는 장이 되고 있다. 정보통신 기술이 발달하면서 인터넷을 활용하기도 한다.

2010년 가을 충청남도에서는 인터넷 공모와 직능별 추천을 통해 선정된 300명의 충남도민이 참여한 '제1차 충남도민 300인 정상회의'를 열어 충남 도지사와 함께 충남도정 핵심 10대 과제에 대해 토론하기도 했다. 그렇지만 이러한 직접 민주주의 방식의 제도를 지역에서 운영하기 위해서는 기존의 대의 민주주의 제도, 특히 지역주민의 공식적 대변 기구인 지방의회 기능과의 상충 관계를 면밀히 검토할 필요가 있다. 지방자치단체장이 마을회의 같은 직접적 주민 참여를 강조하면 할수록, 자신의 권한 축소를 우려하는 지방의회의 반발을 불러일으킬 가능성이 크기 때문이다.

6. 복지 및 생활환경에 대한 권리 증진

주민 참여의 한계

참여가 모든 것을 해결하지 못한다

도시행정에 대한 주민 참여는 매우 중요하지만 참여 자체가 모든 문제를 해결해주지는 못한다. 아무리 민주적인 방식으로 주민 참여를 촉진한다고 하더라도, 참여 과정에서는 필연적으로 전문적 지식을 갖춘 사람이나 목소리가 큰 사람의 의사가 더 많이 반영될 수밖에 없다. 참여의 통로가 활짝 열려 있다고 하더라도 전문 지식이 없거나 여러 가지 이유로 참여에 소극적인 계층들은 자신들의 의사를 지방행정에 반영하기가 쉽지 않다. 직접 참여를 촉진하는 것이 중요하지만 직접 참여가 모든 것을 해결해주지는 못한다. 따라서 주민 참여의 중요성과 함께 그 한계도 인식하는 것이 필요하다.

단순히 주민 참여만을 확대시키는 정책의 한계는 다음과 같다. 우선 주민들 간에 이미 내재되어 있는 역량이나 권력의 격차를 해소할 수 없다. 즉, 기존의 권력관계를 변화시키지 못한다. 둘째, 논의의 초점을 절차에만 치중하게 하여 정작 중요한 정책 내용을 간과하게 한다. 셋째, 개혁이나 혁신에 대한 저항을 극복하는 데 별다른 도움을 주지 못한다. 넷째, 정책 형성이나 추진 과정이 올바르다고 정책의 결과도 항상 올바른 것은 아니다. 과정이 공정했지만, 결과가 공정하지 못할 수도 있다.

참여가 직접 민주주의 및 절차적 민주주의, 시민적·정치적 차원의 인권을 보장하는 것이라면, 실질적 민주주의, 사회권 차원의 인권을 보장해주는 것은 바로 주민들의 사회복지 및 생활환경과 관련된 권리를 증진하는 것이다. 특히 지방정부가 앞장서서 사회적 취약계층에 대한 권리를 적극적으로 보호하고 증진해주어야 한다. 즉, 참여자의 수가 늘어나는 것도 중요하지만, 더 중요한 것은 참여할 수 있는 영역이나 폭이 확대되는 것이다.

현재 우리나라는 중앙정부에 권한과 예산이 집중되어 있기 때문에, 지방정부가 주민들의 사회복지와 생활환경 개선을 위해 할 수 있는 일이 그리 많지 못하다. 현재 우리나라 사회 복지예산의 대부분은 중앙정부의 소관이고 지방정부는 이러한 중앙 정부의 정책과 예산을 위임받아 단순히 집행하는 역할에 머무르고 있다. 그렇지만 이러한 근본적 한계가 있음에도 주민들의 일상생활에 가까이 있는 지방정부가 주민들의 사회 복지에 좀 더 관심을 기울여야 한다. 그리고 지방정부 차원에서도 할 수 있는 일인 복지 전달 체계의 개선과 자체 복지사업의 증대를 위해 노력해야 한다. 이때 공공 재원에만 의존하기보다는 주민들의 자발성과 상부상조 정신, 그리고 민간의 적극적 참여를 높이는 방안도 적극적으로 강구할 필요가 있다.

복지는 시혜가 아니라 권리

국가나 지방정부가 주민들에게 복지를 제공하는 방식도 여러 가지 형태가 있을 수 있다. 예를 들어 이웃나라 일본은 복지에서 국가가 담당하는 몫이 적은 대신 가족이나 기업이 담당하는 역할이 크다고 한다. 복지 담당자로서 자유시장을 강조하는 이른바 자유주의적 방식에서는 자신이 능력에 의해 스스로 시장에서 복지를 해결할 수 없는 사회적 약자들을 상대로 자격을 심사하여 복지를 제공한다. 이런 형태의 복지 제공은 복지 혜택을 받는 주민들을 정당한 권리의 주체로 간주하는 것이 아니라, 시혜를 받는 수동적인 복지제도 수급자로 간주하게 된다. 이와는 달리 사회민주주의적 방식에서는 복지가 주민들의 적극적인 권리라고 여긴다. 그래서 복지 대상을 사회적 약자에 한정하지 않고 주민 전체를 대상으로 한다. 이렇게 모든 사람이 복지의 수혜자가 될 때 국가나 도시에 대한 소속감과 연대감이 형성될 수 있다.[10)]

그러나 현실적으로 지역주민 모두에게 보편적 복지를 제공하기 위해서는 상당한 재정을 필요로 한다. 그리고 안타깝게도 우리나라 지방정부들은 이러한 재정 능력을 갖추지 못한 곳이 많다. 따라서 어쩔 수 없이 가장 취약한 계층에게 우

---

10) 복지를 시혜로 여기는 자유주의적 방식과 복지를 권리로 여기는 사회민주주의적 방식의 차이에 대해서 간명하게 설명한 글로는 프레드먼(2009) 참조.

선적으로 복지를 제공해줄 수밖에 없는 경우가 발생한다. 그러나 이러한 경우라고 할지라도 복지는 시혜가 아니라 당연히 주민들이 누려야 할 정당한 권리라고 인식하는 것이 필요하다.

어려운 여건 속에서도 지방정부 차원에서 주민들의 권리 증진을 위해 할 수 있는 일들을 크게 구분해본다면, 첫째, 주거권을 포함한 취약계층 사회 복지 증진, 둘째, 보행권, 환경권 등 생활환경에 대한 권리 증진, 셋째, 외국인 거주자의 인권 보장 등을 들 수 있다.

주거권을 포함한 취약계층 사회 복지 증진

지방정부의 주거권 보장 역할

지방정부가 보장해야 할 주민들의 권리 중에서 가장 중요한 것이 바로 주거권이다. 주거는 가장 기본적인 생활 조건이기 때문에 주거권은 필수적 인권에 속한다. 그러나 지금까지 우리나라 지방정부는 주거권과 관련하여 별다른 역할을 하지 못해왔다.

지방정부가 주거권과 관련하여 가장 먼저 해야 할 일은 그 지역에 대한 주거 실태 조사 및 최소주거기준 미달 가구 실태 파악이다. 그래서 어떤 가구, 어떤 계층, 어떤 구역에서 주거가 큰 문제가 되고 있는지를 체계적으로 조사해야 한다. 실태가 정확히 파악되면 주민의 선호와 요구에 부합하는 지방정부의 체계적인 맞춤형 주거 대책이 마련되어야 한다.

지방정부가 지역주민들의 주거권을 보장하기 위해서는 최소주거기준 미달 가구에 대한 개인 혹은 가구 단위 대책과 함께, 저소득층 집단 구역에 대한 공간적 대책이 함께 병행되어야 한다. 개인 혹은 가구 단위 대책의 대표적 예가 공공임대주택 입주 지원 및 '주거바우처제도'이다. 그런데 이 같은 개인 및 가구 단위 대책의 한계는 이들의 생활에 큰 영향을 미치는 정주 환경, 즉 이들의 거주지역에 대한 대책이 없다는 것이다. 보통 최소주거기준 미달 가구에 해당하는 저소득층 가구들은 낙후 지역에 집단적으로 모여 있는 경우가 많다. 이러한 빈곤 집중 지역은 도시가 제공하는 서비스 혜택에서도 소외되고 다른 동네와 공간적 격리 및 사회적 배제 현상이 나타날 수 있다. 따라서 개인 차원의 대책과 함께 이러한 집단 구역에 대한 대책이 필요하다. 그런데 현재 우리의 도시에서는 이렇게 저소득층 집중 지역이 대개 재개발, 재건축, 주거환경개선, 뉴타운 같은 도시개발사업 구역으로 지정되어 있다. 그리고 이러한 도시개발사업이 시행될 경우 여기에 살던 저소득층 원주민들의 대부분은 그 자리에 다시 정착하지 못하고 다른 곳으로 쫓겨나게 된다. 따라서 저소득층의 집단 주거 지역의 주거환경을 개선하기 위해서는 앞에서 언급한 것처럼 전면 철거 방식의 개발사업보다는, 비록 빠르고 전면적인 개선은 아니더라도 주민들이 참여하는 가운데 서서히 진행되는 마을만들기 사업이 필요하다. 이러한 마을만들기 사업은 물리적 환경 개선뿐만 아니라 공동체 복원 사업, 커뮤니티비즈니스 사업 등과 같은 사회적 문화적 환경 개선과 밀접히 연계되어야 한다. 주거권은 단순히 주택이라는 물리적 거처에 대한 권리뿐만 아니라, 주변 환경에 대한 권리까지 포함하고 있기 때문이다.

그런데 개인 혹은 가구가 최소주거기준에 미달하여 주거권을 침해받게 되는 가장 큰 이유는 바로 소득의 부족 때문이다. 따라서 이러한 주거권 보장 정책을 사용할 때는 가능한 한 다른 사회복지프로그램 — 예를 들어 사회적 기업, 사회적 일자리 창출 등 — 과 연계해서 추진되어야 하는 것이다. 즉, 저소득층 주거 문제는 복지 차원에서 종합적으로 해결해야 한다. 대전시의 무지개 프로젝트가 좋은 정책 사례이다.

민간을 활용한 복지 거버넌스 구축

주거 복지를 포함한 다양한 복지 프로그램을 지방정부가 모두 직접 운영하려고 할 필요는 없다. 오히려 자발성과 전문성을 갖춘 민간단체나 민간조직을 적극 활용하여 이른바 지역 차원의 복지 거버넌스를 구성하는 것이 더 바람직한 방향이다. 현재 전국의 몇 군데에서 주거 취약계층을 대상으로 전세자금 지원 등 주거비 지원, 지역주거복지실태조사, 주거 관련 상담, 주거환경개선사업, 주거복지를 위한 지역 내 자원연계 및 조정 등의 업무를 수행하는 민간 기구인 주거복지센터가 활동 중에 있다. 이러한 주거 복지 센터의 주 역할은 쪽방, 노숙 등 주거 취약계층들을 위한 지원 조직이다. 지방정부는 이러한 자발적인 민간 복지

지원 조직들을 적극 지원·육성해야 한다. 현재 민간단체 및 주민들의 참여와 자발성을 적극적으로 활용하여 지역 차원에서 복지 체계를 갖추려는 노력들이 다양하게 행해지고 있다. 대전시의 '복지만두레', 마산시의 '복지패밀리', 부산시의 '부산휴먼서비스네트워크'(BHSN) 등의 사례가 바로 지역 내부에서 지역 주민 공동체 정신에 입각하여 주민들의 복지 문제를 해결하고자 하는 좋은 시도들이다.

보행권, 환경권 등 생활환경에 대한 권리 증진

주거권 같은 사회 복지적 권리뿐만 아니라 보행권, 생활권같이 일상시민들의 생활환경에 대한 권리들도 지방정부가 앞장서서 보호해주어야 한다. 상하수도 시설 개선, 대기오염 개선, 대중교통 서비스 개선, 공원녹지 확충, 교육환경 개선 등 다양한 생활 영역에서 주민들의 권리가 증진되어야 한다. 특히 경제적 능력이 없는 계층도 기본적 공공 서비스를 누릴 수 있도록 지방정부가 제공하는 공공 서비스의 폭과 수준이 가능한 범위 내에서 최대한 확대되도록 해야 한다.

자본주의 시장 경제 체제에서 소득의 평등을 달성하는 것은 불가능하다. 그러나 지역사회에서 삶의 질의 평등을 위해 노력하는 것은 지방정부의 의무이자 역할이다. 주민들이 소득 수준에 관계없이 도시가 제공하는 공공 서비스와 공공 공간의 혜택을 다 같이 누릴 수 있도록 해야 하며, 장애인 등 신체적 취약계층들도 다른 주민들과 비슷한 수준의 도시 서비스를 누릴 수 있게끔 특별한 지원과 배려가 있어야 한다. 노약자나 장애인들이 신체적 장애가 있음에도 아무런 불편 없이 도시가 제공하는 시설과 서비스를 이용할 수 있도록 하기 위해서는 비록 그 대상자가 적더라도 이들을 위해 대중교통 시설 개선, 공공 시설물에 대한 유니버설 디자인 개념 등이 도입되어야 한다.

그런데 주민들의 생활환경이 다양한 영역으로 구성되어 있기 때문에, 이와 직·간접적으로 관련되어 있는 지방정부의 부서도 매우 다양하다. 따라서 각 부서의 행정이 각개 약진 방식으로 전개되지 않도록, 지방정부의 각 부서 간 수평적 협력을 통해 종합적인 생활환경 개선을 이끌어낼 수 있는 지방정부 추진체계

확립 및 이를 가능하게 하는 자치단체장의 리더십이 필요하다.

외국인 거주자의 인권 보장

현재 우리나라에 체류하는 외국인이 100만 명을 넘어서면서 우리나라에서도 외국인들의 인권 침해가 중요한 사회 문제가 되고 있다. 외국인 중에서도 특히 취약 집단인 저임금 단순 직종의 이주 노동자들, 그중에서도 미등록 이주 노동자들과 주로 동남아 여성 출신 결혼 이민자들이 사회적 편견과 차별로 인해 인권을 침해받는 경우가 많다. 선진국들의 경우 외국인 노동자들은 대부분 도시에 거주하고 있으며, 경제적 빈곤, 인종적 편견, 공간적 격리 등 가장 다루기 어려운 선진국 도시문제의 원인이 되고 있다. 그래서 선진국에서 인권 운동에서 가장 중요한 영역이 바로 시민권이 없거나, 있더라도 경제적·사회적 차별로 피해를 보고 있는 이주 노동자 혹은 불법 이민자들의 권리와 관련된 것이다. 우리나라에서는 보통 저임금 외국인 노동자들이나 결혼 이민자들이 공단 지역이나 농촌 지역에 많이 거주하는 것으로 알려져 있지만, 최근 조사에 의하면 우리나라에서도 외국인들이 수도권과 같은 대도시와 그 위성 도시에 집중되고 있다고 한다. 특히 안산시 원곡동, 서울 구로구 가리봉동 같은 곳에서는 외국인들의 인구 비중이 내국인에 육박하거나 이미 다수를 차지하고 있다.

선진국에서는 외국인 이주자들을 그 사회에 통합하기 위한 다양한 정책들을 펴고 있다. 또한 그 나라 국적이 없는 외국인 이주자들의 정치 참여를 보장하는 문제가 사회 쟁점이 되었고, 그 결과 지방 선거에는 외국인에게도 참정권을 인정하는 방향으로 나아가고 있다. 우리나라에서도 2005년 공직 선거법의 개정으로 일정한 자격을 갖춘 외국인 영주권자에 한해 지방 선거 투표권을 부여하고 있다. 그렇지만 우리나라 영주권을 취득하기가 쉽지 않으며, 설령 영주권을 취득한 외국인이라고 해도 투표권 말고는 다른 정치적 권리를 거의 누릴 수 없으며, 피선거권도 가질 수 없다. 따라서 우리의 도시에 거주하는 외국인들은 도시 행정에 참여할 수 있는 권리를 배제당하고 있다고 봐도 무방하다.

그나마 다행스러운 것은 최근 들어 국내에서 점점 증가하는 외국인 거주자 및 다문화 가정을 지원하기 위한 법 제정과 아울러 각 지자체 차원의 조례 제정이 이어지고 있다는 점이다. 대표적으로 외국인 노동자들이 집중되어 있는 안산시에서는 다른 지방자치단체의 거주 외국인 지원에 중점을 둔 조례에서 한 걸음 더 나아가, 거주 외국인의 인권 보호와 증진을 목적으로 하는 「안산시 외국인 주민 인권 증진에 관한 조례」를 제정했다. 이 안산시 조례의 특징은 조례 적용 대상을 법적 지위를 불문하고 안산시에 거주하는 모든 외국인으로 규정함으로써, 미등록 외국인도 당연히 인간으로서의 존엄과 가치 및 자유와 권리를 향유할 권리를 가진다는 점을 명확히 했다는 것이다.

하지만 여전히 우리나라에서는 미등록 이주 노동자는 물론이고 합법적인 외국인 이주자에 대한 인권 보장과 사회 통합 정책이 부족한 것이 현실이다. 세계화와 외국인 이주자의 증가가 이제 우리 도시의 현실인 만큼 지방정부 차원에서 그 지역에 거주하는 외국인 거주자들의 실태 조사 및 이들의 요구 사항을 수렴하고 이들의 의사를 대변할 수 있는 적극적 정책이 필요하다. 당위론적으로 우리와 똑같은 인간으로서 외국인들의 인권이 보장되어야 한다. 현실론적으로도 외국인 거주자들이 지역사회에 제대로 통합되지 못할 경우 이들은 일부 서구 도시의 사례에서 보듯이, 가장 다루기 어려운 도시문제가 될 가능성이 높기 때문에 이를 미연에 방지하는 것이 필요하다.

7. 인권과 권리를 중시하는 지방정부의 역할

여전히 우리 사회에서는 "인권이 밥 먹여주느냐?" 혹은 "먹고살기도 바쁜데 한가하게 무슨 인권 타령은?" 같은 소리를 들을 때가 많다. 이런 이야기는 주로 인권보다는 경제성장이나 사회안정이 더 중요하다는 결론으로 귀결된다. 또 이런 이야기가 바로 '선 성장, 후 분배', 혹은 '선 개발독재, 후 민주주의'를 정당화하는 논리로 연결되곤 했다. 그러나 인권을 중시하는 것이 경제성장이나 사회안정을 방해하는 것은 절대 아니다. 오히려 누구를 위한, 무엇을 위한 경제성장 혹은 사회안정인지를 되묻게 한다. 경제성장이나 사회안정을 추구하는 이유가 바로 인권을 확장·심화시키기 위한 것이기 때문이다.

노벨 경제학상 수상자인 아마르티아 센(Amartya Sen)은 사람들이 식량의 절대 부족 때문에 굶주리는 것이 아니라, 자기가 배고플 때 먹을 수 있도록 해주는 권리가 없을 때 굶주리게 된다고 말했다. 또 그는 사람들이 단순히 형식적인 권리를 지니고 있다는 것이 중요한 것이 아니라, 사람들이 자유롭게 선택할 수 있는 실질적 역량이 있느냐가 더 중요하다고 했다(Sen, 1999). 주민들이 자유롭게 선택할 수 있도록 실질적인 역량을 증진시키는 역할을 담당해야 하는 것이 바로 지방정부이다. 자유시장(市場)이 모든 사람의 먹고사는 문제를 제대로 해결해주지 못하는 것이 분명하게 드러난 지금과 같은 저성장 양극화 시대에 지방정부의 이 같은 역할은 더욱 절실하다.

지금까지 인권의 보장 단위이자 인권의 보장 주체는 바로 국가였다. 그런데 주거권, 보행권 등 주민 밀착형 권리는 국가보다는 주민과 더 자주, 그리고 더 가까이 접촉할 수 있는 지방정부가 더 잘 보장해줄 수 있다. 지방자치단체의 존재 이유가 바로 지역주민들의 인권 및 권리 증진이라고 할 때, 주민들이 도시 일상생활 속에서 절실한 요구들을 각자 스스로 해결해야 하는 개인적 사안이 아니라 주민으로서 당연히 누려야 할 권리로 인정하고 지방정부가 적극적으로 나서서 이를 보장하겠다는 의지와 노력이 필요하다. 물론 우리나라같이 중앙정부에 행정과 재정의 권한이 집중되어 있는 경우 지방도시가 수행할 수 있는 일은 분명 한계가 있다. 그러나 지방정부가 인권과 주민들의 권리 증진에 좀 더 관심을 가진다면, 최소한 주민들이 재개발, 재건축 과정에서 강제적으로 쫓겨나고 기존의 삶의 터전이 파괴되는 일은 막을 수 있다. 또한 지역의 의사결정을 더욱 투명하고 개방적으로 하고 지방정부 예산 편성에 주민들의 참여가 증진된다면, 지역주민들에게 아무런 혜택이 돌아가지 않는 낭비적·전시적 사업에 아까운 예산이 사용되는 것을 막을 수 있고, 그 대신 이 예산을 모든 지역주민들이 도시 공공서비스의 혜택을 좀 더 많이, 좀 더 고르게 누리도록 하는 일에, 또 소외된 취약계층들의 삶의 질을 좀 더 향상시키는 데 사용하도록 할 수 있다.

참고문헌

강현수. 2009. 「도시에 대한 권리 개념 및 관련 실천운동의 흐름」. ≪공간과 사회≫, 통권 제32호.

______. 2010a. 「인도 케랄라의 급진적 개혁을 통한 지역 발전 사례」, ≪동향과 전망≫, 통권 제78호.

______. 2010b. 『도시에 대한 권리: 도시의 주인은 누구인가』. 책세상.

김주완. 2010. 「지방의 권력구조와 토호세력」. ≪황해문화≫, 겨울호.

김중섭. 2006. 「지역 공동체와 인권: 인권 실행의 증진 방안을 찾아서」. ≪현상과인식≫, 제30권 제4호.

______. 2007. 「지역사회의 인권발전과 조례제정」. ≪현상과 인식≫, 제31권 제4호.

보비오, 노르베르토(N. Bobbio). 1992. 『자유주의와 민주주의(Liberalism and Democracy)』. 황주홍 옮김. 문학과지성사.

서영표. 2009. 『런던 코뮌: 지방사회주의의 실험과 좌파 정치의 재구성』. 이매진.

이지원. 1999. 「현대 일본의 자치개혁운동: 혁신자치제와 시빌 미니멈을 중심으로」. 서울대 사회학과 박사학위논문.

이케가미 히로미치. 2010. 「지방 자치단체의 규모를 어떻게 생각할 것인가: 일본의 경험으로부터」. 제3회 진안군 마을축제 한인교류회 발표(2010.8.1) 자료.

정상호. 2001. 「한국사회의 지역권력과 자영업 집단의 이익정치」. ≪사회연구≫, 제2권 제1호.

풀뿌리 자치연구소 이음. 2007. 뽀르뚜 알레그리 현장 조사 보고회 자료집 『뽀르뚜 알레그리는 무엇을 말하는가?』.

프레드먼, 샌드라(S. Fredman). 2009. 『인권의 대전환: 인권 공화국을 위한 법과 국가의 역할』. 조효제 옮김. 교양인.

하승수. 2007. 『지역, 지방자치, 그리고 민주주의, 한국 풀뿌리 민주주의의 현실과 전망』. 후마니타스.

한상진 외. 2006. 『민주노동당 울산 지방자치 평가 보고서』. 진보정치연구소.

하비, 데이비드(D. Harvey). 2001. 『희망의 공간(Spaces of Hope)』. 최병두 외 옮김. 한울.

Sen, A. 1999. *Development as freedom*. Oxford University Press.

제12장

문화예술로 여는 사람 중심의 도시

손경년 | 부천문화재단 문화예술본부장

草上之風 草必偃 誰知風中 草復立
풀 위에 바람이 불면 풀은 반드시 눕는다.
누가 알랴, 바람 속에서도 풀은 다시 일어서고 있다는 것을!
—『詩經』(신영복, 『강의: 나의 동양고전 독법』에서)

1. 예술의 가치와 공동체

"살기 어렵다!" 지난 역사를 더듬어보면 늘 동시대 사람들은 이렇게 말한다. '10년이면 강산이 변한다'는 말이 맞는 것 같기도 혹은 틀린 말인 것 같기도 하다. 강산의 외형이 급격하게 변했으니 맞는 것 같은데, 꼭 변했으면 하는 분야는 그리 변한 것 같지 않으니 틀린 것 같기도 하다. '잘 사는 것'은 무엇일까?

약 158년 전으로 시간을 거슬러 올라가 보니 조르주 외젠 오스만(Georges-Eugène-Haussmann)의 '파리재건' 사례가 눈에 들어온다. 오스만은 1851년 쿠데타를 일으키고 황제로 등극한 루이 나폴레옹 보나파르트의 명에 따라 1853년 파리 공공 토목공사를 책임진 사람이다. 당시 유토피아를 꿈꾸던 푸리에주의자들과 생시몽주의자들 말고도 많은 양의 노동력과 자본을 흡수하는 한편 파리노동계급의 열망을 가라앉히고 사회 안정화를 위한 주요 수단 중의 하나로 파리재건을 생각한 사람들이 많았다. 이러한 흐름 속에서 오스만은 약 15년 동안 도시기반설비의 변형과 더불어 '빛의 도시'로서의 파리, '소비와 관광, 쾌락의 중심지'로서의 파리, 카페·백화점·패션산업·대박람회 등을 통한 '소비의 도시'로서의 파리 등의 방식으로 도시를 설계했고, 이는 새로운 생활양식과 도시형 인물들의 양산이라는 결과를 낳았다. 그러나 1868년 지나치게 팽창한 투기적 금융체계와 신용구조가 무너지면서 오스만은 자신의 자리에서 물러나야 했고 나폴레옹 3세 역시 독일과의 전쟁에서 패하고 말았다(하비, 2010: 334).

오스만의 방식은 이후에도 전 세계의 대도시 재건에 '좀비'처럼 되살아났다. 지구촌의 거대도시들은 고속도로 등의 기반설비, 대도시권의 교외화로 재설계함으로써 잉여자본을 흡수하고, 신용규제를 풀어 타인자본을 조달함으로써 도시 확장과 도시 삶을 재편했다. 중산층은 보조금이나 대출 등을 통해서 주택을 보유했고, 집집이 자동차, 냉장고, 세탁기, 냉난방 시설 등의 제품들로 채우면서 삶의 질에 대한 인식이 '개인의 재산 증식'과 '개별화된 정체성'에 초점이 맞춰졌다. 학자마다 견해가 다르기는 하나, 앙리 르페브르는 이와 같은 도시화의 방식이 '자본주의 생존의 중심이 되었고 필연적으로 정치·계급투쟁의 핵심 쟁점일 뿐만 아니라 국경을 벗어나지는 않더라도 전 국토에 걸친 공간을 통합함으로써 도시와 시골의 차이를 차례차례 지운다'고 예견했다(Lefebvre, 2003; Lefebvre, 1996; 하비, 2010: 334).

1970년대 제인 제이콥스가 '지역화된 이웃공동체의 미학'을 내세운 것처럼, 데이비드 하비는 "우리가 어떤 종류의 도시를 원하는가의 문제는 사회적 유대, 자연과의 관계, 삶의 양식, 기술, 미학적 가치 등에서 우리가 어떤 종류의 것을 원하는가의 문제와 분리될 수 없다. (중략) 우리의 도시와 우리 자신을 만들고 또다시 고쳐 만들 자유는 우리의 인간적 권리 중에서 가장 소중하지만 가장 소홀히 대접받는 것 가운데 하나"라며 앙리 르페브르와 마찬가지로 '도시에 대한 권리'를 강력히 제안하고 있다. 한편, 테오도르 폴 김은 유럽 역사와 문화의 발상지로서의 '시테(Citè)'에 주목했다. 그는 '공공의 사회적 장소'이며 '축제와 파티의 도시'이자 '인류 역사를 보존하는 증거의 장소', '도시의 본질과 기원을 의미하는 상징' 등의 네 가지 특성을 가지고 있는 '시테'로부터 오늘날의 도시가 중

요하게 여겨야 할 점이 무엇인지에 대한 함의를 찾고 있다.[1])

일반적으로 문화에 있어서 변동경향은 표면적으로 급격한 인상을 줄 수 있는데 주로 대규모 축제나 박람회, 혹은 테마공원 등을 통해 도시마케팅과 결합하는 경우가 그러하다. 그러나 일관된 가치체계, 일련의 실천과 상징을 포함한 넓은 의미에서의 문화는 과정과 결과, 사람과 환경, 인프라와 프로그램, 유형·무형 등의 요소가 유기적으로 결합하여 삶의 모습에 반영되었을 때 작동되는 것이기 때문에 반드시 공동체의 질(quality)과 연관하여 살펴보아야 하며, 그렇지 않으면 외형의 화려함에 끌려다니는 정책만 남게 된다. 따라서 우리가 도시의 고유한 속살을 제대로 이해하고 파악하기 위해서 우선 눈앞에 보이는 도시의 형상이 얼마만큼 찌그러져 있는가, 다시 말해 현실에 대한 정확한 판단을 우선 해야 한다.

이미 편리함이라는 속도의 맛을 누려온 우리의 몸은 본질의 이면에 있는 불편함을 일부러 보려 하지 않는 경향이 있는데, 그런 의미에서 예술은 역사 속에서 가장 전복적인 사회적 행동이 가능한 영역이며 사회혁신(social innovation)의 맨 앞자리에 있다. 특히 공동체 속의 예술행위는 일차적으로 예술적 감수성을 기반으로 하고 있되, 행위의 과정과 결과는 사회적 행동과 상당히 맞닿아 있기 때문에 실천의 한 방법으로 공공예술(public art)이나 공동체 예술(community arts)을 활용하는 예술가들이 늘 수밖에 없다. 이는 공동체 구성원의 예술적 감수성이 계발되고 공동체 내부의 다양한 목소리를 조율하거나 사회문제나 구성원의 갈등을 해결하고 통합하는 데 역할을 함으로써 주민의 주체적 문화 참여가 가능하고 더 나아가 문화민주주의의 실현 가능성이 커진다는 점에서 매력적이기 때문이다.

멋진 건축물이나 도로, 또는 사회시스템이 아무리 잘 갖춰져 있다고 하더라고 시간이 흐르면 이 모든 것이 변성되기 마련이다. 따라서 좋은 도시(Good City)가 되기 위해서는 공동체의 주체인 사람이 도시의 주체로서 받아들여져야 하며, 시

1) 시테는 영어의 시티(City) 개념과는 다르며, 라틴어로 '시티바스(Citivas)'라 불리는 고대 로마 도시로 여러 사람들이 그룹을 형성하여 정치를 하고 고유의 법과 종교, 풍습을 가진 독립된 국가와 같은 의미의 장소를 의미한다(테오도르 폴 김, 2009: 64~69).

<표 12-1> 도시에서의 문화예술 가치

부문	효과	
경제적 효과	◦ 직접적인 경제적 이익창출 ◦ 문화부문 및 전체부문 일자리 창출 ◦ 사회의 문화적 발전 증진 ◦ 창의도시와 공동체 육성 ◦ 전문가 유입을 통한 도시 중심능력 강화	◦ 문화, 예술, 장인(craftsman) 등 강한 정체성에 기초한 공동체 창출 ◦ 문화관광의 목적도시화 ◦ 독창성에 바탕을 둔 기업적 파급 효과 ◦ 도시 재활성화를 위한 지속적인 경제적 재생산
도시재생 및 활성화	◦ 도심 재생 조력 ◦ 정형화된 공동체에 새로운 정체성 부여 ◦ 전통과 지역 역사의 재활성화	◦ 예술가와 문화활동가를 통한 도시 공간 재활성화 ◦ 문화예술적인 도시 하부구조 형성 ◦ 도시미학과 매력의 증진
공동체의 정체성 강화	◦ 사회적 결속력 강화 ◦ 공동체 브랜드 개발 및 타 공동체와의 차별화	◦ 공동체에 대한 소속감과 긍지 육성 ◦ 과거와의 대화를 통한 공동체의 기억 보존
공동체의 긍정적 변화	◦ 공적 대화 강화 ◦ 창의성에 바탕을 둔 공동체 육성 ◦ 건강한 공동체 행위 개발	◦ 공동체의 동기화 및 활동을 위한 강력한 동기 부여 ◦ 공동체의 능력과 리더십 조력
삶의 질과 장소의 질	◦ 삶의 질을 강화시키는 공동체의 형성과 문화적 결속 강화 ◦ 문화예술에 바탕을 둔 건강한 라이프스타일과 외부활동 견인 ◦ 평생학습을 통한 삶의 질 증진	◦ 저소득계층과 취약계층에 대한 예술소비 기회 제공 ◦ 시민유대와 접근성 강화 ◦ 다양성을 포용하는 다양한 축제와 다문화 간 교류 ◦ 문화적 차이와 다양성에 대한 긍정적인 인식 제고
개인과 청소년의 사회적 계발	◦ 청소년을 포용하는 효과적인 복지수단 제공 ◦ 일반적 학문영역의 학습역량 제고 ◦ 청소년의 회복력과 자기 존중력 형성	◦ 청소년들의 건강과 공동체 창출 기여 ◦ 성인으로서의 성공적 전환에 기여하고 직업능력 계발 ◦ 청소년들의 리더십 계발 및 공동체 내에서의 긍정적 변화 기여

자료: "Making the Creative City Network of Canada", http://www.creativecity.ca/resources/making-the-case; 라도삼(2006).

민이 구성원으로서 참여할 수 있는 통로와 인식의 성장을 가능하게 하는 토양을 만들어야만 지속가능한 도시가 된다고 본다. 왜냐하면 문화예술에 대한 가치는 도시와 연관시켜 살펴볼 때, 경제적 효과, 도시재생 및 활성화, 공동체의 정체성 강화, 공동체의 긍정적 변화, 삶의 질과 장소의 질, 개인과 청소년의 사회적 계발 등의 부문에서 직접적인 경제적 이익창출에서부터 공동체에 대한 소속감과 긍지육성에 이르기까지의 다양한 효과를 이끌어내는 것이 가능하기 때문이다.

2. 다시 짚어보는 문화도시 패러다임

문화는 도시의 개념적 일관성을 의미 있게 한다. 이때 일관성을 삶에 연결해서 보면, 왜 도시에 공공녹지가 있어야 하고, 왜 그곳에 미술관이나 공연장을 지어야 하며, 왜 사람들은 축제와 스포츠의 참여를 필요로 하고, 왜 공공공간에서 사람들은 공동의 목표를 추진하고자 하는가 등의 질문에 대해 사회가 추구하는 기본적인 지향점, 예를 들어 민주주의나 공동체정신, 교육 등의 인식적 기초를 드러낸다는 점에서 그러하다. 문화의 역할 중 다른 하나는 도시공간에 의미 있는 물질적 정체성을 부여한다는 점인데, 이는 도로나 건축물, 경관 등이 문화적으로 어떻게 어우러지고 기능하느냐에 따라 정체성이 서로 다르게 드러나기 때문이다.

우리나라에서는 1990년대 중반 즈음 지방자치제도가 실행되면서 지자체의 주요 의제 중 하나로 문화도시가 고려되었고, 특히 '문화를 통한 도시재생 및 지역발전'으로서의 문화도시정책이 비중 있게 다루어지기 시작했다. 최근에는 들불처럼 번져갔던 문화도시 만들기 붐과 더불어 창조도시 개념이 부상하고 있는데 이에 일조한 사람 중의 하나는 『창조적 계급의 부상』을 저술한 리처드 플로리다(Richard Florida)라 할 수 있다(Florida, 2002). 물론 사사키 마사유키, 고토 가즈코, 찰스 랜드리(C. Landry) 등의 경우 플로리다의 연구가 발표되기 이전부터 지방정부(local government)를 대상으로 창조도시 컨설팅을 꾸준히 진행해왔다(佐々木雅幸, 1997; Bianchini and Landry, 1995). 플로리다는 그의 저서에서 '창조적인 인력들은 자신의 정체성에 부합하는 환경을 조성해주는 지역으로 이동하고자 하는 경향'이 있다는 것을 실증적인 자료 중심으로 설명하고 있다.

창조도시를 주장하는 학자들은 지역경제 활성화를 가능하게 하기 위한 공통적인 전제로 '창조적 환경'을 들고 있다. 창조적 환경이 조성된 도시란, 사사키 마사유키에 의하면, '인간이 자유롭게 창조적 활동을 함으로써 문화와 산업의 창조성이 풍부하며, 동시에 탈 대량 생산의 혁신적이고 유연한 도시경제 시스템을 갖춘 도시'이자 '21세기에 인류가 직면한 전 지구적인 환경문제와 부분적인 지역사회의 과제에 대하여 창조적으로 문제를 해결할 수 있는 창조의 장이 풍부한 도시'라는 것이다(사사키 마사유키, 2001: 53). 김현수(2006) 등은 '문화예술과 자원을 결합한 산업육성과 이를 뒷받침하는 문화적·친환경적 환경조성을 통한 창의성을 발현할 수 있는 도시이며, 주민의 입장에서는 매력, 느낌, 즐김이 있는 도시'를 문화도시라 정의하고 있는데(김현수 외, 2006), 이때 '창의성을 발현할 수 있는 도시'라는 지점에서 사사키 마사유키의 '창조도시' 개념과 유사하다.

1970년대 중반의 유럽에서 제조업의 쇠퇴와 도심공동화 문제를 대처하는 방식의 하나로 문화를 통한 도시재생(Urban regeneration) 정책이 등장했는데 우리나라에서는 1980년대 중반 이후 더 적극적으로 고려되기 시작했다. 말하자면 문화예술과 결합한 창의적인 환경조성의 도시재생 방식이 문화산업 인큐베이션, 문화시설 집객력 상승을 통한 '문화소비 확대' 및 '고용창출' 등의 산업적 성과를 이루는 데 있어서 긍정적인 역할은 한다고 본 것이다. 그러나 유럽에서 문화를 통한 도시재생 방식의 출발점과 우리나라의 역사적·문화적 토양이 다르다는 점을 고려하지 않은 정책의 도입·시행은 여러모로 문제점을 드러냈다. 예를 들어, 도시재생에 의한 일시적인 고용창출은 저임금, 파트타임, 미숙련 노동자로 한정되었다는 것이다. 또한 도시마다 대규모 문화예술 하드웨어 건립 프로젝트를 진행하고 도시마케팅을 적극적으로 도입함으로써 행사의 양적팽창과 이에 따른 관광객 유입 등의 일시적 효과를 얻은 것처럼 보이지만, 장기적으로 볼 때 프로그램이 부족한 전시관, 음향을 고려하지 않은 음악당의 난립, 전문인력과 운영예산의 불비(不備) 등으로 공간운영을 위한 비용이 상승하고, 이에 따라 후원자들의 피로감이 누적되는 문제점도 드러났다.

이러한 문제점을 해결하기 위해 1990년대 중후반에 들어서면서 유럽의 문화정책 연구자들이나 행정가들은 복지, 의료, 교육 등 기타 공공정책분야와 연계를 맺는 쪽으로 관심을 가지기 시작했다. 이들은 특히 도시재생의 다양한 방식에 문화자원의 가치를 활용한 프로그램이 성공적으로 자리를 잡게 되자, 도시재생을 위한 수단을 넘어서서 '사회적 약자의 보호', '실험적인 문화 및 예술 활동에 대한 자원배분', 주민의 '사회참여확대와 고용촉진'이라는 측면까지 문화정책 범위를 넓혀야 한다고 입을 모으게 된다(손경년, 2007).

그동안의 경험을 통해 담론이 정책적 의제로 채택되고 합의(Consensus)의 과

<그림 12-1> 시대별로 살펴본 문화정책의 주요 관심 영역의 변화

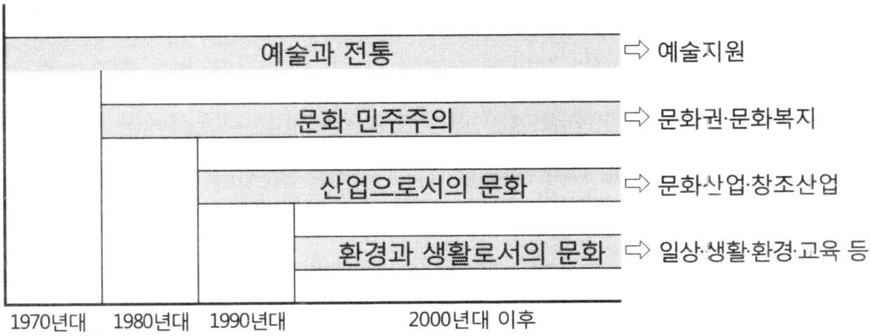

자료: 문화관광부(2007), 16쪽.

정을 거쳐 실현되기까지 적어도 10여 년의 세월이 필요하다는 것을 알았다. 특히 정책 실현의 장소는 주민생활이 구체적으로 이루어지는 지역이기 대문에 합의의 형성이 중요하며, 분명한 정책수단과 이에 대한 평가는 피할 수 없다. 2000년대 이후 우리나라의 문화정책 의제는 지역 공동체 속에서의 생활문화, 일상문화 등을 강조하는 쪽으로 축이 이동되어왔다. 정책에서의 일상생활문화 강조는 한편으로 공동체의 내발성을 중요하게 본다는 뜻이며, 다른 한편으로 지속가능한 문화도시를 위해 공동체 자생력의 확보, 가치관 정립 등을 어떻게 할 것인가의 과제도 함께 고민해야 한다는 뜻으로 해석할 수 있을 것이다.

3. 공동체에 기반을 둔 문화예술: 공간·사람·문화예술 프로그램의 어우러짐

미국의 도시이론가 루이스 멈퍼드는 '자연의 유기체 발달 과정이 건축뿐만 아니라 인간이 만든 세상 속의 여러 형식을 위한 모델이 되어야만 하고 인간이 스스로를 기계와 같은 형식의 창조에 국한시킬 것이 아니라 자연처럼 유기체적인 형식을 창조해야 한다'고 주장한다. 그는 '인간의 소비 및 창의적 활동을 위한 도시 재구성'을 위해서 '인간의 고차원적인 잠재력(이를 창의력이라고 한다)을 도시가 얼마만큼 가능하게 하는가의 정도'에 따라 문화도시 여부를 판별할 수 있다고 본다. 이러한 인식에서 출발하여 공동체문화의 정립을 위해 정책 실현 단위인 지역의 문화정책전략으로서 공간과 사람 그리고 문화예술 프로그램이 어우러지는 방식으로 다음의 두 가지를 제안하고자 한다.

첫째, 시대적 소명을 다하여 더 이상 쓸모가 없어진 유휴공간들의 활용이 필요하다. 예를 들어 도심형 공장, 발전소, 소각장, 폐교, 창고, 근대건축물 등의 문화적·창의적 공간화는 새롭게 도시공동체문화를 재편하는 데 중요한 거점이 될 수 있다. 우리는 '본질적인 것은 과정들이다. 사물들은 좋은 쪽으로든 나쁜 쪽으로든 과정의 참여자로서 중요성을 가질 뿐이다'라는 제인 제이콥스의 말처럼 지역문화정책에서 공동체문화의 형성을 위해서 자발적이고 주체적인 참여를 하는 지역주민들과 실천 활동이 가능한 공간이 어떻게 결합하도록 할 것인가를 고민하는 것이 중요하다고 본다. 그런 의미에서 유휴공간의 문화공간화는 공동체 복원을 위한 즐거운 변신이다.

둘째, 공공예술과 커뮤니티 아트의 적극적인 활용을 들 수 있다. 사람들이 모여서 마을이나 도시를 이루고 산다는 것은 곧 공동체 사회를 형성한다는 뜻이다. 공동체 사회는 특정 개인의 이해를 위한 곳이거나 혹은 특별한 소수를 위한 활동의 장소가 아니라, 공공의 사회적 활동이 정상적으로 이루어지는 장소라 할 수 있다. 어느 곳에, 어느 장소에서 산다는 사실은 인간의 삶이 공유되는 공동체적 사회에서의 삶과 연계되어 있으며, 살고 있는 곳으로부터 삶에 새로운 활력, 강력한 생명력을 공급받고 있다는 의미이다. 여기서 공공예술과 커뮤니티 아트는 주민들과의 커뮤니케이션을 통해 공동체를 재구성하고 도시문제에 대한 창의적 해결점을 찾아 나가는 과정으로서 역할을 한다는 점에서 일상의 이해와 공동체복원의 중요한 역할을 한다고 본다.

유휴공간의 재설계

최근 우리 사회에서 문화공간의 새로운 접근으로서 도심의 버려진 공간을 예술창작공간으로 재생시키는 방식이 거론되고 있다. 버려진 공장이나 노후된

> 건물, 발전소, 창고, 폐교, 병원 등 각종 기능이 다한 건물을 예술 공간으로 전환함으로써 새로운 형태의 창작공간의 담론을 만들어내는 것이다. (중략) 이러한 공간의 전환이 어떻게 예술창작 활동과 그것의 사회화에 영향을 미치며, 더욱 새로운 차원의 의미를 얻어낼지에 대한 논의가 활발한 것은 아니다. (중략) 이에 비하면, 유럽에서는 (중략) 특히 기존의 예술 공간이 창작 결과물의 발표와 이에 대한 관객의 수동적 향유라는 구조에 의존한 것이라면, 이러한 공간은 예술가들 간의 교류와 산업적 결합, 지역사회와의 소통을 통한 창작과 공동제작, 배급과 재창작 등의 전 과정을 포함하는 것으로 바뀌게 된다. (중략) 결과적으로 산업시설물의 예술적 전환은 예술가만이 아니라 건축과 도시계획, 지역문화, 사회학 문화경제학 등의 범주에서 동시에 개입하고 접근할 수 있는 주제가 된다 (한국문화예술위원회 남북 및 국제교류 소위원회, 2007).

한국문화예술위원회 남북교류 및 국제교류 소위원회의 발표문을 참조하면 '유휴공간'을 "버려진 공장, 노후한 건물, 사용이 중지된 발전소 및 창고, 병원, 공공시설물, 그리고 폐교 등으로, 본래의 목적과 기능을 다한 혹은 변경해야 할 건물이나 공간"으로 정의하고 있다. 당시 한국문화예술위원회의 이러한 논의는 이후 국가/공공이 주도한 폐교 활용, 미술창작 스튜디오 활성화, 레지던스 프로그램 확충, 아트팩토리 등 '담론에서 실천'으로 이끌어내는 역할을 했다. 그러나 여전히 논의의 과정은 공동체 내에서의 주민의견을 중심으로 합의를 해나가는 과정으로 이루어졌다기보다는 국가·지자체가 주도하되 형식적으로는 예술가들의 의견을 수렴하는 방식으로 진행되었다.

이러한 논의가 다양한 경로를 통해 높은 수준의 합의를 이룬 것은 아니지만, 여기서는 공간이 사람의 삶에 영향을 미친다는 것을 전제로 하면서 유휴공간의 문화공간화 사례를 특성별로 분류하고 특성에 따라 주민들이 어떻게 참여하고 공동체에 기여하는지를 중심에 두고 살펴볼 것이다. 이때 특성별이라 함은 공간 운영에서 나타나는 두드러진 요소를 하나의 핵심어로 추출하여 구분한 것으로 임의적인 기준에 의한 분류일 뿐이며, 따라서 각 사례는 서로 중첩되는 유사요소들을 갖고 있고, 다른 기준으로 볼 때 재조정이 가능한 분류라고 할 수 있다.

시민참여 중심의 공동체 육성 문화 공간

17세기 가나자와는 일본의 4대화 도시 중 하나로 경제·문화적 번영을 누렸던 지역이었으나 근대 산업화 과정 이후 긴 침체기에 빠졌다. 이에 대해 1988년 가나자와시는 '예술창조재단'을 설립하여 지역의 다양한 자원을 중심으로 콘텐츠 개발과 함께 문화적 재생을 시도했다. '문화보존'과 '문화의 생활화'라는 슬로건으로 시민들이 예술교육 및 프로그램에 참여할 수 있는 환경 조성에 초점을 맞춰 문화정책이 수행되었다.

가나자와시는 1919년 설립된 방적공장을 개조하여 1996년 9월 '가나자와 예술마을(시민예술촌)'이 개관했다. 이곳은 상시 개방하여 시민들이 주체가 되어 운영되는, 공동체 문화예술 생산 및 향유가 가능한 거점으로서 역할을 하게 되었다. 특히 이 공간은 365일 24시간 개방을 원칙으로 문화예술활동을 원하는 가나자와 주민들에게 임대하여 운영되고 있으며, 예술가들이 자원하여 주민들의 예술활동을 교육하고 지원하고 있는 것이 특징이다.

가나자와예술촌의 사례의 핵심은 주민들이 객이 아닌 도시발전의 추진주체로서 공동체 내에서 역할을 하고, 프로그램을 기획하며, 거기에 참여함으로써 문화 예술적 소양의 발견 및 발현이 가능해짐에 따라 주민 스스로가 공동체의 무형자산으로서 성장해나갔다는 점에 있다.

◎ 일본 가나자와 시민예술촌

- 기존 시설 형태: 방적공장
- 개관일: 1996년 10월
- 특징: 국내외 예술가 상주를 위한 모집제도는 없으며 80% 정도는 지역예술가, 아마추어 동아리 등이 활용하며 외부인도 20% 정도 이용. 시민 누구든지 작품을 만들어보고, 느끼고, 배우고, 자기 소리를 낼 수 있는 창조공간으로 설치됨.
- 시설 및 규모
  - 9만 7,289m²(부지면적), 3,261m²(건축면적)
  - 4개 동의 창고(드라마, 음악, 에코라이프, 아트공방)
- 재정

- 연간 운영비는 가나자와시에서 지원
- 연간 예산은 1억 5,000만 엔 정도. 이용료 수입은 2,500만 엔. 재정 자립도 17%
- 자체 기획사업(Action plan)에 연간 2,800만 엔의 예산 소요

• 조직 구성
- 시민예술촌 소속 9명, 직인대학 소속 4명
- 직원이 24시간 연중무휴(연말연시 제외, 청소와 경비는 위탁)

• 운영: 시설운영의 기본 이념을 시민 스스로 설정하여 이용자 중심으로 운영

예술가 커뮤니티 중심의 아트팩토리 공간

헌터스 포인트(Hunter's point shipyard)는 지난 1940년대부터 1970년대까지 해군선박의 수리와 유지를 위한 곳으로, 샌프란시스코의 도심에서 약 10분 정도 떨어진 샌프란시스코 베이에 자리하고 있다. 샌프란시스코 시로 소유권이 넘어간 뒤 이 부둣가의 커다란 창고는 저렴한 임대비와 고립된 작업공간에 매력을 느낀 예술가들이 찾아들기 시작했다.

해군이 샌프란시스코에 넘길 당시의 헌터스 포인트는 캘리포니아주 전체에서 중요한 역할을 했던 기지였기 때문에 지하수 기름, 디젤 잠수함을 수리하던 곳의 크롬, 납 등의 중금속 등으로 해양과 주변 토양의 오염이 심했다. 또한 기지가 건설될 당시부터 건설 노동자로 이주해 온 남부의 흑인들이 주변에서 거주했다. 헌터스 포인트는 이러한 요인과 함께 환경정화 및 생태공원 건설 그리고 고가의 주상복합단지가 들어서는 재개발의 문제로 인해 주민 및 소수자의 의견수렴에 대한 토론이 자주 있었다. 2007년에는 시당국이 재개발을 위해 헌터스 포인트에 임대하여 입주한 작가들을 내쫓으려다 강력한 저항을 받기도 했으며, 당시 하원의장의 도움으로 작업공간을 빼앗기지 않은 예술가들은 자축하는 의미의 오픈 스튜디오 행사를 가지기도 했다. 헌터스 포인트에는 7개의 빌딩과 250여 개의 창작 스튜디오가 들어서 있고, 행정가의 개입 없이 작가들이 직접 작품을 판매하여 비용을 조달하는 방식으로 운영되고 있다.

이 사례는 하나의 공간이 안고 있는 복합적인 문제를 — 미군기지 폐쇄에 따른 오염문제, 인종문제, 재개발을 계획으로 인한 지가 상승 문제 등 — 보여주고 있는데,

그중 예술가들이 공간을 행정적 개입과 무관하게 운영하면서 공동체 내에 정착할 수 있는 가능성을 보이고 있다는 점에서 고려할 만한 유휴공간 활용의 사례라 할 수 있다.

◎ 미국 샌프란시스코의 헌터스 포인트

- 기존 시설 형태: 조선소(미 해군 선박의 수리·유지를 위한 곳)
- 특징: 캘리포니아주 최대의 예술가 커뮤니티
- 시설 및 규모: 7개의 빌딩, 250여 개의 창작 스튜디오
- 조직 구성: 예술인 중심의 운영(행정가의 개입은 없음)
- 운영 내용
  - 매년 봄·가을 2회 오픈스튜디오 개최
  - 미술품의 직접 거래(작품 판매를 통해 작가들이 소득 올림)

예술가 레지던시 중심의 창작 및 연구센터 공간

네덜란드 암스테르담 중심부에 위치하고 있는 라익스 아카데미(Rijksakademie, 네덜란드 국립미술창작 스튜디오)는 군부대 막사였던 곳을 개조하여 스튜디오 50개실, 프로젝트 룸 5개실, 기술공방 4개실, 숙박 공간, 레스토랑, 도서관 등으로 구성, 조성한 예술가 레지던스 공간이다. 이곳에서는 세계 각국에서 찾아온 젊고 실험적이며 혁신적인 현대미술 작가들에게 전용작업공간을 제공하고 작업과정을 통해 작가 간의 교류를 추진하도록 한다.

특히 '오픈 아틀리에'를 통해 입주 작가는 큐레이터, 평론가, 관람객들에게 자신의 예술세계를 보여줌으로써 세계의 미술계에 집중적으로 소개되는 기회를 얻는다. 무엇보다 라익스 아카데미는 전문기술 지원, 어드바이저 시스템 가동, 그리고 19세기 후반부터 지금에 이르는 작가자료와 컬렉션 등 차별화된 운영을 하고 있다고 평가된다.

특히 이 사례는 군부대를 활용하여 거주공간을 제시하는 아티스트 레지던시에서 출발하여 연구기능까지 가능한 센터로서 진화했다는 점에서 참고할 만하다. 19세기 후반 네덜란드 정부가 현대미술의 발전을 위해서 아카데미를 세워

자국의 예술가들을 해외로 내보내 선진 미술경향을 익히도록 했으나, 그로부터 100년 뒤 자국 내의 빈 공간을 이용하여 전 세계 작가들을 모이게 하는 것이 미술발전에 도움이 될 것이라고 판단하여 만든 스튜디오가 현재의 라익스 아카데미이다. 라익스 아카데미의 운영전략은 예술적 성취도를 높일 뿐만 아니라 전문가, 작가들과 지역주민 등 일반 관람객들과의 교류를 통해 공동체 내에서의 창조적 콘텐츠 개발의 역할을 하고 있다는 것이 눈여겨볼 점이다.

◎ 네덜란드 암스테르담 라익스 아카데미(Rijksakademie)

- 기존 시설 형태: 군부대 막사
- 특징: 라익스 아카데미는 작업 스튜디오와 거주 공간을 제공하는 아티스트 레지던시이나, 현재의 라익스 아카데미는 단순한 레지던시 기능을 넘어 순수 예술과 경화, 컴퓨터 아트 등 모든 종류의 현대 미술을 다른 장르와 혼합하든가, 혹은 동일 장르의 창조적 융합을 연결하는 연구센터
- 시설 및 규모: 스튜디오 50개실, 프로젝트 룸 5개실, 기술공방 4개실, 숙박 공간, 레스토랑, 도서관
- 재정: 네덜란드 문화부와 기업 스폰서, 펀드를 통해 지원
- 운영: 세계 젊은 예술가들이 이론 연구와 다양한 실험을 통해 작품을 제작할 수 있도록 여건과 재정을 제공하여 예술가 간 교류의 장을 만듦(장르: 회화, 드로잉, 조각, 사진, 비디오영상, 영화영상, 그래픽 아트, 연극, 무용, 음악, 다원예술, 건축, 문학)

  - 테크니컬 워크숍(기술, 실험, 재료구입 등의 도움)
  - 어드바이저(15회/월)
  - 오픈 스튜디오

문화거점으로 기능하는 예술타운

담배 제조 공장을 창작공간의 새로운 모델로 성장시키기 위해 시작된 마르세유 라 프리시 라 벨 드메(이하 라 프리시)는 문화예술에 의한 도시재생전략의 결과라 할 수 있다. 이 사례는 중앙정부의 지역발전 정책기조에 따라 조직적이고 정치적인 방식에 의해 예술타운으로 조성되었다는 점에서 참고할 만하다.

라 프리시의 운영은 공익협동조합 방식으로 이루어지고 있으며, 조합원으로 레지던스 입주 작가, 상근 활동가, 마르세유시 공무원, 관리직 노동자 등이 참여하고 있다. 처음부터 공간을 운영하고 있었던 연극집단 예술가, 기획자들, 그리고 시당국이 사회적 기업(Social Enterprise)을 만들어서 새로운 모델을 추구하고 있다는 점이 특징이며, 약 400여 명의 상근자, 60여 개의 입주단체, 천여 명의 예술가가 라 프리시에서 활동을 하고 있다.

◎ **프랑스 마르세유 라 프리시 라 벨 드메**(La friche la belle de mai)

- 기존 시설 형태: 담배 제조 공장
- 특징
  - '2013년 유럽 문화 수도'에 선정되는 등 '문화예술'에 의한 도시재생의 염원이 반영된 프로젝트의 산물로서 시작됨.
  - 지역발전이라는 중앙정부의 정책기조와 더불어, 문화부 장관인 미셸 드포어(Michel Duffour, 2000~2002년 재직)의 전폭적인 지원 등 좀 더 조직적이고 정치적인 방식에 의해 조성.
  - 라 프리시는 공익협동조합(The Co-operative Company of Collective Interest, 이하 SCIC)의 형태로 운영. SCIC는 사회연대경제라는 특성을 효과적으로 구현하기 위해 협동조합원의 개정을 통해 제도화된 조직. 레지던스 입주 예술가와 상근 활동가들, 마르세유시 공무원, 관리직 노동자 등으로 구성된 SCIC는 시장실패의 영역을 거버넌스 운영을 통해 보완하는 역할을 담당할 뿐만 아니라 사회적 기업의 성공과 실패의 사례를 소개하고 관련 통계를 조사, 분석하는 등 경영컨설팅 역할까지 함께 수행하고 있음. 즉, 이곳은 처음부터 공간을 운영하고 있던 연극집단의 예술가, 기획자들과 시 당국이 사회적 기업을 만들어서 창작 공간 운영의 새로운 모델을 실험하고 있다.
- 규모: 10만 5,785m²(일로1구역: 3만 5,000m² 면적, 일로2구역: 2만 7,000m² 면적, 일로3구역: 4만 5,000m² 면적)
- 운영: 400여 명의 상근자, 60여 개의 단체 입주, 매년 천여 명의 예술가가 활동.

고용창출 중심의 문화예술공간

미국 매사추세츠주 노스애덤스시 매스모카(Mass MoCA, Massachusetts Museum of Contemporary Art)는 전기회사 건물을 리모델링한 곳으로, 관객들에게 실험적이고 대담한 시각예술과 공연예술 작품 등의 제작과정을 선보이고, 지역을 사회경제적 필요에 맞게 재활성화하는 데 도움이 될 새로운 예술창작의 지원과 촉매 역할에 목표를 두고 1999년에 설립되었다. 이러한 미션을 수행하기 위해 매스모카에서는 오늘날 가장 중요하고, 주목받고 있는 작가들의 시각예술 작품을 중심으로 전시를 구성하고 있다. 특히 보통의 미술관에서는 전시 불가능한 대규모 스케일과 복잡한 설치를 요하는 작품에 집중하여 공간이 가지고 있는 특성을 활용함으로써 차별화를 꾀하고 있다. 시각예술을 중심으로 하되, 매년 60개 이상의 대중음악, 컨템퍼러리 무용, 얼터너티브 카바레, 월드 댄스 뮤직 파티, 라이브 음악과 함께 하는 야외 무성 영화, 다큐멘터리, 아방가르드 연극 등 다양한 공연 프로그램을 함께 보여주고 있다.

19개의 갤러리와 2개의 극장, 각각 600명, 2,500명을 수용할 수 있는 2개의 야외무대가 있으며 총 스태프가 60명, 35명의 이사회가 구성되어 있다. 시각예술 분야에 6명, 공연예술 분야에 8명의 전문가가 매스모카 운영을 맡고 있다. 무엇보다 매스모카가 주목을 받은 이유는 개관 후 200여 개의 일자리를 창출하고 인접 지역의 상업시설이 활성화되는 결과를 가져왔다는 점에 있다.

도시는 미래의 추세를 예측하면서 기능과 역할을 재조정한다. 산업화시대의 중심공간으로 여겨졌던 공장, 대규모 물류창고 등의 건물들은 이미 도심에서 외곽으로 이전해가고 있다. 아파트 등의 밀집주거시설은 시간이 보태지면서 쇠락의 길을 걷는다. 공공기관 등은 정치적, 혹은 행정적 판단에 의해 이전하거나 폐쇄하는 경우가 발생하며, 도심과 농촌의 폐교나 미군의 반환공여구역 등의 활용에 대한 고민도 지속적으로 발생한다. 어떤 형태든 발생할 수 있는 유휴공간은 마찬가지로 어떤 형태로든 기능 및 활용의 재구성이 요구되며, 그것은 반드시 지역과의 관계 속에서 고민해야 한다고 본다.

여기서 우리는 문화공간을 예술가의 창작공간이나 작업공간으로 한정하기보다는 시민과 사회 그리고 지역사회 간의 소통과 교류라는 관점에서 개념을 확장

◎ 미국 매사추세츠주 노스애덤스시 매스모카

- 기존 시설 형태: 전기회사
- 개관일: 1999년 5월
- 특징: 매스모카는 동시대 미술작품 전시와 공연에 초점을 맞춤. 대규모 설치미술, 매년 60편이 넘는 월드 댄스뮤직 파티, 현대무용 등을 선보였으며 이제 매년 12만 명이 다녀감. 개관 1년 만에 200개 이상의 일자리를 창출했으며 인접 지역에 호텔 등 상업시설이 활성화됨.

※ 전체 공간의 6,000m² 중 4,000m²만 개발된 상태임.

계	전시장		공연장		어린이 공간	영화관	리허설공간 및 예술제작 지원공간	상업부지를 위한 임대공간
면적	면적	실수	면적		집객수	규모	면적	규모
52,610m² (15,914평)	10,219m² (3,091평)	19	850석 (929m², 281평)	1	매년 1만 명의 어린이가 방문하여 학습하고 창조활동을 함. 매년 5,000명 이상의 어린이가 공연 관람.	15m 넓이의 스크린 및 70mm 프로젝터 설치	464m² (140평)	5,574m² (1,686평)
			200석 (325m², 98평)	1				
			600명/2,500명 수용	2				

할 필요가 있다. 창작, 배급, 향유, 지원(투자)라는 선순환구조 속에서 예술은 어떻게 주민 및 지역사회와 관계를 맺을 것인가, 다시 말해 '지역의 특성 근간—주민의 현실적 요구, 예술가의 미래적 비전—프로그램의 활성화—이를 담아내는 그릇으로서의 공간'이라는 연관성 속에서 문화공간과 공동체와의 유기적 관계를 제대로 설정하는 일이 중요하다. 이를 위해서는 실천의 다양한 방법을 제도 속으로 끌어들이거나, 혹은 제도 밖의 경우 지역사회가 수용할 수 있을 정도의 인식적 기반이 함께 형성되어야 한다.

유휴공간이란 단순히 빈 공간을 의미하는 것은 아니다. 기존의 역할이 있었던 공간이되 현재 기능을 상실한 공간을 의미한다면, 기능의 변경이나 추가에 따른 콘셉트를 잡는 것이 무엇보다도 중요하다. 예를 들어 '채우기' 방식도 있겠지만 또한 '비우기'의 방법도 가능하다. 콘셉트의 결정은 누가 공간운영의 주체이며, 누가 공간의 주된 사용자이냐에 따라 달라질 것이다.

이러한 유휴공간의 운영 주체를 일반적으로 1) 시민주도형, 2) 예술가주도형, 3) 공공기관주도형, 4) 시민주도+예술가지원형, 5) 시민주도+예술가참여+공공기관지원형, 6) 예술가주도+시민참여형, 7) 예술가주도+시민참여+공공기관지원형, 8) 공공기관주도+예술가참여형, 9) 공공기관주도+예술가지원+시민참여형으로 구분해서 볼 수 있다. 무엇보다도 이러한 구분 자체가 중요한 것이 아니라 지역의 특성, 주민의 요구, 지자체의 역량, 예술가의 자발적 움직임과 공동체와의 관계 등이 공간 활용 방식에 미치는 영향이 무엇인지를 파악하고 이에 따라 적절한 해법을 어떻게 찾을 것인가를 판단하는 것이 중요하다.

문화예술과 유휴공간의 만남은 1) 예술가와 창작자에게는 작품을 창조하고 생성하기 위한 환경 조성, 작품을 유통하고 소통하기 좋은 시스템 구축, 예술가 등이 거주자들과 상호작용을 통해 사회에 참여할 수 있도록 장려, 2) 성장가능성이 있는 창조적 산업이 집적되어 방문객들에게 끌림과 홀림의 전략적 홍보 가능, 3) 재생된 문화예술공간 등을 통해 매력적인 도시풍경 강화, 4) 예술가와 시민의 협력을 통해 시민 NPO의 활동이 증대하고 도시발전 및 문화정책 수립에 시민참여 채널 확장, 5) 예술과 도시환경의 관계 맺는 방식이 동적이고 건강한 예술생태계 시스템 구축 등을 기대할 수 있다는 점에서 지역자치단체의 관심이 필요하다.

공간의 문화화에 대한 성공 혹은 실패 사례를 통해 얻을 수 있는 것은 1) 재생(도심공간의 재생/기존시설 재생/문화와 예술을 통한 사회발전/치유 등), 2) 도시문화의 거점화(관련 산업과 연계된 시설 유입/장소마케팅의 수단으로서 관광, 여가, 쇼핑이 결합된 형태), 3) 네트워크화(문화생산, 공급, 소비의 장소/유통구조의 변화에 따른 열린 네트워크 형성), 4) 문화의 공간성 확장(문화공간의 복합적 활용/사이버 공간), 5) 일상생활문화와 문화공간의 자연스러운 결합(도시공간과 연계된 도시문화 형성/좁은 의미의 문화공간 개념을 벗어나 소통과 교류의 장/일상적인 삶에 안착하여 문화생산과 소비의 주체 다양화) 등이며, 특히 이 모든 것의 중심에는 '사람'이 있다는 점을 유의해야 한다.

기타 유사 사례

- 서울 성미산마을극장: 지역주민에 의해 설립된 마을극장으로 커뮤니티 콘텐츠 허브역할
- 대추리 주민역사관: 이윤엽의 대추리 주민역사관 프로젝트는 대추리 주민들의 새로운 이주지인 평택의 노와리에 주민 역사관의 후신인 대추리 기념관이 세워지는 역할을 함.
- 텍사스 휴스턴의 로우하우스(Row Houses) 프로젝트: 도시개발 계획 속에서 버려진 1930년대 주택을 매개로 한 프로젝트. 22개의 주택을 갤러리, 작업실, 저렴한 게스트 하우스로 개조. 또한 구술의 집, 예술가의 집, 프로젝트 갤러리, 교실, 십대 미혼모를 위한 탁아 및 보호소 등으로 개조하여 사용. 이 중 7개의 집은 1년에 두 차례 미국의 흑인과 관련된 예술프로젝트를 다루도록 하고 있음. 예술가들은 주민참여를 전제로 한 창작활동을 함.
- 일본 니가타현 도카마치시 쓰닌마치의 '에츠코 츠마리 아트 트리엔날레': 공간과 예술과의 결합의 한 사례로 1940년대 공민관을 개조하여 역사관으로 운영하고 외부 개방. 지역주민의 집을 전시공간으로 활용.
- 일본 도쿄 도심 내의 니시스가모 아트팩토리: 폐교를 활용한 성공적 사례임. 현재 NPO법인 아트 네트워크 재팬이 운영을 맡아 지하 1층부터 3층까지 총 4개층의 건물을 공연연습실, 사무실, 아틀리에, 살롱 등으로 활용하고 실내체육관을 극장으로 활용하고 있음. 구(區)로부터 매우 저렴한 비용으로 임대했기 때문에 영세한 극단들이 이용하기에 적합.
- 서울 금천예술공장: 대규모 인쇄공장을 리모델링한 국제 장기 레지던스이자 아트팩토리형 스튜디오. 시각예술, 설치·영상, 이론, 비평, 인문학, 도시· 자연미학, 글로벌 미학 등 다양한 분야의 예술가들과 시민들의 문화예술 향유 및 창작을 위한 다양한 프로그램 운영. 다만 이 사례의 경우 인쇄공장을 서울시가 매입하여 아트팩토리형으로 조성한 경우임.
- 핀란드 헬싱키의 케이블 팩토리: 노키아 회사 소유의 전기 및 전화선 생산공장. 빈 공장 일부를 예술가들에게 싸게 임대하자 예술가들이 모여들기 시작. 공장을 인수한 시가 예술가들과 협의하여 예술 공간으로 용도를 변경한 것임. 현재는

작업실, 숙소, 공연장, 전시실, 시 박물관 등 350여 명의 다양한 예술종사자들이 입주해 있으며 저렴한 임대료를 내고 있음. 3개의 박물관(museum), 13개의 갤러리, 댄스시어터, 아트스쿨, 아티스트, 밴드, 회사 등이 입주. 매일 약 900명 정도가 작업을 하고 있으며 매년 20만 명의 사람들이 특별 이벤트에 참여.

- 독일 쿤스틀러하우스 베타니엔(Kunstlerhaus Bethanien): 작가 수 20명, 기간 1년, 상근 직원 7명. 20개의 개인 작업실, 조형작업실, 비디오 사운드 편집실 등 전문작업실, 전시실, 워크숍 룸, 사무실 등으로 구성되어 있음. 작품제작, 비평잡지 출판, 큐레이팅, 공공미술 프로젝트, 전시, 미디어아트 연구소 중심. 베타니엔 건물은 1845년에서 1847년 사이에 프리드리히 빌헬름 왕 4세에 의해 교회의 보호시설과 병원을 목적으로 세워졌으며, 이후 병원의 기능이 상실되자 100여 명의 좌파 젊은이들이 이 빌딩이 지니고 있는 공공적 의미를 되살리고자 했음. 1975년부터 연극, 댄스, 시각예술, 문학 음악 퍼포먼스 건축 등의 다양한 예술영역을 아우르며 다양한 활동을 해오던 베타니엔은 1993년 프로그램을 재정비했고, 2000년부터는 시각예술 중심의 레지던시 기관으로 운영되어옴.
- 경기창작센터: 2008년 2월 경기도는 안산시의 (구)경기도립직업전문학교를 경기예술창작센터로 조성, 경기문화재단에 2008년 3월부터 5년간 무상 대부하여 관리운영 하도록 함. 스튜디오, 전시, 지역협력, 국제교류, 교육, 작품창고, 예술공방, 국제 서머 페스티벌 등 다양한 프로그램과 시설을 통해 국내외 작가들의 창작과 연구 활동을 지원하는 아트 레지던시임. 마을의 문제들을 예술을 통해 해결하는 방안을 논의하는 구조.
- 네덜란드 베스테르하스파브리크 컬처 파크(Westergas Fabriek Culture Park) 베스테르하스파브리크 가스공장의 가스 생산이 중단되면서 그 공간을 활용할 계획들이 대두. 지역주민들은 협의체를 만들어서 베스테르하스파브리크을 '녹색'의 기능으로 설계주장. 암스테르담 의회는 지역주민의 주장의 타당성을 인정, 새로운 녹색공간으로 만들도록 했으며, 지역주민과 공무원이 협력하여 산업폐기장을 현재의 문화공원으로 탄생시킴.
- 독일 함부르크 엘베 필하모니 콘서트 홀: 1800년대 부두에 지어진 대형 코코아 저장창고를 재활용해 그 옥상에 지은 것으로 2011년 완공 예정. 2005년 10월 함

부르크 의회가 엘베 필하모닉 콘서트홀을 짓기로 결정, 공공-민간 파트너십으로 진행되고 있음. 자매창고건물에 함부르크 박물관과 문화시설들이 들어설 예정.

- 프랑스 파리 레프리고(Les Frigos): 냉동 창고라는 뜻이며, 예술인들이 방치되어 있던 철도회사 소유의 공간을 무단 점거하여 결국 예술인 마을로 성장한 '스쾃'의 상징적 공간. 8,900m²의 면적으로 70명의 예술가가 월 8만 원가량을 내고 각 장르별로 작업실로 운영 중. 정부 소유 건물을 임대해 활용한 예.

공공예술, 커뮤니티 아트와 공동체 문화 형성의 가능성

우리는 좋은 대학을 가기 위해, 대기업 입사를 위해, 수입이 많은 직업을 갖기 위해서뿐만 아니라 도시경쟁력, 국가경쟁력 등의 제고를 위해 경쟁을 긍정적으로 여기게 만드는 수사(修辭)의 홍수 속에서 살고 있다. 사실 21세기에 들어서면서 미래의 풍요를 위해 무한생존경쟁 구도 속으로 자연스럽게 미끄러져 들어가게 만드는 데 크게 공헌을 한 것은 신자유주의 이념이라 할 수 있다. 과거에도 경쟁이 없었던 것은 아니나, 현재의 그것은 소위 '스펙+스펙'이 아니라 '스펙×스펙'이어야만 겨우 명함이라도 내밀 수 있다는 점에 차이가 있다. 은연중에 우리는, 계산적이지 않고 정서적인 의존도가 높다는 것은 과거의 집단 성격이며, 상대적으로 개별화, 분절화 되었으나 세련되어 보이는 모습을 도시의 특성으로 받아들이는 데 그리 불편해하지 않는다. 그래서 이전과 달리 세속적이고 물적 차원에 강한 자, 즉 부와 명예와 성공, 게다가 건강까지 다 갖춘 '생존자'가 이 시대의 새로운 형태의 영웅으로 여겨지게 되었다. 불과 20여 년 전의 기억을 소환해 보면 사실 '영광스런 죽음'이 '부끄러운 생존'보다 도덕적 우위를 가졌던 적이 있었지만, 외환위기 이후 승자독식, 무한경쟁의 사회로 급격히 변화함에 따라 사회구성원의 주된 관심이 철학이나 삶의 여유가 아니라 생존 그 자체에 집중된 결과라 하겠다. 다른 한편, 사람들은 익명성 속에서 세속적인 성공을 열망하면서도 경쟁의 끝이 가져다주는 허무함이나 열패감에 시달리기도 하고, 공동체가 파괴되었다는 말을 하기도 한다.

그렇다면 파괴되었다고 말하는 공동체란 무엇인가? 리처드 링그먼(Richard

R. Lingeman)은 공동체란 '긴 시간에 걸쳐 서로 보살피고 얼굴을 대면하는 상호 작용, 그리고 개개인들이나 작은 소집단들의 미약하나마 가시적인 변화를 일으킬 수 있는 기회'이며, '지역과 관련, 소속의식, 다른 사람에 대한 개인적이고 일차원적인 네트워크, 동질성, 공유된 가치, 각 개개인의 가치, 집합적인 신념의 나열'이라고 정의하고 있다(Lingeman, 1980). 제러미 리프킨은 '개인의 자유보다 공동체 내의 관계를, 동화보다는 문화적 다양성을, 부의 축적보다는 삶의 질을, 무제한적 발전보다는 환경보전을 염두에 둔 지속가능한 개발을, 무자비한 노력보다 온전함을 느낄 수 있는 심오한 놀이를, 재산권보다는 보편적인 인권과 자연의 권리를, 일방적 무력행사보다는 다원적 협력을 강조'하는 유러피언 드림이 세계의 미래에 적절하다고 주장한다(리프킨, 2005). 다시 말해 개인의 무제한적인 부 축적보다는 삶의 질, 인간의 정신고양에 초점을 맞추는 유러피언 드림의 기본정신을 통해 물질주의의 족쇄에 갇힌 인간성을 해방시켜 이상적인 새로운 미래를 꿈꾸고 있다는 것이다.

결국 도시의 경제적 욕망이 문화와 혼종될 수 있는 기회는 '열린 마음'을 토대로 한 교류, 스스로 주체가 되어 생산해내는 창의성, 미래세계를 받아낼 수 있는 교육, 그리고 지속가능한 발전을 위한 연구 등을 통해 가능한 것이며, 이러한 원칙의 적용은 공동체 문화 속에서 가능하게 된다. 왜냐하면 문화(culture)는 '하나의 공동체가 학습하고, 습득하고, 공유해나가는 모든 것'이라 정의되며, 또한 세계화의 이름으로 통합되고 탈 중심의 이름으로 분화되는 개별공동체를 다시 아우를 수 있는 유력한 요소이자 자원이기 때문이다. 따라서 문화와 경제는 전략적으로 선택하는 개념이 아니라 언제나 우리 삶에서 함께 작동했다는 인식을 갖는 것이 필요하다.

1990년대 중반 이후 '문화의 시대'에서 출발하여 최근에 이르러서는 '창조산업', '창조도시', '창의영재', '창의학교', '창조적 리더십', '창조적 경영' 등 '창의력(creativity)'이 시대적 담론이 되었다. 시대를 관통하는 창조적 힘이 인간사회의 질적 성장을 위한 기폭제가 되어왔음을 역사적 경험 속에서 늘 봐 왔는데, 왜 갑자기 창조력, 창의성, 창조적인 힘에 대해 이렇듯 관심이 급증하게 되었을까, 사람들이 가지고 있던 '창조성'이 언제 사라지기라도 했었던가, 궁금할 지경이다. 언제나 어느 시절이나 사람들은 '잘' 살고 싶어 하는 것 같다. 그런데 각양각색의 사람들이 말하는 '잘'이란 것이 너무나 범위가 넓어서 분명하게 이해하는 것이 매우 어렵기도 하다. 어떤 이는 잘 사는 것은 곧 행복이라고 표현하기도 한다. 행복이란 물질적인 풍요를 갖췄을 때 가능한 것인가, 마음의 안정을 누릴 때 가능한 것인가, 아니면 이 둘 다 충족되었을 때 이루어지는 것인가, 이 또한 명확하지 않다.

이 두 가지 궁금증을 해소하려니 현재의 우리 사회를 되돌아볼 수밖에 없다. 지금 대한민국 모든 청소년은 공부 잘하기를 요구받고, 매년 대학입시의 열풍 속에서 청춘의 열정을 당분간 봉인하기를 강요받는다. 그래야만 '좋은' 대학을 갈 수 있고, 또 그래야만 출세할 수 있고, 그래서 '잘' 사는 길을 구하고 궁극적으로 '행복'해질 수 있다고 생각한 탓일 것이다. 그런데 아쉽게도 청소년의 '봉인된 열정'이 대학입시가 끝나고 나서 풀릴 수 있느냐 하면 그렇지도 않다. 대학생은 다시금 좀 더 나은 직장을 얻기 위한 소위 '스펙 쌓기'의 쳇바퀴 속으로 들어가야 한다. 변화하는 불확실한 미래를 대비하여 다시금 '공상과 빈둥거릴 여유'를 담보로 하여 앞으로 '잘' 살기 위해, '행복'을 누리기 위한 보험을 들어야 한다. 사회인들 또한 경쟁이 심화되고 전문성에 대한 요구가 커지다 보니 자투리 시간은 늘 새롭게 등장하는 정보나 지식을 얻기 위해 투자해야만 한다. 역시, 이 모든 것이 '잘' 살기 위해서라는 것이다. 그러나 이렇게 '잘' 살기 위해서 쉴 새 없는 노력을 함에도 사람들은 그리 잘살고 있는 것 같지 않다. 열심히 살면 즐겁고 행복해져야 할 것 같은데 힘들고 지친다는 사람의 수가 늘고 있다.

다른 한편, 산업사회에서 후기 산업사회로 이행되면서 사회는 매뉴얼에 충실한 분과별 숙련공, 전문가보다는 지식과 정보를 가공하고 이를 통해 새로운 것을 만들 수 있는 유연한 역량을 가진 사람을 더욱 요구하고 있다. 그런데 초고속 경제성장을 실현하기 위해 반세기를 달려온 우리의 몸은 기능적 측면으로 성장했을지 모르나, 지식의 능동적 재구성을 할 수 있는 기회는 별로 갖지 못했다. 지속가능한 성장을 가져다줄 것으로 본 제도와 시스템의 정교화는 오히려 인간의 역량을 분절화시키고 조직인간으로 전락시키기도 했다. 그럼에도 강화되고 있는 국가경쟁 속에서 산업적 성장을 위한 창조적 아이디어에 대한 요구는 더욱 거세지고 있는데, 더 나은 사회로의 욕구를 충족시킬 수 있는 '그 무엇'이 바로 '창조성'이라는 것이다. 이런 요구가 현실적으로 다가오자 우리 사회는 호들갑스럽게 창조성을 다그치는, 혹은 새롭게 창조성을 '육성'해나야만 그동안 지속해왔던 성장을 놓치지 않을 것이라 엄포를 놓고 있다. 창조성이 교과과정을 통해서 훈련한다고 육성되는 것이 아니라는 것 정도는 다 알고 있는데 말이다.

왜 창의성이 필요한가? 창의성이란 무엇인가? 여기서 우리는 국가 간의 경쟁이나 세계시장이 갖는 문제를 돌파하겠다는 생각은 일단 뒤로 미루고, 개인의 입장에서 그 필요성을 찾아보고자 한다. 창조력이란 인간의 삶이란 다양한 조건 속에서 꾸려지며, 이 속에서 탄생하는 문제들을 해결하는 과정이며, 그 과정 속에서 새로운 삶의 공간을 창출하는 능력이라면, 이제 우리는 그동안 만든 제도가 '봉인'을 강요했던 '삶의 조건을 개선하고자 하는 열정', '사람들과의 공감능력', '협력적으로 일할 수 있는 능력' 등을 되찾는 것이 필요하다. 특히 사람들은 누구나 다양한 분야와 다양한 방식으로 창조성을 가지고 있다는 '다중지성'을 믿는 입장에서 볼 때, 창조성은 특별한 방식으로 특별한 대상이 육성되는 것이 아니라 누구나 가지고 있으며, 다만 그것을 어떻게 끄집어낼 것인가의 방법이 중요하다는 것이다.

21세기는 상상한 것을 현실화시킬 수 있는 기술적 토대가 준비되어 있는 것 같으나, 사람들에게 상상할 시간이 주어지지 않는 아이러니를 갖고 있다. 바로 그런 점에서 우리는 기왕에 갖고 있던, 그런데 오랜 시간 잊고 지냈던 '내 안의 창조성'을 찾아 나가는 것이 필요하다. 왜냐하면, 기존의 '잘' 사는 방법에 더해 문제를 느꼈고 그렇지만 우리는 여전히 '잘' 살고 싶은 욕망을 갖고 있기 때문이다. 우리가 함께 고민해야 할 것은 개인이 얼마나 창의적인가에 대해 등수를 매기는 것이 아니라, 내 속의 창의성을 끄집어낼 수 있는 사회 각 부문의 요소가 무엇인지에 대해 소리를 낼 필요가 있다는 것이다. 이를 위해 개인의 역량에서부터 더불어 살아가는 도시에 대해 생각하고, 도시를 구성하고 있는 교육, 문화, 경제, 사회적 환경을 다 아울러서 면밀히 살펴보아야 한다. 이를 실천하는 과정은 '나와 무관한 저 먼 곳의 특별한 사람들'의 활동이 아닌, 바로 내가 살고 있는 지금 이곳(now-here)에서 시작된다는 것이다. 그런 점에서 예술과정에 '참여'하고

> 음악은 안 들어도 살 수 있지만 병원이 없으면 사람이 죽는다고 말하지요. 이것이 정치가들의 사고방식입니다. 이들에게 문화는 (좁은 의미의) 예술인 것이지요. 반면 우리는 문화를 삶의 질을 보장하는 핵심적인 요소로 생각합니다. 문화의 집(Casa de Cultura)이 없으면 청소년들은 마약중독자가 될 것입니다
>
> \- 멕시코 국가문화예술위원회 문화교육국장이자 유네스코 자문위원 호세 안토니오 막그레고르

'소통'하면서 개인의 변화와 내가 살고 있는 도시의 삶의 조건을 변화시키는 하나의 실천 방법으로 공공예술과 공동체 예술이 우리 사회에 유효할 수 있다.

공공예술에 대한 개념은 시대의 공감에 따라 다소 변해온 것으로 보인다. 얼마 전까지만 해도 공공예술에 대한 이해 정도는 단순히 도시의 외관을 보기 좋고 깨끗하게 디자인하거나 조각품 등이 공공공간에 놓여 다수의 사람이 누리게 하는 것 정도로 이해했고, 예술가들 또한 이러한 수준에서 공공예술 활동을 해왔다.

그러나 기존 인식의 공공예술에 대해 문제 제기를 하면서 매체의 전통적 경계 구분을 개의치 않는 예술을 설명하기 위해 '새로운 장르 공공예술' 개념[2]을 사용한 일군의 작가들은 다양한 공동체문화 속에서 활발한 활동을 해왔다.[3] 공공장소에서, 공공적 관심을 가진 예술로서, 즉 대중들에게 말을 거는 벽화로부터 폭력, 보건, 생태, 환경, 에이즈 등의 이슈에 대한 사회적 행동에 이르기까지 다양한 범위에서의 활동이 이루어졌다. 이는 공공예술의 활동이 사회분석과 민주화 과정에까지 밀접한 연관 고리를 가지면서 공동체 구성원의 내적·외적인 전환에 예술가들이 영향을 미치고 있음을 의미했다. 다시 말해, 공동체 구성원인

---

2) 수잔 레이시에 의하면 '새로운 장르 공공예술'은 '참여에 기초한 공공예술로, 폭넓고 다양한 관객과 함께 그들의 삶과 직접 관계가 있는 쟁점에 관하여 대화하고 소통하기 위해 전통적 또는 비전통적인 매체를 사용하는 모든 예술'이라는 의미이며, 예전에 사용되고 있던 공공예술과의 차이를 '새로운 장르'라는 용어를 사용함으로써 차별화하고자 한 개념이다(레이시, 2010).

3) 안양시의 '제3회 안양공공예술프로젝트', http://www.apap2010.org

주민은 공공예술을 통해 대상이 아닌 주체로서 자신의 문제와 과제를 인지하고 해결해나가고자 하는 의지를 확인하고, 개인의 자유와 공동체의 권리나 규범 등에 대해 다름과 차이의 조화를 어떻게 이룰 것인지를 생각하게 하는 계기를 제공받았다.

여기서는 미술, 음악, 무용 등을 통해 문화예술이 지역사회 속에서 어떠한 변화를 일으키고 있고 또 공동체문화가 어떻게 작동되고 형성되는지를 몇 가지 사례를 통해 살펴보고자 한다.

베네수엘라의 엘 시스테마 운동

잘 알려져 있는 좋은 사례로, 베네수엘라 호세 안토니오 아브레우의 '엘 시스테마' 운동을 살펴보면 이해가 좀 더 쉽다. 저소득과 빈곤, 거짓과 자포자기 속에서 자라고 있던 아이들의 손에는 총과 마약이 있었는데, '엘 시스테마'는 그 아이들의 손에 악기를 쥐어줌으로써 자신의 존엄성을 자각하게 했다. 특히 그곳 출신의 아이, 구스타보 두다멜은 30여 년간 지속되어온 '엘 시스테마'의 결실, 즉 음악의 사회적 가치가 뭔지를 보여주는 하나의 사례이다. 그는 현재 지휘자로서 음악계의 떠오르는 샛별로 주목받고 있다.

엘 시스테마 운동의 경우 단순히 저소득·빈곤층 아이들에게 악기를 나눠주고 연주를 하게 하는 것이 목표가 아니라, 빈곤 때문에 예술경험을 가질 수 없는 아이들에게 생애 최초의 경험, 다시 말해 '문턱 넘기'의 기회를 제공함으로써 자신의 삶에 대한 미래비전을 갖도록 하는 것이 목적이었다. 아이들에게 꼭 악기가 아니어도 예술경험이나 예술교육의 기회를 평등하게 갖게 하는 것이 공동체 속에서 자신의 역할 및 비전을 찾아가는 계기를 찾을 수 있다는 것이다.

현재 한국문화예술교육진흥원이 이러한 엘 시스테마 방식을 도입하여 '소외아동청소년 오케스트라 교육 활성화 지원사업'의 형태로 사업을 진행하고 있다. 이미 많은 국가는 엘 시스테마 사업을 통해 아이들에게 미적 감각의 발전·커뮤니티·시민·사회 문제들에의 관여, 자신들을 표현하고 세상을 이해하는 여러 가지 방법의 제공이 가능한 것으로 평가하면서 제도적으로 도입, 정착시키고 있다. 그러나 이 사업을 도입함에 있어서 긍정적인 기대효과 이전에 짚어야 할 점은 현재 우리의 공교육 현실과 경쟁 중심의 사회구조를 꼼꼼히 짚어본 뒤 형식적 사업이 아닌 지역의 특성에 맞는 사업 모델을 만들어 점차 확장하는 방식으로 진행했으면 한다는 것이다. 그저 소외계층 아동에게 악기를 제공하고 오케스트라를 만들어 연주를 하는 '부가적 활동'에 머문다면, 아이들은 음악을 즐거운 체험으로 여기는 것이 아니라 피하고 싶은 과목 하나가 더 늘어나는 것으로 여기게 될지도 모른다는 우려가 뒤따를 것이다.

볼리비아 몸의 학교

콜롬비아의 안무가 알바로 레스트레포와 마리 프랑스 들뢰뱅은 청소년 무용교육을 위한 '몸의 학교'를 설립하여 20여 년에 이르는 지금까지 아이들에게 춤과 노래로 폭력과 마약에 저항하고 내면의 소리에 맞추어 몸이 악기가 되는 방법을 가르치고 있다. 희망을 잃고 있던 아이들이 이제 삶의 의지를 다져나가면서 앞으로 훌륭한 무용수가 되어 전 세계 극장에서 자신들의 이야기를 펼치고자 하는 꿈을 꾸고 있다는 것이다. '몸의 학교'에서는 보통의 무용 강습소와 달리 벽면에 대형거울이 없다. 거울을 통해 타인의 평가에 자신의 표현을 맡기는 것보다는 자신의 내면이 표현하고자 하는 것을 여과 없이 드러내는 것이 더 중요하다고 본 탓이다. 내일 무슨 일이 일어날지 알 수 없는 삶 속에서 하루하루 희망 없이 살던 아이들이 무용을 통해 태도와 가치관이 긍정적으로 바뀌어가자, 무용을 꺼리던 부모들 또한 아이들을 기꺼이 '몸의 학교'에 보내는 것으로 태도를 바꾸었다.

베네수엘라의 '엘 시스테마'와 콜롬비아의 '몸의 학교'는 저소득, 빈곤, 마약, 폭력 등의 사회적 조건에 대해 예술을 통해 사람들의 꿈을 복원하고 그 꿈을 실현시키기 위해 자신이 살고 있는 도시의 사회구조적 조건을 창의적으로 바꾸어 나가는 것을 잘 보여주는 사례라고 할 수 있다.

안양공공예술프로젝트

우리나라 기초지자체가 순수자체 예산으로 공공예술프로젝트를 지원한 것은 안양시가 처음이다. '새 동네, 열린 도시 안에서(A New Community in the Open

City)'를 주제로 삼은 제3회 안양공공예술프로젝트(APAP)의 다양한 프로그램 중 수잔 레이시(Suzanne Lacy)의 '우리들의 방: 안양 여성들의 수다(Room of our own: Anyang Women's conversation)'라는 작업은 다양한 배경을 가진 안양여성의 목소리를 공공장소에 끌어내어 그들의 목소리와 공동체의 관심사를 끄집어내어 실천가능의 지점까지 끌고 간 작업이다. 다시 말해 이 프로젝트는 사적인 공간에서의 여성들의 '수다'를 공공장소에 이끌어내서 '수다'가 여성들의 담론 형성의 좋은 방식인 점을 수용하게 하고, 여성들의 수다를 정리하여 여성정책에 반영하도록 제안하는 과정을 담은 작업이었다. 무엇보다 중요했던 것은 작업의 과정 속에서 참여자와의 협업이었으며, 참여한 여성들은 살면서 생각해온 자신들의 당면과제를 수다를 통해 스스로 해결책을 제시해나갔다는 점이다. 그 과정을 통해 참여여성들은 자신의 창의적인 생각을 스스로 대견해하면서 자신감을 회복했고, 또한 제안된 안건들이 좋은 정책이 되어 자신들의 삶을 바꾸는 데 기여하기를 기대했다.

커뮤니티 아트: 도롱이 집 이주 프로젝트

경기도 포천시 관인면 중리 교동마을은 한탄강 홍수조절댐 건설로 수몰되는 지역이며 한탄강 댐 완공시기인 2012년까지 집단이주를 해야 하는 곳이다. 마을주민들은 집단이주하게 될 마을을 직접 설계하여 생태·환경·문화예술 마을을 만들고자 했으며, 이를 위해 예술가들에게 도움을 요청했다. 또한 마을 주민들은 5명의 예술가가 기거할 수 있는 공간을 제공했다. 마을에 들어온 예술가들은 이주를 대비하여 약 3개월 동안 마을에 거주하면서 자생적 참여 및 소통구조와 문화 마인드 형성을 위한 주민 예술교육프로그램 실시, 수몰될 지역의 마을을 기록한 마을 백서 제작 및 마을기록 전시관 '교동사람들' 오픈, 집단이주 이후 주민들의 역사적·정서적·미래적 구심체가 될 공간인 근대가옥 '도롱이 집'의 해체·복원 등이 주된 활동이었다.

교동마을 사람들은 집단이주를 함으로써 새롭게 마을을 만들어야 하는 상황에 직면하게 되었고 적어도 마을이나 도시는 기존의 역사적 증거와 흔적들을 중심으로 형성되는 것이 맞는다면, 이주하게 될 '도롱이 교동마을'의 만들기는 이

주 전의 역사적·문화적 사실을 증명하는 '시간의 흔적'을 보존하는 것이 중요하다고 생각했다. 교동마을 주민들은 예술가들과 함께 '도롱이 교동마을' 프로젝트를 진행하면서 건설의 역사를 남겨두는 것이 아닌, 그동안 마을을 일구며 살아온 주민들의 역사와 경험, 그리고 현재의 삶을 통해 살아가는 것이 중요하며, 이것이 곧 교동마을의 미래가 되어야 한다는 점을 이해하기 시작했다.

예술가들은 집단이주 전 교동마을에 남아 있는 하찮은 물건들은 사실 주민들의 삶을 증명하는 것이며, 따라서 이에 대한 기록과 보관은 새롭게 만들어질 거주지에 주민역사를 연결할 수 있는 주요한 증거가 될 것으로 보았고, 설치작업, 조각, 영상, 사진, 예술교육프로그램, 주민대화모임 등을 통해 마을일상에 대한 기록을 했다. 교동마을 주민은 예술가들과 작업을 함으로써 오히려 그동안 수몰지구의 집단이주가 보여준 획일적이고 개발 중심적인 마을이 아닌, 공동체 정신을 토대로 주민들이 적극적으로 참여하여 스스로 가치를 만들어가는 마을만들기의 새로운 지평을 여는 좋은 커뮤니티 아트 모델이 되고 있다.

4. 나오며

그 어떤 도시로의 지향일지라도 궁극적으로 도달하고자 하는 지점은 '인간이 인간답게 행복하게 살 수 있는 도시'를 의미할 것이다. 사람이 살아가는 데 필요한 요소로 정치·경제·사회적 요건을 들지만, 동시에 문화예술 또한 삶의 풍요함과 질을 구성하는 데 있어서 결코 분리된 것이 아닌 절박한 의제라는 점을 말하고 싶다. 그렇기 때문에 소득, 거주지, 학력, 연령 등에 따른 사회적 양극화와 함께 문화적 양극화, 다시 말해 문화소외층에 대한 정책지원 프로그램과 지역주민의 생활세계와 일상세계에 대한 깊은 이해를 토대로 한 정책방향의 설정과 정교한 실행 프로그램이 요구된다.

그동안 문화 관련 전문가들은 지역의 공동체문화를 '지역주민이 주체가 되고 지역주민의 지역적 삶과 유기적으로 연관되며, 이를 통해 지역의 문화정체성이 형성되고 실천되는 문화'라고 정의해왔다. '지역문화'의 특수성이란 '지역마다 지니고 있는 고유함'을 뜻하는 것으로 달리 말하자면 '지역성'이라 할 수 있고 곧 지역 문화공동체의 정체성이라 할 수 있다. 자신이 속한 지역사회에서의 활동에 의해 일체감의 형성, 즉 공동체성을 확인했을 때 생활문화가 활성화된다. 그 일체감은 함께 활동한 문화예술 동료들 간의 합심에서뿐만 아니라 자신들의 활동을 지켜봐준 지역공동체 구성원들과의 하나 됨을 의미하는 것이기도 하다.

문화예술정책에서 요구되는 입장은 지역 공동체에서 짚어야 할 공통의 과제, 곧 모든 공동체 구성원들이 살고 있는 지역 내에서 최초의 예술경험을 할 수 있는 공간과 다양한 기회를 가질 수 있도록 프로그램을 개발·보급하는 데 초점을 두어야 한다는 점이다. 예를 들어 유휴공간의 문화공간화에 대한 시도는 문화를 통한 도시재생의 단초가 되며, 예술교육 프로그램과 커뮤니티 아트, 더 나아가 공동체 문화형성을 위한 거점 기능을 할 수 있기 때문이다. 이와 더불어 지역 인적자원 간의 펠로십 형태로 묶어서 서로 통합적인 사고로 공간과 사람, 사람과 프로그램을 연계하여 기획·매개하고, 새롭게 지역공동체 내에서 개인 혹은 단체 간 네트워크가 가능하도록 설계할 수 있는 인력을 양성해야 하는데, 양질의 인력이 공동체 문화의 형성 및 지속성에 있어서 가장 기본적인 토대가 된다는 것은 두말할 필요도 없다.

참고문헌

국민고충처리위원회. 2008. 『일본 가와사키시 옴부즈맨제도』.

김현수 외 4인. 2006. 「살고 싶은 도시 만들기: 도시에서 마을까지」. ≪대한국토도시계획학회 정보지≫, 7월호(통권 제292호).

테오도르 폴 김. 2009. 『사고와 진리에서 태어나는 도시: 파괴된 도시를 살리는 인문학적 상상력』. 시대의 창.

라도삼. 2006. 「문화환경이 지역가치에 미치는 영향」. 서울시정개발연구원, 내부정책토론회 자료.

레이시, 수잔 엮음. 2010. 『새로운 장르 공공미술: 지형그리기』. 이영욱·김인규 옮김. 문화과학사.

리프킨, 제러미. 2005. 『유러피언 드림』. 민음사, 235~256쪽.

문화관광부. 2007. 『해외 문화도시 및 기관 운영사례 조사를 통한 국제교류협력 모델 개발』. 국민대학교 테크노디자인연구소.

사사키 마사유키. 2004. 『창조하는 도시: 사람, 문화, 산업의 미래』. 소화.

손경년. 2007. 「문화도시를 만든다」. ≪지역문화≫, 봄호.

하비, 데이비드. 2010. 「도시에 대한 권리」. ≪뉴레프트리뷰≫, 2월. 도서출판 길.

한국문화예술위원회 남북 및 국제교류 소위원회. 2007. 「산업시설물에서 예술공장으로: 예술공간의 재창출과 문화행동」(2007.11.17). 세미나 자료집.

佐タ木雅幸. 1997. 『創造都市の經濟學』. 動草書房.

Florida, Richard. 2002. *The Rise of Creative Class*. Basic Books.

______. 2005. *Cities and Creative class*. Routledge.

Landry, Charles. 2000, *The Creative City-A Toolkit for Uran Innovators*, Earthscan Publications Ltd

______. 2006. *The Art of City Making*. Earthscan Publications Ltd.

Landry, Charles and F. Bianchini. 1995. *The Creative City*. Comedia, Bournes Green.

Lefebvre, Henri. 2003. *The Urban Revolutions*. Minneapolis.

______. 1996. *Writings on Cities*. Oxford.

Lingeman, Richard R. 1980. *Small town America : A narrative historyk, 1620~the present*. Houghton Mifflin Harcour.

"Making the Creative City Network of Canada.", http://www.creativecity.ca/resources/making-the-case

제3부

외국의 경험

제13장

혁신 지자체는 가능한가 일본의 경험과 교훈

박 경 | 목원대 디지털경제학과 교수

1. 보수 천국의 붕괴: 혁신 지자체의 등장

1967년 도쿄 지사 선거에서의 승리

1967년 사회당과 공산당의 연합후보로 나선 대학교수 출신의 미노베(美濃部)가 수도 도쿄의 지사 선거에서 승리했다. 1967년 도쿄도지사 선거 바로 직후, 당시 자민당 간사장이었던 다나카 가쿠에이(田中角英, 1972~1976년 수상 역임)는 '오늘 도쿄에서 일어난 일은 내일, 일본 전체에서 일어날 것이다'라고 ≪중앙공론≫에 썼다. 그만큼 미노베 도정(都政)의 등장은 일본 정치에 충격을 주었다. 1967년 도쿄도에 이어 1971년 제7회 통일지방선거에서 오사카부지사 구로다 료이치(黒田了一)가, 가와사키시장 선거에서는 이토 사부로(伊藤三郎)가 각각 보수계의 현직을 꺾고 승리했다. 연이어 1972년에는 나고야 시장 선거에서, 1975년에는 가나가와현 지사 선거에서 혁신계가 승리함으로써 1960년대 후반부터 1970년대 전반까지 혁신 지자체는 일본의 주요 대도시 지역에서 파죽지세로 늘어났다. 당시 혁신 지자체는 도시 인구의 약 과반에 이르렀으며, 중앙의 보수정치에 대항하는 하나의 정치세력으로 성장했다.[1]

일본에서 혁신계의 등장은 1963년 통일지방선거가 전환점이었다. 이 선거에서 요코하마, 교토, 오사카, 기타큐슈 등 4개 정령(政令)지정도시와 기타 78개 도시에서 혁신후보가 당선되었고 1964년에 '전국혁신시장회'가 결성되었다. 이로써 소위 말하는 지방정치에서의 '보수천국' 붕괴가 시작되었다. 그러나 이런 혁신 지자체가 전국적으로 확산되어 일본의 정치구도에 큰 영향을 미치게 된 계기는 1967년의 제6회 통일지방선거에서 수도 도쿄에 혁신지사가 탄생하면서부터라고 할 수 있다. 1967년의 도쿄도 선거에서 미노베 지사의 승리는 특별한 의미를 지녔다. 당시 도쿄도지사선거에서 <차 한 잔의 경제학>이라는 프로그램으로 유명하던 학자 문인을 사회당과 공산당이 공동후보로 추천함으로써 이후 사공(社共) 선거연합 형성의 계기가 되었으며, 그 후 혁신통일전선 후보의 전국적인 승리를 이끌어내는 전기가 되었다. 더구나 미노베 진영은 선거전에서 '스톱 사토'를 슬로건으로 내세워 자민당 사토 수상과 보수 지도부에 대항하는 이미지를 만드는 데 성공하여 수도 도쿄를 혁신계가 장악했다는 의미를 넘어 '중앙'의 보수통치에 대한 '지방'의 혁신자치의 거점이란 구도를 만들어냈다. 당시 도쿄의 혁신정부였던 미노베 도정(都政)은 1970년대 일본의 전국 혁신 지자체의 상징적 존재였다.

이렇게 해서 1963년에 시작하여 대체로 1973년경에 절정을 이루어 1970년대 후반에 퇴조기를 맞이했던 일본의 혁신 지자체 시대(<그림 13-1> 참조)[2]는 지자체가 국가에 맞설 수 있는 것을 보여주었고 주민복지와 공해반대, 주민참여, 지자체 개혁의 새로운 계기를 만들었으며 비록 한계는 있으나 일본식 근대

1) 혁신 지자체의 고조기인 1973년에 혁신 지자체에 속한 인구는 약 3,440만 명으로 전 도시인구의 약 43.5%에 달했고, 혁신시장 수는 132명을 헤아렸다(大森 彌, 1985: 218).

2) 혁신 지자체를 어떻게 구분할 것인가는 다소 논란이 있다. 대체로 자민당이 아닌 사회당, 공산당 등 야당 수장이 집권한 자치단체이면서 노총과 진보적 시민단체의 지지를 받는 곳을 말하지만, 나중에(1980년대) 혁신정당의 지지와 함께 보수계 정당의 지지도 받아 '공동' 후보로 당선된 경우도 나오기 때문에 이를 혁신 지자체로 분류할 수 있을 것인가 하는 것에 논란이 있다. 사카모토 추지(坂本忠次)는 이 경우 의석수에서 혁신정당 내지는 혁신계 의원이 과반수를 차지하거나, 주요한 정책이 '혁신적 성격'을 지니고 있다고 객관적으로 판단할 수 있는 자치단체의 경우 혁신 자치단체로 분류한다(坂本忠次, 1999).

<그림 13-1> 혁신 시장회 회원의 변천

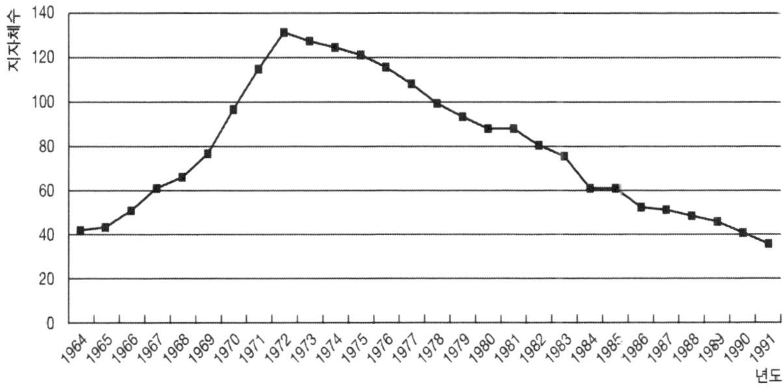

자료: 喝海正泰(1994), 160面; 오재일(1999), 255쪽에서 재인용.

시민사회와 분권형 복지사회를 구축하는 데 전기가 되었다.

혁신 지자체 등장의 배경

공업화·도시화의 폐해

1953년 구마모토(熊本)현 남단에 위치한 미나마타(水俣)시 연안의 어민들 사이에 손발이 뒤틀리는 괴질이 발생했다. 1959년에야 밝혀졌지만 신일본 질소공장에서 방출한 폐수 속에 포함된 유기수은 때문에 어패류를 먹던 어민들이 소위 미나마타병이라고 하는 공해병에 걸린 것이다. 기업은 기업이 배출한 물질과 공해병 간에 명확한 인과관계를 증명할 수 없다고 책임을 회피했고, 정부나 지자체도 경제개발과 공장 유치에 급급하여 애써 공해병을 무시하려 했다. 심지어 노동조합까지 일자리가 없어지는 것을 걱정하여 기업 편에 섰다. 분노한 시민들과 어민들이 기업과 정부, 지자체에 대해 데모와 항의집회에 나섰으나 정부와 기업은 무대책으로 일관했다. 미나마타병 소송에서 기업의 책임을 묻고 주민보상의 판결이 내려진 것은 겨우 1973년이 되어서였다.

1960년대 초 일본은 국민소득배증계획하에 신산업도시와 공단을 개발하고 중화학공업화를 중심으로 경제성장에 온 힘을 기울이고 있었다. 그리하여 일본 역사상 유례없는 급격한 공업화와 도시화가 진행되어 신산업지역에서는 각종 공해문제가, 도시지역에서는 인구집중에 따른 과밀화의 폐해들이 심각하게 나타났다. 1960년 요카이치시(四日市)에서 천식병 환자가 사회문제로 등장했고, 1961년에는 도야마(富山)현 진즈우(神通)강 주변에서 카드뮴 중독에 의한 이타이이타이병이 발생했으며, 이에 1964년에는 니가타(新潟)현에서 제2미나마타병이 발생했다(구마모토의 미나마타병을 포함하여 이것을 소위 4대 공해병이라고 함). 1960년대 중반부터 이런 공해문제에 대한 반대여론과 운동의 물결이 전국 각지에서 출렁이게 되었다. 그렇지만 기업의 공해방지 대책은 이전과 달라진 것이 없었으며, 정부도 적극적이고 효과적인 대응책을 세우지 못하고 있었다.

한편 공업화는 도시로의 인구집중과 과밀, 그리고 농촌지역의 과소라는 또 다른 문제를 가져왔다. 도쿄도의 인구는 1955년 800만 명 수준이었는데 이후 매년 30만 명씩 증가하여 1962년에는 1,000만 명을 돌파했다. 반면에 1960년부터 5년간 46개 도·부·현 중에 25개 현과 전체의 76%에 해당하는 2,574개 시정촌에서 인구가 감소했고, 주민이 10~20% 이상 준농촌지역도 상당수 나오게 되었다(이호철, 1996: 173). 정부의 국민소득배증계획은 명목상의 소득향상을 가져왔으나, 경제성장 과정에서 환경파괴, 교통정체, 주택부족 등과 같이 도시지역에 있어 생활조건상의 상대적인 악화를 초래했고, 농촌지역에서는 공동체 생활의 전통적 양식의 붕괴도 나타나게 만들었다. 일본의 경제기획청이 발행한 『국민생활백서』(1969)에 의하면, 1965년 영국을 기준(100)으로 할 경우 일본은 식량섭취 칼로리, 고교 진학률, 사회보장비, 인간의 수명 등을 나타내는 인간지수가 74.4로 비교적 높은 수치를 나타냈으나, 상하수도 보급률, 공공도서관이 소장하고 있는 책의 수, 도시의 공원 면적, 도로 포장률 등을 나타내는 환경지수에 있어서는 29.3이라는 지극히 낮은 수치를 나타냈다. 그리하여 일본의 유권자들, 특히 대도시 주민들의 불만은 대단히 컸다.

이와 같이 1950년대 후반 이후 나타나기 시작한 공업화·도시화에 의하여 시민사회가 성숙되기 시작했음에도, 이를 받아들일 경제적·사회적·정치적 조건이 구비되지 않음으로써 시민적 제반 욕구와 사회시스템 간의 거리감을 느낀 주민들의 현상 타파에 대한 기대가 혁신 지자체의 등장을 가져오게 했던 것이다. 한편 도시와 달리 개발이 부진한 농촌지역에서는 공해로 말미암은 피해의 보상에 대한 요구가 있었으나, 자신들의 생활수준을 향상시키기 위해서 새로운 공장이 들어오기를 바라는 경향도 강했다. 이와 같은 농촌지역의 특성으로 말미암아 농촌지역은 여전히 자민당의 중요한 지지기반이 되었다. 그러나 반공해, 생활환경 개선, 복지가 주요 이슈가 되었던 도시지역에서는 지자체 개혁의 의지가 강했으며, 혁신정권이 들어서는 거점이 되었다.

야당 연합 형성

1960년대 초반에 정치적 여건에도 큰 변화가 일어났다. 1960년 미·일 안보조약 체결 당시 노동조합의 지원을 받은 사회당이 선도에 서서 거세게 반대했으나, 결국 미·일 안보조약은 국회에서 통과되었다. 1960년의 안보투쟁을 계기로 사회당의 당세가 크게 약화되자 이를 만회하기 위해서 사회당은 '지역민주주의'라는 명분으로 지방선거를 중시하게 되었다. 즉, 중앙정치에서 승리하기 위해서는 우선 지방에서 승리하여 이를 발판으로 중앙정권을 장악하려는 전략으로 전환했다. 사회당은 1961년의 운동지침에서, 그때까지의 투쟁방식을 반성하면서 처음으로 시민운동과의 연대와 지자체 개혁, 지역활동의 중요성을 지적했다. 이 당시 사회당 지자체 방침 문건(정영태, 1996: 31에서 재인용)에서는 '각 지역의 상황에 특유한 구체적인 생활로부터 시작하여 그것이 전국으로 파급되어 지방지자체로부터 정부와 독점자본을 흔들어놓게 되면, 일본의 민주주의는 토대로부터 확립되어 점차적으로 적극적인 민주적 개혁의 진지를 확대하는 기초가 된다'라고 쓰고 있다. 관점은 조금 달랐지만 같은 시기에 공산당도 지자체 투쟁의 중요성을 강조하기 시작했다. 그리고 총평(總評)[3]도 1961년 제19회 대회

3) 일본 최대의 전국적 노동조합 중앙조직인 일본 노동조합 총평의회의 약칭. 나중에(1989년) 일본 노동조합 총연합회(日本勞動組合總連合會, 連合)로 바뀐다. 이 외에 일본에는 현재 전국적 노동조합 조직으로서 전국 노동조합총연합(全勞連)과 전국 노동조합연락협의회(全勞協)가 있다.

에서 그때까지의 직장투쟁 중심에서 벗어나 지역조직화의 중점을 지평(地評)에서 지구노(地區勞)로 바꾸고, 시민과의 연대를 중요시하게 되였다. 사회당과 공산당, 그리고 노동조합의 이런 주민생활의 중시와 지역민주주의의 정책변화로 말미암아 사회당과 공산당, 그리고 노동조합과 시민운동이 공동전선을 마련하여 혁신 지자체 등장의 정치적 여건을 마련했다. 이러한 지역수준의 민주화 운동은 국민소득배증운동에 의하여 지역생활의 터전을 잃어가고 있었던 지역민들과 쉽게 결합할 수 있었다.

2. 지방이 중앙을 바꾸다: 혁신 지자체의 활동과 성과

육법전서 속에 잠자는 지방자치: 혁신 지자체가 당면한 자치 여건

일본의 근대적 지방자치제도는 전후 1947년부터 실시되었다. 1946년에 공포된 신헌법에 지방자치가 명시됨에 따라 이듬해인 1947년에 지방자치법이, 1948년에는 지방재정법이 제정됨으로써 단체장과 의회의 공선, 자치경찰의 발족, 교육위원 공선제 등이 실시되는 등 근대적인 지방자치제도가 실시되었다. 그러나 민주화, 지방분권을 추진하여 온 전후의 여러 시책은 1951년을 기점으로 '역코스'라고 할 전환점을 맞게 된다. 당시 미·일 안전보장조약의 체결(구안보조약)에 즈음하여 미국의 양해하에 전전의 보수 세력이 재등장함으로써 독점금지법, 노동관계 관련법들의 개악과 함께 지방자치도 크게 후퇴했다. 이 시기를 전환점으로 과거 해체된 내무성이 자치성이란 이름으로 부활하고, 자치경찰과 교육공무원 공선제가 폐지되게 됨으로써 지방의 권리는 다시 중앙으로 넘어가게 되었다.

이후 1950년대 후반~1960년대의 고도성장기에 들어 공공투자의 확대와 거점지역에 대한 보조금 확대 등의 중앙집권적인 지역개발이 추진됨에 따라 일본은 소위 신중앙집권화(new centralization) 시기를 맞이한다. 지방재정 면에서도 중앙이 세입의 7, 지방이 세입의 3만 가져가는 3할 자치가 정착되었고, 지방은

이 부족분을 지방교부세, 국가보조금, 기채 등으로 메워야 함으로써 헌법에 규정된 지방자치의 정신은 형해화되고, 중앙종속의 지방자치 시대가 왔다.

모든 면에서 중앙에 의존할 수밖에 없는 이런 상황은 지방정치에 있어서도 중앙에 연결된 보수 유력자가 정치를 지배하는 '중앙직결 정치'를 가져오게 되었고, 자민당은 이익유도적인 정치를 통해 지방을 지배하는 구조를 만들어 갔다. 보수 유력층은 중앙과 직결된 힘으로 각종 이권에 개입했고 지자체의 재정은 대기업과 지역개발의 지원에 동원되는 구도가 형성되었다. 이런 이익유도형, 중앙직결형 정치는 전국 각지에서 부정부패, 오직(汚職) 사건을 빈발하게 했다. 또 대기업과 지역개발 우선의 지방정치는 교육, 복지, 주택, 중소기업 대책의 지연과 각종 공해 및 환경파괴를 가져와 도시 주민의 불만을 초래했다. 이에 대한 저항으로 주민자치, 주민직결 정치를 원하는 도시 유권자들의 욕구가 자연스럽게 혁신 지자체의 지지로 모아지게 되었다.

그러나 혁신단체장이 선거에 승리하더라도 '진흙탕에 빠진 학'이라든가, '낙하산을 타고 적지에 뛰어내린 꼴'이란 말을 들을 정도로 중앙의 통제와 의회의 비협조 속에 고군분투할 수밖에 없었다. 단체장이 선거로 바뀌어도 의회는 여전히 자민당이 다수를 점하고 개혁과 혁신에 비협조적이었으며, 지자체 공무원도 독자적인 정책 형성의 경험이 거의 없었고, 시민운동도 주로 공해나 생활상의 요구를 진정하는 데 그쳐 독자적인 정책형성이나 제안까지는 나아가지는 못했다. 더구나 중앙부서 공무원이 지방에 파견 나와 행정에 관여하고 있어, 혁신 지자체가 되었다고 하더라도 단체장 한 사람만 '혁신'된 것에 불과한 실정이었다.

오사카 부 혁신 지자체에 관여했던 미야모토 겐이치(宮本憲一) 교수는 이 당시 상황을 "지사는 부인과만 협의할 수 있었다"라고 전한다. 외부로부터 행정에 인재를 유입하기도 어려웠고, 심의회를 구성하더라도 의회 정당 세력분포에 따라 위원을 선임했기 때문에 지사가 내거는 혁신정책을 심의회에서 통과시키는 것이 상당히 어려웠다. 아울러 독자적인 재원도 빈약했을 뿐만 아니라, 각종 법률·계획체제, 중앙부처의 지방행정기관이나 기관위임사무 등에 의한 지자체 통제, 꼬리 달린 국고보조금 등으로 제약이 커서 혁신정책을 수행하기에 많은 어려움이 있었으며, 이를 극복하기 위해 중앙과 대립해가면서 기존 발상을 뛰어넘는 궁리가 필요했다.

혁신 지자체의 활동과 성과

국가를 앞서 가는 복지

1973년 오사카부 셋쓰(攝津)시가 국가를 상대로 초과부담 반환에 대한 소송을 걸었다. 셋쓰시는 1969년부터 1971년에 걸쳐 4개의 시립보육소를 건설하고 8,765만 엔을 지출했다. 그런데 보육소 건립에 관해서는 「아동복지법」 제52조에 '건설에 소요된 비용의 2분의 1은 국가가 부담한다'라고 규정되어 있지만 실제 국가가 부담한 금액은 250만 엔에 지나지 않았다. 셋쓰시는 시가 추가로 부담한 4,386만 엔을 국가가 지불하라고 대담하게 국가를 상대로 소송을 건 것이다. 이 소송에서 셋쓰시는 1심과 2심에서 모두 패소했다. 그러나 소송과정에서 법원은 원고 측의 주장을 상당히 받아들여 국가의 부담 의무를 인정했다. 다만, 「보조금 적정화법」에 따라 지자체가 청구권을 행사할 수 없다는 이유로 소를 기각했다. 비록 셋쓰시는 소송에서 졌지만 이 초과부담의 해소를 요구하는 운동에 큰 탄력이 붙고 국가에서도 복지에 관련한 부담의무를 될 수 있는 한 이행하려는 노력을 보임으로써 상당한 사태 개선의 효과를 가져오게 되었다.

도쿄도의 노인의료비 무료화 시책은 혁신 지자체가 국가를 앞선 또 다른 복지정책의 선도적 사례를 보여준다. 도쿄도는 1969년에 70세 이상 고령자에게 건강보험의 자기 부담분을 도가 대신 부담해주는 노인의료비 무료화 제도를 도입했다. 이 제도는 1968년에 후생성이 도입하려다 대장성이 재정 부담을 이유로 도입을 거부한 것인데, 당시 도쿄의 미노베 지사는 도의 독자 재정으로 이를 부담하기로 결단을 내렸다. 도쿄도의 이 노인의료 무료화 제도는 전국의 지자체에 큰 영향을 미쳐 점차 이를 도입하는 곳이 늘어갔다. 정부도 3년 뒤에 이 제도를 개시했다.

도쿄도의 무인가 보육소 조성 조치도 국가를 앞서간 혁신 지자체의 복지정책 사례이다. 민간 보육소 중에는 시설과 인원이 국가가 정한 기준에 미달되어 인가를 받을 수 없는 곳이 많았다. 보육의 수요는 늘어가는데, 보조금 혜택은 시설이 비교적 좋은 인가받은 보육소에만 돌아갔다. 반면 무인가 보육원은 실질적으로 상당수의 유아를 떠맡고 있음에도 자금이 부족하여, 시설을 개수하고 보모 수를 늘리는 등의 개선에 어려움을 겪을 수밖에 없었다.

이런 복지 공백을 메우기 위해 미노베 지사는 1968년도에 무인가 보육원들이 인가기준에 도달할 수 있도록 정비자금을 빌려주어 인가수준으로 끌어올린 다음, 도의 예산으로 영세 보육소에 운영비와 시설 개선금을 보조한다는 대담한 조치를 취했다. 이 조치는 민간 자선사업에 대한 공적인 지출을 금지한 법률에 위반한 것인지 아닌지 하는 헌법 논쟁까지 불러일으켰지만 미노베 지사는 '복지행정의 공백지대를 행정이 지원하는 것은 최저한도의 문화적 생활을 약속한 헌법이나 아동복지법의 정신에 타당하다'고 지원을 강행했다(이호철, 1996: 169).

이와 같이 공립보육소 증설, 노인의료비 무료화 외에 장애인 복지의 강화 등 혁신 지자체 시절에 국가의 정책을 앞선 많은 창조적이고 적극적인 복지행정이 실시되어, 정부도 혁신 지자체가 선행한 사회보장·복지행정의 성과를 국가업무로 흡수하지 않을 수 없게 되었다. 1973년에 국가는 도쿄도가 선행 실시한 노인의료비 무료화를 노인복지법 개정에 의해 받아들이고, 이 해를 전후하여 재택노인 복지대책사업이나 신체장애인 개호원 파견사업 등 각종 복지사업을 개시하는 등 국가 차원에서 복지행정의 충실을 도모함으로써 1973년은 '복지원년'으로 불리게 된다.

사실 일본에서 이전에도 전국적인 사회복지정책이 없던 것은 아니었다. 1958년에 국민의료보험, 1962년에 연금제도가 도입되었으며, 1960년에서 1964년에 걸쳐 「정신박약자 복지법」, 「노인복지법」, 「모자복지법」 등이 제정되었다. 그러나 그 수준은 저위에 머물렀기 때문에 많은 지자체는 복지 대상의 확대, 급부 수준의 인상 등 자주재원에 의한 단독 사업을 행하지 않을 수 없었다. 고도성장이 가져온 농촌부문의 지역사회 해체, 도시부문에 있어 핵가족의 대량 생성과 개인주의적 미국 생활양식의 보급 등은 가족이 가지는 재생산 능력의 저하와 더불어 보육, 교육, 의료, 복지 등의 공동소비, 즉 생활의 사회적 기반 정비를 필요로 했다. 그런데 당시 일본 정부는 경제우선의 정책을 내세워 이런 사회적 생활기반 정비에 무관심했다. 이에 따라 지방자치단체는 불가피하게 사회보장과 복지부문에 있어서 그때까지의 틀을 넘는 제도의 전개를 추구해야 했다.

그 결과 지자체들은 확대된 복지 수요에 대응하기 위하여 지출을 증가시키게 되었으나, 국가 보조수준이 낮기 때문에 초과부담으로 고심하게 되었다. 복지비 부담을 둘러싼 이 국가와 지방의 재정구조가 앞에서 언급한 셋쓰시의 소송을 낳게 되었으며, 복지비 부담을 둘러싼 당시 재정구조의 변혁을 요구하게 되었다. 아울러 이들 지자체에서는 특정 빈곤층만 대상으로 하는 소위 선별적 복지로부터 모든 주민의 생활력을 지지하는 복지의 보편화를 지향하는 정책을 채택함으로써, 이를 계기로 일본에서도 내셔널 미니멈을 넘어 시빌 미니멈까지 보장하는 '시민복지론'이 전개되는 계기가 되었다.

시빌 미니멈론의 전개

시빌 미니멈은 혁신 지자체의, 특히 도쿄 미노베 도정의 간판격인 슬로건이었다. 당시 정부는 생활수준이 향상되었다고 말했지만, 하수도라든지 공공운송기관 등의 수준은 유럽이나 미국에 비해 부족했다. 시빌 미니멈론은 일본의 도시생활 수준을 구미의 수준까지 따라잡자는 발상이었다. 시빌 미니멈이란 용어는 마쓰시타 게이치(松下圭一)가 1965년 발표한 「지자체에 있어서 혁신정치 지도」(革新政治 指導)란 논문에서 처음 등장했다. 마쓰시타는 영국 정치사를 전공했는데, 영국 복지국가 출발점을 검토하면서 내셔널 미니멈의 개념을 도시차원에서 재구상하여 시빌 미니멈이란 개념을 도출했다. 마쓰시타에 따르면 영국의 내셔널 미니멈의 개념은 국가에 의한 '사회보장'이 중심이었지만, 이것을 재구성한 시빌 미니멈의 개념은 이 사회보장에 더하여 당시 최대 문제였던 공해에 주목하여 '사회보건'을 추가하고, 또 당시에 정비가 미흡했던 시민생활시설, 도시시설 등의 '사회자본' 정비를 더하여 사회보장, 사회보건, 사회자본의 세 영역에서 시빌 미니멈을 추구한다는 점에서 다르다는 것이다. 더구나 국가가 주도하는 것이 아니라 지자체가 기준을 설정한다는 점에서 새로운 이론적 제안이라는 것이다(松下圭一, 1994).

이 시빌 미니멈론은 1968년 '도쿄도의 중기계획'에서 지자체 정책으로 처음 도입되었으며, 나중에 시빌 미니멈의 사고는 '혁신시장회'의 요강이 되었다. 내셔널 미니멈이 국민의 최저 필요 행정수준인 데 반해, 시빌 미니멈은 도시 시민이 안전·건강·쾌적·능률적인 생활을 영위하는 데에 필요한 최저 필요 행정수준이며, 그 기준 설정은 자치단체의 역할이다. 이러한 이념에 의해 1965년 이후, 자동차배기가스 규제, 의료비의 경감, 공원·하수도·공영주택 등의 각종 생활 기반 정비가 추진되었다.

지자체의 입장에서 시빌 미니멈 계획을 도입하게 되면 다음과 같은 이점이 있다. 우선 지자체는 시민 생활이 지향해야 할 목표를 객관적으로 명확히 밝힘으로써 주민들이 정책결정의 과정에 참여하는 것을 용이하게 하고, 지자체의 행정성과가 목표치에 달성되었는가를 쉽게 판정할 수 있다. 당시 '우체통 수만큼 보육소를'이란 슬로건이 있었지만 그때까지의 시민운동은 생활상의 불편을 개별적으로 나열하여 요구하는 수준에 머물렀다. 이러한 나열적이고 정리되지 않은 시민운동을 체계화하여 '보편적인 정책 기준'을 만드는 것과 동시에 지자체 정책의 우선순위와 중점 정책을 정립하여, 시민 참여로 지자체 계획을 만들고 이에 필요한 시책을 시빌 미니멈을 기준으로 수치로 나타냄으로써 지자체의 장기종합계획을 합리적으로 수립할 수 있었다.

다음으로 시빌 미니멈론은 시민공통의 권리로서 사회보장, 사회자본, 사회보건의 정비를 제기함으로써 도시 주민의 헌법상의 권리를 분명히 하는 이점이 있다. 최근까지도 도시 주민의 권리를 생존권을 넘어 주장하는 경우 도시 포퓰리즘으로 치부하고 무시하는 경향이 있으나, 시빌 미니멈론에 바탕을 둘 경우 생활기반 시설 정비는 핵심적 권리로서 반드시 해야 할 의무로 위치지울 수 있다.

그런데 시빌 미니멈에 설정된 생활기준이라는 것이 모두 구체적으로 지표화하기는 곤란하며, 또 기준을 설정할 때 시민의 의사를 반영하는 방법에도 다소 어려움이 있다. 이런 어려움이 있음에도 지자체가 시빌 미니멈을 채택하여 중장기 계획을 수립하고 '지역생활 환경지표' 등을 작성하여 그 설정과 실현을 향해 노력을 기울이면 결과적으로 주민 모두의 복지수준이 향상될 것이다.

그러나 1970년대 후반 이후 혁신 지자체의 퇴조와 더불어 이 시빌 미니멈론의 한계에 대해서 여러 비판적인 견해가 제기되었다. 시혜적 복지라든가 로컬 포퓰리즘이라는 보수주의로부터의 비판도 있었지만 진보 그룹 내에서도 비판이 제기되었다. 대표적으로 미야모토(宮本憲一)는 두 가지 점에서 그 한계를 지적한다. 하나는 시빌 미니멈론이 대도시화 현상을 전제로 하고 있다는 점이다. 예를 들어 대도시화하여 교외가 택지화하면, 교통체증이 일어난다든지 통근시간이 늘어난다. 이때 교통의 시빌 미니멈을 만들어 공공운송수단을 증가시키면 교통체증 문제는 완화될 수 있다. 그러나 이 사고에는 교통량을 감소시킨다는 본래적인 발상은 없다는 것이다. 오히려 더 이상 이런 과밀의 문제가 늘어나지 않도록 '시빌 미니멈'을 정하는 것이 더 합리적이고 필요한 발상이라는 것이다.

둘째로 이렇게 생활기반을 정비해가게 되면 재정지출이 팽창하게 되며, 이에 맞추어 재정정책, 예를 들어 재정확보정책이나 지자체 산업정책 등이 필요할 수밖에 없는데, 시빌 미니멈론에서는 이런 관점이 약했다는 것이다. 이런 결과 혁신 지자체는 1970년대 불황과 지방재정의 위기를 맞이하면서 재정 파탄을 피할 수 없었다는 것이다. 이 대신 주민들은 복지와 함께 일자리나 고용을 구하여 '중앙 직결'을 선택하게 되었다는 것이다.

이 외에도 혁신 지자체는 공해대책 및 환경대책으로 중앙정부의 법적 기준을 뛰어넘는 조례제정을 통하여 대기오염대책·수질오염오탁대책·소음대책 등을 추진하고, 또 공해발생원에 대한 법적규제, 공해원인자 부담원칙의 적용, 피해자 구제 및 원상회복, 그리고 이에 수반하는 국가제도의 개혁에 노력했다.

또한 혁신 지자체는 이른바 요강행정(要綱行政)을 도입하여 도시 난개발 억제에도 주력했다. 고도성장은 대도시권으로의 급속한 자본의 집적과 인구의 급증을 초래하여 무질서한 택지개발·공장건설·환경파괴 등을 낳았다. 혁신 지자체는 이러한 도시문제에 대처하기 위하여, 택지개발 지도요강·중고층 건축물 지도요강 등의 지도요강을 제정했다. 도시계획법 등 법률의 미비를 행정지도에 의하여 방위하고자 했던 것이다. 이러한 지자체의 요강행정에 대한 부동산업자·건설업자의 불만은 매우 커서, 시장이 업자로부터 기소되어 유죄 판결을 받은 일도 일어났다.

대도시의 과세자주권 강화의 제언(提言)과 그 구체화도 혁신 지자체의 성과이다. 예를 들면 그때까지 '불균일과세'가 대기업감면세(우대세제)로 사용되고 있던 것을 중소기업감면세에 적용하는 등, 국가의 세법체계를 시민의 입장에서 재검토하고, 시장논리를 규제하는 등 복지재원을 확충하기 위해 지방자치단체의 과세자주권의 확장을 주장했다. 이 초과불균일과세는 혁신자치단체에서 시작되어 전국으로 확산되었다.

각종 주민참가 제도도 이 시기에 도입되었다. 도쿄도의 시민과의 대화, 요코하마의 만인대표회의 및 여러 지자체의 시민상담실의 설치 등이 그 예이다. 혁신 지자체는 일본의 지방자치가 잊고 있었던 주권재민의 이념을 재현시킴으로써, 직접민주주의를 고양시키는 데 기여했다. 특히 1963년의 요코하마 시장 선거에서 아스카다(飛鳥田) 시장 후보는 '만인 시민집회'를 제창했는데, 이는 지자체의 정책결정에 주민참가를 제기한 것으로서 그 의의가 컸다. 아스카다 후보는 시장으로 당선된 후, 이 만인 시민집회 계획안을 네 번이나 시의회에 제안했지만 매번 부결되고 말았다. 그러나 아스카다 시장이 제안한 만인 시민집회는 1967년과 1970년 두 차례에 걸쳐 아스카다 시장의 후원단체인 '시장과 시민의 모임'에 의하여 개최되었다.

한편 7기에 걸쳐 28년을 재임한 니나가와 도라조(蜷川虎三) 교토부지사는 중앙과 대자본에 대응하기 위해서 민력배양을 중시했다. 그는 주민조직과 풀뿌리 민주자치 학습을 '보이지 않는 건설'이라고 부르면서 생활자본 정비와 같이 '보이는 건설' 못지않게 적극적으로 지원했다. 주민의 학습권을 중시하고 이를 보장하기 위해서 사회교육과 공무원 직원 연수 등을 강화하고, 각종 주민단체와 중소기업 단체, 생협 등 협동조합 운동을 지원했다(池上 惇 外, 1979: 127~133).

혁신 지자체의 퇴조

T.O.K.Y.O 작전

1974년의 다나카 가쿠에이(田中角榮) 수상 시절, 혁신 지자체에 불쾌감을 가지고 있던 자치성은 5년에 걸쳐 주요 혁신 지자체를 폐퇴시키는 T.O.K.Y.O 작전을 기획했다. T.O.K.Y.O란 T=도쿄도〔미노베 료키치 지사(美濃部亮吉 知事)〕, O=오사카부〔구로다 료이치 지사(黑田了一 知事)〕, K=교토부〔니나가와 도라조 지사(蜷川虎三 知事)〕, Y=요코하마시〔아스카다 이치오 시장(飛鳥田一雄 市長)〕, O=

오키나와현〔야라 쵸뵤 지사(屋良朝苗 知事)〕의 5개 혁신 지자체이며, 최종 목표는 그 정점에 위치하는 도쿄도지사 자리를 보수 진영이 탈환하는 것이었다. 이 시기, 오일 쇼크와 스태그플레이션에 의해 중앙과 지방의 재정이 모두 어려움에 처해 있었지만, 자치성은 많은 매스컴을 동원해 혁신 지자체에 대해서만 비판적인 캠페인을 펴 나갔다. 특히 ≪산케이(産經) 신문≫은 '행정개혁에 반대하는 의원을 낙선시키자'란 슬로건을 내걸고, 혁신 지자체를 비판하는 기사를 적극적으로 실었고, ≪아사히(朝日) 신문≫도 사설에서 "파탄 난 도쿄도의 재정"(1975년 1월 22일 자)'이란 제목의 기사에서 도가 방만하게 재정을 관리하여 인건비를 낭비하고 복지예산을 팽창시켰기 때문에 도 재정이 압박받는다고 비판했다. 결과적으로 이 안티 혁신 지자체의 캠페인은 국민에게 침투하여 자치성이 기도한 'T.O.K.Y.O 작전'은 1979년 도쿄도지사선거에서 전임 관방 부장관이었던 스즈키 슌이치(鈴木俊一)가 혁신진영이 옹립한 일본노동조합중앙의장(總評議長) 오타 가오루(太田薫)에 승리하여 도쿄도지사 자리를 보수 진영이 탈환한 것에 의해 결실을 맺는다.

오일 쇼크와 도쿄도 재정 적자

고도성장과 도쿄도 재정

1955년 이후 고도성장기를 맞아 일본의 광공업 생산은 1955년부터 1964년 사이에 4.5배가 증가하고, 민간설비투자도 4.6배나 격증한다. 고도성장의 성과를 반영하여 도세 수입도 증가했다. 1955년부터 1967년까지 도세 증가는 연율 약 3.7%였으나, 1967~1973년의 8년간 미노베 도정 전반기에 도세 수입 증가는 연율 약 20%에 달하고, 매년 약 1,000억 엔의 도세수입 증가분이 생겼다. 이 재정상의 여유가 미노베 도정의 복지행정에 기반이 되었다.

그러던 중 1974년에 오일 쇼크에 의해 일본경제는 전후 처음으로 마이너스 성장을 경험하고 고도성장으로부터 저성장시대로 전환기를 맞이하게 된다. 정부는 세수 부족을 메우기 위해 대량의 적자국채를 발행하여 1979년에는 당초 예산에서 국채 의존도가 39.6%로 높아짐으로써 재정은 전후 최악의 상태에 빠졌다. 대장성이 적자국채를 없애기 위해서 재정재건에 돌입한 결과 1980년대 말에 들어서야 비로소 적자국채 상황에서 벗어날 수 있었다. 국가재정이 이렇듯 파탄에 빠져버리자 지방재정도 어려움에 봉착하지 않을 수 없었다.

그러나 미노베 도정은 이런 상황에 적절하게 대처하지 못하고, 안이하게 고도성장에 의지하여 방만 재정을 계속 짜고, 재정 상태를 악화시켰다. 성장의 둔화에 따르는 도세수입의 감소는 1972년부터 예상된 것이었으나, 미노베 지사는 예를 들어 1972년도의 당초 예산의 편성 시에도 사업 규모를 축소하지 않고 13.8% 증가한 예산을 편성했다. 1974년도에는 성장 기조의 변화 속에 국가가 세출 규모를 억제하고, 인플레 억제, 물가 대책을 위한 총수요 억제 예산을 편성하고 있었으나, 미노베 지사는 이럴 때일수록 약자 구제와 도민의 생활 방위에 주력해야 한다는 이유로 22.1%가 증가한 적극 예산을 짰다. 그러나 그해 9월 불과 반년 만에 경제불황과 세입감소로 추경을 새로 짤 수밖에 없는 비참한 사태에 몰려, 그해에 사실상 적자재건단체에 전락해버렸으며, 미노베 지사가 도의회에 제출한 1975년의 일반회계예산은 전년도에 비해 마이너스 3.5%의 적자예산이 될 수밖에 없었다. 이로써 6년간 지속해온 팽창 예산기조는 종지부를 찍었고, 1955년 이후 20년 만에 적자 예산으로 전환했다.

도쿄도는 이런 세수부족을 해결하기 위하여 1974년부터 대기업에 대한 법인사업세의 초과과세를 도입하여 재정난을 타개해 나가려 했다. 또 도의 단독 투자경비를 전년도의 2분의 1 내로 묶고, 신규 사업도 원칙적으로 계상하지 않는 식으로 지출억제에 나섰다. 그러나 1977년도에 들어 몇 차례 경기부양대책으로 잠시 경제가 반짝 경기를 보이자, 도는 이내 도세가 높은 신장률을 기록할 것으로 예상하고 다시 적극재정으로 선회했다. 그러나 실제 경기회복은 늦어져 세수의 신장이 다시 둔화되자 1978년 도쿄는 2,700억 엔의 적자라는 시한폭탄을 안게 되었다. 마침내 미노베 지사는 1978년 1월, 수상 관저로 기채를 인정해 달라고 간청하면서 자치성이 허가조건으로 내건 재정재건계획의 제출도 감수하게 된다. 이로써 국가도 재원대책 기채를 허가하여, 도는 최악의 사태만큼은 피할 수 있었다. 그러나 사태가 이 지경에 이르렀기 때문에 지방의 자주권을 내세우며 국가와 일전도 불사하겠다는 미노베 지사의 늠름한 자세는 사라졌다. 미노베 지사는 기자회견에서 3선 출마 포기를 선언하고, 그 뒤 1979년에 중앙 관료 출신인 스즈키 지사가 당선됨으로써 혁신 도쿄 도정은 막을 내리게 되었다.

혁신 도쿄 도정의 패퇴는 혁신자치시대의 종말을 예고하는 것이다. 1978년 8월, 시즈오카(靜岡)현에서 열린 전국혁신시장총회에서 사회당 위원장으로서 출석한 아스카다는 "솔직히 말하면, 이즈음 혁신 시정의 패배가 계속되었다. 어찌 되었든 신문에서 말하는 것처럼 퇴조기에 있는 것은 숨길 수 없다'라고 털어놓았다. 이후 일본의 지자체는 행정과 재정에 능통한 내무·자치성 출신 관료가 혁신 세력을 누르고 다시 지방을 제패하는 '자치관료의 시대'를 맞게 되었다. 이것은 재정위기에 골머리를 앓아온 주민들이 투사형 아마추어 수장보다는 실무형의 행정전문가에게 표를 던진 것을 의미하고, 일본은 혁신 지자체 시대에서 행정실무자 수장에 의한 '도시경영' 시대로 접어들었다.

3. 혁신 지자체의 의의와 과제 및 한국에의 시사점

퇴조의 이유

신도 효(進藤兵) 나고야 대학 교수는 혁신 지자체의 퇴조 요인을 다음과 같이 제시한다. 첫째, 보수 정치 세력에 의한 계통적인 혁신 지자체 공격, 즉 반혁신 지자체 캠페인이나 자민당 및 공명당의 보수 중도 선거 연합 노선 구축, 둘째, 국정 차원에서 지방의 복지재원을 지원하지 않는 일본형 복지국가의 후진적 재정 구조, 셋째, 고도성장 이후 노동 운동의 쇠퇴로 혁신 지자체 지지 기반의 약화, 넷째, 농촌 지자체와 연대가 형성되지 않음으로써 나타난 도시지역 혁신 지자체의 고립화, 다섯째, 오일 쇼크 이후 재정의 곤란과 고립 상황을 돌파할 만한 정책상의 신기축을 혁신 지자체가 스스로 전개할 수 없었던 정책 제안 능력의 취약성, 여섯째, 무당파층을 포함한 혁신 세력의 확대 재생산 메커니즘을 가져올 수 없었던 시민운동의 저발전성과 주민 민주주의의 미흡, 일곱째, 혁신 세력 내부의 문제로서 사회당과 공산당 등의 이기주의 및 단체장과 지자체 직원 노조의 대립, 혁신 단체장의 장기 재직에 따른 매너리즘화의 일반화, 여덟째, 사회당과 공산당의 연합전선 분열로 인한 통일연합선거 대응의 곤란 등을 손꼽는다(進藤兵, 2004). 일본 내에서 이야기되는 거의 모든 요인을 망라하고 있다.

그러나 이런 여러 요인 중에 무엇보다도 퇴조의 중요한 객관적 요인으로 들 수 있는 것은 불황이다. 오오모리 와타루 교수의 표현과 같이 '고도성장기에 행복한 신혼살림을 시작한 혁신 지자체가 중년부부기에 이르러 갑작스런 경제불황을 겪은 것은 불운'이었다(大森 彌, 1986). 다음으로 들 수 있는 것은 고도성장이 끝난 이후의 변화된 상황에 적절히 대응할 수 없었던 혁신 지자체의 행정역량 부족이라는 주체적 요인이다. 도쿄도가 1974년에 세수가 대폭 감소하는 가운데에도 물가가 크게 뛴 것을 이유로 직원의 급료를 무려 29.6%나 인상시켰던 것이나, 도쿄도의 무사시노(東京都 武蔵野)시가 직원 급여 중에 최고액을 받는 20명 중 운전기사가 4명, 쓰레기 수거원이 4명이나 되었던 사실 등은 당시 반혁신 세력이 혁신 지자체가 행정에 무능하고, 직원 노조의 입김에 흔들렸다고 비난을 하는 주요 요인이 되었다.

시민들이 혁신 지자체의 '혁신'에 기대한 것은 55년 체제 이후 보수정치체제의 개혁과 고도경제성장의 후유증으로 나타난 도시문제의 해결, 두 가지였다. 그러나 혁신 지자체에 대한 시민적 기대가 크면 클수록, 지자체의 '내실'이 문제가 될 수밖에 없었다. '혁신의 자치'로부터 '자치의 혁신'으로 혁신 지자체의 과제가 바뀌었지만 이에 적절하게 대응하지 못함으로써 혁신 지자체는 점차 퇴조해갔다.

혁신 지자체를 보는 여러 시각: 실패인가, 발전적 소멸인가, 패퇴인가

일본에서 혁신 지자체의 성과와 교훈을 평가하는 시각은 크게 세 가지이다.

하나는 보수파 논객들의 복지국가 부정론, 혁신 지자체 부정론이다. 이들은 미노베 도정의 복지 포퓰리즘, 행정무능, 재정파탄 등을 부각시킨다. 그러나 1980년대 이후에 집권한 보수계 지자체도 도시경영을 통해 재정적자 해소에는 성공했지만 1980년대 후반에 공공투자의 확대를 초래하여, 그 결과 1990년대 일본 경제는 버블 붕괴로 인한 소위 '잃어버린 10년'의 암울한 시대를 경험했고, 이런 토건국가 정책하에 일본은 결국 선진국 중에서도 복지가 가장 뒤진 나라로 남게 되었다. 이렇게 본다면 보수계의 신자유주의적 개발주의 도시경영도 환경 파괴와 낭비적인 재정운영이라는 비난을 면하기 어렵다.

다른 하나는 환경, 복지, 참여를 높이 평가하여 지방분권과 시빌 미니멈 달성이란 점에서 시대적 사명을 다했다고 보는 시각이다. 혁신 지자체의 정책은 1971년 공해국회,[4] 1973년 복지원년을 통해 국가 정책을 변화시켰으며, 시빌 미니멈이 정착된 결과 혁신 지자체 퇴조 이후에 보수 도정(都政)으로 돌아와서도 복지의 실질 후퇴는 없었다는 점에서 혁신 지자체는 발전적으로 해소되었다는 것이다. 또 시민들이 볼 때 시빌 미니멈의 양(量)이 충족되었다는 생각이 들기 시작했으며, 복지를 둘러싼 이데올로기 대립이 희석되면서 혁신 지자체는 퇴조하게 되었다는 것이다. 아울러 혁신 지자체 시대는 메이지(明治) 이래 최초로 지자체가 지자체답게 되고 관치, 집권형 정치를 자치, 분권형 정치로 전환하는 기점이 되었으며, 따라서 혁신 지자체가 끝났지만 1980년대에는 '선구적 지자체'에 의한 지방의 시대로 이어져, 1990년대에는 '지방자치기본법'의 제정에 의한 지방자치법의 획기적 개정까지 이어지는 등 큰 계기가 되었다는 것이다. 이들이 보는 일본 지방자치의 앞으로의 과제는 '혁신 지자체인가 아닌가'보다는 '선구적 지자체인가 잠자는 지자체인가'가 되어야 한다는 것이다.

세 번째 견해는 혁신 지자체의 의의를 신자유주의에 대항한 일본형 신복지국가의 선구적 존재로 보는 시각이다. 서구에서는 제1차 세계대전 이후 노동자의 조직화 → 사회민주주의 정당의 대두 → 사회민주주의 정권에 의해 자본을 규제하고 사회 개량을 하는 복지국가가 확립되었다. 일본에서는 이러한 복지국가는 성립되지 않았다. 이런 의미에서 혁신 지자체는 일본에서의 사회민주주의 정권이며, 일본에서 유럽 사민주의를 지방에서 실현한 귀중한 경험으로서 일본 특유의 복지국가였다고 평가할 수 있다(加茂利男, 1988). 이 견해에 의하면 혁신 지자

---

4) 1970년 11월 24일 제64회 임시국회에서 공해대책 관련 14개 법안이 가결됨으로써 일본은 본격적인 공해대책에 돌입하게 되는데, 이 국회를 '공해국회'라고 부른다.

체의 퇴조는 일본에서 사민주의의 패퇴를 의미한다. 그러므로 이들은 '선구적 지자체'보다 '혁신 지자체'의 재생을 꿈꾼다. 그 구체적인 전략과 대안이 바로 분권형 복지사회 구축이다. 이를 위해서는 ① 도시와 농촌이 연대하여 분권형 복지를 지탱하는 재정구조 개혁, ② 분권형 복지를 지탱하는 새로운 산업구조 개혁과 내발적 산업정책의 도입, ③ 신보수주의 세력(2대 정당)에 대항하여 다양한 사회계층(비대기업 노동자, 농림어민, 도시 구중산층, 공무노동자, 고령자, 여성 등 소외 계층 등)이 정치적으로 연대한 진보선거 연합을 제안한다. 즉, 신보수주의 세력에 대항하면서 일본의 분권형 복지국가를 만들어내는 힘을 지방에서 새롭게 찾자는 입장이다.

2009년 민주당의 승리와 생활정치의 등장

2009년 8월 총선거에서 민주당이 승리했다. 민주당은 소득수준을 불문하고 육아수당 월 2만 6,000엔, 고교 교육 무상화, 출산 장려금 55만 엔 지급을 공약으로 내걸었다. 민주당이 내건 '국민 생활을 우선하는 정권', '보다 좋은 생활을 보장하는 정부'란 선거 캐치프레이즈가 국민들에게 주효했던 것이다.

민주당 정권의 성립에 대해 다양한 논평이 이루어지고 있다. 어떤 사람은 긴 세월에 걸친 자민당 집권이 가져온 제도적 피로 때문이라고 하지만 민주당 정권의 등장은 두 가지 힘을 배경으로 등장했다는 것이 일반적인 평이다. 하나는 오랜 세월 동안 자민당의 이익 유도형 정치(토건국가와 무용한 공공사업투자, 정·관·재계의 이권 삼각 구조)가 초래한 정치적 무능과 부패에 대한 국민의 분노 때문이다. 다른 하나는 1990년대 후반, 일본에서 '구조개혁'이라고 불리는 신자유주의 개혁이 가져온 새로운 빈곤과 격차, 지역경제 위축 등의 사회 모순에 대한 국민의 분노와 운동이 주된 힘이 되었다는 것이다.

와타나베(渡邊治) 교수에 따르면 고도성장 이후 1990년대 초반까지 일본은 '강력한 기업사회+이익유도형 정치+미숙한 복지'가 결합한 사회시스템하에 작동했다고 한다(渡邊治, 2009). 매코맥(G. McCormack) 호주 국립대 교수는 그의 『일본, 허울뿐인 풍요(The Emptiness of Japanese Affluence)』(1996)에서 이를 한마디로 공공토목사업에 기초한 토건국가체제라고 정의한다. 토건국가 체제는 이익을 매개로 정·관·재계의 철의 삼각 구조를 이루어 일본 열도의 콘크리트화, 부동산 투기 붐과 버블경제를 가져왔으며, 정경유착과 관료주의 정치에 의한 무능과 부패, 비효율을 초래하여 선진국 중에서도 가장 낮은 국민 복지 수준과 그 뒤의 잃어버린 10년이라는 장기 경제불황을 가져온 근본적 원인이라는 것이다.

이런 토건국가 체제는 대체로 1970년대 오일 쇼크 이후부터 고착되었다는 것이 정설이다. 오일 쇼크 이후 적자국채발행이 상례화되는 과정에서 정부는 재정재건을 위해 복지지출은 억제한 반면에 오히려 공공사업은 지방채 발행을 통해 확대하면서 이런 구조가 고착되었다는 것이다. 진노(神野) 도쿄대 교수는 이렇게 공공사업투자가 증대한 것은 경기회복을 위한 수요창출이라는 표면적 이유도 있지만, 그 이면에는 1970년대에 도시부문에 등장한 혁신자치제에 대항하기 위하여 자민당이 지지기반인 농촌부에 막대한 공공사업 예산과 농업보조금을 지원하고, 이 과정에서 건설족(建設族) 의원과 관료, 건설업체가 결탁하여 철의 삼각구조라는 이익 유도형 정치구조가 형성됨으로써 불가역적으로 공공투자 확대가 일어나게 된 것이 원인이 되었다고 한다(神野直彦 外, 2008). 한편 미·일 무역마찰이 심했던 1980년대에 '플라자 협정'(1985년)을 계기로 내수확대, 무역적자 감소를 미국과 국제 협약하는 과정에서 공공사업은 더욱 확대되어 갔으며, 이후 공공사업 규모는 줄어들기는커녕 1990년대 잃어버린 10년간 경기대책으로 더욱 확대되었다.

일본의 2010년 현재 국채잔고의 국민총생산(GDP)에 대한 비율은 무려 181%에 달할 정도로 높다. 일본의 정부 채무 수준은 눈덩이처럼 불어나 손댈 수 없는 규모에 이르렀다. 미국이나 영국도 재정적자가 크다고 하지만 59%, 40% 수준에 그친다. 이에 비해 일본의 사회보장 지출의 대GDP 비중은 18.6%(2007년 기준)으로 독일, 프랑스 등의 27~28%보다 훨씬 낮고 OECD 평균의 20.5%보다 하위 수준이다. 복지 지출은 선진국의 하위 수준이면서도 막대한 국가채무를 가진 나라, 이것이 허울뿐인 풍요의 나라 일본의 모습이다. <표 13-1>에서 보는 것처럼 1970년대에서 1995년까지 정부 지출 중에 공공사업비 규모는 언제나 사회보장지출액을 상회해왔다.

<표 13-1> 일본의 공공사업비와 사회보장지출액의 추이

(단위: 조 엔)

연도	공공사업비(정부+지자체)	사회보장 지출
1970년	5	1.5
1975년	17	5
1980년	28	11
1985년	27	14
1990년	37	17
1995년	50	21

자료: 後藤道夫·暉峻衆三·進藤兵·渡邊治(2002). 93~94面.

1989년 닛케이(日經) 주가지수는 한때 3만 8,000포인트까지 올라갔지만 2001년에는 1만 포인트 지지선이 무너졌다. 1990년대 이후 일본은 버블경제의 붕괴로 극심한 디플레이션 경제를 겪었고, 토지자산과 금융자산은 1/3수준으로 줄어들었다. 이런 배경에서 2000년대 들어 고이즈미(小泉) 수상은 재정재건, 공공사업개혁, 지방행정개혁, 사회보장축소, 민영화 등을 내용으로 하는 구조개혁을 추진했다. 그러나 그간의 이익유도형 정치를 혁파하고자 한 구조개혁 정치는 경제적 불황 가운데 사회적 안전망을 붕괴시키는 또 다른 모순을 가져왔다. 또 그동안 과소 낙후지역을 지탱하던 정부지출 삭감과 공공사업의 축소로 인하여 지역경제의 위기와 지역 간 격차의 확대를 초래했다. 이런 신자유주의적 구조개혁정치가 가져온 격차사회, 지역경제 위기라는 또 다른 모순이 자민당 정권의 몰락으로 연결되었다. 국민들은 '성장지향'의 자민당 정권 대신에 '생활안정'을 내세운 민주당 정권을 선택한 것이다.

신복지국가를 표방하는 민주당 정권은 1970년대에 혁신 지자체가 추구했던 분권, 복지 사상과 이념의 연결 선상에 있다. 혁신 지자체는 지방 차원에서 '작은 복지국가' 실험이었다고 한다면 현재 일본은 '국가 차원에서 신복지국가' 실험을 하고 있다고 볼 수 있다. 그렇다고 해서 일본 민주당이 혁신 지자체와 같은 정치 계열이라고 할 수는 없다. 오히려 그 전신은 신자유주의적 구조개혁 정치에 더 가까운 성향과 지지기반을 가지고 있다. 이를 두고 ≪아사히(朝日) 신문≫은 선거 승리를 위해 '자포자기적으로 복지국가 당이 되었다'고 보도했다. 이에 따라 민주당이 신복지국가를 실현할 의지와 지지 세력을 가지고 있는가에 대해 벌써 의문이 제기되고 있다. 하토야마(鳩山) 정권이 퇴진하고 새로 들어선 간(菅) 정권도 단명에 그치는 등 일본 민주당의 향방과 복지국가 설계는 지그재그로 가는 혼미 상황을 보이고 있다.

그렇다면 일본에서 신복지국가의 길은 가능할 것인가? 와타나베(渡邊治) 교수는 쉽지 않지만, 일본은 혁신 자치제 시절에 복지국가의 지방정치를 경험한 적이 있고, 이런 혁신정치의 전통과 경험은 아직 남아 있기 때문에 지방에 있어서의 자치와 국가 차원의 내셔널 미니멈의 재건을 하나의 과제로 하여 중앙과 지방이 제휴해가면서 신복지국가 지지 연대를 만든다면 가능할 수도 있다고 본다. 이런 점에서 일본의 혁신 지자체의 경험은 오늘날 새롭게 평가되고 있다.

한국에 대한 시사점

지금까지 혁신 지자체의 등장과 의의에 대한 일본의 논의를 살펴봤다. 그러나 일본의 혁신 지자체가 등장했을 때와 현재 한국이 처한 여건과 과제에는 차이가 있기 때문에 논의를 그대로 적용하기에는 어려움이 있다. 1960~1970년대 일본 혁신 지자체 시절과 한국의 현재 지방자치 여건은 법전 속에 잠자는 지방분권과 주민자치를 회복하고 복지국가, 특히 분권형 복지국가를 만들어나갈 과제를 가지고 있었던 점에서 공통적인 면이 있다. 그러나 일본 혁신 지자체는 시민의 지지와 고도성장이라는 유리한 조건에서 탄생했지만, 한국의 혁신 지자체는 시민의식 미성숙과 저성장시대에 고군분투하고 있는 점에서 여건이 서로 다르다.

이런 차이와 유사점을 바탕으로 일본의 혁신 지자체 시절의 경험에서 얻을 수 있는 시사점을 정리해보면 다음과 같다.

일본의 혁신 지자체 경험은 아직 제대로 된 지방자치를 경험하지 못하고 최근처럼 무상급식을 둘러싸고 복지 포퓰리즘이라는 공격이 난무하는 한국의 현실에서 적어도 제대로 된 지방분권과 자치의 경험을 주민들이 해볼 수 있었고, 아동, 노인, 여성 등에 대한 보편적 복지의 수혜를 복지 포퓰리즘으로 치부하지 않는 사회적 여건을 만들었다는 점에서 부러운 경험이라고 하지 않을 수 없다. 당시 일본의 혁신 지자체가 처한 여건은 그리 우호적이지 않았다. 혁신 지자체는 중앙집권, 개발주의, 지방 토호의 이익정치, 3할 자치의 재원 부족이란 제약 가운데 등장했다. 따라서 이런 제약조건하에서 복지를 확장하고, 지방 혁신을 했던 혁신 지자체의 각종 궁리와 독창적 행정방식에서 우리가 배울 점이 적지 않다. 예를 들어 시빌 미니멈론의 도입, 독자적 복지정책의 전개, 주민 학습과 주민 참여, 특히 교토부의 혁신행정에서 보는 바와 같이 각종 신협, 생협, 중소기업 협동조합 등 공동체 경제의 지원, 그리고 도쿄도의 불균일 과세 등 재원 면에서 독창적 궁리와 신재원 발굴 등의 노력은 우리도 전범으로 삼을 가치가 충분하다.

또 1960년대 중반에서 1970년대 후반까지 약 15년간 혁신 지자체가 지속될 수 있었던 힘이 무엇이었는가도 연구해볼 필요가 있다. 일본의 경험에서 미루어 볼 때 혁신 지자체가 상당 기간 지속될 수 있었던 것은 무엇보다도 지방정치에서 진보세력의 연합전선이 구축되었기 때문이다. 또 혁신 지자체 연합회와 같은 조직도 혁신 지자체의 정치 세력화에 기여했다. 특히 일본에서 총평을 중심으로 노동조합이 생활정치를 표방하고 혁신 지자체의 지지 기반이 되었다는 점도 주목할 필요가 있다. 흔히 서구의 예를 보면 노동조합은 민주적 집권을 선호하고, 노동자 외에 중산층까지 포함하는 다양한 주민의 생활향상과 보편적 복지 실현을 추구하는 분권형 복지에는 관심이 저조하다. 이는 조직화를 통해 임금투쟁을 하는 노동조합의 이해와 다양한 주민의 생활향상을 지지하는 분권형 복지의 이념 간에 상충되는 점이 있기 때문이다. 한국에서 혁신 지자체가 확고하게 자리 잡기 위해서는 노동조합, 특히 대기업 노동조합이 주민 생활개선과 지역정치에 더 관심을 가져야 할 것으로 보인다. 아울러 진보세력의 연합전선과 함께 혁신의 지지기반을 만들어나가기 위해 주민 참여와 학습 제도의 구축, 공동체 및 협동조합 경제를 지원하는 정책의 마련 등도 중요할 것이다.

한편 일본의 혁신 지자체가 가진 문제점을 반면교사(反面教唆)로 삼는 지혜도 필요하다.

일본의 경우 혁신 지자체는 1975년에 경제성장률이 처음으로 마이너스가 되었을 때 변화된 상황에 따른 적절한 재정과 산업정책을 만들어 대응하지 못했다. 따라서 복지 낭비라는 비판을 받을 수밖에 없었다. 아쉽게도 복지정책이나

<표 13-2> 일본의 혁신 지자체와 한국의 혁신 지자체 등장 여건의 차이

구분	일본	한국
확산 지역	도쿄, 교토 등 수도권 및 대도시 주요 지역을 장악, 전국 약 반을 점함으로써 전국적 연대 세력화 가능	수도권 및 지방 대도시 일부만 장악, 전국적 혁신 지자체 연대세력화 미흡, 정치적 파괴력 약함.
주민 의식과 정치적 여건	보수와 혁신의 이슈 대립구도 분명, 주민의 혁신계 지지, 반공해운동 과정에서 주민 자치의식 고양	보수와 혁신의 대립 이슈 미약, 주민은 개발을 더 선호
진보진영의 연합	진보 연합 결성·정책공조, 중앙의 진보정당들의 지역정치 의식 고양	진보세력의 지역정치 연합 취약, 중앙 진보정당의 지역정치 지향성도 미약
정책개발 능력	진보학자 및 지방대학의 적극적 참여	일부 진보학자만 참여, 전체적으로 정책 개발 능력 미약
지방 재원	고도성장기에 상대적으로 풍부한 지방재원	저성장기에 지방재원 제약

시빌 미니멈을 충실하게 한다고 할 때 어떻게 해서 이를 장기적으로 유지해갈 것인가 하는 점에 있어서 일본의 혁신 지자체는 확실한 비전을 가지지 못했다. 당시 도쿄를 비롯하여 오사카 등의 혁신 지자체는 산업정책은 국가가 해야 할 정책이고 지자체가 할 일은 아니며 또 불가능하다고 판단했다. 이렇게 볼 때, 우리나라에서도 혁신 지자체가 성공하려면 시빌 미니멈을 넘어 분권형 복지사회를 지지하는 경제산업구조 형성(내발적 발전과 확실한 산업정책 형성)이 무엇보다도 중요한 과제이다.

다음으로 혁신 지자체의 행정 미숙과 매너리즘도 극복할 과제이다. 일본의 경우 1970년대 중반에 들어서면서 혁신 지자체가 매너리즘에 빠져 자기 혁신을 등한시함으로써, 시민들에게 초기와 같은 신선함을 주지 못했다. 그러므로 일본과 같은 매너리즘에 빠지지 않기 위해서는 진보정당과 시민단체도 진정 수준의 운동을 넘어 정책형성 수준까지 능력을 개발할 필요가 있고, 아울러 지속적인 주민감시와 참여가 필요하다. 또한 단체장의 행정역량 강화와 지자체 관료제 내부의 혁신, 진보 학계의 브레인 그룹 형성도 중요한 과제라고 할 수 있다.

셋째로 일본의 경우 도시는 혁신, 농촌은 보수 지자체라는 이분체제가 형성되어 도시와 농촌 지자체가 공동전선을 만들지 못했던 것도 혁신 지자체 패퇴의 원인이었다. 예를 들어 대기업 초과불균일과세 등은 도시 위주의 이슈였고, 농촌이나 중소도시에서는 보조금 개혁, 지방교부세 개혁이 더 주요 관심이었지만, 대도시 혁신 지자체의 재정개혁에는 이런 농촌이나 지방도시의 개혁 요구까지 담아내지 못했다. 향후 우리나라에서도 혁신 지자체가 성공하려면 도시와 농촌의 이해 조정과 도농 연대 방안이 마련되어야 할 것이다. 지방도시와 농촌을 포함하지 않고서는 도시도 개혁이 진행되기 어렵기 때문이다.

넷째로 일본의 경험으로 볼 때 혁신 지자체가 복지재정을 확대하려면 근본적으로 분권형 복지체제에 걸맞은 중앙정부 차원의 지방재정제도 개혁이 선결되어야 한다. 지방만의 혁신과 개혁 노력만으로는 한계가 있다. 1970년대 중반 이후 혁신 지자체의 재정위기가 발생했을 때 지방재정 위기의 원인과 대책을 둘러싸고 혁신 지자체와 일본 정부 사이에 격렬한 논쟁이 있었으며, 이는 '재정전쟁'으로까지 불리기도 했다(池上 惇 外, 1979: 45). 일본 정부는 재정위기의 원인을 방만한 행정과 복지확충에 있었다고 보았으나, 혁신 지자체는 소위 3할 자치라고 하는 중앙의 재원 독점, 꼬리표 달린 국고보조금 등 지방재정을 제약하는 문제들에 더 근본적인 원인이 있다고 반발했다. 당시 혁신 지자체들은 3할 자치하에서 독자적인 복지행정을 펼치려면 불가피하게 기채에 의존하지 않을 수 없었다. 혁신 지자체들의 복지확충으로 안게 되는 재정적자는 복지국가라면 당연히 국가가 부담해야 할 비용이다. 도쿄도는 미노베 도정 2기째에 들어서야 신재원 구상연구회를 만들어 이런 제도 개선을 도모했지만 당시에 일본이 맞이한 전반적 경제위기와 재정적자 누적으로 개혁의 시기를 놓치고 말았다. 미야모토 교수(宮本憲一)는 "이런 재정개혁구상은 미노베 도정 초기에 나왔어야 한다. 1960년대에 대도시 재정의 개혁이 되지 않았던 것이 나중에 화근이 되었다"라고 말하고 있다(宮本憲一, 1994: 34).

이런 문제들은 한국에서도 마찬가지이다. 대부분의 재정을 중앙에 의존하는 지방 현실에서 독자적인 복지정책을 펼치는 경우 무리한 재정 부담이 초래될 수밖에 없다. 그러나 무상급식, 아동보육, 노인의료 지원 등은 복지국가를 지향하는 한 당연히 국가가 비용을 부담해야 할 몫이다. 일본의 혁신 지자체도 국가가 사회적 생활기반 정비에 무관심했기 때문에 지방자치단체가 불가피하게 선도적으로 사회보장, 복지확충을 도모했고 그 결과 방만한 재정운영이라는 비판 받았다. 따라서 지자체의 재정 부담을 줄이려면 스웨덴과 같이 지자체가 생활 복지를 담당하더라도 그 재원은 내셔널 미니멈 관점에서 국가가 확실하게 보장하는 제도가 마련되어야 한다. 즉, 생활복지에 대한 국가의 부담을 명확히 하는 가운데 분권형 복지를 담보하기 위한 재정분권과 수평적 재정조정제도, 포괄보조금 확대 등(소위 스웨덴식 분권형 지방재정제도)이 지자체 혁신과 더불어 동시에 반드시 추진되어야 할 재정개혁의 과제이다.

참고문헌

매코맥, 개번(G. McCormack). 1998. 『일본, 허울뿐인 풍요(The Emptiness of Japanese Affluence』. 한경구 외 4명 공역. 창작과비평사.

오재일. 1999. 「일본의 혁신 지자체에 관한 고찰」. ≪한국행정학회보≫, 제33권 제12호.

이호철. 1996. 『일본의 지방자치 어제와 오늘』. 삼성경제연구소.

정영태. 1996. 「일본 혁신 자치체의 등장과 성과」. ≪도시와 빈곤≫, 3월호(통권 제21호).

加茂利男. 1988. 『都市の政治學』. 自治體研究社.

宮本憲一. 1980. 『都市經濟論: 共同生活条件の政治經濟學』. 築摩書房.

______. 1994. 「革新地自體の回顧と展望」. 東京自治問題研究所·月刊 東京 編輯部 『21世紀の都市自治への教訓 — 證言: みのべ都政』. 教育史料出版會.

大森 彌. 1986. 「革新と選擧聯合」. 大森 彌·佐藤誠三郎 編 『日本の地方政府』. 東京大學出版會.

渡邊治. 2009. 「政權交代と民主党政權の行方」. 渡邊治·二宮厚美·岡田知弘·後藤道夫. 『新自由主義か 新福祉國家か: 民主党政權下の日本の行方』. 旬報社

松下圭一. 1994. 「シビルミニマム論の回顧と展望」. 東京自治問題研究所·月刊 東京 編輯部. 『21世紀の都市自治への教訓 — 證言:みのべ都政』. 教育史料出版會.

神野直彦, 宮本太郎, 井手英策. 2008. 『地方分權型の'ほどよい政府'を: 21世紀日本の福祉國家と地方政府』. 調査研究報告書(平成20年度 全國知事會 自主調査研究委託事業).

池上 惇 外. 1990. 『地方財政論』. 有斐閣.

進藤兵. 2004. 「革新自治體」. 渡邊治 編 『日本の時代史: 高度成長と企業社會』. 吉川弘文館.

坂本忠次. 1999. 「戰後日本における地方自治財政の回顧: いわゆる「革新自治體」の役割について」. ≪岡山大學經濟學會雜誌≫, 第30卷 第4号.

後藤道夫·暉峻衆三·進藤兵·渡邊治. 2002. 「戰後開発主義國家その形戊·展開·解體(座談會)」. ≪ポリティーク≫, 第5卷.

제14장

풀뿌리 진보정치의 가능성 광역런던시의회(1981~1986년) 사례*

서영표 | 성공회대 민주주의연구소 연구교수

1. 진보적 지역정치의 한 사례

2010년 6·2 지방선거를 전후해서 지역정치에 대한 관심이 높아졌다. 진보적 정치의 기초는 풀뿌리 지역정치로부터 나온다는 인식이 확산되었기 때문이다. 이미 오래전부터 '생활정치'가 주목을 받아왔던 터였다. '생활'의 공간이 구체적인 지역일 수밖에 없기 때문에 '생활정치'는 곧 '지역정치'와 직결될 수밖에 없었다. 다른 한편, 한국의 지역정치는 중앙정치보다 훨씬 더 강력한 보수적 정치문화를 가지고 있다는 사실이 자주 지적되었다. 토호와 보수단체, 개발업자와 지역정치인, 그리고 지역의 보수언론에 의해 지배되는 것이 지역정치라는 것이다. 중앙정치로부터 고립된 풀뿌리 정치는 대개 구조적 조건에 대한 체계적 공격으로 나가지 못하고 고립분산적인 '게릴라' 투쟁을 넘지 못한다고 비판되기도 한다. 실제로 지방 토호세력의 난공불락의 요새를 뚫지 못한다면 지역정치 참여의 의미는 반감될 수밖에 없다. 따라서 우리의 질문은 어떻게 지역의 풀뿌리 정치를 통해 보수적 정치구조를 변화시킬 것인가이다.

---

* 이 글은 ≪마르크스주의연구≫, 제7권 제1호에 게재된 「사회주의적 도시정치의 경험」을 수정하고 보완한 것이다.

이 글에서 살펴보게 될 1981~1986년의 급진적 광역런던시의회(Greater London Council, 이하 GLC)의 사례는 이러한 질문에 답하려는 실천적 시도였다. 우선 GLC를 이해하기 위한 간략한 배경 정보를 전달할 필요가 있다. 런던의 지방정부는 1888년 「지방정부법」에 의해 설립된 런던카운티의회(London County Council, LCC)에서 시작된다. 비록 엘리트주의적인 페이비안주의(Fabian)에 기초하고 있었지만, 1930년대부터 LCC를 장악한 노동당은 시 단위의 복지정책의 전형을 만들어내었다. 당시의 런던노동당 대표인 허버트 모리슨(Herbert Morrison)의 이름을 따 이러한 위로부터의(from above) 복지정책노선을 '모리슨주의'라고 부른다. 보수당은 1963년 런던을 노동당이 지배하는 것을 막기 위해 옛 런던을 넘어서 외곽지역(주로 보수당을 지지하는 지역)까지 포함하는 광역 런던 단위의 지방자치정부인 GLC를 창설한다. 보수당의 기대와는 달리 GLC는 정치적 조건에 따라 보수당과 노동당 정부를 오락가락하게 된다. GLC는 1986년 대처의 신우파 정부가 지방정부를 근거로 한 노동당 좌파의 저항을 무력화하기 위해 대도시 의회를 폐지할 때까지 존속한다. 토니 블레어(Tony Blair)의 신노동당 정부는 2000년부터 런던에 시장(mayor) 제도를 도입했지만 권한은 시의회 때보다 대폭 축소되었다.[1)]

런던에 급진적 지방정부가 존재한 기간은 1981~1986년의 5년간이다. 당시 런던노동당을 이끌던 사람은 '빨갱이 켄(Red Ken)'이란 별명이 붙은 켄 리빙스턴(Ken Livingstone)이었다. 그를 중심으로 결집한 신좌파 지방의회 의원들과 활동가들은 대중교통 요금 인하, 임대주택 강화, 성적 차별과 인종주의 반대, 노동자 협동조합 기업에 대한 지원, 사적 기업에 대한 개입 등 다양한 영역에서 민주적 사회주의 정책을 추진한다. 대처가 당내에서조차 반발이 심했던 무리한 조치로 대도시 의회를 폐지한 것은 그만큼 지방정부 수준의 신좌파적 사회주의의 잠재력이 컸다는 것을 방증한다. 사회복지의 직접적 전달자 성격이 강한 영국의

---

1) 영국의 지방자치정부는 중앙정부와 마찬가지로 의원내각제를 채택하고 있다. 2000년대 들어 주민투표를 통해 시장제도를 도입할 수 있게 했지만 여전히 대다수 지방자치정부는 의원내각제 형식을 유지하고 있다.

지방정부는 주택·교통·의료·교육·전기 등 '집합적 소비', 그리고 도시개발 계획에 개입할 수 있었다. 신좌파가 장악한 지방정부들(런던만이 아니었다)[2]은 이러한 쟁점에서 사회민주주의적 구좌파의 관료적 복지를 비판하는 동시에 신우파 정부의 시장자유주의에 저항했다. 더 많은 민주주의를 통한 공공성의 재정의를 시도했다. 참여민주주의적 계획을 통해 시장 만능주의에 맞섰던 것이다.

급진적 GLC 시기에 많은 도전이 있었고 그 자체로 허점이 없는 것도 아니었다. 제도화된 엘리트 정치구조, 관료들의 조직적 저항, 자본의 힘을 앞세운 강력한 개발동맹, 보수적 언론의 공격, 런던 시민 내부의 분열, 그리고 중앙정부의 압박까지 급진적 GLC는 도시적 차원의 진보적 정치전략이 직면할 수밖에 없는 모든 어려움을 겪었다. 급진적 GLC가 우리에게 보여준 것은 이러한 어려움들은 항상적으로 존재할 수밖에 없으며, 그렇기 때문에 회피될 수 없다는 것, 그래서 언제나 해결되어야 할 문제들이라는 사실이다. 관건은 어떤 방법을 통해 대결해야 하는가에 있다.[3]

---

2) 영국의 지방자치제도는 매우 복잡하다. 1980년대 노동당 좌파가 권력을 장악한 지방자치체는 런던처럼 광역 단위 자치단체도 있지만 셰필드(Sheffield)처럼 중소도시도 있었다. 런던의 경우 구에 해당하는 버러 단위에서도 노동당 좌파의 개입이 두드러지게 나타나고 있었다. 광역 런던시의 역할이 런던 전체에 대한 전략적 계획과 개입이었다면 버러의회의 역할은 그러한 전략적 계획에 부합하는 구체적인 계획을 세우고 집행하는 것이었다. 광역자치단체와 기초자치단체 사이에는 권한, 특히 전략적 계획의 권한에서 차이가 있다. 하지만 이 글에서 다루는 급진적 정책 수립의 방향과 내용은 기초자치단체에도 적용될 수 있다. 실제로 GLC에서 실험된 많은 정책들은 1970년대 중반 이후 좌파 버러우들로부터 나온 것이었다.

3) 런던광역시의회에 대한 더 자세한 내용과 참고문헌은 서영표(2009)를 참조.

2. 급진적 광역런던시의회(1981~1986)의 약사

급진적 GLC를 향하여

GLC는 1963년 제정된 「지방정부법」에 의해 만들어졌다. 표에서 보는 것처럼 첫 번째 GLC 선거는 노동당의 승리로 끝났다. 하지만 그 승리는 오래가지 않았다. 사회주의적 방향으로 영국의 현대화를 약속했던 노동당의 해럴드 윌슨(Harold Wilson)정부(1964~1970)에 대한 실망은 곧바로 노동당의 지방선거 참패로 드러났다. 뒤이은 6년(1967~1973년) 동안 런던은 보수당의 수중에 있었다. 그러나 똑같은 상황이 보수당에게도 찾아왔다. 에드워드 히스(Edward Heath)의 보수당 정부(1970~1974년)가 추진했던 '어설픈' 자유주의적 드라이브는 노동자들의 대규모 저항을 불러왔다. 정부의 모든 정책은 후퇴했고(U-turn) 뒤이은 선거에서 윌슨의 노동당이 재집권하게 된다. 당연히 이러한 정치적 소동은 런던시정부의 운영을 노동당에게 다시 돌려준다.[4)]

1973년 GLC 선거 때의 런던 노동당의 선거 강령은 원외(extra-parliamentary) 노동당[5)]의 좌경화 바람을 타고 채택된 1973년 '노동당프로그램(the Labour Programm)'만큼이나 급진적인 내용을 담고 있었다.[6)] 특히 공공주택과 대중교

---

4) 노동당의 역사에 대한 자세한 분석은 고세훈(1999)을 참조.

5) 노동당은 의원단으로 구성된 원내노동당(Parliamentary Labour Party), 노동당 지구당(Constituency Labour Party), 노동조합 등으로 만들어진다. 원외노동당은 의원단 외의 노동당, 특히 지구당과 노동조합을 의미한다.

6) 윌슨 정부에 대한 환멸과 지방선거 패배는 지방정치인의 세대교체를 불러온다. 이때 노동당의 중추로 떠오른 젊은 세대의 정치인과 활동가들은 신사회운동과 현장 단위 노동자 운동의 세례를 받은 급진파들이었다. 이들은 노동당 전당대회와 정책수립기구인 전국집행위원회(the National Executive Committee)를 장악하고 그들의 입장을 원내의원단에게 관철시킨다. 그 결과가 바로 1973년 '노동당 프로그램'이다. 1974년 구성된 윌슨 정부는 이러한 사회주의적 선거 강령으로부터의 거리두기를 지속적으로 시도했고 이것은 당의 내홍과 분열로 귀결된다. 그 분열의 와중에 당내 좌파는 런던, 셰필드 등 지방정부를 자신의 근거지로 삼아 대처의 중앙정부와 마이클 풋(Michael Foot)과 닐 키녹(Niel Kinnock)으로 이어지는 노동당

<표 14-1> 런던광역시의회(Greater London Council) 의석 분포(1964~1981년)

연도	직접선출시의원(Councillor)			간접선출시의원(Aldermen)		
	보수당	노동당	자유당	보수당	노동당	자유당
1964	36	64	-	5	11	-
1967	82	18	-	10	6	-
1970	65	35	-	11	5	-
1973	32	58	2	6	9	-
1977	64	28	-	(Aldermen abolished)		
1981	41	50	1			

자료: Butler and Butler(1986), p.447.

통에 상당한 규모의 추가적 공적 자금을 투여할 것을 약속했다. 그러나 런던 노동당정부는 1974년과 1975년 초에 영국을 엄습한 금융위기에 직면하게 된다. 이때의 금융위기는 윌슨정부가 급진적 강령을 '배신'하는 것을 정당화할 수 있는 기회를 제공했는데, 런던시정부도 예외는 아니었다. 당시 런던노동당은 공공주택의 임대료와 대중교통 요금을 인상했고 이러한 조치는 필연적으로 당내 우파와 좌파 사이의 치열한 논쟁을 촉발했다. 치열한 논쟁 끝에 노동당의 "주택전략계획"은 철회되고 만다. 앞의 1차 윌슨 정부와 히스정부가 그랬던 것처럼 이러한 정책상의 혼란은 윌슨과 그의 뒤를 이은 캘러한정부의 인기가 급락하는 것으로 연결되었다.[7)] 1977년 지방선거에서 런던의 시정이 보수당에게 되돌아가는 것은 정해진 수순이었을 뿐이었다. 보수당은 64 대 28이라는 압도적인 차이로 시청으로 되돌아온다. 그리고 전국적 수준에서도 1979년의 총선에서 18년이라는 긴 시간 동안 지속될 대처의 보수당 정부가 구성된다. 이 18년은 영국사회의 성격을 송두리째 바꾸는 격변의 시기가 될 것이었다.

1979년 총선패배 이후 켄 리빙스턴을 중심으로 한 런던 노동당의 신좌파 분

의 중도파 지도부에 대해 저항하기 시작한다. 키녹은 1983년 선거의 총선 패배 이후 그 패배를 당내 좌파로 돌리면서 대대적인 숙청을 단행하고 존 스미스(John Smith)를 거쳐 토니 블레어(Tony Blair)에 이르는 우경적 현대화 전략의 기초를 놓았다.

7) 윌슨은 의회 해산과 새로운 선거 없이 캘러한에게 당대표직을 물려준다. 당시 노동당이 집권당이었기 때문에 캘러한은 당연히 수상의 직을 승계한다. 토니 블레어가 현 수상인 고든 브라운(Gordon Brown)에게 당수직을 물려줌으로써 수상직까지 승계한 것과 같은 경우이다.

파는 일련의 작업팀을 결성하고 일반당원의 광범위한 참여를 유도함으로써 1981년에 있을 다음 지방선거를 대비하기 시작했다. 지방과 전국 수준 모두에서 노동당 지도부가 너무 쉽게 당 강령을 이행할 의무를 방기하는 것을 목격한 런던 노동당 좌파는 소수의 지도부에 의한 것이 아니라 참여적 민주주의에 기초한 광범위한 당원 참여를 통한 당강령 작성만이 지방의회 의원들이 그것을 준수하도록 강제할 수 있다고 생각했다. 실제로 당강령을 기초하는 데 모두가 참여한다면 아무도 감히 그것에 반대할 수 없을 것이라는 생각은 1981년 지방선거 이후 사실로 드러났다.

1981년 5월 지방선거를 앞둔 상황에서 가장 중요한 순간은 선거강령이 채택된 런던 노동당의 특별 당대회였다. 이때 채택된 당 강령에서 대중교통정책의 중요성이 강조되었으며, 25%의 요금 인하가 그 주된 내용이었다. 이 밖에도 다음과 같은 중요한 정책들을 포함하고 있었다.

> (전략) 런던의 경제를 되살리기 위해 런던기업위원회(the London Enterprise Board)를 설립하고 1984~1985년까지 1만 개의 일자리를 창출한다. GLC가 주택정책과 관련하여 가졌던 전략적 역할을 회복하고 공공주택(council houses)에 대한 자발적 매매를 중지하며 최소한 집권 후 첫해 동안은 공공주택 임대료를 동결한다. GLC가 도시 계획과 관련하여 가지고 있는 결정권을 이용하여 런던 중심부의 사무지역의 확대를 저지하고 주택, 쉼터와 경공업을 위한 대안적 개발을 유도한다. 도로 건설은 억제한다. 소위 국토방위에 소용되는 낭비적 지출을 중지한다(Carvel, 1987: 84에 인용된 요약).

사실 특별 당대회에서 채택된 강령이 1973년의 그것보다 더 급진적이었다고 말하기는 어려웠다. 하지만 한 가지 더 급진적인 요소가 있었다. 그것은 신좌파적 신념에 대해 헌신적이면서, 동시에 혁신에 대한 새로운 열망을 가진 사람들로 지방의회 의원단이 교체된 것이었다. 이들이 GLC가 1981년 5월 이후 5년 동안 급진적 사회정책을 추진할 수 있게 한 원동력을 제공했다.

공정요금정책과 언론과의 마찰

좌파정부의 출현

런던 노동당은 1981년 5월 7일의 지방선거에서 보수당(41)과 자유당(1)의 의석을 합친 것보다 8석이 많은 다수당 정부를 구성했다. 바로 다음날인 5월 8일 리빙스턴은 런던 노동당 대표 경선에서 대표로 선출된다. 또한 GLC와 런던 버러(borough)의 지방의원으로 구성되는 중심부 런던의 '교육위원회'도 좌파에 의해 장악되었다.[8] 물론 좌파의 우세는 절대적이지는 못했고 미묘한 좌·우파 간의 힘의 균형이 성립되었다. 1981년 5월 28일 자 ≪런던 레이버 브리핑(London Labour Briefing)≫은 "런던은 우리의 것"이라고 선언했다. 그리고 리빙스턴은 시청은 "대처 정부를 끌어내리기 위한 공개적 캠페인의 기지로서" 이용될 것이라고 공언했다.

새로운 급진적 GLC의 처음의 몇 달 동안 많은 혁신적 조치들이 도입되었다. 6월에 GLC는 '인종적 소수자 위원회'를 설립했는데 이 위원회는 (특히 GLC 내부의) 고용기회, 제도적 인종주의 등 인종차별 문제에 관련된 캠페인을 주도했다. 같은 달 '경찰위원회'가 설립되었는데 이 위원회는 「런던의 치안유지」라는 팸플릿을 발간하고 런던 경찰청을 비판적으로 감시하는 역할을 했다. 또한 대안적 경제정책과 민중계획(Popular Planning)의 전망을 제시할 「런던 산업전략」 집필을 담당할 '경제정책팀'이 구성되었다. 여름에는 지역공동체에 근거한 새로운 예술정책을 주도할 '민중을 위한 예술' 정책이 시작되었다. 기존의 보수적인 엘리트 문화를 넘어서 다양한 대중문화에 대한 지원의 폭을 넓혔다. 시청 건물은 일반사람들에게 공개되었고 권력은 고위 공직자의 사무실에서 각 위원회의 의원석과 방청석으로 옮겨졌다.

위에서 언급된 많은 새로운 정책이 제시되었지만 언론의 관심은 엉뚱한 곳에 있었다. 보수적 신문들의 지면은 리빙스턴에 대한 추잡한 공격으로 채워졌다. 그들의 목적은 런던 노동당 좌파정권을 흠집 내는 것이었다. 특히 6월과 7월 사

8) 버러는 서울의 구에 해당한다.

이 보수적 언론은 리빙스턴이 북아일랜드, 게이, 왕정 등에 대해 제시한 개인적 견해를 인용하면서 그를 악마화하는 데 혈안이 되었다. 그러나 언론으로부터의 공격은 '빨갱이 켄'에게만 국한되지 않았고 급진적 GLC의 모든 대안적 정책을 향한 것이었다. 대중교통 요금의 대폭 인하와 각종 자발적 단체(voluntary groups)에 대한 재정적 지원에 대한 적대적 태도는 가장 대표적인 사례였다. 보수언론에 이러한 정책들은 급진적 GLC의 '친구'들에 대한 불법적 지원에 지방세 납부자들의 돈을 낭비하는 것에 지나지 않았다. 사실상 인종적 소수자, 동성애자, 레즈비언 단체들에 지급된 돈은 대단히 적은 액수였다(Holingsworth, 1986: 85~86). 그리고 1981~1984년에 600만 파운드에서 5,000만 파운드로 증액된 자발적 단체들에 대한 지원은 보수적 언론의 공격과는 달리 당연히 지원받아야만 하는 단체들에 지급되었다고 할 수 있다(Lansley et al., 1989: 55).[9)]

공정요금정책

런던 노동당의 선거 강령에 따라 GLC는 런던 대중교통요금의 25%를 인하했다. 이것은 1981년 10월 현재 일 인당 11.9펜스[10)]의 지방세가 추가적으로 더 부과되어야 함을 의미했다. 이것을 '공정요금정책'이라고 명명했다. 불가피한 재정적자와 부가적 지방세가 있지만 공정요금정책에는 합리적인 근거가 있었다. GLC는 증가하는 승용차 이용이 초래한 계속되는 도로의 확장과 교통정체 그리고 대기오염의 부정적 효과들에 대해 조치를 취해야만 한다는 확신이 있었다. 승용차 이용의 확대에는 여러 가지 이유가 있겠지만 형편없는 대중 교통시설이 중요한 원인이라는 것이 GLC의 판단이었다. GLC는 1969년 제정된 「런던교통법」에 따라 교통정책을 수립하고 '런던교통집행위원회'에 정책 방향을 제시할

---

9) 이는 모두를 만족시키는 정책은 없다는 사실을 보여준다. 모든 정책은 계급 간 그리고 사회집단 간의 대립과 적대로부터 중립적일 수 없다는 의미에서 갈등적일 수밖에 없다. 이런 의미에서 정책의 수립과 추진은 곧 그것을 주도하는 정치세력을 지지할 수 있는 정치적 토대를 만드는 과정이기도 하다.

10) 영국의 화폐 단위는 100펜스(pence)가 1파운드(pound)다. 최근의 환율로 1파운드는 대략 1,800원에서 2,000원 사이이다.

합법적 권한을 가지고 있었다. 핵심적으로 GLC는 요금수입 감소에 따른 손실에 대해 '런던교통집행위원회'에 보조금을 지급하고 그렇게 함으로써 손익의 균형을 맞추도록 도와줄 수 있는 권리가 있었다(Griffiths, 1997: 143).

요금 인하에 뒤이은 사태의 전개는 사법부와 GLC 사이의 법률적 싸움에서 절정을 이루었다. 소송은 토리(보수당)가 장악하고 있었고 부유층이 밀집하고 있었던 브럼리(Bromley) 버러 지방의회가 1981년 10월 28일 지방법원에 제소함으로써 시작되었다. 그들이 소송을 제기한 근거는 실제로 대중교통을 거의 이용하지 않는 자신들의 세금이 자신들의 권익과는 무관한 것에 낭비되고 있다는 것이었다. 지방법원의 판결은 GLC의 손을 들어주었다. 부가적 지방세는 당장 중지되어야 한다는 브럼리의 주장은 11월 10일 기각되었다. 그러나 항소심에는 상황이 달라졌다. 재판부는 만장일치로 공정요금과 부가적 지방세는 불법적이라고 판결했다. 뒤이어 상원에서도 GLC의 요금인하정책은 불법이라고 판결했다. GLC의 정책이 합리적인 근거를 가지고 있었기 때문에 GLC가 패소할 것이라고 예상한 사람은 그리 많지 않았다. 항소법원과 상원의 사법적 판단근거는 매우 편협하게 해석된 '경제적 경영'과 '수탁자의 의무'였다. 이러한 기준에 따라 런던교통집행위원회는 사적 기업처럼 상업적 기준에 따라 운영되어야 한다는 것이었다. 판결은 선거에 의해 구성된 지방정부의 정치적 의미를 부인하는 것이었으며 사회적 서비스로서의 대중교통의 특성을 무시하는 것이었다(Griffiths, 1997: 144~145)

'공정요금'을 방어하기 위한 캠페인을 펼쳤음에도 GLC는 판결을 수용할 수밖에 없었다. 결국 1982년 3월 21일 요금은 두 배로 인상되었다. 후에 정확한 법률적 검토 작업 끝에, GLC는 대중교통정책을 다시 도입했다. 1983년 3월 '티켓 하나로(Just The Ticket)'로 명명된 새로운 교통정책은 버스와 지하철 요금을 모두 포괄하며 구역 체계로 나누어진 교통카드(Travel-card)제도를 도입함으로써 요금인하를 유도하는 것이었다. 1984년 중반까지 요금 수준은 1981년 지방 선거 때를 기준으로 대략 1/5 정도 낮아졌다. GLC는 "1984년까지 런던 중심부의 승용차 이용은 15% 감소했고 대중교통 이용은 16% 증가했다"고 발표했다. 또한 새로운 대중교통 정책에 의해 도로사고가 1년에 3,000건 감소했다는 것도 중요한 성과였다.

런던을 위해서 일하기, 그리고 우파로부터의 압박

혁신적 정책

공정요금정책은 급진적 GLC가 최우선 순위를 부여한 정책이었지만 그것이 전부는 아니었다. 1982년 1월 '광역런던기업위원회(the Greater London Enterprise Board, 이하 GLEB)'가 창설되었는데, 위원회는 '런던 노동정책'을 발표하고 여성과 인종적 소수자들에 대한 취업훈련을 재정적으로 보조했다. 같은 달, '게이·레즈비언 작업팀'이 만들어졌으며 6월에는 '여성위원회'가 업무를 시작했다. 여성위원회는 각종 여성관련 프로젝트를 재정적으로 지원하고 차별을 모니터링하고 어린이 놀이방 시설의 개선을 위한 캠페인을 주도했다. 여성위원회와 같은 새로운 위원회들은 런던뿐만 아니라 런던의 버러와 다른 기초자치단체에도 도입되었다.

다양한 급진적 정책의 도입이 있었지만 공정요금정책이 급진적 GLC 초반기의 역점 사업이었음을 부정할 수는 없다. 그것은 엄청난 지출이 필요한 사업이기도 했다. 이러한 이유 때문에 공정요금정책의 좌초는 다른 정책들에 의도하지 않은 효과를 가져왔다. 공정요금정책의 실패는 그것에 책정되어 있던 자금이 다른 영역의 급진적 정책에 투자될 수 있도록 했던 것이다. 낮은 요금을 위해 징수된 지방세 증가분은 다른 급진적 정책들에 사용될 수 있었다. 1983/4년 회기에 자발적 조직들에 지원된 보조금 액수는 대폭 증가되었다. 뒤에서 살펴보겠지만 이러한 자금은 '민중계획', '동등기회', 사적 경제에의 개입 등 다양한 급진적 정책을 위해 사용되었다.

문제가 없었던 것은 아니다. 일단 다양한 정책들이 시작되자 각각의 정책은 공정요금의 좌초에 의해 충당될 수 있었던 것보다 훨씬 많은 돈을 필요로 하게 되었다. 한편으로 공공 지출 삭감을 제1의 원리로 삼는 대처의 신우파정부로부터의 압박이 있었다. 토리중앙정부는 높은 수준의 지출에 대한 벌칙 부과, 지방세상한선 제시 등의 공격적인 조치들을 동원해서 좌파적 성향의 지방정부들에 압력을 가했다.

중앙정부의 압박

급진적 GLC가 넘어야 할 산은 우파정부의 압력과 재정적 압박에 그치지 않았다. 높은 수준의 지출 자체를 런던의 시민들 앞에서 정당화하는 것은 결코 쉬운 과제가 아니었다. 브럼리의 소송에서 알 수 있듯이 런던시민들은 다양한 사회계급과 인종으로 구성되었기 때문에 애초부터 모든 시민들이 GLC의 급진적 정책을 환영할 수는 없는 노릇이었다. 이런 이유에서 언론은 연일 지방세 납부자의 돈을 낭비하는 런던을 필두로 하는 급진적 지방정부에 대해 맹공을 퍼부었다. 보수당 정부는 리빙스턴 행정부가 "유례가 없는 재정적 지원을 여성 단체들, 인종적 소수자 단체들, 게이 또는 여타의 캠페인 단체들에 쏟아 붓고 있다"고 비난했다. 그들에게 언급된 단체들에 대한 지원은 남성중심의 백인사회의 이성애적 질서에 대한 도전으로 비쳤다.

이러한 맥락에서 급진적 지방정부로서의 GLC는 많은 선택의 여지를 가지고 있지 못했다. 어려운 상황을 돌파하고, 리빙스턴이 1981년 5월에 선언했듯이 진보정치의 근거지로서의 지방정부를 강화하고 그것을 통해 대처정부를 종식시키기 위해서는 3중의 과제를 동시에 감당해야 했다. 첫째, GLC는 신우파 중앙정부와 보수적 언론을 상대로 한 이데올로기투쟁을 전개해야만 했다. 둘째, 대중의 광범위한 참여를 촉발하고 그들이 스스로 조직하고 투쟁할 수 있도록 도와줌으로써 스스로의 사회적 기반을 확장해야 했다. 이것만이 제도정치 안에서 제도정치를 변화시키는 정치를 가능하게 할 유일한 힘의 원천이었기 때문이다. 셋째, 급진적 GLC가 도입한 각종 사회정책의 현실적이고 가시적인 성과가 필요했다. 이러한 가시적인 긍정적 성과가 있어야만 GLC의 대안적 전략은 런던 시민들로부터 정당성을 획득하고 앞으로 나갈 수 있었다. 이러한 3중의 과제의 성공적 수행만이 대처정부를 향한 투쟁의 전진기지를 건설할 수 있는 유일한 길이었다. 그러나 불행히도 대처 정부는 GLC가 이 같은 과제를 성취하고 앞으로 나갈 수 있는 시간과 기회를 줄 만큼 너그럽지 못했다.

대처가 보기에 보수당 정부는 좌파적 지방정부를 통제하기보다는 그들에 끌려다니고 있었다. 정부의 모든 정책은 문제를 해결하기보다는 정치적 소동을 초래하는 것처럼 보였다. 지방정부의 지출을 통제할 수 있는 매우 정교한 방법을 도입했음에도 불구하고 정부는 지방정부의 높은 지출수준을 줄이는 데 실패했다. 이에 따라 대처는 극단적인 조치를 취하게 된다. 보수당 내부로부터의 반대가 있었음에도 런던을 포함한 6개의 메트로폴리탄 시의회를 폐지하게 되는 것이다.

정부의 공격에 대한 반격으로 GLC는 매우 효과적인 폐지반대 운동을 전개했다. GLC는 기본적인 민주적 원리가 정부에 의해 훼손되었음을 부각시켰다. 운동을 주도했던 리빙스턴은 이 과정을 통해 '흉악한 인간' 또는 '대중적 악마'의 이미지를 벗고 민주주의의 수호자로 부각되었다. GLC는 1983년 10월부터 1985년 3월까지 폐지반대 운동에 1,400만 파운드를 쏟아 부었다. 가장 인상적인 성공은 폐지 반대 포스터였다. 첫 번째 포스터는 <Say No to No Say>였다. 당시의 여론조사에 따르면, 61%의 런던 시민이 폐지에 반대하고 단지 22%만이 찬성하는 것으로 나타났다. 그러나 불행히도 폐지반대 운동의 엄청난 성공도 폐지법안을 막기에는 충분하지 못했다. 켄 리빙스턴을 포함한 4명의 런던 시의회 의원의 의도된 사퇴와 그에 따른 보궐선거(1984.9.20)는, 그것을 폐지에 관한 시민투표(referendum)의 장으로 이용하려 했던 의도와는 달리 맥없이 치러지고 말았다. 비록 네 명의 노동당 후보가 모두 생환했지만, 승리의 의미는 토리의 조직적 선거 불참과 낮은 투표율에 의해 퇴색하고 말았다.

3. 급진적 광역런던시의회의 급진적 실험

공공서비스와 산업정책

간략한 역사에서 살펴보았듯이 급진적 GLC의 핵심은 더 넓고 깊은 민주주의를 통해 런던시민을 정치적 주체로 만드는 것이었다. 물론 거기에는 계급적·인종적·성적 갈등이 내포되어 있었다. 모든 GLC에게 모든 런던시민이 동일한 정체성을 가진 주체가 아니었다는 것이다. **그런 의미에서 민주주의 확장전략은 그것을 지탱할 수 있는 정치적 주체를 창출한다는 면에서 적대적 대립의 선을 명확히 하는 정치적 개입이기도 했다.** 모두를 만족시키는 정치란 있을 수 없다.

계획과 참여

GLC는 대중교통, 주택, 의료 등의 공적 영역에서 보통사람들의 필요(needs) 충족, 그리고 '사회적으로 유용한 생산(socially useful production)'을 정책 수립과 집행의 기준으로 삼았다. 이러한 정책수립과정에서 가장 중요한 것은 시민들의 필요를 시민들 스스로 표현하고 토론할 수 있는, 그래서 합의에 도달할 수 있는 기제를 마련하는 것이다(GLC, 1985a: 26~28). 다양한 사회운동 단체의 캠페인과 지역개발과 관련한 지역주민의 자발적 계획(민중계획)을 지원한 것은 이 같은 맥락에서였다. 동시에 GLC는 보통사람들의 실천적 지식에 근거하지만 그 내부의 갈등적 측면을 극복하는 전반적 계획이 필요하다는 점을 간과하지 않았다. 통합적인 전략적 계획이 없이는 국지적 요구와 저항은 좌초될 수밖에 없다는 사실을 인식하고 있었던 것이다. GLC에 참여했던 전문가 그룹에 의해 만들어진 '런던산업전략(The London Industrial Strategy)', '런던노동계획(The London Labour Plan)', '런던금융전략(The London Financial Strategy)', '광역런던개발계획(The Greater London Development Plan)'은 국지적 저항에 전략적 방향을 부여하고 결집하기 위한 시도의 산물이었다.

따라서 급진적 GLC의 전략은 **중장기적 전략수립을 참여민주주의와 결합**하는 것이었다. 이러한 결합은 새로운 차원의 '지식의 정치'였다. 명목뿐인 민주주의가 실현되기 위해서는, 즉 직접적인 민주적 참여가 실현되기 위해서는 정보와 지식, 그리고 자원이 제공되어야 했다. 독점된 지식과 정보의 재분배 없는 민주주의는 공허한 구호에 불과했다. 위에서 언급된 방대한 분량의 문건들은 산업전략, 노동계획, 개발계획에 대중적 참여를 결합시키려는 다양한 경험과 이론적 성찰을 담고 있다. GLC가 재정적으로 지원한 기술 네트워크(Technology Network)나 지역 정보센터도 같은 맥락에서 이해할 수 있다. 기술네트워크는 지역주민들의 필요가 해당 지역에 존재하는 기술대학의 전문가들과의 토론을 통해 정책수립과정에 반영될 수 있도록 하는 것이었다. 기술네트워크가 대중교통과 에너지 등 시민들의 필요와 직결된 주제를 다루었던 것은 이런 이유에서였다. 그리고 지역 주민 스스로 그들의 필요에 반하는 재개발에 반대할 수 있도록 도와주기도 했다. 대표적 사례는 도크랜즈(Docklands) 재개발계획을 수립할 수 있도록 정책적·재정적 지원을 준 것이었다(도크랜즈 민중계획에 대해서는 후술할 것이다). 자발적으로 형성된 실천적 지식이 발전할 수 있는 계획과 지원이 제공된 것이다.

사회적으로 유용한 생산

급진적 GLC가 내세운 '사회적으로 유용한 생산'이라는 원칙은 시장기제에 대한 비판을 내포하고 있었다. 시장은 "충족되지 못한 필요에 조응"할 수 없고 "점증하는 현실적 필요"를 "경제적인 유효수요"로 전환할 수 없다는 것이었다. 이런 부조응은 시장메커니즘 그 자체가 기본적 필요 충족에 부적합하다는 사실 때문만이 아니라, "자원 또는 자기조직화의 결핍으로 인해, 사회의 다수가 시장을 통해 그들의 요구를 표현할 수 있는 조건에 있지 않다"는 사실에서 기인한 것이었다(GLEB, 1984).

사회적으로 유용한 생산이라는 생각은 1970년대 '루카스 항공 노동자 계획(이하 루카스계획)'을 통해서 유명해졌다. '루카스계획'은 군수생산을 사회적으로 유용한 생산으로 전환하자는 제안을 통해서, 잉여인원을 처리하려는 경영계획에 대한 대안을 제시했다. 루카스 항공은 비행기 시스템, 설비 디자인 및 생산면에서 유럽 최대의 기업이었고, 그 생산품의 50%가 군수 항공기 및 다른 방위업무와 관련되었다. 합리화라는 명목하에 추진된 대규모 정리해고의 위협에 직면했을 때 노동자들은 의료장비, 대안적 에너지 자원, 운송시스템, 제동시스템, 해양공학과 항공공학(원격조정) 설비를 포함하는 대안적 계획을 발표했다. 첨단기술을 통해 독거노인들을 위한 난방조절장치, 장애인들이 이용하기 쉬운 버스 설계 등의 대안적 생산계획을 제시했다. 그들의 주장은 '사회적으로 유용한 생산'이라는 개념으로 요약되었다(Wainwright and Elliott, 1982). GLC는 루카스계획의 정신을 적극적으로 수용함으로써 공공정책 수립의 기준 자체를 변화시키려고 시도했다.

노동자들과 지역주민의 참여를 높이고 제도화된 차별을 극복하기 위해서는 사적 경제에 대해 개입할 수밖에 없었다. 이를 위해 GLC는 한편으로 거대한 국가기구로서의 구매력을 통해 사적 경제영역에 개입하려 했다(7억 파운드 규모로 2만 개의 기업과 계약). '원칙적으로' GLC와 계약을 맺기 위해서 해당 기업은 인종적·성적 차별금지, 건강과 안전, 장애인 고용 의무 등을 준수해야만 했다. 다른 한편으로는 일종의 투자은행으로 GLEB를 설립하고 사적 대기업에 대한 개입을 시도했다.

민중계획(Popular Planning): 도크랜즈의 사례

상업적 개발과 지역주민의 필요

일반적으로 개발자와 투기자는 상업적 이해에 기반을 두어 도시지역의 재개발을 원하며, 특히 "대중의 필요나 선호에 대한 적절한 고려 없이" 현재 주민들이 거주하고 있는 지역공동체를 사무지역, 고급주택, 호텔, 사적 레저시설 등으로 전환하기를 원한다. 다른 한편, 어느 곳에서나 지역주민들은 경제적·사회적 협력의 토대가 되는 끈끈한 공동체적 네트워크 안에서 생활한다. 하지만 이러한 공동체적 유대는 상업적 재개발 계획에 의해 파괴되기 쉽다. 우리나라에서도 은평구와 난곡의 재개발이 지역공동체를 어떻게 파괴했는지 잘 알려져 있다. 해당 지역의 주민들은 자신들의 필요와 상업적 재개발 계획의 모순을 충분히 인식하고 있었다. 자신들의 사회적·경제적 필요에 부합하는 지역발전을 위해서는 일치된 집단행동이 효과적이며 그들의 필요와 충돌하는 개발계획에 저항해야 한다는 것도 알고 있었다. 실제로 이런 투쟁 사례는 많이 존재했다. 가장 잘 알려진 사례는 런던의 도크랜즈 재개발을 둘러싼 투쟁이다. 도크랜즈의 재개발을 둘러싸고 벌어진 일련의 사건들은 계획과 도시정책에 관해 서로 상반되는 철학과 정책 간의 경합에 의해 일어난 것이었다. 그리고 지역주민들의 입장에서 그것은 '지배에 대한 투쟁'이었다.

영국의 무역 패턴이 변화하면서 런던 이스트엔드의 경제중심지였던 선착장과 부두는 쇠퇴하게 되었다. 그런 쇠퇴는 활용되지 않는 대규모의 토지가 존재

한다는 것을 의미했다. 이미 언급된 것처럼, 개발자는 고소득자를 위한 주택과 시설을 건설함으로써 이윤을 얻기를 원했다. 대처 정부는 그들의 편이었다. 대처 정부는 개발계획 권한을 지방정부에서 빼앗았고, 1980년에 '런던도크랜즈개발공사(London Docklands Development Corporation: LDDC)'를 설치했다. LDDC는 건설기업가 존 몰렘스(John Mowlems)가 제안한 '단거리이륙공항' 계획을 밀어붙였다. LDDC는 그 계획이 약 5,000개의 일자리를 만들 수 있으며, 첨단기술기업을 유치하는 효과도 낳을 것이라고 주장했다. 하지만 그 계획과 지방 주민의 필요 사이에 거대한 격차가 존재했다.

이미 언급했듯이 초기 단계 동안에 상업적 개발에 반대하는 다양한 투쟁이 존재했지만, 대부분은 개발계획의 수립과 추진 절차에 대한 제한된 경험과 지식으로 인해 방어적 투쟁을 넘어서지 못했다. GLC도 상황이 그리 좋지 못했다. 그 당시에 GLC는 정부의 결정에 따라 전략계획의 권한을 잃었다. 그 결과 GLC는 지역 개발과 관련해서 매우 제한된 권한만을 가지게 되었다. GLC가 할 수 있는 최대의 것은 개발 반대 캠페인과 지역단체들을 지원할 수 있는 권한을 활용하는 것이었다. 이것은 매우 제한된 권한이었지만 지역주민의 자발적 행동을 촉진할 수 있는 자원과 정보를 제공할 수 있었다. 특히 '민중계획 단위(Popular Planning Unit)'는 지역 주민 캠페인을 자신의 대안 계획과 결합하고자 적극적으로 노력했다. GLC는 지방 주민의 실천적·암묵적 지식을 대안계획으로 발전시키기 위해 총괄전략에 대한 방향과 자원과 정보를 제공했다.

민중계획

'로얄 독스를 위한 민중의 계획'(이하 민중계획)은 GLC와 뉴햄 버러 위원회의 지원과 더불어 지역주민들에 의해 구성되었다. 핵심적 제안은 다음과 같았다.

> '민중의 계획'은 스페인 몬드라곤의 성공적 실험이 모델화한 산업적 협동조합 지역(zone) 발전을 포함해, 선착장이 지역적 일자리를 제공하고 공동체를 위한 시설을 제공하기 위해 사용되어야 한다고 제안한다. 예를 들어, 현재 선착장 주변에 비어 있는 공간에 정원이 있는 공공주택을 건설하고, 물을 끌어들여

활용해야 한다. 현재 선착장 벽에 의해 분리되어 있는 공동체들을 연결해야 한다. 보육시설을 대규모로 확대해야 한다, 보트 시설과 보트 생산을 위한 훈련시설을 짓고, 이를 선착장 주변에 살아남아 있으며 확대될 수 있는 상업적 보트 생산활동과 결합해야 한다. 로얄즈 지역에 전국규모의 어린이 극장과 '어린이 왕국'을 건설해야 한다. 제4격납고에 있는 빅토리아 선착장에 스포츠센터를 건설한다. 이는 유럽에서 내부에 지탱하는 기둥이 없는 가장 큰 건물이 될 것이다 (GLC, 1985a: 631).[11]

'민중계획'은 LDDC와 대처 정부에 의해 좌절되었다. 무엇보다도 대처 정부는 지극히 계급적인 정권이었기 때문에 '민중계획'의 합리적 내용과 지역적 정당성은 고려대상으로 삼지 않았다. 이에 반해 GLC와 지역의 행동단체들은 심사절차에 대해 지나치게 낙관적이었다. 합리적 내용과 정당성만으로 승리할 수 있다고 믿었던 것이다. 개발에 의해 영향을 받는 모든 공동체 내부로부터 압도적인 지지가 있을 것이라고 생각했다. 이러한 지지는 일단 조화되면 삽시간에 퍼져나갈 것이라는 믿음이 있었다. 그러나 현실에서 그것은 기대했던 것보다 훨씬 더 어려운 과제였다(Brownill, 1990b: 195~196).

둘째, 첫 번째 문제와 관련되어, 지역주민들은 동일한 목표를 공유하지 못했다. 일부는 공항건설의 목적이 새로운 일자리 창출이며, 더욱 큰 발전을 위한 신규투자 유도라고 믿었다(Brownill, 1990a: 89, 114). 여론조사에 따르면 주민의 51%가 공항건설을 찬성했는데, 그것이 일자리를 창출할 것이라고 믿었기 때문이었다. 이와 같은 이해관계의 상충은 위로부터의 일방적인 교육이 아니라 그 자신들 간의 공개적 의사소통을 통해 해결되어야 했다. GLC는 이러한 토론과 소통에 적절한 자원과 정보를 제공하고 방향을 제공하는 중재자로서의 역할을 해야 했다. 하지만 불행히도 이런 장기적 과업을 수행하기에 충분한 시간과 자원이 주어지지 않았다. 철의 여인이라 불리던 대처 수상은 그럴 시간을 줄 만큼 인내심이 많지 않았다.

---

11) 계획의 상세한 내용은 Newham Docklands Forum(1984) 참조.

셋째, 두 번째 문제와 관련하여, '중앙집중화된 전략적 개입'과 '경제정책의 민주화' 사이에는 '해소될 수 없는 긴장'이 존재했다. 의도와 희망에도 GLC는 '조직에 대한 재정지원'이라는 측면에서 우월한 위치를 점했고, 사실상 '민중계획'은 전문가에 의해 정식화되었다(Brownill, 1990b: 199). 다양한 운동과 풀뿌리 정치에 방향을 제시하는 총체적 전략을 수립하는 과정에서 전문가의 역할은 중요할 수밖에 없다. 하지만 전문가적 지식이 중요하다고 해서 현실 운동에서 생겨나는 실천적 지식을 폄하해서는 안 된다. 분명 GLC는 이러한 위험을 알고 있었고 경계하고 있었지만 완전히 극복할 수는 없었다. GLC에서 일했던 사무직 노동자의 언급을 반추해볼 필요가 있다.

> '민중의 계획'이라는 수사는 오류다. 이런 주장이 대중참여 계획이 나쁜 생각이라는 의미는 아니다. 훌륭한 자문을 얻는 것은 좋은 일이다. 하지만 그 계획이 실제로 풀뿌리로부터 도출되었다고 과장하는 것은 다른 문제며, 실제로 그것은 그렇지 않았다(Brownill, 1990b: 205).

지방정부의 전문가적 개입과 풀뿌리 지역의 정치 사이에는 항상적인 긴장이 존재할 수밖에 없는 것이다. 가장 경계해야 할 것은 긴장을 해소할 수 있다는 헛된 믿음이다. 전문가의 과학적 분석과 그것에 근거한 정책수립이 소란스럽고 많은 비용이 드는 참여정치보다 더 효율적이라고 생각할 수 있다. 이와는 반대로 모든 정부의 개입은 곧 관료적이기 때문에 이로부터 자유로운 탈제도정치만이 해답이라고 주장할 수도 있다. 그러나 두 가지 선택 모두 '긴장의 해소'가 아니라 '긴장의 회피'이다. 정답은 없다. GLC가 보여준 것은 제도정치와 풀뿌리의 사회운동 정치 사이의 긴장을 '창조적' 긴장(creative tensions)으로 유지하는 것이 중요하다는 것이다.

4. 급진적 GLC로부터 무엇을 배울 것인가

지금부터 급진적 GLC가 드러내 보인 지역풀뿌리 정치에 기초한 급진적 정치의 교훈에 대해서 짚어보기로 하겠다. 이러한 평가는 곧 2011년 한국의 진보적 지역정치가 런던으로부터 무엇을 배울 수 있을 것인가를 생각해보는 것이기도 하다.

첫째, 급진적 GLC는 소수의 정치인과 활동가 그룹이 아니라 사회운동과 노동운동, 그리고 이것들의 결집된 형태로서 출현한 좌경화된 노동당의 지역 거점에 기초했다. GLC를 비롯한 좌경화된 지방정부들은 노동당 정치인의 '결심'에 의해서 어느 날 갑자기 생겨난 것이 아니었다. 1960년대 이후 활발하게 전개되었던 **현장단위 노조운동, 평화운동, 여성해방운동 등이 지역별 노동운동의 연합조직인 노조위원회(trades council)와 지역 노동당을 중심으로 광범위한 네트워크**를 형성했고, 이것이 급진적 지방정부를 가능하게 했다. 특히 현장단위 노동운동은 노조의 이해관계가 아니라 사업장이 위치한 지역사회 전체의 이해를 내세우는 새로운 노동운동의 모습을 보여주었다. 공장폐쇄와 구조조정에 맞서 싸울 때 노조는 대안적 생산계획을 제시하고 이윤만을 추구하는 생산이 아닌 '사회적으로 유용한 생산'을 기치로 내세웠다. 언제나 존재할 수밖에 없는 풀뿌리 운동이 정치적 힘으로 전화하는 데는 오랜 시간과 인내가 필요했던 것이다. 소수 정치인과 엘리트만으로는 강고한 보수블록을 해체할 수 없다.

런던과 비교한다면 미약할지 모르지만 이미 우리의 주변에도 다양한 형태의 풀뿌리 운동과 공동체운동이 존재하고 있다. 생활협동조합, 의료생협, 대안학교, 대안화폐, 도시 공동체, 공동육아 등등. 하지만 진보정치세력은 이러한 운동을 '비정치적'이라고 비난하거나 선거정치에서의 동원 대상으로 간주해왔다. 풀뿌리운동을 정치의 주체로 생각하지 않는다는 것이다. 진보정당과 시민사회운동조차도 전문가와 지식인그룹에 의해 주도되고 있는 것이 우리의 현실이다. 진보진영이 현재의 수세적인 상황을 넘어서 자본주의 이후 사회로의 전환을 설계하기 위해서는 이러한 낡은 사고를 벗어날 필요가 있다.

둘째, 앞에서 언급한 사회적 토대는 더 넓게 확장되어야 했다. **관료사회의 벽,**

중앙정부의 압박, 거대한 시장의 힘에 맞서 진보적 정책을 추진하는 데에서 관건이 되는 것은 제도정치에서의 민주적 절차를 넘어선 급진적 민주주의였다. 보통의 런던 시민들이 자신을 조직화하고 자신의 요구를 정식화할 수 있을 때에만 기득권 세력의 저항에 맞설 수 있었다. 민주주의는 시의회 또는 국회로부터 나오는 것이 아니라 공장과 지역 공동체에서 실현되어야만 했다. 진보적 정치는 확장된 민주주의가 비록 정권이 교체된다고 하더라도 유지될 수 있는 사회적 토대를 창출하는 것이다. 민주주의를 확장하고 유지함으로써 보수적 정치동맹에 저항할 수 있는 사회적 토대는 지역주민 자신의 정치화와 조직화일 수밖에 없다. 런던에서 이러한 시도의 대표적 사례가 정부의 도크랜즈 개발계획에 맞선 '민중계획'이었다. 우리의 현실에서 교육, 의료, 주택, 도시계획 등에서 충분한 정보와 자원이 주어진다면 시민 자신이 능동적으로 정치화될 수 있는 주제와 영역은 많다.

풀뿌리사회운동에서와 마찬가지로 시민이 정치적 주체로서 성장하는 데 필요한 것은 그들을 단순히 표를 찍어주는 정치적인 객체로 생각하는 정치인들의 인식 전환이다. 구제역과 이에 따른 2차 오염의 위험, 물가폭등처럼 직접적으로 드러난 것 말고도 우리의 일상은 충족되지 않는 필요와 욕구로 가득 차 있다. 시민들은 거기로부터 생겨나는 불만과 저항의식을 가지고 있다. 그들 중 어느 정도의 자원을 가진 소수가 선택할 수 있는 길이 생활협동조합, 대안학교, 대안화폐, 공동체 등이다. 그러나 대다수의 사람에게는 그러한 기회조차 열려 있지 않다. 이는 그러한 불만과 저항감을 표출할 수 있는 방법을 모르고 통로를 가지고 있지 못하기 때문이다. 불만과 저항을 표출할 수 있는 통로를 제도정치 안에서 만들어내야만 선거 결과에 따라 흔들리지 않는 진보정치의 토대가 만들어질 수 있다. 진보정치는 FTA에 대한 입장 표명과 신자유주의에 대한 반대로부터 오는 것이 아니라 구체적 삶 속에서 경험되는 주택, 교통, 교육, 먹을거리, 에너지 문제로부터 생겨나는 불만과 저항으로부터 나온다. 이러한 불만과 저항으로부터 신자유주의 반대와 FTA 반대로 나갈 수 있지만 그 반대는 불가능하다.

셋째, 급진적 GLC는 참여적 민주주의 실현이 장기적인 계획, 특히 산업정책과 노동정책이 없이는 불가능하다는 점을 강조했다. 민주주의는 계획을 부정하는 것이 아니어야 했다. 일상에서 경험된 불만과 저항이 구조적인 문제로 향하고 그로부터 현재를 넘어선, 더 나은 정치와 경제체제가 제안되어야 했다. 여기서 가장 중요한 것은 이러한 **계획은 참여적 민주주의와 결합되어야 했다는 것이다.** 앞에서 말했듯이 GLC는 대중교통, 주택, 의료 등의 공적 영역에서 보통사람들의 필요를 충족시키는, 그리고 '사회적으로 유용한 생산'을 정책수립과 집행의 기준으로 삼았다. 이러한 정책수립과정에서 가장 중요한 것은 시민들의 필요를 시민들 스스로 표현하고 토론할 수 있는, 그래서 합의에 도달할 수 있는 기제를 마련하는 것이다.

진보적 진영 내부의 정치전략에 관한 대립은 종종 중앙집권적 계획과 자율적인 공동체 중 어느 것을 지향하느냐와 관련된 문제로 드러난다. 예를 들어 녹색운동은 분권적이고 자율적인 공동체를 옹호한다. 문제는 이들이 선택한 자율적인 공동체가 시장의 힘으로부터 얼마나 자유로울 수 있는가이다. 시장으로부터 분리된 공동체적 생산과 소비를 기획했던 다양한 형태의 협등조합이 시장의 힘에 흡수되고 마는 모습을 자주 볼 수 있다. 시장에 맞서는 국가적 차원의 계획이 없는 자율적 공동체 운동에 대해 좌파적 담론이 회의적인 것은 시장의 힘을 제어하고 통제할 수 있는 공적인 개입이 없이는 공동체 자체가 유지될 수 없다는 인식 때문이다. **GLC가 보여주었던 가능성은 다양한 자율적 결사와 공동체, 그리고 이들 사이의 네트워크를 번성하게 하는 데서 민주적이고 진보적인 (지방)정부의 역할이 중요하다는 것이었다.** (지방)정부는 다양한 자율적 공동체 간의 네트워크를 시장의 힘으로부터 보호해야 한다. 거꾸로 (지방)정부를 매개로 결사들과 공동체들의 네트워크는 시장의 힘을 통제하고 사회화하는 방향으로 나아가야 한다.

넷째, 또 하나 GLC의 독특한 경험이 주는 교훈은 대중이 현존질서 내에 살고 있으므로 탈자본주의적 계획이 자본주의적 질서의 외부로부터 시작될 수 없다는 사실에 대한 인식이었다. 이러한 인식은 '시장 안에서 시장에 대항하여', '국가 안에서 국가에 대항하여'로 표현되었다. '내부에서 싸운다'는 전략은 언제나 긴장을 피할 수 없었다. 이는 항상 제도적 장벽과 관습적 편견에 직면했고 적응적 흡수의 위험에 노출되었기 때문이다. 다른 한편으로, '싸운다'는 전략은 '내부로부터 저항하는' 전략의 어려움 때문에 현존질서 내 맹아적 대항헤게모니를 구성하려는 구체적인 실천보다는 이상화된 사회조건에 대한 추상적 상을 제시하는 것으로 축소되는 경향이 있었다. 의도와 현실 사이, 또는 탈자본주의적 미래와 자본주의적 현실 사이에 격차가 감지될 때 가장 손쉬운 선택은 규범과 당위의 세계로 도피하는 것이다. '정치적 원칙은 옳았으나 현실이 문제였다'는 상투적이고 간편한 핑곗거리는 언제나 준비되어 있다. **급진적 GLC의 미덕은 규범적 당위에 머물지 않고 '현실'로 뛰어들었다는 데 있었다.** 원칙적 좌파에게는 탐탁하지 않은 선택이었을 것이다. 그들은 자본의 힘을 과소평가하고 처음부터 불가능한 시도를 했다고 비판했다. 그렇다면 그들의 선택은 무엇인가? 자본주의의 착취적 성격을 과학적으로 논증하는 것 또는 도덕적으로 비판하는 것에 만족해야 하는 것일까?

물론 시장의 힘을 무시할 수 없었다. GLC의 급진적 실험에 대한 비판적 평가는 모두 시장의 힘이 행사하는 지배적 힘을 지적했다. 상업적 기준의 지배 때문에 사회적 기준은 뒤로 물러날 수밖에 없었다. 처음의 의도와는 상관없이 GLEB는 상업적 투자조건을 제시할 수밖에 없었는데, 그것은 '2년 내에 상업적 생존능력을 회복'해야 한다는 것이었다. 기업위원회의 활동 자체가 혼란스럽고 그 자체로 모순적이었다는 비판이 제기되었다. 이러한 혼란스러움은 피할 수 있는 것이 아니라 맞서 싸워야 할 대상이다. 담론적 수준에서는 급진적이지만 현실정치에서는 타협적인 한국의 진보진영이 무엇을 반성해야 하는지 분명해지는 대목이다. 현실정치는 지방의회나 시청에 있는 것이 아니다. 주민들의 삶 속에 있는 다른 삶에 대한 열망이 표현될 수 있는 통로를 마련하는 것이다. 이럴 때 담론적 급진성은 내용을 얻게 되는 것이다.

다섯째, 급진적 GLC는 지역정치와 지방정부의 한계와 가능성을 동시에 보여주었다. 지방정부는 중앙정부에 비해 제한된 권력만을 가지고 있다는 사실은 처음부터 분명했다. 하지만 GLC는 지방정부가 가지는 이러한 한계를 수세적으로 바라보지 않았다. 전국 정치에서 좌파적 지방정부가 어떤 역할을 할 수 있을 것인지 공세적으로 생각하기 시작했다. 자본과 국가의 힘이 거대하지만, 그것에 도전하는 작은 시도들을 통해 미래의 진보적 정부가 무엇을 할 수 있고 해야 하는지를 예시적으로 보여줄 수 있다고 생각했다. 그러나 GLC의 많은 활동가에게 급진적 GLC는 미래 좌파 정부를 위한 모범적 사례를 예시하는 것에 그치지 않았다. 권력을 장악한 신우파에 대한 효과적 공격을 위한 전진기지의 역할을 해야만 했다. 한 발 더 나가 지방정부는 사회적 관계가 형성되고 유지되는 대중 참여 정치가 작동할 수 있는 핵심장소여야만 했다. **전국적인 수준에서 변화가 없다면 사회변혁은 불가능할지도 모르지만, 지방수준에서 정치제도의 민주화와 시장의 사회화가 진전되지 않는다면 사회의 급진적 변혁은 요원한 것이었다.** 지방정부의 실험은 실현 가능한 진보적 정책의 훌륭한 사례를 증명하는 것과 평범한 대증의 상상력과 에너지를 평등한 사회를 향해 발전시키는 것이다. 여기서 중요한 점은 지방 수준의 실험은 상대적으로 대중의 상상력과 에너지에 열려 있다는 것이다. GLC 활동가들에게 좌파적 지방정부는 새로운 대안적 모델의 '실험실'이었다. 한국에서 지역정치가 주목받는 핵심적인 이유는 대안적 실험의 가능성이 '상대적'으로 높다는 것에 있다.

여섯째, GLC의 급진적 프로젝트에서 가장 뚜렷이 구분되는 요인은 평범한 대중의 실천적 지식과 열정적인 에너지에 대한 인식이었다. 그것이 없다면 GLC의 계획은 온정주의적 지방정부의 또 다른 판본에 지나지 않았을 것이다. 그렇지만 자발적 행동이나 사회운동은 고정된 정체성을 가지고 있지 않았기 때문에 대중 권력의 토대 그 자체는 급진적 정치를 설명할 수 있는 독립변수로서 '전제'될 수 없었다. 그런 행동이나 운동은 시장과 국가를 변혁하는 다양한 투쟁의 과정을 통해서 형성, 변형될 수밖에 없었다. 다시 말하면 대중의 실천적 지식과 에너지는 지속적인 실천 속에서 발전되어야만 했다.

투쟁과 실천이 언제나 아름다운 모습을 띠는 것은 아니었다. 노동자운동 내부에 이해관계의 충돌이 있었다. 예를 들어, 평등기회 정책에 대해 남성과 여성 노동자 사이에 서로 다른 이해가 엇갈렸다. 생산자(노동자)와 소비자의 이익 사이에는 더 깊은 긴장이 있었다. 이러한 이해의 충돌과 긴장은 공동의 실천을 통해서 토론되고 조정되어야 했다. 그리고 토론과 조정의 과정은 실천에 참여하는 개개 행위자들을 교육할 기회를 제공해주었다.

여기서 GLC의 경험이 우리에게 보여준 것은 서로 다른 이해와 목소리들이 존재한다는 것은 극복되어야 하는 우려의 요인이 아니었다는 점이다. 오히려 이런 다양성을 단 하나의 목소리로 번역하려는 시도는 권위주의적 정치로 귀결될 수 있었기 때문에 위험했다. 문제는 동질성의 환상이다. 탈자본주의적 정치전략(대개는 사회주의라고 표현되는)은 동질적인 생각을 가진 사람들이 단일한 목표를 향해 전진하는 따위의 정치전략이 아니다. '사회주의'는 이해관계의 상충이 존재한다는 사실로부터 출발해야 한다. '다름'은 부정되거나 극복되어야 할 것이 아니라 '조정되어야' 할 뿐이다, 그러나 **'다름'이 인식되고 토론되고 조정되기 위해서는 공통지반을 찾는 것이 중요**했다. 그 공통의 지반은 현실의 개입과 실천에서만 만들어질 수 있는 것이었다. 차이와 다름은 사회주의적 정치의 실현을 어렵게 하는 곤란이지만, 바로 그 곤란으로부터 '민주적' 사회주의로 향할 수 있는 에너지가 발생한다. '곤란'을 '에너지'로 전화시킬 수 있는 공통의 실천기회를 제도적으로 지원하고 그것을 통해 운동의 네트워크를 형성하는 것이 GLC가 담당한 역할이었다.

이 문제에 대해서도 GLC가 정답을 제시한 것은 아니다. '민주적' 사회주의를 지향했던 GLC였지만 종종 지역공동체에 기초한 풀뿌리 운동가들에게는 다양한 요구에 미리 정해진 정답을 강요하는 관료적 권위로 비쳤다. 도크랜즈 '민중계획' 수립 과정에서 몇몇 지역활동가는 GLC의 노선이 있음에도 지역주민보다 전문가들이 우위에 있었음을 지적했다. GLC로부터 '자원을 받아들인' 자발적 단체의 자율성이 상실될 위험이 존재했다. GLC의 경험은 이런 위험은 회피될 수 없으며, 그것이 '창조적 긴장'으로 발전되어야 한다는 사실을 보여주었다. GLC는 상충되는 이해관계들을 미리 결정된 방향으로 몰아가려 하지 않았다. 미리 만들어진 틀 안에 끼워 맞춰짐으로써 상실될 수 있는 토론과 자발성의 에너지를 최대한 보존하려 했다. 대중의 창조성은 필연적인 '잡음과 혼란'을 동반할 수밖에 없다는 것이 GLC의 인식이었다. 혼란과 잡음은 대중이 의견을 교환하고 토론하고 서로 경청하는 '학습 과정'을 구성한다.

학습 과정의 잡음과 혼란이 곧바로 서로 다른 이해의 조정을 위한 정교한 계획 같은 것이 불필요하다는 의미를 내포하는 것은 아니다. GLC는 '런던 개발계획', '런던 산업전략', '런던 노동계획'을 제시했다. 그러나 GLC는 그 계획이 완벽한 청사진이 되어서는 안 되고, 항상 토론과 해석의 여지를 남겨 두어야 한다는 것을 알았다. 서로 다른 해석은 민주적으로 토론되어야 하고 이러한 토론자체가 창조적 변혁을 위한 에너지가 만들어지는 장소인 것이다. 이런 창조적 과정은 대중이 경제환경에 대해 더 많은 것을 알게 되고, 미래의 투쟁을 위해 필요한 지식을 갖추게 할 수 있다.

진보정당의 정치인들조차 다름에 대해 인내하지 못하고, 민주주의의 '소란스러움'을 참지 못하는 것이 우리의 현실이다. '창조적 긴장'을 유지하는 데 실패하는 것이 아니라 왜 '긴장'이 필수적인지조차 인식하지 못한다. 민주와 진보를 내세우지만 그리고 보수정권을 권위주의적이라고 비난하지만 그들 스스로 민주주의를 이해하지 못하고 있으며 권위주의로부터 그리 멀리 떨어져 있지 않다는 사실을 반성하지 않는 한 한국의 진보정치에는 희망이 없어 보인다. GLC는 이러한 우리의 자화상을 비추어볼 수 있는 많은 거울 중 하나일 것이다.

참고문헌

고세훈. 1999. 『영국노동당사: 한 노동운동의 정치화이야기』. 나남.

서영표. 2009. 『런던코뮌: 지방사회주의의 실험과 좌파정치의 재구성』. 이매진.

Baiocchi, B. 2001. "Participation, Activism, and Politics: The Porto Alegre Experiment and Deliberative Democratic Theory." *Politics and Society*, 29(1).

Butler, David and Gareth Butler. 1986. *British Political Facts 1900-1985(6th edition)*. London: Macmillan.

Carvel, John. 1987. *Citizen Ken*. London: Hogarth.

Cochraine, Alan. 1986. "What's in A Strategy? The London Industrial Strategy and Municipal Socialism." *Capital and Class*, 28, pp. 187~193.

Devine, Pat. 2009. "Feelbad Britain." in Pat Devine et al. *Beelbad Britain: How to Make it Better*. London: Lawrence and Wishart.

Forrester, Andrew, Stewart Lansely and Robin Pauley. 1985. *Beyond Our Ken: Guide to the Battle for London*. London: Fourth Estate.

Greater London Council Popular Planning Unit. 1983. *Jobs for a Change*. London: GLC.

______. 1985a. *The London Industrial Strategy*. London: GLC.

______. 1986a. *The London Labour Plan*. London: GLC.

______. 1986b. *Community Areas Policy: A Record of Achievement*. London: GLC.

Greater London Enterprise Board(GLEB). 1984. *Technology Networks: Science and Technology Serving London's Needs*. London: GLEB.

Griffiths, John Aneurin Grey. 1997. *The Politics of the Judiciary(5th edition)*. London: Fontana.

Hollingsworth, Mark. 1986. *The Press and Political Dissent*. London: Pluto.

Lansley, Stewart, Sue Goss and Christian Wolmar. 1989. *Councils in Conflict: The Rise and Fall of the Municipal Left*. Basingstoke: Macmillan.

Mackintosh, Maureen and Hilary Wainwright. 1987. *A Taste of Power*. London: Verso

Wainwright, Hilary. 1987. *Labour: A Tale of Two Parties*. London: Hogarth Press.

Wainwright, Hilary and Dave Elliott. 1982. *The Lucas Plan*. London: Allison &Busby.

제15장

시장지배 경제에서 사회중심 경제로*

영국과 이탈리아의 사회적 기업

엄은희 | 부산대 한국민족문화연구소 HK교수

1. 6·2 지방선거에서 확인된 사회적 기업에 대한 요구

저성장과 사회 양극화가 심화되는 가운데, 최근 한국 사회에서도 사회적 기업에 대한 관심이 급증하고 있다. 이러한 사정은 유럽의 경우에도 마찬가지인데, EU를 중심으로 한 유럽의 선진국들도 1990년대 이후 복지국가의 다양한 한계를 절감하며, 그에 대한 대책으로 사회적 기업에 관심을 집중시켜왔다. 국가 재정지출의 효율화를 추구함과 동시에 시민사회와의 파트너십에 근거하여 취약계층의 고용 창출과 이들을 위한 사회서비스의 확충, 나아가 경기쇠락 지역의 재활성화를 위해 유럽사회도 사회적 기업을 유력한 대안으로 검토하고 있었던 것이다.

한국은 아시아 최초로 사회적 기업 관련 법령을 정비했으며, 최근에는 중앙정부의 몇몇 부처에서도 사회적 기업에 관한 다양한 지원 계획을 수립하고 있다.

---

* 이 장은 ≪공간과 사회≫, 35권, 151~182쪽에 수록된 「중도좌파 정부 집권기 로마시의 '다른 경제' 실험: 한국 지자체의 사회적 기업 정책에 주는 함의」의 일부 내용을 수정·보완한 것이다.

<표 15-1> 서울특별시 6·2 지방선거 정당별 일자리 관련 정책(5대 기본정책 중)

당명	관련 정책
한나라당	3. 일자리 걱정 없는 서울
민주당	2. 보육시설에 어르신 도우미를 도입하고, 방과후학교 전담교사를 대폭 확충하는 등 공공사회서비스 일자리를 최대한 창출하겠습니다.
자유선진당	1. 서울형 일자리창출·지역경제 활성화
민주노동당	5. 질 높은 공공서비스(사회서비스) 제공 및 일자리 창출
진보신당	5. 더 많은 일자리, 더 좋은 일자리로 활력이 넘치는 서울을 만들겠습니다.

주: 정책 앞의 숫자는 5대 공약의 순서를 의미함.

자료: 중앙선거관리위원회(2010).

하지만, 사회적 기업이 실제로 활동하게 되는 공간적 수준이 지방과 지역사회라는 점을 고려할 때, 사회적 기업에 관한 정책과 지원은 지방정부 수준으로 내려올 필요가 있다. 우리는 지난 6·2 지방선거를 통해 이러한 필요성이 구체적인 공약으로 드러나고 있음을 확인할 수 있었다. 6·2 지방선거에 입후보한 후보들 중 상당수가 일자리 창출을 핵심 공약으로 포함시켰으며, 이에 대한 구체적인 대안으로 사회적 기업, 커뮤니티비즈니스와 같은 용어들을 직접 언급한 것이다. 예컨대 서울특별시에 예비후보로 등록했던 정당별 후보자들의 5대 공약 중에서 일자리에 관한 정책을 정리하면 <표 15-1>과 같다.

이상의 정책들에서 볼 수 있듯, 지난 선거에서 거의 모든 정당에서 일자리 창출을 주요한 정책적 목표로 설정했고, 유효한 방법으로 사회적 일자리와 사회적 기업에 대한 청사진을 제시했다. 이는 주요 수출중심 대기업들의 실적 호조에도 국민경제 전반에는 고용불안과 양극화가 오히려 심화되는 현상을 반영한 것이라 할 수 있다. 사회적 기업에 대한 관심은 사실 경제 호황기보다 불황의 그림자가 짙어져서 지역별·계층별 격차가 심화되는 상황에서 빛을 발하게 된다. 그런 점에서 현 시기 한국 사회의 지방자치단체를 중심으로 국내외의 사회적 기업에 관한 정책들을 제대로 탐색하고 이를 지역화하려는 노력은 매우 의미 있다.

하지만 사회적 기업을 중심으로 한 지방자치단체의 일자리 창출 전략은 과연 올바른 방향으로 설정되어 제대로 진행되고 있는 것일까? 이 글에서는 사회적 기업이 유력한 사회적 대안으로 검토되었던 유럽의 사례를 살펴봄으로써, 한국의 사회적 기업 정책의 현재를 진단하고 향후 사회적 기업의 구체적인 활동구대가 될 지역의 행정 수장인 지방자치단체장들을 위한 몇 가지 제언을 전달하고자 한다.

2. 사회적 기업 정책, 어디서 무엇을 배울 것인가?

유럽형과 미국형 사이에서

사실 사회적 기업 및 사회적 경제에 대한 논의는 유럽과 미국 모두에서 관심이 확대되고 있지만, 사회적 기업에 대한 개념과 발전의 방향은 두 대륙에서 매우 상이하다. 미국의 사회적 기업은 첫째, 사회적 목표를 수행하는 시장지향 경제활동을 총칭하는 포괄적 개념하에, 둘째, 비영리 조직들의 재정획득 문제에 대한 혁신적 해결책으로 주로 모색이 시작되었으며, 따라서 셋째, 리더의 역할을 하는 사회적 기업가의 혁신적 기업가 정신이 강조되는 경향이 있다. 이에 비해 유럽의 사회적 기업은 많은 경우 협동조합 운동의 전통과의 연계성 속에서 발전해왔다는 점이 특징적이다.

일부 학자들은 미국의 경우 비영리조직들이 자체의 수익사업을 위한 목적으로 사회적 기업에 접근해온 반면, 유럽의 경우에는 복지국가의 퇴조와 장기적인 실업의 확산의 결과 발생한 취약계층들에 대한 사회서비스의 제공을 목적으로 사회적 기업의 역할이 확대되어온 것으로 평가하기도 한다(오미옥, 2007). 결과적으로 미국의 경우에는 사회적 기업을 이끌고 있는 사회적 기업가의 역량을 강조하는 방식이 우세하고, 유럽의 경우에는 사회적 기업의 운영상의 원칙(많은 경우 협동조합의 기본원리에서 출발하는 경향이 있다)과 지역사회와의 관계 맺음을 강조하는 편이다. 사회적 기업의 목표의 상당수는 공익적 목표를 지향하지만, 지속가능한 경제조직으로 생존하는 것이 그 공익적 목적의 달성에도 분명한 도움이 된다는 점을 고려할 때, 미국과 유럽의 방식에서 각각의 장점을 선택적으로 취하려는 노력이 중요할 것이다.

<표 15-2> 유럽의 국가별 사회적 기업의 발전 형태

<table>
<tr><th colspan="2" rowspan="2">구분</th><th>영국</th><th>프랑스</th><th>이탈리아</th><th>독일</th></tr>
<tr><th>자유주의 모델</th><th>사회주의 모델</th><th>제3부문
지배적 모델</th><th>조합주의 모델</th></tr>
<tr><td colspan="2">복지체계의 전통</td><td>잔여적 복지체계</td><td>사회주의적 복지체계</td><td>파편적 복지체계</td><td>보수적 복지체계</td></tr>
<tr><td colspan="2">정치적 토대</td><td>자유로운 시장</td><td>정부의 정책과 시민주도의 사회경제적 활동</td><td>권위주의적 국가주의</td><td>고용주와 노동자의 제휴</td></tr>
<tr><td rowspan="2">사회적 경제의 주요 주체</td><td>전통적 사회적 경제</td><td>협동조합 및 산업공동소유운동</td><td>적극적인 사회재분배의 사회적 경제</td><td>공제조합, 협동조합, 연금지원을 위한 공공기관</td><td>거대 복지연합체</td></tr>
<tr><td>새로운 사회적 경제</td><td>지역발전/사회적 서비스 사회적 기업</td><td>경제활동을 통한 노동통합기업</td><td>사회적 협동조합</td><td>노동 통합 사회적 기업</td></tr>
</table>

자료: 장원봉(2006), 203쪽. 정인서·최갑열(2009)에서 재인용.

유럽형 사회적 기업: 국가별 발전 경로

유럽의 경우에 사회적 기업은 국가가 처한 환경과 선택된 법과 제도에 따라 사회적 기업의 발전 형태는 상이하다. 즉, 국가별로 사회적 기업 개념은 각 국가가 처한 조건에 따라 상이하게 정의되고 있으며, 세법, 기업회계 기준, 상법상의 지위 및 국가의 공공정책의 성격에 따라 그 의미가 조금씩 다르게 해석되고 있다고 볼 수 있다. 유럽에서 발전해온 사회적 기업(혹은 좀 더 포괄적으로 사회적 경제)을 장원봉은 다음의 <표 15-2>와 같이 구분하여 제시한다.

좀 더 부연하면, 영국의 경우에는 사회복지 부문에 국가가 개입하는 경우는 주로 경제적 취약계층에 한정되고 기본적으로 자유주의형 복지국가 모델을 취하기 때문에, 광역화된 사회적 네트워크로서 결사체 혹은 제3섹터가 발전하기 어려운 구조였다고 볼 수 있다. 그런 점에서 영국은 미국과 가장 유사한 방식이기도 하다. 반면 프랑스와 독일, 혹은 중부 유럽의 좀 더 사민주의적인 토대를 갖춘 국가들에서는 다양한 형태의 결사체 조직이 사회서비스의 주요한 공급기관으로서의 역할을 담당하고 있다. 마지막으로 이탈리아, 스페인, 포르투갈과 같은 남부 유럽의 국가들의 경우에는 전통적으로 중앙정부의 지배력이 약하고 그에 따라 공공 부문에 의한 비시장적 서비스의 제공도 취약했던 역사적 배경을 지니고 있다. 따라서 결사체형 조직이 지역공동체나 가족 단위의 사적 네트워크를 중심으로 사회적 서비스를 공유하려는 경향이 나타나는데, 그 결과 소규모 협동조합이나 가족기업의 형태가 발전했다.

영국과 이탈리아: 협동조합을 넘어선 협동조합의 건설

전통적으로 영국과 이탈리아는 유럽에서도 대표적으로 협동조합 경제가 발전한 국가들이다. 영국의 경우에는 최초의 성공적인 협동조합으로 일컬어지는 로치데일조합이 성공한 것으로 잘 알려져 있고, 이탈리아의 경우에는 동북부 이탈리아 지역, 구체적으로는 에밀리아-로마냐와 투스카니 지역을 중심으로 지역 네트워크에 기초한 생산협동조합이 대단히 발전했다. 특히 이탈리아 에밀리아-로마냐주의 주도(州都)인 볼로냐시의 경우에는 협동조합의 수도라는 별칭을 자랑하기도 한다.

이 두 국가는 사회적 기업의 발전에 있어서도 큰 획을 그었다고 평가된다. 일본의 협동조합 연구자인 나카가와 유이치로(2002)는 영국의 커뮤니티비즈니스(community business) 혹은 커뮤니티기업(community enterprise)과 이탈리아의 사회적 협동조합은 전통적인 협동조합의 한계를 극복했을 뿐 아니라 21세기 지구화(globalization)의 대항축이자 지역사회에서 사회서비스를 제공할 수 있는 대안이 될 수 있다고 강조한 바 있다.

전통적인 협동조합과 비교할 때, 영국과 이탈리아에서 시도된 새로운 협동조합들은 협동조합의 구성과 운영에서 분명한 차이를 보여준다. 본래 협동조합은 멤버십, 즉 회원자격에 기초한 이해당사자(stakeholder) 경제활동을 중심으로 하는 조직이다. 즉, 사업의 모든 책임과 그에 따른 혜택이 회원들에게로 귀속된다. 이에 비해 사회적 협동조합은 복합이해당사자(multi-stakeholder)를 특징으로 한다. 다시 말해, 새로운 협동조합의 경우 회원들의 이익 외에도 지역사회 자체와 그 안에서 생활하는 주민들의 생활의 질을 향상시키려는 노력에 협동조합이란 경제조직이 기여할 수 있게 된 것이다.

3. 영국의 사회적 기업

커뮤니티 협동조합의 등장

영국에서 커뮤니티협동조합이 등장하게 된 것은 1970년대 이후 영국 사회의 전반적인 불황과 그에 따른 실업의 증대와 전통적인 산업지역들의 황폐화를 타개하려는 지역사회의 노력에서 기인했다. 특히 영국에서도 스코틀랜드, 스코틀랜드 안에서도 낙도로 알려진 웨스턴아일스(Western Isles)에서 커뮤니티 협동조합의 원형이 나타난 점을 주목할 필요가 있다(나카가와 유이치로, 2002). 1970년대 이후 이 지역은 전통적인 농어업과 농수산 가공업의 부진으로 인구 유출과 고령화로 전반적인 노동시장이 수축되고, 그에 따라 지역사회 경제가 붕괴되어 가는 와중이었다. 이를 타개하기 위해 지역주민들은 1976년 '직업창출프로그램(Job Creation Programme)'을 실시했고, 이 프로젝트에 따라 고령자와 젊은이들을 위한 협동조합 형태의 소규모 기업들이 발생했으며, 결과적으로 웨스턴아일스의 실험은 고용창출과 지역재생이라는 과제를 완수했다.

섬에서의 실험은 곧 스코틀랜드에 상륙했는데, 스코틀랜드 본토에서는 '고원 및 섬지역 발전위원회(Highland and island development board)'라는 조직의 역할이 주요했다. 이 조직은 1977년 13개의 커뮤니티 협동조합을 설립하기 위해 지역주민으로부터 설립에 따른 자금을 조달했다. 하지만 더 중요하게 스코틀랜드의 각 지방자치단체가 회원들이 조달한 기금과 동일한 양의 기금을 대응자금(matching fund)으로 마련하여 '설립 보조금 및 설립 초기 수년간의 경영자금'으로 제공했다는 점이 주목할 만하다. 지방자치단체가 고용창출과 서비스 제공의 공동주체로 시민사회를 받아들임으로써, 현재 사회적 기업과 유사한 민관협력 시스템을 구축한 것이다.

제도적 정비

영국의 사회적 기업은 기본적으로 커뮤니티 협동조합의 운영방식을 취하지만, 그 형태에 있어서는 노동자생산협동조합에서 전통적인 소비자협동조합, 신용조합, 지역사회개발신탁을 포함하는 다양한 형태(정인서, 2008; 정인서·최갑열, 2009)를 취하며 지역사회마다 발전해온 역사적 배경이 존재한다. 1990년 「국민보건서비스 및 지역사회보호법(The National Health Service and Community Care Act)」의 제정은 영국의 사회적 기업이 도약하는 데 큰 기여를 했다. 이 법령을 제정함으로써, 사회적 기업에 대한 정부 재정지출이 증가했을 뿐 아니라 재정 권한이 중앙정부에서 지방정부로 이관된 것이다. 또한 사회적 기업을 위한 재정 확보를 위해 정부의 대응자금 외에도 복권기금, 중앙정부의 지역개발기금, 노동시장정책 기금, 지역사회펀드 등 다양한 자금원이 확보될 수 있었던 것이다

하지만 1990년대 후반에 들어서자 다양한 형태의 사회적 서비스 제공 주체들이 등장함에 따라 관련 법령을 체계적으로 정비할 필요성이 제기된다. 정부와 경제단체들이 동시다발적으로 사회서비스에 진출하게 됨에 따라, 기업의 원칙(경제성)과 사회 원칙(공공성)의 중간지대에서 새로운 의미를 갖춘 사회적 기업에 대한 요구가 증가하고 논의가 활발하게 진행된 것이다(Hines, 2005).

2005년 영국 정부는 「커뮤니티이익회사법(Community interest company Act)」를 제정했다. 이 법은 사적 이익을 추구하는 것이 아니라 공동체의 편익을 위한 비즈니스와 기타 활동을 통해 지역사회 재생을 위해 노력하는 사회적 기업을 중점 육성하는 것을 목적으로 한다(Ailen, 2006). 이 법에 따라 영국의 사회적 기업은 정부조달에서 우선구매 대상자가 될 수 있었으며, 해당정부를 이 자금을 확보할 수 있는 법적 장치를 갖출 수 있게 되었다. 또한 사회적 기업 지원기관이 설립되어 다양한 사회적 기업들에 경영자문 및 진단 서비스도 제공할 수 있게 되었다(정인서·최갑열, 2009).

4. 이탈리아의 사회적 협동조합

이탈리아에서 사회적 협동조합의 등장 배경

이탈리아의 사회적 협동조합은 1970년대 말 그 맹아적 형태가 나타나기 시작했으며, 1981년 사회적 협동조합을 위한 법안의 초안이 마련되었다. 그러나 실제로 법안으로 통과하게 된 것은 10년 후인 1991년에야 이루어졌다. 그 10년 동안 법률적 논쟁을 거친 후에야 마침내 1991년 381조 법안을 통해(Law 381/1991) 이탈리아의 사회적 협동조합은 비로소 법인격을 획득한 것이다.

이탈리아에서 사회적 협동조합이 나타나고 발전하게 된 맥락은 크게 구조적인 측면과 주체적인 측면으로 나누어볼 수 있다. 우선, 구조적인 측면에서 국가의 축소와 시장의 전면화 및 그에 따른 사회서비스의 후퇴를 지목해야 한다. 그즈음의 서구 유럽 국가들이 그러하듯 이탈리아에서도 재정적 실패와 자본 침윤의 심화로 인해 사회적 취약계층에 대한 사회서비스가 감소하기 시작한 것이다. 하지만 이러한 기존의 복지에서 탈락하는 사람들 외에도 기존의 빈곤 개념으로 포괄되지 않는 광범위한 사회적 취약계층들도 새롭게 등장했다. 소위 '탈물질적 빈곤' 현상으로 불리는 새로운 취약계층에는 고령자, 병자, 홈리스, 약물이나 알코올 중독자, 이주자, 장기 실업 상태의 사람들이 포함되는데, 사실 기존의 복지 모델에서는 각각의 대상들에 대한 전문화된 사회서비스를 제공하는 것이 쉽지 않은 측면이 존재한다.

다른 한편 국가나 자본이 아닌 시민의식에 근거하여 스스로 복지를 생산하고 그렇게 생산된 복지의 수혜자가 되려는 자발적 주체들이 등장하게 된 것에도 주목할 필요가 있다. 이들은 국가의 분배 정책에 기초한 복지모델이 아니라 아래로부터 실천을 기획하는 집단들로, 새로운 형태의 비전과 조직을 구성하여 일부나마 사회서비스의 수요와 공급 간의 격차를 줄이려 노력하는 집단이었다. 죄르겐(R. Goergen)은 이러한 주체적 변화를 만들어온 집단으로 트리에스테 주 파르코디산지오바니에서 시작된 '일포스토델프라골르(Il Posto delle Fragole)'라는 이름의 협동조합을 소개한다(Goergen, 2006). 이 협동조합의 초기 활동가들은 정신병원 개혁운동을 실천했던 사람들이다. 국가의 재정 축소와 더불어 이 지역 정신병원에 대한 재정이 축소되고 간호사 인력이 감축되는 결과를 낳았는데, 이들은 재정확보와 현상 유지를 넘어서 새로운 형태의 사회서비스의 자체 생산을 기획하기 시작했다. 이른바 '정신병원 벗어나기'와 '지역에 기초한 대안적 서비스 네트워크의 구축'을 시도한 것이다. 이들이 지역사회에서 자립을 위해 만든 새로운 시설과 사업장(bar)의 벽에는 "자유가 곧 치료다!"라는 글이 적혀 있었다고 한다. 이들의 운동은 이탈리아의 넘어서 전 세계 정신병원 개혁 운동의 효시가 된 것으로 평가되기도 하는데, 이 사례가 바로 사회적 협동조합의 발전의 초기 단계에도 급진적 상상력을 불어넣어 주는 계기가 된 것이다.

이처럼 1970년대 이후 이탈리아 전역에서 '신빈곤' 계층에 관심을 가지려는 작은 조직들이 나타나고 있었는데, 이들의 초기 형태는 대부분 자원 활동에 강하게 의존하고 있었다고 한다. 하지만 규모와 조직의 수가 증가함에 따라 이들은 집합적으로 법적인 장애에 대응하고자 했다. 법률상 협동조합은 회원이 아닌 사람이 협동조합의 사업에 참여하거나 비조합원에게 혜택을 제공할 수 없음에도, 이러한 조직들은 자신들의 활동을 담을 법률적 그릇으로 협동조합에 관심을 가지게 되었다고 한다. 이러한 선택의 배경에는 협동조합이 첫째, 기업의 지위를 가질 수 있었음, 둘째, 무배당 이윤에 대한 면세를 받을 수 있는 단독 조직이며, 셋째, 조합원의 참여와 민주적 관리를 특징으로 하고, 넷째, 설립에 소요되는 초기 자본이 적게 요구된다는 점이 크게 작용했다고 한다.

이러한 움직임 속에 1980년대 이후 이탈리아에서는 사회연대 협동조합(social solidarity cooperatives) 혹은 통합협동조합(integrating cooperatives)이란 이름을 가진 조직들이 나타나기 시작했다. 전자는 사회적 서비스를 제공하는 것을, 후자는 실업자나 취약계층에게 일자리를 제공하는 것을 목적으로 하는데, 각각은 1991년 「사회적협동조합법」에 따라 A타입과 B타입으로 수렴되었다.

사회적 협동조합의 제도

이탈리아 사회적 협동조합은 「381호 법안」(Law 381/1991)의 존재를 통해 설명되어야 한다. 헌법과 민법에 의해 협동조합의 존재를 이미 인정해온 이탈리아에서 이 법의 제정으로 사회적 협동조합이 법적 지위를 인정받을 수 있었다. 이 법안의 주요 내용은 다음과 같다.

- 분명한 목적의 설정: 사회적 협동조합은 지역사회 일반에게 혜택을 제공하거나 시민들의 사회통합에 기여하는 것을 목적으로 한다. 이로써 가입과 탈퇴의 자유는 보장되지만 가입회원들에게로 귀속되는 본래의 협동조합에 비해 지역사회 일반에 대한 기여의 가능성이 커질 수 있었다.
- 사회적 협동조합의 형태 구분: A타입 사회적 협동조합은 지역사회 일반에게 보건, 사회, 교육 서비스 등을 제공하는 것을 목적으로 하며, B 타입 사회적 협동조합은 사회 취약계층에게 적절한 일자리를 제공하여 이들을 노동시장에 통합시키는 것을 목적으로 한다. 본 법률이 정하고 있는 취약계층의 범주에는 신체 및 정신적 장애인, 약물 및 알코올 중독자 등이 포함된다. 남부 일부 지역의 경우에는 출소자들의 사회통합의 장을 제공하는 경우도 존재한다.
- 복합이해당사자 협동조합: 사회적 협동조합이 기존의 협동조합과 가장 차별화되는 영역이 바로 이 지점이다. 협동조합이 생산하는 상품과 서비스의 수혜자만이 조합원이 되는 것이 아니라 다양한 범주의 이해당사자가 조합원 자격을 획득할 수 있는 것이다. 이 법률에 따르면, 사회적 협동조합의 조합원에는 서비스 수혜자, 유급 직원, 무급 자원봉사자(단, 50%를 넘어서는 안 됨), 재정 투자자, 공공기관이 모두 조합원이 될 수 있다. 물론 고용을 주목적으로 하는 B타입 협동조합의 경우 사회 취약계층의 비율은 최소 30%를 넘어야 한다.
- 협동조합에 기초한 민주적 운영: 1인 1표의 의결권의 원칙을 준수하며, 이윤배당은 80%를 넘어서는 안 된다. 이는 역으로 매년 20% 이상의 이익을 내부 유보하여 조직역량 강화와 사업영역 개선에 활용될 수 있다는 것이다.
- 컨소시엄 구성의 허용: 개별 사회적 협동조합들은 각종 서비스(훈련, 기술관리, 지식 및 정보 공유)를 제공받기 위해 공동의 컨소시엄, 즉 상위 사업연합체를 구성할 수 있다. 컨소시엄은 서비스 제공 외에도 정책이나 가이드라인 개발을 통해 사회적 협동조합의 이익을 대변하며 회원 조직의 생산성 강화를 위한 다양한

조치들을 취할 수 있다.

- 우선 구매계약: 사회적 협동조합은 서비스 제공이나 노동통합 활동과 관련하여 공공단체와의 계약에 참여 가능하다.

사회적 협동조합의 현황

1991년 법률 통과 당시 이탈리아의 사회적 협동조합의 수는 약 2,000개 정도로 추정되었는데, 2004년 말 통계로는 약 7,000개의 사회적 협동조합이 이탈리아에서 활발하게 활동하고 있다고 한다. 이 중 A타입(사회 및 교육 서비스 제공)이 4,026개(59%), B타입(취약계층의 노동통합)이 2,459개(33%), 2개 타입의 혼합형태 혹은 컨소시엄이 377개(8%)인 것으로 보고되었다. 전체 회원은 약 26만 7,000명으로, 이 중 유급직원의 수의 2만 3,000명이다(Loss, 2006). 또 다른 자료에 따르면 사회적 협동조합의 매출액은 이탈리아 전체 협동조합 운동의 4%를 차지하며, 고용 면에서는 10%를 담당하는 것으로 추정된다(Goergen, 2006). 한편 지리적 분포를 보면 사회적 협동조합이 발생한 이탈리아 북부에서 사회적 협동조합의 활동이 가장 왕성한 것을 확인할 수 있는데, 북부에 42%, 중부에 19%, 그리고 나머지 남부 및 섬 지역에 39%가 분포하고 있는 것으로 나타났다(Loss, 2006).

최근 이탈리아 볼로냐 대학의 스테파노 자마니 교수는 콘프코압과 레가코압의 내부 자료를 인용하며 이 두 협동조합 연합조직 산하의 사회적 협동조합의 현황을 다음과 같이 밝히고 있다(Zamagni and Zamagni, 2010). 가톨릭 성향의 콘프코압(Confecooperative) 계열에서는 CGM이라는 사회적 협동조합 컨소시엄이 대표적인데, 2008년 통계에 따르면 CGM은 산하에 75개의 지역별 컨소시엄, 1,350개의 개별 협동조합을 거느리고 있고 3만 5,000명을 고용하는 등 사업규모가 연간 10억 유로에 달하는 것으로 보고되었다. 한편, 좌파성향의 레가코압(Legacoop)의 경우에도 다수의 사회적 협동조합이 소속되어 있는데, 2008년 통계에 따르면 1,500개의 협동조합에 고용인원은 5만 5,000명이고 연간 매출액은 19억 유로에 달하는 것으로 보고되었다.

나아가 사회적 협동조합은 이탈리아 복지 체계의 개혁에 결정적 역할을 한 것으로 평가된다(Zamagni and Zamagni, 2010). 협동조합 모델의 도입에 따라 수혜자의 생활조건 향상을 목적으로 한 과거의 복지 모델이 수혜자의 역량 강화를 지향하는 방향으로 발전했다는 것이다. 특히, 2000년 개정된 국가사회보건보호법(Law 328/2000)에서는 이탈리아 복지 체제의 기준으로 수평적 보조(horizontal subsidiarity) 개념이 도입되는 데 기여했다. 이 법안의 주요 내용은 지방정부 차원에서 사회적 서비스를 제공할 수 있는 주요 단위 중 하나로 비영리조직을 인정하는 것으로, 이로써 사회적 협동조합으로 대표되는 비영리조직들이 공공기관의 사회서비스 제공 입찰에 평등하고 호혜적인 조건으로 참여할 수 있는 계기가 마련되었다(Borzaga and Inanes, 2006; Zamagni and Zamagni, 2010에서 재인용).

5. 지방정부의 사회적 기업 지원 정책: 로마시의 사례

이탈리아의 수도인 로마시는 소위 '중도-좌파 집권기'인 2000년대 초중반 이후, '다른 경제(L'Altra Economia)'라는 정책적 목표를 수립하여 도시 수준에서의 경제안정화와 지역발전을 도모한 경험이 있다. 특히 민주당 출신의 발테르 벨트로니(Walter Veltroni)를 중심으로 한 중도좌파연합정부〔이탈리아민주당(PD)-녹색당(FV)-재건공산당(PRC)-이탈리아공산당(PdCI)이 선거연합을 구성하여, 2001년 선거와 2006년 선거에서 승리했다〕 집권기 동안 이들의 사회적 기업 활성화를 위한 노력은 주목할 만하다. 로마시와 로마시의 '다른경제위원회'의 중심에 있는 '오토프로모키오네소시알레(autopromozione sociale, social self-promotion, 사회적 자기 증진이란 뜻)'라는 조직의 노력은 2006년 유럽연합의 경제사회위원회가 수여하는 '책임 있는 기업에 대한 유럽기업상(European Enterprise Award for Responsible Entrepreneurship)'의 수상으로 보상받았다. 이번 절에서는 로마시의 다른 경제를 간략히 소개하고 로마시 정부의 사회적 기업 인큐베이팅을 위한 특별한 노력에 대해 살펴보겠다.

◎ 다른경제위원회 헌장(일부 발췌)

- 경제활동의 목적은 이윤 최대화가 아니라 근본적 필요를 충족시키고 모든 이의 안녕을 보장하는 것이다.
- 생태적 양립 가능은 본질적 조건이 되어야 한다.
- 조직 간 및 조직 내의 협력과 연대가 중요하다.
- 양질의 직업 창출, 적절한 노동조건, 공정한 임금, 개인 역량의 인정을 목표로 한다.
- 이윤은 다른 경제활동에 재투자될 수 있다.
- 책임 있는 소비의 역할이 중요하다.
- 사람과 경제활동 간의 관계의 특성은 상호성, 포섭, 투명성, 협력, 연대, 참여이다.
- 대안경제는 지역 생산을 장려하고 환경에 착근된 경제를 선호한다.
- 남반구 국가들과의 연대 활동에 관심을 갖는다.
- 다른 경제를 위한 네트워킹은 매우 중요하다. 모든 사람이 정보에 자유롭게 접근하여 상호학습의 기회를 얻으며 다른 현실에서 문화·경제·사회적 교류를 자극한다.

로마시의 '다른 경제'

벨트로니 집권기 동안 로마시는 '다른 경제(L'Altra Economia)'라는 개념을 개발하고 이를 로마시에 뿌리내리기 위해 노력했다. 다른 경제라는 용어는 2000년 무렵 처음 나타났다고 하는데, 다른 경제는 주류 경제제도에 도전하면서 구체적인 해결책으로 사회적 기업을 중심으로 '사업하는 법'을 개발하고 이를 전파하기 위한 일련의 노력으로 구체화되었다(Reynaert, 2008). 로마시는 2001년 '다른 경제' 추진을 위한 공개 포럼 '타볼로델알트라이코노미아(Tavolo dell' Altra Economia, 다른경제위원회)'를 구성하여, 2년에 걸쳐 다른 경제에 대한 정의를 포함하는 원칙 헌장을 제정했다. 헌장의 주요 개념은 다음과 같다.

로마시가 추구하는 '다른 경제'란 사회적 기업을 중심으로 지역에 착근된 새로운 지역발전 모델을 만들어내는 것으로 요약될 수 있다. 이러한 노력은 경제적 목표와 사회적 목표를 동시에 추구하려는 사회적 기업의 본래적 목표에 부합한다. 로마시의 사회적 기업 인큐베이팅을 담당해온 카레라(P. Carrera) 등은 로마시의 사례는 공공과 사적 영역 간의 새로운 관계 설정을 통해 지역기반 운동과 새로운 복지 모델을 생산한 것으로 설명한다(Carrera et al, 2006).

나아가 이들은 후속연구를 통해 벨트로니 집권하의 다른 경제의 경제적 성취를 다음과 같이 설명한다(Carrera et al, 2007). 로마시는 2001년 이후 약 7년 동안 로마시 외곽의 주변부 지역이나 취약계층 밀집지역에서 소규모 기업들(대부분 사회적 기업을 지향함)의 진흥을 위해 7,500만 유로를 투자했다. 사업 프로젝트들은 주로 '주변부 벨트'들에 집중되었으며, 시 의회는 이 지역을 특별 지역으로 선정하여 지구적 개입, 즉 로마시 자체 재정 외에도 유럽의 펀드들이나 EU경제사회위원회의 기금이 투입될 수 있는 여지를 만들었다. 투자된 기금 중 39%는 사업서비스 활동에 할당되었고, 나머지는 보조금의 형태로 사용되었는데, 이 기간에 약 4,000개의 프로젝트가 제안되어 그중에 850개가 선정되었으며, 2007년 3월 현재 420개 프로젝트에 대한 투자가 완료된 것으로 보고되었다. 결과적으로 이 기간에 로마시에서는 약 3,400개의 새로운 직업이 창출되어, 로마시의 실업률이 7.2%에서 6.9%로 다소 낮아지는 효과를 낳았다. 이는 지원대상 기업당 평균 4.5명 이상의 고용증대 효과를 낳은 것으로 보고되었다(Carrera et al, 2007).

로마 시정부의 역할

레이나어트(E. Reynaert)는 다른 경제의 발전을 촉진시키는 데 있어 로마 시민사회의 역동성과 함께 지방정부의 강력한 대응이 동등한 역할을 했음을 강조한다(Reynaert, 2008). 앞서 설명한 '다른경제위원회'의 중심에는 '오토프로모키오네소시알레〔autopromozione sociale(social self-promotion, 사회적 자기증진이란 뜻)〕'라는 조직이 존재한다. 부연하자면 '오토프로모키오네소시알레'가 중심이 되어 지방정부 행정가, 다양한 제3섹터 조직들, 각종 연합조직과 관심 있는 개인들을 초청하여 상시적인 회의장이자 의결기구인 '다른경제위원회'를 조직한 것이다. 이 체계를 통해 만들어진 성과들은 다음과 같다.

- '다른경제위원회'의 정체성을 밝히고 내외 의사소통의 창구로서 홈페이지 구축.
- '다른경제위원회'의 첫 번째 사업으로 다른 경제의 개념을 정립하고, 이를 '헌

장'의 형태로 번안.

- 다른 경제라는 개념과 다른 경제를 통해 펼치게 될 다양한 사업과 프로젝트를 대중들에게 알리기 위해 2004년 이후 2년마다 '라페스타델알트라이코노미아(la Festa dell'Altra Economia, '다른 경제 박람회'라는 뜻)' 개최.
- 박람회의 성공에 기초하여 로마의 다른 경제 부문을 위한 영구적 공간을 만들어내기 위한 프로젝트를 발주. '다른경제위원회'와 오토프로모키오네소시알레가 공동으로 'la Citta dell'Altra Economia(다른 경제의 도시)'라는 공간을 2007년 9월 공식으로 개소.

특히 "다른 경제의 도시"라는 이름의 공간에는 대안경제본부(안내 데스크, 전시장, 판매장) 외에도 생태 및 공정무역 시장, 친환경레스토랑, 생태-바, 회의장, 실험실 등이 자리하고 있다. 이 혁신적인 실험을 통해, 다른 경제라는 개념이 더 가시적이며 구체적으로 드러날 수 있었으며, 그 자체로 유형의 자산을 만들어냈다.

이 밖에도 로마시와 오토프로모키오네소시알레는 사회적 기업 인큐베이팅 작업에도 많은 노력을 기울였다. 인큐베이팅 사업은 인건비 등의 운영비용뿐 아니라 물리적인 공간까지 제공하는 종합 프로젝트였다. 카레라와 동료 연구자들(Carrera et al., 2007)은 5개의 대표적인 인큐베이팅 프로젝트를 상세하게 설명하고 있는데, 구체적인 내용은 다음과 같다.

- Incipit: 로마의 대표적인 교외지역인 코비알레(Corviale)에 위치한 기존 인큐베이터임. 약 3년간 지원을 받아 10개의 사회적 기업과 15개의 협력업체가 지원혜택을 받음. 현재(2007년 3월) 특히 두 개 분야에 전문성을 가진 "2세대" 기업들이 인큐베이팅 단계에 신규 진입했는데, ICT분야 4개 기업과 수공예(목공, 섬유, 보석) 분야 6개 기업으로 구성. Incipit는 기능적이며 건축학적 측면에서 매우 우수한 구조를 갖춤. 로마시 안에서 최상의 잠재력을 발휘하고 있음. 시 도서관, 직업훈련 센터 등 인근의 시설들과 연계를 강조함.
- Start: 시네치타(Cinecitta)라는 이름을 지닌 영화 스튜디오 안에 위치함. 각종 영

상음향 장비와 멀티미디어 생산 분야에서 활동하는 첨단기술 회사들의 집약체임. 고도의 경쟁력을 갖춘 틈새 영역에 대한 상당한 지원을 통해 양질의 작품활동을 가능케 함. 8개 지원대상 기업과 10개 협력업체가 입주하고 있음. Incipit와 마찬가지로 2세대 기업들이 입주할 준비를 하고 있음. 애니메이션 제작 분야에서 훌륭한 성과를 낸 것을 보고됨.

- Inverso: 1,000m^{2}에 달하는 면적을 차지하고 있는 인큐베이터로 시설 전체가 사회적 기업을 위해 제공됨. 15개 기업이 입주하고 있음(협동조합, 사회적 협동조합과 기타 비영리 영역들이 사회서비스를 제공하는 기업을 설립했음). 사회적 자기증진은 Inverso를 출범시킨다. Inverso는 사회적 기업이나 연대 기업을 위한 인큐베이터임. 이 조직의 목표는 사회적 기업의 출범을 지원하며 지속적인 생존의 가능성을 높이는 것이다. 2006년 초반 이후 적극 활동. 넓은 부지 내에 초기에 16개 사업체가 자리할 수 있는 공간을 제공함. 사무실, 회의실, 세미나장소, 컴퓨터 등의 물리적 지원뿐만 아니라 교육, 경영 조언, 훈련과 기업 간 네트워크와 같은 서비스를 제공함.
- Play: 문화와 레크리에이션 분야(연극, 영화, 춤, 음악 등) 이벤트를 만들어내는 기업들로 구성됨. 2005년 9월 출범.
- Floss: ICT기업들의 진흥을 목표로 하는 직업 목적형 인큐베이터. 무료도서오픈소스소프트웨어(Free-Libre-Open-Source-Softwares)의 개발. 이 프로젝트를 통해 로마시에 무료 소프트웨어를 지역 내에 공급하게 됨.

이상에서 볼 수 있듯, 이들의 연구가 주목하는 인큐베이팅 사업에서는 사회서비스를 중심으로 한 보완적 의미의 사회적 기업 외에도 영화, ICT, 문화와 레크리에이션을 중심으로 청년층의 사회적 창안에 도움이 되는 다수의 인큐베이팅 프로젝트들이 포함되어 있는 것이 흥미롭다.

6. 한국의 사회적 기업의 현황과 과제

전통적인 국가, 시장, 시민사회 간의 자원 흐름이 활발해지면서 경계가 흐려지는 것은 전 세계적인 경향이다. 특히 재정압박과 관료체계의 비효율성에서 기인하는 국가실패와 자본의 최대이익 추구 목표하에 비인간화가 심화되는 시장실패가 확대될수록 거기서 만들어지는 공백을 메우는 역할이 시민사회에게 요구되며, 이는 내외적으로 시민사회의 역량을 확대시키는 기회가 될 수 있다. 이런 과정에서 적극적인 대안의 실행자이자 스스로 사회적 필요를 충족시키기 위해 사회적 기업은 매우 매력적인 선택으로 제안될 수 있다(장인봉·장원봉, 2008). 한국사회에 있어 민간에서 시작된 사회적 경제에 관한 관심은 87년 체제 이후 도시 지역에서 시작된 생협운동이 그 출발점이 될 수 있겠다. 하지만 정책적인 측면에서 사회적 기업 혹은 사회적 경제에 관한 관심을 가지게 된 것은 IMF 이후 급증하는 실업문제에 대응하기 위해 정부의 개입에서 시작되었다. 2001년 보건복지부에 의해 국민기초생활보장법에 근거하여 자활공동체 사업이 시작되었으며, 2003년 노동부에서는 자활사업과 별도로 사회적 일자리 사업을 추진하게 된다. 2007년에는 「사회적 기업 육성법」이 제정되면서, 동법이 정하는 바에 따라 자격을 갖춘 기업들을 사회적 기업으로 인증하고 다양한 육성책이 고용노동부를 중심으로 진행 중이다.

2010년 10월 현재 고용노동부가 지정한 인증사회적 기업은 전국적으로 406개가 존재한다. 지역별로는 전체 사회적 기업 중 44%가 서울, 경기, 인천 등 수도권에 밀집되어 있으며, 사회복지(20%), 환경(16%), 간병·가사지원(13%), 보육(6%), 문화예술관광(6%), 교육(5%), 기타(30%) 등의 다양한 영역에서 사업을 펼치고 있다.

이상에서 살펴볼 수 있듯이 현재 한국의 사회적 기업에 관한 지원은 중앙정부의 적극적인 노력에 힘입어 성장해왔다. 하지만 사회적 기업의 사업 영역은 시민들의 삶과 밀접하게 관련된 생활경제에 맞닿아 있고 따라서 사회적 기업의 활동무대가 주로 지역이라는 점에서 중앙정부의 육성책에 대한 의존도를 벗어난 새로운 모색이 필요한 시점이 되었다. 현재 다양한 연구자와 정책가들에 의해

<표 15-3> 중앙부처별 사회적 기업 관련 사업 내용

사업명	관련 부처 (개시 연도)	주요 사업 내용	특징
사회적 기업 육성사업	고용노동부 (2007년~)	• 사회적 기업 육성법 제정, 사회적 기업 인증제 도입 • 2010년 10월 현재 406개 사회적 기업 인증, 각종 경영재정홍보 사업지원	취약계층 일자리 창출에 초점
(자립형) 지역공동체 사업	행정안전부 (2010년)	희망근로사업의 후속조치 사업으로 "지역공동체 일자리 사업"과 커뮤니티비즈니스형 "자립형 지역공동체 사업 병행 추진"	일자리 창출과 커뮤니티비즈니스 병행
농어촌 공동체회사 활성화사업	농수산식품부 (2011년 예정)	• 노동부 사회적 기업에 대한 농촌조직 진출의 한계 극복 • 농촌 자립기반 구축에 초점을 맞춘 지역공동체 조직지원	농촌형 커뮤니티 비즈니스에 초점 (지역성과 수익성 강조)
기타	지식경제부	지역혁신센터 내 커뮤니티비즈니스 네트워크 기능강화에 초점을 둔 시범사업	시범사업
	문화관광부	노동부와 MOU를 통한 문화예술체육 분야 사회적 기업 육성	고용노동부와의 협력 사업 형식

자료: 지경배·김정호(2010: 4).

사회적 기업에 대한 새로운 평가들이 계속적으로 만들어지고 있는데, 주요한 평가의 지점은 다음과 같이 정리될 수 있다(김혜원, 2007; 이은애, 2009; 조규영, 2009; 장원봉, 2009).

첫째, 사회적 기업의 지속가능성에 대한 문제 인식이다. 사회적 기업은 경제적 목표와 사회적 목표를 동시에 추구하는 까닭에 내외적인 긴장감이 항상 내재될 수밖에 없지만, 특히 전자에 의해 후자의 목표가 훼손될 위험이 늘 상존하고 있기 때문이다. 또한 사회적 기업을 통해 창출된 일자리의 지속성에 대한 회의론도 지속적으로 제기되고 있다. 양질의 일자리 창출을 통해 빈곤이 해결되기보다 값싼 처방을 통해 빈곤이 오히려 지속되는 경향이 있다는 것이다. 특히 현재처럼 사회적 기업의 인건비와 운영비의 거의 대부분이 정부지원에 의존하는 상황에서 지원 종료 후 자립 가능성은 낮아질 수밖에 없다. 최근에는 인증제의 한계로서 사회적 기업이 '제도적 동형화에 빠질 위험성'에 대한 지적도 제기되고 있다.

둘째, 사회적 기업이 지역경제 활성화에 기여하고 있는가에 관한 문제의식이다. 취약계층의 직업훈련과 일자리 창출 및 낙후지역 개발을 목적으로 하는 사회적 기업은 기본적으로 지역 친화적 성격을 지닌다. 긍정적인 모델로 확립된다면 단순한 일자리 확대를 넘어서 지역공동체의 발전에 기여할 수 있는 것이다. 하지만 중앙정부 주도의 정책만이 있을 뿐 실제 사회적 기업이 활동하게 될 지역단위에서의 차별화된 정책이 부재한 것은 사회적 기업의 지역화에 큰 공백이 있음을 반증한다.

셋째, 한국 지방자치제도의 제도적 한계인 중앙과 지방의 관계에 대한 문제의식이 제기된다. 사회적 기업과 지역화된 공동체경제를 지향하는 커뮤니티비즈니스 간에 강한 상호보완성이 존재함에도 불구하고, 현재 한국의 사회적 기업 관련 정책은 일률적인 인증제에 의존하고 있을 뿐 지방자치단체의 재량권이나 차별적 정책을 찾아보기 어렵다. 나아가 중앙부처의 관련 지원 사업이 부처 간 경쟁 구도하에서 산발적으로 진행되는 것은 큰 문제라 할 수 있다. 현재 고용노동부는 "사회적 기업 육성사업"으로, 행정안전부는 "자립형 지역공동체 육성사업"으로, 농수산식품부는 "농어촌 공동체회사 활성화 사업"으로, 지식경제부는 "지역혁신센터 내 커뮤니티비즈니스 기능강화 시범사업"이란 이름으로 별도의 예산을 책정하고 별도의 정책을 추진하려 하고 있다.

중앙부처의 사회적 기업 관련 사업들이 상호간에 정책적 차별성을 부각시키기 위해 경주하게 된다면, 실제 사회적 기업이 활약해야 하는 지역에서는 중복투자나 승자 독식의 문제를 낳을 수 있다. 단기적인 성과가 강조되면서 이미 제도적 기준에 갖춘 기업들에게는 다양한 기회가 주어질 수 있지만, 그렇지 못한 다수의 지역기업들에게는 적절한 기회가 주어지지 않게 될 것이기 때문이다. 또한 관리의 주체가 중앙화된 상황에서 지역 내 자원을 분배하고 관리할 수 있는 단위가 부재하다. 사회적 기업이 활동하는 지역단위의 통합 모델과 통합지원 체계의 구축이 시급히 요구된다 할 수 있다.

7. 한국 지자체의 사회적 기업 정책의 과제

전통적으로 공공성의 영역은 국가로 대표되는 정부영역의 고유한 권한이었다. 하지만 지방자치제도가 전개됨에 따라 간접민주주의와 권위주의적 행정운영의 시대를 넘어서 적극적인 개입과 참여를 통한 새로운 시대가 열리게 되었다. 이는 시민사회와 공공과 시장의 전통적인 구분에도 영향을 미친다. 즉, 지역을 중심으로 새롭게 공공-시장-시민사회 간의 관계 설정이 필요해진 것이다.

이 글에서는 이탈리아와 로마시의 사례를 통해 개혁적 성향의 지방정부가 지역 내에 사회적 경제를 착근시키기 위한 다양한 노력들을 살펴보았다. 이탈리아는 오랜 협동조합의 역사를 지닌 국가인 만큼 일찍이 법률과 다양한 지원제도가 정비되었다. 이러한 제도적 지원은 시민사회에 축적된 사회자본과 어우러지면서 전국 대부분의 지역에서 다양한 주체들에 의한 촘촘하고 단단한 사회적 경제의 네트워크를 만들어내고 있다. 이탈리아의 로마의 경험에 근거하여 한국의 사회적 경제 및 사회적 기업에게 주어진 정책적 과제를 크게 다음의 두 축을 중심으로 정리해볼 수 있겠다.

첫 번째 축은 사회적 기업을 넘어선 사회적 경제로의 비전 확장에 관한 것으로, 우선적으로 이를 뒷받침할 수 있는 제도적 장치의 마련이 모색되어야 할 것이다. 한국의 「사회적 기업 육성법」은 초기 사회적 기업 정책이 뿌리내리는 데 큰 기여를 한 것은 주지의 사실이지만, 이 법률의 기준을 충족시키지 못하는 조직들에게 이 용어의 사용이 불허되고 있다. 하지만 이탈리아의 경우에는 사회적 협동조합과 사회적 기업에 관한 법적·제도적 장치가 모두 마련되어 있을 뿐 아니라 앞서 소개한 「국가사회보건보호법」(Law 328/2000)과 같은 법률적 장치를 통해 다양한 조직들의 사회적 경제활동에의 참여가 보장되고 있다. 법률이 인정하는 사회적 기업을 넘어서 경제의 사회화에 기여할 수 있는 다양한 활동들을 뒷받침할 수 있는 제도가 마련될 때, 다양한 주체들이 '제도적 동형화'의 위험에서 벗어나 창의적인 활동이 가능할 수 있기 때문이다.

또한 사회적 경제라는 더 폭넓은 범주를 통해 사회서비스 부문을 넘어선 다양한 사업영역으로의 확대를 모색해볼 수 있을 것이다. 한국에서 사회적 기업의 활동은 주로 취약계층의 일자리 창출에 초점이 맞추어지고 있기 때문에 양질의 상품과 서비스 생산이 추구되기보다는 보완적 의미의 사회서비스 제공에 초점이 맞추어지고 있다. 하지만 로마시의 오토프로모키오네소시알레가 추진하는 사회적 기업 인큐베이팅 사업의 경우에는 환경생태, ICT, 영화 등의 산업이 망라되어 있는 것을 눈여겨 볼 필요가 있다. 이로써 보완적 의미의 사회서비스가 아니라 오히려 부가가치 창출의 가능성이 높은 산업의 육성으로 이어질 가능성이 확대될 수 있는 것이다. 본 장에서는 다루지 못했지만 협동조합의 수도라는 별칭을 지닌 이탈리아 북동부의 에밀리아-로마냐주와 주도인 볼로냐의 사례는 사회적 경제가 무형의 서비스 영역이 아니라 기술 및 기계공학, 제조업, 유통 등의 주류 산업의 영역에서도 높은 경쟁력을 가질 수 있음을 보여준다. 자마니 교수는 이탈리아 협동조합 부문이 도소매 유통, 건설, 식품가공, 시설관리 및 기타 서비스, 사회서비스, 상호신용 및 보험 영역에서 특히 건실한 경쟁력을 지니고 있다고 말한다(Zamagni and Zamagni, 2010).

두 번째 축은 사회적 경제 및 사회적 기업의 지역화에 관한 고려이다. 한국 사회의 과도한 수도권 집중 현상으로 인해 수도권 자체도 혼잡에서 유발되는 각종 사회문제로 어려움을 겪고 있지만, 지역은 지역대로 자본과 두뇌의 외부 유출이 심화되면서 최소한의 지역경제 자립이 위협받고 있다. 기존의 지역개발은 외부의 기술과 자본의 투자를 기대하며 지역마다 산업단지를 조성한다든지 외부인의 시선을 끌기 위해 구성된 관광산업을 중심으로 개발행위가 집중되었다. 하지만 이런 식의 개발사업은 주로 지역 간 경쟁을 심화시키거나 국토의 물리적 토대를 훼손하는 방식으로 이루어졌으며, 기대했던 적하효과 대신 외부로의 자본과 두뇌 유출이 더욱 심화되는 경향성을 바꾸어놓는 데 실패해왔다.

이런 점에서 지역을 중심으로 한 사회적 경제의 구상이 제대로 실현된다면, 지역공동체의 통합과 주민복지와 삶의 안정성을 확대하는 새로운 선순환의 구조를 만들어낼 수 있을 것으로 기대된다. 이를 위해 법률 속에서 화석화되어가고 있는 사회적 기업뿐 아니라 최근 일본과 영국의 사례를 중심으로 소개되고 있는 커뮤니티비즈니스에 대한 적극적인 연구와 검토가 필요하다.

지방자치단체들이 지역별로 차별적인 사회적 기업 및 사회적 경제 관련 정책을 수립하고 독립된 집행력을 갖추기 위한 노력도 중요하다. 중앙부처들이 경쟁하듯 차별적으로 사회적 기업에 대한 상이한 지원계획을 발표하게 됨에 따라, 그 정책이 구현되는 지방에서는 실제로 파편적이거나 때로는 중복적인 사업이 진행되는 문제가 발생할 수 있다. 따라서 각급 지자체들은 관할 지역 내의 사회적 기업에 대한 종합적이고 전략적인 자체의 전략을 수립함으로써 자원의 효율적 이용과 실질적인 지역사회의 발전을 꾀할 필요가 있다. 예컨대, 정책적 측면에서는 조례의 제정이나 공공조달 업무에서 사회적 기업의 참여를 보장하는 구체적인 방안과 프로그램 마련이 요구된다. 전담부서의 설치와 관련해서는 최근 광역권에서는 서울, 충남, 강원 등지에서 시군 단위에서는 완주군의 사례처럼 관련 정책의 연구 및 부서의 운영이 이미 시작된 경우들도 있다.

이 지자체들은 지역 내에서 사회적 기업의 활성화를 위한 중심으로 중간지원조직의 형태에 관심을 두고 있다. 여기서 중간지원조직의 정체는 지방행정의 산하기관으로서 전통적인 정부 영역에 있기보다는 공공과 민간 사이의 신뢰와 상호작용을 바탕으로 한 거버넌스를 실현하는 주체이자 거버넌스 그 자체에 가깝다. 또한 이 조직의 역할인 지원활동은 육성(incubating)과 조정(coordinating) 양자를 모두 포괄한다. 복잡한 지원 체계 속에서 움직이는 다양한 사회적 기업의 관계를 조정하고 조율하는 역할뿐 아니라, 교육과 훈련을 통한 주체의 발굴, 관련 정보 및 정책의 개발과 제공 역시 기대되기 때문이다.

중간지원조직의 조직형태나 조직운영은 또한 지역의 상황에 따라 다양한 형태로 존재할 수밖에 없다. 해당 지역사회에 두터운 사회적 자본이 존재하는 경우, 다시 말해 시민사회의 역량이 준비되어 있는 경우와 그렇지 못한 경우처럼 기본 토양의 차이가 있기 때문이다. 예컨대, 구체적인 형태에서 이탈리아의 로마냐 한국의 원주처럼 협동조합에 근거한 시민사회의 전통이 자리한 경우에는 공공기관보다 시민사회 협의체가 사회적 경제 중간지원조직으로 발전할 수 있다. 물론 완주처럼 지자체장의 리더십과 실험적으로 이식된 커뮤니티비즈니스에 근거한 지역 활력 창출의 노력이 성공적으로 진행되는 경우도 존재한다.

이처럼 특정 지역에서 사회적 기업을 통한 지역 활성화를 추구하기 위해서는 해당 지역의 특성에 대한 면밀한 조사연구를 기반으로 사회적 기업에 국한되지 않는 사회적 경제의 비전 설정과 다양한 사회경제 주체들의 지역화 전략이 맞물린 발전이 요구된다. 이를 위한 지역 내 다양한 주체들의 공동 학습과 공동 노력이 필요하며, 이것이 축적될 때 보완적·잔여적 의미의 사회적 기업을 넘어서 사회적 경제는 지역의 공공성을 재편하고 궁극적인 지역의 발전에 기여할 수 있는 유효한 수단이자 장치로서 발전할 수 있을 것이다.

참고문헌

김혜원. 2007. 「사회서비스 분야 사회적 기업은 지속가능한가」. ≪월간노동리뷰≫, 3월호, 31~50쪽.

나카가와 유이치로. 2002. 「협동조합 운동의 새로운 조류: 이탈리아 사회적 협동조합과 영국 커뮤니티협동조합을 중심으로」. ≪한국협동조합연구≫, 20(1), 127~135쪽.

로스(M. Loss). 2006. 「이탈리아의 사회적 기업」. ≪국제노동브리프≫, 4(6), 31~38쪽.

에이킨(M. Aiken). 2006. 「영국의 사회적 기업」. ≪국제노동브리프≫, 4(6), 22~30쪽.

오미옥. 2007. 「사회적 기업의 이해: 미국과 유럽의 사례를 중심으로」. ≪사회과학연구≫, 23(2), 173~192쪽.

이은애. 2009. 「정부·시민사회협력은 사회적 기업 성공전제」. ≪도시문제≫, 44(490), 27~31쪽.

장원봉. 2006. 『사회적 경제의 이론과 실제』. 나눔의집.

______. 2009. 「사회적 기업의 제도적 동형화 위험과 대안전략」. ≪시민과 세계≫, 제15호, 50~164쪽.

정인서. 2008. 「선진국 사회적 기업 운영 체계에서 배우는 한국에의 시사점」. ≪한국비즈니스리뷰≫, 1(2), 43~65쪽.

정인서·최갑열. 2009. 「유럽지역의 사회적 기업 조직체계 및 재원확보 방안의 비교와 한국에의 시사점」. ≪국제지역연구≫, 13(1), 219~240쪽.

조규영. 2009. 「지방자치단체는 제도적 기반 조성 노력해야」. ≪도시문제≫, 44권, 22~26쪽.

중앙선거관리위원회. 2010. 『제5회 전국동시지방선거정당 정책·공약 모음집』.

지경배·김정호. 2010. 「사회적 기업과 커뮤니티비즈니스의 통합지원체계 구축방안」. ≪정책브리프≫, 80호, 강원발전연구원.

Borzaga, C. and Inanes, A. 2006. *L'economia della solidarietà. Storia e prospettie della cooperazione sociale*. Rome: Donzelli.

Carrera, D., M. Meneguzzo and A. Messina. 2006. "The Social Enterprise Incubators: The Italian Experience." Processing paper in The Third Annual UK Social Enterprise Research Conference(2006.6.22~23, London South Bank University, England).

Goergen, R. 2006. "Social Cooperatives in Italy." processing paper in Expert Group Meeting on Cooperatives and Employment(2006-5-15~19, Shanghai, China).

Heins, F. 2005. "Viable Social Enterprise: An Evaluation of Business Support to Social Enterprises." *Social Enterprise Journal*, 1(1), pp. 13~18.

Zamagni, S. and V. Zamagni. 2010. *Cooperative Enterprise: Facing the Challenge of Globalization*.

UK: Edward Elgar.

Carrera, D., M. Meneguzzo and A. Messina. 2007. "Solidarity-based Economy in Italy. Practices for Social Entrepreneurship and Local Development: The experience of Rome. Retrieved 2010.12.13, from http://www.european-network.de/downloads/Solidarity-%20based%20Economy%20in%20Italy.%20Dario%20Carrera%20et%20al.pdf(경제적 자조와 지역발전을 위한 유러피언 네트워크 홈페이지).

Reynaert, E. 2008. "Building Stones for constructing Another Economy in Rome, Italy: Concept, Practice and Development." material for Seminar in University of Urbino(unpublished). http://www.luzzatti.it/seminari%2008/urbino/altri%20materiali/pdf.

제4부

현장과 과제

제16장

사람이 반가운 도시를 위한 거버넌스 해피 수원 만들기

염태영 | 수원시장

1. 들어가며

경기도의 수부도시인 수원은 200여 년 전 개혁적인 계획 신도시로 조성되어 정조대왕의 역사정신이 살아 숨 쉬는 화성 등 다수의 문화자원을 보유하여 역사·문화도시로의 강점을 지닌 지역이다. 그러나 1990년대 이후 매탄동과 영통동을 중심으로 수원의 자연부락 마을에 고층 아파트가 건설되면서 전통 마을은 획일적인 콘크리트 도시로 변화했으며, 경부선 철도로 인한 동서 간의 분리와 양적 팽창 위주의 신도시정책은 구도심의 상대적인 낙후와 균형발전의 저해를 초래했다.

서수원의 경우 칠보산을 중심으로 그린벨트가 넓게 펴져 있어 각종 개발이 제한되어왔으며, 군비행장 입지로 인한 소음과 고도제한 역시 개발의 주요한 장애요인이 되어왔다. 구도심, 특히 화성 성곽 주변지역은 성곽과의 조화를 꾀하기 위한 건축물 규제와 과다한 행위제한으로 토지의 효율적인 이용에 제약을 받아 노후화가 심화되었다. 또한 동시다발적으로 추진되는 재개발 사업은 낮은 원주민 재정착률, 전·월세가 상승, 소형 저가주택의 감소, 아파트 공급 위주의 개발, 재개발 추진 과정의 불투명성 등 크고 작은 문제점을 양산하고 있다. 재개발사업은 과밀화와 녹지공간의 훼손, 화성·용인 등 주변 도시와의 교통문제, 지속기능의 훼손, 아파트 위주의 획일적 도시경관의 문제 등 각종 부작용을 초래했으며, 개발 위주 도시계획은 생태축과 물순환 체계의 단절로 이어져 생물의 서식환경을 훼손시켜 수원시 생태계의 불균형을 부추겼다. 그뿐만 아니라 구도심과 신도시의 연계성이 미흡하여 도심교통의 혼잡과 대중교통 노선의 중복 및 편재로 인해 자가용 의존도가 높은 교통체계의 문제를 가져왔으며, 이러한 도시생활 구조는 온실가스 배출 증가, 환경오염으로 인한 환경질환 등 삶의 터전으로서의 많은 문제점을 내포하게 되었다.

그러나 최근 삶의 질에 대한 관심과 지속가능한 개발 등 도시정책에 관한 새로운 패러다임이 확산되면서 기존의 양적 성장과 대규모 개발을 지양하고, 도시를 인간다운 삶을 누릴 수 있는 터전으로 가꾸어야 한다는 인식의 변화를 이끌어내기 시작했으며, 시민이 중심이 되고 시민이 시정의 주인이 되는 변화와 희망의 민선 5기의 출범에 따라 더욱더 탄력을 받게 되었다.

2. 민선 5기 수원시 정책 방향

비전

수원시의 지속가능한 발전과 시민들의 풍부하고 쾌적한 삶의 영유를 위해서는 시민이 공감하고 한뜻으로 지향할 수 있는 목표 설정이 가장 중요하다. 다시 말해, 어떤 도시를 만들 것인가에 대한 비전 설정이 무엇보다 중요하며 그것은 시민들의 주체적인 참여를 통해 이루어져야 한다.

시민 모두가 행복한 수원시가 되기 위하여 수원시는 민선 5기 정책방향을 '사람이 반가운 도시 휴먼시티 수원'으로 설정하고 이를 실현하기 위해 ① 즐거운 일터·활기찬 도시, ② 깨끗한 환경·건강한 도시, ③ 따뜻한 나눔·소통의 도시의 세 가지 도시 만들기 계획을 제시하였다.

첫째, '즐거운 일터, 활기찬 도시'를 추구함으로써 주민들이 지속적으로 즐겁게 일하며 함께 살아갈 수 있는 활력 넘치는 도시를 만들고자 한다. 즐거운 일터에서 시작되는 활기찬 경제는 지역발전뿐만 아니라, 주민의 삶의 질 향상, 행복 구현을 위한 주춧돌이 된다. 따라서 지역경제에 활력을 불어넣기 위해 신성장동력 산업 육성, 더 좋은 일자리 창출, 앞서 가는 행정개혁 등을 세부 전략으로 구성했다.

둘째, '깨끗한 환경, 건강한 도시'를 위한 도시재생사업을 추진하여 양적 팽창 위주의 도시개발에서 소외된 도심의 낙후지역 주민들과 환경오염으로 인한 각종 질환으로 고통받고 있는 시민들의 문제를 해결하고자 한다. 시민 모두가 자연과 조화된 환경에서 건강한 생활을 누릴 수 있는 '녹색 휴먼시티 수원'을 만들어 세계적인 환경수도로 거듭나도록 할 것이며, 이를 추진하기 위한 세부전략으로 도시환경개선, 녹색교통체계 구축, 저탄소 녹색도시 구현 등을 제시하고자 한다.

셋째, '따뜻한 나눔, 소통의 도시'를 위하여 주민들이 방관자가 아닌 적극적 참여자로서 시정의 주인 역할을 수행할 수 있는 체계를 마련하여 주민 스스로 '미래수원'을 가꾸어 나가도록 할 것이다. 또한 현미경처럼 촉촘하게 사회 곳곳에 복지의 혜택을 제공하여, 모든 아이가 즐겁게 뛰어놀고 각지에서 문화의 향기가 넘쳐나는 건강한 평등도시로 수원을 정착시켜 나갈 계획이다. 이를 위해 모두가 주인이 되는 참여문화, 현미경 복지 실현, 참 좋은 교육문화 창조, 건강한 평등사회 실현, 네 가지를 세부전략으로 구성하였다.

시정 방향

시민의 의견이 존중되는 참여도시로

주민소득 증대와 더불어 시민들의 의식 수준이 높아지면서, 기존의 하향식 도시계획에서 지역의 마을과 도시를 주민 스스로 가꾸어나가는 상향식 도시계획 체계로의 전환이 요구되고 있다. 동시에 대규모 개발 중심의 토건형 도시계획에서 시민의 실생활과 삶의 문제를 다루는 생활밀착형 도시계획으로의 개념전환이 필요하다. 지역이 목표로 한 계획을 효과적으로 추진하기 위해 행정과 기업, 주민, 전문가 등 지역의 각 주체가 협력·교류하는 거버넌스적 진행 및 관리시스템 또한 마련되어야 한다.

이러한 시대적 조류에 대응하고 참여 도시로 발전하는 수원의 미래상을 구현하기 위해서, 모든 시민의 의견이 평등하게 존중되고 소통되며 각종 정책과 계획의 수립에 주민이 참여하는 민주적 도시로 거듭나야 한다.

개발 위주의 성장보다는 보전 중심 도시로

무질서한 시가지 확산과 물리적인 환경개선만을 강조한 개발 위주의 도시계획은 지역 간 연계성의 단절이라는 한계점을 드러냈다.

따라서 기존의 도시개발에서 소외된 낙후지역의 문제를 경제·사회·환경의 종합적인 시각으로 해결하는 도시재생의 필요성이 증가되고 있다. 또한 무분별한 개발 위주의 성장보다는 수원만이 갖고 있는 역사·문화자원을 활용할 수 있는 방안을 고려하여 우수한 기존환경과 문화를 보전하는 도시로 발전해야 한다.

기존 도시의 매력을 살린 창의적 도시로

지금 도시는 교통·정보통신의 발달, 자유교역의 증가에 따른 세계경제의 통합과 인력·자본·기술의 급격한 이동 속에 국경을 초월한 도시 간 무한경쟁의 틀 안에 있다. 도시경쟁력이 곧 국가 전체의 경쟁력을 좌우하는 도시경쟁시대가 도래함에 따라 국가의 발전을 위해서는 창의적인 도시가 그 무엇보다 중시된다.

따라서 수원은 화성행궁 등 지역 고유의 역사, 문화자원을 적극적으로 활용하여 차별화된 도시경쟁력을 확보하고 다양한 지역문화를 창조하는 개성 넘치는 도시가 되어야 한다.

보행과 대중교통 중심도시로

그동안 수원은 신시가지 개발 위주의 도시정책으로 신도시와 구도심과의 연계성이 결여되어, 대중교통의 노선 중복 및 편재와 높은 자가용 의존도로 인해 도심교통이 혼잡하고 온실가스 배출이 증가되는 등의 문제점을 안고 있다.

따라서 주거지역을 중심으로 대중교통을 새롭게 연계하고 자전거와 보행으로 통학·쇼핑·레저 등의 생활기반시설에 접근이 용이하도록 녹색교통체계를 새롭게 구축할 필요가 있다.

기후변화에 대응하는 저탄소 녹색도시로

21세기 가장 큰 이슈로 떠오른 환경문제를 해결하기 위한 국제적인 노력이 계속되고 있는 가운데, 기후변화에 대한 대응책 차원에서 '온실가스 감축'이 교토의정서(2005), 발리 로드맵(2007), G8정상회의(2008) 등을 통한 국제협약으로 의무화되면서 '저탄소 녹색성장'은 국가발전을 위한 필수 전략으로 떠오르고 있다.

따라서 수원 역시 저탄소 녹색도시를 목표로 사람과 자원이 더불어 쾌적하게 살 수 있는 지속가능한 도시로 발전해야 한다.

서민이 중심 되는 휴먼도시로

지방자치제의 실시와 함께 개인과 가정을 중심으로 발생하는 사회문제 역시 자치단체에서 자체적으로 해결해야 하는 영역이 되면서 지역 사회복지의 중요성이 커지고 있다.

따라서 모든 주민이 차별 없이 주거, 교육, 의료, 복지 혜택을 누리고 범죄와 사고, 재해 위험으로부터 안전하게 살 수 있도록 사회적 약자를 배려하는 휴먼도시가 되어야 한다.

3. 수원시의 중점 도시정책 방향

도시재생

수원시는 효율적인 도시재생사업 추진을 위해 ① 도시재생 도시대학 운영, ② 종합민원시스템 구축, ③ 기반시설 공공지원 확대, ④ 공공관리자제도 도입 등의 정책을 추진하고자 한다.

■ 도시재생 도시대학 운영

최근 도시재생사업은 이해당사자 간의 복잡한 이해관계로 인한 다양한 갈등이 발생하고 있으며, 이와 같은 갈등으로 사업이 지연될 경우 그로 인한 피해가 원주민에게 전가되는 양상을 보이고 있다. 이러한 갈등양상은 시공사 중심의 편향된 정보제공으로 인해 원주민들의 도시재생사업에 대한 이해부족이 주원인이므로 이런 문제 해결을 위해서라도 도시재생사업에 대한 균형 잡힌 시각의 교육은 그 무엇보다 필요한 실정이다.

따라서 수원시는 정확한 정보 전달 및 우수 사례 홍보, 주민 관심 유도, 주민 중심의 사업 추진 유도 등을 목적으로 2011년 상반기 중 시민교육과정(시민대학)을 개설하여 운영하고자 한다. 시민교육과정은 법무·세무 등의 전문가 그룹, 학계, 시공사, 설계사 등을 포함하는 강사진을 구성하여 시민들이 다양한 경험을 공유할 수 있도록 하고 도시재생사업에 대한 시민의 알권리 확보를 충족시켜 나갈 계획이다.

■ 종합민원시스템 구축

도시재생사업의 갈등 원인은 편향된 정보 외에도 주민의 궁금증 해소를 위한 시스템 부재와 민·관 그리고 시공사와의 소통의 단절 때문이라고 볼 수 있다. 이러한 문제를 해소하기 위해 수원시에서는 도시재생사업과 관련한 종합민원시스템을 구축하고자 한다.

수원시의 종합민원시스템의 핵심은 전담 부서의 신설, 소통을 위한 홈페이지 구축, 조합원 간담회 개최, 시민감시단 운영 등이다. 수원시는 2010년 말 대대적인 조직 개편을 통해 도시재생 전담 조직인 도시재생과를 도시재생국 산하에 신설하고 도시재생 업무의 효율적 추진을 위한 기반을 마련했다. 또한 2011년 초 수원시 도시재생 관련 홈페이지를 구축하여 주민의견 수렴, 민원상담을 위한 온라인 소통창구를 마련했으며, 조합장과 추진위원장, 수원시 의회, 관계 부서, 전문가 등이 두루 참여하는 조합원 간담회를 실시하여 오프라인 소통창구를 마련했다. 아울러 전국 최초로 주택재개발사업에 시민감시단을 투입하여 공정성과 투명성을 확보하고자 노력하고 있다.

■ **기반시설 공공지원 확대**

최근 주택경기의 침체 등으로 사업여건이 악화되면서 도시재생 사업 자체가 지연되는 경우가 빈번하게 발생하고 있다. 이러한 문제에 효율적으로 대처하기 위해서는 기반시설 설치비의 국고 지원 비율의 조종이 요구된다. 최근 뉴타운 기반시설 설치비의 국고 지원 비율을 10~50%에서 30~50%로 확대하고 국가와 지방자치단체가 함께 부담하도록 하는 내용의 「재정비 촉진을 위한 특별법」 개정안이 추진되고 있다. 따라서 수원시는 기반시설의 공공지원 확대를 위한 방안에 대해 전문가의 참여를 통해 논의 구조를 확대해나가고 있다.

■ **공공관리자제도 도입**

공공관리자 제도는 재개발·재건축 사업 시 계획수립 단계부터 사업 완료 시점까지 진행 관리를 시장, 한국토지주택공사 등 공공관리자가 지원하는 제도를 말한다. 이는 최근 경기도 조례에서 개정 중인 내용으로, 조합이 시행하는 정비사업 중 시장이 공공관리가 필요하다고 인정한 정비사업에 한하여 공공관리자의 역할의 확대가 기대되고 있어 수원시에서는 공공관리자 자체 운영계획을 수립하여 시행할 예정이다.

마을만들기

수원형 마을만들기를 활성화하기 위해서는 마을주민들이 자발적으로 참여할 수 있는 사회적 여건이 필요하다. 수원시는 마을만들기 사업의 효율적인 추진을 위해 ① 수원형 마을만들기 유형 발굴, ② 마을만들기 추진기반 마련, ③ 마을만들기 추진역량 강화, ④ 소통 여건 강화 및 공모사업 추진 등의 방안을 계획하고 있다.

■ **수원형 마을만들기 유형**

수원형 마을만들기의 유형은 소프트한 프로그램 중심의 마을만들기 사업과 물리적인 공간개선위주의 마을만들기 사업으로 구분되며, 물리적인 마을만들

<그림 16-1> 마을만들기의 유형 및 내용

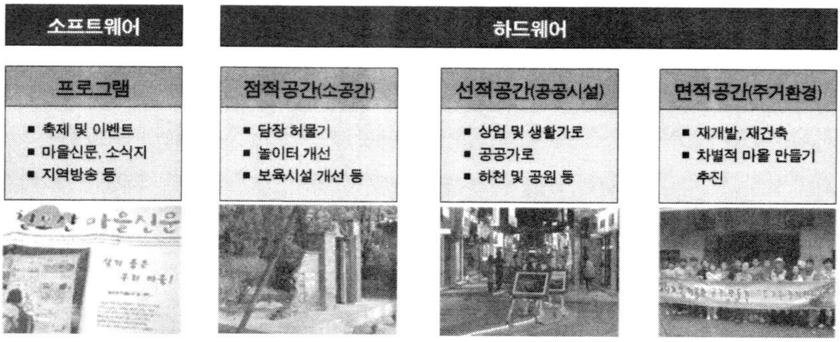

기 사업은 다시 점적 공간, 선적 공간, 면적 공간 등으로 구분할 수 있다.

점적공간의 마을만들기 사업은 담장 허물기, 놀이터 개선, 보육시설 개선 등 소공간에 대한 환경 개선이 중심이 되고, 선적 공간의 마을만들기 사업은 상업 및 생활가로, 공공가로, 하천 및 공원 등에 대한 접근으로 이해할 수 있다. 아울러 면적 공간에 대한 마을만들기 사업은 재개발·재건축이 이루어지지 못하고 있는 물리적 환경이 노후한 지역을 대상으로 추진하는 기존 도시재생사업과 차별화된 마을만들기 사업이다.

■ 마을만들기 추진기반 마련

마을만들기는 주민 구성원들을 포함한 다양한 주체의 참여와 협력을 통해 추진되어야 한다. 따라서 수원시는 마을만들기 사업의 법적 제도 마련과 함께 다양한 이해당사자의 참여를 보장하기 위하여 시민, 전문가 등과 수차례 토론을 진행, 2010년 12월 「수원시 좋은 마을 만들기 조례」를 제정·공포했다. 마을만들기 사업을 추진하고자 할 때 행정과 주민의 역할, 행정지원 내용, 주민과 행정의 신뢰와 이해도 그리고 협력, 주민참여 방안 등을 명확하고 일관된 지원체계로 명문화했다.

또한 2010년 말 수원시 조직 개편을 통해 제2부시장 직속의 마을만들기추진단을 신설하여 마을만들기 사업 추진 시 필요한 시행정의 지원체계를 확보했다. 또한 2011년 시민 대표, 전문가, 시민사회단체, 학계, 공직자 등 각계 대표 20명

<그림 16-2> 마을만들기 추진기반 마련

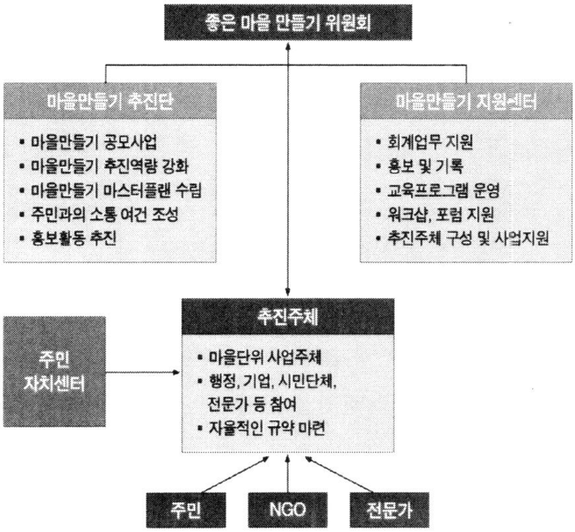

으로 구성한 좋은마을만들기위원회와 좋은마을만들기지원센터를 출범하여 수원시 마을만들기 사업의 거버넌스 체계를 확보했다.

이러한 수원시 조직, 민·관 거버넌스, 시민사회 단체의 결합을 통해 타 지방자치단체보다 앞서 저탄소 녹색마을, 역사·문화마을, 경제 활성화 마을 등의 마을만들기 사업을 추진함으로써 주민 간의 정체성을 확립하고 구도심 지역 및 낙후 지역의 경제·사회·문화 활성화를 통한 마을만들기 사업의 기반을 마련했다.

■ **마을만들기 추진역량 강화**

일본의 다무라 아키라는 마을만들기에 대해 "아무리 좋은 시스템을 갖춰도, 시민의 의식 변화와 자발적인 참여가 뒷받침되지 않을 경우 시민참여는 현실화되기 어렵다"고 말하고 있으며, 시민의 의식 변화와 자발적인 참여의 핵심은 '사람만들기'라고 말하고 있다. 현재 수원시에는 행궁동, 세류3동, 칠보산 등에 다양한 마을만들기 사업이 추진되고 있어 마을만들기 여건이 타 지자체에 비해 양호하지만, 주민들의 적극적인 관심과 참여를 이끌어내기 위해서는 마을만들기 추진 역량을 보다 강화할 필요가 있다.

따라서 수원시는 찾아가는 시민대학, 찾아오는 마을학교, 선진 사례 벤치마킹, 코디네이터 육성, 마을리더주민 워크숍 등 다양한 방안을 추진하여, 주민들이 마을만들기 사업 주체로서의 역할을 인식하고 적극적인 활동을 할 수 있도록 역량 강화에 최선을 다하고 있다.

■ **소통 여건 강화 및 공모사업 추진**

현행 도시계획제도에서의 시민과의 소통 방법은 도시계획위원회의 참여, 계획안의 공람과 공고 및 의견서 제출, 공청회·설명회 참여 등이 있다.

이러한 제도적인 소통방식 외에도 수원시는 소통 여건 강화 및 공모사업 추진을 위하여 세미나 및 포럼, 홍보책자 및 리플릿 제작, 주민과의 만남을 통한 홍보활동, 작은 토론회 운영, 구청 및 주민자치센터를 통한 수시 주민의견청취 및 주민소통강화, 구도심 및 낙후지역 환경개선, 소규모 마을 추진 주체사업 등을 통한 공모사업을 추진하고자 한다.

환경수도

수원시는 21세기의 대표적 화두로 떠오른 환경문제를 적극적으로 해결하고 '녹색휴먼시티 수원'을 비전으로 하는 환경수도를 실현시키고자 ① 녹색 콤팩트도시, ② 녹색 생명도시, ③ 에너지 효율 도시, ④ 환경건강 으뜸도시, ⑤ 녹색 거버넌스 도시 등 5대 목표를 설정하여 다음과 같이 추진하고자 한다.

■ **녹색 콤팩트도시**

녹색 콤팩트도시의 실현을 위해 우선적으로 수원의 도시공간구조를 대중교통과 보행·자전거 중심으로 조성할 계획이다. 보행과 자전거로 각종 생활서비스 시설에 쉽게 도달할 수 있도록 중심부의 밀도를 높이고 이동거리를 줄이면 녹지공간의 훼손, 환경오염, 교통 혼잡 등의 문제를 해결할 수 있다. 이를 위해 대중교통 위주의 교통체계 개편과 자전거도로 인프라 구축을 통해 이용을 활성화시키고, 친환경 교통수단인 노면전차(bimodal tram)를 도입하여 구도심 상권과 문화관광 활성화를 도모하며, 기계획된 도시철도망이 조기에 구축될 수 있도록 추진할 계획이다.

■ 녹색생명도시

무분별한 개발 위주의 도시계획에서 벗어나 생태계의 균형을 회복시키고 자연과 사람이 더불어 살아가기 위한 방안을 찾는 것은 단순히 경관의 쾌적성을 확보하는 차원을 넘어 기후변화의 위기 극복을 위한 전 지구적인 핵심 과제라 할 수 있다.

따라서 수원은 녹색생명도시로 발전하기 위해 산림 및 녹지 경관을 보전하여 단절된 녹지를 연결시키고, 도심의 하천을 생태적으로 건강한 하천으로 복원하고 사라진 지천들을 연결하며 하천의 유지용수를 확보하는 등 물순환체계를 개선시켜 나갈 것이다.

또한 도시의 생태종의 종류 및 서식체계, 식생구조 등에 대한 철저한 조사와 분석을 통해 사라진 생물종을 복원시키고 생물종을 다양화시켜 손상된 생태계를 회복시키는 데 주력할 것이며, 도시농업네트워크 구축, 도시농업 지원센터 설치, 도시농업 아카데미 운영을 통해 도시생태농업을 정착시키고 친환경 먹을거리 유통체계가 구축되도록 할 것이다.

■ 에너지효율 도시

도시의 에너지효율을 높이기 위해 우선적으로 태양광, 태양열, 지열, 생체에너지 등 수원의 지역특성에 맞는 다양한 신재생 에너지원 발굴사업을 추진할 것이며, 신재생 에너지 보급의 확대를 위해 공공시설의 신재생 에너지시설 설치를 의무화할 예정이다.

또한 에너지 절약형의 고효율 설비를 보급시켜 에너지 소비구조를 개선시키고, 녹색구매 및 녹색생활실천운동을 확산시켜 시민들에게 저에너지 생활문화가 정착되도록 하여 온실가스 저감을 통한 기후변화 대응에 수원시가 선도적인 역할을 해나갈 것이다.

마지막으로 구도심 개발과 연계하여 에너지 자립형 주택단지를 조성하고, 첨단 단열공법을 이용하여 에너지의 낭비를 최소화한 패시브 하우스 등 에너지 절감 건축기술을 보급할 계획이며, 녹색 신기술 개발 및 생산시설을 유치하여 녹색일자리 창출을 위해 주력할 것이다.

■ **환경건강 으뜸 도시**

수원시는 환경건강 으뜸 도시를 위해 아토피 등 환경성 질환 유병율, 발생분포, 특성 분석 및 원인 규명을 위한 실태조사를 실시하고, 환경성 질환을 유발할 수 있는 유해요소들을 지도상에 표시한 수원시 환경건강 지도를 작성하는 등 체계적인 관리기반을 마련할 계획이다.

또한 아토피 같은 환경성 질환의 예방 및 관리를 위한 아토피치유센터를 조성하여 맞춤형 의료복지 서비스를 제공할 뿐만 아니라 이를 거점으로 의료산업을 육성시켜 지역경제에 활력을 불어넣을 것이다. 아울러 의료생협 네트워크 구축, 안심 먹을거리 공급망 구축, 산업의 녹색화를 통한 녹색고용의 창출 등을 추진할 예정이다.

■ **녹색거버넌스 도시**

환경수도 정책이 성과를 거두기 위해서는 녹색거버넌스를 통한 시민의 참여와 공감대 형성이 함께 이루어져야 한다. 따라서 환경 및 관련단체와 파트너십을 구축하고 정책입안 및 결정 단계에서 시민의 의견을 충분히 반영하여 추진할 계획이다. 특히, 환경문제의 해결과 지속가능한 발전을 위한 정책과정에 주민이 참여할 수 있도록 주민 토론을 활성화시키고 주민배심원제도를 도입하여 운영할 계획이다.

또한 세계 속의 환경수도로 성장하기 위해 ICLEI 등 국제 협력관계를 유지하여 환경수도의 위상을 높이고 세계적인 환경도시와 연계망을 구축하여 정보공유 등의 교류와 협력을 추진해야 할 것이다.

4. 주요 도시정책의 해결 과제

시행 초기부터 적극적인 주민참여 우선

기존에 추진되어온 대표적인 도시재생사업인 재개발·재건축 사업은 물리적 환경 개선을 중심으로 이루어졌으며, 주민들의 참여가 형식적이고 제한적이었다. 특히 세입자 및 영세상인 등 저소득층을 위한 법적인 대책 마련이 미흡하고 원주민의 재정착률이 낮아 또 다른 사회문제를 야기하고 있는 실정이다.

이러한 문제를 해소하기 위해서는 사업 초기 단계에서부터 주민참여제도를 활성화하여 토지 소유자 및 세입자, 전문가, 시민단체 등이 함께 사업에 참여하도록 하고, 물리적인 환경개선은 물론 사회적·경제적 재생을 함께 고려하여 도시경쟁력 자체를 증대시킬 수 있는 방향으로 추진되어야 할 것이다. 또한 화성 주변 및 비행고도제한을 받는 구 도심지역에 대해서는 전면 철거형의 도시재생 사업을 지양하고 주민이 주도하는 수복형 마을만들기 사업을 추진하는 것이 바람직하며, 기존의 역사·문화자원을 적극적으로 활용하여 도시의 정체성을 더욱 확립해나가야 한다.

대도시 지역공동체 의식의 고양

수원시는 성공적인 마을만들기를 위하여 다양한 정책 자문과 검토를 통해 정책 기반을 만드는 등 의욕적인 출발을 하고 있다. 그러나 마을만들기에 대한 시민의 인식이 절대적으로 부족한 현 상태에서는 자칫 가시적인 성과가 나타나는 물리적 시설물 위주의 마을만들기 사업으로만 변질될 우려가 있다. 지나친 행정주도의 지원은 관 주도의 개발사업으로 추진되거나 사업비간 경쟁적으로 요구하는 상황이 발생할 수 있다는 점을 간과해서는 안 된다. 또한 사업 추진 과정에서 발생하게 되는 주민 간의 갈등, 주민과 행정기관과의 갈등을 예측하고 해결 방안을 마련해야 하며, 수원시만의 특색이 살아 있는 마을만들기 사업을 추진하기 위한 노력도 필요하다.

마을만들기 사업이 처음부터 성공하기는 어렵다. 그러나 주민과 행정이 스스로 시행착오를 겪으면서 터득해가는 과정을 통해 주민 간의 공동의 문화 창출과 대도시에서 사라진 이웃 간의 공동체 의식이 회복될 수 있을 것이다. 마을에 사는 주민들이 마을에 대한 사랑과 애착을 가지고 여러 사람이 함께 마을만들기에 참여하는 것은 수원시가 추구하는 거버넌스 행정과 풀뿌리 민주주의의 실현이라고 볼 수 있다.

삶의 질 향상과 행복추구가 가능한 도시정책 구현

수원시가 환경수도로 발전하기 위해서는 기존의 도시계획, 도시개발에 대한 우선적인 성찰이 필요하다. 그동안 지속되었던 성장 위주의 양적 팽창과 물리적 환경개선을 위한 개발에서 벗어나 시민의 삶의 질 향상과 행복 추구의 대안적 삶을 도시정책에 어떻게 반영시키고 구현해나갈 것인지가 중요한 것이다. 따라서 공무원, 전문가, 시민이 끊임없이 대화하고 서로를 설득하며 합의를 이끌어내어 물리적 환경변화를 위한 개발 위주의 도시정책이 아닌, 실제 주민들이 삶의 질의 향상과 변화를 체감할 수 있는 개발모델로의 접근이 필요하다.

5. 나오며

'사람이 반가운 휴먼시티 수원'을 말하는 이유는 그동안 수원이 사람이 중심이 되는 도시가 되기에 제약이 많았고, 동시에 도시 사람들 스스로 주체가 되는 삶을 생활터전에서 담아내지 못한 안타까움에서 비롯되었다. 즉, 우리가 살고 있는 수원이라는 도시가 과연 사람 중심의 도시인가에 대한 끊임없는 고민과 반성에 기초해서 나온 결과이다. 사람들의 다양한 가치가 인정되지 않고 효율적이고 가시적인 투자에 치중하면서 총체적인 성장만을 강조한 결과, 사람을 위한 도시계획이 되지 못했다는 반성의 결과물이라고 할 수 있다.

수원에서 '사람이 반갑다'는 것은 도시의 일상생활 속에서 사람으로 대접받고 사람으로 존재감이 표현되며 사람의 가치가 최우선시되는 도시적 삶의 방식을 의미한다. '사람이 반가운 휴먼시티 수원'으로 발전하기 위해서는 누구나 '사람다움'을 인정받고 구현할 수 있는 기회와 역량이 도시의 구성원들에게 골고루 나누어져야 한다. 이를 수원에서 실현시킬 수 있도록 새로운 구상과 실험을 계속함과 동시에 다양한 모범사례를 만들어갈 것이다.

'사람이 반가운 휴먼시티 수원' 만들기는 그 내용이 다소 추상적이라, 관련 정책이나 사업 추진 과정에서 이를 현실적으로 녹여내는 데 어려움이 있었지만, 민선 5기 시정 방향과 목표를 설정하는 과정에서 전문가와 시민사회, 공직자들의 참여를 통한 다양한 논의 끝에 그 내용을 구체화했다는 점에서 큰 의미가 있었다.

앞으로도 사람 중심의 수원만들기에 대한 폭넓은 공감대와 구체적 전략을 제시하고, 실천을 뒷받침할 수 있는 제도적 장치와 정책 의지를 구체화해나갈 것이다. 특히, 새롭게 추진되는 주민참여형 프로그램인 '마을만들기'사업, '주민참여 예산제도'와 '시민배심원제'를 도입하여 추진하는 등 주민의 행복과 직결되고 주민이 요구하며 스스로 실천의지를 가지고 있는 공모형·제안형 사업을 확대하여, 계획 단계와 사업 추진 및 관리 운영 단계 등 전 과정에서 주민참여의 폭을 넓혀나갈 것이다.

참고문헌

강기홍. 2009. 『해외 지자체 녹색성장 사례: 오스트리아』. 대한지방행정공제회.

국토해양부. 2011. 『유럽 지역자력재생 지원정책 동향 컨퍼런스 자료집』.

다무라 아키라. 2005. 『마을만들기의 발상』.

도시정보. 2009. 『살고 싶은 도시 실현을 위한 미래도시 정책 방향』.

박병호. 2006. 『녹색교통: 일본 생태자전거도시의 시사점』, 대한국토·도시계획학회.

오담문화기획. 2010. 『도시가 미래다』.

유선철 외. 2009. 『저탄소 녹색국토 조성을 위한 도시정책 사례 연구: 일본과 영국을 사례로』. 국토지리학회.

수원시. 2010. 「민선 5기 시정운영 4개년 계획」.

______. 2010. 「민선 5기 시민약속사업 공청회」.

______. 2010. 「도시 및 주거환경정비 기본계획」.

______. 2010. 「2020년 도시기본계획」.

이재준 외. 2007. 『지역환경계획 추진과정에서의 시민참여 활성화 방안』. 국토지리학회.

______. 2009. 『기후변화 대응을 위한 지구단위계획 차원에서의 탄소완화 계획요소 개발에 관한 연구』. 대한국토·도시계획학회.

이재준. 2010. 「도시 삶의 질 제고를 위한 그린도시 조성」. 대통령직속 국가건축위원회 토론회

염태영. 2010. 「염태영 4년간 이렇게 준비하겠습니다」.

______. 2010. 「염태영이 차린 밥상 3대의 행복을 책임집니다」.

조명래. 2008. 『신자유주의 세계화와 환경위기』. 한국사회.

장희준. 2010. 「기후완화와 적응의 장소로서의 도시: 미국 오리건주 포틀랜드시 사례연구」. 대한지리학회.

협성대학교 산학협력단. 2011. 「도시재생 및 마을만들기」. 수원시 정책방향 모색을 위한 토론회 자료집.

형시형. 2006. 「인구저성장 시대의 도심쇠퇴에 대응한 도시관리정책에 관한 연구」. 한국지방자치연구.

日本 國土交通省. 2009. 省 CO2 型の都市·地域構造に向けた 検討調査.

Khakee, Abdul and Angela Barbanente. 2003. "Negotiative Land-use and Deliberative Environmental Planning in Italy and Sweden." International Planning Studies.

UNCSD. 2001. "Indicators for Sustainable Development: Guidelines and Methodologies."

Wilson, Elizabeth. 2006. *Adapting to Climate Change at the Local Level. The Spatial Planning Response*.

제17장

풀뿌리 정치와 개발 욕구 더불어 사는 전원도시 과천의 딜레마 풀기

서형원 과천시의회 의장

2006년 지방선거에서 처음 시의원이 되었을 때부터, 아니 출마를 마음먹던 그 순간부터 마음의 가장 큰 짐이 재건축, 재개발, 대형개발사업의 문제였다. 저층 아파트의 재건축이 차차 진행되고 예상치 못했던 신규 대형개발사업과 단독주택지의 재개발, 재건축 이슈까지 몰아닥치면서 날마다 압박감과 위기감에 빠져 지내고 있다 해도 과언이 아니다. 한편으로는 나와 내 가족, 이웃들이 살아가는 과천이 이대로 망가지는가 하는 위기감이며, 또 한편으로는 지금 이곳에서 살아가는 사람들의 삶과 관계망, 자연환경과 지속가능한 미래를 지키고 키워가겠다며 당선되어 일하고 있는 풀뿌리 정치인으로서 제 역할을 하지 못한다면 이 도시를 사랑하는 사람들에게 크나큰 실망감을 주게 될 것이라는 압박감이다. 공간과 환경의 문제이자 정치의 문제이다.

정상적인 도시라면 수백 년에 걸쳐 누적적으로 발생할 변화가 한 세대도 아닌 한 단체장의 임기 중에 벌어진다. 도시정책의 입장에서는 실험실에 불과한 규모의 도시이기에 이러한 변화는 도시의 모든 것을 바꿔놓을 수밖에 없다. 건축 밀도의 상승, 인구 증가, 쾌적성의 하락, 에너지 소비의 증가 등 물리적·외형적 변화만 일어나는 것이 아니다. 인구구성, 생활양식, 사람들의 관계, 공동체를 유지하는 다양한 활동, 지역정치의 지형, 아마 사람들의 마음가짐까지도 통째로 바뀔 것이다.

한 가지 다행인 것은 더불어 사는 지속가능한 도시를 지키고자 하는 다양한 주민의 활동과 이러한 활동을 대변하는 진보적·녹색적 풀뿌리 정치 에너지가 과천에 살아 있다는 점이다. 그런데 진보·녹색의 정치가 수준에서 개발 욕구를 이겨낸 적이 있는가? 이겨낸다는 것은 또 무엇인가?

이 글은 그저 비전문가의 푸념에 지나지 않을 수도 있지만, 가능하다면 이 글을 기회로 과천이라는 실험실에서 벌어지고 있는 도시정책의 문제, 특히 총체적 개발 압력의 문제에 직면한 풀뿌리 정치의 고민을 풀어놓고 주민의 힘과 풀뿌리 정치의 노력을 통해 더불어 사는 지속가능한 도시의 미래를 실현할 지혜를 찾아보고 싶다.

1. 과천시 도시공간의 특징과 주민의 삶

과천은 작고 콤팩트한[1)] 도시다. 전체 규모 면에서도 인구 7만 2,297명[2)], 면적 35.86km^2, 최장 거리 7.5km에 불과한 도시지만, 인구의 80%가 장축 2.3km, 단축 1.6km, 면적 3.8km^2의 중심 시가지 아파트와 단독주택단지에 밀집해 주거한다. 선거운동 하는 후보자가 한 시간 반만 걸으면 인구 8할이 사는 동네를 모두 지날 수 있는 셈이다. 또한 걸어서 5분 이내로 밀집된 하나의 중심상가, 10분 이내인 하나의 중앙공원에서 모든 시민을 만날 수 있다.

과천은 매우 뛰어난 자연환경 및 주거환경을 가진 도시다. 관악산과 청계산, 우면산이 도시를 둘러싸고 있으며 양재천 상류가 발원하여 중심부를 지나고 있다. 중심부를 이루는 3~15층의 공동주택과 여유 있는 단독주택 단지가 외곽의 넓은 농촌부락, 그리고 도시를 품는 아름다운 산들과 조화를 이루고 있다. 개발제한구역(그린벨트)이 도시 면적의 90%를 차지한다.

---

1) 전체적으로 밀도가 높다기보다는 주거, 상업, 업무 등 도시의 주요 기능을 중심부에 몰아놓았다는 의미다.

2) 이하 인구통계는 2011년 1월 말 주민등록 기준.

과천은 서울 도심으로의 접근성이 매우 뛰어난 도시며 서울을 향한 대중교통이 매우 발달되어 있다. 나는 오랫동안 광화문에 출근했는데, 과천 오기 전 송파 문정동에서 다닐 때보다 출근 시간이 10분 이상 단축되었다. 이것 또한 과천의 높은 부동산 가격을 설명하는 요인일 것이다.

과천은 좁고 낡았다. 과천은 1982년 정부과천청사를 조성하면서 한꺼번에 도시가 개발되면서 시흥군 과천면에서 과천시로 승격되었다. 부동산 가격은 강남과 비교될 수준이지만 지어진 지 25년 넘은 10~20평대의 아파트가 과천의 전형적인 주거형태다. 집 안에 많은 걸 갖추고 살기엔 좁고 불편하지만 쾌적하고 안전한 환경이 펼쳐진 집 바깥에서 자연과 이웃들을 만나기 좋은 공간이다. 이런 특성 때문인지는 몰라도 어느 신도시와 비교해도 과천 사람들의 옷차림은 수수하고 검소하다.

과천은 많은 사람의 선입관과는 다르게 세입자와 주거빈곤층이 많은 도시다. 세입자 비율이 60%가 넘고, 언뜻 보기에 부자 동네로 보이는 단독주택가에는 집집이 반지하 세입자들이 살고 있다.[3] 도시 외곽 그린벨트 지역에는 500여 비닐하우스 세대가 상하수도 등 기초적인 인프라도 없는 상태에서 마을을 이뤄 살고 있다. 다양한 주거빈곤 세대들이 자신의 필요와 의지에 따라 과천에 살아가고 있다는 것이 중요하다. 또한 이들을 포함한 다양한 처지의 주민들이 과천이라는 도시를 구성하는 이웃으로 어울려 살아가고 있다는 것이 더욱 중요하다.

그 밖에도 공장이 전혀 없고 산업기반이 취약하다는 점, 반면 일반회계 세입의 45% 안팎을 차지하는 경마장 세입 덕에 특정 세원에 대한 의존도는 높지만 풍부한 재정 여건을 가지고 있다는 점도 중요한 특징이다. 자족도시로서는 취약하지만 서울에 인접한 주거전용도시로서 좋은 여건을 가지고 있으며 전국에서 최초로 무상급식을 실시하는 등 창의적 지방자치 정책을 실시할 수 있는 재정여건을 가진 셈이다. 교육수준이 매우 높고 투표율이 전국 평균의 10%를 상회하

---

3) 정확한 것은 아니지만 반지하 세입자 비율이 전국에서 두 번째로 높다고 한다. 최근까지 필자가 살았던 단독주택에는 1세대의 소유자와 5세대의 세입자가 살았으며 그중 3세대가 반지하 세입자였다.

는 등 시민의 의식 수준과 참여의지도 매우 높은 편이다.

2. 과천의 풀뿌리 운동과 풀뿌리 정치

과천은 매우 다양한 풀뿌리 운동이 펼쳐지는 도시다. 도시의 특성상 인구가 작고 관계의 밀도가 높다 보니 상근활동가를 둘 만큼의 회비를 걷는 큰 단체는 거의 없지만 주민들 사이의 네트워크가 잘 발달되어 있고 회원들, 조합원들 스스로 직접 모든 것을 해나가는 전형적인 풀뿌리 운동이 매우 발달해 있다. 이 네트워크와 활동의 주인공은 충분히 짐작할 수 있듯이 여성들이다.

과천은 생협 활동이 전국에서도 가장 활발한 곳이다. '한살림' 조합원이 과천 전체 세대의 10분의 1을 훌쩍 넘는 것으로 알려져 있으며, '율목생협', '에코생협' 등도 활발하게 활동하고 있다. 이들 생활협동조합은 과거 20여 년 동안 직접적인 사회운동이나 정치활동에 나서지 않더라도 생활과 밀접한 생태환경교육, 공동체 프로그램, 취미활동 등을 통해 매우 촘촘한 주민 네트워크를 형성해왔다. 과천에서 가장 폭넓고 오래된 풀뿌리 네트워크인 생협은 과천에서 펼쳐진 모든 활동의 드러나지 않는 밑바탕이 되었다고 평가할 수 있다.[4)]

과천은 교육운동과 공동육아, 대안교육이 가장 활발한 곳이기도 하다. 세 곳의 공동육아협동조합을 비롯해 발도로프 어린이집 등 부모협동보육시설이 있으며, 세 곳의 대안학교와 두 곳의 공동육아 방과후학교가 있다. 초등학교를 중심으로 학부모들의 학교운영위원회 활동이 매우 활발하고 부모들의 활동 덕에 초등학교 무상급식이 전국에서 가장 먼저 실시된 지역이다. 최근에는 이런 활동을 바탕으로 학부모 중심의 교육시민모임이 구성되어 활동하고 있으며, 진보교육감 지지율이 가장 높은 지역 중 하나이다.

이와 관련된 활동으로 어려움을 겪는 청소년들과 함께하는 지역아동센터인

---

4) 한살림 매장이 있는 부림동은 중산층 지역이면서도 1995년 이후 지금까지 줄곧 진보 성향의 시의원을 배출해왔다.

'맑은내방과후학교', 청소년 인권 보장과 학교폭력 근절을 의한 '학교평화만들기', 그 밖에 '과천동화읽는어른모임'(어린이도서연구회) 등이 적극적인 활동을 펼쳐왔다.

과천의 풀뿌리 환경운동도 주목할 만하다. 앞서 언급한 생협 활동을 포함하여, 전국 최초로 녹색가게를 열고 20년 가까이 주말벼룩시장을 운영하면서 최근 「과천시 친환경상품구매촉진 조례」 제정에 주도적인 역할을 한 여성모임인 '푸른내일을여는여성들'이 활동하고 있으며, 1990년대 중반 이후 소각장, 송전탑 반대운동과 같은 환경 현안 대응에 앞장서온 주민들이 '과천환경운동연합' 등에서 활동하고 있다.

대안적인 지역경제공동체를 지향하는 대안화폐운동인 '과천품앗이', 지역 풀뿌리 활동에도 활발히 참여하고 있는 '공무원노조과천시지부', 그 밖에 다양한 책읽기 모임이나 체육, 노래, 보드게임 등 학습, 취미 모임들도 과천 시민사회의 빼놓을 수 없는 부분들이다.

과천의 풀뿌리 주민운동은 각자의 활동을 넘어 다양한 공동의 성과를 축적해왔다. 앞서 언급한 맑은내방과후학교(2004년 7월 설립)도 풀뿌리운동 공동의 활동을 통해 만들어낸 성과였으며, 지역 언론인 ≪과천마을신문≫ 창간(2004년, 현재는 중단), 광우병 쇠고기 수입 반대 현수막 게시 운동(2008년)을 거쳐 최근에는 비닐하우스 마을 어린이들을 위한 '봉봉도서관' 건립(2010년)과 지역 비전 실현을 위한 '과천시민모임' 결성(2011년 5월) 등으로 이어지고 있다.

이러한 풀뿌리 활동들을 기반으로 풀뿌리 정치운동도 매우 활발히 펼쳐졌다. 상근자 중심의 행정 감시 단체는 거의 없는 대신 지방자치 부활 이후 꾸준히 지방의원을 당선시켜왔다. 2006년 지방선거에서는 400여 명의 과천 시민들이 '과천지방자치개혁연대'를 꾸려 정책토론과 자체 경선을 통해 지역운동후보와 진보정당 후보를 당선시켰으며 2010년 지방선거에서는 일곱 명의 시의원 중 세 명의 풀뿌리 후보를 당선시키고 여소야대 의회를 실현하여 의장단을 구성하기에 이르렀다. 야권 후보 단일화가 실현되지 못해 시장은 한나라당 후보가 3선에 성공했지만, 시의원 선거에는 풀뿌리운동이 지지한 무소속 후보와 진보신당 후보가 각각 지역구 최대 득표로, 국민참여당 후보가 비례대표로 당선되었다.

기존 정당 사이의 다툼이 아니라 풀뿌리 주민운동의 적극적 선거 참여로 주민들이 지역정치의 주류로 등장한 것은 전국적으로도 매우 이례적인 일이다. 주민들이 풀뿌리 정치에서 이룬 성과는 결국 도시의 미래를 주민 스스로 만드는 힘으로 자라날 것이다.

3. 개발 욕구의 폭발: 과천의 도시정책 쟁점들

사반세기가량 유지되어온 도시의 정체성이 한꺼번에 흔들리고 있다. 대규모 개발계획이 동시에 수립·진행되고, 민과 관 양쪽에서 개발 욕구가 폭발하고 있다. 오랜 시간을 거쳐 발전한 도시가 아니라 단 한 번의 계획으로 완성된 도시여서 노화도 한꺼번에 일어났기 때문이다. 게다가 도시 성립의 원인이었던 정부과천청사가 곧 이전하게 되면서 특정 개발계획이나 재개발, 재건축 요구에 국한되던 논점은 도시 정체성에 대한 논란으로 확대되었고, 비교적 철저히 유지되어온 개발제한구역이 흔들리면서 새로운 개발 욕구를 일으키고 있다.

주거지역 전반의 재건축·재개발 추진

1981년에서 84년 사이에 완공, 입주한 12개 공동주택(아파트) 단지의 재건축이 진행되기 시작했다. 3층 연립주택을 포함한 5층 이하 저층 공동주택 아홉 개 단지 중 두 개 단지가 25층 이하의 재건축을 완료했으며, 나머지 저층 단지들의 재건축도 활발히 추진되고 있다.

재건축이 완료된 3단지, 11단지는 세대수 증가 제한에 묶여 인구증가가 거의 없었지만 안양, 의왕에서 과천에 들어올 때 병풍처럼 펼쳐져 있는 관악산을 가리는 등 과천의 경관을 크게 바꿔놓았다. 급하면 뛰어넘어 다니기도 했던 단지의 경계에는 높은 축대와 출입통제 장치를 설치하기 시작했다. 3단지의 높은 담벼락과 11단지의 출입통제 문제는 지역의 큰 논쟁거리가 되기도 했지만 결국 이런 분위기는 다른 단지들로도 확산되고 있다. 기존 15층 단지들도 차량출입통제 장치를 설치하기 시작했다. 3단지, 11단지라는 기존 명칭 대신 쓰이는 '래미안 슈르', '에코팰리스'라는 이름도 낯설다.

나머지 저층 단지들의 재건축은 더욱 고층화·고밀화하는 방향으로 추진되고 있다. 주민공람공고를 마치고 2011년 2월 의회에 제출된 정비계획수립 자료에 의하면, 관악산 아래 위치한 1단지는 현재 2~5층에서 12~28층으로, 현재 1,062세대에서 1,506세대로 변화하는 재건축이 가능해진다. 세대수가 늘어났음에도 60m^2 이하의 작은 주택은 400세대에서 385세대로 줄어들며, 대신 85m^{2}를 초과하는 주택은 168세대에서 517세대로 증가한다.[5)]

평지에 위치한 6단지는 현재 5층 이하에서 재건축 이후 35층 이하로, 현재 1,262세대에서 2,056세대로 변화시키는 계획이 제시되어 고층화·고밀화는 더욱 심화될 것이다. 60m^2 이하 주택은 620세대에서 476세대로 감소하며, 85m^2 초과 주택이 현재는 전혀 없으나 558세대까지 짓게 된다. 다른 저층 공동주택 단지들도 대체로 6단지와 비슷한 재건축을 계획하게 될 것이다.

여섯 개 단독주택 지역의 재개발, 재건축도 추진되고 있다. 과천 외곽 서울 서초구 인접지역에 위치한 주암동 장군마을이 용적률 200%의 정비예정구역으로 지정되었으며, 나머지 주택단지도 재개발, 재건축이 검토되고 있다. 소유주들을 중심으로 추진 기구가 구성되어 활동하고 있으며 시는 합의를 통해 재개발을 추진한다는 입장이다.

이 같은 변화의 연장 선상에서 15층 공동주택 세 개 단지의 초고층 재건축 요구도 커지고 있다. 중심상가의 재건축, 재개발 요구도 등장하고 있다. 상가가 노후화되고 활력을 잃고 있는 것은 분명하다. 상인과 주민이 능동적으로 참여하는 도심재생 프로그램을 모색하는 노력과 상가 지구의 고층, 고밀 개발을 추진하자는 입장이 모두 존재한다.

인구 수십만 도시의 주택 재건축, 재개발은 국지적 쟁점일 수 있다. 그러나 지금 소개한 과천의 재건축, 재개발은 불과 한 세대 전에 만들어진 도시에서 전체

---

5) 세대당 인구가 명백히 줄어들고 있으므로 주택 면적의 증가는 자연스런 변화가 아니다. 과천의 경우 2003년 2.81명, 2008년 2.75명이었다.

주민의 90% 이상이 사는 주거지를 모두 허물고 다시 지을 것인가 하는 문제이다. 역사를 통틀어 이런 문제에 직면한 도시가 존재했는지 무척 궁금하다.

나머지 10% 미만의 주민이 살고 있고 면적의 90%를 차지하는 도시 외곽의 개발제한구역도 그다지 평화로운 상황은 아니다.

도시 외곽 개발제한구역의 대형 개발사업들

과천의 개발제한구역(그린벨트)은 시 전체 면적의 89.6%를 차지한다. 서울의 서초구, 관악구, 경기의 안양, 의왕, 성남시와 과천의 도심 사이에 넓게 위치한 개발제한구역은 다른 도시와 과천을 공간적·정서적으로 구분해주고 저밀도 전원도시라는 과천의 정체성을 뒷받침하는 요소다. 다른 한편으로 개발제한구역 때문에 인구 증가와 도시 발전이 정체되고 있으며 재산권이 침해되고 있다는 불만도 끊임없이 제기되었다.

과천의 그린벨트에는 토지소유자와 과천시의 개발행위가 엄격하게 제한된 반면, 과천시와 무관한 서울시의 서울대공원, 서울랜드, 중앙정부 관련 시설인 국립현대미술관, 경마장, 국립과학관, 국군기무사령부가 차례로 들어섰다. 기무사의 과천 이전은 시민의 거센 저항을 받기도 했다. 이들 시설이 들어서면서 그 대가로 과천시의 개발사업이나 주민이 원하는 개발사업도 용인해야 하는 것 아니냐는 주장이 강하게 나타났다.

이제 과천의 개발제한구역은 사실상 개발'대기'구역으로 취급되고 있다. 현실성을 충분히 따지지 않은 계획들이 나타났다 사라지곤 한다. 개발제한구역의 사업들이 허술하게 기획되는 이유는 땅값을 인위적으로 낮춰 두었기 때문에 어떻게 개발하든 수익성이 보장되기 때문이다. 그중에서도 입지조건이 가장 좋은 과천의 개발제한구역에서 수익을 내기란 땅 짚고 헤엄치기보다 쉽다.

▌지식정보타운 개발사업 과천시 서남부(안양, 의왕시와의 경계 지역) 미개발지의 거의 전부라 할 수 있는 127만 4,400m²(38만 5,000평)의 개발제한구역에 1조 5,400억 원을 들여 추진하는 사업이다. 지식정보타운 부지는 과천시 전체 면적

의 3.6%, 임야·하천을 제외한 면적의 10.6%를 차지한다. 2009년 도시개발구역으로 지정, 고시되었으며 2011년 토지보상에 착수하여 2014년까지 기반조성공사를 마치고 기업투자를 유치한다는 계획이다. 사업은 눈앞에 다가왔지만 다양한 지식정보산업을 유치하겠다고 나열한 것 외에 평가할 만한 특징적 구상이 없는 상태다.[6] 산업용지 외에 임대주택 1,500여 세대를 포함한 4,000여 세대의 주택 개발을 포함하고 있다. 과천시와 한국토지주택공사(LH공사)가 사업비를 절반씩 부담하는 공동개발사업이며 과천시는 시가 부담해야 할 7,702억 원 중 7,245억 원을 지방채로 조달한다는 계획이다. 그런데 보상을 앞둔 시점인 최근 2011년 1월 LH공사 측이 재무여건 악화로 보상 참여가 어렵다는 통보를 해오면서 사업은 다시 혼란에 빠지고 있다.

▮ 화훼종합센터　과천시 서북부 주암동 일대 개발제한구역 25만 1,100m²(7만 6,000여 평)를 해제하고 7,094억 원을 투입하겠다는 사업이다. 전국 분화류 유통의 60%, 초화류의 80%를 차지하는 과천 화훼산업의 발전과 화훼농가의 소득 증가, 일자리 창출과 세수 증대를 꾀하고 동북아시아 화훼산업의 메카로 자리잡게 한다는 구상이다. 민간과 공동으로 특수목적법인(SPC)을 설립, 추진한다는 구상인데 삼성물산 등이 참여하는 컨소시엄이 현재 민간사업자 공모에 단독 응모하여 협상 중이며 2013년 완공을 목표로 하고 있다. 그러나 화훼종합센터 개발사업은 사업이 본격화될수록 논란이 더 커지고 있는 상황이다. 우리나라 화훼산업의 메카를 만든다는 비전을 내세우면서도 중앙정부의 참여 없이 작은 자치단체가 감당하는 것이 적절한지 의문이 제기되고 있으며, 당초 2,000억 원대로 제시되었던 사업비가 계속 증가하면서 평당 1,000만 원, 점포당 8억 원가량으로 예상되는 분양원가를 과천의 화훼농가가 감당할 수 있겠냐는 근본적인 질문에

6) 사업을 앞두고도 구상이 막연하다는 것은 글 쓰는 이의 주관적 생각이다. 하지만 제출되는 사업 구상을 읽어보아도 뚜렷한 전략을 느낄 수 없다는 것이 솔직한 평가다. 이 정도 입지에 값싼 그린벨트를 매입해 추진하는 사업이라면 뭘 해도 될 수밖에 없다는 생각 때문이 아닐까? 땅장사에 가깝다는 생각을 하지 않을 수 없다.

대해서도 뚜렷한 답을 하지 못하는 상태다.

▮ 복합문화관광단지 개발사업 현재 라천동 일대 개발제한구역 18만 5,000m²(5만 6,400평) 일대에 사업비 1조 1,000억 원을 들여 최고급 호텔과 복합 쇼핑몰, 브랜드숍 등이 들어선 쇼핑관광단지를 조성한다는 계획이다. 화훼종합센터와 마찬가지 방식의 제3섹터 방식으로 추진하고 있다. 2007년 기본구상과 타당성 조사를 시작한 이 사업은 당초 사업주도업체를 구체적으로 거론하면서 적극 추진되었으나 2008년 금융위기 이후 큰 진척 없이 정체되어 있다. 그러나 시는 2011년 중 개발계획을 승인받고 민간 사업자를 선정하여 2012년부터 보상 및 개발에 착수할 것을 공언하고 있다. 서울시의 가든파이브와 같은 유사 사업들이 실패한 상황에서 연간 방문객 2,000만 명을 유치하여 연간 100억 원의 시 세입 증대 효과를 거두겠다는 구상은 지금으로선 허황되다고 평가할 수밖에 없다.[7)]

복합문화관광단지 부지에 들어서 있는 비닐하우스 단지에는 현재 250여 세대의 비닐하우스 주민들이 거주하고 있다. 소득이 낮고 장애인과 독거노인의 비율이 높은 비닐하우스 마을은 화재 위험에 노출되어 있고 상하수도 등 기본적인 서비스도 제공받지 못하고 있다.[8)] 최근 마을 자치회를 구성하여 권리를 찾기 위한 활동에 나서고 있지만 실현 여부가 불투명한 개발계획이 이 지역 주민들의 생활을 개선할 구체적인 조치를 가로막고 있다. 더구나 개발에 따른 보상을 노리는 투기 움직임이 늘어나면서 주민의 불안과 공동체에 대한 위협이 점점 커지고 있다.

과천시 외곽의 개발구상은 계속 추가되고 있다. 경기도는 화훼종합센터와 복합문화관광단지를 포함하여 과천 북부의 개발제한구역 일대 198만m²(60여만 평)를 '다기능 복합 밸리'로 개발한다는 구상을 제시한 바 있다. 과천시 전체 면

---

7) 최근 가든파이브에 관한 기사를 검색하면, '유령상가'라는 별명과 함께 "무서워서 못 다닌다", "(여기 입주한 것이) 내 생애 가장 후회되는 일"이라는 증언을 접할 수 있다. 그 와중에도 서울시 SH공사는 수천억 원의 개발이익을 챙긴 것으로 알려졌다.

8) 1인 가구가 41.2%, 가구주가 무직인 경우가 24.1%에 달하는 것으로 파악된다. 한국도시연구소, 「'과천시 비닐하우스촌 주거실태 및 지원방안 연구용역' 중간보고서」, 2011.1.14.

적의 5.5%, 임야·하천을 제외한 면적의 16%에 달하는 지역에 '신성장 녹색 동력산업 R&D 밸리' 등을 조성한다는 것이다.[9)]

정부과천청사의 이전 확정

2010년 6월 정부의 세종시 특별법 수정안이 국회에서 부결되면서 정부과천청사, 즉 기획재정부 등 7개 부처와 중앙공무원교육원 등 10개 기관의 이전이 확정되었다. 2014년까지 이전을 완료한다는 계획이다.[10)]

건교부의 「정부과천청사 종전부지 활용방안 수립연구」(2007)는 청사 이전으로 과천시의 생산액이 1조 1,375억 원이 감소하며, 부가가치액은 지역총생산의 43%인 7,046억 원, 일자리는 총 일자리의 42%인 1만 232개가 감소할 것으로 내다보고 있다. 이에 근거하여 과천시와 경기도는 청사 이전으로 과천의 지역경제가 붕괴되고 도시가 공동화된다고 주장해왔다. 그러나 이러한 주장은 청사 이전 후 아무것도 그 자리를 채우지 않는 비현실적인 가정에 근거한 것이다. 청사 이전이 실제로 과천에 어떤 영향을 미칠지에 대한 냉정한 판단은 여전히 불투명한 채 남아 있다.[11)]

청사이전에 반대하던 흐름에 이어 민간에서 '정부과천청사이전 공동대책위원회'가 구성되어 활동하고 있으며, 과천시의회에도 마찬가지 맥락에서 '청사이전대책특별위원회'가 활동하고 있다. 지역구 국회의원인 안상수 한나라당 대표와 경기도, 과천시는 시민토론회 등을 개최하며 다양한 구상을 내놓고 있다.

그중 대표적인 '교육·과학·연구 중심도시' 구상[12)]은 정부과천청사 부지에 서울대 등 국내외 명문대학과 국가·공공 R&D시설, 외국 교육기관 및 특목고 등을

---

9) 경기개발연구원·경기과학기술진흥원, 「정부청사 이전에 따른 과천대책: 과천(교육, 과학, 연구 중심도시) 구상(안)」, 2010.8.10.

10) 중앙선거관리위원회와 국사편찬위원회만 과천에 남는 것으로 계획되어 있다.

11) 요식업이 큰 타격을 입을 것만은 분명해 보이며 이에 대한 대책이 시급하다.

12) 경기개발연구원·경기과학기술진흥원, 「정부청사 이전에 따른 과천대책: 과천(교육, 과학, 연구 중심도시) 구상(안)」.

유치하는 것을 포함하여 앞서 언급한 개발제한구역 개발사업들을 나열하고 있다. 최근 전국적인 쟁점이 되고 있는 국제과학비즈니스벨트 유치도 염두에 두고 있으며 메디컬 타운, 레저·문화시설 도입 등의 주장도 제기되고 있다. 그러나 과연 청사 부지를 과천 시민의 뜻대로 활용할 수 있는가 하는 기초적인 질문에도 중앙정부는 묵묵부답인 상태이다.

정부과천청사는 당장 2012년부터 이전을 시작하기 때문에 부지활용 계획과 상권붕괴 방지 대책 마련이 매우 시급한 과제가 되었다.[13] 또한 과천을 행정도시라고 규정해온 사람들은 과천의 정체성이 사라졌다는 주장에 근거하여 청사를 대신하여 과천시의 정체성을 형성하고 과천시를 먹여 살릴 대규모 개발 프로젝트가 필요하다고 주장하고 있다. 역설적인 일이지만, 청사 이전에 반대하던 입장에서 보면 청사 이전의 확정은 위기가 아니라 과거에는 생각할 수 없었던 개발의 기회가 된 셈이다.

개발을 주장하는 입장이 아니더라도, 정부청사의 이전 확정이 과천의 시민들에게 과천의 도시 정체성에 대한 고민과 토론을 미룰 수 없게 강요한 것은 분명하다. 그러나 과천의 정체성이란 행정도시인가, 첨단산업도시인가 하는 수준의 문제가 아니다. 그것은 정부청사와 함께 만들어진 주거지, 상업지, 이를 둘러싼 환경 등 도시 전체가 변화의 압력에 직면한 상황에서 지금까지의 과천을 누리며 살아온 사람들이 누가 던져주는 것이 아니라 능동적으로 선택할 공간, 환경, 삶, 관계는 어떤 것인가 하는 문제이다.

13) 지난 정부 시기 내내 이전 후 대책 수립은 도외시하고 결정된 정책을 뒤집는 데만 초점을 맞춘 과천시와 경기도의 대응에는 분명히 문제가 있다.

4. 도시·삶·관계·정치의 위기

민주적 의사결정의 위기

지금까지 언급한 개발계획, 구상, 욕구들은 두 개 단지의 재건축을 제외하고는 아직 실현된 것이 아니다. 물리적 환경의 변화보다 먼저 위기에 처한 것은 민주적 의사결정이다.

단순하게 말하자면 개발로 인해 이익을 보는 것은 상대적으로 소수인 부동산 소유자들이다. 60%가 넘는 세입자들, 과천에 특히 많은 소형 주택과 반지하 주거 세대, 독거노인, 비닐하우스 주거 세대는 지금도 값비싼 주거비가 가장 큰 고통이다. 재건축 바람과 최근 전국적인 전세 대란 때문에 세입자와 주거빈곤층은 과천에서 계속 살아갈 수 있는지 회의하고 있다.

주택의 재건축, 재개발은 전반적인 주택가격의 상승과 소형 주택의 감소, 전·월세 비용의 증가를 가져오며, 외곽의 개발사업은 빈부 격차 없이 누릴 수 있는 환경적 여유와 쾌적함을 사라지게 만들고 비닐하우스 세대와 농가의 생활 기반을 사라지게 한다.

지방자치는 분명히 1인 1표의 민주적 의사결정 체계로 작동하지만 주택 재건축, 재개발과 관련된 도시정책의 결정, 개발제한구역의 개발사업 등은 주택 및 토지 소유자의 입장과 몇몇 정치인의 결단에만 좌우되고 있다. 시청 담당 부서에서 주택 재건축, 재개발과 관련하여 주민의 의견을 파악하고 보고할 때 주민이란 재건축, 재개발 추진 기구를 구성한 주택 소유자를 의미하며, 개발제한구역의 도시정책과 관련해서는 토지 소유자를 의미한다.

지난 임기 중 본회의에서 과천 시장과 대형 개발사업에 관해 논쟁을 벌인 일이 있는데, 시장은 자신 있게 주민 대다수가 15만 이상의 인구 증가를 원한다고 답변한 바 있다. 이것은 사실이 아니다. 시가 지난 10년간 실시한 모든 여론조사에서 과천 시민들의 60%가 과천의 인구는 지금 규모가 적당하다고 응답하고 있다. 도시의 정체성에 관해서도 전원도시, 환경·문화·교육도시의 정체성을 가장 선호하는 것으로 나타나고 있다.

그러나 정책결정자들을 찾아다니며 의견을 피력하고 집단적인 목소리를 내는 것은 부동산 소유자들이다. 최근 몇 년 사이에 "세입자들은 떠나면 그만", "경제력이 없는데 왜 굳이 과천에 살려고 하느냐?"라는 목소리가 공공연하게 나오고 있다. 다수인 세입자의 목소리와 단기적인 개발이익보다 지속가능한 도시의 비전을 옹호하는 목소리는 충분히 조직되지 않고 있다. 지방의원 활동을 통해 뼈저리게 느끼는 것을 단적으로 말하자면 대의 민주주의는 단순히 다수를 대변하기보다 소수의 이기적 욕구를 대변하는 강한 경향을 가지고 있다는 것이다. 이대로라면 결국 도시의 미래에 관한 의사결정은 민주주의와는 거리가 먼 결과를 낳게 될 것이다.

지속가능성의 위기

과천시는 2007년에 전국에서 처음으로 환경부와 기후변화 대응 시범도시로 협약을 맺은 바 있다. 2015년까지 온실가스 배출 총량을 5% 감축한다는 것이다. 나는 협약 체결에 도움이 되기 위해 환경부장관을 직접 만나기도 했지만, 체결과 동시에 협약서는 휴짓조각이라는 것을 확인하게 되었다. 협약 직후 시의회 보고과정에서 시는 각종 개발계획이 잡힌 상황에서 총량 감축은 가능하지 않다고 자인했다.

과천시는 인구 12만 명 이상의 도시가 필요하다는 입장에서 재건축, 재개발, 신규 도시개발사업을 서두르고 있고, 아파트 입주자 대표회의 등은 시 건의문을 통해 15만 명 이상의 인구가 필요하다고 주문하기도 한다.

과천은 상하수도, 교통, 에너지, 학교 등 도시의 모든 기반서비스가 인구 7만 규모에 맞춰져 있다. 새로운 개발계획을 제시할 때는 주거환경의 개선, 고용 창출, 세입 증가 등의 긍정적인 요인들만 보여주지만 사업 시행단계에 가면 그 악영향을 처리하기 곤란하다는 것이 드러난다. 지식정보타운은 새로운 하수종말처리장과 납골시설을 필요로 한다는 것이 뒤늦게 알려졌으며 때문에 인근 도시와 마찰을 빚고 있다. 2,000만 명이 찾아올 거라는 복합문화관광단지 개발사업은 교통대책이 뚜렷하지 않으며 화훼종합센터도 화물차 통행량의 증가를 유발할 것이다. 교육청은 학교 증설이 확실하지 않은 상황에서 주택 재건축으로 인한 인구증가는 부정적이라는 의견을 내기도 했다. 청계산을 넘어 과천을 지나는 송전선로에 대한 주민반대운동이 거셌던 과천이지만 계획대로라면 어림잡아 지금의 두 배가 넘을 에너지 수요에 어떻게 대처할지는 아무런 논의가 없는 상황이다.

앞서 인용한 경기도의 과천 교육·과학·연구 중심도시 구상안에는 교통 사회간접자본 확충 구상이 포함되어 있다. 이 구상에는 관악산을 남북으로 관통하여 서울대와 과천을 연결하는 도로, 남태령에 진출입로를 만들고 관악산을 동서로 관통하는 강남순환고속도로,[14] 지식정보타운 부지를 관통하는 안양-성남 고속도로, 역시 지식정보타운을 지나는 시흥-과천 고속화도로, 과천-송파 간 고속화도로, 경기도가 추진하는 GTX의 과천 구간이 나열되어 있다. 과천이 이들 도로로 조각나는 그림을 보면서도 과연 과천 시민들이 이 구상의 개발계획에 동의할지 의문스럽다.

저층 중심으로 개발된 과천시가 지금 겪는 몸살에 비춰 생각할 때, 대부분의 주거지가 고층 개발된 후 50년 후의 상황은 상상하기 어렵다. 정책결정자들도 지금의 개발 방향이 도시의 지속가능성을 해칠 위험이 있다는 것을 직감하고 있다. '50년 후가 걱정되지만 지금 재건축을 반대하긴 힘들다'는 고백이 이들로부터 나오고 있다.

더불어 사는 삶의 위기

요즘 이웃들을 대할 때 집을 가진 사람인지 세입자인지, 세입자인 경우 다른 곳에 늘 친하게 지내던 이웃에게 재건축, 재개발에 관한 생각을 말하려다가 혹시 이 사람도 재건축 때문에 사둔 집이 있는 건 아닐지 궁금해하는 버릇이 생겼다. 넉넉지 않은 여건에서 재건축을 염두에 두고 무리하게 집을 구입한 사람의 쫓기는 심정도 이해가 간다.

---

14) 강남순환고속도로는 서울시가 이미 추진하고 있는 사업으로 새로운 구상은 아니다.

과천의 개발 열기는 7.5평, 13평 등 소형 주택 거주자, 세입자, 독거노인, 영세 농가, 비닐하우스 거주자 상당수를 쫓아내게 될 것이다. 지식정보타운에 1,500 세대의 임대주택을 짓는다는 계획이 있지만, 재건축·재개발로 발생할 서민 주거수요를 충족하기에는 그 수가 부족할 뿐 아니라, 독거노인 세대와 비닐하우스 주민 등 주거빈곤층이 감당할 수 있는 비용으로 공급될지도 의문이다. 임대주택은 과천 세입자의 대부분을 차지하는 중간 소득 세입자들에게도 해당되지 않을 가능성이 크다. 단지 임대주택을 짓는 것만으로는 실제 서민 주거수요를 해결할 수 없을 것이라는 말이다.

관악산 아래 양지바른 마을인 중앙동 주택가를 산책하면 서울 북한산 기슭의 부촌을 연상하게 된다. 그만큼 잘 정비되고 아름다우며 여유 있는 주거지다. 그러나 그곳을 들여다보면 반지하 단칸 셋방에서 한층 전체를 쓰는 소유주 세대까지 매우 다양한 처지의 사람들이 살고 있다는 것을 확인할 수 있다. 주민들이 발간하는 신문을 배포하다 보면, 얼마나 다양한 계층이 이 동네를 구성하고 있는지 실감할 수 있다. 이처럼 좋은 조건을 가진 주택가에 이처럼 다양한 계층의 사람들이 살아가고 있는 경우가 또 있는지 잘 모르겠다. 과천의 재건축, 재개발은 주거지의 계층 구성을 균질하게 만들고 주거빈곤층을 더 나쁜 환경으로 몰아낼 것으로 염려된다.

앞서 지적했듯 과천에는 풀뿌리 주민활동을 포함하여 매우 다양한 관계망이 발달해 있다. 과천에는 대안학교나 공동육아가 좋아서, 품앗이 공동체 활동이 좋아서 과천으로 이사 왔다는 시민들도 제법 있다. 주민과 상인들도 인간적인 유대와 신뢰로 연결되어 있는 경우가 많다. 직접 사람들을 만나보면 재건축, 재개발의 위협 중 과천에 살면서 맺은 관계의 파괴를 염려하는 이들이 매우 많음을 알 수 있다.

도시정책의 결정이 단기적인 부동산 이익을 중심으로 이뤄지는 한, 도시의 매우 큰 재산인 사람의 관계는 회복하기 어려운 손상을 입게 될 것이다. 중요한 것은 그 관계를 소중히 여기는 사람들이 이 결정에 참여하지 못하고 떠밀리게 된다는 점이다.

풀뿌리 정치의 위기

지금까지 열거한 변화와 위기는 주민들이 쌓아온 풀뿌리 정치역량의 위기이기도 하다. 과천의 풀뿌리 정치는 몇몇 선거의 승리와 의석수로만 이야기할 수 없다. 크고 작은 다양한 모임과 활동들로부터, 수많은 변화를 만드는 가운데 쌓아온 경험과 성취감, 주민 스스로 지역의 미래를 만들 수 있다는 희망을 모두 포함한다.

대안교육과 공동육아, 주민발의 보육조례 제정, 학교운영위원회 활동 등을 기반으로 방과후학교 설립, 대안중학교 설립 등 새로운 움직임이 계속 생겨나고 있다. 의원들과 함께 시의 예산을 검토하고 목소리를 내는 주민 활동이 커지고 있고, 여성정책과 식생활교육정책 등에 직접 참여하는 여성모임도 성장하고 있다. 재건축, 재개발 등 도시정책 문제가 커지면서 도시계획의 대안을 고민하고 주민을 조직하려는 시도도 계속되고 있다.

의원으로서 나의 활동도 의회에서의 활동보다 주민과의 활동이 훨씬 큰 비중을 차지한다. 주민과 함께 하는 예산 심의를 정례화, 제도화하고, 노점상이 밀집해 있는 굴다리 시장 상인들, 편의시설 개선을 바라는 장애인들, 비닐하우스 주민들의 목소리를 뒷받침하기 위해 활동하고 있다. 재선에 도전한 2010년 지방선거에는 이분들 모두가 함께 선거를 치르고 그 경험을 바탕으로 선거 직후 비닐하우스 마을 어린이 도서관을 주민의 힘으로 건립했다. 지난 선거 이후에는 주민운동에 기반을 둔 의원들이 의회 의장단을 구성하기에 이르렀다.

과천의 풀뿌리 운동은 크게 보아 더불어 사는 지속가능한 과천을 지향한다고 말할 수 있다. 빈부와 장애 여부, 노소를 떠나 다양한 주민들이 더불어 살기를 바라며 환경적으로 건전하고 지속가능한 도시를 만들어가길 바라는 운동이다. 지금까지 주어진 환경에서 많은 변화와 성과를 쌓아왔지만 새로운 도전은 풀뿌리 운동의 근본 가치를 흔들고 있다.

주민과 함께 만들어온 다양한 활동과 성과를 계속 쌓아가면서, 도시의 미래와 풀뿌리 운동의 근본 가치가 걸린 도시정책의 문제에 성공적으로 대응하는 것이 큰 고민거리가 되고 있다. 더불어 사는 지속가능한 도시를 지향하는 사람들이 실망하고 떠나지 않고 살 수 있도록 하는 것이 풀뿌리 정치가 도시정책에 대응하는 목표다.

개발 욕구에 대한 대응이라는 과제는 과천만이 아니라 모든 지역의 진보, 개혁, 녹색 정치세력이 해결하지 못한 아킬레스건이라는 점에서 가장 전형적인 상황에 놓여 있는 과천의 사례가 의미 있다고 생각한다.

5. 나오며: 풀뿌리 정치는 도시의 위기를 이겨낼 수 있을까?

모든 변화를 막을 수는 없을 것이라고 생각한다. 주택 재건축은 이미 시작되었고, 앞으로도 어느 정도는 진행될 것이다. 외곽 개발사업의 일부도 진행될 수 있다. 문제는 더불어 사는 지속가능한 도시를 바라는 사람들이 수용할 수 있는 변화는 어떤 것인가, 주어지는 변화가 아니라 스스로 만들어가는 변화가 가능한가 하는 점이다. 여전히 뚜렷한 전략을 세우지 못하고 있다는 전제에서 몇 가지 노력의 방향을 언급하려 한다.

과천시의회는 '지속가능한 과천비전 수립 특별위원회'를 설치하고 도시정책 대안을 마련하기 위한 노력에 착수했다. 뜻을 함께하는 도시계획 전문가들과 집중 연구모임을 구성하여 주택 재건축, 재개발, 대형개발사업, 청사이전 대책 등에 관한 대안을 마련하는 작업을 진행하고 있다. 여기에는 의원과 전문가들만이 아니라, 그동안 도시정책 대안을 마련하기 위해 활동해온 주민들도 참여하고 있다. 2011년 중반까지 집중 연구를 통해 가능한 한 구체적인 대안을 도출할 계획이다.

행정사무감사, 예산심의를 비롯한 정책활동을 통해 도시정책 현안에 대해 더욱 분명한 입장을 제시하고 지역사회의 토론을 불러일으킬 필요가 있다. 효과나 성공 여부가 불확실한 사업에 대한 정책 및 예산 통제를 시도하고, 고층·고밀화와 대규모 개발사업이 불러올 부정적 영향과 대안에 대해 뚜렷한 논쟁을 일으키며, 이 과정에서 지역 시민사회와 주민들 사이의 토론을 활성화할 필요가 있다. 의회 특별위원회 활동에서 얻은 정책 성과가 바탕이 될 것이다. 관련 예산의 통제는 특히 실질적인 의미를 가진다.

다양한 방식으로 주민을 조직하고 주민의 목소리를 키우는 것이 관건이다. 다양한 풀뿌리 모임에서 도시정책에 관한 논의와 활동을 키우고, 세입자와 주거빈곤층, 환경에 관심을 가진 주민들의 공식, 비공식 네트워크를 강화해야 한다. 시의원들은 주민들과의 만남과 신뢰 형성에 전력을 다할 필요가 있다.

부동산 경기, 금융 환경 등의 요인으로 각종 개발사업이 애초 계획대로 진행되긴 어려울 것으로 전망된다. 이 기간에 도시정책의 쟁점들을 시민적, 지역정치적 논쟁으로 만들고 대안을 마련하여 제시하며 주민의 역할을 키운다면 다음 지방선거는 과천이라는 도시의 미래를 둘러싼 의미 있는 토론의 장이 될 수 있을 것이다.

제18장

진보집권 도시의 성공전략 두바이 인천의 신화 깨기

이혁재 | 민주노동당 인천시당 정책위원장

1. 들어가며

2010년 6·2 지방선거를 계기로 인천 지역에서는 진보정치의 전략적 기반이 형성되었다. 민주당, 민주노동당, 국민참여당과 2010지방선거연대는 지방선거를 앞두고 광역의원, 기초단체장, 광역단체장에 대해 범야권 단일후보를 합의·선정했으며, 선거 결과 민주노동당에서는 남동구와 동구에서 기초단체장을, 남구4선거구 광역의원을 당선시키는 성과를 이루었다. 또한 민주노동당과의 선거연대에 참여한 민주당 소속의 광역시장과 기초단체장이 대부분 당선되며 민주노동당의 지역 내 영향력은 비약적으로 강화되었다.

민주노동당은 집권에 성공한 남동구와 동구는 물론이거니와 인천시와 다수의 기초자치단체에 대한 실질적 개입력을 갖게 되었다. 지방선거 직후 구성된 시장·구청장 인수위원회에 다수의 인수위원과 정책위원을 파견한 것을 시작으로 당정협의회, 시정참여정책위원회, 구정정책자문위원회 등 지방자치단체가 운영하는 각종 기구에 참여하며 민주노동당은 자신의 정책을 반영할 통로를 확보하게 되었다.

6·2 지방선거 이후 발생한 권력 지형의 변화는 민주노동당에게 진보적 지방자치를 실현할 수 있는 새로운 기회를 가져다주었으나, 현실 권력의 운영 과정

에서 민주노동당은 그 기회를 충분히 살릴 만큼 준비되어 있지 못했다. 현실적 조건에 맞는 정책 개발, 다수 주민과의 소통체계 마련, 노동자-서민 핵심 지지층 조직화 전략 수립 등 집권과 더불어 민주노동당이 수행해야 할 주요한 프로젝트가 제대로 가동되지 못한 것이다. 이런 상황에서 남동구와 동구의 구청장은 지방선거 당시 제출되었던 공약을 이행하기 위한 준비에 상당한 시간을 보냈으며 진보적 지방자치가 구현된 도시를 구상하고 이를 설계하기 위한 전략적인 행보로까지 나아가지 못했다.

이처럼 유리한 권력지형에서 진보적 지방자치를 위한 실험과 도전을 이끌어가지 못한 이유는 그동안 민주노동당이 지역 집권에 대한 구체적인 고찰이 부재했기 때문이다. 그동안 민주노동당은 노동자 밀집 지역인 울산 북구와 동구에 기초단체장을 배출한 것을 빼고는 지방자치단체에 대한 집권 경험이 없으며 집권지역에서 당의 정치활동은 어떠해야 하는가에 대한 논의도 매우 부족했다. 따라서 '지역집권'이라는 현실 앞에 당은 행정에 대한 조직적이고 체계적인 지도 지원활동을 펼치지 못하고 있고 진보적 지방자치가 무엇인지를 국민들에게 보여주지 못하고 있다.

이제 민주노동당은 집권지역에서 진보적 지방자치를 실현해내기 위해 어떠한 행보를 할 것인가에 대해 진지하게 모색하고 대안을 도출해야 한다. 관념적 정의와 추상적 구호가 아닌 실제적 내용과 방법을 마련해야만 시대가 요구하는 진보의 집권 모델을 제시할 수 있고 또 이를 향해 나아갈 수 있다.

이에 필자는 진보적 지방자치가 성공하기 위해서 필요한 조건과 과제가 무엇인지 살펴보고 민주노동당이 집권한 지역에서 성공하기 위해서는 어떤 도시전략을 추구해야 하는지 논하고자 한다.

2. 진보적 지방자치의 성공 조건

자각된 시민의 양성과 시민사회운동과의 동맹

진보정치는 대중의 자기통치를 궁극적 목적으로 하며 이를 통해 국가는 대중들의 사회적·경제적·정치적 권리를 증진시키며 평등, 인권, 생태 등 진보의 가치가 실현되는 사회를 구성한다. 이러한 진보정치의 이념을 구현한 진보적 지방자치는 지역주민이 지방권력의 주체가 되어 지역주민 스스로 법과 제도의 결정 과정에 직접적인 영향력을 행사하고 지방자치단체가 주민들의 삶과 직결된 교육, 문화, 복지, 보건 등의 영역에 대한 책임성을 높이고 궁극적으로 단체장과 지방의원 그리고 관료집단에 의해 좌우되는 지방권력을 주민들에게 상당 부분 이양하는 것을 목표로 한다.

그러나 지역주민이 정치의 주체로서 기능하려면 지역주민들에게 민주시민으로서의 의식과 자질이 밑받침되어야 하는데, 이는 하루아침에 이루어질 수 없는 사회정치적 과제이다. 이 때문에 진보적 지방자치는 '자각된 시민'의 성장에 관심을 두지 않을 수 없는데, 이를 위해 진보정당은 끊임없이 노동운동, 시민운동, 풀뿌리주민운동 등과 연대하고 협력해야 한다. 그람시가 헤게모니를 통해 시민이 힘의 주도권을 잡는 사회를 이상사회로 그렸듯이, 진보적 지방자치는 아래로부터 民의 자치권력[1)]이 성장하는 것과 궤를 같이하여 발전해나간다.

이처럼 진보적 지방자치는 자각된 시민과 그에 기반을 둔 풀뿌리 주민자치의 확대가 존재할 때 가능하다. 이는 선거에 당선되어 제도권력에 진입하는 것과는 다른 차원의 문제이다. 왜냐하면 6·2 지방선거에서 경험했듯이 민의 자치권력이 충족되어 있지 않더라도 해당 시기 정당 간 역학관계, 민심, 선거구도 등에 의

1) 민의 자치권력은 제도권력과는 독립적이며 때로는 제도권력과의 관계에서 대립·갈등하기도 하고 지지·지원하기도 한다. 민의 자치권력은 대한민국에서 해방 이후 건설된 인민위원회, 베네수엘라의 주민자치위원회가 대표적인 사례이다. 2004년 부안 핵폐기장 반대투쟁 과정에서 형성된 주민조직은 자치권력으로서 기능했으며 제도권력과의 투쟁에서 승리한 바 있다.

해 당선이라는 정치적인 성과를 얻을 수 있기 때문이다. 다시 말해 지방자치단체장의 당선이 곧 진보적 지방자치로 이어지지 않는다는 것이며, 진보적 지방자치의 실현은 민의 자치권력의 지속적인 확대가 있을 때 가능하다는 것이다.

민의 자치권력의 확대는 제도의 개선으로만 완성되지 않으며 궁극적인 주민자치역량의 발굴과 육성이 밑받침되어야 한다. 이와 관련된 사례가 바로 '학교운영위원회'와 '주민자치위원회'의 도입이다. 지난 1995년 지방교육자치에 관한 법률 개정 이후 그 이듬해부터 학교운영위원회가 설치·운영되어왔고 2001년 개정된 지방자치법 8조에 의거 주민자치위원회가 설치·운영되어왔다. 학교운영위원회나 주민자치위원회의 설립취지는 풀뿌리 자치의 실현을 통해 민주주의를 확장하려는 데 있었다. 그러나 현재 학교운영위원회나 주민자치위원회의 구성과 운영 실태를 살펴보면 그 설립취지를 무색하게 하고 있다.

대부분의 학교운영위원회나 주민자치위원회가 지역토호세력을 비롯하여 기존 권력과 밀착된 관변단체 인사들이 주도하고 있으며 그마저도 학교장이나 동장에 의해 휘둘리고 있는 실정이다. 이렇다 보니 이 두 개의 위원회가 추진하는 사업은 자치와 민주주의를 발전시키는 길로 나가지 못하고 있다. 주민자치위원회는 주민자치센터 프로그램을 관리하는 일 외에는 그간 관변단체에서 추진해 온 사업과 크게 다르지 않은 실정이며 학교운영위원회는 학교장의 의사결정을 돕는 거수기로 전락하고 있다.

학교운영위원회와 주민자치위원회가 도입되기까지 진보진영 내에서도 많은 논의와 제안이 있었으나 실제 법과 제도가 도입되며 현실화된 이후 이 두 위원회에 대한 진보진영의 영향력은 미미하다고 판단된다. 그 이유는 진보진영이 두 개의 위원회에 대해 소극적으로 접근한 것과 더불어 이를 파고들 현실적인 역량이 미비했기 때문이다.

결국 풀뿌리 주민자치의 실험을 전개하고 지역(교육)공동체의 새로운 장을 펼칠 무대는 보수세력의 지지기반으로 전락했다.

위의 사례를 통해 우리는 훌륭한 제도가 마련된다 해도 주민자치의 활성화로 이어지지 않음을 알 수 있다. 그 때문에 진보적 지방자치를 실현하기 위해서는 진보 단체장은 지역의 풀뿌리 단체, 시민운동단체들(이하 NGO)과 전략적 제휴를 맺고 민의 자치권력의 강화를 도모해야 한다.

이 과정에서 NGO는 그동안 자기 안에 머물렀던 협소한 관점을 벗어 던지고 자각된 주민을 양성하는 인큐베이터(incubator)로서 자기 역할을 분명히 인식해야 한다. 또한 NGO는 자각된 주민을 양성하기 위한 인큐베이터에 머무르지 않고 진보적 정책의 입안과 실현 과정에서의 광범위한 지역주민과의 네트워킹(networking)을 수행해야 한다. 왜냐하면 진보 구청장이 추진하는 사업이 실효성을 가지려면 주민의 관심과 참여가 동반되어야 하기 때문이다. 예를 들어 무상급식을 추진한다고 했을 때, 예산의 배정만으로는 무상급식의 효과가 제대로 나타날 수 없으며 '무상급식 추진단'과 같은 거버넌스 기구 운영, 학교급식 모니터링을 위한 학부모 교육, 그리고 청소년 식생활 교육을 전담할 강사단의 육성 등이 함께 이루어질 때 무상급식은 보편적 교육복지로 정착될 수 있다.

아울러 진보적 지방자치의 근거지로서의 지역을 재구성하기 위한 노력을 병행해야 한다. 지역은 보수정치세력과 이를 지원하는 토호와 관료집단에 의해 좌우되어왔다. 한국의 진보정치세력은 지금까지 지역에서 정치적 실체로서 자기 모습을 드러내지 못했다. 그 이유는 진보세력 내에서 중앙차원의 정치투쟁에만 집중했으며 지역이라는 '정치 무대'에 대해 자각이 부족했기 때문이다. 그러나 지방자치제의 정착과 함께 시작된 지방의원 중선거구제 도입은 진보정치세력의 당선가능성을 높여주었고 이에 진보정당은 지역에 대한 관심을 더욱 높이고 다양한 지역 차원의 정치활동이 실행되었다. 그러나 이는 지방의원의 정치적 지지기반을 확대하기 위한 차원이었지 실제 진보적 공동체의 구성을 위한 성찰과 논의는 아니었다.

이제 진보집권지역에서 실험해야 할 중대한 과제는 마을 단위에서 '진보적 공동체'를 구성하는 것이며 이를 진보정치세력이 주도하며 대안사회를 열어가는 것이다. 주민의 생활현장인 마을을 변화시켜 나가는 것이 바로 지역을 변화시켜 나가는 것이고 지역의 진보정치의 토양을 강화하는 것이다. 진보 단체장은 시민사회운동과 함께 진보적 지방자치의 진지로서 '마을'을 바꿔내기 위한 구체적인 프로젝트[2)]를 가동해야 할 것이다.

진보정당의 혁신: 정책정당과 생활정치

인천에서는 남동구와 동구의 집권 이후 진보정당에 대한 새로운 진단과 모색을 하고 있다. 진보정당의 활동이 이전과 다르게 지방권력을 매개로 하여 자신의 정책과 이념을 펼칠 수 있는 용이한 조건이 마련되었기 때문이다.

지금까지 민주노동당은 '거대한 소수'의 전술을 구사하며 제도적 영역보다는 비제도적 영역 – 집회 및 선전 및 교육활동 – 에 힘을 기울여왔다. 그러나 이제 민주노동당이 지역집권을 통해 진보적 지방자치를 실현할 조건이 마련되었으며 진보적 지방자치의 성공모델을 만들어가야 하는 시점이기에 정당의 활동방식과 내용이 개선되어야 한다. 과거와 같은 방식으로는 집권세력으로서의 유능함을 보여주지 못할뿐더러 활용 가능한 지방권력을 효과적으로 운영할 수 없기 때문이다.

본래 정당은 '일정한 정치적 견해나 주장 또는 정책을 가지고 대중에게 그 지지를 호소하여 대중의 참여와 지지를 얻어 궁극적으로는 정치권력을 획득하고 정책을 실현하고자 하는 조직'이다. 정당은 정책을 근거로 대중과의 소통과 지지를 얻어야 함에도 민주노동당은 지금까지 이와 관련된 활동이 미진했다.

이제 민주노동당의 활동은 정책을 생산·공유·전파하기 위한 활동으로 혁신되어야 한다. 이를 위해 우선적으로 당원들의 폭넓은 참여를 보장해야 한다. 민주노동당은 수많은 진성당원으로 구성되어 있지만 대다수 당원의 참여는 대부분 당직, 공직 선거를 둘러싼 투표참여에 머물고 있다. 이에 민주노동당은 당원들의 높은 자발성과 열정을 흡수할 수 있는 시스템을 구축하여 이를 진보적 지방자치의 성공 동력으로 삼아야 한다.

교육, 의료, 복지, 사회적 기업, 중소상인정책, 환경, 문화 등 지방자치단체의

---

2) 민주노동당 인천시당에서는 지역세력화 전략으로서 마을공동체 만들기가 검토 중이다. 거점 중심의 지역 운동에서 네트워크 운동으로, 자족적 대안공동체 운동에서 변혁적 공동체 운동으로 마을공동체 운동을 바라보고 있다. 마을공동체 운동이 현실화되기 위해서는 '협동, 직접 참여, 연대'라는 마을공동체 이념이 구성되어야 하고 그와 함께 마을만들기 지원센터라는 지원조직이 설립되어야 한다.

사업 수행과 연관된 당내 기구[3] — 위원회 또는 팀(team) — 를 두고 여기서 당의 주요한 정책의 자원이 발굴되도록 한다. 당 정책위원회에서는 각 위원회, 팀에서 작성된 보고서를 검토, 보완하여 당정협의회에 제출하고, 이것이 — 당원들의 학습과 논의의 결과 — 지방행정을 이끌어가는 현실정책에 반영되도록 해야 한다. 이런 과정을 통해 당원들은 지방권력에 대한 당의 지도와 지원의 역할에 대해 인식할 것이고 '당원'에 대한 새로운 정체성을 갖게 될 것이다. 이를 통해 진보정당의 주요활동은 '대중투쟁을 위한 동원의 정치'에서 '진보적 진지구축을 위한 생활정치'로 변화해나갈 것이다.

또한 진보정당의 이념과 정책은 시대적 상황에 따라 변화하야 하며 이는 개방적 사고와 논의가 지속될 때 현실적인 힘을 얻을 수 있다. 진보정당은 일상적인 정책포럼과 토론회, 교육활동 등을 통해 당원들의 진보성 강화에 힘을 기울이고 강력한 대항담론의 진원지가 되어야 한다.

핵심 의제의 선정

정치는 한정된 자원을 어디에 우선적으로 사용할 것인가를 결정하는 것이다. 지방권력의 힘은 유한하며 동원 가능한 예산과 행정력도 한계가 있다. 따라서 구청장은 모든 정책과 사업에 힘을 기울일 수 없으며 자체의 역량과 지역적 특성을 고려하여 핵심 의제를 선정해야 한다.

핵심 의제의 선정에는 몇 가지 기준이 있을 수 있는데, 우선적으로 고려할 것이 정치적 지지계층의 결집이다. 정치적 지지계층의 결집을 핵심 의제 선정의 우선적 기준으로 삼은 것은 진보적 지방자치가 지속적으로 실시되기 위해서는 진보적 이념과 정책을 지지하는 세력의 형성이 필수적이기 때문이다. 무상교육

---

3) 현재 당내 기구로는 여성위원회, 장애인위원회, 노동위원회, 성소수자위원회 등 부문별 위원회가 존재한다. 이들은 대개 당의 부문 사업을 집행하는 단위이다. 그러나 이 글에서 주장하는 당내 기구는 당원들의 자발적인 학습·토론모임으로 당의 주요 정책을 생산하기 위한 학습·토론모임이다.

과 무상의료와 같은 보편적 복지가 지속적으로 추진되기 위해서는 이를 지지하는 세력이 존재해야 하며 이들 세력을 기초로 할 때 진보적 지방자치는 더욱 확대해나갈 수 있다.

진보적 지방자치의 핵심 의제 선정은 '대안 가치'를 보급하고 확산하는 것과 연관되어야 한다. 자본주의의 경쟁논리와 물질만능주의의 가치를 극복하기 위한 대안적 가치를 추구할 수 있는 사업과 정책은 지역을 진보적 공동체사회로 변화시키기 위한 환경을 조성할 것이다.

핵심 의제 선정에서 그다음으로 중요한 기준은 '주민요구의 충족'이다. 이는 지역적 특성에 따라 교육, 환경, 도시개발, 지역경제 등의 요구가 달라질 수 있기 때문이다. 그러나 자칫 주민들의 요구를 있는 그대로 수용하는 것은 진보적 지방자치와는 다른 방향으로 흘러갈 수 있기 때문에 정책추진의 원칙을 분명히 해야 한다.

핵심 의제의 선정은 결국 집권기간 4년간 주민들과 무엇을 가지고 소통할 것인가의 문제이며 진보 구청장이 제시하는 진보적 공동체의 단상을 보여주는 것이다. 이에 핵심 의제 선정을 위해 진보정당과 NGO, 전문가들과의 진지한 논의가 밑받침되어야 한다.

주민과의 직접 소통 체계 마련

진보정당의 집권에는 늘 보수언론의 공격이 뒤따랐다. 진보적 지방자치를 실현하기 위한 정책은 때로는 급진적이며 때로는 도전적이다. 그러나 보수언론의 파상공세는 진보 구청장의 행보를 위축시키고 주민들에게 혼선과 혼란을 야기하여 결국 구정에 대한 불신을 갖게 만든다. 이에 보수적 이념체계를 흔들 진보적 담론과 정책을 추구하는 진보 구청장은 주민과의 소통체계를 강화하기 위한 다양한 노력들을 시도해야 한다.

흔히 단체장들이 자주하는 행사 참여의 방식은 일회적이며 그 접촉 대상도 지극히 제한적이기에 이는 바람직한 소통수단이 될 수 없다. 특히 정치와 분리된 주민들과의 지속적인 관계 형성이 필요한데, 이를 위한 수단으로 '정책 서포터스'의 구성, 시민 옴부즈맨제도 등이 있을 수 있다. 예를 들어 청소년, 대학생, 여성, 자영업, 직장인, 노인 등 1,000여 명으로 구성된 '참여예산제 실행을 위해 ○○구민 서포터스'를 구성하여 이들의 요구안을 수렴하고 예산결정 과정에 온라인 투표를 실시하여 이들을 참여하게 하는 것이다. 이와 같은 과정은 행정의 투명성과 민주성을 높임과 동시에 주민들의 행정에 대한 참여의식을 고양시켜 낼 것이다.

소통방안도 문자메시지, 온라인과 SNS를 기본으로 다양한 방안이 모색되어야 하는데, 중요한 것은 쌍방향으로 소통하는 것이다. 예전처럼 구청장의 행보를 일방적으로 알리는 방식이 아니라 묻고 답하고 토론하는 '진정한 소통'이 이루어져야 한다. 그럴 때 소통체계는 주민들을 구청장의 협력자와 조언자로 만들어낼 것이다.

3. 진보집권의 성공을 위한 도시전략

자본주의 사회가 고도화될수록 사회경제적 양극화는 심화되고 있다. 대다수 국민들이 살아가고 있는 도시에서의 양극화는 더욱 심각하여 자살, 청소년 범죄, 우울증과 같은 다양한 사회병리 현상을 낳고 있다. 특히, 사회보장제도가 미비한 한국 사회에서는 경제적 양극화의 폐해로 가치체계의 혼란, 사회연대 의식의 실종과 공동체의 붕괴로 이어지고 있으며 이로 인해 한국 사회는 그야말로 '만인에 대한 만인의 투쟁'으로 치닫고 있다.

이에 진보정치는 시장 만능을 추구하는 자본주의 경쟁체제를 근본적으로 바꿔내기 위해 국가의 위상과 역할을 재정립하고 시장에 대한 국가의 개입과 통제를 강화시켜야 한다. 신자유주의로 인해 붕괴되었던 '사회공공성'의 영역을 복원하고 평등과 생태의 가치가 구현된 사회로 나서게 하는 힘은 국가에 있기 때문이다.

이러한 관점에서 볼 때 진보정치의 도시전략은 사회경제적 양극화로 대표되는 자본주의의 폐해를 극복하기 위해 지방자치단체의 자원을 투입하여 궁극적으로 주민들의 삶의 질을 개선하고 지역의 자치성과 공동체성을 강화하는 것이며 지속가능한 도시로 변화해나가는 것이다. 이에 진보집권지역에서 당면한 사회경제적 양극화 문제를 해결하기 위해 수립해야 할 도시정책에는 무엇이 있는지 살펴보자.

실업과 일자리 정책

통계청의 발표에 따르면 2010년 실질 실업자 수가 330여만 명으로 한국 사회의 실업문제는 대단히 심각한 상황이다. 또한 비정규직 노동자의 수는 568만 명으로 정규직 근로자 1,136만 명의 절반에 해당하는 수준이다. 이처럼 불완전고용과 실업상태의 노동자 수가 증가한 이유는 금융위기 이후 지속된 경기침체와 더불어 불공정한 경제 및 노동시장 구조, 비정규직 보호법제의 미비 때문이다. 특히나 시가총액 상위 30대 기업의 이익유보율(사내유보와 순이익 간 비율)이 평균 3,000%나 되어 충분한 투자여력을 확보한 대기업들의 투자부진이 고용창출의 걸림돌로 작용하고 있다. 실업자와 비정규노동자의 증가는 지역경제의 침체로 이어지고 있으며 이에 따라 지방자치단체는 지역경제를 활성화시킬 방안을 다각도로 모색하고 있다.

진보집권지역에서는 고용증가를 통한 지역주민의 소득증가와 지역기업의 생산·투자 증가를 유도하는 지역경제의 선순환구조를 확립해야 하며 이를 위해 사회적 경제부문에 관심을 기울여야 한다. 사회적 경제[4]는 자본에 대한 독립성

---

4) 패인(J. Payne)과 번사이드(R. Burnside)는 사회적 경제를 광의의 정의와 협의의 정의로 구분한다(Payne and Burnside, 2003: 5~6). 우선 사회적 경제에 대한 광의적 정의로는 오틀리(N. Oatley)의 정의를 인용하는데, 그에 의하면 "사회적 경제는 순수하게 박애적인 활동으로부터 사람 중심의 참여적이고 민주적인 가치를 가진 모든 사회적 목적을 향상시키기 위한 상업적 활동을 하는 조직들까지의 광범위한 활동을 포함"한다. 한편 협의의 정의는 맥그리거 등에 의하면 "사회적 경제는 본질적으로 낙후된 지역과 집단들에 그것의 자원과 활동 대부분을 지향하고 있는 소규모 사업(small business) 혹은 서비스 영역이다. 사회적 경제는 빈곤완화에 직접적인 공헌을 한다. 그것은 배제된 사람들에게 손을 내밀어, 의미 있는 활동에 그

을 유지하면서도 지역사회의 경제적 배제계층을 흡입하며 지속가능한 사회로 나아가는 데 기여하는 경제영역이다. 또한 사회적 경제는 기업의 이윤보다 조합원과 지역사회의 이익을 중시하고 의사결정 과정이 민주적이며 지역주민의 참여를 중요시한다. 사회적 기업이나 협동조합이 대표적인 사례인데, 지방자치단체의 사회적 경제부문에 대한 투자와 지원은 교육, 보육, 요양, 재활용 등 다양한 영역에서의 일자리 창출을 이끌어내며 지역사회의 욕구를 충족시킬 수 있다.

현재 각 지방자치단체에서는 사회적 기업 지원조례와 사회적 기업 지원센터가 구성되어 사업을 시작하고 있는데, 더 나아가 진보집권지역에서는 사회적 경제부문의 육성을 위한 중장기 발전계획의 수립과 기금의 조성이 요구된다고 하겠다. 특히 빈곤계층의 자활을 돕는 사회연대은행의 설립은 사회적 기업의 진출을 더욱 가속화시킬 수 있으며 투자자문, 경영훈련과 같은 컨설팅 기능에서부터 사회적 기업 간 네트워크의 구축까지 그야말로 사회적 경제의 허브로서 그 역할을 해나갈 수 있을 것이다.

지방자치단체차원에서의 고용정책 중 가장 많이 이루어지는 것이 공공서비스 일자리를 확대하는 것이다. 그러나 실제 지방자치단체의 일자리는 대개 희망근로, 공공근로와 같은 저임금·단기계약직으로 지속적인 실업률 완화에 기여하지 못하고 있다.

이처럼 지방차지단체의 고용정책이 단순 일자리 창출 위주로 머무는 것은 공공서비스에 대한 수요 파악과 이에 대한 공급계획 수립이 체계적으로 이루어지지 않고 있고 전문적인 공공서비스 인력의 확보에 대해서도 관심을 두고 있지 않기 때문이다. 이에 진보집권지역에서는 지역 고용정책의 한 축으로 공공서비스 영역의 확대와 이에 따른 일자리 확대를 주요 정책으로 입안하고 공공서비스의 다양성과 전문성, 지역적합성 등을 꾀하기 위해 노동조합, 사회복지기관 등과 민간기구와 적극적인 협력을 모색해야 한다.

들을 포괄하며, 그들의 역량과 환경을 개선하고 잠재적으로 그들을 주류 경제 안으로 이끌기 위한 중요한 수단"이다(McGregor et al, 1997).

주택 및 도시개발 정책

2008년 용산참사는 부동산을 둘러싼 국민들의 욕망과 이를 뒷받침하는 자본의 전횡, 권력의 동조가 얼마나 끔찍한 결과를 가져오는지 보여주는 대표적 사례였다.

금융위기 이후 까다로워진 PF대출과 부동산 경기침체로 인한 미분양주택의 속출 등은 부동산 투자를 수그러들게 했으며, 이에 따라 우후죽순으로 나타났던 재건축·재개발사업도 상당 부분 정체되고 있는 실정이다. 그러나 '지역발전'이라는 성장담론은 지속적으로 도시재개발에 대한 지방자치단체의 관심과 노력을 요구하고 있으며 지역건설업체를 비롯한 개발기업들은 침체된 경기의 부양을 위해 개발사업의 확대를 요구하고 있다.

그러나 한국의 주택보급률은 이미 100%가 넘어서고 특히 주택소유율도 65%에 육박해, 경제규모와 인구감소 등의 추이를 볼 때, 더 이상의 신규주택수요가 창출되기는 어렵다는 것이 전문가들의 견해이다. 때문에 도심재개발사업 등을 통해 신규주택물량을 대량으로 공급하는 것은 향후 부동산 가격하락과 연결될 수 있으며 경제구조 전반을 위협하는 결과를 초래할 수 있다. 이에 진보집권지역에서는 신규주택 물량의 공급에 중점을 둔 재개발이 아니라 노후주택 교체와 주거환경의 안정에 초점을 둔 재개발사업을 시행해야 한다. 이른바 '순환형 재개발' '특화형 재개발'이 바로 그것인데, 이는 재개발 지역의 범위를 축소하여 순차적으로 실시하고 전통과 역사, 문화가 어우러진 재개발을 실시하자는 것이다.

물론 이의 실현은 대기업과 민간자본의 수익률을 떨어뜨리는 결과를 가져오기 때문에 '투자부진'으로 이어질 가능성이 크다. 이에 대한 대책으로는 지방자치단체가 지원하는 민·관 합동 추진단을 구성하여 재개발사업을 추진하고 도시정비기금과 같은 공적 재원을 조성하여 해당 사업을 지원하는 것이다. 이럴 때 재개발사업의 본래 취지인 주민들의 주거안정과 쾌적한 환경조성에 기여할 것이며 지방자치단체는 특성에 맞는 도시발전전략을 추구할 수 있을 것이다.

700만 명에 달하는 무주택자를 위한 주택정책 또한 시급히 마련되어야 한다.

2011년 새해 벽두부터 일고 있는 '전세대란'은 서민층의 고통을 가중시키고 있다. 총부채상환비율(DTI)을 완화하여 주택구입 수요를 늘리면 전세대란을 해결할 수 있을 것이라는 정부의 예상과는 달리 전셋값 상승은 쉽게 가라앉지 않고 있다. 이에 대해 전문가들은 외국처럼 중소형 장기임대주택비율을 높이고 주택공급사업에 대한 공공성을 확보할 것을 주장하고 있다. 아울러 법률(주택임대차보호법) 개정을 통해 임대계약갱신권을 보장하고 임대료 상한제를 도입할 것을 요구하고 있다. 이에 진보 구청장은 광역시·도를 통해 지역개발공사가 공공임대주택의 건설, 매입에 적극적으로 나설 것을 요구하고 지방자치단체에 임대료 공시제도, 임대차분쟁조정위원회 등을 두어 무분별한 임대료 인상에 대응해야 한다.

공교육지원 정책

지역에서 공교육의 행정주체는 교육청이다. 제한적이나마 교육자치가 구현되고 있는 한국의 현실에서 교육정책의 수립과 집행은 교육감을 통해 이루어진다. 따라서 지방자치단체가 독자적으로 교육정책을 수립하기는 불가능하다. 그럼에도 현재 지방교육자치에 관한 법률에서는 시·도의 지방자치단체가 교육·학예에 관한 경비를 따로 경리하기 위한 교육특별회계를 둘 것을 규정하고 있으며 기초지방자치단체에서도 교육경비지원조례를 통해 시세의 일정 범위(2~8%로 지자체별로 다름) 이내에서 해당 지역의 일선학교에 직접 지원할 수 있도록 규정하고 있다. 이전까지 교육경비지원금 대부분은 시설개선 및 보수, 건물 증·개축과 같은 학교환경개선자금으로 사용되어왔다. 이 과정에서 지방자치단체는 학교의 요구에 부응하여 관련 예산을 편성하여 지원하는 역할에 만족할 수밖에 없었다. 다시 말해 교육정책에 대한 어떤 개입력도 갖지 못하고 단지 재원조달자의 역할만 수행했던 것이다.

그러나 교육경비지원금은 교육시설 및 환경개선 사업 외에도 학교 교육과정 운영, 지역주민을 위한 교육과정 개발 및 운영, 지역주민을 위한 체육·문화공간 설치 등을 위해 사용될 수 있다. 이 과정을 통해 지방자치단체의 학교교육에 대한 개입력이 발생하며 지역 교육청의 교육정책에도 영향을 끼칠 수 있다.

이에 진보집권지역에서는 교육경비지원조례를 통해 공교육의 질을 향상시키고 학교 현장의 혁신을 꾀할 수 있는 프로그램을 지원토록 해야 한다. 또 이 과정에서 교사, 학부모, 청소년 등 교육 당사자들과의 소통·협력체계를 구성하여 교육주체의 요구가 제대로 반영될 수 있도록 해야 한다. 아울러 지방자치단체장을 위원장으로 하고 교육청, 학교장, 학부모, 교사, 지역주민들로 구성된 '00구 교육개혁위원회'와 같은 거버넌스 조직을 구성하여 해당 지역의 장기적 교육발전 전망을 모색하고 이를 위한 실행계획을 수립하는 것도 지방자치단체가 교육정책을 효과적으로 수립할 수 있는 방안이다.

또 진보집권지역에서 펼쳐야 할 교육지원정책으로 대다수 서민층에게 경제적 부담으로 작용하고 있는 사교육비 해결 방안이 있다. 현재 교육 당국 주도로 '방과후 학교' 또는 '대학생 멘토링' 등이 운영되고 있지만 사교육에 대한 의존도는 줄어들지 않고 있다. 사교육비에 대한 근원적 해결 방안은 근본적으로 입시제도의 개혁과 연관되어야 하겠지만 현실적으로 이는 단기간에 해결할 수 없는 과제이며 지방자치단체 차원의 범위를 넘어서는 일이기 때문에 이를 진보 구청장의 정책으로 입안할 수는 없다.

그러나 사교육에 대한 의존도를 낮추고 이를 통한 경제적 부담을 완화할 수 있는 방안은 마련할 수 있다. 사교육의 의존은 결국 '학업능력의 신장'을 위한 것이므로 이에 구체적 성과를 드러내고 있는 감성지능의 개발, 자기 주도 학습 프로그램의 확산을 주요사업으로 하는 '청소년학습센터'를 주민자치센터와 연계해 운영하는 것도 하나의 방안일 수 있다. 또는 사교육의 의존도가 높은 영어 등 외국어에 대한 교육 프로그램을 지방자치단체가 직접 관리·운영하는 것이다. 이미 군포시에서는 국제어학센터를 설립하여 일반 어학원의 절반 정도의 비용으로 청소년과 지역주민들에게 외국어교육을 실시했고 이에 뜨거운 호응을 받은 바 있다.

그리고 사회적 약자와 경제적 하위계층을 위한 학교 내의 지원인력이 강화되어야 한다. 사교육에 대한 의존 없이도 국제학업성취도평가(PISA)에서 최상위를 유지하는 핀란드의 경우에서처럼 수업전담교사 외에 학업보조교사와 특수교사를 추가로 배치하여 학교수업에 뒤떨어지는 학생들을 보살피는 시스템을 구축하고 있다. 이와 같은 시스템은 공교육 강화와 교육재정 확충에 대한 사회적 합의와 국가의 지원 아래 실시할 수 있는데, 지방자치단체 차원에서는 이를 위한 시범학급, 선도학교 등을 지원할 수 있다.

아울러 학교 중도 탈락 청소년을 위한 대안학교의 설립, 고등학교 및 대학교 졸업 후 미취업자를 위한 평생학습프로그램의 도입을 위해 노력해야 한다.

복지 정책

무상교육 논쟁을 통해 한국 사회에서 '보편적 복지'가 주요한 담론으로 부각되고 있다. 그러나 보편적 복지를 이루기 위한 재원마련 방안에 대해서는 아직 합의되지 못하고 있다. 대부분의 진보·개혁세력이 부유세 도입과 공평과세의 실현이 보편적 복지를 앞당기기 위한 전제조건이라고 보고 있지만 이의 실행방안에 대해서는 이견이 드러나고 있다.

기초자치단체의 복지예산은 대부분 기초생활수급자 급여 지원, 의료비 지원과 노인요양보호, 장애인활동보조서비스 등 복지전달체계로서의 기능을 수행하는 데 사용되어왔다. 그럼에도 복지 관련 예산은 기초자치단체 예산 50%에 육박하며 이에 기초자치단체는 새로운 사회복지서비스를 위한 예산편성에 소극적 입장을 취하고 있다. 국가적 차원의 복지예산 증액은 재원조달을 위한 세제 개편과 맞물려 논의되어야 하지만 지방자치단체 차원의 노력이 불가한 것은 아니다.

진보집권지역에서는 광범위한 네트워크에 기반을 둔 풀뿌리복지의 실현을 전략적으로 추진해야 한다. 복지국가로 나아가기 위해 공공복지서비스의 확대가 국가적 차원의 과제라면 지역 차원의 과제가 풀뿌리복지이다. 풀뿌리복지는 주민들의 정주공간인 마을(동)을 기초로 해서 주민들에게 존재하고 있는 다양한 복지욕구를 조사하고 이를 어떻게 충족시킬 것인가의 문제를 민·관이 공동으로 해결하는 과정을 수반하며 이의 실현은 지방자치단체가 지출하는 재원 외에도 민간차원의 기금, 사회적 기업과 협동조합의 참여, NGO를 비롯한 주민들의 자원봉사가 결합되어 추진된다.

대전광역시가 추진하고 있는 '복지만두레'는 한국 사회의 전통적인 상부상조의 정신을 바탕으로 지역주민들의 참여를 이끌어내 복지 사각지대를 해소하고 복지자원의 효율적 활용을 목적으로 하고 있다. 대전광역시에는 이미 80개 동에 복지만두레가 설립되었으며 주민들의 복지욕구를 해소하기 위한 광범위한 네트워크가 가동되고 있다. 한 명의 복지수요자와 다수의 복지공급자 간의 중첩결연을 통한 네트워크의 형성과 관리가 이루어지고 있으며 법과 제도에서 보장하는 범위 밖의 주민들에게도 그 혜택이 도달하고 있다.

대전의 사례는 진보집권지역이 어떠한 형태의 지역을 만들어나갈 것인가에 대해 시사하는 바가 크다. 복지를 매개로 한 지역공동체의 복원은 진보적 지방자치의 중요한 목적 중 하나이다. 따라서 진보집권지역에서는 풀뿌리 복지를 위한 민관협력체계를 구축하고 이 속에서 민의 주도성과 자발성이 충분히 발현되도록 하며 지자체는 이를 위한 행정, 재정적 지원에 적극적으로 나서야 한다.

진보집권지역에서 우선적으로 추진해야 할 복지정책은 비정규직 노동자와 영세자영업자를 위한 것이어야 한다. 이들은 대개 복지 사각지대에 놓여 있어 정부가 지원하는 복지혜택을 받지 못하고 있으며 경제적 상황에 따라 실업의 상태에 놓이기도 한다. 비정규직 노동자는 제조업, 민간 및 공공서비스업, 건설업 등을 포함하여 모든 부분에서 확장되고 있다. 그러나 비정규직 노동자의 급여는 기껏해야 최저임금 수준을 조금 넘기는 수준이다. 그 때문에 일을 해도 빈곤상태에서 벗어나지 못하는 '워킹푸어(working poor)' 계층이 발생하고 있는 것이다.

이에 진보 구청장은 '비정규직지원센터'를 건설하여 비정규직 노동자의 처우개선을 위한 상담과 법률지원을 실시하고 비정규직 노동자에게 적합한 교육·의료와 같은 공공서비스를 제공하여 비정규직 노동자들의 복지수준을 향상시켜야 한다. 사회적 지원을 통해 비정규직 노동자들이 실업 내지 빈곤의 상태로 전락하는 것을 막고 비정규직에게 더 나은 삶의 기회를 제공하는 것은 진보 구청장이 수행해야 할 핵심 과제이다.

보건의료 정책

중남미의 의료 강국 쿠바는 양질의 의료진 양성체계와 함께 예방의학으로 유명하다. 전 국민의 99%가 가정의에 의해 검진받고 있으며 그 비용 또한 무상이다. 쿠바 외에 영국, 호주, 스웨덴 등도 무상의료를 실시하고 있는데, 이들 나라의 대표적 특성은 주치의제도를 실시하고 있다는 점이다. 주치의제도를 이용하면 동네병원을 활성화시키며 과잉 진료를 예방하여 건강보험 적자 문제를 해결할 수 있다. 왜냐하면 주치의가 주민의 건강 상태를 지속적으로 파악하기 때문에 과도하게 수술이나 입원을 권하지 않기 때문이다.

공공주치의제도와 예방검진시스템이 안착되기 위해서는 국가적 차원의 설계가 이루어져야 하나 이의 도입을 위한 실험을 지방자치단체 차원에서 해낼 수 있다. 노인, 장애인 등 특정한 계층을 상대로 한 주치의제도의 도입은 그 필요예산이나 인적자원의 규모가 크지 않은 만큼 진보집권지역에서는 이를 선도적으로 추진해나가야 한다.

아울러 진보 구청장은 국가전염병 영유아 무상접종과 같은 무상의료의 영역을 확대하기 위해 노력해야 한다. '무상급식' 추진 과정에서 보듯, 보편적 복지에 대한 국민의 갈망은 강렬하며 진보집권지역에서 추진하는 사업은 한국 사회가 복지국가로 나가는 데 주춧돌이 될 것이다.

보건의료 정책에서 중요하게 대두되고 있는 것이 환경오염으로부터 발생하는 아토피·천식 같은 환경성 질환에 대한 대책을 강화하는 것이다. 이미 여러 지자체에서 아토피관리센터와 같은 시설을 두고 아동·청소년들의 아토피 질환을 예방·치료하기 위해 많은 노력을 기울이고 있다. 진보집권지역에서는 어린이집, 학교를 아토피 프리존(free zone)으로 지정하고 공공보건체계를 통해 어렸을 때부터 아토피 질환을 체계적으로 관리하고 대응해나가야 한다.

에너지·환경 정책

에너지 해외의존도가 97%에 달하는 한국에서 신재생에너지의 보급은 상당히 미진한 편이다. 전체 에너지 사용량 중 신재생에너지의 비중이 고작 2.43%(2008년 기준)에 불과하며 태양광, 풍력, 연료전지의 기술 수준도 상당히 낙후되어 있는 실정이다. 따라서 신재생에너지에 대한 기술개발과 보급·확산은 국가적 차원의 에너지전략으로 부상하고 있으며 지방자치단체 차원에서도 신재생에너지 보급·확산에 나서고 있다. 일례로 대전광역시는 2015년까지 신재생에너지 보급률 6% 달성을 목표로 사회복지시설 등 13곳에 태양광발전설비를 설치하고 1,500여 가구에 신재생에너지 설비를 설치하는 그린빌리지사업을 추진하고 있다.

이와 같은 신재생에너지의 보급·확산 추세에 따라 진보집권지역에서도 이에 대한 투자가 이루어져야 하는데, 이를 빈곤층의 에너지 지원과 연결하여 사업을 추진해볼 만하다. 특히, 유가급등으로 인한 난방비 인상에 고통받는 빈곤세대에 신재생에너지 설비를 설치해주고 이를 통해 가계 부담을 경감시켜주는 방안은 복지와 연계한 에너지정책으로 복합적 효과를 발휘할 수 있다.

이와 더불어 대기오염의 주범이 되고 있는 자동차 배기가스의 저감대책으로 대중교통과 자전거의 연계체계를 확보해야 한다. 이를 위해 우선적으로 해야 할 일은 불편한 대중교통체계를 개선하는 것이다. 자가용을 타지 않더라도 자신이 원하는 곳으로 쉽게 이동할 수 있는 버스노선이 정비되어야 하고 이와 함께 자전거를 안전하고 편리하게 타고 다닐 수 있는 전용도로와 같은 인프라가 구축되어야 한다. 특히, 대중교통과 연계된 곳의 자전거 보관소와 자전거 임대제도의 도입은 자전거 이용 활성화를 더욱 앞당길 것이다.

진보 구청장이 추진할 수 있는 환경복지정책 중 하나가 도시농업의 확대이다. 도시농업은 공공용지를 텃밭으로 주민에게 유·무상 임대하는 주말농장 사업, 옥상녹화 사업, 학교급식과 연계한 유기농 채소재배단지 조성사업 등 다양하게 추진할 수 있다.

도시농업은 이미 일본과 영국 등지에서는 오래전부터 정착되어 로컬푸드시스템의 기반이 되고 있다. 도농복합도시가 아닌 수도권 대도시의 경우, 농지의 확보 등의 문제로 로컬시스템의 구축으로까지 나아가긴 어려우나 상자텃밭, 마을텃밭 등을 통해 생태적 가치의 확산과 지역공동체의 복원에 기여할 수 있을 것이다. 또한 도시농업은 어린이들을 위한 환경교육으로, 노인들을 위한 여가활동으로 충분히 활용될 수 있다.

주민자치 정책

2010년 지방선거에서 당선된 진보·개혁 단체장들은 대개 무상급식과 참여예산제의 도입을 공약했다. 현재 다수 지방자치단체에서 주민참여예산조례가 제정되고 운영되고 있으며 이는 한국 지방자치의 새로운 실험으로 평가받고 있다. 그러나 아직 한국의 지방자치는 참여예산제도를 훌륭히 수행할 만한 '시민역량'이 취약하며, 따라서 참여예산제에 대한 우려도 존재하고 있다. 이에 진보집권지역에서는 참여예산제의 성공적 시행을 위해 참여예산학교를 먼저 시행하여 참여예산제에 대한 공감대를 형성하고 또 이를 책임질 성숙한 지역주민들을 발굴·육성해내야 한다.

참여예산제뿐만 아니라 새롭게 도입되는 시민감사관, 시민 옴부즈맨제도는 지방자치단체 운영의 민주성과 투명성을 보장하는 데 기여할 것이다. 그러나 이러한 제도들이 단체장의 개혁성을 포장하는 수단이 아니라 참여자치의 풀뿌리 민주주의를 보장하기 위한 수단으로 기능하기 위해서는 무엇보다 '자각된 시민'이 뒷받침되어야 한다. 이에 지방자치단체는 평생교육프로그램의 일환으로 '민주시민교육'을 활성화하고 이 과정에 참여한 주민들을 지방자치단체의 각종 참여기구에 적극 결합시켜 지역주민의 역할을 높여야 한다.

진보집권지역에서는 주민자치의 강화를 위해 주민참여예산조례와 같은 제도적 기반을 확보하는 것과 더불어 주민역량 개발에 힘을 기울여야 한다. 아울러 주민들의 생활근거지인 마을단위에서 주민공동체가 건설되고 활발히 운영될 수 있도록 마을만들기 지원센터의 설립과 함께 마을만들기 운동이 펼쳐져야 한다. 마을만들기 운동은 복지, 환경, 교육 등의 다양한 의제를 매개로 해당 지역의 공동체성을 높이고 주민들의 자치영역을 확대해나가는 운동으로 지역공동체의 토대를 강화하는 데 기여할 것이다.

4. 나오며

2010년 지방선거 결과 인천 남동구와 동구, 울산 북구에서 진보 구청장이 탄생했으며 이에 대한 국민들의 기대는 남다르다. 과연 진보적 지방자치가 어떠한 것인지, 정말 노동자, 서민을 위한 지방행정이 실현될지 궁금해하고 있다. 또 진보적 지식인들과 시민사회단체 또한 진보정당과 소속단체장을 상대로 다양한 의제와 정책들을 제시하며 진보적 지방자치가 성공하길 기대하고 있다.

그러나 아직 진보적 지방자치는 실험의 단계이며 진보적인 도시를 만들기 위한 정책 또한 급진적 이념과 구체적 현실 사이에서 갈등하며 하나하나 정립되어 가고 있다. 그럼에도 진보적 지방자치가 사회경제적 양극화를 해결하기 위해 도시정책을 입안하고 이를 수행하는 과정은 국민들에게 그간 한국 사회가 상상하지 못했던 새로운 가치와 담론을 전파하고 새로운 국가를 모색하는 기회를 줄 것이다.

진보집권 도시의 성공전략은 앞서 말한 진보정당의 혁신, 시민사회와의 동맹, 자각된 주민의 육성과 같은 조건하에 지역의 특성과 요구에 부응한 진보적 정책의 수행을 통해 가능하지만 그것과 함께 필요한 것은 억눌려왔던 '사고'를 해방하는 것이다. 정치와 시민, 도시와 공동체에 대한 근본적인 성찰이 이루어지고 이를 통해 한국 사회의 모순을 직시하며 아래로부터의 논의가 무르익을 때 진보적 지방자치는 성공의 길로 나아갈 것이다.

제19장

사람 중심의 생활구정 서울시 성북구의 변신

윤진호 | 전 성북구 생활구정기획단장

성북구청에 들어온 지 7개월이 지나가고 있다. 지방선거에 정책을 맡아 참여하기 시작한 것이 2010년 2월이니까, 선거 4개월, 인수위원회 1개월, 구청에 생활구정 기획단장으로 들어와서 공약이행계획을 점검한 7개월을 합쳐 1년 동안 넓은 의미에서 정책 관련 일을 해왔다고 할 수 있겠다. 돌이켜보면 지난 1년은 무에서 유를 창조하는 과정이었다. 초기에 주민의 요구와 정책 아이디어가 합쳐서 공약이 되고, 선거 과정에서 대중의 지지를 얻고, 선거에서 승리함으로써 공약은 구청의 정책이 되고, 정책에 예산과 부서가 배치됨으로써 정책이 현실화될 수 있는 힘을 얻어가고 있다. 이것이 의회와 다른 행정의 구체적인 힘일 것이다.

이 글은 지난 1년간, 특히 구청에서 공약이행계획을 수립하고, 몇 개의 공약을 실행하는 과정에서 경험한 현장의 목소리를 재구성함으로써 5기 지방자치단체의 정책적 요구를 정리하는 데 초점을 두고자 한다. 다만 이 글이 기초자치단체의 현장에서 경험한 것들을 정리하다 보니 이 책의 다른 글들과 달리 풍부한 정책적 설명과 근거 대신 현장에 대한 상황을 정리하고, 주민들이나 자치단체의 요구를 단순히 기록한 주장에 가깝다는 것에 대해 양해를 구하고자 한다.

선거에서 정책공약의 중요성이 점점 커져가고 있다

한국 선거에서 정책이 선거에 얼마나 영향을 미치는지, 얼마나 중요한지에 대해서는 많은 논란이 있었다. 지금까지 대부분의 지자체 선거가 정부에 대한 중간 평가의 성격을 띠다 보니, 정책보다는 정치적 쟁점이 선거에 더 많은 영향을 줬다고 볼 수 있겠다. 그러나 정치적 쟁점이 선거에 더 많은 영향을 준다는 것이 정책이 선거에 미치는 영향이 중요하지 않다는 것을 의미하는 것은 아니다. 거꾸로 정책이 선거에서 차지하는 중요성과 비중은 점점 커져왔다. 1980년대에는 '군정종식, 민정수립'과 같은 정치 공약이 큰 영향력을 발휘했으나 민주화 이후 정책공약이 조금씩 영향력을 확대해오더니 최근에는 중요한 영향력을 행사하는 단계에 이르렀다. 2002년 대선에서는 '수도권 이전과 균형발전'이 그랬고, 2007년 대선에서의 '747', 2010년 지자체 선거에서는 '4대강사업 반대', '친환경 무상급식'과 같은 정책 공약이 선거에 영향을 미쳤다. 2010년 지방자치단체 선거를 살펴보면 이명박 정부에 대한 비판적인 중간평가, 그리고 안보 이슈인 천안함 사건이 맞물리면서 대단히 정치적인 선거로 진행되었으나, 4대강사업이나 친환경 무상급식, 국공립 보육시설 확대, 책 읽는 도시 만들기 같은 정책 공약도 지금까지의 선거 전체를 통해 볼 때는 최대의 영향력을 발휘했다고 보인다.

국민들은 1987년 이후 많은 선거를 경험하면서 정책공약이 자신의 삶에 영향을 미친다는 것을 학습해왔다. 그래서 정책공약에 적극적으로 반응해오고 있는 것이다. 이러다 보니 2010선거에서는 비현실적인 개발 공약 대신 구체적인, 교육, 보육, 복지에 관한 지역밀착형 생활공약들이 많았고 반응도 좋았다. 앞으로 선거에서는 이러한 정책공약, 특히 생활밀착형 정책공약들이 점점 더 중요해질 것이고 이러한 추세로 볼 때는 2012년 대선에서도 교육, 보육, 복지에 관한 생활밀착형 정책공약들이 중앙정치의 핵심과제로 떠오를 가능성이 매우 크다.

자치단체장의 정책적 준비 정도가 자치단체 행정의 성공을 보장하는 중요한 기초이다

선거를 준비할 때부터 후보가 공약을 준비하는 과정에 참여하는 것이 중요하다. 선거에서 바쁘다 보니 많은 후보가 선거운동본부나 선거 기획사가 준비한 공약을 형식적으로 검토하는 식으로 공약 공부를 하는데 시간이 지날수록 이때의 준비부족이 자치단체장에게 화를 부른다. 시간을 내서 함께 토론해야 한다. 그래서 공약을 자신의 것으로 만들어야 한다. 이때 들인 몇 시간은 경선을 지나 본선후보가 되고, 당선자가 될수록 엄청난 역할을 하게 된다. 사전에 토론을 하게 되면, 지역 언론과의 인터뷰 과정에서 학습효과도 훨씬 좋아진다.

후보가 공약을 얼마나 자신의 것으로 만들었는가 하는 것은 선거 전보다 인수위원회 활동과정부터 결정적 역할을 하기 시작한다. 공약을 제대로 준비하지 않으면 인수위원회 활동과정에서 삐걱거리기 시작한다. 정책적으로 준비된 당선자와 준비되지 않은 당선자는 당선 이후 구청의 공식보고에서부터 학습효과가 다르게 나타난다. 선거 과정부터 공약을 함께 준비하고 지역의 현안을 다양하게 다룬 후보는 자치단체 국·과장들의 주요 현안 보고 때 질문의 깊이가 다르게 나타난다. 자기 중심이 서지 않으면 현안 보고가 기존 사업구조에 따라 평면적으로 진행된다. 무엇이 중요한지 구별이 안 되고 선거 과정에서 나타난 민원 중심으로 보고가 진행된다. 정책적으로 준비된 당선자는 자신의 구정 목표에 따라 새로운 사업 방향을 제시하고, 여기에 맞춰 기존 사업의 중요성을 재평가하게 된다. 선거 시기에 공약을 제대로 준비한 후보가 인수위원회 활동도 잘하게 되고 인수위원회 때 잘한 자치단체장이 임기 중에도 모범적인 행정을 펼치게 된다. 사회학자들이 말하는 '누적적 이득'을 보게 되는 것이다. 출발점의 사소한 차이가 도착점의 큰 차이를 낳는 것이다.

기초자치단체의 기획역량을 강화해야 한다

구정을 제대로 준비하고 운영하는 데서 나타나는 하나의 장애는 기초단체의 공무원들에게 자체적인 정책기획의 경험이 부족하다는 것이다. 지금까지 구청은 광역자치단체에서 요구하는 정책 방향에 맞춰 구체적인 실행계획을 작성하는 일만 주로 해왔기 때문에 상대적이지만 자체적인 정책 기획 능력이 취약하다. 그래서 구청에서 만드는 제안서에서 제일 부족한 것이 "왜 구청은 그 사업을 하는가?" 즉, 정책의 제안배경과 취지를 설명하는 것이다. 이를 해결하기 위해서는 장기적인 차원에서 구청의 정책기획 능력을 향상시키기 위한 노력이 필요하지만, 당장은 정책실과 같은 별도의 정책기획 단위를 신설해서 이를 보완해야 한다. 정책실은 자치단체의 전략적인 목표설정, 이를 달성하기 위한 핵심정책 수립, 이의 실행과정에 대한 점검과 같은 기능을 수행한다. 정책실을 신설하여 단체장에 대한 정책보좌 기능을 강화하는 것은 기초자치단체장에게 쏟아지는 정책 관련한 부담을 완화함으로써 단체장이 정책 전체가 아니라 핵심적인 과제들에 집중해서 정책적 집중력과 실행력을 높이도록 돕는 방안이기도 하다.

성북구는 생활구정기획단이라는 T/F를 구성하여 공약이행계획을 점검하는 식으로 이 문제를 해결했다. 외부 인사를 계약직 공무원으로 채용하여 단장으로 임명하고, 유명무실했던 정책보좌관을 되살려서 사람을 배치하고, 구청 내의 공무원을 3인 선발하여 5인으로 생활구정기획단을 설치했다. 상설조직이 아니므로 조례로 만들지 않고 구청장의 방침을 받아 구성했다. 조례를 만들어 생활구정기획단(정책실)을 구성하면 안정적인 조직운영이 가능하겠지만, 조례를 통과시키는 데 몇 달의 시간이 소요되어 매우 중요한 임기 초기에 활동을 못 하는 상황이 발생할 수 있다. 성북구는 이를 우려하여 인수위 시기부터 생활구정기획단 설치를 준비했다가 취임하자마자 바로 구청장의 방침을 받아 구성했다. 생활구정기획단은 공약 이행 계획에 대한 점검, 일부 공약에 대한 추가 연구, 자문기구인 생활구정위원회에 대한 사무국 기능을 수행했다. 구청장의 자문기구로서 생활구정위원회는 인수위원회에 참여한 위원들을 확대하여 구성했다. 인수위 때 적극적으로 참여해서 구체적인 역할을 한 분들에다가 도시계획, 복지, 보육, 교육 관련한 전문가들을 보강하여 구성했다. 생활구정위원회의 자문회의는 구청장뿐 아니라 국·과장을 참여토록 함으로써 회의에서 자연스럽게 정책기조와 정책과제에 대한 컨센서스가 이루어지고 자문에 대한 구청장의 응답이 국·과장에 대한 구청장의 업무 지시가 될 수 있도록 운영하고 있다. 지금까지 생활구정위원회는 임기 초기에 새로운 구정 방향을 구청 직원들이 파악하거나 공유하는 데서 큰 역할을 해오고 있다.

기초자치단체의 기획역량을 강화하는 또 하나의 방법은 지역복지계획, 지역건강계획, 도시계획 등 구청에서 수립하는 중장기 계획의 용역 과정에 구청직원들이 직접 참여토록 하는 것이다. 보통 중장기 계획을 수립하는 용역에 대해 현업 부서에서는 "장기 계획 따로 집행 계획 따로"라는 생각을 갖고 크게 신경을 쓰지 않는 경우가 대부분이다. 직원들이 장기 계획을 세우는 용역 관련 회의에 참여해서 주민이나 지역의 요구를 적극적으로 제시하거나 토론을 통해 자신들이 사업해오면서 갖고 있던 의문점들을 해소하면 좋을 텐데 그런 일은 거의 없다. 이렇게 용역을 주는 기관이 용역에 미온적이다 보니 용역 수행기관도 자신의 지식을 최대한 제공하면서 적극적으로 문제 해결책을 찾으려 할 리가 없다. 형식적인 중간보고, 결과보고를 진행하는 정도가 대부분이다. 그러다 보니 장기계획 보고서가 나와도 나오자마자 서류함에 보관될 뿐 다시 활용하지 않는 경우가 많다.

계획을 수립하는 용역을 좋은 기회로 삼아 자체의 기획역량을 강화할 필요가 있다. 장기계획에 대한 용역을 준비할 때부터 용역을 통해 해법을 찾고자 하는 문제들을 용역기관에 분명히 제시하고, 용역 과정에도 관련 부서가 직접 참여하여 용역 과정에서 나오는 문제의식을 풍부하게 공유하고 관련 해법들을 충분히 이해함으로써 자기 분야에 대한 전문성을 강화하는 계기로 삼아야 한다. 이런 과정을 통해 장기계획을 수립하면 현업 담당자의 기획역량이 강화될 것이고, 이렇게 해서 수립된 장기계획을 연도별 계획으로 구체화하면 훌륭한 사업계획서들이 만들어질 것이다.

기초자치단체의 기획역량을 강화하기 위한 또 하나의 방법은 학습회를 만드는 것이다. 성북구는 공무원들의 정책기획력을 높이고 토론문화를 확산하기 위해 '생활구정학습회'를 만들어 운영하고 있다. 2010년 하반기에 1기를 운영한 데 이어 제2기 과정을 2011년 2월부터 운영한다. 제1기 과정에서 참여 공무원들은 '로지컬 싱킹', '창조도시', '역동적 복지국가의 논리와 전략', '커뮤니티비즈니스', '핀란드 교육혁명' 등의 책을 읽고 돌아가며 발제하고 토론했다. 모두 공무원들의 분석적 사고와 논리적 전개력 그리고 민선 5기 생활구정의 철학과 목표와 관련이 있는 책들이다. 학습회는 업무에 지장을 주지 않기 위해 격주로 월요일 오전 7시부터 8시 30분까지 열리며, 주요 정책사업을 이끄는 팀장 10여 명이 참여하는 가운데 발제와 소감 발언, 토론 등으로 진행된다. 참여자들은 오랫만에 책을 읽어 초기에는 힘이 들었지만 3회 때부터 독서 내용이 업무에 직접 도움을 주는 효과를 실감하면서 더 적극적으로 참여하게 되었고, 실제 기획 업무에도 많은 도움이 되었다고 평가했다. 제2기 과정은 새로운 팀장들과 함께 2월부터 6회에 걸쳐 개최되는데 '대통령 보고서', '신자유주의를 넘어 역동적 복지국가로', '후즈유어시티', '영국의 거버넌스형 마을만들기', '내 아이가 책을 읽는다', '한국의 워킹 푸어' 등의 책을 읽을 계획이다. 많은 지방자치단체 공무원의 경우 정책집행 업무에 치우쳐 정책기획 분야에는 많은 역량을 쏟지 못하는 것이 현실이다. 또 현대도시의 새롭고 복잡한 문제들을 창조적으로 해결하기 위해서는 관련 분야의 전문 서적이나 자료를 참고하고 연구할 필요가 있지만 이 부분도 미흡하다. 이런 가운데 학습회를 통해 독서하고 연구·토론하면 그 결과를 행정에 접목시키는 과정을 통해 자치단체의 기획역량을 강화하는 데 일정한 기여를 할 수 있을 것이다.

"어떤 도시를 만들 것인가"라는 도시전략이 필요하다

도시를 바꾸어나가는 가장 강력한 힘은 도시경제이다. 도시개발(재생)계획이 새로운 도시를 만드는 방법이자 수단이라면 도시경제는 새로운 도시를 만드는 바탕의 힘이다. 필자는 제4차 국토종합계획 수정안에 대한 평가 프로젝트를 하면서 1990년대까지 한국은 대미, 대일 수출과 관련된 산업경제의 구조적 요인이 산업단지, 물류기지의 입지 선정에 가장 중요한 요소로 작용하여 도시형성과 발전에 큰 영향을 미쳤다는 생각을 갖게 되었다. 즉, '어떤 도시로 만들겠다'는 도시전략을 잘 세우고 실천하려면 도시경제계획을 먼저 잘 세워야 한다는 생각이다. 그럼에도 현재 한국 지방자치단체의 도시전략은 아직 체계적인 도시경제계획에 바탕을 두지 못하고 문화이벤트나 자치단체 차원의 통일된 농축산물 브랜딩을 하고 있는 수준에 머물러 있다. 민선 4기까지 3선을 역임한 자치단치장들이 정리한 자신들의 성공 요소를 정리해보면 '정선아리랑축제'와 같은 문화이벤트, '안성맞춤'과 같은 브랜딩, 행정조직에 대한 통제력을 들 수 있다. 3선 자치단체장들이 제일 관심을 쏟고 연임에 영향을 준 지역주민들의 요구는 '기존 산업을 어떻게 유지할 것인가?', '새로운 산업을 어떻게 만들 것인가?'이다. 3선 자치단체장들의 지역이 대부분 농촌이라, 기존 산업에 대한 대책은 농업에서 유통을 활성화하는 과제였고 대안으로 나온 것이 지자체의 자체적인 브랜딩과 마케팅이었다. 또 새로운 산업을 통해 일자리를 창출하는 과제는 주로 문화와 관광산업에 초점이 맞추어져 있었는데, 이의 해결책으로 나온 것이 문화이벤트이다. 그러나 문화이벤트와 브랜드 마케팅으로는 도시경제 활성화에 부분적인 대책이 될 수는 있겠지만 근본적인 처방이 되기는 어려울 것이다. 물론 함평처럼 나비축제를 통해 자연친화적 도시로 산업화하면서 정체성을 확보해가고 있는 도시도 있겠지만, 이는 매우 예외적인 현상이다. 대부분의 문화이벤트는 이벤트가 있는 장소 주변의 상인들에게 도움을 주는 정도에 머무르고 도시경제적인 차원에서 규모가 있는 신규 일자리를 창출하는 데까지는 이르지 못하고 있다. 지금 기초자치단체에 필요한 것은 지역자원에 토대를 둔 도시경제정책과 도시전략이다. 이를 위해서 가장 중요한 출발점은 지역의 특징과 장점을 파악하는 것이다. 많은 지자체들이 2020년 장기발전계획과 같은 자기 계획을 갖고 있는데 그 계획들이 거의 천편일률적이다. 다른 자치단체로 이름만 바꾸어도 되는, 특징이 없는 장기발전계획은 버려야 한다. 지역의 특징과 장점을 파악하고 이를 살릴 수 있는 도시전략을 수립해야 한다. 자치단체를 궁극적으로 어떤 도시로 만들 것인가 하는 자기 전망이 있어야 한다.

성북구 역시 자신의 자원, 자연적 특징, 지리적 장점을 살릴 수 있는 도시경제 정책과 도시전략의 수립, 그리고 이러한 계획을 현실화시키기 위한 도시개발(재생) 프로젝트를 세우는 것이 매우 필요하다. 성북구에서 공약으로 내건 '창조산업 특구'는 성북구 내에 대학이 7개나 있는 환경과 지역의 70%가 구릉지인 자연적 특징, 문화의 중심인 대학로, 패션산업 밀집지역인 동대문과 근접한 지리적 특징, 도심인 광화문과 가까운 지리적 특성을 최대한 활용하고자 하는 도시 전략적 문제의식 또는 정책적 의지의 표출이지만 아직 지역경제 활성화 전략과 로드맵으로 구체화된 것은 아니다. 대학로에 포화 상태인 연극 소극장을 대학로와 인접한 동소문로로 끌어들여 연극의 거리로 조성하고, 성북천을 따라 작은 도서관을 지어 문화적 거점으로 삼자는 '동소문로 연극거리' 프로젝트, 성북동을 걷고 싶은 문화의 거리로 만들자는 '성북동' 프로젝트, 보문동의 봉제공장을 재구성하여 동대문 패션지구와 차별화된 보문동 패션지구를 만들자는 '보문동' 프로젝트, 대학들의 특화된 과를 창업으로 연결 지어 클러스터를 조성하자는 '창조산업 특구' 프로젝트 역시 앞으로 세부적인 실행방안으로 구체화되어야 하는 과제들이다. 물론 대부분 다른 지자체가 아직 전략적 문제의식 자체가 없는 상황이므로 성북구는 적어도 도시전략이 중요하다는 것을 인식하고 있고 창조산업을 활성화하는 방향으로 가자는 정도는 생각하고 있다고 위안할 수 있겠지만 구체적인 도시전략과 실행의 로드맵이 없다는 데서는 다른 지역과 동일하다 할 것이다.

교육은 자치단체에게 새로운 도전

교육은 양극화에 따른 사회적 격차를 해소할 수 있는 가장 중요한 통로이다. 이 통로가 막히게 되면 동맥경화에 걸린 몸이 마비되고 썩는 것처럼 사회가 마비되고 썩게 된다. 안타깝게도 현재 우리 사회는 이 통로가 차단되어가고 있다. 교육의 기회가 소득수준에 비례하여 제공됨으로써 교육이 계급화되어가는 상황이다. 부모의 재산과 능력이 자식의 미래를 결정하는 사회는 공정한 사회가 아니다. 이것이 지자체가 공공적인 차원에서 교육에 관심을 갖게 되는 사회적 배경이다. 지자체가 교육에 관심을 갖게 되는 또 다른 이유는 교육에 대한 주민들의 관심이 높아지고 있기 때문이다. 교육감 선거가 지방선거와 함께 진행되는 것도 교육이 이슈화되는 데 일조하고 있다. 교육에 대한 평가가 선거에서 차지하는 비중이 점점 커지고 있는 만큼 교육은 기본적으로 교육청과 교육부의 과제라는 기존 관점과는 달리 지자체도 교육에 대한 관심과 참여가 불가피하게 되었다. 그러나 지금까지 지자체에게 교육은 부차적인 과제였던 만큼 지자체가 교육 정책에서 어떤 역할을 담당해야 하는지가 아직은 불분명하다. 그래서 지자체가 교육청과 달리 교육에서 어떤 역할을 해야 하는가를 정하는 것이 교육과 관련된 모든 사업을 펼쳐 나가는 데서 먼저 풀어야 할 과제가 되고 있다.

민선 5기 성북구는 "사람에 투자한다"는 기조하에 교육환경을 개선하고 사교육비에 대한 부담을 완화하여 더 공정한 교육기회를 제공하도록 노력할 계획이다. 민선 5기 성북구청장은 지금까지 약 50억 정도 쓰이던 교육예산을 구 예산의 5%, 200억 원까지로 증액하고, 친환경 무상급식 실시, 학교시설 개선, 방과 후 문화예술교육 지원, 대학생 멘토링 사업들을 추진하겠다고 공약으로 내걸었다. 당선 이후에는 자기주도학습센터의 설치, 도서관 건립 및 활성화 사업을 추가하여 추진하고 있다. 성북구는 중학교 이하의 학생들이 스스로 학습능력을 갖출 수 있도록 하는 데 정책의 초점을 맞추려 한다. 좋은 성적을 받아 좋은 대학에 진학하기를 바라는 고등학생 학부모들의 요구도 중요한 정책수요지만, 교육은 성과가 나려면 많은 시간이 걸린다는 특징과 교육을 통해 기회를 확대하자는 정책기조를 고려할 때 구청은 중학생 이하의 기초 실력을 고르게 향상시키는 데 정책의 중심을 두겠다는 취지다. 이러한 목적을 가지고 중점적으로 추진하는 사업이 자기주도학습센터의 설치와 도서관 활성화이다. 자기주도학습은 학생이 자신의 진로를 정해서 학습의 목적을 분명히 세운 다음, 이를 달성하기 위한 학습계획을 스스로 짜고 스스로 공부하는 학습법이다. 의존적인 학습법에 길들여진 학생을 스스로 공부할 수 있는 학생으로 탈바꿈하기 위해서는 습관을 몸에 익히기 위해 최소 100일 이상의 시간이 필요하다. 자기주도학습센터는 학생이 자기주도학습법을 습관화할 수 있도록 돕는 교육기관이다. 성북구는 2011년 1월 초에 월곡동의 동사무소를 자기주도학습센터로 리모델링하여 개관했다. 자기주도학습센터를 거점으로 자기주도학습지원, 진로·진학 상담, 학부모 지원 프로그램들을 운영하고, 자기주도학습사를 양성할 계획이다.

복지전달체계를 개선하여 복지의 사각지대를 최소화

사회복지관이나 지역아동센터를 가보면, 그곳에서 가난과 소외, 불안한 삶과 병고 같은 우리 사회의 가장 심각하고 본질적인 문제들이 다루어지고 있다는 것을 알 수 있다. 성북동에서 29명의 어린 학생들을 돌보고 있는 지역아동센터의 수녀님은 오늘 한국 사회의 복지정책을 최전선에서 책임지고 있는 활동가이다. 가난과 소외감으로 자살을 마음먹은 할머니에게 매달 생활비를 지원하고 자식이 부모를 다시 찾도록 만들어 새 삶의 의지를 찾게 만드는 곳도 지역의 사회복지관이다. 이렇게 우리 사회의 복지정책이 다루어지고 있는 생생한 현장이 기초자치단체지역이지만 기초자치단체는 예산상의 제약으로 인해 독자적인 복지사업을 펼치기가 매우 어렵다. 물론 지자체의 예산자립도를 높여 독자적인 복지사업을 펼칠 수 있도록 제도적인 개선을 하는 것도 장기적인 과제이지만 당장 지자체가 중점적으로 할 수 있는 일은 복지 전달체계를 효율화하여 법정 복지로는 해결할 수 없는 복지의 사각지대를 최소화하는 일이다.

현재 성북구는 지역복지협의체를 동 단위로 조직하려 하고 있다. 동지역복지협의체는 지속적으로 복지수요자를 발굴하고 여기에 복지서비스를 공급할 수 있는 기관과 개인을 연결하여 복지 사각지대를 최소화하는 데 구성의 목적을 두고 있다. 이를 위해 조직은 복지수요를 발굴할 수 있는 사회복지기관, 시민단체, 통장, 학교, 경찰서, 소방서, 보건소와 복지자원을 제공할 수 있는 종교인, 기업인, 병원장, 학원장으로 구성할 계획이다. 이와 더불어 구청의 복지인력을 가능한 동사무소에 배치하고 동사무소에서 일반 행정을 함께 담당하던 복지행정담당을 복지행정만 전담하도록 업무를 재배치하여 복지업무에 대한 전문적인 대응력을 높였다. 성북구는 동지역복지협의체를 통한 사례발굴이나 복지인력의 현장배치가 현재 자치단체의 한계에서나마 복지의 사각지대를 줄이는 데 기여할 것으로 기대하고 있다.

도시재개발에서 도시재생으로 선택의 폭을 넓히다

낙산이나 개운산에서 성북구를 바라보면, 성북구에도 빼곡히 아파트촌이 들어서고 있다는 것을 알 수 있다. 그리고 지금 만들어지고 있는 도시재개발 계획들도 수익성 때문에 30층 이상의 고층 아파트를 지으려는 계획들이 대부분이다. 앞으로 20년 뒤면 성북구는 대부분 고층 아파트촌이 되어 있을 것이다. 다양한 형태의 가옥들이 사라지고 아파트로 획일화되어 있을 것이다. 획일적인 주거는 획일적인 삶을 의미한다. 최근에 전국에서 가장 많은 재개발지역을 가지고 있는 성북구에서 새로운 형태의 도시재생안을 대안으로 내놓아야 한다는 문제의식이 확산되고 있다. 그것은 재개발을 바라는 주민들의 요구에 맞서려는 시도가 아니라 또 다른 대안을 제시함으로써 주민들에게 선택의 폭을 넓히려는 의도다. 도시재개발을 추진해오던 주민들의 인식도 분화되고 있다. 이는 부동산 경기가 후퇴하고 있는 상황 탓이기도 하지만, 추가적인 비용부담이 만만치 않고, 좋은 풍광을 가진 마을이 사라지고 함께 정 붙이며 살아오던 공동체가 파괴되는 것에 대한 문제의식이 확산되고 있기 때문이기도 하다. 그래서 삼선 4구역, 성북 3구역, 정릉 6구역처럼 재개발 자체를 반대하는 주민들의 목소리도 커져가고 있다.

성북구 삼선동 1가 300번지 일대에 삼선4구역(장수마을) 주택재개발 정비 예정 구역이 있다. 이곳은 서울 성곽 및 삼군부 총무당 등 문화재 지역으로 재개발 사업 추진이 어려운 지역인 데다 노후·불량 건축물이 대부분이지만, 대부분이 차량 접근이 어려운 맹지여서 개·보수마저 어려운 동네이다. 공원으로 지정되면 받게 될 소위 딱지를 보고 투자했던 주민들도 재개발의 가능성에 대해서는 이미 포기한 지역이다. 장수마을이 풀리면 서울에서 풀리지 않을 도시재개발사업이 없다고 할 정도로 곤란한 지역이다. 성북구청은 장수마을을 기존의 재개발 사업이 아닌 도시재생 차원에서 주거환경을 개선하려고 새롭게 시도하고 있다. 골목을 정비하거나 주택을 수선하는 등의 물리적 주거환경개선에서 한 걸음 더 나아가 주민들의 역량을 강화하고 일자리를 만듦으로써 공동체의 활력을 높이려는 사회적 재정비사업으로 추진하려고 한다. 다행히 지역에서 몇 년 동안 지역주민들과 함께 새로운 방식으로 주거환경을 개선하기 위해 노력해온 사람들이 있어 이분들과 함께 민관 거버넌스를 구축하여 현황을 조사하고 대안적인 도시재생계획을 세우는 중이다. 성북구가 새로운 방식으로 도시재생을 풀어가려는 시점에서 이미 1970년대에 우리나라와 같은 상황에서 먼저 시작된 일본의 '마치즈쿠리(마을만들기)' 운동은 많은 참조가 되고 있다. 주민들이 조직한 '마을만들기 협의회', 구청의 '마을만들기 추진'과, 주민·행정·기업 간의 파트너십으로 만든 '마을만들기 지원센터', 마을만들기를 위한 '마을만들기 펀드' 등의 경험은 우리 현실에 맞게 활용할 필요성이 있을 것이다.

커뮤니티비즈니스를 지원하자

새롭게 당선된 민선 5기 자치단체장들의 사회적 기업에 대한 관심이 매우 뜨겁다. 많은 자치단체가 조례를 만들고 사회적 기업에 대한 지원책을 내놓고 있다. 성북구 역시 「사회적 기업 육성 및 지원에 관한 조례」를 만들어 사회적 기업 발전계획을 수립하고 재정 지원, 제품 구매를 할 수 있는 법적 근거를 만들었다. 심지어 국·과별로 사회적 기업을 하나씩 발굴하라는 새마을 운동 식 업무 협조를 요구하기도 한다. 시민들의 자발적인 노력으로 사회적 기업이 설립되었던 외국의 사례들과는 달리 한국의 사회적 기업은 정부가 주도를 하고 있는 양상이다. 1997년 외환위기에서 촉발된 대규모 실업과 저소득층의 빈곤 심화를 해결하기 위해 정부는 공공근로사업과 자활사업, 사회적 일자리 사업 등을 도입했다. 상당한 재정을 투입하고도 단기적인 일자리만 양산했다는 문제가 제기되자 이를 개선하기 위해 정부가 사회적 기업에 대한 지원을 추진하고 있다. 정부 입장에서는 재정 부담을 완화하면서도 안정적인 일자리를 창출해야 한다는 정책 과제가 사회적 기업의 추진으로 이어졌다. 문제는 정부의 과도한 지원이 지역에서 스스로 문제를 풀기 위해 만들어질 사회적 기업의 건강한 토양을 훼손할지도 모른다는 것이다. 이러한 문제점에도 사회적 기업이 "사회적 소명과 기업의 영리 활동을 접목한 다양하고 자발적인 시민활동"이고 지역의 문제를 해결하고 일자리를 창출하는 좋은 수단이라는 것만은 분명한 사실이다. 다만 지역사회와 정부의 협력적 긴장관계가 잘 유지될 수 있도록 자치단체가 유념할 필요성이 있다. 여기에서 또 하나 생각해볼 점은 자치단체가 추구해야 하는 사회적 기업은 커뮤니티비즈니스라는 것이다. 커뮤니티비즈니스는 공익성과 사업성을 동시에 추구한다는 점에서 사회적 기업이면서 지역의 문제를 다루고 지역의 인력, 기술, 지식, 자원을 활용한다는 점에서 다소 차이가 있다. 커뮤니티비즈니스는 지역에 공공서비스를 제공하고 지역경제를 활성화하는 엔진이다. 지역에서 교육, 복지, 도시재생 등의 분야에 대한 공공서비스를 커뮤니티비즈니스를 통해 제공하는 것이다. 동시에 지역활동가들이 활동하는 공간이기도 하다.

성북구는 기업이 제공하는 공공서비스의 30% 이상을 구 내에서 제공하는 커뮤니티비즈니스 기업을 선정하여 서울시, 노동부의 지원에 더해 별도의 지원을 할 계획이다. 이를 통해 지역공동체에 다양한 공공서비스를 제공함과 동시에 지역경제를 활성화하려 하고 있다.

작은 도서관의 중요성에 눈뜨다

성북구에서 격주로 수요일에 주요 인사들을 모시고 강의를 듣는 '생활구정 수요포럼'이라는 행사가 있다. 많은 분이 오셔서 성북구가 나아가야 할 방향에 대한 귀중한 말씀들을 해주셨는데, 그 가운데 매우 인상적이었던 분이 박영숙 느티나무 도서관장이다. 1999년 상가 지하의 40평짜리 공간에서 시작해서 지금은 지하 1층, 지상 3층으로 300평 규모의 느티나무 도서관을 키워서 운영하고 있는 박영숙 관장은 강의에서 도서관의 여러 가지 가능성을 전파했다. 첫째, 도서관에서 배움의 패러다임을 바꿀 수 있다. 배운다는 것은 스스로 읽고 함께 읽으며 나이, 학력과 상관없이 사람들의 잠재력, 상상력을 건져 올리는 것이다. 둘째, 도서관은 다양성, 차이, 다름을 존중하고, 정보격차를 해소하며, 자발적이면서 즐겁고 역동적인 공공성의 공간이다. 셋째, 도서관은 지역사회에서 정보와 자료를 제공하고, 소통이 이루어지는 네트워크로 지역공동체를 활성화하는 토대이다. 박영숙 관장이 주목하는 도서관의 가능성이야말로 자치단체가 도서관 사업에 주목하게 되는 주된 이유이다. 도서관은 학생들 누구나가 와서 책을 읽으면서 자신의 꿈을 키워나가는 공간이고, 실력을 쌓아나가는 공간이다. 또한 지역주민들이 자신들의 삶과 지역의 다양한 문제들에 대해 소통하고 토론하고 해결책을 찾아 나가는 지역의 거점이다.

성북구는 먼저 도서관 시스템을 통합하여 상호대차 서비스를 실시한다. 상호대차 서비스가 실시되면 돈암2동의 어린이도서관에서 상월곡동의 성북정보도서관 도서를 빌려 볼 수 있게 되고 반납도 가능해진다. 이를 통해 1인당 장서 수에서 27만 권 정도로 다른 구보다 적은 성북구지만, 현재의 장서를 최대한 활용하는 것이 가능하게 된다. 더불어 약 4년 동안 20개의 '작은 도서관'을 순차적으로 지어 주민들이 쉽게 도서관에 다가갈 수 있도록 할 계획이다. 이미 서경대 앞에 작은 도서관을 짓고 있으며, 2011년에는 5개의 작은 도서관을 지을 계획이다. 기존 새마을문고나 아파트 문고도 일부는 '작은 도서관'으로 전환할 수 있도록 지원하려고 한다. 그리고 음악, 미술, 문학 등 특정 분야를 집중적으로 다루는 전문 도서관을 지어 구민들뿐 아니라 다른 지역의 주민들이 방문할 수 있도록 준비하고 있다.

좀 다른 이야기지만 도서관 확대 및 독서 활성화 계획을 현업 부서와 상의하면서 행정조직이 오랫동안 무엇을 짓는 방식으로 일하는 데 익숙하다는 것을 새삼스럽게 확인하게 되었다. 도서관을 짓는다고 저절로 주민들의 독서량이 많아지고 독서가 활성화되는 것은 아닌데도, 도서관을 짓는 것에 집중하는 사고는 쉽게 바뀌지 않았다. 당연히 주민들의 요구나 만족도를 중심으로 정책을 수립하고 평가하고 실행하는 것에는 매우 서투르다. 그러므로 도서관을 이용하는 주민이 책을 얼마나 읽는지, 얼마나 자주 도서관을 이용하는지, 도서관에 와서 무엇을 하고 있는지에 대한 관심이 적다. 이러한 한계를 극복하기 위해서 새로운 도서관을 짓고, 장서 수를 1인당 0.5권에서 2014년 1.0권으로 확대하는 하드웨어의 구축과 함께 '성북 한 책 읽기 운동'과 같은 독서 캠페인을 구 전체 차원에서 조직함으로써 주민들의 독서량을 증가시켜 나가는 소프트웨어적인 접근을 동시에 할 계획이다. 또한 모든 도서관에 지역주민을 중심으로 한 운영위원회를 구성하여 도서관이 지역주민들에 의해 운영되도록 함으로써 자연스럽게 지역의 사랑방 역할을 할 수 있기를 기대하고 있다.

주민의 참여를 독려하는 구청들

주인의 권리는 참여를 통해 실현되어야 한다. 참여하지 못하는 주인은 참다운 주인이 아니다. 구정에는 우리 삶에 영향을 직접 미치는 일들이 많다. 물론 우리 삶에 영향을 미치는 정책 결정이 광역자치단체나, 정부 차원에서 이루어지는 일들도 많지만, 많은 일이 기초자치단체를 거쳐서 집행되고 있기 때문에 주민들이 기초자치단체의 행정에 참여하여 얻게 되는 결과는 광역자치단체보다 직접적이고 구체적이다. 자신에게 영향을 미치는 일들에 스스로 참여하여 결정하는 것이 매우 중요하다. 구민들과 함께 구정을 펼쳐나가기 위해서는 참여를 위한 제도적 기반을 구축하고 토론문화를 정착시켜 나가야 한다. 일방적인 행정이나 형식적인 참여가 오랫동안 이루어져 왔던 만큼 참여 자치가 하루아침에 실현되지는 않을 것이다.

먼저 여성, 보육, 건강, 복지, 교육 등 주민 생활에 직접적인 영향을 미치는 각종 위원회를 활성화하고 주민 참여를 확대해나가고 있다. 주민 생활에 직접적인 영향을 미치는 각종 위원회는 일부 위원들을 공모 방식으로 구성하고 있다. 여성위원회 등 몇 개의 위원회에 대해 공모했는데, 주민들의 반응이 매우 뜨겁고, 훌륭하신 분들이 많이 지원했다. 구청장이나 부구청장이 당연직으로 되어 있던 위원장도 위원들 내에서 호선하여 뽑도록 변경했다. 또 소집되지 않거나, 형식적으로 운영되는 위원회를 실질화하기 위해 부서별로 위원회 운영계획을 제출하고, 회의를 기록하며 위원들의 제안에는 반드시 해당 부서에서 검토의견을 제출하도록 의무화했다.

한 가지 안타까운 것은 주민 참여 조례가 의회에 보류되어 있다는 것이다. 2011년 첫 임시의회에서 통과가 예상되지만 일부 의원들은 주민들의 구정참여에 대해 구청장의 조직을 강화한다고 경계하거나 자신들의 역할과 충돌이 나는 것으로 보고 있어서 다소 부정적이다. 주민들의 참여는 주민자치의 핵심적인 조건임에도 일부 의원들이 자기 역할이 줄어드는 것으로 보고 경계하는 것은 안타까운 일이다. 성북구는 주민들이 행정에 참여할 수 있는 영역이 자치단체에 정책을 제안하거나 활동을 모니터링하는 것, 일부 행정에 자원봉사의 형태로 직접 참가하는 것, 이렇게 세 가지 형태가 가능할 것으로 보고 이를 준비 중이다. 몇몇 자치단체에서 실험적으로 모색하고 있는 주민참여예산제는 주민들에 대한 교육을 포함하여 사전 준비를 해나가면서 시범사업을 실행할 계획이다.

공무원들의 새롭게 일하는 방식, 태도가 필요하다

지역에서 일을 하다 보면 제일 많이 아쉬운 것이 사람이다. 구청 내의 공무원도 마찬가지이고, 구청 바깥의 지역활동가들도 마찬가지이다. 새로운 생활행정을 펼치기 위해서는 주민들과 함께하는 거버넌스에 능통한 공무원, 부서 간 장벽을 넘어 협업할 줄 알고 토론을 통해 합리적인 대안을 찾아 나갈 수 있는 공무원이 필수적이다. 이를 위해 생활행정의 구체적인 목표로서 토론 중심의 회의를 정착시키는 것, 지표·통계를 바탕으로 정책을 기획하고 평가하는 것, 민·관 거버넌스로 업무체계를 구축하는 것을 새로운 행정으로 제안하고 있다. 그러나 지난날의 일하는 방식과 태도에 익숙한 공무원들로서는 쉽지 않은 일이다. 오랫동안 타 부서에 대한 언급이 금기시되어온 터여서 회의에서 타 부서의 업무에 대해 토론하는 것이 만만치 않다. 지역복지관이나 지역아동센터와 같은 현장에 가보면 구청이 지역에서 활동하고 있는 분들과 깊게 상의하지 않는다는 것을 알 수 있다. 정책의 실행 계획이 현장과 맞지 않아 정책 의도와 달리 집행되는 경우도 가끔 보게 된다. 어떤 경우는 안 한 것만 못한 경우마저 있다. 도서관 정책을 예로 들면 도서관을 이용하는 지역주민들의 관점에서 지역주민들이 갖고 있는 요구들을 토대로 정책을 수립하는 것이 거의 안 되고 있다. 아직도 도서관을 짓는 하드웨어 중심적인 사고가 많지, 어떻게 사람들이 책을 읽을 것인가 하는 수요자 중심의 소프트웨어에 대해서는 문제의식이 취약하다. '행정은 디테일이다'라고 할 수 있다. 시설의 규모나 구조를 설계할 때도 수요자의 요구, 현장의 상황을 반영해서 하지 않으면 행정 위주의 시설을 만들게 되어 주민의 외면을 자초하게 된다. 주민의 요구, 지역의 현실에 맞는 정책적 목표를 세우고, 주민들과 함께 정책을 실현해나가는 민관 거버넌스 행정을 펼치지 않는 한 행정서비스의 개선을 이루기는 어려울 것이다.

지역에 진보의 미래가 달려 있다

지역은 주민들의 삶이 이루어지고 있는 현장이다. 양극화로 인해 고통받고 있는 주민들이 살아가고 있는 동네이다. 재개발로 인해 가족이 해체된 아이들이 지역아동센터에 다니면서 꿈을 다시 찾기 위해 발버둥치는 곳이고, 자살을 결심한 노인이 생활비를 지원받고 자식들이 다시 찾아와 삶의 의지를 회복하는 곳이다. 지역이야말로 우리 사회의 문제가 실제 발생하는 곳이고, 이를 해결하기 위해 많은 사람이 땀과 눈물을 흘리는 곳이다. 그러므로 보육, 교육, 복지, 보건, 사회적 기업, 도서관에 관한 모든 정부정책의 출발점은 당연히 지역이어야 한다. 지역의 눈으로 바라보는 정책이 살아 있는 정책이다. 지역의 눈으로 정책을 기획해야 하고 지역의 성과로 정책을 평가해야 한다. 많은 정치인이 생활정치를 주장하고 있지만 지역활동에 근거를 두지 않은 생활정치란 민생현장의 생생함이 결여된 정치적 구호일 뿐이다. 실천만이 진리를 검증하는 유일한 기준이다. 주장하는 세력이 아니라 주민들에게 더 나은 삶의 질을 제공하는 세력이 중요하다. 민주세력과 진보세력의 통합 역시 지역의 활동을 토대로 이루어져야 튼실한 통합이 되지 상층 위주의 통합이란 일시적인 봉합일 뿐이다. 공동의 지역활동은 민주세력과 진보세력의 통합을 이루는 용광로이다.

지역공동체는 동일한 지역에 거주하면서 소속감과 유대감을 공유하고 있는 집단이다. 지역공동체가 강화되면 서로에 대한 신뢰가 높아지고, 생활규범이 형성되며, 네트워크가 구축된다. 지역공동체가 강화된다는 것은 지역사회의 문제를 함께 해결해나간다는 것이다.

지금 한국에서 지역공동체에 대한 소속감과 유대감은 지속적으로 약화되어 왔는데, 그 이유는 개인주의의 심화와 잦은 직장 이동, IMF 이후 경쟁이 확대되는 사회경제적 조건, 재개발을 통한 원주민의 구축, 아파트의 고립적인 주거형태를 들 수 있겠다. 또한 민주화 이후 개인의 권리에 대한 자각이나 주장은 늘었지만 개인의 요구를 지역의 공공적 차원에서 조정하고 합의하는 공동체문화는 아직 정착되고 있지 못한 것도 한계라 할 수 있겠다. 지역에서는 주민들은 자신들이 겪고 있는 많은 문제를 민원을 제기하고 해결하는 차원에서 즉 개인적인 차원에서 해결하려 하고 있다. 지역 의원들 역시 주민들의 요구를 민원을 가지고 구청에 푸는 방식으로 해결하려 하고 있다. 개인의 사적 요구가 공공적 요구로 발전해서 지역사회 공동의 이익으로 수렴되고 있지 못하다. 그래서 개인의 권리를 주장하는 주민 간의 갈등이 심화되는 양상이 빚어지기도 한다. 공동체를 강화하기 위한 노력이 절실하다. 내 아이의 문제를 푸는 차원을 넘어 우리의 아이를 키우는 지역공동체를 구축해야 한다. 이를 위해서는 개별적인 문제를 일반적인 문제로 공론화하고, 함께 풀어나가는 리더십이 구축되고 발휘되어야 한다. 의원들 역시 민원을 해결하는 지역활동의 수준을 벗어나 지역의 문제를 공론화하고 함께 풀어나가는 리더십을 발휘해야 한다. 물론 주민들의 신뢰를 통해 공동체와 지역의 이익을 대변하거나 조정할 수 있는 지방자치단체의 능력 또한 지역공동체 강화를 위한 필수적인 요구사항이다.

지역공동체를 형성·강화하는 것은 지역의 문제를 함께 해결해나가는 과정이기도 하다. 그러므로 지역공동체를 강화하는 관점에서 제반 사업을 수행해야 한다. 이는 개인의 문제를 공공의 문제로 전환하여 푸는 과정이기도 하다. 그러므로 교육, 복지, 도시재생 사업을 지역주민들이 함께 해결해나가는 과정에서 지역공동체는 강화된다. 공동육아를 위해 어린이집을 만드는 일을 통해, 좋은 학교를 유치하는 일을 통해, 가정이 힘든 어린이를 지원하는 일을 통해, 낙후된 마을을 좋은 마을로 만드는 마을만들기 사업을 통해 지역주민 간의 신뢰가 강화되고, 생활의 규범이 형성되며 네트워크가 구성된다.

지역을 들여다보면 아직 자신의 이익만을 위해 노력하는 사람들은 많지만 이를 벗어나 공동의 이익을 위해 공공적인 차원에서 문제를 해결해나가는 지역사회의 활동가들은 부족하다. 일을 잘하려면 사람을 먼저 키워야 하고, 일하는 과정에서 사람을 키우는 일을 병행해야 한다. 모든 일을 추진하는 과정에서 사람을 키우는 것을 중요한 원칙으로 해야 한다. 친환경무상급식을 하든, 도서관을 짓든, 사회적 기업을 만들든, 지역복지협의체를 구성하든 지역사회의 활동가를 키우는 것을 병행해야 한다. 일을 통해 사람을 키우고 사람을 키워 일을 더 잘하는 선순환적 구조를 만들어야 한다.

그러므로 지역공동체를 강화하기 위해서는 새로운 지역의 리더를 발굴해서

키워야 하고, 기존의 리더는 지역의 문제를 풀어나갈 수 있는 능력을 갖춘 지역사회의 새로운 리더가 되도록 지원해야 한다. 이를 위해서는 지역공동체 아카데미와 같이 서로의 경험을 교류하고, 상호학습하는 장을 만들어야 한다. 지역 리더들의 비전 제시, 쟁점 발굴, 지역계획 수립, 네트워킹 구축, 조직관리, 의사소통 촉진, 지역자원 발굴 능력을 향상시켜야 한다. 지역의 문제에 관심을 가지고 상호학습과 체험을 통해 지역문제를 해결하는 데 앞장서는 리더를 키워야 한다. 일반적 교육과 현장교육을 병행하여 실제 지역의 문제를 발굴하고 해결하는 과정을 통해 교육이 이루어져야 한다.

마지막으로 민주주의는 지역공동체의 형성 원리이자 운영 원리로서 지켜야 하는 가치라는 것을 강조하고 싶다. 민주주의는 공동의 이익을 얻을 수 있도록 게임의 규칙을 정하는 것으로 시민들이 서로 힘을 합쳐 무언가를 달성하기 위한 시스템이다. 1987년 이후 개인의 권리의식은 커진 반면, 이에 비추어 공동의 이익을 추구하는 시민으로서의 능력은 발전하고 있지 못하다. 대부분 일방적으로 자기주장을 하는 경우가 많다. 상대방의 주장과 충돌이 일어났을 때, 서로의 주장을 이해하면서 조정하기보다는 평행선을 달리며 충돌이 지속되거나 오히려 확대된다. 고소고발도 늘어나고 심지어 물리적인 충돌도 일어난다. 민주주의를 발전시키기 위해서는 자기의 주장을 명확히 하는 능력, 상대방의 주장을 이해하는 능력, 그리고 서로 양보를 통해 갈등을 조정하고 협상할 수 있는 능력을 키워야 한다.

민주주의의 궁극적인 목표는 더 많은 국민에게 더 좋은 삶의 질을 제공하는 것이다. 지역의 문제를 구체적으로 푸는 민주·진보세력을 국민들은 기대하고 있다. 그래서 지역이야말로 민주진보세력이 자신의 과제를 구체화하는 학교이자 실력을 키우는 터전이다.

이미 변화는 시작되었다

성북구는 2010년 말 행정기구를 개편하고 2011년 예산을 확정함으로써 이미 새로운 변화를 시작하고 있다. 취임하자마자 행정국에 속해 있던 교육지원과를 부구청장 직속의 교육지원담당관으로 격상시키고, 2010년 말 행정기구를 새로운 구정기조에 맞는 조직으로 전면 개편했다. 도시재생과, 일자리정책과, 지역경제과를 신설하고 도시재생팀, 사회적 기업육성팀, 도서관지원팀, 참여소통팀을 구성함으로써 공약을 이행할 수 있는 조직적 기반을 마련했다. 또한 통계팀을 만들어 통계와 지표에 의한 현실적인 행정을 펼칠 수 있도록 현업 부서들의 정책 기획을 지원하고 있다.

성북구는 행사성 경비, 행정 경비 등을 26% 줄여 새로운 사업을 위한 예산을 확보했다. 이렇게 확보된 예산을 2011년 4대 중점 사업인 지역공동체의 복원과 도시재생, 성북형 교육·복지사업, 일자리 창출과 지역경제 활성화, 건강도시 프로젝트에 우선 배분했다. 첫째, 총예산의 40.2%인 1,303억 원을 사회복지사업에 배정하여 전년 대비 12% 증액했다. 둘째, 교육예산은 44% 증액된 87억 원을 편성하여 친환경 무상급식을 확대하고, 교육환경을 개선하며 자기주도학습지원센터를 운영할 예정이다. 셋째, 공공보건 분야에 24% 증가한 88억 원을 투입할 계획이다. 이를 통해 동선동 보건지소를 설치하고 만 3세 이하 유아에 대한 무료예방접종을 실시할 뿐 아니라 복지관 한방 클리닉을 운영함으로써 지역주민의 건강을 향상시키기 위한 의료서비스를 확대할 계획이다. 이 외에도 작은 도서관 건립 등 문화사업 분야에 95% 증액한 44억 원, 일자리 창출과 사회적 기업 등 중소기업 지원 분야에 21억 원, 공동체 복원과 도시재생을 위한 예산에 7.8억 원을 배정했다.

2010년 말까지 조직 개편과 예산 편성이 마무리됨으로써 2011년은 생활구정의 다양한 정책들이 본격적으로 실현되는 첫해가 될 것이다. 생활구정의 다양한 정책들이 제대로 실현됨으로써 성북구 구민들의 삶이 조금이라도 개선되기를 진심으로 바란다.

제20장

더 좋은 도시, 더 행복한 시민을 위한 기초자치단체장의 과제

김수현 | 세종대 도시부동산대학원 교수

1. 한국의 도시화와 공간변화

압축성장과 개발중독증

우리나라 인구의 90%는 도시에서 살아간다. 1960년의 우리나라 도시화율이 40%에 못 미치는 수준이었으니 가히 천지개벽이라고 할 만한 변화를 겪었다. 이렇게 도시로, 특히 서울·수도권으로 인구가 몰려들면서 우리 도시는 언제나 확장 중이고 또 언제나 공사 중인 모습으로 각인되어 있다. 서울을 예로 들면, 600년간 사대문 안을 크게 벗어나지 못했던 권역이 1960년대 이후 동서남북으로 확장되어 갔다. 특히 1970년 무렵부터는 판자촌들이 대대적으로 외곽으로 배치되고, 당시 채소밭으로밖에 쓰이지 않던 강남 일대는 택지로 개발되기 시작한다. 그러다 더 이상 빈 땅을 찾기 어렵게 된 1980년대부터는 종전 판자촌들이 아파트로 바뀌고, 다시 1990년대에는 종전 단독주택들이 다세대·다가구 주택으로 고밀화되는 과정을 겪는다. 그러다 2000년대가 되면 1970~1980년대 지어진 아파트 단지들은 재건축사업으로, 다세대·다가구 지역들은 뉴타운·재개발사업으로 변신 압력을 받게 된다. 이렇게 서울은 10년 단위로 개발대상지와 개발

방법을 바꿔가며 해마다 부수고 짓기를 반복해 왔다.

같은 기간 동안 서울과 인접한 수도권도 놀랍게 변하기는 마찬가지였다. 서울의 판자촌 재개발이 본격화된 1980년대부터 날림주택들이 마구잡이로 들어선다. 이와 함께 1990년부터는 이른바 5대 신도시가 추진되는데, 불과 5년 만에 당시 서울인구의 10%를 수용할 만한 크기의 도시를 만드는 개발사업이었다. 이후 서울인구는 정체된 반면 수도권이 늘어나는 추세는 지금까지 이어지는 중이다. 당연히 수도권은 지금도 공사 중이다.

서울과 수도권이 이런 개발시대를 겪는 동안 지방도시들은 심각한 인구감소와 쇠퇴를 겪었다. 전라북도를 예로 들어 보자. 1960년에 전북 인구가 전국 인구에서 차지한 비중은 9.6%로 놀랍게도 서울과 비슷한 규모였던 데 비해 2005년에는 3.8%로 줄어든다. 반면 도청소재지인 전주 인구는 1960년 전북 인구의 7.8%에 그쳤지만 2005년에는 34.9%로 늘어난다. 지방 전체가 줄어들었을 뿐 아니라 남은 인구들조차 지역 내 대도시로 집중되는 현상이 심화된 것이다. 한때 인구 15만 명에 이르렀던 전주시 인근의 부안군은 이제 인구가 6만 명 정도로 줄어들 만큼 쇠락을 경험하는 중이다. 하지만 이런 축소와 쇠퇴를 보상받기라도 하려는 것처럼 이 지역들에서도 개발사업은 끊이지 않았다. 균형발전을 이유로, 또는 지역의 자생력을 키운다는 이유로 쏟아 부은 돈만 수십조 원에 이른다. 대부분 갯벌을 매립하고(새만금사업), 도로를 건설하거나 무슨 무슨 회관을 건립하는 등의 토건(토목건축)사업이었다.

이렇게 우리나라에서 경제개발이 본격화된 1960년대 이후 50년의 역사는 도시화의 역사였으며 또한 개발의 역사였다. 심지어 쇠퇴지역에서도 개발은 계속되었다. 이는 세계에 유례없는 압축 경제성장만큼이나 압축적인 개발의 역사이기도 했다. 당연히 이런 식의 급속개발에는 수반되는 정신적 현상이 있다. 일종의 개발중독증이라고 할 만한 증상인데, 개발사업이 둔화되면 뭔가 경제가 안 돌아가는 것 같고 정치도 엉망인 것처럼 느끼는 현상이다. 그만큼 정치인들은 다리나 도로, 높은 건물 짓기에 몰두했고, 주민들 역시 이런 현상을 발전으로 받아들였다. '토건사회'라는 별칭이 따라다녔을 뿐 아니라 토건사업이 지역정치를 압도했고, 만연한 부동산 투기와 난개발은 부동산 불패라는 신화를 낳았다.

도시의 변신과 공간적응

그러나 지난 50년의 개발중독증에는 누구를 비난하기 어려운 측면이 있다. 경제가 압축성장하는 과정에서 그만한 공간적 토대 역시 필요했기 때문이다. 자본과 기술이 부족한 상태에서 경제성장을 위해서는 우리 특유의 경쟁력, 즉 저렴한 노동력이 충분히 공급되어야 했다. 서울과 공업도시로 몰려든 농촌인구야말로 우리 경제성장의 원동력이었던 셈이다. 이들을 위해 서울에서만 30년간 매일 200채의 집이 추가로 필요했다. 또한 집뿐만 아니라, 주거단지 형성에 필요한 길, 상수도, 하수도도 따라야 했다. 나아가 종전 농업사회에 적합하도록 구성된 국토공간도 새로운 산업과 도시적 용도에 맞춰 고치지 않을 수 없었다. 산업생산에 소요되는 물동량을 위해서는 도로, 철도 등 근대적 물류 체계도 필요했다. 일제가 구축해 놓은 산업기반으로는 새로운 압축성장 과정을 뒷받침할 수 없었기 때문이다.

이처럼 인간의 활동변화에 따라 공간도 변해야 한다. 예를 들어, 처음 서울이 형성될 때는 자동차는커녕 마차도 생각할 수 없던 시대였다. 이후 일제 강점기 도시계획 기법이었던 토지구획정리사업 역시 이 정도의 자동차 문화를 예견하지 못했다. 반면 지금은 가구당 1대 이상의 자동차가 필요한 시대로 변했다. 기존 공간과 인간의 라이프스타일 변화가 충돌을 일으키는 것은 당연하다. 그러나 공간은 인간활동 변화에 따라 즉각적으로 바뀔 수 있는 것이 아니다. 내 집단 주차공간을 만든다고 될 문제가 아니라 골목도, 동네도 변해야 하기 때문이다. 결국 장기간의 마찰을 겪은 후에, 정부의 개입을 통해 공간이 집단적으로 변하는 과정, 즉 개발이나 재개발을 겪어야 하는 것이다.

마찬가지로 1970년대 서울 산업을 이끌었던 제조업 밀집지역은 2000년대 들어와 생산성이 떨어지는 거추장스러운 공간으로 변하고 말았다. 서울에서는 더 이상 굴뚝형 산업이 환영받지 못하게 된 것이다. 워낙 비싼 땅값에다 높은 인건비로 과거의 생산성을 유지할 수 없게 된 셈이다. 우리나라 근대화의 상징이었던 구로공단에서는 하나둘 공장이 빠져나가고, 어느새 이름도 디지털단지로 바뀌었다. 이 역시 산업활동의 변화가 나타난 뒤 한동안의 불협화음을 거친 다음 변하는 중이다.

이처럼 도시공간은 인간의 경제활동 변화와 조응하기도 하고, 마찰을 일으키기도 한다. 그 변화가 서로 맞물릴 경우 도시는 발전하는 반면, 마찰을 일으킬 때 정체되며 더 심한 상태로 방치되면 버려지기도 한다. 따라서 도시는 인간활동 변화에 따라 끊임없이 변화될 운명에 놓여 있다. 환부를 도려내고 새로운 장기를 이식하는 식의 서양의학 방법이든 체력과 기를 보충해 스스로 일어서게 하는 동양의학 방법이든 도시는 제때 치료하지 않으면 쇠퇴를 겪을 수밖에 없는 것이다.[1] 이 변화가 용이하고 신속한 곳은 발전한 곳이기도 하고 집값, 땅값이 오른 곳이기도 하다. 대개 개발시점에 빈 땅이었던 곳들이다. 반면 새로운 인간활동에 부적합한 공간은 상대적인 침체를 겪을 수밖에 없었다. 그런 점에서 그동안의 공간개발과 도시확장은 나름대로 이유 있는 변화이기도 했다.

2. 한국 도시의 조건 변화

2000년대는 부동산 거품시대

지난 50년간 수도권 대도시는 성장을 멈출 줄 몰랐다. 인구의 반 가까이 수도권에 밀집하게 되면서, 서울·인천 외에도 100만 인구를 자랑하는 도시들만 수원, 부천, 성남, 안양, 고양 등 5개에 이를 정도가 되었다. 이 과정에서 도시는 끊임없이 개발되었고 또 이를 통해 변신했다. 인구증가, 산업집중, 경제성장과 구매력 향상에 따라 기존 도시공간은 잠시도 쉬지 않고 개발과 재개발 과정을 겪어왔던 것이다.

이들 변화의 정점은 2000년대였다. 2001년부터 부동산 가격이 급등하기 시작하는 가운데 수도권 전역이 개발 열풍에 휩싸였다. 수도권에서만 100층 이상 건물 6개가 추진될 정도였다. 서울 강남권에서는 지은 지 20~30년밖에 안 된

1) 김수현, 『주택정책의 원칙과 쟁점』(도서출판 한울, 2008), 118쪽.

아파트들을 초고층 아파트로 바꾸는 재건축사업이 대대적으로 일어났다. 2000년부터 10년간 수도권에는 모두 2억 2,600만m^2(여의도의 약 27배)의 신규택지가 개발되었다. 또한 서울 시가지 면적의 7.5%에 해당하는 곳이 뉴타운 구역으로 지정되었다. 서울 인구로는 15%가 영향을 받을 만한 면적이다. 청계천 복원사업의 정치적 효과에 영향을 받은 지자체들은 불과 수년 전 복개한 하천을 다시 뜯어내기 시작했다. 서울 전역에 '르네상스' 바람이 분 것도 이때다. 인천에서는 송도개발 조감도가 히트를 쳤고, 구시가지 재개발 차원에서 수조 원을 투입하는 '루원시티'가 추진되었다.

이런 개발사업이 어느 정도 영향력을 가진 것인지는 지자체 재정과 비교하면 실감이 날 것이다. 서울시를 예로 들면, 시 재정은 20조 원 남짓이지만 매년 민간의 주택지나 상업지 개발을 통해서 발생하는 개발이익은 수십조 원에 달했다. 정부가 돈을 들여서 도시를 바꾸는 것보다 개발사업을 부추겨서 바꾸는 방법이 더 광범하고 격렬했던 것이다. 지방자치단체가 가진 도시계획 권한을 활용해서 시장의 투기적 공급을 부추긴 셈이기도 하다.

이런 투기적 개발사업은 우리만 그런 것이 아니었다. 가장 극적인 사례가 두바이였고 미국, 아일랜드, 영국, 스페인, 포르투갈 등 대다수 선진국에서 개발바람이 불었다. 집값은 천정부지로 뛰었고, 여러 거대 프로젝트들이 시도되기도 했다. 이 기간에 일각에서는 거품 우려를 제기하기도 했지만, 일반적인 여론은 '신경제'의 성과로 보았다. 심지어 우리 언론들은 아일랜드나 두바이야말로 우리가 따라야 할 성공모델이라며, 그렇게 하지 못한다고 정부를 질책하기까지 했다. 전 세계가 거품에 도취된 10년이었다. 자산가격이 오르면서 덩달아 소비가 늘어났고 체감경기도 사상 최고 수준이었다. 그러나 거품은 거품일 뿐이다. 바람에 날아가 버리는 포말처럼, 2007년부터 시작된 서브프라임 모기지 사태를 계기로 돈이 돈을 벌어들이는 방식(부동산의 증권화)이 붕괴해 버린 것이다. 두바이는 그동안 올랐던 만큼 떨어졌고, 미국, 아일랜드 등도 7~8년 전 가격으로 돌아가 버렸다.

경기순환인가 저성장인가

우리나라도 2007년부터 잔치는 끝나기 시작한다. 부동산 가격이 정체·하락하기 시작한 것은 물론이고 대규모 개발사업들이 줄줄이 멈추거나 오도 가도 못하게 된 것이다. 무엇보다 용산개발 프로젝트가 사실상 중단되었고, 인천의 송도개발, 구시가지 재생 프로젝트들도 사업진행에 큰 어려움을 겪게 된다. 수도권의 대규모 택지개발사업들은 미분양에다 낮은 입주율과 심각한 가격하락을 겪고 있다. 무엇보다 금방이라도 떼돈을 벌 것 같던 뉴타운사업이 좌초하게 되었다. 뉴타운 선거로 불렸던 2008년 총선은 그야말로 거품의 마지막 단계와 같은 일이었다. 힘 있는 여당이 뉴타운사업을 잘할 것이라는 식으로 바람을 일으켰지만, 불과 3년 뒤인 2011년 4월에 김황식 국무총리는 국회답변에서 뉴타운사업이 사실상 실패했다고 자인하기에 이른다. 전체 뉴타운사업 구역의 1/3은 아예 사업진행조차 못 하고 있으며 공사에 들어간 곳도 10%도 되지 않는다. 대부분 지역에서 주민 간, 또는 주민과 지자체 간에 소송이 벌어짐으로써 그야말로 멀쩡하던 동네가 풍비박산이 난 꼴이다.

이런 사태들은 그저 부동산 경기가 급락했기 때문일까? 2008년 본격화된 세계 경제 침체만 아니었다면 지금도 성공한 모델이 될 수 있었던 일인가?

2008년 이후 우리 부동산 거품을 둘러싼 논쟁이 일어난 바 있다. 이미 인구가 정점에 도달했고 산업생산이 축소되는 국면이기 때문에, 그동안 쌓인 거품이 급락할 것이라는 이른바 '대폭락론'이 한 축이다. 또 다른 축은 아직 가구증가가 계속되고 있고 경제 역시 성장하고 있기 때문에 거품붕괴는 없을 것이며, 그저 경기순환의 일부일 뿐이라는 주장이었다. 부동산 가격만 놓고 보면 어떤 주장이 맞을지 불명확하다. 그러나 분명한 것은 지난 10년간 우리가 경험한 것은 '과잉'이었다. 다행히 다른 나라들처럼 거품붕괴는 피했지만 그렇다고 정상적인 상황은 결코 아니었다. 또한 분명한 것은 이제 과거와 같이 거품에 가까운 부동산 경기상승은 나타나기 어렵고, 또한 거품에 의존한 도시변화도 기대할 수는 없다는 점이다.

이와 함께 인구, 산업 및 고용구조 변화 추세는 이미 저성장 시대의 징후를 보여주고 있다. 급격한 저출산·고령화 추세는 다시 설명할 필요가 없을 정도이다. 산업 측면에서도 전통적 제조업의 경쟁력 상실과 해외이전, 수출기업과 내수기업의 양극화 현상 등으로 인해 청년실업이 만성화되고 노동시장에서 조기 퇴출된 중고령층이 늘어나고 있다. 이런 현상은 최근의 부동산 경기침체와 상관없이 이미 15년 이상 지속되는 경향이다. 실제로 성장률 자체도 현격히 낮아졌을 뿐 아니라, 성장의 성격이 편중 성장, 양극화 성장이라는 특징을 보이고 있다. 전형적인 저성장 경제의 모습이 나타나고 있는 것이다. 따라서 지금은 인구, 산업적으로 이미 저성장 단계에 진입했으며, 도시개발이라는 측면에서는 거품시대를 넘어선 단계라고 할 수 있다.

도시정책에 대한 저성장의 영향

저성장이 도시에 미치는 영향 중에서 가장 먼저 주목할 일은 과거와 같은 방식의 도시변화가 불가능하다는 것이다. 우리는 그동안 도로, 공원, 심지어 공공임대주택도 민간 도시개발 과정에서 무임승차식으로 확보해 왔기 때문에, 저성장 단계에서는 이들 공공인프라 확충도 지체될 수밖에 없다. 또한 그동안의 개발사업이 지방재정에도 큰 도움이 되었기 때문에, 재정문제도 심각한 양상으로 나타날 수 있다. 실제 2010년도 서울시 예산은 외환위기 이후 처음으로 전년도보다 줄어들었다. 주요 재원이던 부동산 취득세 수입이 급감했기 때문이다. 반면 저성장 시대에는 더 많은 재정지출을 필요로 한다. 대표적으로 빈곤대책과 고령화에 따른 사회보장 대책이 그렇다. 또한 생산기반은 저성장 추세에 들어갔더라도 삶의 질에 대한 기대는 계속 높아지고 있기 때문에 이 역시 재정소요가 많다. 이는 곧 2010년 6·2 지방선거에서 더 많은 복지와 더 높은 삶의 질을 약속했던 개혁적 단체장들로서는 심각한 장애요건이 아닐 수 없다.

이와 함께 저성장 시대는 도시 양극화를 더 심화시키는 경향이 있다. 저성장이 곧 성장의 중지를 뜻하는 것은 아니기 때문에 그나마 작은 성장들이 몇 군데로 집중되는 경향이 있는 것이다. 사회적 양극화와 함께 공간적 양극화도 더 심화되는 셈이다. 한때 서울시민들이 뉴타운사업에 열광했던 이유가 강북도 강남처럼 될 수 있다는 기대 때문이었다. 그러나 뉴타운사업의 실패와 함께 강남 따라 하기는커녕 그 격차가 더 커질 수밖에 없다는 것을 확인하게 되었다.

물론 이런 저성장 국면이 반드시 도시정책에 우울한 미래만 가져다주는 것은 아니다. 오히려 거품의존형 개발이 아니라 내실 있는 성장과 휴먼스케일 개발의 가능성을 열어줄 수도 있기 때문이다. 실제 저성장은 사회경제적·공간적으로 위기(후퇴, 쇠퇴, 쇠락)이면서 동시에 기회(대안적 발전)이기도 하다. 그래서 대안성장의 도시에선 개발수요의 감소를 도시의 질적 관리를 강화하는 계기로 삼고, 성장 속도가 느려지면서 발생한 여유 공간(예: 토지)과 자원을 활용해 성장기 도시에서 결여되었던 도시의 문화, 환경, 복지 중심의 도시를 활성화시킬 수도 있다. 또한 부동산 가격 하락을 계기로 서민 주거 안정을 도모하고 커뮤니티 재생 방식으로 도심을 재정비하며 사회적 기업 등의 육성을 통해 사회경제 부문(예: 커뮤니티비즈니스, 사회서비스 등)을 육성시킬 여지도 열린다. 이와 함께 토건적 개발정치가 점차 민주적 문화정치로 바뀌면서 도시 민주주의도 크게 확장할 수 있다(조명래, 이 책 서장).

결국 거품을 기대한 개발의존형 도시정책이 아니라 저성장을 수용한 새로운 도시정책을 어떻게 실현할 것인가가 핵심적인 과제이다. 저성장 국면에서 '더 좋은 도시, 더 행복한 시민'은 무엇을 뜻하며, 또한 어떻게 이룰 수 있는 것일까?

3. 우리가 꿈꾸는 도시

급속성장과 날림개발 시대를 살아오면서 우리는 살 만한 도시, 더 좋은 도시를 꿈꿔왔다. 50여 년 전 도시화가 막 시작될 무렵에는 그저 먹고살 수만 있다면 도시의 외관이나 편리성은 문제가 되지 않았다. 심지어 주택도 문제가 아니었다. 1960년대에는 무려 40%가 판자촌에서 살아갈 정도였다. 그러나 밥 먹는 문제가 해결되면서 도시는 혼잡하고 불편하며 불만스런 공간으로 인식되었다. 주택, 도로, 대중교통, 상하수도, 쓰레기 처리 등 기초인프라 자체가 부족한 상황이었기 때문이다. 서울이 그나마 현대도시의 면모를 갖춘 것은 대체로 88올림픽이 열린 1980년대 후반의 일이었다. 대표적으로 화장실이 근대화되었고 아파트 거주가 일상화되었다. 1980년대의 실질 구매력 향상, 민주화 성취 등이 우리 도시에도 정치적 자유와 경제적 풍요를 함께 가져다준 것이다. 1990년 이후 서울에 대한 인구압력이 둔화되자 과거 날림개발된 도시를 정상화시키는 일이 현안으로 등장했다. '1,000만 그루 나무 심기'가 시작된 것은 이때 일이다. 또한 이제 거리노점상을 마냥 온정적인 시선으로만 보지 않게 되고, 보행권, 조망권이 실체를 가진 권리로 우리 곁에 다가오게 된다.

이후 2000년대 들면 서울을 비롯한 대도시들에는 고층화 바람이 불어닥친다. 종전 63빌딩이나 타워팰리스 정도가 고층건물의 대명사였다면, 이 시기에 30층 이상 아파트만 26만 가구로 늘어난다. 스카이라인이 달라진 것은 물론이고 건축물의 수준도 첨단디자인과 기능으로 무장하게 된다. 또한 시가지 내 주요 시설 이전지가 과감히 공원으로 전환되기도 한다. 용산가족공원이나 난지도 생태공원, 뚝섬 서울숲, 북서울 꿈의 숲 등은 과거라면 상상할 수 없었던 과감한 투자이다. 워낙 날림도시에 지쳐 있었던 시민들로서는 2000년대의 도시변신은 근대화이자 글로벌 스탠더드로 다가가는 과정이었다. 물론 당시의 전 세계적인 부동산 거품이 이런 도시변신을 가속화시킨 것도 분명하다. 이런 과정에서 우리가 꿈꾼 도시는 모두 강남 따라 하기였다. 거대한 쇼핑몰, 자동차로 1주일 치 장을 볼 수 있는 대형 양판점, 수준 높은 학교와 보습학원. 이와 함께 좋은 일자리, 깔끔한 일자리도 좋은 도시의 꿈이었다. 그러나 모두 이런 도시가 될 수는 없다. 또한 외관만 멋있는 도시가 전부는 아니다.

좋은 도시란 도로, 주택, 공공시설과 같은 물리적 인프라와 함께 일자리, 보건의료, 사회서비스 등을 갖추고 있어야 한다. 개발도상국 도시들은 말할 것도 없고 선진국 도시에서도 이들 요소가 다 구비된 것은 아니다. 설령 평균적으로는 충분할지 몰라도 어떤 계층에게는 과잉이어도 다른 계층에게는 결핍인 경우가 허다하다. 하지만 이런 것들이 충분히 갖추어졌다고 해서 좋은 도시가 완성되는 것은 아니다. 정준호(이 책 제1부 제1장)는 좋은 도시가 되기 위해서는 도시 구성원들을 배제하지 않고 모두가 이러한 영역에서 자기의 권리를 행사하고 의무를 수행하는 참여의 거버넌스가 필요하다고 주장한다. 나아가 좋은 도시를 만들기 위해서는 하드웨어적인 인프라의 건설 대신에, 다양성과 차이를 담보할 수 있는 소프트웨어적인 요소가 중요하다는 점을 강조한다.

실제 2010년 6·2 지방선거 공약을 분석, 평가한 박배균(이 책 제1부 제3장)은 개혁적 도시정책을 위해서는 보편적인 정의와 평등의 가치에 부합되는 이슈를 정책적 의제로 만들고 풀뿌리 민주주의를 활성화할 수 있는 다양한 정책 수단들을 강구해야 된다고 보았다. 또한 다양한 도시정책 패러다임을 검토한 김용창(이 책 제1부 제2장)은 좋은 도시를 '성장편익을 공유'하는 도시로 보고 있다. 그는 이 차원에서 더 활력이 있으면서 더 평등주의적인 도시(egalitarian city)를 비전으로 보여준다.

이들의 강조점을 저성장 국면의 도시정책을 고려한 더욱 평이한 키워드의 조합으로 정리하면 '탈개발, 탈산업, 네트워크, 공동체, 생활인이 중심이 되는 도시'이다. 그리고 이는 곧 저성장이 한계이자 장애가 되는 것이 아니라, '저성장이 안정화되는 도시'의 모습이다. 말하자면, 거품 성장의 흔적을 지우면서 질적 성장이 이루어지는 도시의 모습으로 거듭나야 하는 것이다(조명래, 이 책 서장).

4. 더 좋은 도시, 더 행복한 시민을 위한 과제

이제 앞에서 살펴본 저성장이라는 상황변화를 받아들이면서도, 우리 도시가 지향해야 할 가치를 실현시킬 방법을 생각해 보자. 간단치 않은 문제들이 도처에 널려 있을 것이다. 때로 너무나 구조적인 장벽이 놓여 있을 것이며, 지방자치제도나 재정구조도 큰 제약요건이 될 것이다. 그러나 이 책의 여러 글은 희망과 비전을 이야기하고 있다. 다만 실천이 중요한데, 여기서는 기초자치단체장이 지켜야 할 원칙과 과제를 생각해 보았다. 이 책을 종합하는 결론이기도 하다.

도시를 공부하자, 학습동아리가 필요하다

도시에서 살아가는 우리가 도시를 모를 리 없다. 특히 구석구석 골목을 누비는 지방자치단체장들이나 정치인들은 그 도시의 과거, 현재, 미래를 몸으로 느끼기까지 하고 있다. 너무 잘 아는 셈이다. 그러나 우리는 과연 제대로 알고 있는 것일까? 촘스키식 표현으로 하자면, 지금 우리가 진실이라고 믿고 있는 것들이 정말 그러할까?

우리가 도시를 이해하는 방식에는 지배적 관념이나 주류적 인식이 영향을 끼치기 마련이다. 대표적으로 '공급부족론'을 예로 들 수 있다 2000년대 중반 이른바 주류 언론들은 당시의 부동산 가격 상승이 공급부족 때문이라며, 고층건물 신축과 더 많은 택지개발을 부추긴 바 있다. 두바이의 초고층 건물을 혁신의 상징처럼 포장하고 이를 우리 정부에도 강요하기도 했다. 일부에서는 이것이 전체 광고에서 부동산 광고가 30%씩 차지했기 때문이라고 폄하하기도 했지만, 그보다는 이들 논조에는 '시장이 모든 것을 결정하고 시장의 요구에 순응하는 것이 올바르다'는 신념체계가 자리 잡고 있다.

이런 식의 생각들이 현실 이해관계와 결합할 경우 강력한 정치적 요구로 결집되곤 한다. 지금은 실패한 모델이라고 누구나 얘기하는 뉴타운사업이지만 당초에는 이를 추진한 이명박 시장과 한나라당뿐 아니라 야당들도 거역할 수 없었던 정치적 압력이었다. 선거에서는 서로 자신이 개발을 잘할 수 있다고 경쟁하기도 했다. 또한 대형쇼핑몰, 화려한 공연시설, 모던한 디자인의 가로(街路) 등이 누구나 인정하는 바람직한 도시모델이었고 도시의 경쟁력도 그런 데서 나온다고 믿었다. 해외여행이나 견학이 손쉬워지면서, 우리가 선진국 도시의 외관으로 보았던 모습들이기도 하다.

물론 이런 식의 지배적 도시상에 대한 반성과 대안모델도 있다. 주민참여, 마을만들기, 골목길의 재발견, 생활공간의 중요성, 커뮤니티 산업, 대중교통의 부활 등이 그런 논의들이다. 그러나 이들 대안논의에도 일종의 유행과 지배적 담론이 있다는 것은 아이러니다. 때로 진보적 도시정책 전문가들은 한국 도시보다는 외국 도시에 더 정통하기도 하고, 그 경험을 이상적이라고 강조한다. 그러나 대안모형과 현실 사이의 간극이 너무 크다. 압축성장, 압축개발, 개발중독증이 체화되어 있는 우리나라에서 곧바로 유럽 중소도시의 성공 사례를 적용할 수는 없기 때문이다.

누차 듣는 얘기지만 우리식 대안모델이 필요하다. 보수적 지배담론은 물론이고 진보적 지배담론 역시 다시 한 번 의심하고, 이를 내 지역에 내 방식으로 적용할 수 있는 방법을 찾아야 하는 것이다. 이는 시장의 지배력으로부터 공공성의 가치를 지키려는 노력 못지않게, 낯선 외국의 성공사례를 우리에게 적합한 모델로 바꾸는 일도 포함된다. 우리의 현실과 상황을 정확히 이해하는 가운데, 지켜야 할 가치와 참고할 만한 성공사례를 종합하는 끈기있는 작업이 필요하다.

방법은 현장과 전문가가 함께 참여하는 다양한 학습동아리가 기본이다. 단체장, 지역정치인, 전문가, 공무원, 시민들이 함께 학습동아리를 만들고, 주제별로 다루어가는 방식이다. 시민들을 대상으로 한 도시아카데미 프로그램도 효과가 있을 것이다. 특히 주민들이 자신의 전 재산이 걸린 재개발이나 뉴타운사업도 건설업체들로부터 정보를 얻는다는 것을 생각하면, 보다 객관적이고 공정하며 다양한 사례를 검토할 수 있는 학습이야말로 중요하다. 이처럼 도시학습은 전문가들의 전유물이 아니라 시민들과 도시정치가들이 함께 참여하는 방식이어야 한다. 도시의 미래를 함께 설계할 때만 좋은 도시, 행복한 시민을 위한 공통의 출발선을 만들 수 있는 것이다.

생활공간 복원과 '10분 동네' 만들기

2002년 지방선거에서 이명박 서울시장 후보가 청계천 복원을 들고 나왔을 때 전문가들도 주저했다. 도심을 가로지르는 왕복 4차선 도로를 없애는 일이 간단할 리 없었던 것이다. 그러나 당시 서울은 이미 달라진 시민의 요구를 받고 있었다. 날림개발을 되돌리고, 달라진 사회·경제 환경을 반영해서 서울을 정상화하라는 것이었다. 이명박 후보는 이런 시대적 요구를 잘 읽어냈다.

오세훈 시장 역시 전임 시장을 능가하는 업적을 내기 위해 동분서주하는 중이다. 광화문 광장 설치, 동대문 운동장 철거, 남산 복원, 고가도로 철거, 세운상가 철거, 걷고 싶은 거리 만들기 등 과거 날림개발을 되돌리려는 사업들이 줄을 잇고 있다. 한강 르네상스라는 이름으로 한강 변 공간이용을 극대화하겠다는 야심찬 계획도 진행 중이다. 그러나 이들 사업이 진정 서울의 정상화 요구를 반영하고 있을까? 그동안 이들이 조경사업이자 치장에 불과하다는 비판은 많았다. 그러나 이들 사업이 갖는 본질적인 문제는 특정지역에 편중되어 대규모로 추진된다는 점이다. 광화문 광장에 다녀간 사람이 몇 명이라는 게 자랑거리일까? 특히 사대문 안에 거창한 조형물들을 만들어 치장한 다음 손님을 끌어들이려는 데서 구시대의 냄새가 난다. 아직도 도심의 권위적 공간이 시민들을 감동하게 할 것으로 기대하고 있는 것이다.

반면 서울의 많은 주거지역이 공원, 놀이터는 물론이고 주차할 공간도 없는 삭막한 공간으로 방치되고 있다. 뉴타운사업을 해서 아파트로 바꾸기만 하던 이런 문제가 일거에 해결될 거라고 믿은 사람들이 있기는 했지만, 그것도 대개 사기극이거나 실패작이었다는 게 밝혀졌다. 일부 지역의 과잉치장과 세계적인 메가 프로젝트들의 추진과 대비되는 생활공간의 피폐 문제인 것이다. 광화문에서 묘기스키대회를 여는 이면에는 겨울철 철거민의 애환이 있고, 동네에서는 마땅히 놀거리, 쉴거리가 없는 시민들의 불만이 감춰져 있다.

이제 생활공간의 복원과 정상화가 과제이다. 안심하고 걸을 수 있는 골목길, 문밖에만 나서면 있는 놀이터, 10분만 나가면 만나는 동네 올레길, 조금 걷더라도 편안히 차를 댈 수 있는 주차공간. 도시정책의 무게 중심을 생활공간의 회복과 정비로 옮겨야 하는 것이다. 특히 도시의 모습을 일거에 바꾸는 메가 프로젝트에 큰 기대를 걸었던 2000년대 거품시대가 끝난 뒤, 더더욱 생활공간을 어떻게 바꿀 것인가가 현안으로 다가왔다. 하지만 문제는 과거 전면철거, 대형건물 신축 만능 모델이 한계에 봉착한 상황에서, 어떻게 생활공간을 효과적으로 정비하고 다듬을 것인가 하는 방법론이다. 더구나 시장에서 저절로 생활공간 정비가 일어날 것을 기대할 수도 없다. 기대는 높고 수단은 취약한 상황에서 어떻게 할 것인가?

생활공간을 살 만한 공간으로 정비하고, 걸어서 10분 거리에 꼭 필요한 생활서비스를 모두 충족시키기 위해서는 세 가지 원칙이 필요하다. 첫째는 길게 봐야 한다. 적어도 10년 혹은 20년을 내다보며 단계적으로 추진하되, 그 기간을 믿고 기다릴 수 있도록 확고한 로드맵이 있어야 한다. 뉴타운사업이 실패할 수밖에 없었던 이유 중의 하나는 불과 4~5년 만에 거대한 지역을 한 번에 개발하는 방식으로 추진했기 때문이다. 둘째는 10분 동네를 만드는 비용의 상당 부분을 정부 재정으로 충당해야 한다. 그만한 재정이 가능하겠는가 우려하겠지만, 서울을 예로 들면 이제 추가로 돈 들일 곳은 도시재생이자 생활세계의 복원이다. 지하철, 도로 등 기본 인프라에는 더 이상 거대자금을 넣지 않아도 되는 것이다. 마지막 세 번째는 골목길 주민들이 함께 계획을 세우고 추진하는 참여다. 주민이 대상화된 동네 가꾸기는 불가능하기 때문이다.

지방정부 최대의 책임은 주민의 복지다

최근 복지국가 논의가 가히 사회적 화두가 되었다. 유력 여야 정치인들은 너도나도 나름의 복지국가 목표와 이행경로를 제시하는 중이다. 그동안 경제성장을 이유로 지체시켰던 복지가 이제는 거꾸로 성장을 가로막고 있다는 인식이 확산된 셈이다. 복지가 '돈 먹는 하마'가 아니라, 한국 사회의 가장 유망한 발전전략으로 등장한 것이다. 이에 따라 다양한 차원의 복지정책 논의가 진행 중이다. 연금제도, 의료개혁, 보육·교육지원, 기초생활보장 확충 등이 논의되고 있다.

그러나 이들 논의에서 '지역은 없다'(유범상, 이 책 제2부 제5장). 이는 복지국가 논의가 거대담론, 체제형성 중심으로 진행되는 우리 상황과 관련이 있다. 지역에서 관심을 갖는 복지도 중앙정부가 결정하는 연금, 건강보험, 보육료, 기초생활보장 등 전국적인 정책에 집중되어 있다. 지역의 특성이나 지역차원의 전달방식, 지역의 주체형성은 뒷전이다. 이렇게 된 이유 중의 하나는 지역복지에 대해 지역 스스로 책임감을 느끼지 못하기 때문이다. 제도나 재정, 중앙정부의 지원부족을 탓하며 지역복지에 대한 책임성을 애써 피하고 있다. 지역사회에서 복지 사각지대를 예방하고 결식아동을 돌보는 일들은 역설적으로 관변단체들의 역할이 되고 있다. 새마을부녀회나 바르게살기협의회 등이 지역 민간사회안전망의 핵심으로 활동하고 있는 것이 사실이다. 반면 지역사회의 진보적 시민단체들의 활동은 권력감시, 주민교육과 같은 이른바 민주화 과제에 집중되어 있다. 결국 복지 논의에서 지역이 빠져 있다는 것은, 풀뿌리 민주주의와 복지를 별개로 보고 있다는 것도 의미한다.

그러나 기본적으로 지역의 사회복지는 지방정부가 주도하고 또한 책임져야 한다. 지방정부의 존재 이유는 일상생활에서 주민의 삶의 질을 보장하고 권리를 증진시키는 것이다. 이것은 중앙정부가 좀 더 거시적인 정책과 국방과 외교 등을 책임지는 것과 비견된다(유범상, 이 책 제2부 제2장). 따라서 지방정부는 복지의 사각지대를 없애고 지역의 특색을 살리는 복지를 실현하는 의무가 가장 우선이다. 이를 위해서는 복지전달체계를 지역특성에 맞게 혁신하는가 하면 다양한 지역자원을 동원해야 한다. 이 과정에서 주민의 민주적 참여와 다양한 지역정치 활동들이 복지와 생활의제를 중심으로 조직되어야 한다. 생활 진보, 복지 정치가 지역사회의 의제가 되어야 하는 것이다.

인권의 시선으로 지역을 다시 보자

주민들이 지방정부로부터 받는 각종 서비스는 권리인가, 아니면 시혜인가? 그동안 일상생활, 특히 복지와 생계유지에 있어 정부의 역할보다는 개인과 가족의 책임이 강조되었던 우리 사회에서 이는 대체로 시혜로 인식되어 왔다. 국민이 최저생활을 보호받는 것조차 권리로 수용된 것이 10년부에 안 될 정도이다. 장애인들이 쉽게 이동할 수 있도록 요구하는 것도 권리라기보다는 사정해서 얻어야 하는 시혜로 인식되어 왔다. 이는 그동안 워낙 복지인프라가 취약했던 탓도 있지만 기본적으로 국가는 통제하고 군림하는 역할로 오랫동안 각인되어 왔기 때문이다. 정당활동이나 집회·결사의 자유는 권리로 보장되었다지만, 생활에 대한 국가의 책무는 아직 권리로 인식되지 못하고 있는 셈이다. 이는 국가권력의 남용에서 벗어날 수 있는 자유권은 신장되었지만, 아직 국가권력에 요구할 수 있는 권리, 즉 사회권은 취약한 우리 현실을 반영하고 있다.

그러나 이제 지방정부의 시선을 일상생활에서 주민들의 인권을 보장하고 실현하는 데로 전환해야 한다(강현수, 이 책 제2부 제11장). 지금까지 인권의 보장 단위이자 보장 주체는 국가였다. 그러나 주거권, 보행권 등 주민 밀착형 권리는 국가보다는 주민과 더 밀착되어 있는 지방정부의 책무이다. 지방자치단체의 존재 이유가 지역주민들의 인권 및 권리 증진이라고 할 때, 주민들의 생활상의 절박한 요구들은 각자 스스로 해결해야 하는 개인적 사안이 아니라 주민으로서 당연히 누려야 할 권리인 것이다. 이는 또한 도시의 주요 의사결정에 대한 권리, 즉 도시 행정에 대한 참여권과, 도시가 제공하는 각종 혜택의 향유권, 즉 건강, 보건, 교육, 문화, 주거 등과 같이 도시에서 풍요로운 삶을 누리는 데 필요한 사회복지와 생활환경에 대한 권리로 연결된다.

따라서 지방정부는 지역사회의 인권증진을 책임지려는 태도가 필요하다. 지역 단위의 포괄적 인권수호자 역할을 담당해야 하며, 도시에서 주변인 취급을 받는 집단들을 사회적으로 포용함으로써 이들이 품위 있고 당당한 존재가 될 수 있도록 보장해야 한다. 외국인 이주자, 저소득 노동계층, 장애인 등 '보이지 않고, 감추고 싶은' 사람들이 거리에서 당당할 수 있을 때 그 지역사회는 더욱 건강하고 안전한 사회가 된다. 여기에는 인권조례 제정이나 인권 옴부즈맨 설치 등 미시적인 인권관련 제도도 필요하지만, 지방정부의 인권감수성이 얼마나 높은가가 중요하다.

이와 함께 지방정부는 주민참여를 조직해야 한다. 우리 지방행정에서 참여가 강조된 것은 어제오늘의 일이 아니지만, 주민참여는 여전히 겉돌고 있다. 제도로 보자면 공람, 의견청취에서부터 공청회 등이 있지만 실질적인 주민참여는 아직 보장되지 않고 있다. 평범한 일반 주민들의 참여 통로는 거의 없는 반면, 일반주민보다 월등한 영향력을 가진 '보이지 않는 지역권력'이 의사결정을 좌우하고 있다. 지역의 관변단체들뿐 아니라 진보적 시민단체 역시 과잉대표되고 있지만, 일반 주민들은 제 목소리를 내기 어려운 것이다. 특히 저소득층이나 사회적 취약 집단들의 목소리는 묻힐 수밖에 없고, 그 결과 이들은 도시 주민으로서 권리를 주장하기도 어렵다. 따라서 주민참여는 '조직되어야' 한다. 제도를 구비했다고 참여가 이뤄지는 것이 아니기에 단체장들이 나서서 조직해야 하는 것이다. 이는 그저 공청회 참석에 동원하는 방식이 아니라, 일상생활에서 지자체가 다양한 조직활동을 벌여야 한다는 것을 의미한다. 그것이 또 다른 관변단체를 만들라는 것은 결코 아니다. 인문학 강좌, 역사강좌, 도시아카데미, 학습모임, 작은 커뮤니티 활동, 대화모임 등이 사실은 주민참여 기반을 조직하는 방법이다. 민방위교육도 천편일률적인 정신교육이 아니라 지역사회를 이해하고 참여하는 방식으로 발전시킬 수 있다. 이와 함께 주민참여를 지역정치 동맹이라고 할 수 있는 거버넌스 차원으로 전환시키려는 비전도 필요하다.

문화게릴라를 조직하자

문화는 다중적, 다차원적 의미다. 문화가 발달한 도시란 현대적이고 교양 있는 도시를 뜻할 수도 있고, 좁게는 음악, 미술, 공연, 문학 등 즐기고 참여할 수 있는 문화활동이 활발한 도시를 뜻할 수도 있다. 어떻든 우리도 천박한 졸부 같은 도시가 아니라 점잖으면서도 역동적인 문화가 숨 쉬는 그런 도시를 꿈꾼다.

그동안 우리는 워낙 문화인프라가 취약했기에 최소한의 공연장, 전시관, 도서관이라도 확보하는 데 급급했고, 그러다 보니 거대시설, 상징시설 중심으로 시설이 들어섰다. 예술의 전당, 국립현대미술관, 세종문화회관이 그러했고, 각 지자체도 경쟁적으로 문화회관, 구민회관을 세우는 데 바빴다. 성남시나 고양시 같은 곳에는 세계적인 공연이 가능한 대규모 공연장이 들어서기도 했다. 그러나 이런 식의 대규모 문화시설 위주의 지역문화 정책은 여전히 그 중압감으로 인해 주민들을 소외시키는 문제가 남아 있다. 또한 문화 불모지라고 할 수 있는 서민 주거 지역에서는 공간확보도 어렵거니와 재원마련도 쉽지 않아 오히려 지역 간 격차는 더 확대되고 있다.

따라서 문화예술 운동가들은 이제 그런 식의 대형시설 위주가 아니라 기존 시설을 재활용하거나 기존의 생활공간에 문화가 파고들어 가는 방식을 제안하고 있다. 공간도 기존 공간을 활용할 것을 제안한다. 예를 들면 공장이전지나 용도가 폐기된 공공시설을 활용해서 공연장이나 전시관으로 활용하는 방법이다. 손경년(이 책 제2부 제12장)은 외국의 이런 사례들을 여러 군데 소개하고 있다. 또한 공간 외에도 활동을 스며들게 하는 것이 중요하다. 산동네나 서민들이 많이 사는 곳에 문화예술 게릴라를 파견할 필요가 있는 것이다. 문화게릴라들은 소규모 집단으로 활동무대를 수시로 옮겨 다니고, 형식도 공연, 전시, 거리 퍼포먼스, 마을 가꾸기 등 다양한 방법으로, 주제도 전통음악, 현대음악, 대중음악, 순수미술, 설치미술 등을 넘나들 수 있다. 예를 들면 방과후 학교, 동네 유치원, 경로당, 사람들이 많이 모이는 지하철역 어디든 활용 가능하다. 다만 동네마다 진지를 마련하는 것이 도움이 될 수 있는데, '작은 도서관'은 그런 역할에 제격이다.

도서관은 단순히 중간고사 공부나 책을 빌리러 오는 곳이 아니라 게임도 할 수 있고, 저녁이면 음악공부도 할 수 있으며 주말에는 작은 모임과 공연이 일어나는 장소가 되어야 한다. 도서관을 반드시 새로, 큼직한 건물로 지을 필요도 없다. 갈수록 여유공간이 늘어나는 도심지 학교 유휴공간을 이용할 수도 있고, 주민센터 이전지나 새로 짓는 주민센터의 한두 층을 이용하는 것도 가능하다. 그마저 없다면 골목길 안의 집 두 채를 터서 작은 도서관과 문화게릴라 거점으로 활용할 수 있다. 이처럼 이제는 문화시설을 생활세계 안으로 끌어들이려는 창의적인 시도가 필요하다. 대형공연장이나 시설들은 이들 작은 게릴라 거점에 대한 보급기지가 될 것이다. 예를 들면 세종문화회관과 서울시립교향악단은 지역에 문화게릴라를 파송하는 본부 역할을 맡아야 한다. 활발한 문화활동을 위해서는 대규모 랜드마크형 시설도 물론 필요하고 중요하다. 그러나 이제 우리의 문화활동 단계는 지역사회로 스며드는 것이 현안이다. 그를 위한 창의적이고 파격적인 방법들이 필요하다.

골목경제를 살리자

적어도 1997년 외환위기를 겪기 전까지 우리 사회는 경제적 좌절은 상상하지 못했다고 해도 과언이 아니다. 경제는 언제나 확장되는 중이었고 미래는 희망이 있었다. 빈곤문제도 시간이 지나면 저절로 해결될 것으로 보였다. 그러나 사실 1990년대 들면서 우리 경제는 이미 구조적 한계가 누적되고 있었다. 세계 분업구조상 우리 경제의 위치가 규정된 셈이다. 이것이 외환위기를 계기로 갑작스럽게 우리 앞에 등장했을 뿐이다. 산업구조 고도화와 함께 고용 없는 성장, 경제사회적 양극화가 일상화되는 단계로 들어선 것이다. 기업의 인력 구조조정이 일상화되고 이른바 비정규직이 고용의 반을 넘게 되었다. 또한 중고령 영세자영자의 팍팍한 삶이 문제로 등장했는데, 이는 재래시장이나 슈퍼마켓과 같은 골목경제가 해체되고 중심 상권이 압도하는 현상과 연동되어 있다. 'E마트'와 '로데오 거리' 방식이 새로운 도시적 소비패턴으로 자리잡게 된 것이다.

따라서 기초자치단체 입장에서는 어떻게든 지역에 일자리를 유인하고, 동시에 소비활동이 지역 안에서 이뤄질 수 있도록 하느냐가 현안으로 등장했다. 가능한 장소만 있다면 일자리 거점으로 키우고, 유망하다는 산업모델을 유치하려는 청사진을 내놓았다. 이른바 BT, CT, IT 등 'Technology'가 접미사로 붙는 산업들과 문화, 예술과 콘텐츠가 결합된 창조산업을 모두 자기 지역의 비전으로 제시한 것이다. 그러나 뚜렷한 산업 잠재력이 없는 후발주자들의 입지경쟁력이 높을 리 없다. 더구나 저성장 단계에서는 그나마 성장여력들도 기존 경쟁우위 공간으로 집중하는 경향이 있기에 더욱 성공하기 쉽지 않다. 서울에서도 강남 일극화 현상은 계속 심화되는 추세에 있다.

이런 상황에서 기초자치단체들이 일자리와 산업에서 할 수 있는 일은 무엇일까? 산업정책 내지 고용전략은 기본적으로 국가적인 차원 또는 광역적으로 추진되어야 하므로 기초단체들의 권능 범위를 넘어선다. 제시하고 요구할 수는 있지만 책임질 수는 없는 것이다. 대신 기초자치단체가 반드시 챙겨야 할 일은 골목경제를 살리는 일이다. 이것은 단순히 SSM 입지를 막는 것과는 다른 차원이다. 대도시 경제는 광역 단위의 지식서비스를 중심으로 글로벌경제화를 선도해 가도록 하는 한편, 국지적 단위 – 커뮤니티, 자치구, 혹은 대도시내 권역 등 – 에서는 사회서비스와 창조경제를 중심으로 다양한 틈새 비즈니스를 만들어야 하는 것이다(정병순, 이 책 제2부 제4장). 보건·복지, 학교급식 등 사회서비스 분야 외에도 환경, 정보네트워크, 문화관광, 식품가공, 마을만들기, 상점가 활성화, 전통공예, 지역금융, 안전 등이 사업영역이 될 것이다. 심지어 골목길 부업공동체도 우리 상상력의 범위에 넣어야 한다. 또한 이들 골목경제는 사회적 기업 방식을 활용함으로써 커뮤니티와 지자체의 협력을 끌어낼 필요가 있다.

지방정부는 막강한 권한을 가지고 있다, 도시계획을 제대로 행사해야

우리는 어떤 땅은 상업지역이어서 30층으로 지을 수 있는 반면, 어떤 땅은 개발제한구역이기 때문에 축사도 제대로 못 고치는 경우를 흔히 본다. 왜 '다 같은 땅'인데 어디는 고층 건축이 가능하고 어디는 개발 자체가 불가능한가? 이는 도시 공동체를 유지하는 데 가장 적합한 방식으로 토지의 용도와 사용 방법을 정해두었기 때문이다. 이를 용도지역제라고 하는데 '토지의 효율적 이용과 공공복리나 도시 기능의 향상을 도모'하기 위해 전국을 도시지역, 관리지역, 농림지역, 자연환경 보전지역으로 나누고 도시지역과 관리지역은 다시 주거지역, 상업지역, 공업지역, 녹지지역으로 구분하고 있다. 또한 주거지역도 1종, 2종, 3종, 일반주거지역 등으로 세분해 건축할 수 있는 건폐율, 용적률을 따로 정해두었다.

도시계획은 갈수록 더 엄격해지고 있다. 심지어 외관이나 색깔까지도 심의 대상이 되고 있다. 서울시는 성냥갑 모양의 아파트에서 탈피하기 위해 건물 외관을 심의하거나 반대로 디자인이 뛰어난 건물의 경우 고도 제한을 완화해주는 등 인센티브를 주고 있기도 하다. 토지주 입장에서는 내 땅을 내 마음대로 할 수 없으니 여간 화나는 일이 아닐 수 없을 것이다. 부동산과 관련된 지자체 민원의 대부분이 이러한 불만에서 발생한다고 해도 과언이 아니다. 그러나 이런 일은 사유재산권 침해가 아니다. 즉, 구성원을 위해 쾌적한 도시환경을 유지하고, 과도한 도시 집중을 억제하기 위해 공공이 일종의 경찰권을 발동한 것이다. 즉, '규제'가 아니라 공동체 유지를 위한 '규칙'인 것이다. 더구나 도시계획 담당공무원은 법률에 위임된 범위에 따라 광범한 권한을 행사하는데, 이를 감히 침범할 수 없는 권한이라는 취지에서 '계획고권(高權)'이라고 부르기도 한다. 또 도시계획 결정에 불만을 가진 수많은 소송이 정부를 상대로 제기되었지만, 계획고권이 훼손되는 판결은 한 번도 없었다. 우리 헌법이 이미 이를 보장하고 있기 때문이다. "국가는 국민 모두의 생산 및 생활의 기반이 되는 국토의 효율적이고 균형 있는 이용·개발과 보전을 위하여 법률이 정하는 바에 의하여 그에 관한 필요한 제한과 의무를 과할 수 있다"(「헌법」, 제122조).

물론 이러한 도시계획 권한이 아무리 강하더라도 함부로 남용해도 된다는 뜻은 아니다. 나름의 합리적 근거가 있어야 하며, 여러 단계의 의사결정 절차도 있다. 이해당사자의 의견을 듣는 것도 물론이다. 결국 도시계획은 지방정부가 도시의 모습을 결정하는 가장 강력하면서도 효과적인 수단이기는 하나, 정부가 독단적으로 결정하는 것이 아니라 사회적 공론화와 합의과정을 거친다고 할 수 있다. 그러나 이 사회적 합의과정이 공정하며, 또한 공익적인가에 대해 지속적인 의문이 제기된다. 지방정부는 말할 것도 없고 중앙정부까지도 개발추구 세력의 끊임없는 압력을 받고 있는 상황에서, 도시계획위원회도 대개 시장(市場)의 요구와 개발압력을 추인하는 수준에 그치기 때문이다. 특히 기초자치단체들은 의회 의원들뿐 아니라 단체장까지 개발과정에서 이득을 얻거나, 더 나아가 스스로 개발업자인 경우가 많아서 도시계획 변경은 곧 개발계획이라는 식으로 운용되고 있는 것이 사실이다.

따라서 지방정부의 책임자는 이 무시무시한 도시계획 권한을 제대로, 필요한 방식으로 행사해야 한다. 서울시의 한 개 구청이 집행하는 예산은 수천억 원에 불과하지만, 도시계획 인허가를 통해 발생하는 개발이익은 수조 원을 넘어선다. 이런 막대한 권한을 시장(市場)의 무한이윤추구에 내버려 두어서는 안 된다. 도시계획의 본질은 공익성과 공공성이며, '공익지킴이'(정석, 이 책 제2부 제9장)가 본연의 과제인 것이다. 따라서 지방자치 단체장은 도시계획이라는 이름으로 자행되는 마을과 커뮤니티 파괴를 막아야 한다. 환경과 생태를 지키는 데도 도시계획이 가장 유용한 수단이다. 용도변경이나 용적률을 확대할 경우에는 다양한 방식으로 개발이익을 환수하여 지역사회와 나눠야 한다. 공원, 도로도 확보하지만 서민용 공공임대주택도 마련할 수 있다. 도시계획 변경에 따른 개발이익을 모두 사유화시키는 것이 아니라, 지역사회가 함께 쓸 수 있도록 공유하자는 것이다. 도시계획은 잘못 쓰면 도시를 망치는 흉기가 되지만, 잘 쓸 경우 함께 사는 도시를 위한 가장 좋은 수단이 될 수 있다.

불가피한 재개발, 제대로 하자

지금까지의 뉴타운사업은 실패했다. 뉴타운사업은 더 이상 황금알을 낳는 거위가 아니다. 한때 큰돈을 벌 것이라 기대가 부풀었던 주민들도 '속았다'며 한탄하고 있다. 지역 대부분에서 소송과 고소·고발이 계속되는 가운데 사실상 사업추진이 불가능한 지역이 반 가까이 되고 있다. 그렇다고 주차공간도 찾기 어렵고, 생활편의시설도 엉망인 지역을 그대로 둘 수도 없다. 주민들의 힘만으로 동네를 가꾸기는 어렵다. 생계도 근근이 이어가는 사람들이 주차장을 만들고 도로를 넓히는 데 돈을 들일 처지는 아닌 것이다. 어떻게 할 것인가?

긴 안목으로 천천히. 공공의 재정지원을 통해 소형주택·임대주택을 확대하는 계기로. 또한 아파트와 단독주택, 중대형 주택과 소형주택, 분양주택과 임대주택, 부자와 서민이 공존하는 방향이 되어야 한다. 이를 위해 정부의 재정지원과 사업과정 개입은 필수다. 만약 정부가 재정지원을 할 여력이 안 된다면? 그럼 당장 사업을 멈추는 것이 맞다. 능력이 될 때까지 사업을 미뤄야 한다. 현재와 같은 개발방식으로 도시가 망가지고 주민들이 밀려나는 것보다는 사회 전체의 여건이 될 때까지 기다리는 것이 옳은 해법이다.

도시를 관리하는 방식에는 여러 가지가 있다. 그 가운데 가장 극단적인 방식이 철거재개발이다. 따라서 이는 아주 불가피한 경우에 한해 신중하게, 제한적으로 적용해야 한다. 대신에 더욱 건강하고 지속가능한 방식, 더욱 민주적이고 자연스러운 방식을 도입해서 좋은 사례를 만들어내고 확산시켜야 한다.[2]. 그 방법 중 하나가 필수 공공시설은 광역지자체나 기초단체가 먼저 공급하고 뒤이어 주택개량이 일어나도록 유도하는 방식이다. 말하자면 동네 골목 정비나 주차공간과 같은 거점을 먼저 투입해서, 이 기운이 확산되는 방식으로 개량하는 것이다. 이른바 거점확산형 재개발이다. 서울시도 최근 뉴타운사업 대신 '휴먼타운'을 내놓고 있는데, 개념은 이와 유사하다. 또 다양한 주택유형의 개발에도 지원이 필요하다. 블록형 주거나 타운하우스, 구릉지와 조화를 이루는 저층고밀형 주택 등을 육성해야 한다.

그런데 이렇게 단계적이고 점진적인 개발, 대안적인 개발이 가능하기 위해서는 공공이 재정지원과 추진일정에 대해 주민들에게 확고한 믿음을 주는 것이 전제가 된다. 이것이 불투명하다면, 누구든 서둘러 개발이익 극대화에 나서지 않을 수 없기 때문이다. '이만한 돈을 확보해서, 이런 비전을 가지고, 이렇게 추진할 테니 단계적으로 가자'는 얘기를 할 수 있어야 하는 것이다. 서울시를 예로 들면 향후 20년간 매년 1조 원을 도시재생사업에 투입하는 목표를 세우고 재원

2) 김수현·정석, 「재개발·뉴타운사업 중단하라」(2010, 미발행 원고 중).

을 마련해야 한다.

또한 공공이 주민들 속으로 파고드는 참여형 계획과 현장지원형 재개발사업이 필요하다. 현재 도시재생사업은 이론적으로 주민들의 주도로 시행하게 되어 있지만, 그 복잡한 권리관계를 조정하고, 단계별 절차를 주민들의 힘으로 추진한다는 것은 불가능하다. 이 때문에 그동안 이 사업은 건설업체가 사실상 대행해왔고, 이 과정에서 주민들의 이해관계와 어긋난 일이 무수히 발생한 바 있다. 처음 얘기한 부담금 수준이나 사업내용이 시간이 지날수록 달라지면서, 결국 '속았다'는 얘기가 나오고 지역은 갈등현장으로 변해버리곤 한 것이다. 정부는 도시재생사업을 공공사업으로 규정하고서도 이런 갈등을 중재하거나 조정하는 데 관여하지 않으려 해왔다. 그러다 급기야 용산참사가 터지고 말았다.

서울시는 용산참사 이후 이른바 공공관리자 제도를 도입하여 비리를 예방하고 투명한 사업 추진 방안을 추진하고 있다. 그러나 이는 완전한 공공개입이 아니라 초기단계에 주민들이 판단할 수 있는 자료를 제공하는 선에서 그친다는 한계가 있다. 이 제도의 취지를 보다 강화하고 안정적으로 운영되도록 하기 위해서는 지속적인 정보제공과 함께 각종 행정사항을 일관되게 지원하는 '도시재생지원단' 설치가 필요하다. 사업지구별로 담당자를 지정하여 주민들에게 사업의 내용과 전개과정에 대한 정확한 정보를 제공하고, 지역실정에 맞는 사업계획을 조율할 수 있어야 하는 것이다. 공무원이나 지자체가 채용한 계약직원이 동네에 상주하면서 주민들에게 설명하고 의견을 모으는 구심점 역할을 담당해야 한다. 실질적인 참여계획이자 현장계획이 절실한 것이다.

마지막으로 재개발사업은 물리적 시설 개선사업이 아니라 지역사회의 종합적인 발전방안의 일환으로 추진되어야 한다. 이것이 단순히 물리적인 환경을 개선하거나 주택의 공급확대라는 목표를 달성하는 수단으로 추진되던 시대는 지나갔다. 재개발사업은 지역의 진정한 발전과 주민의 복지를 위한 종합 정비방안이며 근본적인 발전방안이 되어야 한다. 나아가 그 추진 과정은 주민을 위한 사회적 학습과 민주주의 교육의 장으로 이해해야 한다(변창흠, 이 책 제2부 제7장).

수공업적인 생태조직 건설이 필요하다

더 맑은 물, 더 깨끗한 공기 그리고 잘 보전된 생태환경은 선진도시의 상징과도 같다. 굳이 단계로 보자면 물, 대기, 폐기물 관련 인프라는 일종의 근대적 도시형성의 필수적 요소이다. 우리나라 도시들은 1990년대 들어서야 이들의 근대화에 겨우 성공한 단계이다. 다음 단계는 생태환경이지만, 경제위기와 토건주의가 횡행하는 한국에서 녹색도시를 건설하는 것은 결코 만만한 과제가 아니다(이상헌, 이 책 제2부 제6장). 콘크리트가 도시를 덮어가는 것을 근대화라고 믿는 상황에서 생태축이나 환경보전은 오히려 촌스러운 것으로 보이기까지 했다. 그러나 어떻든 이 역시 1990년대 중반부터 도시정책에서 그 중요성을 이해하게 되었다. 산, 하천, 녹지와 인간의 생활공간이 생태적으로 어우러질 수 있는 방안이 도시정책의 주요 의제로 등장한 것이다. 서울시는 주요 거점에 대한 생태회복사업에 나서고, 녹지축을 포함한 생태축 개념을 도시계획 구상에 반영하기 시작했다. 논란의 소지가 있기는 하지만 청계천 복원도 그러한 기대와 추세에서 비롯되었다고 할 수 있다.

그러나 이러한 생태복원 및 생태축 연결사업들은 아직 송전탑과 높은 전봇대를 설치한 수준에 불과하다. 우리나라 도시는 기본적으로 생태적 잠재력이 큰 산과 강(송전탑)에 둘러싸여 있다. 이제 내부에 대규모 공원이나 생태적 장소(높은 전봇대)를 하나씩 마련하고 있는 단계라는 뜻이다. 문제는 이들을 동네 구석구석 전깃줄로 연결하는 일이다. 앞의 문화게릴라 비유와 마찬가지로 생태게릴라가 필요한 것이다. 학교 운동장을 동네 숲으로 만들고, 골목길을 가로수길로 만들며 구석구석 공터를 쌈지공원으로 가꿔야 하는 것이다. 기존 담장도 생울타리 담장으로 바꾸고, 옥상이나 벽면 녹화도 추진한다. 그래서 이들 마을 숲과 가로숫길이 휴식터이며 놀이터이자, 체력단련장이 되도록 운영해야 한다. 각각을 올레길, 자전거길로 촘촘히 이어주는 것도 필요하다. 생태공간은 휴일에 마음먹고 나서야 갈 수 있는 곳이 아니라 출근길, 퇴근길이 그 연결축의 하나로 이어질 수 있어야 한다. 이런 이야기들이 꿈같이 들릴지 모르지만, 역설적으로 과거 1,000만 그루 나무 심기 운동을 벌였던 것처럼 그런 수공업적인 방식으로 구석

구석 생태축을 연결한다면 얼마든지 가능하다. 특히 앞에서 설명한 10분 동네의 비전을 생태와 환경에도 적용하고, 거점확산형 재개발사업에도 이 개념을 반영할 필요가 있다.

지방의 혁신을 조직화하자

기초자치단체 차원에서 더 좋은 도시를 위한 구상이 아무리 명확하다 하더라도 대부분은 경제·사회구조의 제약, 지방자치 제도의 제약, 재정제도의 제약에 막힐 것이다. 재정문제만 하더라도 기초단체 차원에서는 획일적 보조금 제도, 취약한 자주재원 수준 등으로 구조적인 한계에 봉착해 있다(이재원, 이 책 제2부 제10장 참조). 더구나 도시발전의 동력은 더욱 광역화, 네트워크화되는 경향이 있기 때문에 내 지역만 노력한다고 해서 성공한다는 보장이 없다. 비슷한 문제를 겪고 있는 이웃 지자체들도 사안에 따라서는 경쟁자이기 때문에 한정된 자원을 두고 협력하기는 쉽지 않다. 특히 입지경쟁은 지역을 발전시키는 동력이 되기도 하지만, 많은 경우 과잉투자와 중복투자, 유사사업의 남발로 서로의 경쟁력을 갉아먹는 결과가 되기 쉽다.

지자체 간에도 연대와 협력이 필요하다. 특히 대도시권에서는 시민들에게 자기가 사는 기초자치단체란 그저 '주소지'에 불과할 수 있다. 이미 생활권과 통근권이 광역화되는 마당에 모든 지자체가 각각 자족성을 갖는다는 것은 불가능하기도 하고, 무의미하기도 하다. 실제 산업이나 일자리 문제는 권역별 접근이 훨씬 효과적이다. 또한 생활시설 분야에서는 지자체 간에 역할분담을 통해 협력할 필요가 있다. 이미 이른바 혐오시설을 나눠서 지어 공동으로 이용하거나 대구모 체육시설을 서로 분담하는 등의 자발적인 협력사례도 나타나고 있다. 모두 하기 싫은 것은 공평히 나누거나 혹은 역할을 주고받는 것이 적절하다. 예를 들면 일본의 도쿄도는 노숙인 쉼터를 23개 구가 공평히 역할을 나누도록 협약을 체결한 사례도 있다. 각종 시설의 위계를 정해서 권역별로 설치·이용할 것과 기초단체별로 할 것을 구분하여 배치하는 것이 필요한 것이다.

이런 식으로 지자체 간 협력과 조율을 실질화해야 한다. 서로 좋은 것을 차지하기 위한 경쟁이 아니라 권역별로 시너지를 높이는 협상이 필요한 것이다. 서울을 예로 들면 산업정책은 4~5권역, 주택정책은 10여 개 권역으로 나누어 해결하는 방법이 있다. 대신 기초자치단체 간 경쟁해야 할 대목도 있다. 복지서비스의 사각을 줄이는 것, 골목경제를 회복시키는 일, 방과후 학교에 우수 프로그램을 도입하는 일, 가로와 골목길을 편안하게 만드는 일 등이 그에 속한다.

또한 기초자치단체들은 불합리한 지방자치제도나 재정구조에 대해 공동으로 대응책을 세워야 한다. 행정구역 개편 논의나 지방세 논의에서 자치단체는 언제나 설득대상에 불과했다. 중앙정치와 중앙행정의 비밀주의도 문제지만, 중앙의 논리를 일방 적용하는 데 대해 시민적 제동장치가 없다. 시민들은 생면부지의 중앙 정치인은 친숙한 이름으로 부르지만, 자기 주소지의 구청장·시의원 이름은 기억 못 하는 것이 현실이다. 민주화의 터널을 지나면서 중앙정치 바꾸기에 골몰했던 역사가 반영된 것이고, 우리 사회의 중앙집중 경향성이 빚어낸 일이기도 하다. 이것을 바꾸기 위해서는 지방자치단체 스스로 연대하고 같은 목소리를 내려는 노력이 부족했다는 점을 인정할 필요가 있다. 지자체 간에 경험을 나누고, 우수사례를 공유하며 실패사례에서 함께 배우려는 노력이 필요하다. 혁신의 기운을 서로 퍼뜨리고 대안적 도시발전 전략을 공동으로 모색하는 것이다. 인근 지자체 간에, 같은 권역에 속한 지자체 간에, 또 멀리 떨어져 있더라도 유사한 조건에 속한 지자체 간에 공동으로 연구하고 모색하려는 노력이 절실하다. 혁신은 저절로 일어나는 것이 아니고 조직되어야 하기 때문이다.

지은이(수록순)

조명래 단국대 도시지역계획학과 교수
정준호 강원대 부동산학과 교수
김용창 서울대 지리학과 교수
박배균 서울대 지리교육과 교수
정병순 서울시정개발연구원 연구위원
유범상 한국방송통신대 행정학과 교수
이상헌 한신대 교양교직학부 조교수
변창흠 세종대 행정학과 교수
정 석 경원대 도시계획학과 교수
이재원 부경대 행정학과 교수
강현수 중부대 도시행정학과 교수
손경년 부천문화재단 문화예술본부장
박 경 목원대 디지털경제학과 교수
서영표 성공회대 강사
엄은희 부산대 한국민족문화연구소 HK교수
염태영 수원시장
서형원 과천시의회 의장
이혁재 민주노동당 인천시당 정책위원장
윤진호 전 성북구 생활구정기획단장
김수현 세종대 도시부동산대학원 교수

한울아카데미 1356

저성장 시대의 도시정책

더 좋은 도시, 더 행복한 시민

엮은이 | 한국공간환경학회 기획
지은이 | 조명래 · 김수현 · 강현수 외 지음
펴낸이 | 김종수
펴낸곳 | 도서출판 한울
편집책임 | 박록희
편집 | 박근홍

초판 1쇄 인쇄 | 2011년 6월 10일
초판 3쇄 발행 | 2012년 7월 11일

주소 | 413-756 경기도 파주시 문발동 출판문화정보산업단지 507-14
전화 | 031-955-0606
팩스 | 031-955-0612
홈페이지 | www.hanulbooks.co.kr
등록 | 1980년 3월 13일, 제406-2003-000051호

Printed in Korea.
ISBN (양 장) 978-89-460-5356-4 93330
(학생판) 978-89-460-4441-8 93330

* 책값은 겉표지에 표시되어 있습니다.
* 이 도서는 강의를 위한 학생판 교재를 따로 준비했습니다.
강의 교재로 사용하실 때에는 본사로 연락해주십시오.